Hitler und seine Deutschen

Das Buch

Als Christian Graf von Krockow 1947 sein Studium der Politikwissenschaften begann, war er angetrieben von der Frage: »Wie konnte das alles passieren?« Und obwohl seitdem ungezählte Studien und Biografien zu diesem Thema erschienen sind, blieben für ihn essentielle Fragen zur Person und politischen Erscheinung Hitlers ungeklärt.
Die äußeren Faktoren sind bekannt: Der Ausgang des Ersten Weltkriegs, die Weltwirtschaftskrise, die Schwäche der Weimarer Republik – um nur einige zu nennen. Aber genügen diese Umstände, um das Phänomen Hitler ausreichend zu erklären?
Krockow beschäftigt sich mit einer Dimension jenseits des längst Bekannten: die inneren Bedingungen, die Befindlichkeit der Deutschen, ihre mentalen Bedürfnisse und das Verlangen nach Achtung und Anerkennung. Er liefert eine brillante Studie über eine verführbare und verführte Nation.

Der Autor

Christian Graf von Krockow, geboren 1927 in Hinterpommern, wurde 1961 Professor für Politikwissenschaft. Seit 1969 war er als freier Wissenschaftler und Schriftsteller tätig und gilt, mehrfach ausgezeichnet, als einer der führenden Publizisten zur deutschen und vor allem preußischen Geschichte. Krockow starb im März 2002 im Alter von 74 Jahren.

In unserem Hause ist von Christian Graf von Krockow außerdem erschienen:
Über die Deutschen

Christian Graf von Krockow

Hitler und seine Deutschen

List Taschenbuch

Besuchen Sie uns im Internet:
www.list-taschenbuch.de

Umwelthinweis:
Dieses Buch wurde auf chlor- und säurefreiem Papier gedruckt.

List Verlag
List ist ein Verlag des Verlagshauses Ullstein Heyne List GmbH & Co. KG.
1. Auflage April 2002
2. Auflage 2003

Umschlagkonzept: HildenDesign, München – Stefan Hilden
Umschlaggestaltung: Hauptmann und Kampa Werbeagentur, München – Zürich,
unter Verwendung einer Vorlage von Büro Jorge Schmidt, München
Titelabbildung: AKG, Berlin/Bildausschnitt von Adolf Hitler,
aufgenommen von Heinrich Hoffmann, um 1938
Druck und Bindearbeiten: Elsnerdruck, Berlin
Printed in Germany
ISBN 3-548-60222-3

Inhalt

Vorwort

Adolf Hitler hat die Geschichte des 20. Jahrhunderts geprägt. Allenfalls Lenin, Stalin und Mao Tse-tung sind neben ihm noch zu nennen. Diese Männer wollten etwas Neues, noch niemals Gekanntes schaffen, doch sie waren groß vor allem als Zerstörer überkommener Ordnungen, und sie haben ihre Taten oder Untaten mit Blut gezeichnet. Dennoch hat man sie zu ihren Lebzeiten umjubelt und fast wie Götter verehrt.

Hitlers Wirkungen greifen über sein Ende im Jahre 1945 weit hinaus. Der Untergang des von Bismarck geschaffenen Reiches, die Teilung Deutschlands und Europas, der Aufstieg der Vereinigten Staaten und der Sowjetunion zu beherrschenden Weltmächten, auf der anderen Seite der Abstieg Europas und die Auflösung seiner Kolonialreiche, der Kalte Krieg zwischen Ost und West, die Entstehung eines jüdischen Staates in Palästina: Es gibt wenig, was ohne ihn sich denken ließe. Wenn man Hitler nicht versteht, bleibt auch die Geschichte des 20. Jahrhunderts ein unaufgelöstes Rätsel.

Aber ist über Hitler nicht schon alles gesagt worden? Bereits zu Lebzeiten hat man ihm Biografien gewidmet, danach erst recht. Eingehende und immer neue Studien galten seiner Weltanschauung und seiner Herrschaft. Die »Kampfzeit«, die »Machtergreifung« und das »Dritte Reich«, die Partei und die Paladine, der Normal- und der SS-Staat, der Zweite Weltkrieg, der Widerstand, die Judenvernichtung: Alles, was auf Hitler Bezug hat, wurde gründlich untersucht; die Akten und die Bücher füllen Bibliotheken.

Das Ergebnis stellt sich merkwürdig dar. Je umfassender das Material und je größer der historische Abstand, desto fremder scheint Hitler zu werden. Den Nachgeborenen ist unbegreiflich, dass die Deutschen diesem »Führer« verfielen und sich ihm auf Gedeih und Verderb anvertrauten. Zugespitzt: Für den unbefangenen jüngeren Leser unserer Tage wie für den Betrachter alter, neu aufbereiteter Filmdokumente sieht es so aus, als spielte Hitler schmierenkomödiantisch den »großen Diktator«. Und die Komparsen, die die Arme zum »deutschen Gruß« emporrecken und »Heil!« schreien, wirken halb wie Dorftrottel, halb wie Kriminelle – obwohl sie in Wahrheit weder das eine noch das andere waren.

Dieses Ergebnis hat mit zwei Tatsachen zu tun. Erstens kommen noch die besten Biografen nicht ohne die Empörung aus. Immerfort wird gesagt, wie gefühlsarm Hitler war, wie hohl und wie abstoßend sein Charakter, wie dürftig seine Bildung und Sprache, wie wirr seine Gedankenwelt. Einzig das Negative trieb ihn, ein abgründiger Hass und der Wille zur Vernichtung. Im Ergebnis haben wir dann nicht mehr einen Menschen vor uns, sondern ein Scheusal, ein Monstrum.

Doch damit wird, zweitens, unverständlich, wie dieser Mann aufsteigen, Erfolg haben, eine große Nation in ihren Bann ziehen, ja eine gläubige und opferbereite Gefolgschaft finden konnte. Was denn fesselte die Deutschen an Hitler? Etwa bloß seine Gewaltherrschaft und nicht etwa ihre eigene Begeisterung? Nur wenige haben ihm wirklich widerstanden, und noch die Attentäter des 20. Juli 1944 waren sehr einsame Verschwörer. Erst im Zusammenbruch oder in der Befreiung von 1945 vergaßen die Deutschen ihren »Führer«, so als hätten sie ihn niemals gekannt.

Natürlich gab es die Rahmenbedingungen, von denen man sprechen muss, zum Beispiel den Ausgang des Ersten Weltkriegs, das »Friedensdiktat« von Versailles, die Enteignung von Hunderttausenden oder Millionen durch die Inflation, die Schwäche der Weimarer Republik, die Angst vor dem Bolschewismus, die Weltwirtschaftskrise mit ihrer Massenarbeitslosigkeit. Aber genügen diese äußeren Umstände, um das Unerklärbare zu erklären? Eine Grundthese dieses Buches sagt: Nein, man muss zugleich oder sogar in erster Linie von inneren Bedingungen ausgehen, von den Bedürfnissen des Herzens, dem Verlangen nach Achtung und Anerkennung, ohne dessen Erfüllung unsere Existenz nicht zu denken ist.

Das heißt jedoch, dass man die Empörung, das Scheusal, die Trottel und die Kriminellen beiseite lassen muss, um noch im Unmenschlichen das Menschliche zu entdecken. Thomas Mann hat einmal, andeutend, vom »Bruder Hitler« gesprochen[1], und um das Verstehen dieses Bruders geht es, etwa so, wie die Bibel die Geschichte von Kain und Abel erzählt und uns zumutet, auch im Brudermörder den Bruder zu erkennen.

Damit wird nichts verharmlost. Im Gegenteil: Erst wenn wir Hitlers geschichtliche Erscheinung als eine im Menschen, also *in uns* angelegte Möglichkeit verstehen, hört er auf, eine sei es lächerliche, sei es monströse und schon weit in die Vergangenheit entrückte Gestalt zu sein. Er zeigt sich in unheimlicher, bedrängender Nähe; er könnte wiederkehren, natürlich maskiert, in ganz anderem Gewand. Und erst recht bedrängend stellt sich dann die Frage, was wir tun können, um diese Wiederkehr zu verhindern.

Eine persönliche Bemerkung sei noch angefügt. Der Verfasser hat im Jahre 1947 sein Studium begonnen, angetrieben von der Frage Wie konnte das alles passieren? Das liegt um mehr als ein halbes Jahrhundert zurück, doch die Frage erwies sich als hartnäckiger Begleiter zunächst durch die akademische Laufbahn bis zum Professor für Politikwissenschaft, dann für den Schriftsteller. Bevor es zu spät ist, wird hier die Antwort versucht, die so wichtig und so unwichtig, so haltbar und zerbrechlich bleibt wie die Rechenschaft über das eigene Leben.

Aus dem Traumleben eines Taugenichts

Adolf Hitler wurde am 20. April 1889 im oberösterreichischen Braunau geboren, in der Vorstadt Nr. 219. Die kleine Brücken- und Grenzstadt gehörte zum Innviertel, das ursprünglich bayerisch war, aber im Jahre 1779 und nach vorübergehender Rückkehr in der napoleonischen Zeit endgültig an Österreich geriet.[1] Außer einem zweifelhaften Ruhm blieb freilich für Braunau nichts, und nichts band Hitler an den malerischen Ort; die Eltern zogen schon bald wieder fort, zunächst ins niederösterreichische Groß-Schönau, etwas später nach Passau, schließlich nach Linz. Erst hier, wenn überhaupt, entstand ein Anflug von Heimatgefühl; für eine Zukunft, die es dann nicht mehr gab, plante Hitler, die Donaustadt zu einem alles überragenden Zentrum der deutschen oder sogar der europäischen Kunst auszubauen.

Die Familiengeschichte wies ohnehin nicht ins Inn-, sondern ins Waldviertel, wie der Name sagt, ein waldreiches, dabei abgelegenes und wenig fruchtbares Gebiet an der böhmischen Grenze, etwa dem Bayerischen Wald zu vergleichen. Bodenständige und meist bitterarme Leute waren da zu Hause, oft kreuz und quer bis zur bedenklichen Inzucht miteinander verwandt – oder in Vorkommnisse verstrickt, die man kaum als gutbürgerlich bezeichnen kann.

In Strones Nr. 13 brachte im Hause des Kleinbauern Johann Trummelschlager die ledige Magd Maria Anna Schicklgruber 1837 einen Jungen zur Welt, der auf den Namen Alois getauft wurde. Im Geburtsregister der zuständigen Gemeinde blieb der Kindsvater ungenannt. Fünf Jahre später heiratete die Mutter den arbeitslosen Müllergesellen Johann Georg Hiedler und gab bald darauf ihr Kind beim Schwager, dem Bauern Johann Nepomuk Hiedler (oder auch: Hüttler), in Pflege. Denn die Eheleute waren so arm, dass sie, wie es heißt, »schließlich nicht einmal mehr eine Bettstatt hatten, sondern in einem Viehtrog schliefen«.[2]

Niemand kann mit Sicherheit sagen, ob nun Johann Georg Hiedler oder vielleicht sein Bruder Johann Nepomuk der Vater von Alois Schicklgruber war. Schlimmer noch: Als Hitler zum umstrittenen Parteiführer und schließlich zum deutschen Reichskanzler aufstieg, machten sich seine Feinde auf die Spurensuche; sie fanden, das heißt erfanden tschechische, galizische, jüdische Ahnen, um zu beweisen, dass der Antisemit von jenen abstammte, die er verfolgte. Unter anderem sollte Anna Maria Schicklgruber bei einem Grazer Juden namens Frankenberger in Stellung gewesen und von ihm oder seinem Sohn geschwängert worden sein. Was bot sich besser an, als Hitlers Judenhass aus dem Selbsthass zu deuten? Dabei gab es, als Alois Schicklgruber geboren wurde, in Graz gar keine Juden und auch keinen Mann namens Frankenberger.[3] Als Ergebnis blieb allerdings die Verunsicherung für Hitler selbst: Er wusste nicht, wer sein Großvater war. Den Ahnenpass, wie das »Dritte Reich« ihn zur Mode und zur Plage entwickelte, hätte er schwerlich erstellen können.

Als die Mutter von Alois und ihr Mann längst unter der Erde lagen, erschien Johann Nepomuk Hiedler erst beim Notar, dann beim zuständigen Pfarrer, drei Zeugen zur Seite, und beantragte die Legitimierung seines inzwischen vierzigjährigen Ziehsohnes – vermutlich auf dessen Betreiben – als den Nachkommen seines verstorbenen Bruders. Auf Genauigkeit kam es offenbar nicht an, ob nun Hiedler oder Hüttler oder wie immer, und so entstand eine dritte Version: Hitler. Auf diese Weise wurde aus dem ehrenwerten Herrn Schicklgruber Alois Hitler – Adolfs Vater. Da übrigens die Zeugen weder lesen noch schreiben konnten, unterzeichneten sie mit jeweils drei Kreuzen, und der Pfarrer fügte ihre Namen hinzu: Josef Romeder, Johann Breiteneder, Engelbert Paukh.

Alois Schicklgruber oder Hitler wies sich durch Strebsamkeit und Pflichtbewusstsein aus. Er entkam den gedrückten Verhältnissen und wurde Staatsbeamter im Zolldienst. Er rückte bis zum »Zollamtsoberoffizial« auf, dem obersten Rang, der sich ohne höhere Schulbildung überhaupt erreichen ließ.

Ein wenig exzentrisch ging es freilich auch bei ihm noch zu. Er heiratete dreimal, zuerst eine um 14 Jahre ältere und zuletzt eine um 23 Jahre jüngere Frau. Dabei wurde die zweite von ihm schon schwanger, als die erste noch lebte, und so auch die dritte zu Lebzeiten der zweiten. Aus der zweiten Ehe stammten Alois und Angela, aus der dritten Adolf und Paula, während vier weitere Kinder schon früh verstarben. Adolfs Mutter Klara, geborene Pölzl, stammte wiederum aus den gedrückten Verhältnissen im Waldviertel und war eine Nichte ihres Mannes. Sie trat nie hervor und wirkte neben ihrem selbstbewussten Gatten eher wie eine Frau, der das Leben wenig geschenkt hat – außer dem unerwarteten Glück, materiell gesichert zu sein. Alois, so schien es, wollte indessen sein gelungenes Leben in Ruhe genießen. 1895, nur 58 Jahre alt, ließ er sich vorzeitig pensionieren, kaufte einen Bauernhof bei Lambach, verkaufte ihn wieder und bezog 1898 ein Haus in Leonding, nahe bei Linz. Am 3. Januar 1903 starb er unerwartet beim Frühschoppen im Wirtshaus Wiesinger, in dem die Honoratioren von Leonding sich trafen.

Von der Kindheit und Jugend des künftigen Weltenbewegers wissen wir verzweifelt wenig. Um so üppiger und unausrottbarer wuchern die Legenden, von Wichtigtuern erfunden und von den Nacherzählern nur zu gern abgeschrieben. Doch warum eigentlich muss man trügerischen Füllstoff anbieten, statt das Nichtwissen zuzugeben?[4] Am Urteil über die spätere Laufbahn ändert sich damit nichts.

Hitler selbst hat getan, was er konnte, um sich unkenntlich zu machen. Als um 1930 Gegner mit der Spurensuche begannen, soll er gesagt haben: »Diese Leute dürfen nicht wissen, wer ich bin. Sie dürfen nicht wissen, woher ich komme und aus welcher Familie ich stamme.«[5] So als sei sie ein Makel, schämte er sich der dürftigen Herkunft, zu der als ihr Erbgut zugleich die kleinbürgerlichen Vorurteile und Moralvorstellungen gehörten.

In seiner eigenen Darstellung betritt ein frühreifes Genie die Lebensbühne, sozusagen ein Mozart politischer Einsichten. Denn schon von dem Elfjährigen heißt es: »Erstens: ich wurde Nationalist. Zweitens: ich lernte Geschichte ihrem Sinne nach verstehen und begreifen.«[6] Aber nichts davon lässt sich nachweisen, und die Prüfung aller Umstände erbringt nur negative Belege. Wie später zu zeigen sein wird, formte sich Hitlers Weltanschauung erst nach dem Ersten Weltkrieg.

Ernster ist die Behauptung zu nehmen, dass ein heftiger Konflikt mit dem Vater entstand, weil der seinen Sohn für die Beamtenlaufbahn auserkor, bei entsprechender Schulbildung noch über die eigenen Möglichkeiten hinaus für den gehobenen oder höheren Dienst, während der Junge sich in den Kopf setzte, Künstler, Kunstmaler zu werden. »Der Vater verließ nicht sein ›Niemals‹ und ich verstärkte mein ›Trotzdem‹.«[7]

Der Vater war, was man einen autoritären Charakter nennt, jähzornig dazu und schnell zum Prügeln bereit. Die Mutter dagegen liebte ihren Sohn zärtlich, und er liebte sie. Der – übrigens jüdische – Hausarzt, Dr. Eduard Bloch, hat das bezeugt: »Äußerlich war die Liebe zur Mutter sein auffälligstes Merkmal«, erinnert er sich. »Obwohl er kein ›Muttersöhnchen‹ im gewöhnlichen Sinne war, habe ich niemals eine innigere Zuneigung gesehen.« Und wiederum Dr. Bloch nach dem Tode der Mutter am 21. Dezember 1907: »Ich habe noch nie einen vom Schmerz so gebrochenen Menschen gesehen wie Adolf Hitler.«[8] Lebenslang trug der Sohn das Bild der Mutter bei sich und stellte es in München, in Berlin, auf dem Berchtesgadener Berghof in seinem Zimmer auf.

Der autoritäre, stets bedrohlich wirkende Vater und die tiefe Bindung an eine geduckte, doch liebevolle Mutter: Manche haben daraus ableiten wollen, was später geschah. Aber das bleibt eine nachträgliche und kaum tragfähige Konstruktion. Solche Elternkombinationen hat es viel millionenfach und nicht nur in Deutschland oder Österreich gegeben, ohne dass dann die Kinder auffällig wurden.

Wenn man Hitler glauben darf, folgte aus dem Trotz gegen den Vater ein hartnäckiger Lernstreik. Tatsächlich gibt es einen auffälligen Bruch: Die frühen Volksschulzeugnisse zeigen einen begabten Jungen, der gute Noten erhält. In der anschließenden Realschule aber kommt es zum krassen Versagen; zweimal wird er nicht versetzt, ein weiteres Mal nur nach einer Wiederholungsprüfung; am Ende steht der schmähliche Abgang ohne Abschluss.

Eine über Jahre dauernde innere Verriegelung, der vorhandenen Begabung zuwider, die zum Schulversagen führt, ist selten, aber es gibt sie. Das wohl berühmteste Beispiel liefert Hitlers historischer Gegenspieler Winston Churchill.[9] Näher liegt die Vermutung – abgeleitet aus dem späteren Verhalten –, dass schon der junge Hitler sich gegen den Zwang zu geregelter Arbeit sträubte und sich in Fantasiewelten, in Tagträumen verlor. Joachim Fest nennt noch ein anderes Motiv: Hitler hing tatsächlich die Arme-Leute-Herkunft seiner Eltern aus dem Waldviertel an, und darum blieb er ein Fremdling unter den Bürgersöhnen, die die Realschule von Linz besuchten.[10] Zeitweilig lebte er mit fünf anderen Mitschülern in einer Pension. Doch näher, so hat sich einer von ihnen erinnert, »kam ihm von den andern fünf Kostschülern keiner. Während wir Lehramtszöglinge untereinander selbstverständlich ›Du‹ sagten, sprach er uns mit ›Sie‹ an, und wir sagten auch ›Sie‹ zu ihm und fanden nicht einmal etwas Auffälliges daran.«[11]

Hier allerdings wird schon sichtbar, was charakteristisch geblieben ist. »Er hatte in seinem ganzen Leben etwas unbeschreiblich Distanzierendes«, hat jemand gesagt, der es wissen musste.[12] Die Abkapselung gegen andere, das Für-sich-Bleiben, gehörte zu Hitler; er besaß keine Freunde und kaum Duzfreunde; einen der wenigen, die es gab, seinen SA-Führer Ernst Röhm, ließ er umbringen – und womöglich nicht nur aus politischen Gründen, sondern auch, um sich aus einer Nähe zu befreien, die ihm unerträglich geworden war. An die Stelle der Freunde traten die ergebenen Gefolgsleute; aber das ist etwas ganz anderes. Frauen gegenüber benahm er sich teils abweisend, teils als ihr Verehrer so linkisch und übertrieben höflich, dass es schon wieder einer Distanzierung gleichkam. Ein Mädchen in Linz hat der Halbwüchsige zwar schwärmerisch angebetet und angedichtet, aber niemals gewagt, es anzusprechen. Kein einziger realer Jugendkuss ist überliefert, und Hitler hat auch gar nicht erst behauptet, dass es ihn gab.

Um bei dem merkwürdigen Sachverhalt noch für einen Augenblick zu verweilen: Die Scheu vor der Anziehungskraft der Geschlechter, vor der Nähe und Hingabe, die aus ihr entstehen könnte, kennzeichnet Hitler.[13] Mit Homosexualität darf man indessen diese Scheu nicht verwechseln. Gerade weil gegenüber Männern die Befangenheit als Gegenstück ihrer Anziehungskraft fehlte, führte ein beinahe gerader Weg zunächst ins Wiener Männerheim, dann in die Frontkameradschaft des Ersten Weltkriegs, später in die »Wolfsschanze«, das abgeriegelte Hauptquartier des Zweiten Weltkriegs, das man eine Mischung aus Kloster und Konzentrationslager genannt hat. Hier arbeiteten mehr als 2000 Männer, aber nur etwa 25 Frauen, hauptsächlich Sekretärinnen. Noch zuletzt, im Bunker unter der zerfallenden Reichskanzlei, sah es ähnlich aus. Dass Hitler Eva Braun erst heiratete, als von der Nähe und Hingabe nicht mehr zu befürchten war, im Angesicht des Selbstmordes, erscheint wieder als konsequent.

Zur Gegenbilanz eines zwar mit Sehnsüchten und Ängsten, aber nicht mit Liebe erfüllten Lebens gehören schwüle Vorstellungen von Gefahren und Verbrechen. In Hitlers *Mein Kampf* öffnen sich Abgründe, wenn von Geschlechtskrankheiten, besonders von der Syphilis die Rede ist[14] – oder wenn das Feindbild ausgemalt wird: »Der schwarzhaarige Judenjunge lauert stundenlang, satanische Freude in seinem Gesicht, auf das ahnungslose Mädchen, das er mit seinem Blute schändet ...«[15]

Wir sind weit vorausgeeilt und kehren schleunigst zurück. Nach dem Tod des Vaters setzte die kränkelnde Mutter dem Trotz ihres Sohnes nur noch wenig Widerstand entgegen; als das Zeugnis vom Herbst 1905 wieder einmal das Versagen zeigte, gab sie nach, und Hitler verließ die ihm so verhasste Schule.

Aber was tat er danach? Eigentlich nur wenig – und nichts, was ihn zu einem Beruf hätte führen können. Die Mutter hatte das Haus in Leonding verkauft und in Linz eine Wohnung gemietet; da saß der Sechzehn-, Siebzehn-, Achtzehnjährige jetzt blassgesichtig und verschlossen herum. Oft zeichnete er, meist Häuser. Er entwarf Pläne für die Ausgestaltung der Stadt, für ein neues Theater, für Museen oder Prunkvillen, auch für eine Brücke über die Donau – die er nach seinen alten Vorstellungen tatsächlich errichten ließ, als mit dem Anschluß Österreichs aus dem Deutschen das Großdeutsche Reich geworden war.

Manchmal allerdings spazierte der junge Mann durch die Stadt, sorgfältig nach der Mode gekleidet, einen zierlichen schwarzen Stock mit Elfenbeingriff in der Hand. Beim Volksbildungsverein lieh er Bücher aus, und so oft wie möglich besuchte er das Theater. Eine Filmvorführung schuf das Fundament für die spätere Kinobegeisterung. Mehr noch zog ihn die Oper an, vor allem die berauschende Klangwelt Richard Wagners. Der

Jugendbekannte August Kubizek hat von einem gemeinsamen Besuch des *Rienzi* berichtet – und wie danach vor ihm als dem einzigen Zuhörer Hitler eine begeisterte Rede hielt. Als die beiden mehr als dreißig Jahre später bei den Festspielen von Bayreuth wieder zusammenkamen, erinnerte sich Hitler. »In jener Stunde begann es!«[16] Offenbar der Traum von Anerkennung und Ruhm, von Größe und Macht, von einer neuen Weltordnung, die auf den Trümmern der alten und verdorbenen errichtet werden sollte.

Dass junge Menschen sich an Träume verlieren, sich in ihnen einschließen, als gäbe es nichts außerdem, was zählt, ist gewiss nicht ungewöhnlich. Sehr selten freilich werden aus den Träumen dann Taten; meist folgt früher oder später das Erwachen und die teils mit Eifer, teils mit Resignation betriebene Anpassung an die Realitäten, die sich eher in gedämpften oder dissonanten statt in leuchtenden Klangfarben darstellen. Manchmal kommt es auch zum Absturz, zur Flucht in den zerstörenden Rausch der Drogen, manchmal zum Selbstmord. Was Hitler vor anderen auszeichnete, war seine Konsequenz, seine Willensstärke und Leidenschaft, keine Kompromisse zu schließen, sondern die Wirklichkeit aus den Traumbildern zu erschaffen, koste es, was es wolle: alles oder nichts, Sieg oder Selbstmord.

Unversehens geraten wir hier an etwas womöglich sehr Deutsches. Um die Jahrhundertwende entstand die Jugendbewegung. Die »Wandervögel«, wie sie sich nannten, brachen »aus grauer Städte Mauern« auf, im Protest gegen die Bürgerväter, die – wie Alois Hitler – nur ihre materielle Sicherheit, ihr Ansehen, ihre Beamtenkarriere im Auge hatten. Nein, bloß das nicht: Man wollte etwas Besseres, Reineres, die Natur und sich selbst erleben; man demonstrierte mit der blauen Blume der Romantik durch Feld und Flur. Kurz vor dem Krieg, im Oktober 1913, kam dann auf dem Hohen Meißner, einem Berg bei Kassel, eine große Zahl von jungen Menschen zusammen, um sich auf ihren Lebenstraum einzuschwören. Die feierlich verabschiedete »Meißnerformel« lautete: »Die Freideutsche Jugend will aus eigener Bestimmung, vor eigener Verantwortung, mit innerer Wahrhaftigkeit ihr Leben gestalten. Für diese innere Freiheit tritt sie unter allen Umständen geschlossen ein. Zur gegenseitigen Verständigung werden freideutsche Jugendtage abgehalten. Für deren Durchführung gilt: Alle gemeinsamen Veranstaltungen der Freideutschen Jugend sind alkohol- und nikotinfrei.«

Die Abstinenz von Trinken und Rauchen mit der Wahrhaftigkeit und der inneren Freiheit kombiniert: ein merkwürdiger Zusammenklang. Doch offenbar gehört er zur Sache; bei Hitler kam später die Abstinenz vom Fleischessen noch hinzu. Freilich trat er keiner Wandergruppe bei und trieb auch keinen Sport; im übrigen hat er der Vorstellung vom naturgemäßen Leben eine höchst eigenwillige und radikale Wendung gegeben. Aber man muss die tiefere Übereinstimmung im Auge behalten; im Grunde versteht man Hitlers Wirkung auf die Deutschen nur, wenn man sie als eine Traumverwirklichung begreift.

Aus dem Leben eines Taugenichts, heißt die verzaubernde Erzählung Joseph von Eichendorffs, die im Jahre 1826 erschien. Sie schildert den romantischen Gegenentwurf zu den Realitäten und Normen jeder bürgerlichen Existenz. Dabei mögen die Vorstellung des Dichters und die Adolf Hitlers durch Welten geschieden sein. Aber um eine Traumverwirklichung geht es hier wie dort, und das Leben eines Taugenichts hat der junge Hitler wahrlich geführt.

Im Mai 1906 fuhr er erstmals nach Wien, zunächst für zwei Wochen. Die Millionenmetropole, die altehrwürdige Kaiserstadt und Hauptstadt eines großen und mächtigen Reiches faszinierte, überwältigte den jungen Mann aus der Provinz: Was bedeutete dagegen schon Linz? Natürlich besuchte er das Burgtheater, natürlich die Oper, in der Richard Wagners *Tristan* und *Der fliegende Holländer* auf dem Programm standen. »Wenn die mächtigen Tonwellen durch den Raum fluten und das Säuseln des Windes dem furchtbaren Rauschen der Tonwogen weichen, dann fühlt man Erhabenheit«, bekam der daheim gebliebene August Kubizek zu lesen.[17]

Im September 1907 folgte der endgültige Umzug nach Wien, und nur noch einmal, beim Sterben der Mutter wenige Wochen später, kehrte er zurück. Was im Blick auf Linz blieb, war wieder der Traum: Irgendwann würde der inzwischen weltberühmte Sohn dieser Stadt seinen triumphalen Einzug halten – wie es im März 1938 tatsächlich geschah. Darüber hinaus blieb vielleicht noch ein Traum vom Altersruhesitz, nachdem das Lebenswerk getan war.[18] Für Wien aber gab es ein klares Ziel, die Aufnahme in die Kunstakademie. In Hitlers eigenen Worten:

»Ausgerüstet mit einem dicken Pack von Zeichnungen, hatte ich mich damals auf den Weg gemacht, überzeugt, die Prüfung spielend leicht bestehen zu können. In der Realschule war ich schon weitaus der beste Zeichner meiner Klasse gewesen; seitdem war meine Fähigkeit noch ganz außerordentlich weiter entwickelt worden, so daß meine eigene Zufriedenheit mich stolz und glücklich das Beste hoffen ließ.

Eine einzige Trübung trat manchmal ein: mein malerisches Talent schien übertroffen zu werden von meinem zeichnerischen, besonders auf fast allen Gebieten der Architektur … Ich fuhr hin [zum ersten Besuch nach Wien], um die Gemäldegalerie des Hofmuseums zu studieren, hatte aber fast nur Augen für das Museum selber. Ich lief die Tage vom frühen Morgen bis in die späte Nacht von einer Sehenswürdigkeit zur anderen, allein es waren immer nur Bauten, die mich in erster Linie fesselten. Stundenlang konnte ich so vor der Oper stehen, stundenlang das Parlament bewundern; die ganze Ringstraße wirkte auf mich wie ein Zauber aus Tausendundeiner Nacht.«[19]

Es kam, was kommen musste: Der Traum vom neuen Rubens oder Hans Makart[20] stieß mit der Realität zusammen, und die Realität erwies sich als stärker. Die Kunstakademie lehnte es ab, Hitler aufzunehmen; auch ein zweiter Versuch im Jahre 1908 verlief nicht besser. Man riet dem jungen Mann, sich statt dessen als Architekturstudent zu versuchen. Warum nicht? Oft genug eröffnet das frühe und heilsame Scheitern eine neue Chance und weist den Weg zur wahren Begabung. Aber das Architekturstudium forderte, anders als die Kunstakademie, einen höheren Schulabschluss; folgerichtig blieb diese Möglichkeit durch den vorangegangenen Lernstreik verriegelt. Und so verhasst war für Hitler, was hinter ihm lag, dass er das nachholende Lernen nicht einmal erwog.

Die Wiener Jahre werden in den meisten Biografien mit Hohn bedacht: Ein junger Mann findet zu keinem geregelten Leben und zu keinem Beruf; ziellos vertrödelt er seine Zeit, schläft bis in die Mittagsstunden, sinkt als früh Entwurzelter langsam, aber unerbittlich von Stufe zu Stufe, gerät ins Obdachlosenasyl oder, kaum besser, in ein Männerheim. Immer weniger unterscheidet er sich von Land- oder Stadtstreichern.

Doch man kann es anders sehen und sagen: Hitler gab nicht nach. Seit der Ablehnung durch die Kunstakademie verschanzte er sich nur um so fester, nach einem seiner Lieblingsbegriffe fanatischer in Traumwelten. Wenn darum die Wirklichkeit sich ihm verschloss – um so schlimmer für die Wirklichkeit! Dann musste man sie umstürzen, vernichten und so den Traum gegen sie durchsetzen. In diesem Sinne gilt, dass die Wiener Jahre Hitler entscheidend und für alle Zukunft geprägt haben, nicht, noch längst nicht im Sinne einer politischen Leidenschaft oder einer klar umrissenen Weltanschauung, wohl aber im inneren Aufruhr gegen die überlieferte Ordnung und im brütenden Vorsatz ihrer Zerstörung. »Denn alles, was entsteht, ist wert, daß es zugrunde geht«, um mit Mephisto zu reden. In dieser Wiener Perspektive stellt sich sogar das Ende von 1945 nicht nur als schreckensvolles Scheitern, sondern zugleich auch als eine Form von Triumph, als die radikale Traumverwirklichung aus unerhörter, unbeugsamer Willensanspannung dar.

Um gleich den Versuchungen zum Pharisäertum vorzubeugen: Die Träume von der Vernichtung, vom Entreißen des Bestehenden gehören zum Menschen als Menschen, weil er andererseits immerfort etwas aufbaut, was über das natürlich und geschichtlich Gegebene hinausführt. Meist bleibt es gottlob beim Träumen, meist im Kleinformat gegen die Eltern, Lehrer, Vorgesetzten, den Nachbarn, den Andersdenkenden, die Steuergesetze, die gesellschaftlichen Vorfahrtsregeln gerichtet. Und in der Regel werden die finsteren Träume bald wieder vergessen. Aber es gibt sie, sogar schon in angeblich unschuldigen Kinderherzen, und Hitler verstieß nur in dem Sinne gegen das Übliche, dass er nichts vergaß und bei seinen Träumen beharrte. Im Übrigen wäre daran zu erinnern, dass in seinem Wien der Mann lebte, der das Unerhörte aufdeckte und damit sichtbar machte, auf welch brüchigem Boden jede Zivilisation errichtet ist: Sigmund Freud.

Kaum zufällig wirkte Freud in der habsburgischen Hauptstadt: Der Glanz des ehrwürdigen Kaiserreichs war nun einmal der im Abendlicht vor dem Sonnenuntergang. Zwar hat der Schriftsteller aus Wien, Stefan Zweig, die *Welt von Gestern* als »das goldene Zeitalter der Sicherheit« geschildert:

»Alles in unserer fast tausendjährigen österreichischen Monarchie schien auf Dauer gegründet … Alles hatte seine Norm, sein bestimmtes Maß und Gewicht. Wer ein Vermögen besaß, konnte genau errechnen, wieviel Zinsen es alljährlich zubrachte, der Beamte, der Offizier wiederum fand im Kalender verläßlich das Jahr, in dem er avancieren werde und in Pension gehen würde … Wer ein Haus besaß, betrachtete es als sichere Heimstadt für Kinder und Enkel, Hof und Geschäft vererbten sich von Geschlecht zu Geschlecht; während ein Säugling noch in der Wiege lag, legte man in der Sparbüchse oder der Sparkasse bereits einen ersten Obolus für den Lebensweg zurecht, eine kleine ›Reserve‹ für die Zukunft. Alles stand in diesem weiten Reiche fest und unverrückbar an seiner Stelle und an der höchsten der greise Kaiser; aber sollte er sterben, so wußte man (oder meinte man), würde ein anderer kommen und nichts sich ändern an der überkommenen Ordnung.«[21]

Aber das galt – als Illusion – allenfalls für die mittleren und gehobenen Schichten des Bürgertums. Nur wenig weiter und darunter brodelte es. Im Zeitalter des Nationalismus durchzogen immer tiefere Risse den Vielvölkerstaat. Die Deutschen und die Ungarn mochten sich seit der Machtteilung von 1867 noch als Nutznießer fühlen, doch die Tschechen, Slowaken, Polen, Rumänen, Serben, Slowenen, Kroaten, Bosnier und Italiener strebten fort zum eigenen Staat, jeder für sich und alle gegeneinander; als verbindendes Element blieben neben dem greisen Kaiser Franz Joseph vielleicht noch die Juden; fast folgerichtig entwickelte sich weit erregter als in Deutschland ein österreichischer Antisemitismus. Inzwischen strömten jährlich Zehntausende von Menschen ins weltoffene Wien, um hier ihr Glück zu suchen. Zu den Kehrseiten des Glanzes gehörte darum eine unerhörte Wohnungsnot. Hitler, mit Verlaub, kannte sich da besser aus als Stefan Zweig:

»Man stelle sich doch einmal folgendes vor: In einer Kellerwohnung, aus zwei dumpfen Räumen bestehend, haust eine siebenköpfige Arbeiterfamilie … Schon die Enge und Überfüllung des Raumes führt nicht zu günstigen Verhältnissen. Streit und

Hader werden sehr häufig schon auf diese Weise entstehen. Die Menschen leben ja so nicht miteinander, sondern drücken aufeinander. Jede, wenn auch kleinste Auseinandersetzung, die in geräumiger Wohnung durch ein leichtes Absondern ausgeglichen werden kann, sich so von selbst wieder löst, führt hier zu einem nicht mehr ausgehenden widerlichen Streit.«[22]

Der Mann betrinkt sich, prügelt seine Frau, am meisten leiden die Kinder. Oder irgendwem sonst wird die Schuld zugeschoben, zum Beispiel den Juden. »In den rund fünfzig Jahren von 1857 bis 1910 stieg ihr Anteil an der Bevölkerung Wiens von zwei Prozent um über das Vierfache auf mehr als achteinhalb Prozent, höher als in jeder anderen Stadt Mitteleuropas. In einzelnen Gemeindebezirken, zum Beispiel in der Leopoldstadt, bildeten sie rund ein Drittel der Bevölkerung. Wie die Lebensgewohnheiten hatten viele von ihnen auch ihre Kleidung beibehalten. In den langen schwarzen Kaftans, die hohen Hüte auf dem Kopf, beherrschten ihre fremdartigen Erscheinungen, von denen vielfache Schauder einer geheimnisvollen Welt ausgingen, in auffälliger Weise das Straßenbild.«[23]

Aber vorerst ging es um eine Zeitstimmung, um eine Ahnung vom Einsturz und Untergang. Dass zum Glanz der Kaiserstadt etwas Morbides gehörte, lag gewissermaßen in der Luft. Die sensiblen Geister spürten das, sprachen es aus oder sagten es zwischen den Zeilen; man lese Hugo von Hofmannsthal, Arthur Schnitzler, Robert Musil oder die Gedichte von Georg Trakl. Auch Hitler kann man den Spürsinn nicht absprechen, nur mit dem Unterschied – vielleicht folgerichtig für jemanden, der nichts zu verlieren hat –, dass seine Empfindungen keine Trauer bekundeten, sondern in den Hass umschlugen, nach dem Motto: Was fallen will, muss man noch treten und stürzen. Alle Rückblicke auf die Dynastie der Habsburger, auf ihren übernationalen Staat und auf Wien, wie sein Buch *Mein Kampf* sie beschwört, zeugen von diesem Hass.

Dabei war es leicht, Propheten zu finden, die den Untergang wollten, um aus ihm eine un- oder nachchristliche Osterbotschaft der Auferstehung abzuleiten. Zu diesen Propheten gehörte Georg Ritter von Schönerer. Er radikalisierte und spaltete die Deutschnationale Bewegung Österreichs, aus der dann im Jahre

1901 die Alldeutsche Vereinigung hervorging. Schönerer kämpfte gegen die katholische Kirche, den Liberalismus, die Juden, die habsburgische Monarchie: alles Elemente, in denen er das Übernationale und damit den Verrat am Deutschtum witterte. Sein Ziel war der Anschluss Deutsch-Österreichs an das Deutsche Reich. Hitler hat ihm in *Mein Kampf* nur vorgeworfen, dass er im Unterschied zu dem christlich-sozialen Wiener Bürgermeister Karl Lueger nichts von einer volkstümlichen Propaganda verstand.

Ein anderer, vollkommen wirrköpfiger Prophet war der entlaufene Mönch, der sich Jörg Lanz von Liebenfels nannte und im Namen der germanischen Frühlingsgöttin Ostara vom Rassenkampf der »Asinge« gegen die »Äfflinge« kündete. Dass Hitler Lanz gekannt, sogar besucht und zumindest seine Schriften gelesen hat, ist wahrscheinlich. Dass er jedoch der Mann war, der ihm »die Ideen gab«, scheint weit übertrieben.[24] Um ein Bild zu gebrauchen: Die Eindrücke aus der Wiener Zeit glichen Gesteinsbrocken, die verstreut in Hitlers Gedankenwelt herumlagen. Doch erst später und nach einem Behauen, das sie veränderte, sozusagen nach jahrelanger Steinmetzarbeit, bildeten sie Bausteine zu seiner Weltanschauung.

Wenn aber wirklich ein europäischer Kultursturz bevorstand, ein Umschlag von Ordnung ins Chaos und von zivilisiertem Verhalten in die Gewalt, dann war man in Wien am genau richtigen Ort, um diese Endzeitstimmung zu erfassen und aufzunehmen. Anderswo mochten noch Illusionen erlaubt sein. »Berlin schmeckte nach Zukunft«, hat Carl Zuckmayer etwas später gesagt, »und dafür nahm man den Dreck und die Kälte gern in Kauf.«[25] Wilhelm II. war kein Greis wie Franz Joseph, sondern ein jungenhaft forscher Kaiser, der von den »herrlichen Tagen« sprach, zu denen er die Deutschen führen wollte, und die Nation glaubte es nur zu gern. »Volldampf voraus!« hieß die Parole, die an der Donau bloß lächerlich oder bedrohlich gewirkt hätte. Die Verzögerung bis zum Stillstand war das Beste, worauf sich hoffen ließ. Denn voraus lag der Schrecken. In Wien und nicht in Berlin geriet man darum an die verborgenen Abgründe, an die Tiefendimensionen des gerade begonnenen Jahrhunderts. Auch für Hitler war es entscheidend, dass er seine prägenden Jugendjahre in Wien verbrachte; mehr vorbewusst als bewusst nahm er die Zeitströmungen auf, die ihn später emportrugen.

Vorerst freilich geriet Hitler in all die Bitterkeiten und Ängste hinein, die den Abstieg von der Ordnung ins Chaos begleiten und sich dann in die Suche nach dem Schuldigen, in den Hass verwandeln. Noch in *Mein Kampf* spürt man diese Ängste, das Verlorensein, um nicht zu sagen etwas Weinerliches hinter der heroischen Stilisierung:

»Wien, die Stadt, die so vielen als Inbegriff harmloser Fröhlichkeit gilt, ist für mich leider nur die lebendige Erinnerung an die traurigste Zeit meines Lebens … Fünf Jahre Elend und Jammer sind im Namen dieser Phäakenstadt für mich enthalten. Fünf Jahre, in denen ich erst als Hilfsarbeiter, dann als kleiner Maler mir mein Brot verdienen mußte; mein wahrhaftig kärgliches Brot, das doch nie langte, um auch nur den gewöhnlichen Hunger zu stillen. Er war damals mein getreuer Wächter, der mich als einziger fast nie verließ, der in allem redlich mit mir teilte. Jedes Buch, das ich mir erwarb, erregte seine Teilnahme; ein Besuch der Oper ließ ihn mir dann wieder Gesellschaft leisten auf Tage hinaus; es war ein dauernder Kampf mit meinem mitleidslosen Freund.«[26]

Indessen war die materielle Not zunächst nicht so groß, wie der Autor sie darstellt. Mit einigem Geld der Mutter ging er nach Wien, und der angebliche Kunststudent bezog eine Waisenrente von monatlich 25 Kronen. Mehrfache Geldgeschenke oder »Darlehen« einer Tante kamen noch hinzu. Man hat sogar behauptet, dass ihm monatlich 80 bis 100 Kronen zur Verfügung standen – eine Summe, von der man, Sparsamkeit vorausgesetzt, durchaus leben konnte.[27] Diese Behauptung mag wie so vieles ins Reich der Legenden gehören. Dass jedoch Hitler »erst« als Hilfsarbeiter seinen Unterhalt verdiente, ist ebenfalls Legende, in diesem Falle eine selbst gefertigte. Im Übrigen spielte der Bücherkauf kaum eine Rolle; es gab ja Leihbibliotheken und Leseräume. Nur die Anziehungskraft der Oper mit dem unwiderstehlichen Sog Richard Wagners entspricht den Tatsachen.

Wohl selten hat es einen so begeisterten Wagner-Anhänger gegeben wie den jungen Hitler, und Gelegenheiten, der Leidenschaft zu frönen, gab es mehr als genug. In seinen Wiener Jahren war

Wagner der mit Abstand meistgespielte Opernkomponist, und allein an der Hofoper wurde er an 426 Abenden aufgeführt.[28] Hitler wiederum will *Tristan und Isolde* dreißig oder vierzig Male gehört haben, und all die anderen Werke kamen ja noch hinzu. Überdies liebte Hitler die Wiener Operette, etwa die *Fledermaus* und den *Zigeunerbaron* von Johann Strauß oder – ganz besonders – Franz Lehárs *Lustige Witwe*. Wie sehr damit sein schmaler Geldbeutel strapaziert wurde, läßt sich unschwer errechnen; selbst der Stehplatz in der Oper kostete zwei Kronen.

Aber wie denn widerstehen? Es habe für ihn keinen Vorläufer gegeben, hat Hitler später bekannt – mit der einen Ausnahme Richard Wagners, der »größten Prophetengestalt« für die Deutschen.[29]

Wagner als Vorläufer: Es ist wichtig, das beim Wort zu nehmen. Im Glanz der Bühnenbilder, im Rausch der Klangwelten erschloss sich das Traumreich Adolf Hitlers. Im Grunde hat er sich stets als Künstler, als der Architekt eines Gesamtkunstwerkes und die Politik nur als ein Mittel zum Zweck gesehen – jenseits von Gut und Böse, Recht und Unrecht, Unschuld und Schuld. Eben damit ist er nicht beispiellos, sondern verkörpert eine Strömung des Zeitgeistes.

Drängte nicht auch Friedrich Nietzsche dazu, die Moral durch Ästhetik zu ersetzen? Oder wie war es im Kreis um den Dichter Stefan George? »Wir sehen in jedem Ereignis, jedem Zeitalter nur ein Mittel der künstlerischen Erregung. Auch die Freiesten der Freien konnten ohne den sittlichen Deckmantel – man denke nur an die Begriffe von Schuld usw. – nicht auskommen, der uns ganz wertlos geworden ist«, hat George gesagt.[30] Die Beschwichtigung, dass es sich um einen Dichter handelt, wie bei Nietzsche um einen Philosophen, verkennt Absicht und Wirkung. Bewusst ging es im Georgekreis um umfassende Lebensgestaltung, bewusst sprach man von »Staatlichkeit«. George stellte, »was keiner der westlichen Endzeitdichter vermochte, wieder Bild und Recht des herrscherlichen Menschen in die Mitte Europas. Er ..., der Entdecker einer männlich-heldischen Jugend ... trieb die Kunst als Macht, wie einst Napoleon die Macht als Kunst.«[31] Wagner, Nietzsche, George: In ihrer Perspektive erscheint Hitler als ein Mann seiner Epoche und hört auf, bloß ein Wirrkopf zu sein.

Doch um zum Banalen zurückzukehren: Langsam, aber unerbittlich neigten sich die Geldmittel des jungen Mannes dem Ende zu, und im Herbst des Jahres 1909 geriet er wirklich in Not. Mehrere Nächte verbrachte er auf Parkbänken und reihte sich im nasskalten November in die Menge der Männer ein, die Abend für Abend vor dem Meidlinger Obdachenlosenasyl auf Einlass warteten.[32] Der Landstreicher Reinbold Hanisch hat später berichtet, wie er »nach langer Irrfahrt« durch Deutschland und Österreich ins Meidlinger Asyl geriet. »Zur Linken auf der Drahtpritsche war ein magerer junger Mann mit ganz wund gelaufenen Füßen. Da ich noch Brod von den Bauern hatte teilte ich mit ihm. Ich sprach damals stark den Berliner Dialekt, er schwärmte für Deutschland. Seine Heimath Braunau am Inn hatte ich durchwandert, so konnte ich leicht seinen Erzählungen folgen.«[33]

Hanisch und Hitler taten sich zusammen. Als Hanisch herausfand, dass Hitler Maler war – und zwar entgegen dem anfänglichen Missverständnis nicht Anstreicher, sondern Kunstmaler –, ließ er ihn Postkarten, kleinformatige Bilder, manchmal auch Plakate meist mit Wiener Motiven anfertigen, die er selbst dann vertrieb. Abnehmer waren Bilderhändler, Rahmentischler, sogar Tapezierer, die Aquarelle »in die hohen Rückenlehnen von Sesseln oder Sofas einarbeiteten«. Der Erlös wurde geteilt, und er genügte zum Umzug vom Asyl ins Männerwohnheim des 20. Bezirks, eine Form von Billighotel für Heruntergekommene oder Zugereiste aus der Provinz.

Die in ihren engen Grenzen erfolgreiche Partnerschaft, im Grunde von Hanisch statt von Hitler geführt, zerbrach nach einigen Monaten im zunehmenden Zank, am Ende im Vorwurf des Betrugs. Mit besonderem Eifer hatte Hitler ein Bild vom Wiener Parlament gemalt, von dem er glaubte, dass es 50 Kronen wert sei. Hanisch aber bekam dafür – angeblich – nur zehn Kronen. Hitler fühlte sich hintergangen und zog seinen Partner vor Gericht, der tatsächlich zu sieben Tagen Haft verurteilt wurde. Man mag spekulieren: Vielleicht ertrug Hitler den in seiner Geschäftstüchtigkeit überlegenen Kumpan nicht mehr. Oder es war unversehens zu viel Nähe entstanden, ein Anflug von Freundschaft, den er erst recht nicht ertrug.[34] Im Übrigen wusste er jetzt, wie er sich als »kleiner Maler« durchbringen konnte und fand andere Vertriebsleute, darunter einen Juden namens Neumann. Oder er suchte, seine Scheu überwindend, selbst die Abnehmer auf.

Alles in allem: Wir sollten uns hüten, mit rückwärts gewandter Hellsicht und Vorhersage in Hitlers Kindheit, in den Heranwachsenden und in die Wiener Jahre hineinzulegen, was dort nicht zu finden ist. Am Ende sehen wir einen ärmlichen jungen Mann, schäbig gekleidet, blassgesichtig und mager, der mehr schlecht als recht Bilder verfertigt, um seinen Lebensunterhalt zu bestreiten und sich den Stehplatz in der Oper leisten zu können. Er grübelt und liest, was ihm zufällig in die Hände gerät; von systematischer Bildung kann nicht die Rede sein, auch nicht von politischen Perspektiven, die übers Gewirr der Tageseindrücke hinausweisen. Oder der Narrheiten, unter denen allerdings in dumpfer Tiefe der Hass aufs Bestehende keimt.

Je näher aber dem Hitler des Männerheims andere Menschen sind, desto fester verschließt er sich. Nur manchmal bricht er erregte, doch ziellose Streitgespräche vom Zaun. Im Grunde sehr einsam, träumt er sich aus seinem Elend hinweg in andere Welten, vorgezeichnet von Richard Wagner oder von seinem Lieblingsautor Karl May. Mit anderen Worten: Was wir erkennen, ist eine Spielart des deutschen Taugenichts – und sehr wenig oder nichts außerdem.

Der Erste Weltkrieg

Am 24. Mai 1913 verließ Hitler Wien und zog nach München. Warum? Verschiedene Deutungen sind denkbar. Zunächst kann man sagen: Hitler fühlte sich als Deutscher und wollte in Deutschland sein. Später, im »Reichshandbuch für die Deutsche Gesellschaft« von 1931, hat er zu Protokoll gegeben, dass er nach München kam, um »ein größeres Feld für seine politische Tätigkeit« zu finden. Aber das war, wie so vieles, eine nachträgliche Stilisierung; über die deutsche Politik wurde in Berlin, nicht in München entschieden, und nicht die geringste Spur eines politischen Engagements läßt sich nachweisen.

Ungleich näher liegt die Deutung aus den Künstlerträumen. »München leuchtete«, hat Thomas Mann gesagt.[1] Es leuchtete als eine Hauptstadt der Kunst und Kultur; in Manns Aufsatz »München als Kulturzentrum« wurde der Gegensatz zu Berlin auf die Formel gebracht: »Hier war man künstlerisch und dort politisch-wirtschaftlich.«[2] Das allerdings stellt eine grobe Vereinfachung dar; die modernen Theaterentwicklungen zum Beispiel, durch Namen wie Otto Brahm und Max Reinhardt bezeichnet, fanden in Berlin statt. Doch gewiss weit besser als die kühle und geschäftige Hauptstadt passte das gemütliche München zu verbummelten Genies oder zu Taugenichtsen, die ihre Tage im Kaffeehaus und die Abende in Biergärten verbrachten.

In München hielt neben anderen Stefan George Hof, und zu den Absplitterungen vom George-Kreis gehörten die Münchener »Kosmiker« Alfred Schuler und Ludwig Klages. Für sie stammte alles Böse der Welt aus der Rechenhaftigkeit des menschlichen Geistes; sie glaubten, dass der Mensch »das am Geist erkrankte Tier« sei[3], dass man aber ein rettendes Prinzip des menschlichen Ur-Seins nachweisen und zu ihm heimkehren könne. Der Geist als der Moloch, der seine eigenen Kinder frisst: Schuler gab dieser Auffassung eine besondere Wendung, indem er die Semiten als die verderblichen Erfinder des rechenhaften Geistes darstellte. So entstand sein Schlagwort vom »molochistischen Semitentum«. Schuler brachte auch das Hakenkreuz, das er bei Bachofen gefunden hatte[4], in den George-Kreis. Es ist denkbar, dass Hitler von Schuler beeinflusst worden ist.[5] An Irrungen und Wirrungen herrschte also in München kein Mangel, und noch andere Namen wären zu nennen, zum Beispiel Oswald Spengler, der sich darauf vorbereitete, den *Untergang des Abendlandes* zu verkünden.[6]

Für den Zeitpunkt von Hitlers Umzug nach München gab es indessen sehr handfeste Gründe. Einerseits hielt ihn das Warten auf seinen Anteil am Erbe des Vaters lange in Wien fest. Es wurde erst mit dem Erreichen des 24. Lebensjahres, also nach dem 20. April 1913, ausgezahlt. Entsprechend verfügte das Bezirksgericht in Linz am 16. Mai: »Die Barschaft wird durch die Post übersendet.« Mit den aufgelaufenen Zinsen handelte es sich um 819 Kronen und 98 Heller, ein gutes Handgeld für den Neuanfang.[7]

Andererseits wurde es dann höchste Zeit, aus Wien zu verschwinden. Denn der junge Mann beging Fahnenflucht; er entzog sich seiner Wehrpflicht in Österreich. Lange stellten die Behörden ihm nach, lange vergeblich. Schließlich entdeckten sie ihn doch. Ein Kriminalbeamter erschien am 18. Januar 1914 in Hitlers Wohnung, verhaftete den Gesuchten und brachte ihn zum österreichischen Konsul. Da die Überstellung an das zuständige Amt in Linz zu kurzfristig anberaumt war, schrieb Hitler zunächst einen Brief, der hier ausführlich zitiert sei, weil es sich um eine charakteristische, zwischen Stolz und Weinerlichkeit schwankende Selbstdarstellung handelt.

»Ich werde in der Vorladung als Kunstmaler bezeichnet. Führe ich auch diesen Titel zu Recht, so ist er aber dennoch nur bedingt richtig. Wohl verdiene ich mir meinen Unterhalt als selbständiger Kunstmaler, jedoch nur..., da ich... gänzlich vermögenslos bin (mein Vater war Staatsbeamter) meine weitere Fortbildung [zu] ermöglichen. Nur einen Bruchteil meiner Zeit kann ich zum Broterwerb verwenden, da ich mich als Architektur Maler noch immer erst ausbilde. So ist denn auch mein Einkommen nur ein sehr bescheidenes, gerade so groß, daß ich eben mein Auskommen finde. – Ich lege als Zeugniß dessen meinen Steuerausweis bei … Mein Einkommen ist hier mit 1200 M angenommen, eher zu viel als zu wenig …

Was meine Unterlassungssünde im Herbste 1909 anlangt [das versäumte Erscheinen vor der Musterungskommission zum Militärdienst], so war dies für mich eine unendlich bittere Zeit. Ich war ein junger unerfahrener Mensch, ohne jede Geldhilfe und auch zu stolz eine solche auch nur von irgend jemand anzunehmen geschweige denn zu erbitten. Ohne jede Unterstützung nur auf mich selbst gestellt, langten die wenigen Kronen oft auch nur Heller aus dem Erlös meiner Arbeiten kaum für meine Schlafstelle. Zwei Jahre lang hatte ich keine andere Freundin als Sorge und Not, keinen anderen Begleiter als ewig unstillbaren Hunger. Ich habe das schöne Wort Jugend nie kennengelernt. Heute noch nach 5 Jahren sind die Andenken in Form von Frostbeulen an Fingern, Händen und Füßen. Und doch kann ich nicht ohne gewisse Freude mich dieser Zeit erinnern, jetzt da ich doch über das Ärgste empor bin. Trotz größter Not, inmitten einer oft mehr als zweifelhaften Umgebung, habe ich meinen Namen stets anständig erhalten, bin ganz unbescholten vor dem Gesetz und rein vor meinem Gewissen.«[8]

Vielleicht half dieser Brief, die Behörden milde zu stimmen. Jedenfalls hieß der Befund der Musterungskommission, vor der Hitler am 5. Februar 1914 in Salzburg erschien: »Zum Waffen- und Hilfsdienst untauglich, zu schwach. Waffenunfähig.« Danach stand der unbescholtenen Rückkehr nach München nichts mehr im Wege.

Hitler wohnte in der Maxvorstadt, Schleißheimer Straße 34, als Untermieter beim Schneidermeister Popp. Wie er es in Wien gelernt hatte, verdiente er seinen Unterhalt offenbar ohne besondere Mühe, indem er Ansichtspostkarten oder Bilder im Kleinformat naturgetreu verfertigte: »Sendlinger Tor«, »Feldherrnhalle«, »Nationaltheater«, »Viktualienmarkt«, »Hofbräuhaus«.

Auffällig bleibt, wie schon in Wien, Hitlers Verriegelung gegen die moderne Kunst. In der Schwabinger Nachbarschaft wohnten revolutionäre Maler wie Paul Klee, Franz Marc und Wassily Kandinsky, aber er nahm sie nicht wahr; man findet kein Echo auf die kunstgeschichtlich so folgenreiche Gründung des »Blauen Reiter«. Er blieb der menschenscheue Träumer, der nur manchmal, wenn der Heißhunger ihn überfiel und die Geldverhältnisse es zuließen, Berge von Kuchen verschlang. Keine Freundschaften sind überliefert, die in den 14 Münchener Vorkriegsmonaten entstanden, niemand kannte Hitler, kaum jemanden lernte er kennen, sofern man von der Familie Popp, ihrer Nachbarschaft und den Käufern seiner Bilder absieht.[9]

Dann kam der August 1914, der europäische Sturz in den Krieg. Zufällig hat sich ein Foto erhalten, das am 2. August den begeisterten Hitler inmitten einer begeisterten Menge bei der Kriegsproklamation auf dem Odeonsplatz zeigt. In seinen eigenen Worten: »Der Kampf des Jahres 1914 wurde den Massen, wahrhaftiger Gott, nicht aufgezwungen, sondern von dem gesamten Volke selbst begehrt ... Mir selber kamen die damaligen Stunden wie eine Erlösung aus den ärgerlichen Empfindungen der Jugend vor. Ich schäme mich auch heute nicht, es zu sagen, daß ich, überwältigt von stürmischer Begeisterung, in die Knie gesunken war und dem Himmel aus übervollem Herzen dankte, daß er mir das Glück geschenkt, in dieser Zeit leben zu dürfen.«[10]

Nein, zur Beschämung bestand kein Anlass. Hunderttausende, Millionen junger Menschen empfanden ähnlich und meldeten sich freiwillig zu den Waffen, in England und Frankreich nicht anders als in Deutschland. Hitler berichtet weiter:

»Am 3. August reichte ich ein Immediatgesuch an Seine Majestät König Ludwig III. ein mit der Bitte, in ein bayerisches Regiment eintreten zu dürfen. Die Kabinettskanzlei hatte in diesen Tagen sicherlich nicht wenig zu tun; um so größer war meine Freude, als ich schon am Tage darauf die Erledigung meines Ansuchens erhielt. Als ich mit zitternden Händen das Schreiben geöffnet hatte und die Genehmigung meiner Bitte mit der Aufforderung las, mich bei einem bayerischen Regiment zu melden, kannte Jubel und Dankbarkeit keine Grenze. Wenige Tage später trug ich dann den Rock, den ich erst nach nahezu sechs Jahren wieder ausziehen sollte.

So, wie wohl für jeden Deutschen, begann nun auch für mich die unvergeßlichste und größte Zeit meines irdischen Lebens. Gegenüber den Ereignissen dieses gewaltigsten Ringens fiel alles Vergangene in ein schales Nichts zurück.«[11]

Im Rückblick drängen sich Fragen auf, vorab die persönliche: Warum flüchtete Hitler vor dem Militärdienst und meldete sich jetzt zu den Waffen? Er besaß es doch schwarz auf weiß und amtlich beglaubigt, dass er »waffenunfähig« war; niemand hätte ihm einen Vorwurf machen können, wenn er sich zurücklehnte und zuschaute oder allenfalls in einer Schreibstube, beim Roten Kreuz, in Lazaretten Hilfsdienste leistete.

Aber der öde Drill, der Friedensmilitarismus auf Kasernenhöfen ist eines, das Eintreten fürs Vaterland in der Stunde der Gefahr etwas ganz anderes. Zudem war Hitler nicht feige. Er scheute den Kampf keineswegs, wie er bald bewies. Das Risiko, das Spiel um alles oder nichts stieß ihn nicht ab, sondern zog ihn an. Wer ihm Furchtsamkeit unterstellt, schätzt ihn falsch ein, wie später so oft seine Gegner es taten. Was überhaupt hatte er zu verlieren außer ein verpfuschtes Leben? Dafür leuchtete die Möglichkeit, ein neues zu gewinnen.

Und dann gab es natürlich den fast unwiderstehlichen Sog der allgemeinen Kriegsbegeisterung, dem nur Minderheiten widerstanden. Im Grunde ist darum schon die Frage falsch gestellt; sie stammt aus unserer prinzipiell pazifistisch gestimmten Zeit. Richtig formuliert müsste sie lauten: Wie hätte damals ein junger Mann sich entziehen können, ohne seine Selbstachtung zu verlieren? Kaum ein Beispiel ist bekannt; ganze Abiturklassen liefen ihren Lehrern davon. Selbst unter den Älteren gab es kaum jemanden, dem Begeisterung nicht die Besinnung raubte, mit den Denkern und Dichtern, den Pastoren vorweg.[12]

Um so dringender stellte sich die weitere Frage: Woher stammte die Begeisterung? Hätten nicht eher Entsetzen, Angst, Verzweiflung die Menschen erfassen sollen? Oder zumindest eine düstere Entschlossenheit statt des Jubels? »Binnen Wochen wurde der Krieg zum technisch-industriellen Großunternehmen, dessen Produktionsziel nicht Gewinnmaximierung war, sondern der militärische Sieg. Binnen Tagen zerfiel die um den Goldstandard gruppierte Weltwirtschaft, standen die Mittelmächte isoliert, wurde der Krieg durch eine zunächst beschränkte, ab 1915 unbeschränkte Blockade der britischen Seestreitkräfte zum Wirtschaftskrieg, begann auf Initiative Walther Rathenaus die Rohstoffbewirtschaftung.«[13] Wenn also fast über Nacht die Friedenswirtschaft und der freie Welthandel zerbrachen: Wer sollte dann, nüchtern berechnet, überhaupt noch etwas gewinnen, von den Rüstungsproduzenten vielleicht abgesehen? Würden am Ende nicht alle miteinander verlieren, sogar die Sieger? Konnte zum Beispiel der Ruin der Währungen, deren Gegenwert die Materialschlachten unerbittlich zermalmten, die Gesellschaft unberührt lassen? Drohte breiten Schichten der Bevölkerung nicht der Ruin, die Verelendung? Hätte mithin – was immer die jungen Leute zum Abenteuer trieb oder als Sehnsucht nach Ruhm um ihren Verstand brachte – der Krieg bei der Mehrheit der Bürger nicht Besorgnis, Bestürzung auslösen müssen?

Je genauer man bilanziert – freilich im Rückblick, mit der preiswerten Weisheit des Nachgeborenen –, desto mehr drängt sich dieser Schluss auf. Dann aber bleibt als Folgerung eigentlich nur, dass etwas höchst Irrationales ins Spiel kam, dass die Zerstörung des Bestehenden, der überkommenen Ordnungen und Werte, kaum als Übel erschien, sondern im Gegenteil das geheime, vorbewusste Ziel bildete. Die allgemeine Begeisterung ergibt einzig dann einen Sinn, wenn man unterstellt, dass in ihr die Ahnung sich entzündete, die bisherige Bürgergesellschaft werde samt ihren Anschauungen und Verhaltensregeln, ihren Urteilen und Vorurteilen, ihrem Recht oder Unrecht aus dem Lot geraten und einstürzen, wie überhaupt die Zivilisation, auf die Europa gebaut war. In der Tiefe, in den Unter- und Urgründen, um mit Sigmund Freud zu reden, eine Art von Todestrieb oder der Sieg der Gewalt: »Diesen erahnte der Jubel der Freiwilligen, in dem die Stimme des deutschen Dämons gewaltig zum Ausbruch kam, und in dem sich der Überdruss an den alten Werten mit der unbewussten Sehnsucht nach einem neuen Leben verband.«[14]

Es wird hierüber noch mehr zu sagen sein, um das sonst Unbegreifliche, den Aufstieg Hitlers und seinen Erfolg bei den Massen, begreiflich zu machen. In der Regel geht man dabei von den Nachkriegsbedingungen aus. Doch immer muss man das Unheimliche im Auge behalten, das schon im August 1914 sich abzeichnet und in der Perspektive eines anderen Zeitalters so anstößig wirkt.

Natürlich lässt sich noch mehr anführen, zum Beispiel die Tatsache, dass der Sturz, vielmehr der Aufbruch in die Katastrophe, von Illusionen umnebelt wurde. Die Menschen, die Völker und sogar die Generale kannten den Krieg nicht, der sie erwartete. Was sie mit sich trugen, waren ferne Erinnerungen an die kurzen und glorreichen Feldzüge von 1866 und 1870, an die alles entscheidenden Siege von Königgrätz und Sedan.[15] Schon im Herbst oder spätestens zu Weihnachten 1914, so hieß es, werde man wieder zu Hause sein, in der Bestätigung des alten deutschen Heldentums mit frischem Lorbeer bekränzt. Über seine militärische Ausbildung im August und September 1914 sagt Hitler: »Eine einzige Sorge quälte mich in dieser Zeit, mich wie so viele andere auch, ob wir nicht zu spät zur Front kommen würden. Dies allein ließ mich oft und oft nicht Ruhe finden. So blieb in jedem Siegesjubel über eine neue Heldentat ein leiser Tropfen Bitternis verborgen, schien doch mit jedem neuen Siege die Gefahr unseres Zuspätkommens zu steigen.«[16] Wieder einmal spricht der Autor hier für Hunderttausende oder Millionen.

Die Historiker nennen noch etwas: die Ablenkung und Abfuhr innerer Spannungen nach außen. Um von den Nationalitätenproblemen in Österreich zu schweigen: Überall gab es die Klassenkonflikte, aus denen nicht nur marxistische Theoretiker den bevorstehenden »Kladderadatsch«, die Revolution, den Bürgerkrieg, die drohende oder erhoffte Machtübernahme durch das Proletariat ableiteten; in Deutschland bestimmten seit Bismarcks gescheiterter Sozialistenverfolgung tief sitzende Ängste das Verhältnis der Bürgergesellschaft zur Arbeiterbewegung. Lag es darum nicht nahe, dass man vom siegreichen Krieg einen Ausweg erhoffte?[17]

Ja, gewiss. Tatsächlich ist das »Zeitalter des Imperialismus«, wie man die Vorkriegsjahrzehnte genannt hat, weit mehr von den inneren, gesellschaftlichen Spannungen als vom wirtschaftlichen Konkurrenzkampf der Nationen bestimmt worden, der im Gegenteil – und zwar zunehmend – auf die Kooperation, auf den für alle vorteilhaften Handelsaustausch verwies. Aber man sollte die Menschen auch nicht für dumm verkaufen, nicht einmal im geschichtlichen Rückblick. Die Verschwörung der politisch herrschenden Kräfte zur Abfuhr ihrer Probleme nach außen wäre, nur für sich genommen, durchschaubar geblieben und hätte eher Empörung und Verweigerung auslösen müssen; der im August 1914 allgemein aufbrandende, wie eine Befreiung aus Unerträglichem wirkende Jubel lässt sich hieraus kaum oder jedenfalls nicht zureichend erklären.

Folgen wir nun dem jungen Kriegsfreiwilligen aus Österreich mit dem 16. Bayerischen Reserve-Infanterie-Regiment, nach seinem bald gefallenen ersten Kommandeur Regiment List genannt, aufs Schlachtfeld. Es »kam endlich der Tag, an dem wir München verließen, um anzutreten zur Erfüllung unserer Pflicht. Zum ersten Male sah ich so den Rhein, als wir an seinen stillen Wellen entlang dem Westen entgegenfuhren, um ihn, den deutschen Strom der Ströme zu schirmen vor der Habgier des alten Feindes. Als durch den zarten Schleier des Frühnebels die milden Strahlen der ersten Sonne das Niederwalddenkmal auf uns herabschimmern ließen, da brauste aus dem endlos langen Transportzuge die alte Wacht am Rhein[18] in den Morgenhimmel hinaus, und mir wollte die Brust zu enge werden.«[19]

»Und dann kommt [am 29. Oktober] eine feuchte, kalte Nacht in Flandern, durch die wir schweigend marschieren, und als der Tag sich dann aus den Nebeln zu lösen beginnt, da zischt plötzlich ein eiserner Gruß über unsere Köpfe uns entgegen und schlägt in scharfem Knall die kleinen Kugeln zwischen unsere Reihen, den nassen Boden aufpeitschend; ehe aber die kleine Wolke sich noch verzogen, dröhnt aus zweihundert Kehlen dem ersten Boten des Todes das erste Hurra entgegen. Dann aber begann es zu knattern und zu dröhnen, zu singen und zu heulen, und mit fiebrigen Augen zog es nun jeden nach vorne, immer schneller, bis plötzlich über Rübenfelder und Hecken hinweg der Kampf einsetzte, der Kampf Mann gegen Mann. Aus der Ferne aber drangen die Klänge eines Liedes an unser Ohr und kamen immer näher und näher, sprangen über von Kompanie zu Kompanie, und da, als der Tod gerade geschäftig hineingriff in unsere Reihen, da erreichte das Lied auch uns, und wir gaben es nun wieder weiter: Deutschland, Deutschland über alles, über alles in der Welt!

Nach vier Tagen kehrten wir zurück. Selbst der Tritt war jetzt anders geworden. Siebzehnjährige Knaben sahen nun Männern ähnlich.

Die Freiwilligen des Regiments List hatten vielleicht nicht recht zu kämpfen gelernt, allein zu sterben wußten sie wie alte Soldaten.«[20]

Der letzte Satz deutet den militärischen Misserfolg an; in der Schlacht bei Ypern, um die es sich im größeren Zusammenhang handelte, scheiterte der deutsche Durchbruch zur Kanalküste, und reihenweise wurden die jungen Kriegsfreiwilligen von den Maschinengewehren der britischen Berufsarmee niedergemäht. In einem Brief an den Schneidermeister Popp berichtete Hitler, dass das Regiment von 3600 auf 600 Mann zusammengeschmolzen sei.[21] Die Regimentsgeschichte nennt dagegen 349 Gefallene, immer noch schlimm genug: Insgesamt verlor das Regiment bei seinem Einsatz an der Westfront von 1914 bis 1918 3754 Tote, Verwundete und Gefangene[22], das heißt, wenn man für den Einsatz bei Ypern die Verwundeten hinzuzählt, in den ersten vier Tagen schon mehr als zehn Prozent der Gesamtverluste aus vier Jahren. Im Übrigen vermerkt die Regimentsgeschichte, dass nicht das Deutschlandlied, sondern »Die Wacht am Rhein« gesungen wurde; Hitler sucht in seiner späteren Darstellung offenbar Anschluss an den Sturm auf Langemarck, der zum Mythos wurde, weil da die blutjungen, in den Tod stürmenden Kriegsfreiwilligen tatsächlich das Deutschlandlied sangen.[23]

Doch das sind Nörgeleien am Rande. An Hitlers Tapferkeit, seiner Bewährung als Soldat, ist nicht zu zweifeln. Bereits im Dezember 1914 wurde ihm das Eiserne Kreuz II. Klasse verliehen. »Es war der glücklichste Tag meines Lebens«, bekam der Schneidermeister Popp zu lesen, »freilich, meine Kameraden, die es auch verdient hatten, sind alle tot.« Zweimal wurde Hitler verwundet. Im Mai 1918 rühmte ein Regimentsdiplom seine Tapferkeit vor dem Feind, und im August 1918 folgte das Eiserne Kreuz I. Klasse – übrigens, pikant genug, auf Vorschlag eines jüdischen Offiziers.[24] Im Ersten Weltkrieg, als es im Gegensatz zum Zweiten noch keine Ordensinflation gab, war dies eine durchaus nicht alltägliche und besonders für Mannschaftsdienstgrade seltene Auszeichnung. Mit Stolz hat er sie denn auch stets getragen und nichts mehr hinzugefügt, als er selbst Ritterkreuze mit immer neuen Aufstufungen verlieh. Die praktische Bedeutung des Eisernen Kreuzes ist ohnehin kaum hoch genug einzuschätzen;

nach 1918 sicherte es dem Mann aus Österreich in den Wechselfällen seiner politischen Laufbahn im tieferen Sinn das Recht, als Deutscher vor Deutschen zu sprechen und ihr Führer zu werden: Als Soldat war er einer von ihnen geworden, und er hatte sich bewährt.

Wofür im Einzelnen Hitler seine Orden bekam, ist unbekannt. Verschiedene Geschichten sind in Umlauf gebracht worden, die im »Dritten Reich« ihren Weg bis in die Schulbücher fanden, etwa dass er eine englische (oder französische) Patrouille von zehn, zwölf oder noch mehr Mann überrascht und durch seine Geistesgegenwart dazu gebracht habe, sich gefangen zu geben[25], oder dass er bei einem Feuerüberfall sich schützend vor den Regimentskommandeur stellte und ihn bat, »das Regiment davor [zu] bewahren, in so kurzer Zeit ein zweites Mal seinen Kommandeur zu verlieren«.[26] Wahrscheinlich ist, dass man den zuverlässigen Meldegänger auszeichnete, der Befehle und Nachrichten zwischen dem Regimentsstab und den Kompanien in der Frontlinie hin und her trug – und zwar oft in besonders gefährlicher Lage, wenn das feindliche Trommelfeuer die Telefonleitungen zerstört hatte. Dieser Einsatz als Meldegänger passte besonders gut zu dem Eigenbrötler, der Hitler von Haus aus war.

Offenbar weit weniger gut eignete er sich zum Vorgesetzten. Er wurde nicht zum Unteroffizier befördert, »weil«, wie einer der Offiziere notierte, »wir keine entsprechenden Führereigenschaften an ihm entdecken konnten«.[27] Erhaltene Fotos zeigen den Meldegänger immer ein wenig im Abseits zu seinen Kameraden. Sein bester Freund war kein Mensch, sondern der Terrier »Foxl«, der ihm irgendwie zugelaufen war, bei ihm blieb und erst in der Spätzeit des Krieges abhanden kam. Noch viel später erinnerte sich Hitler: »Ich habe ihn so gern gehabt!« Und: »Dieser Schweinehund, der ihn mir genommen hat, weiß gar nicht, was er mir angetan hat.«[28] Die Tierliebe blieb charakteristisch bis ans Ende. Nur eben, wiederum charakteristisch: Es musste sich um folgsame Hunde, nicht um eigensinnige Katzen handeln.

Hiermit wird nicht gesagt, dass Hitler unter der Frontkameradschaft litt, im Gegenteil: Das Miteinander unter oft elenden Bedingungen wurde für ihn zur Heimat, zur Geborgenheit gerade im Angesicht der Gefahr.[29] Die Last der Eigenverantwortung für die persönliche Lebensführung, für Erfolg und Misserfolg, die das Zivilleben kennzeichnet, war verschwunden und für Kost, Logis und Kleidung wurde gesorgt[30]; es gab nur noch die Pflichterfüllung, umgrenzt von Befehl und Gehorsam.

Übrigens nicht nur für einen Außenseiter wie Hitler bildete das Leben und Sterben des Frontsoldaten den Gegenpol, den Widerruf jeder bürgerlichen Existenz. Etwas Neues zeichnete sich ab jenseits der Friedenswelt, womöglich sogar als Verheißung für die Zukunft. Mit Ernst Jünger zu reden: »Der Geist der Materialschlacht und des Grabenkampfes, der rücksichtsloser, brutaler, wilder ausgefochten wurde, als je ein anderer, erzeugte Männer, wie sie die Welt bisher nie gesehen. Es war eine ganz neue Rasse, verkörperte Energie, mit höchster Wucht geladen ..., Überwinder, Stahlnaturen, eingestellt auf den Kampf in seiner gräßlichsten Form ... Wenn ich [sie] beobachte ..., erstrahlt mir die Erkenntnis: Das ist der neue Mensch.«[31]

Wie sehr das Fronterlebnis vom Alltag in Deutschland entfremdete, zeigte sich drastisch, als Hitler im Oktober 1916 am linken Oberschenkel verwundet wurde; offenbar nur noch negativ stellte sich die Heimat dar. In *Mein Kampf* heißt es dazu:

»Fast am Jahrestage meines Ausmarsches kam ich in das Lazarett zu Beelitz bei Berlin.

Welcher Wandel! Vom Schlamm der Sommerschlacht in die weißen Betten dieses Wunderbaues! Man wagte ja anfangs kaum, sich richtig hineinzulegen. Erst langsam vermochte man sich an diese neue Welt wieder zu gewöhnen.

Leider aber war diese Welt auch in anderer Hinsicht neu.

Der Geist des Heeres an der Front schien hier schon kein Gast mehr zu sein. Etwas, das an der Front noch unbekannt war, hörte ich hier zum ersten Male: das Rühmen der eigenen Feigheit! ...

Als ich wieder richtig gehen konnte, erhielt ich Erlaubnis, nach Berlin fahren zu dürfen.

Die Not war ersichtlich überall sehr herbe. Die Millionenstadt litt Hunger. Die Unzufriedenheit war groß. In verschiedenen, von Soldaten besuchten Heimen war der Ton ähnlich dem des Lazaretts ...

Noch viel, viel ärger waren jedoch die Verhältnisse in München selber!

Als ich nach Ausheilung aus dem Lazarett entlassen und dem Ersatzbataillon überwiesen wurde, glaubte ich die Stadt nicht mehr wiederzuerkennen. Ärger, Mißmut und Geschimpfe, wohin man nur kam! Beim Ersatzbataillon selber war die Stimmung unter jeder Kritik. Hier wirkte noch mit die unendlich ungeschickte Art der Behandlung der Feldsoldaten von Seiten alter Instruktionsoffiziere, die noch keine Stunde im Felde gewesen waren ... Aber von dem ganz abgesehen, war die allgemeine Stimmung miserabel; die Drückebergerei galt schon fast als ein Zeichen höchster Klugheit, das treue Ausharren aber als Merkmal innerer Schwäche und Borniertheit. Die Kanzleien waren mit Juden besetzt ...«[32] Mit der Erleichterung, wieder zu Hause zu sein, kehrte Hitler Anfang März 1917 an die Front zurück.

Das Jahr 1917 entschied über die Zukunft. Deutschland eröffnete den unbeschränkten U-Boot-Krieg, weil man hoffte und weil die Admirale sich verschworen, England mit dieser Waffe »binnen sechs Monaten« auf die Knie zu zwingen. Die Hoffnung trog, und man handelte sich die Kriegserklärung der Vereinigten Staaten ein, die die deutsche Niederlage unabwendbar machte. Erstmals in der Geschichte betrat die große atlantische Macht, in Deutschland krass unterschätzt, schicksalsbestimmend den europäischen Schauplatz.

Sieben Monate nach der amerikanischen Kriegserklärung, gemäss der mittel- und westeuropäischen Kalenderrechnung im November, folgte die russische Oktoberrevolution. Der Generalstabschef Erich Ludendorff hatte sie ermöglicht, indem er Lenin aus seinem Exil in der Schweiz quer durch Deutschland zum Ort des Geschehens reisen ließ. Die Geschichte der Sowjetunion begann, der anderen Schicksalsmacht des 20. Jahrhunderts.

Kurzfristig allerdings ging Ludendorffs Rechnung auf: Am 15. Dezember 1917 wurde mit Russland ein Waffenstillstand, am 3. März 1918 der Friedensvertrag von Brest-Litowsk geschlossen; viele bisher im Osten gebundene deutsche Divisionen konnten nun an die Westfront verlegt werden, und am 21. März begann eine Serie von Offensivschlägen, die den Sieg bringen sollten, bevor die amerikanische Armee in nennenswerter Stärke zum Einsatz bereit war.

Aber trotz der Anfangserfolge gelang es nicht, die feindliche Front zu zerreißen, und die Kampfkraft des deutschen Heeres verzehrte sich. Nur einen Tag nach dem Scheitern des letzten Angriffs begann am 18. Juli 1918 die großen Gegenoffensive der Alliierten. Am 8. August folgte »der schwarze Tag des deutschen Heeres«, an dem ganze Divisionen sich auflösten. Von Woche zu Woche mit stärkeren und unverbrauchten Kräften griffen jetzt auch die Amerikaner ein, der Rückzug begann; der Zusammenbruch der Verbündeten und die eigene Niederlage zeichneten sich unerbittlich ab.

Am 29. September forderten Hindenburg und Ludendorff, die bisher allmächtigen Männer der Obersten Heeresleitung, den Abbruch des sinnlos gewordenen Kampfes und einen raschen, nein, den sofortigen Waffenstillstand. Vier Wochen später, am 28. Oktober, meuterten die Matrosen, als Admiral Scheer die den ganzen Krieg über militärisch unbedeutende Flotte in die Schlacht, vielmehr in den heroischen Untergang führen wollte. Seit dem 3. November griff der Aufstand von Kiel aus auf andere deutsche Städte über. Am 7. November erreichte die Revolution München, am 9. November Berlin. Am selben Tag übergab der Reichskanzler Prinz Max von Baden die Regierungsgeschäfte an den Führer der Sozialdemokraten Friedrich Ebert und verkündete die Abdankung des Kaisers. Am 11. November, um elf Uhr vormittags, trat der Waffenstillstand in Kraft. Ein Krieg kam ans Ende, der rund zehn Millionen Tote gekostet hatte.

Hitler war am 14. Oktober bei einem Gasangriff verwundet worden; vorübergehend verlor er sein Augenlicht. Er wurde in ein Lazarett im pommerschen Pasewalk gebracht. Wie er dort das Kriegsende erlebte, hat er in *Mein Kampf* dramatisch geschildert:

»Am 10. November kam der Pastor in das Lazarett zu einer kleinen Ansprache; nun erfahren wir alles … Der alte, würdige Herr schien sehr zu zittern, als er uns mitteilte, daß das Haus Hohenzollern nun die deutsche Kaiserkrone nicht mehr tragen dürfe, daß das Vaterland ›Republik‹ geworden sei, daß man den Allmächtigen bitten müsse, diesem Wandel seinen Segen nicht zu versagen und unser Volk in den kommenden Zeiten nicht verlassen zu wollen. Er konnte dabei wohl nicht anders, er mußte in wenigen Worten des königlichen Hauses gedenken, wollte dessen Verdienste in Pommern, in Preußen, nein um das deutsche Vaterland würdigen, und – da begann er leise in sich hineinzuweinen – in dem kleinen Saale aber legte sich tiefste Niedergeschlagenheit wohl auf alle Herzen, und ich glaube, daß kein Auge die Tränen zurückzuhalten vermochte. Als aber der alte Herr weiter zu erzählen versuchte und mitzuteilen begann, daß wir den langen Krieg nun beenden müßten, ja daß unser Vaterland für die Zukunft, da der Krieg jetzt verloren wäre und wir uns in die Gnade der Sieger begäben, schweren Bedrückungen ausgesetzt sein würde, daß der Waffenstillstand im Vertrauen auf die Großmut unserer bisherigen Feinde angenommen werden sollte – da hielt ich es nicht mehr aus. Mir wurde es unmöglich, noch länger zu bleiben. Während es mir um die Augen wieder schwarz ward, tastete und taumelte ich zum Schlafsaal zurück, warf mich auf mein Lager und grub den brennenden Kopf in Decken und Kissen …

Es war also alles umsonst gewesen. Umsonst all die Opfer und Entbehrungen, umsonst der Hunger und Durst von manchmal endlosen Monaten, vergeblich die Stunden, in denen wir, von Todesangst umkrallt, dennoch unsere Pflicht taten, und vergeblich der Tod von zwei Millionen, die dabei starben.[33] Mußten sich nicht die Gräber all der Hunderttausende öffnen, die im Glauben an das Vaterland einst hinausgezogen waren, um niemals wiederzukehren? Mußten sie sich nicht öffnen und die stummen, schlamm- und blutbedeckten Helden als Rachegeister in die Heimat senden, die sie um das höchste Opfer, das auf dieser Welt der Mann seinem Volke zu bringen vermag, so hohnvoll betrogen hatte? Waren sie dafür gestorben, die Soldaten des Augusts und Septembers 1914, zogen dafür die Freiwilligen-Regimenter im Herbste desselben Jahres den alten Kameraden nach? Sanken dafür diese Knaben von siebzehn Jahren in die flandrische Erde? War dies der Sinn des Opfers, das die deutsche Mutter dem Vaterlande darbrachte, als sie mit wehem Herzen die liebsten Jungen damals ziehen ließ, um sie niemals wiederzusehen? Geschah dies alles dafür, daß nun ein Haufen elender Verbrecher die Hand an das Vaterland zu legen vermochte?«[34]

Hitlers Darstellung endet mit den Worten:

»Kaiser Wilhelm II. hatte als erster deutscher Kaiser den Führern des Marxismus die Hand zur Versöhnung gereicht, ohne zu ahnen, daß Schurken keine Ehre besitzen. Während sie die kaiserliche Hand noch in der ihren hielten, suchte die andere schon nach dem Dolche.

Mit dem Juden gibt es kein Paktieren, sondern nur das harte Entweder-Oder.

Ich aber beschloß, Politiker zu werden.«[35]

Ein Ende und ein Anfang

Hitler verstand sich auf Symbole und wusste, dass sie die Herzen stärker bewegen als noch so glanzvolle Gedanken. Darum stilisierte er seinen Beschluss, Politiker zu werden, und all sein Handeln auf den 9. November 1918: zur Mission, den »Verrat«, den »Dolchstoß« in den Rücken der angeblich unbesiegten Front zu rächen und das »Novemberverbrechen« zu tilgen. Höchst glücklich fügte es sich dann ins Bild, dass sein Münchener Putsch von 1923 am 8. und 9. November stattfand. Später, nach der »Machtergreifung« von 1933, wurde der »Marsch auf die Feldherrnhalle« alljährlich in düsterem Pomp nachinszeniert, als ein Sinnbild des Todes und der Auferstehung, und kaum zufällig brannten am 20. Jahrestag, am 9. November 1938, die Häuser Gottes, die Synagogen, als die Feuerzeichen der Rache. Ein knappes Jahr später, bei der Kriegseröffnung gegen Polen am 1. September 1939, sagte Hitler in seiner Rede vor dem Reichstag:

»Als Nationalsozialist und als deutscher Soldat gehe ich in diesen Kampf mit einem starken Herzen hinein. Mein ganzes Leben war nichts anderes als ein einziger Kampf für mein Volk, für seine Wiederauferstehung, für Deutschland. Über diesem Kampf stand immer nur ein Bekenntnis des Glaubens an dieses Volk. Ein Wort habe ich nie kennengelernt, es heißt: Kapitulation … Und ich möchte daher jetzt der ganzen Umwelt gleich versichern: Ein November 1918 wird sich niemals mehr in der deutschen Geschichte wiederholen!«[1]

Diese Versicherung kehrte ständig wieder, zugleich mit der Ankündigung: »Verräter haben nichts zu erwarten als den Tod!«[2] So war und blieb der 9. November 1918 das symbolträchtige Datum, Ende und Anfang zugleich, der Ausgangspunkt und die Rechtfertigung der eigenen Berufung.

Dabei ging es um eine sorgsam zurechtgelegte, nachträgliche Inszenierung; wie in diesem und noch näher im folgenden Kapitel zu zeigen sein wird, ist es ganz unwahrscheinlich, dass Hitler tatsächlich schon am 9. oder 10. November 1918 den Entschluss fasste, Politiker zu werden.

Um so glaubwürdiger wirkt die persönliche Verzweiflung. Hitler hatte seine »Erlösung aus den ärgerlichen Empfindungen der Jugend«, aus ihren Demütigungen und Niederlagen in der Frontkameradschaft gefunden, die ihm Heimat gab und seine Selbstachtung begründete. Doch jetzt, fast über Nacht, hatte diese Geborgenheit sich aufgelöst – hinterrücks, durch »Verrat« oder wie auch immer – und würde nach menschlichem Ermessen niemals wiederkehren. Man musste fortan auf eigenen und zivilen Füßen stehen. Aber wie nur? Hitler war jetzt 29 Jahre alt, er hatte nichts gelernt, was für den Frieden taugte; es gab für ihn keine Berufsaussichten und damit keine Zukunft. Selbst vom Postkartenmalen war unter den veränderten, ärmlichen Nachkriegsbedingungen kaum noch etwas zu erhoffen.

Es war ein schwacher Trost, dass es Hunderttausenden ähnlich erging, zum Beispiel den Berufssoldaten und vielen der Freiwilligen, die von der Schulbank weg in den Krieg zogen, in ihm ihre Prägung erfuhren und sich im Zivilleben nicht mehr zurechtfanden. Man kann geradezu von einer Zweiteilung der Heimkehrer sprechen. Im Gegenlager standen diejenigen, die aus ihrem Beruf heraus an die Front gerissen worden waren, zum Beispiel die Facharbeiter, in der Regel schon verheiratet, die froh waren, endlich zu Hause zu sein, und schleunigst den Soldatenrock auszogen, um wieder an der Werkbank ihr Geld zu verdienen.

Der Sachverhalt führte zu einschneidenden politischen Konsequenzen. Die Mitglieder der Gewerkschaften und Parteigänger der Sozialdemokraten gehörten durchweg zu diesem zweiten Typus mit der Folge, dass es für die republikanische Regierung unter Friedrich Ebert fast unmöglich war, eigene Wehrverbände zur Durchsetzung von Ruhe und Ordnung aufzustellen.

Man hat Männern wie Ebert und Gustav Noske später vorgeworfen, dass sie die demokratische Sache verrieten und künftiges Unheil heraufbeschworen, als sie gewissermaßen ein Blutsbündnis mit rechtsgerichteten Freikorps oder den Kräften der alten Armee eingingen, die sich dann zur Reichswehr formierten. Aber die Frage ist, was sie sonst hätten tun sollen. Es erwies sich als schlichte Wahrheit, wenn der damalige Leutnant Julius Leber – später Reichstagsabgeordneter der SPD und dann ein Mann des Widerstandes gegen die Gewaltherrschaft – feststellte: »Die große Masse der zur Sozialdemokratischen Partei stehenden Arbeiter kam gar nicht auf den Gedanken, der jungen Revolutionsrepublik Blut und Leben zur Verfügung zu stellen.«[3]

Noch eindringlicher hat der Historiker Hagen Schulze das Problem geschildert: »Jede Revolution schafft sich ihre eigene Armee, die Iron-sides der englischen, der Sansculotten-Armee der französischen oder die Rote Armee der russischen Revolution. In der Tat gab es eine Reihe von Versuchen, der Umarmung durch die OHL [Oberste Heeresleitung] zu entgehen.« Unter anderem erließ der Rat der Volksbeauftragten am 12. Dezember 1918 ein »Gesetz zur Bildung einer freiwilligen Volkswehr«. Doch »allen diesen Experimenten war durchweg kein Erfolg beschieden, wenn man von sehr wenigen Formationen wie dem ›Regiment Reichstag‹ absieht, das hauptsächlich aus sozialdemokratisch und gewerkschaftlich organisierten Unteroffizieren bestand und von einem Vizefeldwebel geführt wurde. Das ›Regiment Reichstag‹ schlug sich bei verschiedenen Gelegenheiten hervorragend für die Reichsregierung, aber es blieb eine Ausnahme ... Die Soldaten und Matrosen hatten in ihrer übergroßen Mehrheit nicht durch Streikaktionen zum Kriegsende beigetragen, um anschließend in einem innerdeutschen Bürgerkrieg zu fallen. Einzelfälle wie das ›Regiment Reichstag‹ widerlegen den Befund nicht, sondern stützen ihn; größer angelegte Organisationsversuche ... scheiterten nämlich nicht zuletzt daran, daß alle Sozialdemokraten, die militärisch erfahren und zum Kampf bereit waren, sich dem ›Regiment Reichstag‹ angeschlossen hatten. Damit war das militärische Reservoir der MSPD [Mehrheits-SPD] und der ihr nahestehenden Freien Gewerkschaften im Berliner Raum restlos erschöpft.«[4]

Ein paar Hundertschaften in einem Vier-Millionen-Raum, der eine Hochburg der Sozialdemokraten bildete! Vielleicht zeigt der Vergleich mit den Revolutionen in England, Frankreich und Russland aber auch, dass es im Zusammenbruch der alten Ordnung des Kaiserreiches für die große Mehrheit der Menschen vor allem um die Sehnsucht nach der Rückkehr zur Normalität des Friedens ging. »Die Novemberrevolution von 1918 war eine Hunger- und Erschöpfungsrevolte«, hat Theodor Eschenburg mit Recht gesagt.[5]

Nur eben: Es gab dann die anderen, die Nicht-Heimkehrer aus dem Krieg, die Verlorenen des Friedens. Einer von ihnen und der literarisch bedeutendste, Ernst Jünger, hat sie geschildert und vorausgesagt: »Über ihren Städten wird tausendfach brausende Tat sich wölben, wenn sie über die Asphalte schreiten, geschmeidige Raubtiere, von Kräften überspannt. Baumeister werden sie sein auf den zertrümmerten Fundamenten der Welt. Denn dieser Krieg ist nicht, wie viele meinen, Ende, sondern Auftakt der Gewalt. Er ist die Hammerschmiede, die die Welt in neue Grenzen und neue Gemeinschaften zerschlägt. Er ist das glühende Abendrot einer versinkenden Zeit und zugleich Morgenrot, in dem man zu neuem, größerem Kampfe rüstet.«[6]

Je gewalttätiger, desto besser: Nur zu verständlich sammelten sich die Verlorenen des Friedens bei den Extremen, entweder bei den Spartakisten und Kommunisten oder – praktisch bedeutsamer – im rechten Lager, untergründig vereint in ihrer Verachtung einer Gesellschaft, der nichts so wichtig war wie die Rückkehr zu Ruhe und Ordnung als den ersten Bürgerpflichten. Es sei noch einmal an den Jubel beim Kriegsbeginn erinnert, in dem die Erwartung eines Einsturzes der bürgerlichen Normalität angelegt war; wenn die aber jetzt triumphierte, sogar als Verfassungsordnung einer parlamentarischen Demokratie, dann erschien die Republik als ein Verrat an den »Ideen von 1914«.

Natürlich schätzten die alten Haudegen und die jung schon Verzweifelten sich glücklich, wenn sie Zuflucht in möglichst großer Nähe zur verlorenen Frontkameradschaft fanden, sei es bei Freikorps, bei der Reichswehr oder in vielerlei fiebrigen Verschwörungen, immer erfüllt vom Hass auf die Republik und angespannt auf das Ziel, sie zu beseitigen – auch geistig. Nochmals Ernst Jünger: »Eines der besten Mittel zur Vorbereitung eines neuen und kühneren Lebens besteht in der Vernichtung der Wertungen eines losgelösten und selbstherrlich gewordenen Geistes, in der Zerstörung der Erziehungsarbeit, die das bürgerliche Zeitalter am Menschen geleistet hat ... Die beste Antwort auf den Hochverrat des Geistes gegen das Leben ist der Hochverrat des Geistes gegen den Geist; und es gehört zu den hohen und grausamen Genüssen unserer Zeit, an dieser Sprengarbeit beteiligt zu sein.«[7]

Hinzu kamen dann in Schulen und Hochschulen, in Verwaltung und Justiz die konservativen Kräfte aus dem Kaiserreich, die die Republik noch weniger zu ersetzen vermochte als die Soldaten. Eilfertig schwor man zwar seinen Treueid auf die neue Verfassung, um die wohlerworbenen Beamtenrechte und Pensionsansprüche nicht zu verlieren, doch mit heimlichem Vorbehalt. Hier fanden die Sprengmeister des Geistes und die handfesten Gewalttäter, die Verschwörer und Mörder Verständnis, Förderung, Schutz.

Ein finsteres Beispiel liefert die politische Justiz der Weimarer Republik. Sie stellt sich als eine lange Kette der Skandale dar, als geradezu systematische Rechtsbeugung und im Ergebnis als Zerstörung des Rechts. Während man nach »links« stets mit unerbittlicher Härte reagierte, blieb man auf dem rechten Auge blind. Der damalige Heidelberger Privatdozent für Statistik, Emil Julius Gumbel, hat nachgerechnet und ist verfemt worden, weil er die Wahrheit sagte: In den vier Jahren von 1918 bis 1922 wurden 22 Morde von »links« nachgewiesen und dafür 17 Täter zu langjährigem Zuchthaus, zehn zum Tode verurteilt. Bei 354 Morden von »rechts« gab es indessen nur eine einzige strenge Bestrafung, kein Todesurteil. Die durchschnittliche Freiheitsstrafe betrug 15 Jahre für die »linken«, vier Monate für die »rechten« Täter.[8] Erst recht durfte auf Gnade hoffen, wer – wie 1920 beim Kapp-Putsch in Berlin und 1923 beim Hitler-Putsch in München – der Republik »patriotisch« nach dem Leben trachtete. Der Begriff der Klassenjustiz, oft leichtfertig gebraucht und abgenutzt, ist hier wirklich am Platze; ein großer demokratischer Jurist der Weimarer Republik, Gustav Radbruch, hat als Reichsjustizminister sogar von einem »Kriegszustand zwischen Volk und Justiz« gesprochen.[9]

Und dann die Soldaten: Gegen spartakistische und kommunistische Aufstände scheuten Freikorps und Reichswehr keinen Einsatz und kein Blutvergießen, gleich, ob in Berlin, in Thüringen und im Ruhrgebiet oder in München. Doch als beim Beginn des rechtsgerichteten Kapp-Putsches der Reichswehrminister Noske den Chef des Truppenamtes General von Seeckt fragte, wer mit ihm bereit sei, den Aufständischen mit der Waffe entgegenzutreten, bekam er die eisige Antwort: »Truppe schießt nicht auf Truppe. Haben Sie, Herr Minister, etwa die Absicht, eine Schlacht vor dem Brandenburger Tor zu dulden zwischen Truppen, die eben erst Seite an Seite gegen den Feind gekämpft haben?... Wenn Reichswehr Reichswehr niederschlägt, dann ist alle Kameradschaft im Offizierkorps hin.«[10] Anschließend beurlaubte sich der General, bis der Putsch am demokratischen Generalstreik gescheitert war. Dem Reichspräsidenten ist es bei anderer Gelegenheit kaum besser ergangen. Im krisengeschüttelten Herbst 1923 fragte Ebert: »Ich möchte wirklich nur wissen, wo steht denn eigentlich die Reichswehr?« Darauf Seeckt, monokelbewehrt: »Die Reichswehr steht hinter mir.«[11]

Dem deutschen Panorama sei noch eine knappe Skizze der bayerischen Verhältnisse angefügt. Denn nachdem Hitlers Augenverätzung durch das Giftgas ausgeheilt und er aus dem Lazarett in Pasewalk entlassen war, kehrte er nach München zurück und meldete sich beim Ersatzbataillon seines Regiments.

Die Stadt erwies sich als eine Hochburg erst der Revolution und dann der Gegenrevolution. Zunächst stand Kurt Eisner an der Spitze einer sozialistischen Regierung. Am 21. Februar 1919 wurde er von dem jungen Grafen Anton von Arco-Valley ermordet. Daraufhin stürmte ein paar Stunden später der Metzger und Schankkellner Alois Lindner schießend in den Landtag und tötete zwei Personen. Der Innenminister und Führer der bayerischen Sozialdemokraten Erhard Auer wurde schwer verwundet. In Panik stoben die Abgeordneten auseinander.

Die Ermordung Eisners führte zu einem Linksruck. Der kurz zuvor gewählte Landtag mit sozialdemokratisch-bürgerlicher Mehrheit sah sich vom Zentralrat der Arbeiter-, Soldaten- und Bauernräte beiseite gedrängt; am 7. April folgte die Ausrufung der Räterepublik. Der Landtag und die Regierung flohen nach Bamberg. Vom 30. April an rückten dann Truppen und Freikorps in die Stadt ein und beseitigten in mehrtägigen, höchst erbittert geführten Kämpfen die Räteherrschaft.[12] Der rote Terror führte zu Geiselerschießungen, der weiße Gegenterror wütete noch weitaus heftiger. Insgesamt soll es nach polizeilichen, allerdings umstrittenen Ermittlungen 577 Tote gegeben haben.[13] Die Mehrheit der Bevölkerung begrüßte offenbar die einmarschierenden Truppen als Befreier; wie es in einem Tagebuch hieß, winkten die Leute mit ihren Tüchern, »alles sieht aus dem Fenster, applaudiert, die Begeisterung könnte nicht größer sein«.[14]

Fortan jedenfalls war Bayern fest in konservativer Hand. 1920 bildete Gustav Ritter von Kahr eine rechtsgerichtete Regierung. Im Jahre 1921 trat er in einem Streit mit der Reichsregierung zurück. Im September 1923 übernahm er nach Verhängung des Ausnahmezustandes als »Generalstaatskommissar« die vollziehende Gewalt und geriet im Oktober wieder in Konflikt mit dem Reich, als er den Befehlshaber der Reichswehr, General von Lossow, für Bayern »in Pflicht nahm«. Dieser Konflikt verführte Hitler zu der Hoffnung, das Kahr und Lossow mit ihm gegen Berlin marschieren würden. Aber Kahr hatte vor allem Bayern im Auge und schlug den Hitler-Putsch nieder. Die Rache erreichte ihn mit seiner Ermordung am 30. Juni 1934. Der Konflikt mit dem Reich endete im Februar 1924, als Kahr zurücktrat und Lossow seinen Abschied nahm. Der Führer der Bayerischen Volkspartei, Heinrich Held, bildete eine Regierung, die bis zum März 1933 im Amt blieb.

Und was eigentlich tat Hitler während der Revolutionswirren vom November 1918 bis zum Mai 1919? Er sagt, dass das Ersatzbataillon seines Regiments sich in der Hand von Soldatenräten befand. »Der ganze Betrieb war mir so widerlich, daß ich mich sofort entschloß, wenn möglich wieder fortzugehen. Mit einem treuen Feldzugskameraden, Schmiedt Ernst, kam ich nach Traunstein und blieb bis zur Auflösung des Lagers dort.«[15]

Diese Angaben sind höchst ungenau; nicht sofort, sondern erst nach Wochen meldete sich Hitler zur Bewachung eines Kriegsgefangenenlagers in Traunstein, das schon einen Monat später aufgelöst wurde. Die meiste Zeit hat er also in München verbracht – und dann unvermeidbar auch mit der roten Armbinde versehen. Wahrscheinlich hat er sich so unauffällig wie möglich verhalten. Glaubhaft wirkt nur die Ratlosigkeit:

»In dieser Zeit jagten in meinem Kopfe endlose Pläne einander. Tagelang überlegte ich, was ich nur überhaupt tun könnte, allein, immer war das Ende jeder Erwägung die nüchterne Feststellung, daß ich als Namenloser selbst die geringste Voraussetzung zu irgendeinem zweckmäßigen Handeln nicht besaß.«[16]

Diese Passage lässt sich verschieden auslegen. Man kann sie auf die private Existenz und das berufliche Fortkommen beziehen – oder eine politische Deutung versuchen. Dann allerdings stimmt nichts mehr; es wäre doch einfach gewesen, die Münchener Kaserne zu verlassen und sich einem der Freikorps anzuschließen, die ringsum im Lande entstanden und erfahrene Frontsoldaten willkommen hießen. Es bleibt nur der Schluss, dass Hitler in ausweglosem Brüten und in der Passivität versank.

Eine Zwischenbemerkung zur »Namenlosigkeit« sei noch erlaubt. Von ihr ist auch später, beim Rückblick auf den Aufstieg zum umjubelten »Führer« immer wieder die Rede gewesen, meist im Hinweis auf den »namenlosen« oder den »unbekannten« Soldaten des Weltkriegs. Dies diente natürlich dem Appell an die Massen: »Ich bin keiner von denen ›da oben‹, nicht von Adel oder sonstwie aus den alten, 1918 gescheiterten Eliten, sondern einer von euch.« Doch noch mehr wurde damit untergründig beschworen. »Der unbekannte Soldat« gehörte zu den nachträglichen Mythen des Krieges, weil es ihn im Zeichen der Materialschlachten massenhaft gab: den Toten, den niemand mehr kannte und der doch in stummer Pflichterfüllung fürs Vaterland gefallen war. Einer der Toten wurde, stellvertretend für alle, im Grabmal des Unbekannten Soldaten feierlich beigesetzt, wo dann die »ewige Flamme« züngelte und an den nationalen Gedenktagen die Staatsmänner ihre Kränze niederlegten. In Frankreich geschieht das noch heute. Ein leibhaftig auftretender unbekannter Soldat erschien darum gleichsam als der Sendbote der Toten, von ihnen beglaubigt und dazu berufen, ihr Vermächtnis zu erfüllen.

Nach eigenem Bekunden ist Hitler im April 1919 zur politischen Aktivität erwacht: »Im Laufe der neuen Räterevolution trat ich zum ersten Male so auf, daß ich mir das Mißfallen des Zentralrates zuzog. Am 27. April frühmorgens sollte ich verhaftet werden – die drei Burschen aber besaßen angesichts des vorgehaltenen Karabiners nicht den nötigen Mut und zogen wieder ab, wie sie gekommen waren.«[17]

Man mag das glauben oder Fragen stellen: Warum zogen die feindlichen Sendboten einfach ab, statt mit Übermacht zurückzukehren? In der Hochspannung dieser Tage kurz vor dem Einmarsch der Reichswehr und der Freikorps ging es brutal zu; Verhaftungen und Geiselnahmen gehörten zur Tagesordnung, und Widerstand wurde nicht geduldet. Auf festeren Boden gelangt man mit dem nächsten Absatz:

»Wenige Tage nach der Befreiung Münchens wurde ich zur Untersuchungskommission über die Revolutionsvorgänge beim 2. Infanterieregiment kommandiert.

Dies war meine erste mehr oder weniger rein politische Tätigkeit.«[18]

Das heißt: Wahrscheinlich wurde Hitler selbst zunächst einem Verhör unterzogen. Denn jeder war verdächtig, der sich in der Zeit der Räteherrschaft als Soldat in Münchener Kasernen aufgehalten hatten. Da seine Antworten oder die Zeugnisse seiner Kameraden offenbar zufriedenstellend ausfielen, setzt man ihn als V- oder Vertrauensmann ein, sprich als einen Spitzel, der kommunistische Umtriebe ausspähen und melden sollte.

Aber die Reichswehr ging bald weiter. Sie schuf eine Aufklärungs- und Propagandaabteilung. Ihr Leiter, Hauptmann Karl Mayr, wollte die Soldaten patriotisch festigen und das Umfeld unter Kontrolle bringen. Auch dafür brauchte man V-Männer, und dafür mussten sie geschult werden. In Hitlers Worten: »Schon wenige Wochen darauf erhielt ich den Befehl, an einem ›Kurs‹ teilzunehmen, der für Angehörige der Wehrmacht abgehalten wurde. In ihm sollte der Soldat bestimmte Grundlagen zu staatsbürgerlichem Denken erhalten. Für mich lag der Wert der ganzen Veranstaltung darin, daß ich nun die Möglichkeit erhielt, einige gleichgesinnte Kameraden kennenzulernen, mit denen ich die augenblickliche Lage gründlich durchzusprechen vermochte.«[19]

Die Kurse fanden in Räumen der Universität statt, und einer der Dozenten war der Historiker Karl Alexander von Müller.[20] Er hat erzählt, wie er Hitler kennen lernte. Nach einer Vorlesung stieß er im Hörsaal auf eine Gruppe, »festgebannt um einen Mann in ihrer Mitte, der mit einer seltsam gutturalen Stimme unaufhaltsam und mit wachsender Leidenschaft auf sie einsprach: Ich hatte das sonderbare Gefühl, als ob ihre Erregung sein Werk wäre und zugleich wieder ihm selbst die Stimme gäbe. Ich sah ein bleiches, mageres Gesicht unter einer unsoldatisch hereinhängenden Haarsträhne, mit kurzgeschnittenem Schnurrbart und auffällig großen, hellblauen, fanatisch kalt aufglänzenden Augen.« Nach der nächsten Vorlesung rief Müller den Mann zu sich, um eine Unterhaltung zu führen, und der näherte sich »gehorsam, mit linkischen Bewegungen, wie mir schien mit einer Art trotzigen Verlegenheit«. Das Gespräch allerdings erwies sich als »unergiebig«.[21]

Eine genaue, ja tief dringende Beobachtung: Hitler redete und zog damit die Menschen in seinen Bann, die ihn wiederum zum Reden beflügelten. Aber die Unterhaltung ist etwas anderes; sie setzt die Symmetrie, die Gleichheit, den Austausch der Partner statt einer Asymmetrie, der Ungleichheit von Redner und Zuhörern voraus. Fast folgerichtig war Hitler ein schlechter Unterhalter; von Gleich zu Gleich im geselligen Kreis blieb er scheu und wortkarg, manchmal fast stumm. Oder er zeigte sich unangemessen beflissen. In privater Runde taugte er nicht einmal zum Festredner, und er wusste es: »Ich brauche Massen, wenn ich spreche. In einem kleinen Kreis finde ich einfach nicht die richtigen Worte. Sie wären alle nur enttäuscht! Und das will ich Ihnen ersparen. Ich kann überhaupt nicht bei Familienfeiern sprechen und auch keine Grabrede halten.«[22]

Noch die späten »Tischgespräche« im ostpreußischen Führerhauptquartier waren genau genommen gar keine Gespräche, sondern durchweg Monologe, Reden vor Adjutanten, Fahrern, Dienern, Sekretärinnen, also vor möglichst einfachen, ihm nicht gewachsenen Leuten, die bloß als Stichwortgeber dienten.[23] Man kann hieraus vieles ableiten, von der Tatsache, dass er gläubige Gefolgsleute, aber keine Freunde hatte, bis zur Weltanschauung, in der sich die »natürliche« Gesellschaftsordnung als Hierarchie, als Herrschaft und Unterordnung darstellte – und jede Form von Gleichheit, sei es gesellig und gesellschaftlich, geistig oder politisch, als widernatürlich.

Als Hitler zu einer in München stadtbekannten Person aufrückte, wurde er auch in gehobenen Kreisen zu einer interessanten Figur. Man lud ihn ein, um ihn zu bestaunen; er fand Förderer, und manche unausgefüllte ältere Dame setzte ihren Ehrgeiz darein, ihn als eine Art von Ziehsohn unter ihre Fittiche zu nehmen. Die erste »Hitler-Mutti« war Carola Hoffmann, die Witwe eines Schuldirektors, für ihren immer auf Kuchen versessenen Schützling eifrig mit Backen beschäftigt. Und wenn man Hitler mit Recht nachgesagt hat, dass er keine Kränkung vergaß und sich für sie rächte, dann muss man hinzufügen, dass er auch das Positive im Gedächtnis behielt. In den dreißiger Jahren meldete der *Völkische Beobachter*, die zentrale Parteizeitung, dass der Führer und Reichskanzler sich Zeit nahm, um Frau Hoffmann zu ihrem 78. und 80. Geburtstag zu besuchen. Sogar später im Krieg erinnerte er sich: »Von meinen mütterlichen Freundinnen war allein die alte Frau Direktor Hoffmann von einer stets nur gütigen Sorglichkeit.« Aber es gab noch andere, zum Beispiel die Gattin des Reichsbahnbeamten Lauböck, und die Hanfstaengls, Bruckmanns oder Bechsteins schlossen sich an, die nicht mehr zur Mittel-, sondern zur Oberschicht gehörten.[24]

Hitler wollte aufsteigen, und nur zu gut wusste er, wie wichtig es war, einflussreiche Gönner und Gönnerinnen zu haben. Freilich blieb er stets der Außenseiter, dessen Unsicherheit auf ihn selbst und damit zugleich auf seine Umgebung zurückschlug. Karl Alexander von Müller, der in dieser Zeit Hitler mehrfach traf, hat dazu abermals die Beobachtung formuliert: »Etwas seltsam Linkisches haftete ihm immer noch an, und man hatte das unangenehme Gefühl, er spürte es und nahm es einem übel, daß man es merkte.«[25]

Am 12. September 1919 erhielt der V-Mann Hitler vom Hauptmann Mayr den Befehl, die Versammlung eines politischen Vereins zu besuchen, der sich »Deutsche Arbeiterpartei«, kurz DAP, nannte, und darüber zu berichten. In *Mein Kampf* heißt es dazu:

»Als ich abends in das für uns später historisch gewordene ›Leiberzimmer‹ des ehemaligen Sterneckerbräues in München [Im Tal 54] kam, traf ich dort etwa 20–25 Anwesende, hauptsächlich aus den unteren Schichten der Bevölkerung.«[26] Der V-Mann langweilte sich; ein Ingenieur namens Gottfried Feder, den er bereits aus dem Schulungskurs in der Universität kannte und der gegen den Kapitalismus, für die »Brechung der Zinsknechtschaft« kämpfte, hielt einen langatmigen Vortrag. Hitler wollte schon gehen, blieb aber noch, als die Diskussion begann und jemand die Trennung Bayerns vom Reich, von »Preußen« forderte. »Da konnte ich denn nicht anders, als mich ebenfalls zum Wort zu melden und dem gelahrten Herrn meine Meinung über diesen Punkt zu sagen – mit dem Erfolge, daß der Herr Vorredner, noch ehe ich fertig war, wie ein begossener Pudel das Lokal verließ. Als ich sprach, hatte man mit erstaunten Gesichtern zugehört, und erst als ich mich anschickte, der Versammlung Gute Nacht zu sagen und mich zu entfernen, kam mir noch ein Mann nachgesprungen, stellte sich vor (ich hatte den Namen gar nicht richtig verstanden) und drückte mir ein kleines Heftchen, ersichtlich eine politische Broschüre, in die Hand, mit der dringenden Bitte, dies doch ja zu lesen.«[27]

Der Mann war der Vorsitzende im Ortsverein München, der Reichsbahnschlosser Anton Drexler, der, noch während Hitler sprach, seinem Nebenmann, dem Lokomotivführer Lotter, zuflüsterte: »Mensch, der hat a Gosch'n, den kunnt man braucha.«[28] Neben Drexler war die wichtigste Figur der »Reichsleiter« Karl Harrer, ein Sportjournalist. Die Broschüre, die Drexler persönlich Hitler in die Hand gedrückt hatte, sprach von der Vereinigung zweier Grundströmungen der Epoche, des Nationalismus und des Sozialismus, die im Bismarckreich sich getrennt hatten und seither in der Polarisierung von »rechts« und »links« gegeneinander kämpften.

Weil man den Mann mit der Gosch'n gebrauchen konnte, bekam Hitler eine Postkarte, »des Inhalts, daß ich in die Deutsche Arbeiterpartei aufgenommen wäre; ich möchte mich dazu äußern und deshalb am nächsten Mittwoch zu einer Ausschussitzung dieser Partei kommen. Ich war über diese Art ›Mitglieder‹ zu ›gewinnen‹, allerdings mehr als erstaunt und wußte nicht, ob ich mich darüber ärgern oder ob ich dazu lachten sollte.«[29] Doch die Neugier siegte, und Hitler besuchte die Sitzung.

»Es wurde nun das Protokoll der letzten Sitzung verlesen und dem Schriftführer das Vertrauen ausgesprochen. Dann kam der Kassenbericht an die Reihe – es befanden sich in dem Besitze des Vereins insgesamt 7 Mark und 50 Pfennige –, wofür der Kassier die Versicherung allseitigen Vertrauens erhielt. Dies wurde wieder zu Protokoll gebracht. Dann kamen vom 1. Vorsitzenden die

Antworten auf einen Brief aus Kiel, einen aus Düsseldorf und einen aus Berlin zur Verlesung, alles war mit ihnen einverstanden … Man erklärte diesen steigenden Briefverkehr als bestes und sichtbares Zeichen der um sich greifenden Bedeutung der ›Deutschen Arbeiterpartei‹, und dann – dann fand eine lange Beratung über die zu erteilenden neuen Antworten statt.

Fürchterlich, fürchterlich. Das war ja eine Vereinsmeierei allerärgster Art und Weise. In diesen Klub also sollte ich eintreten?«[30]

Aus Hitlers Bericht ist eher die Ablehnung herauszulesen – oder ein Vorspiel, die Rechtfertigung der eigenen »Machtergreifung«, die Harrer und Drexler beiseite schob. Und warum nicht eine eigene Partei gründen, statt sich solch einem Hintertreppenverein anzuschließen? Oder sich einer anderen Partei zuwenden? Es gab damals eine Vielzahl von rechten Gruppen und Bewegungen – auf mehr als 70 hat man sie für Deutschland, auf mindestens 15 für München geschätzt.[31] »Ich stand vor der wohl schwersten Frage meines Lebens: sollte ich hier beitreten, oder sollte ich ablehnen?… Nach zweitägigem qualvollen Nachgrübeln und Überlegen kam ich endlich zur Überzeugung, den Schritt [des Beitritts] tun zu müssen.

Es war der entscheidendste Entschluß meines Lebens.

Ein Zurück konnte und durfte es nicht mehr geben.«[32]

Solche schwersten und entscheidendsten Lebensentschlüsse, ausdrücklich so bezeichnet, sind später noch mehrfach gefolgt. Aber jedenfalls eine wichtige Entscheidung war jetzt gefallen, und sofort drängte das neue Parteimitglied – nach eigener, allerdings falscher Angabe die magische Nummer sieben[33] – vorwärts: heraus aus dem Hinterzimmer und an die Öffentlichkeit! Werbung, Plakate, Flugblätter, Massenversammlungen!

Die Probe kam am 16. Oktober 1919. »Wir hatten die Versammlung im Münchener Hofbräuhauskeller angesetzt [nicht zu verwechseln mit dem Münchener Hofbräuhaus-Festsaal], einem kleinen Saal von knapp einhundertdreißig Personen Fassungsvermögen. Mir selber erschien der Raum wie eine große Halle, und jeder von uns bangte, ob es gelingen würde, an dem betreffenden Abend dieses ›mächtige‹ Gebäude mit Menschen zu füllen.

Um sieben Uhr waren einhundertelf Personen anwesend, und die Versammlung wurde eröffnet.

Ein Münchener Professor hielt das Hauptreferat, und ich sollte als Zweiter zum ersten Mal öffentlich sprechen.

Dem damaligen ersten Vorsitzenden der Partei, Herrn Harrer, erschien die Sache als ein großes Wagnis. Der sonst sicherlich redliche Herr hatte nun einmal die Überzeugung, daß ich wohl verschiedenes könnte, aber nur nicht reden. Von dieser Meinung war er auch in der Folgezeit nicht abzubringen.

Die Sache kam anders. Mir waren in dieser ersten öffentlich anzusprechenden Versammlung zwanzig Minuten Redezeit zugebilligt worden.

Ich sprach dreißig Minuten, und was ich früher, ohne es irgendwie zu wissen, einfach innerlich gefühlt hatte, wurde nun durch die Wirklichkeit bewiesen: ich konnte reden! Nach dreißig Minuten waren die Menschen in dem kleinen Raum elektrisiert, und die Begeisterung äußerte sich zunächst darin, daß mein Appell an die Opferwilligkeit der Anwesenden zur Spende von dreihundert Mark führte. Damit aber war eine große Sorge von uns genommen.«[34]

»Ich konnte reden!« Man spürt den Triumph, den Durchbruch, eine Art von Erweckung. Wenn überhaupt auf ein Datum, dann ist Hitlers Eintritt in die Politik – oder jedenfalls sein schicksalsbestimmender Auftritt – mit diesem 16. Oktober 1919 anzusetzen, nicht mit dem 9. oder 10. November 1918.

Wir werden vom Redner, von seiner Wirkung und seiner Weltanschauung im folgenden Kapitel ausführlich sprechen. Jetzt bleibt nur eine knappe Skizze der Entwicklung bis zum 9. November 1923.[35] Unermüdlich, mit unbändigem Ehrgeiz, drängte Hitler die zögernden Parteigenossen vorwärts. Im Keller des Sterneckerbräus entstand die erste Geschäftsstelle. Ein Telefon und eine alte Schreibmaschine wurden angeschafft. Der ungläubige Harrer wurde beiseite gedrängt und die bedächtige DAP in die angriffslustige NSDAP, die Nationalsozialistische Deutsche Arbeiterpartei umgewandelt, etwas später das Hakenkreuz als Symbol eingeführt.[36]

Wichtig war vor allem, aus der Unbekanntheit heraus in die Öffentlichkeit, ins Rampenlicht der politischen Bühne zu gelangen. Politik ist immer auch Schauspiel, das seine Zuschauer braucht, und niemand hat das besser begriffen als Hitler. Ein Hauptteil all seiner Aktivität – auch später, auch oder gerade nach der »Machtergreifung« – besteht in der Selbstdarstellung des »Führers«, einem Ritual, wenn man so will im wagnerianischen Weihespiel. Man darf ihm darum glauben, wenn er schreibt: »In den ersten Zeit des Werdens unserer Bewegung hatten wir unter nichts so sehr zu leiden wie unter der Bedeutungslosigkeit… Man bedenke, daß sich sechs oder sieben Männer, lauter namenlose, arme Teufel, zusammenschließen mit der Absicht, eine Bewegung zu bilden, der es dereinst gelingen soll, was bisher den gewaltigen, großen Massenparteien mißlang, die Wiederaufrichtung eines Deutschen Reiches erhöhter Macht und Herrlichkeit. Hätte man uns damals angegriffen, ja, hätte man uns auch nur verlacht, wir wären glücklich gewesen in beiden Fällen. Denn das Niederdrückende lag nur in der vollständigen Nichtbeachtung, die wir damals fanden, und unter der ich am meisten damals litt.«[37]

Man versuchte es mit der Werbung im Bekanntenkreis oder mit Handzetteln. Aber »der Erfolg war ein jämmerlicher.

Ich erinnere mich noch, wie ich selber in dieser ersten Zeit einmal an die achtzig dieser Zettel ausgetragen hatte, und wie wir nun am Abend auf die Volksmassen warteten, die da kommen sollten. Mit einstündiger Verspätung mußte endlich der ›Vorsitzende‹ die ›Versammlung‹ eröffnen. Wir waren wieder sieben Mann, die alten Sieben.«[38] Jeder andere hätte wahrscheinlich aufgegeben, nur ein wirklich armer Teufel nicht, für den es sonst keine Zukunft gab, und dieses Durchhalten war Hitlers erste große Leistung.

Nach und nach stellte sich dann doch die Beachtung ein, nicht zuletzt dank der eigenen Aggressivität. Zwar ist es stark übertrieben, wenn Hitler es so darstellt, als hätten »die Roten«, die Sozialdemokraten oder gar die Kommunisten, die Straßen beherrscht, sodass man beinahe auf Leben und Tod mit ihnen kämpfen musste. Nein, seit der Niederschlagung der Rätebewegung wurde München konservativ regiert, und das blieb so bis 1933. Aber rücksichtslos griff man die Gegner an, und in den Versammlungen wurden feindselige Zwischenrufer in kurzem Prozess auf die Straße befördert, und sei es blutüberströmt. Doch wenn es tatsächlich Krawalle, Straßen- und Saalschlachten gab, um so besser: Darüber wenigstens berichteten die Zeitungen. Vielleicht kam ein spezifisch bajuwarischer Unterhaltungswert noch hinzu, nach dem Motto: Bei diesem Hitler ist wenigstens etwas los.

So strömten immer mehr Menschen in immer größere, gut gefüllte oder wegen Überfüllung polizeilich geschlossene Räume. Hitler sprach bald vor tausend, zweitausend, dreitausend Menschen; eine zumindest lokale und regionale Massenbewegung entstand, die für mögliche Bündnispartner und für Förderer interessant wurde. Die Spenden der Förderer setzte man umgehend in noch größere Auffälligkeit um, zum Beispiel in angemietete Lastwagen, auf denen junge Leute singend und Flugblätter werfend kreuz und quer durch die Stadt fuhren.

Ein vorläufiger Höhepunkt wurde am 7. Februar 1921 erreicht, als Hitler mit nur kurzfristiger Ankündigung eine Massenversammlung in den Circus Krone berief. Der bedächtige Anton Drexler glaubte, dass sein »Werbeobmann« den Verstand verloren habe und größenwahnsinnig geworden sei: Wie sollte man den riesigen Rundbau füllen? Eine Blamage stand bevor, der Ruin der Partei. »Sieg oder Untergang!« hieß denn auch das Thema, mit dem die Plakate und Flugblätter »Herrn Hitler« als den Hauptredner ankündigten. Aber am Abend gab es nicht einen freien Platz mehr, 6500 Menschen ließen sich zu Begeisterungsstürmen hinreißen und stimmten schließlich das Deutschlandlied an.

Dennoch: Den alten Parteigründern wurde Hitler unheimlich, und sie versuchten, ihn zu bändigen. Den Anlass lieferte ein Streit um den Zusammenschluss mit anderen rechtsgerichteten Organisationen und Parteien. In *Mein Kampf* findet man dazu ein Echo in dem Kapitel, das die Überschrift trägt: »Der Starke ist am mächtigsten allein.«[39] Es hätte auch heißen können: Wer die ganze Macht will, darf sie nicht teilen. Darum verlangte Hitler, dass die konkurrierenden Organisationen, vor allem die »Deutschsozialistische Partei«, sich auflösen und ihre Mitglieder einzeln der NSDAP beitreten sollten.

Im Sommer 1921 fuhr Hitler für einige Wochen nach Berlin, um dort Verbindungen anzuknüpfen. Übrigens missfiel die Stadt ihm gründlich. Sie erinnerte an Wien: ein verjudetes Sündenbabel, ein Sodom und Gomorrha.[40] Drexler nutzte die Gelegenheit, um die Koalitionsverhandlungen voranzubringen. Als Hitler davon erfuhr, kehrte er schleunigst nach München zurück und reagierte dramatisch: Am 11. Juli erklärte er seinen Parteiaustritt. Dann stellte er Bedingungen für seinen Wiedereintritt; er forderte den Posten des ersten Vorsitzenden »mit diktatorischer Machtbefugnis« und »die Reinigung der Partei von den in sie eingedrungenen fremden Elementen«.

Dieses herausfordernde Auftreten war kaum noch ein Risiko. Hitler wusste, alle wussten, dass der »Trommler«, der Propagandaleiter, der mitreißende Redner unentbehrlich war, um die Massen zu mobilisieren. Anton Drexler, der Eisenbahnschlosser, und Adolf Hitler, der Mann aus dem Nichts ohne Alternative: Ähnlich wie unter den Kriegsheimkehrern die Facharbeiter und die Landsknechte verkörperten sie gegensätzliche Typen. Beide waren in der Partei und unter ihren Anhängern vertreten, beide unentbehrlich; wir werden später noch sehen, dass der Erfolg der Nationalsozialisten und das »Dritte Reich« sich immer doppelt begründeten: aus der Sehnsucht nach Ruhe und Ordnung in gesicherten Lebensverhältnissen ebenso wie aus der Gier nach Gewalt. Aber unter Drexlers Führung musste die Bewegung stagnieren oder wieder in die biedere Bedeutungslosigkeit zurücksinken; nur ein Hitler konnte sie vorwärtsreißen.

Die Krise endete am 29. Juli mit einer außerordentlichen Mitgliederversammlung, und einmal mehr brachte Hitler sogar die Zögernden auf seine Seite. Von 554 Anwesenden stimmten 553 für ihn. Drexler wurde mit einem bedeutungslosen Ehrenvorsitz abgefunden und der Parteiausschuss mit ergebenen Gefolgsleuten besetzt. Von da an war Hitler der unumstrittene Führer der Bewegung.[41]

Gleich nach der innerparteilichen Machtergreifung entstand die SA. Die Gegner in den eigenen Reihen zählten jetzt nicht mehr, die behaupteten, Hitler habe sich eigenmächtig eine Schutztruppe aus ehemaligen Freikorpsleuten geschaffen, die entlassen worden waren, »weil sie stehlen und plündern wollten«.[42] Die Entlassungen gab es allerdings; im Juni 1921 wurden die halbmilitärischen Einwohnerwehren aufgelöst, die in der Zeit der Räteherrschaft entstanden. Dem gleichen Schicksal verfiel das Freikorps Oberland, das im Juli aus Oberschlesien heimkehrte. Die stellungslosen Soldaten fanden nun ebenso wie rauflustige junge Burschen in der SA eine neue Möglichkeit für Kameradschaft und Kampf.

Ursprünglich sollte die Abkürzung SA verharmlosend Sport- oder Schutzabteilung bedeuten, später und eindeutiger wurde daraus die »Sturmabteilung«, dazu bestimmt, herausfordernd zu marschieren, die Straße zu erobern und jeden Gegner zusammenzuschlagen oder jedenfalls einzuschüchtern, sodass er keinen Widerstand mehr wagte. Dabei wurde der Terror natürlich als bloße Gegenmaßnahme, als eine Art von Notwehr begründet, wie Hitler im Mai 1923 der Staatsanwaltschaft erklärte: »Die marxistische Welt, die mehr dem Terror ihren Bestand verdankt als irgendeine andere Zeiterscheinung, griff auch gegenüber unserer Bewegung zu diesem Mittel.«[43] Was bleibe da für Patrioten übrig, als sich zur Wehr zu setzen? Auf diese Weise baute Hitler, weithin mit Erfolg, auf das Verständnis der konservativen Ordnungsmächte.

Eine große Stunde der SA kam im Oktober 1922. Die Honoratioren von Coburg luden Hitler zu einer vaterländischen Kundgebung ein und stellten ihm frei, »einige Begleitung« mitzubringen. Der Gast legte das auf seine Weise aus und rückte in einem Sonderzug mit 800 SA-Leuten samt Fahnen und einem großen Musikzug an. Vergeblich versuchten die entsetzten Veranstalter, den geschlossenen Einmarsch in die Stadt zu verhindern; mit klingendem Spiel zog die SA zum Kundgebungsort. Da die erhofften Schlägereien ausblieben, ließ Hitler die SA umkehren und nochmals marschieren, diesmal – ein glänzender Einfall – nicht mit Musik, sondern mit dumpf drohendem Trommelschlag. Das half: Eine Straßenschlacht entbrannte, die sich über Stunden bis in die Nacht hinzog und die SA als eindeutigen Sieger sah. Die Teilnehmer an der Fahrt nach Coburg wurden später mit einer Erinnerungsmedaille geehrt. Dass vielen Menschen der Griff zur Gewalt imponierte, statt sie abzuschrecken, zeigt die Tatsache, dass fortan das »rote« Coburg sich als eine Hochburg der Nationalsozialisten erwies.

Hitler sagt in seinem Rückblick auf Coburg: »Die Bedeutung dieses Tages konnte in seinen Folgen zunächst gar nicht voll eingeschätzt werden. Nicht nur, daß die sieghafte S.A. in ihrem Selbstvertrauen und im Glauben an die Richtigkeit ihrer Führung außerordentlich gehoben wurde, begann auch die Umwelt sich mit uns eingehender zu beschäftigen, und viele erkannten zum ersten Male in der nationalsozialistischen Bewegung die Institution, die aller Wahrscheinlichkeit nach dereinst berufen sein würde, dem marxistischen Wahnsinn ein entsprechendes Ende zu bereiten. – Nur die Demokratie stöhnte, daß man es wagen konnte, sich nicht friedlich den Schädel einschlagen zu lassen, sondern daß wir uns in einer demokratischen Republik unterstanden hatten, einem brutalen Angriff mit Fäusten und Stöcken statt mit pazifistischen Gesänge entgegenzutreten.«[44]

Dem marxistischen Wahnsinn, den pazifistischen Klageliedern und der demokratischen Republik ein »entsprechendes«, das heißt gewaltsames Ende zu bereiten: Darauf steuerte Hitler jetzt mit wachsendem Selbstbewusstsein los. Die Partei wuchs sehr rasch, von 6000 eingeschriebenen Mitgliedern Anfang 1922 auf 55 000 im November 1923. Zumindest in Bayern wurde sie zu einer politischen Macht.

Gewiss, in gehobenen Kreisen nahm sich der Aufsteiger noch immer recht seltsam aus. Ernst Hanfstaengl, genannt »Putzi«, ein junger Modemann aus der feinsten Gesellschaft, sah Hitler im blauen Anzug mit violettem Hemd, brauner Weste und grellroter Krawatte, dazu noch mit einem Pistolenhalfter, das den schlecht sitzenden Anzug gehörig ausbeulte.[45] Und Karl Alexander von Müller beschreibt eine Begegnung mit Hitler »bei Erna Hanfstaengl, beim Kaffee, auf Wunsch des Abtes Alban Schachleiter, der ihn kennenlernen wollte; meine Frau und ich waren häusliche Staffage. Wir andern saßen schon zu viert am blanken Mahagonitisch vor dem Fenster, als die Wohnungsglocke klang; durch die offene Tür sah man, wie er auf dem schmalen Gang die Gastgeberin fast unterwürfig begrüßte, wie er Reitpeitsche, Velourhut und Trenchcoat ablegte, schließlich einen Gürtel mit Revolver abschnallte und gleichfalls am Kleiderhaken aufhängte. Das sah kurios aus und erinnerte an Karl May.«[46]

Oder an eine Mischung aus Garibaldi und Al Capone? Nein, man unterschätzte den Mann aus dem Nichts, wenn man ihn nach Aufzug und Umgangsformen beurteilte; er strebte zur Macht und wusste, dass er dazu nicht feinsinnige Damen, Äbte und Professoren, sondern die Massen brauchte, und denen imponierte es eher, wenn er wie ein Tierbändiger mit der Peitsche auftrat oder wenn er sich im offenen, motorstarken Wagen fahren ließ – wie auch später mit Vorliebe der Marke Mercedes.

Das Jahr 1923 warf Deutschland in einen Albtraum. Um den Ablauf der Ereignisse in Stichworten zu skizzieren:

Am 11. Januar marschieren französische Truppen ins Ruhrgebiet ein, mit der Begründung, dass Deutschland mit seinen Kohlelieferungen in Rückstand geraten sei. Zwei Tage später proklamiert Reichskanzler Cuno den passiven Widerstand, den die Gewerkschaften unterstützen. Eisenbahnen verkehren nicht mehr, viele Zechen liegen still. Es kommt zu blutigen Zusammenstößen mit der Besatzungsmacht.

Das Reich zahlt für den passiven Widerstand, doch darüber gerät die längst schon kranke Währung aufs Totenbett; der Wert der Mark stürzt ins Bodenlose. Millionen bereits verarmter Menschen verlieren den Rest ihrer Ersparnisse.[47] Die Regierung Cuno tritt zurück, und Gustav Stresemann bildet am 13. August ein neues Kabinett. Am 26. wendet sich die Reichsregierung mit einem Aufruf »An das deutsche Volk«: Der passive Widerstand muss abgebrochen werden, weil er nicht länger durchzuhalten ist.

Im Oktober lassen die Franzosen in Aachen eine »Rheinische Republik« und in Speyer den autonomen »Pfalzstaat« ausrufen. Beide Abtrennungsversuche scheitern jedoch am Widerstand der Bevölkerung und am Einspruch Englands.

Schon am 26. September beruft die bayerische Regierung den bisherigen Regierungspräsidenten von Oberbayern, Dr. von Kahr, zum Generalstaatskommissar und überträgt ihm die gesamte vollziehende Gewalt. Im Gegenzug verhängt der Reichspräsident den Ausnahmezustand über das Reichsgebiet. Die vollziehende Gewalt geht auf den Reichswehrminister Geßler und praktisch auf den Chef der Heeresleitung, General von Seeckt, über. Im Oktober marschieren nach kommunistischen Unruhen Truppen in Sachsen und Thüringen ein. Auch in Hamburg kommt es zu blutigen Auseinandersetzungen zwischen Kommunisten und der Polizei.

Inzwischen entflammt ein Konflikt zwischen Bayern und dem

Reich. Einer der Anlässe ist, dass Kahr sich weigert, den *Völkischen Beobachter* zu verbieten, die nationalsozialistische Zeitung, die Seeckt verleumdet hatte. Das Verbot von Reichs wegen scheitert am bayerischen Wehrkreiskommandeur, General von Lossow. Der General, seines Postens enthoben, wird von Kahr sofort wieder eingesetzt und, wie es heißt, »bis zur Wiederherstellung des Einvernehmens zwischen Bayern und dem Reich« feierlich »in Pflicht genommen«. Den Dritten im konservativen Bunde bildet Oberst Seisser, der Chef der bayerischen Landespolizei.

Welch ein Panorama! Und Hitler witterte seine Chance: Sollte es nicht möglich sein, jetzt Seite an Seite mit Kahr, Lossow und Seisser eine nationale Erhebung auszurufen und dann, die Massen und die Soldaten mitreißend, von München nach Berlin zu marschieren? Auch eine für die Offiziere und die Soldaten so wichtige Figur wie der »Nationalfeldherr« Erich Ludendorff war gewonnen.

Noch ein paar Monate zuvor, am 1. Mai 1923, hatte es einen heftigen Zusammenstoß mit der Staatsmacht gegeben, der für Hitler demütigend ausging. Nun aber redeten auch Kahr und Lossow vom Marsch auf Berlin, von den unhaltbaren Zuständen, denen man ein Ende machen müsse, und von der neuen, wahrhaft nationalen Regierung, die man schaffen wolle. Genau davon träumte Hitler, gewiss radikaler als seine Partner, und er traute sich zu, sie zu überspielen und die Führung an sich zu reißen.

Wir übergehen das Verwirrspiel der Vorbereitungen, die Geheimverhandlungen und Planspiele, immerfort doppelbödig, immer im Zwielicht zwischen Treueschwüren und der Furcht davor, hintergangen, betrogen, verraten zu werden. Aktivierung der Wehrverbände, Warten aufs Losschlagen, doppelt nervenzerrend in dem Verdacht, dass die andere Seite einem zuvorkommen oder im letzten Augenblick sich wieder entziehen könnte: Nur aus dieser fiebrigen Atmosphäre wird verständlich, was dann geschah.[48]

Hitler erfuhr schließlich, dass Kahr am Abend des 8. November im Bürgerbräukeller eine programmatische Rede halten wollte. Alle waren dazu geladen, die Spitzenvertreter der Regierung, der Verwaltung und der Wirtschaft – nur er und auch Ludendorff nicht. Also Verrat! In Eile mobilisierte er alle seine Kräfte und fuhr selbst zum Tatort, im schwarzen Gehrock und von SA-Leuten begleitet. Das Gebäude wurde abgeriegelt.

Als Kahr gerade mit seiner Rede über »die sittliche Berechtigung der Diktatur« begonnen hatte, stürmte Hitler an der Spitze eines Stoßtrupps in den Saal, seine Pistole in der Hand, feuerte einen Schuss in die Decke und schrie: »Der Saal ist von sechshundert Schwerbewaffneten besetzt! Niemand darf den Saal verlassen! Wenn nicht sofort Ruhe ist, werde ich ein Maschinengewehr auf die Galerie stellen lassen. Die bayerische Regierung und die Reichsregierung sind abgesetzt, eine provisorische Reichsregierung wird gebildet, die Kasernen der Reichswehr und der Polizei sind besetzt, Reichswehr und Polizei rücken bereits unter Hakenkreuzfahnen heran!« Dann nötigte er Kahr, Lossow und Seisser, ihm in einen Nebenraum zu folgen. Im Saal waren inzwischen Rufe der Empörung oder des Hohns zu hören: »Theater! Südamerika!« – und die SA-Leute machten sich daran, auf ihre Weise Ordnung zu schaffen.

Im Nebenraum zeigte Hitler sich etwas liebenswürdiger und erklärte: Kahr sei zum Landesverweser bestellt, Seisser sollte Polizeiminister werden, Ludendorff den Marsch auf Berlin befehligen – und er selbst werde an die Spitze der Reichsregierung treten. Allerdings bleibe den Herren nichts übrig, als mitzumachen, sonst werde keiner den Raum lebend verlassen.

Die Herren bewahrten ihre Fassung und zeigten sich spröde. Kahr erklärte sogar: »Herr Hitler, Sie können mich totschießen lassen. Sie können mich selbst totschießen. Aber sterben oder nicht sterben ist für mich bedeutungslos.«

Hitler kehrte in den Saal zurück, sprach und fand im Sprechen seine Fassung wieder. Eigentlich hätte er von dem Misserfolg berichten müssen, Kahr, Lossow und Seisser für sich zu gewinnen. Doch indem er in glühenden Farben die Ziele des nationalen Aufbruchs entwarf, verwandelte er die eben noch feindselige Stimmung zum stürmischen Beifall – ein erstaunlicher Triumph.[49]

Vielleicht sollte man auch sagen: Hier zeichnete sich für die Zukunft ein Muster ab. Soweit es um die Wiederherstellung deutscher Macht und Größe ging, waren Hitler und die konservativen Kräfte in Verwaltung, Wirtschaft und Militär durchaus einig, und Bündnisse wurden möglich. Doch immer blieb zugleich ein

Gegensatz. Nicht nur die Methoden unterschieden sich; Hitler wollte keine Restauration, sondern etwas umstürzend Neues. Für dieses Mal erwies er sich als ein Tölpel, den man überspielen konnte. Aber es würde ein anderes Mal, vielleicht noch viele andere Male geben, und nicht die Konservativen erwiesen sich als lernfähig, sondern Hitler zog seine Lehren, um es künftig besser zu machen.

Inzwischen war, von Sendboten herbeigeholt, Ludendorff eingetroffen, und wieder begab man sich ins Nebenzimmer. Vom Prestige des Feldherrn überwältigt, willigten Lossow und Seisser nun ein, die Rollen zu übernehmen, die ihnen zugedacht waren. Nur der Zivilist Kahr verweigerte sich weiter. Aber am Ende, allein gelassen, gab auch er seine Zusage. Gemeinsam zeigte man sich, vom Jubel umtost, im Saal zu einer Verbrüderungsszene. Bald darauf musste Hitler die Versammlung verlassen; irgendwo hatte es einen Zwischenfall gegeben, den er schlichten sollte. Der turbulente Versammlungsabend, der um 20 Uhr 15 begann, endete gegen 22 Uhr 30 damit, dass Ludendorff Kahr, Lossow und Seisser mit Handschlag verabschiedete.

Damit war eigentlich schon alles zu Ende. Die Empörung über eine erniedrigende Behandlung, über die Erpressung mit Morddrohungen gewann sogleich die Oberhand; Hitler fand die »Gegenspieler, die auf Wortbruch mit Wortbruch antworteten und das Spiel gewannen«.[50] Noch in der Nacht veröffentlichte Kahr eine Erklärung, in der er seine Zusagen widerrief und die NSDAP für aufgelöst erklärte. Gleichzeitig liefen Vorbereitungen an, um den Putschversuch niederzuschlagen. Man muss wohl auch hinzufügen, dass Kahr und Lossow im Ernst niemals gegen Berlin marschieren wollten; bei nüchterner Abwägung waren die Erfolgschancen viel zu gering. Man hatte nur starke Worte gebraucht, um die bedrängte Reichsregierung einzuschüchtern, und das Beste für Bayern, ein gehöriges Maß an Eigenständigkeit, zu erreichen. Ohne Blutvergießen wurde der Konflikt denn auch beigelegt.

Hitler stürzte indessen von der Hochstimmung in die Verzweiflung. Denn als die ungünstigen Meldungen sich häuften, konnte es kaum noch einen Zweifel geben: Er war geschlagen. Man hat ihm später vorgehalten, dass er dilettantisch handelte, wenn er keine Ministerien, Telegrafenämter oder sonstige strategisch wichtige Punkte besetzte. Doch abgesehen von der Frage, ob seine Kräfte hierfür ausgereicht hätten, muss man einwenden: Er beabsichtigte ja gar keinen Putsch gegen die Münchener Regierung, sondern wollte mit ihr gegen Berlin marschieren. All seine Planungen waren hierauf gerichtet und ließen sich in ein paar Nachtstunden, im Strudel der Ungewissheit, nicht mehr umstoßen. Ohnehin hatten die Gegenspieler mit ihren Maßnahmen bereits einen Vorsprung gewonnen, der sich nicht aufholen ließ – und sie, nicht Hitler, verfügten über Militär, Polizei und die zugehörigen Nachrichtenapparate.

Aber was blieb noch zu tun? Sollte man schmachvoll einfach auseinanderlaufen, fliehen, sich verstecken? Es war Ludendorff, der in den Mittagsstunden des 9. November entschied: »Wir marschieren!« Ein paar Tausend oder nach anderer Darstellung nur zweitausend Mann, unter wehenden Fahnen und mit trotzigem Gesang, setzten sich in Bewegung, die Führer an der Spitze. »Wir gingen in der Überzeugung, daß es das Ende war, so oder so«, hatte Hitler später bekannt. »Ich weiß einen, der mir draußen, auf der Treppe, als wir weggingen, sagte: ›Das ist jetzt der Schluß!‹ Jeder trug diese Überzeugung in sich.«[51]

Die erste Polizeikette wurde durchbrochen; auf dem Odeonsplatz, nahe bei der Feldherrnhalle, traf man auf die zweite. Ein Schuss fiel, heftiges Feuer folgte für knapp eine Minute. Dann lagen 14 Putschisten und vier Polizisten tot oder sterbend auf dem Pflaster.[52] Noch mehr Menschen wurden verwundet. Alle suchten Deckung, stoben davon: Rette sich, wer kann. Auch Hitler floh vom Schauplatz. Nur Ludendorff schritt unbeirrt vorwärts, auf die Polizisten zu, an ihnen vorüber. Aber man kannte eben den »Nationalfeldherrn« und zielte nicht auf ihn.

Hitler verbarg sich im Landhaus Ernst Hanfstaengls, in Uffing am Staffelsee, 60 Kilometer von München entfernt, unter der Obhut von Frau Hanfstaengl, da der Hausherr sich eilig nach Österreich absetzte. Der Putschist hatte sein Spiel um alles oder nichts versucht und es verloren. Mehrfach erklärte er, dass er sich erschießen wolle. (Unwillkürlich eilt die Erinnerung voraus zu den letzten Berliner Bunkertagen im April 1945.) Angeblich nur mit Mühe gelang es seiner Gastgeberin, ihn von diesem Vorhaben abzubringen.[53] Zwei Tage später wurde er aufgespürt und verhaftet.

War das das Ende? Nein, nur das Ende vom Anfang. Im Hochverratsprozess, der am 24. Februar 1924 begann, verstand es Hitler, vom Vorsitzenden kaum behindert, den Gerichtssaal zur Tribüne seiner Selbstdarstellung zu machen. »Ich fühle mich nicht als Hochverräter, sondern als Deutscher, der das Beste für sein Volk gewollt hat«, erklärte er.[54] Kahr, Lossow und Seisser stellte er für die Tage und Wochen vor dem 8. November als Komplizen bloß. Und in seinem Schlusswort beschwor er die Zukunft:

»Nicht Sie, meine Herren, sprechen heute das Urteil über uns, das Urteil spricht das ewige Gericht der Geschichte ... Ihr Urteil, das Sie fällen werden, kenne ich. Aber jenes Gericht wird uns nicht fragen: Habt ihr Hochverrat getrieben oder nicht? Jenes Gericht wird über uns richten, über den Generalquartiermeister der alten Armee, über seine Offiziere und Soldaten, die als Deutsche das Beste gewollt haben für ihr Volk und Vaterland, die kämpfen und sterben wollten. Mögen sie uns tausendmal schuldig sprechen, die Göttin des ewigen Gerichts der Geschichte wird lächelnd den Antrag des Staatsanwaltes und das Urteil des Gerichtes zerreißen; denn sie spricht uns frei.«[55]

Ludendorff, der Generalquartiermeister der alten Armee, wurde schon hier in München freigesprochen, Hitler zu einer Mindeststrafe von fünf Jahren Festungshaft verurteilt, mit der Aussicht auf vorzeitige Haftentlassung nach nur sechs Monaten. Von der anschließenden, eigentlich zwingenden Ausweisung nach Österreich wurde für einen Mann, »der so deutsch denkt und fühlt wie Hitler«, unter dem Beifall des Publikums ausdrücklich abgesehen.[56] Noch vor dem Ablauf des Jahres, am 20. Dezember 1924, öffneten sich für ihn die Festungstore, und er war wieder ein freier Mann.

»*Mein Kampf*«

Im Jahre 1924, während seiner Festungshaft in Landsberg, sah Hitler sich zur politischen Untätigkeit verdammt. Das heißt: Er konnte nicht als »Trommler« auftreten, keine Reden mehr halten. Aber er blieb nicht untätig. Er schrieb ein Buch: *Mein Kampf*. Weil allerdings der Verurteilung schon nach wenigen Monaten die Aussetzung der Strafe auf Bewährung folgte, gelang nur die Fertigstellung des ersten Teils, der mit dem Untertitel »Eine Abrechnung« im Juli 1925 erschien. Der zweite Teil, »Die nationalsozialistische Bewegung«, folgte im Dezember 1926.[1] In späteren Ausgaben sind die beiden Teile dann durchweg zu einem Buch zusammengefasst worden, mit einem Text von insgesamt knapp 800 Seiten. Aus dem Jahre 1928 stammt noch ein Buch, das jedoch nicht mehr zu Lebzeiten des Autors, sondern erst 1961 veröffentlicht wurde.[2] Es enthält grundsätzlich kaum Neues, außer im Sinne einer verbesserten, systematisch geschlossenen Darstellung besonders des außenpolitischen Programms.[3]

Mein Kampf erlebte oder erlitt ein wechselvolles Schicksal. Zunächst wurde das Buch nur schleppend verkauft, doch sein Absatz wuchs in dem Maße, in dem die NSDAP sich zur Massenpartei entwickelte, also seit Beginn der Dreißigerjahre; ein guter Parteigenosse sollte die wegweisende Schrift seines Führers besitzen. Erst recht wuchs der Absatz seit 1933. Fortan handelte es sich sozusagen um das deutsche Hausbuch, ja um die neue *Nationalbibel*. Das ist wörtlich zu nehmen; wie früher der christliche Ehestand sich mit der Heiligen Schrift verband, so gab es jetzt Ausgaben, auf denen vorweg auf einer Seite schon Folgendes gedruckt war:

»Dem jungvermählten Paare
mit den besten Wünschen für
eine glückliche und gesegnete
Ehe überreicht von der
Gemeindeverwaltung
....
Der Bürgermeister«

Nur Ort und Datum mussten noch handschriftlich nachgetragen werden, mit dem Amtsstempel beglaubigt. Der schwarze Lederrücken und Goldbuchstaben betonten den Bibelersatz.

Besonders »konsequent« verfuhr die halb konservative, halb nationalsozialistische Wehrmacht: Der Soldat, der wegen einer Verfehlung zu drei Tagen Arrest verurteilt wurde, durfte wählen, ob er zu seiner Erbauung und Besserung die Bibel oder *Mein Kampf* in die Zelle mitnehmen wollte. Übrigens gab es auch kostbare Prachtausgaben im Großformat, mit Bernstein verziert, als Geschenk für besonders verdiente Parteigenossen oder sonst irgendwie wichtige Personen. Nach alledem überrascht es kaum, dass bereits 1936 die 190./194. Auflage mit insgesamt 2,4 Millionen Exemplaren erreicht war. Insgesamt sind bis 1945 etwa zehn Millionen Exemplare unters Volk gebracht worden.[4]

Beim Kriegsende haben die meisten Haushalte sich des auf einmal anstößigen Druckwerks so eilig entledigt wie der Hitlerbilder, der Hakenkreuzfahnen und Parteiabzeichen; wie viele Exemplare auf Dachböden, in Kellern oder hinter Goethe und Schiller verborgen überdauerten, ist unbekannt. Neuauflagen gibt es nicht, weil der bayerische Staat als Erbwalter der Verlagsrechte sie nicht zulässt – mit dem merkwürdigen Ergebnis, dass alles bis 1945 Unveröffentlichte problemlos zu haben ist, nur eben nicht – es sei denn in neonazistischen Raubdrucken – *Mein Kampf*.

Ob nun die glücklichen jungen Paare oder die weniger glücklichen Soldaten auch durchstudierten, was man ihnen in die Hand gab, ist die Frage oder vielmehr höchst unwahrscheinlich; man spricht vom ungelesensten Bestseller des Jahrhunderts oder »aller Zeiten«.

Bereits die Sprache wirkt abschreckend. »Es bedurfte auch hier erst der Faust des Schicksals, um mir das Auge über diesen unerhörtesten Völkerbetrug zu öffnen«[5]: Solche missratenen Bilder gibt es wieder und wieder. Über die materielle Not heißt es: »Wer nicht selber in den Klammern dieser würgenden Natter sich befindet, lernt ihre Giftzähne niemals kennen.«[6] Das hat schon Rudolf Olden in seinem Buch über Hitler aus dem Jahre 1936 boshaft kommentiert: »In so ein paar Worten sind mehr Fehler, als sich in einem ganzen Aufsatz richtigstellen ließen. Eine Natter hat keine Klammern, und eine Schlange, die einen Menschen umklammern kann, keine Giftzähne. Wenn aber ein Mensch von einer Schlange gewürgt wird, so lernt er schon dadurch nie ihre Zähne kennen.«[7]

Erst recht schwer erträglich sind die ständig auftretenden Superlative. Es siegt, so lesen wir, wer »die überlegendste Führung und zugleich die diszipliniertеste, blindgehorsamste, bestgedrillte Truppe hat«.[8] Ludwig Thoma hat – seinerzeit über die Reden Kaiser Wilhelms II. – gesagt: »Der Superlativ ist auch als rhetorische Form nicht gut. Ein Gedanke soll einfach und wahr ausgedrückt werden. Der Superlativ ist überschwenglich und darum unwahr … Schmückende, ausmalende Beiworte lassen die Form schwülstig erscheinen; außerdem beweisen sie, daß ein Redner sich selbst nicht zutraut, eine Empfindung oder einen Gedanken knapp mit dem treffenden Worte auszudrücken.«[9]

Insgesamt stößt man immerfort auf eine breiige Sprache; im Grunde ist es erstaunlich, dass niemand versucht hat, Hitler zu einem besseren Schriftdeutsch zu verhelfen. Schließlich und nicht zuletzt gerät man oft in Kreisgänge, statt dass die Gedanken fortgeführt würden: Was in einem Kapitel schon gesagt wurde, wird im anderen erneut ausgebreitet, manchmal in vier oder sechs Kapiteln. Wahrlich: Von der Sprachkünstlerschaft eines Otto von Bismarck bleibt der Autor von *Mein Kampf* um Welten geschieden. Nicht nur Zeitgenossen, sondern auch nachgeborene Historiker haben darum den Text für wertlos und ungenießbar erklärt.

Doch das ist er durchaus nicht. »Hitlers Geschichte ist die Geschichte seiner Unterschätzung«, hat Veit Valentin mit Recht gesagt[10], und Ähnliches gilt für sein Buch. Gerade im Rückblick liefert es einen Schlüssel zum Verstehen.

Drei Elemente sind ineinander verwoben. Erstens erzählt Hitler die Geschichte seiner Kindheit, seiner Jugend und seiner Mannesjahre bis in die »Kampfzeit« hinein. Dabei allerdings darf man ihm wenig glauben. Wie früher schon angedeutet, stilisiert er sich in krass wahrheitswidriger Weise zum frühreifen Genie, etwa wenn er über seine Zeit in Wien sagt: »Ich las damals unendlich viel, und zwar gründlich. Was mir so an freier Zeit von meiner Arbeit übrigblieb, ging restlos für mein Studium auf. In wenigen Jahren schuf ich mir damit die Grundlagen eines Wissens, von denen ich noch heute zehre ... In dieser Zeit bildete sich mir ein Weltbild und eine Weltanschauung, die zum granitenen Fundament meines derzeitigen Handelns wurden. Ich habe zu dem, was ich mir so einst schuf, nur weniges hinzulernen müssen, zu ändern brauchte ich nichts.«[11]

Davon abgesehen, dass es fatal ist, wenn ein junger Mensch innerlich erstarrt und sich nicht mehr verändert und weiterentwickelt, kann weder von »Arbeit« noch von »Studium« ernsthaft die Rede sein, allenfalls vom wahllosen Bücherverschlingen und vom unentwegten Lesen wohl nur im Blick auf Zeitungen und mehr oder minder närrische Broschüren beliebiger Hintertreppenpropheten.

Nur zu gerne möchte man natürlich wissen, welche Bücher Hitler eigentlich gelesen hat und wer seine Lieblingsautoren waren. Doch man erfährt sehr wenig; ziemlich vage ist bisweilen von Schopenhauer die Rede. Aber vielleicht – so möchte man fast vermuten – war es einzig der Titel von Schopenhauers Hauptwerk, *Die Welt als Wille und Vorstellung*, der Hitlers Einstellung entsprach.

Immerhin gibt es eine Ausnahme, mit der Hitler sich in der Gesellschaft von Millionen anderer Jungen befindet, Generationen übergreifend: Karl May. Sich in die Welt hinausträumen, in ein Leben voller Romantik, in den Kampf zwischen Gut und Böse: Warum nicht? Selbstverständlich hat Hitler auch den Vortrag besucht, den May nur wenige Tage vor seinem Tod am 22. März 1912 in Wien hielt, unter dem schönen Titel: »Empor ins Reich des Edelmenschen!«[12] Ungewöhnlich ist allerdings, dass noch der Reichskanzler Karl May verschlang, dass er spät im Krieg *Winnetou* in hoher Auflage drucken ließ, um ihn an die Soldaten zu verteilen, und dass er seinen Generalen, wohl um ihre strategische Fantasie anzuregen, die eigene Lektüre empfohlen haben soll.[13]

Wie bereits gezeigt wurde, spricht wenig dafür, dass der Tunichtgut überhaupt schon politische Interessen entwickelte; nicht einmal für den Antisemitismus lässt sich zweifelsfrei nachweisen, dass er ihn »von Anfang an wie einen angeborenen Buckel mit sich« herumtrug.[14] An einer aufschlussreichen Stelle sagt der Autor, dass man sich nicht vor dem dreißigsten Jahr politisch betätigen solle, weil man vorher noch nicht über eine gefestigte Weltanschauung verfüge. »Erst nach dem Gewinnen einer solchen grundlegenden Weltanschauung und der dadurch erreichten Stetigkeit … soll oder darf der nun wenigstens innerlich ausgereifte Mann sich an der politischen Führung des Gemeinwesens beteiligen.«[15] Wer früher in die Öffentlichkeit tritt, gerät in Gefahr, entweder den Glauben der eigenen Anhänger durch den Gesinnungswechsel zu erschüttern oder gesinnungslos zu handeln, im Widerspruch zur inzwischen erreichten besseren Einsicht.

Man kann dies durchaus als Selbstdarstellung lesen, dann allerdings im Kontrast zur Behauptung, schon früh ein »granitenes Fundament« gefunden zu haben. Gelegentlich trifft man sogar auf das Eingeständnis, dass die Entscheidung für die Politik tatsächlich erst im Jahre 1919 fiel – so in einer Rede vor den Militärbefehlshabern am 23. November 1939, wobei Hitler unterstreicht, dass dies nach langem innerem Ringen »der schwerste Entschluß von allen« gewesen sei.[16]

Alles in allem verrät das autobiografische Element wenig außer der Mühe, sich so darzustellen, wie die späteren Bewunderer den Werdegang ihres Führers sehen sollten. Ohnehin hat Hitler sein Privatleben sorgfältig abgeschirmt und verbot als Reichskanzler, darüber zu berichten. Auch alle Fotos sind sorgfältig auf ihre Wirkung hin ausgewählt worden, zum Beispiel wenn sie den tätschelnden Kinderfreund zeigen. In Wahrheit hat Hitler nie ein irgendwie bedeutsames, geschweige denn liebevolles Verhältnis zu Kindern entwickelt.

Wesentlich interessanter wirkt die Darstellung der politischen Anfänge seit 1919, aber Auslassungen und Beschönigung trüben das Bild gleich wieder. Zum Beispiel erfährt man nichts vom

Münchener Putschversuch, sondern sieht nur schmückendes Beiwerk: Der erste Band von *Mein Kampf* ist den Toten, den »Blutzeugen der Bewegung« vom 9. November 1923 gewidmet.[17]

Ganz anders verhält es sich mit dem zweiten Element, von dem Hitlers Buch handelt, mit der Werbung oder in damaliger Ausdrucksweise der Propaganda. Ihr mit Abstand wichtigster Bestandteil ist die Rede. Der Mann aus dem Nirgendwo hat als Redner seine politische Laufbahn begründet, sich emporgeredet zum Führer seiner Partei erst in München und Bayern, dann einer deutschen Massenbewegung bis vor die Tore der Macht. Auch zur Herrschaft nach 1933 gehört die Rede nicht als Beigabe, sondern als unverzichtbare Grundlage. Erst in den späten Kriegsjahren, als die Niederlage sich abzeichnet, verstummt der Volkstribun, der die Massen begeistert und mit sich reißt.

In den Filmaufnahmen des »Dritten Reiches« sehen wir die sorgsamen Inszenierungen, die genau gegliederten Aufmärsche – und den »Führer« weitab von den Menschen, hoch über ihnen und hinter seinem Pult. Die Anfänge muss man sich anders vorstellen: überfüllte, verräucherte Kneipenräume und Bierkeller; erregte, ungebärdige Leute samt Maßkrügen, die sich auch als Wurfgeschosse verwenden lassen, Freund und Feind in wirrem Gemenge hautnah beieinander; Faustgefechte und Saalschlachten als Möglichkeit niemals auszuschließen und mehr als einmal handfeste Realität. Mittendrin, dicht umdrängt der »Trommler«, der Redner, auf einem der Biertische stehend, zwar ein genau einstudiertes Konzept im Kopf, aber auf Zwischenrufe reagierend, an ihnen entflammt, laut, um überhaupt sich Gehör zu verschaffen, am Ende im heiseren Brüllen, »fanatisch« – eines seiner Lieblingsworte – und entschlossen, sich durchzusetzen. Denn jedes Zögern, jeder Selbstzweifel, jeder Anflug von Furcht wäre in solcher Atmosphäre bereits ein Versagen, das Vorspiel zum Absturz, zum schmählichen Scheitern. Der Vergleich mit einem Hochleistungsathleten, dem Fußballspieler oder mehr noch dem Boxer liegt nahe, der, vom Beifall oder von Buhrufen umtost, zum Wettkampf, zum Duell antritt. Dass auch der Volkstribun, der oft zwei Stunden oder noch länger redete, nach jedem Auftritt in Schweiß gebadet war und mehrere Pfunde an Gewicht verloren hatte, lässt sich gut verstehen.[18]

Dies ist Hitlers Hohe Schule, hier beginnt sein Siegeszug, und hier hat seinen Ursprung, was in der rückblickenden Betrachtung vielleicht als abstoßend »primitiv« erscheint. In *Mein Kampf* aber wird genau, um nicht zu sagen mit zynischer Offenheit das Erfolgsrezept dargestellt, und entsprechend genau sollte man es lesen, um zu begreifen, was einen Träumer und Taugenichts zum Weltenbeweger aufsteigen ließ.

Wenn man aus den Lauen, aus Zweiflern oder Feinden begeisterte Anhänger, am Ende sogar »blindgehorsamste« Gefolgsleute machen will, dann muss man nicht Wissen vermitteln, sondern Gefühle und Leidenschaften ansprechen. Schon dies begründet die Überlegenheit der Rede gegenüber der Schrift. Denn »der Redner kann meinetwegen das gleiche Thema behandeln wie das Buch ...« Doch »er wird sich von der breiten Masse immer so tragen lassen, daß ihm daraus gefühlsmäßig gerade die Worte flüssig werden, die er braucht, um seinen jeweiligen Zuhörern zu Herzen zu sprechen ... Dabei handelt es sich nicht selten bei den Menschen um die Überwindung von Voreingenommenheiten, die nicht in ihrem Verstand begründet, sondern meist unbewußt, nur durch das Gefühl gestützt sind. Diese Schranke instinktiver Abneigung, gefühlsmäßigen Hasses, voreingenommener Ablehnung zu überwinden, ist tausendmal schwieriger als die Richtigstellung einer fehlerhaften oder irrigen wissenschaftlichen Meinung. Falsche Begriffe und schlechtes Wissen können durch Belehrung beseitigt werden, Widerstände des Gefühls niemals. Einzig ein Appell an diese geheimnisvollen Kräfte selbst kann hier wirken; und das kann kaum je der Schriftsteller, sondern fast einzig nur der Redner.«[19]

Um Leidenschaften zu lenken, muss man leidenschaftlich und nicht wissensklug sprechen; fast wie ein roter Faden zieht sich durch *Mein Kampf* der Hohn über die feinsinnig gebildeten Leute, die sorgsam analysieren und dann belehren wollen, etwa die Redakteure der *Frankfurter Zeitung*, hinter der schon immer die klugen Köpfe sich bargen.[20] »Denn die Rede eines Staatsmannes zu seinem Volk habe ich nicht zu messen nach dem Eindruck, den sie bei einem Universitätsprofessor hinterläßt, sondern an der Wirkung, die sie auf das Volk ausübt. Und dies allein gibt auch den Maßstab für die Genialität des Redners.«[21]

Indem es nicht um Professoren oder die Leser der *Frankfurter Zeitung* geht, entsteht ein striktes Gebot: »An wen hat sich die Propaganda zu wenden? An die wissenschaftliche Intelligenz oder an die weniger gebildete Masse?

Sie hat sich ewig nur an die Masse zu richten!« Denn »jede Propaganda hat volkstümlich zu sein und ihr geistiges Niveau einzustellen nach der Aufnahmefähigkeit des Beschränktesten unter denen, an die sie sich zu richten gedenkt. Damit wird ihre rein geistige Höhe um so tiefer zu stellen sein, je größer die zu erfassende Masse der Menschen sein soll ... Versteht man aber die Notwendigkeit der Einstellung der Werbekunst der Propaganda auf die breite Masse, so ergibt sich weiter schon daraus die folgende Lehre: Es ist falsch, der Propaganda die Vielseitigkeit etwa des wissenschaftlichen Unterrichts geben zu wollen.

Die Aufnahmefähigkeit der großen Masse ist nur sehr beschränkt, das Verständnis klein, dafür jedoch die Vergeßlichkeit groß. Aus diesen Tatsachen heraus hat sich jede wirkungsvolle Propaganda auf nur sehr wenige Punkte zu beschränken und diese schlagwortartig solange zu verwerten, bis auch bestimmt der Letzte unter einem solche Worte das Gewollte sich vorzustellen vermag. Sowie man diesen Grundsatz opfert und vielseitig werden will, wird man die Wirkung zum Zerflattern bringen, da die Menge den gebotenen Stoff weder zu verdauen noch zu behalten vermag. Damit aber wird das Ergebnis wieder abgeschwächt und endlich aufgehoben.«[22]

Die geistreiche Vielseitigkeit muss auch darum unbedingt vermieden werden, weil sie die Leidenschaften eher dämpft als auflodern lässt. Wer alle Gesichtspunkte bedenkt, wird von Zweifeln geplagt und zögert, statt dass ihn die Kampfeslust packt. Die Vereinfachung muss darum zielgerichtet in die Polarisierung münden, ins harte Entweder-oder, von Freund und Feind, von Helden und Verrätern. Hier die Kinder des Lichts, dort die Kinder der Finsternis! In Hitlers Worten:

»Überhaupt besteht die Kunst aller wahrhaft großen Volksführer zu allen Zeiten in erster Linie mit darin, die Aufmerksamkeit eines Volkes nicht zu zersplittern, sondern immer auf einen einzigen Gegner zu konzentrieren. Je einheitlicher dieser Einsatz des Kampfwillens eines Volkes stattfindet, um so größer wird die magnetische Anziehungskraft einer Bewegung sein, und um so gewaltiger die Wucht des Stoßes. Es gehört zur Genialität eines großen Führers, selbst auseinanderliegende Gegner immer als nur zu einer Kategorie gehörend erscheinen zu lassen, weil die Erkenntnis verschiedener Feinde bei schwächlichen und unsicheren Charakteren nur zu leicht zum Anfang des Zweifels am eigenen Rechte führt.

Sowie die schwankende Masse sich im Kampfe gegen zu viele Feinde sieht, wird sich sofort die Objektivität einstellen und die Frage aufwerfen, ob wirklich alle anderen unrecht haben und nur das eigene Volk oder die eigene Bewegung allein sich im Rechte befinde?

Damit aber kommt auch schon die erste Lähmung der eigenen Kraft. Daher muß eine Vielzahl von innerlich verschiedenen Gegnern immer zusammengefaßt werden, so daß in der Einsicht der Masse der eigenen Anhänger der Kampf nur gegen einen Feind allein geführt wird. Dies stärkt den Glauben an das eigene Recht und steigert die Erbitterung gegen den Angreifer auf dasselbe.«[23]

Der nächste Schritt ist folgerichtig. In der Abkehr vom deutschen »Objektivitätsfimmel«[24] muss Werbung »die allererste Voraussetzung jeder propagandistischen Tätigkeit überhaupt« erkennen und unbeirrt durchhalten, »nämlich die grundsätzlich subjektiv einseitige Stellungnahme derselben zu jeder von ihr bearbeitenden Frage ... Sie hat nicht objektiv auch die Wahrheit, soweit sie den anderen günstig ist, zu erforschen.«[25]

Fügt man die Vereinfachung, die ständige Wiederholung, die vorsätzlich einseitige Ausrichtung und die Polarisierung zu dem Bedingungsgefüge zusammen, das sie bilden und das Hitler fordert, so gerät man allerdings, je länger desto unabwendbarer, in eine von der Wirklichkeit mehr und mehr entfernte, in sich abgeschlossene, ja verriegelte »Welt als Wille und Vorstellung«. Was zählen dann noch die Tatsachen oder die stärkeren Bataillone? Wenn man *Mein Kampf* liest, dann entsteht der Eindruck, dass Deutschland den Ersten Weltkrieg gewonnen oder jedenfalls nicht verloren hätte, wenn nur die Propaganda sich nach Hitlers Grundsätzen gerichtet hätte.[26] Am Ende entwickelt sich eine Welt des Wahns oder der Mythen, die kaum ohne Rückwirkung auf ihre Urheber bleiben kann. Unwillkürlich erinnert man sich an

Mussolinis berühmtes Wort am Vorabend seines »Marsches auf Rom« im Jahre 1922, der den italienischen Faschismus an die Macht brachte: »Wir haben unseren Mythos geschaffen. Der Mythos ist ein Glaube, ein edler Enthusiasmus. Es ist nicht notwendig, daß er eine Wirklichkeit sei.«[27]

Gewiss, in jedem politischen System entsteht das Problem der Realitätskontrolle. Denn immer gibt es eine Machtkonzentration bei den Spitzenpositionen und die Frage, wie ihre Inhaber Informationen gewinnen; immer entsteht ein »Korridorproblem«: Wer hat Zugang zu den Machthabern, wer nicht, und wie filtern und färben die Zuträger in der Weitergabe ihr Wissen? Wenn sich ein Machtmonopol bildet, sei es in den Händen einer Person oder einer Partei, kann man schnell und entschlossen handeln und alle Kräfte schlagkräftig bündeln; der Vorteil gegenüber offenen Gesellschaften und demokratischen Ordnungen mit der schwerfälligen Vielfalt ihrer ständig streitenden Ansichten und Interessen ist offensichtlich. Aber einzig die Vielfalt sichert zugleich, was Hitler fürchtet: Zugänge zur Wahrheit, ein Mindestmaß an Objektivität.

Wie genau indessen der Autor von *Mein Kampf* die Bedingungen einer erfolgreichen Propaganda bis in die Einzelheiten und Äußerlichkeiten hinein durchdenkt und darstellt, zeigen zwei Beispiele. Für die Massenwirkung braucht man die Massenversammlung. Sie »ist auch schon deshalb notwendig, weil in ihr der einzelne, der sich zunächst als werdender Anhänger einer jungen Bewegung vereinsamt fühlt und leicht der Angst verfällt, zum erstenmal das Bild einer größeren Gemeinschaft erhält, was bei den meisten Menschen kräftigend und ermutigend wirkt ... Wenn er aus seiner kleinen Arbeitsstätte oder aus dem großen Betrieb, in dem er sich recht klein fühlt, zum ersten Male in die Massenversammlung hineintritt und nun Tausende und Tausende von Menschen gleicher Gesinnung um sich hat, wenn er als Suchender in die gewaltige Wirkung des suggestiven Rausches und der Begeisterung von drei- oder viertausend anderen mitgerissen wird, wenn der sichtbare Erfolg und die Zustimmung von Tausenden ihm die Richtigkeit der neuen Lehre bestätigen und zum erstenmal den Zweifel an der Wahrheit seiner bisherigen Überzeugung erwecken, – dann unterliegt er selbst dem zauberhaften Einfluß dessen, was wir mit dem Wort Massensuggestion bezeichnen. Das Wollen, die Sehnsucht, aber auch die Kraft von Tausenden akkumuliert sich in jedem einzelnen. Der Mann, der zweifelnd und schwankend eine solche Versammlung betritt, verläßt sie innerlich gefestigt: er ist zum Glied einer Gemeinschaft geworden.«[28]

Sogar die Tageszeit erweist sich als wichtig: »Der gleiche Vortrag, der gleiche Redner, das gleiche Thema wirken ganz verschieden um zehn Uhr vormittags, um drei Uhr nachmittags oder am Abend. Ich selbst habe als Anfänger noch Versammlungen für den Vormittag angesetzt und erinnere mich im besonderen an eine Kundgebung, die wir als Protest ›gegen die Unterdrückung deutscher Gebiete‹ im Münchener-Kindl-Keller abhielten. Es war damals Münchens größter Saal und das Wagnis schien sehr groß zu sein. Um den Anhängern der Bewegung und allen, die sonst kamen, den Besuch besonders zu erleichtern, setzte ich die Versammlung auf einen Sonntagvormittag, zehn Uhr, an. Das Ergebnis war niederdrückend, doch zugleich außerordentlich belehrend: Der Saal voll, der Eindruck ein wahrhaft überwältigender, die Stimmung aber eisig kalt; niemand wurde warm, und ich selbst als Redner fühlte mich tief unglücklich, keine Verbindung, nicht den leisesten Kontakt mit meinen Zuhörern herstellen zu können. Ich glaubte nicht schlechter gesprochen zu haben als sonst; allein die Wirkung schien gleich Null zu sein. Völlig unbefriedigt, wenn auch um eine Erfahrung reicher geworden, verließ ich die Versammlung …

Morgens und selbst tagsüber scheinen die willensmäßigen Kräfte der Menschen sich noch in höchster Energie gegen den Versuch der Aufzwingung eines fremden Willens und einer fremden Meinung zu sträuben. Abends dagegen unterliegen sie leichter der beherrschenden Kraft eines stärkeren Wollens. Denn wahrlich stellt jede solche Versammlung den Ringkampf zweier entgegengesetzter Kräfte dar. Der überragenden Redekunst einer beherrschenden Apostelnatur wird es nun leichter gelingen, Menschen dem neuen Wollen zu gewinnen, die selbst bereits eine Schwächung ihrer Widerstandskraft in natürlichster Weise erfahren haben, als solche, die noch im Vollbesitz ihrer geistigen und willensmäßigen Spannkraft sind.«[29]

Der Kampf entgegengesetzter Kräfte, die Aufzwingung eines

beherrschenden Willens: Hier wird Verborgenes sichtbar, das doch entscheidend ist – und zwar nicht nur im Kampf mit den Andersdenkenden, sondern auch oder gerade für die Anhänger. Den Ausgang des Menschen aus seiner selbstverschuldeten Unmündigkeit, den Mut zum eigenen Denken hatte einst Immanuel Kant als den Grundgedanken der Aufklärung bezeichnet.[30] Diese Aufklärung soll jetzt widerrufen, die Selbstbestimmung in Fremdherrschaft zurückverwandelt werden. Es geht um Herrschaft und Unterwerfung, um die Herstellung einer blinden und begeisterten Gefolgschaft, so wie dann im »Dritten Reich« die Parole hieß: »Führer befiehl, wir folgen!« Auch das wird in *Mein Kampf* in bemerkenswerter Offenheit gesagt:

»Die Psyche der breiten Masse ist nicht empfänglich für alles Halbe und Schwache.

Gleich dem Weibe, dessen seelisches Empfinden weniger durch Gründe abstrakter Vernunft bestimmt wird, als durch solche einer undefinierbaren, gefühlsmäßigen Sehnsucht nach ergänzender Kraft, und das sich deshalb lieber dem Starken beugt, als den Schwächling beherrscht, liebt auch die Masse mehr den Herrscher als den Bittenden, und fühlt sich im Inneren mehr befriedigt durch eine Lehre, die keine andere neben sich duldet, als durch die Genehmigung liberaler Freiheit; sie weiß mit ihr auch meist nur wenig anzufangen und fühlt sich sogar leicht verlassen. Die Unverschämtheit ihrer geistigen Terrorisierung kommt ihr ebensowenig zum Bewußtsein, wie die empörende Mißhandlung ihrer menschlichen Freiheit, ahnt sie doch den inneren Irrsinn der ganzen Lehre in keiner Weise. So sieht sie nur die rücksichtslose Kraft und Brutalität ihrer zielbewußten Äußerungen, der sie sich endlich immer beugt.«[31]

Natürlich will Hitler nicht die eigene Lehre als irrsinnig brandmarken; er spricht hier vom Marxismus und von den Sozialdemokraten. Doch was er sagt, kennzeichnet *seine* Auffassung. Im Übrigen wird aus den angeblichen Gewaltmitteln des Gegners die Ermächtigung zur Gegengewalt abgeleitet: »Der Terror auf der Arbeitsstätte, in der Fabrik, im Versammlungslokal und anläßlich der Massenkundgebung wird immer von Erfolg begleitet sein, solange nicht ein gleich großer Terror entgegentritt.«[32] Folgerichtig entstehen aus dem anfänglichen »Saalschutz« die straff durchorganisierten und uniformierten Schlägertrupps des Terrors, die »Sturmabteilungen«, abgekürzt zur SA.

»Wir prügeln uns groß« hieß die Parole. Und Hitler selbst soll gesagt haben: »Grausamkeit imponiert, die Leute brauchen den heilsamen Schrecken. Sie wollen sich vor etwas fürchten. Sie wollen, daß man ihnen bange macht und daß sie sich jemandem schaudernd unterwerfen. Haben Sie nicht die Erfahrung gemacht nach Saalschlachten, daß die Verprügelten sich am ehesten als neue Mitglieder der Partei melden? Was schwatzen Sie da von Grausamkeit und entrüsten sich über Qualen. Die Masse will das. Sie braucht etwas zum Grauen.«[33]

Womöglich kamen die Leute nicht nur, um Hitler zu hören, der sich kaum zufällig in der »Kampfzeit« oft mit der Peitsche in der Hand zeigte, sozusagen als der neue Messias, der die Händler und Geldwechsler aus dem Tempel treibt.[34] Es ging zugleich um ein Spektakel, ein Schauspiel, eine Spielart von Oper, nur für andere Menschen als die feinsinnigen Musikliebhaber inszeniert; heute würde man an die Auftritte berühmter oder berüchtigter Rockgruppen denken, etwa an die »Rolling Stones« in ihren frühen und wilden Jahren: Welch ein Schauspiel, wenn die angemieteten »Ordnungshüter« als Schlägertrupps und Rausschmeißer zu tun bekommen! Später, als es keine Gegner, sondern nur noch Gefolgsleute gab, wurden die Inszenierungen umso sorgfältiger geplant, samt Lichterdom, Fahneneinzug, Marschmusik, erwartungsfroh verzögertem Erscheinen des erst entrückten, dann der Menge sich zuwendenden Führers, mit brünstig aufbrandendem Jubel und abschließendem Siegesgesang. Auch dabei liegt der Vergleich mit der heutigen Musikszene und den Auftritten der »Megastars« während ihrer Welttourneen nahe. Und wirklich nicht von ungefähr war Richard Wagner der Einzige, den Hitler als sein Vorbild anerkannte.

Um beim Vergleich mit Rock- und Popkonzerten noch für einen Augenblick zu verweilen: Die Übereinstimmung reicht von der Wahl der Tageszeit, vielmehr der Abend- und Nachtstunden über die Dauer bis zu den Elementen der Dramaturgie, die zum Beispiel den Einzug des eigentlichen Stars mit Vorspielen verzögert.

Die Unterschiede sind einmal technischer Art; die akustischen

Anlagen haben sich weiterentwickelt, und das Idol, das leibhaftig auftritt, wird zugleich übergroß auf einer Leinwand gezeigt. Aber das wäre zu Hitlers Zeiten bestimmt auch geschehen, wenn es dazu schon die Möglichkeiten gegeben hätte; inzwischen ist es längst alltäglich, wenn Politiker auf Parteitagen oder bei wichtigen Wahlveranstaltungen ihre Reden halten.

Zum anderen ist das Publikum viel jünger geworden; seinen Hauptteil stellen die Teenager. Doch das entspricht einer allgemeinen Entwicklung; auch die Liebespaare des Kinos sind durchweg weit jünger als in den Zwanziger- und Dreißigerjahren. Andererseits war, wie noch näher zu zeigen sein wird, die NSDAP der Kampfzeit bereits sehr ausgeprägt eine Partei der Jugend.

Man hat von einer »faschistischen Ästhetik« gesprochen[35]; besonders eindrucksvoll erkennt man sie in den Propagandafilmen Leni Riefenstahls über die Reichsparteitage von 1933 und 1934, »Sieg des Glaubens« und »Triumph des Willens«, ebenso in der Darstellung der Olympischen Spiele von 1936, »Fest der Völker« und »Fest der Schönheit«. Dabei soll nun aus dem Vergleich mit der Gegenwart nicht etwa ein hintergründiger Faschismus der Rock- und Popkonzerte unserer Tage abgeleitet werden. Eher ist es umgekehrt: In den nationalsozialistischen Massenveranstaltungen tauchen zuerst spezifisch moderne Elemente auf, und der »Superstar« Adolf Hitler ist ihr Entdecker.

Um zurückzukehren: Durchsetzung des eigenen und Brechung des fremden Willens, Herstellung von Herrschaft und einer gläubig gehorsamen Gefolgschaft: Das ist es, was Hitlers Darstellung der Propaganda kennzeichnet und aus dem Volksredner den allein noch bestimmenden FÜHRER macht. Die Beziehung von Führer und Gefolgschaft aber zeigt sich als ein erotisches Gewaltverhältnis, als Sado-Masochismus[36]: hier die Gewalt, dort die Unterwerfung.

So absurd das klingt, es ist die Wahrheit. Und für den Preis der Unterwerfung wird ja auch etwas, vielmehr im Wortsinne Grundlegendes geboten: das Gefühl, die Gewissheit, »Glied einer Gemeinschaft« zu sein und damit der eigenen Bedeutungslosigkeit zu entkommen, um Teilhaber, Mitträger der Macht zu werden. Diese Dialektik von Ohnmacht und Macht, das Umschlagen von Unterwerfung in Herrschaft, bestätigt sich triumphal nach der

»Machtergreifung« von 1933; fortan kann man den vom Führer gewiesenen Feind entgelten lassen, was man selbst als Preisgabe der Freiheit, als Entmündigung erlitt. Entscheidend aber bleibt die Wechselwirkung. »Ich weiß«, hat Hitler vollkommen zu Recht in einer späteren Rede gesagt, »alles, was ihr seid, seid ihr durch mich, und alles, was ich bin, bin ich nur durch euch.«[37]

Der Philosoph der Dialektik und Lehrer von Karl Marx, Georg Wilhelm Friedrich Hegel, hat am Anfang des 19. Jahrhunderts in seiner *Phänomenologie des Geistes* ein tiefgründig dunkles Kapitel entworfen, das unter dem Titel »Herrschaft und Knechtschaft« vom Selbstbewusstsein spricht.[38] Vereinfacht ausgedrückt: Der Herr gewinnt sein Selbstbewusstsein aus der Macht über »die anderen«, die in der »Furcht des Herrn« leben; ihre Unterwerfung und sogar noch ihr Aufbegehren – sofern es in die Unterwerfung zurückgezwungen wird – bilden den Rohstoff, aus dem sein Stolz gemacht ist. Der Knecht wiederum gewinnt Selbstbewusstsein im Akt der Selbstaufgabe, aus einer Übertragung. Er identifiziert sich mit dem Herrn. Und je mächtiger der Herr, desto stärker zugleich das Selbstgefühl, das im Abglanz noch den Knecht bindet und trägt.

Dem Prinzip nach kann darum die Macht des Herrn gar nicht groß genug sein. Sie drängt in ihrer Logik – und in der Leidenschaft der Knechte erst recht – zur Schrankenlosigkeit, zum Absoluten, zur gottgleichen Allmacht. In der Gegenrichtung heißt das: Ihre Zerstörung löst die Bindung auf, so als hätte es sie niemals gegeben. Das geschah 1945. Es ist nur folgerichtig, dass wir seither, als Nachgeborene mit dem Wissen ums Ende, Filmdokumente von Hitlers Auftritten und Reden mit Kopfschütteln betrachten und den Massenjubel nicht mehr begreifen, der da aufbrandet. Doch in *Mein Kampf* wird das erotische Gewaltverhältnis präzise beschrieben, um das es sich handelt.

Um zu Begriffen die Anschauung zu vermitteln, soll am Ende der Darstellung von Propaganda und Redegewalt von der ersten Massenversammlung die Rede sein, die die NSDAP im Jahre 1920 veranstaltete, um ihr Programm zu verkünden. Ob es sich um eine wahrheitsgetreue Darstellung handelt, mag dahingestellt bleiben und spielt im Grunde keine Rolle; Hitler schildert *seine* Empfindungen und bietet sehr bewusst ein Lehrstück. Nicht zufällig befindet es sich an herausgehobener Stelle; es bildet den Abschluss des ersten Bandes von *Mein Kampf*.

»Um 7.30 Uhr sollte die Eröffnung stattfinden. 7.15 Uhr betrat ich den Festsaal des Hofbräuhauses am Platzl in München, und das Herz wollte mir fast vor Freude zerspringen. Der gewaltige Raum, denn gewaltig kam er mir damals noch vor, war mit Menschen überfüllt, Kopf an Kopf, eine fast zweitausend Menschen zählende Masse. Und vor allem – es waren die gekommen, an die wir uns wenden wollten. Weit über die Hälfte des Saales schien von Kommunisten und Unabhängigen besetzt. Unsere erste große Kundgebung war von ihnen zu einem schnellen Ende bestimmt worden.

Allein es kam anders. Nachdem der erste Redner geendet, ergriff ich das Wort. Wenige Minuten später hagelte es Zwischenrufe, im Saal kam es zu heftigen Zusammenstößen, eine Handvoll treuester Kriegskameraden und sonstiger Anhänger schlugen sich mit den Störenfrieden und vermochten erst nach und nach einige Ruhe herzustellen. Ich konnte wieder weitersprechen. Nach einer halben Stunde begann der Beifall das Schreien und Brüllen langsam zu übertönen … Von Viertelstunde zu Viertelstunde wurden die Zwischenrufe mehr und mehr zurückgedrängt von beifälligen Zurufen. Und als ich endlich die fünfundzwanzig Thesen Punkt für Punkt der Masse vorlegte und sie bat, selber das Urteil über sie zu sprechen, da wurden sie nun eine nach der andern unter immer mehr sich erhebendem Jubel angenommen, einstimmig und immer wieder einstimmig, und als die letzte These so den Weg zum Herzen der Masse gefunden hatte, stand ein Saal voll Menschen vor mir, zusammengeschlossen von einer neuen Überzeugung, einem neuen Glauben, von einem neuen Willen.

Als sich nach fast vier Stunden der Raum zu leeren begann und die Masse sich Kopf an Kopf wie ein langsamer Strom dem Ausgang zuwälzte, zuschob und zudrängte, da wußte ich, daß nun die Grundsätze einer Bewegung in das deutsche Volk hinauswanderten, die nicht mehr zum Vergessen zu bringen waren.

Ein Feuer war entzündet, aus dessen Glut dereinst das Schwert kommen muß, das dem germanischen Siegfried die Freiheit, der deutschen Nation das Leben wiedergewinnen soll.

Und neben der kommenden Erhebung fühlte ich die Göttin der unerbittlichen Rache schreiten für die Meineidstat des 9. November 1918.

So leerte sich langsam der Saal.

Die Bewegung nahm ihren Lauf.«[39]

Wir kommen zum dritten Element von *Mein Kampf*, zur Weltanschauung und dem Programm, das aus ihr sich ableitet. Wie gleich zu zeigen sein wird, ist sie mit dem zweiten, der Propaganda, eng verflochten. Oder mehr noch: Es besteht ein wechselseitiges Bedingungsverhältnis. Die Form von Propaganda, die Hitler zur Vollendung entwickelt, wäre vollkommen verfehlt, wenn sie zur Aufklärung im Sinne Kants, für Freiheit, Gleichheit und Brüderlichkeit, für die Herstellung und Verteidigung eines demokratischen Gemeinwesens werben sollte. Sie setzt als Weltanschauung und Programm das Entweder-oder, das radikale Freund-Feind-Verhältnis, den Kampf um alles oder nichts schon voraus.

Und umgekehrt: Unwillkürlich, ja notwendig drängt diese Propaganda zu solch einem Kampf als dem Kennzeichen, dem Wesen und Sinn aller Politik, wenn nicht des Lebens überhaupt.[40] Nicht zufällig trägt Hitlers Buch seinen *Kampf*-Titel, und nur folgerichtig heißt es in ihm: »Die Bewegung hat grundsätzlich ihre Mitglieder so zu erziehen, daß sie im Kampfe nicht etwas lässig Auferzogenes, sondern das selbst Erstrebte erblicken. Sie haben die Feindschaft der Gegner mithin nicht zu fürchten, sondern als Voraussetzung zur eigenen Daseinsberechtigung zu empfinden. Sie haben den Haß der Feinde unseres Volkstums und unserer Weltanschauung und seine Äußerungen nicht zu scheuen, sondern zu ersehnen.«[41]

Hitlers Weltanschauung lässt sich mit einem Schlagwort kennzeichnen: Sozialdarwinismus. Er lag gewissermaßen in der Luft und hatte sich schon gegen Ende des 19. Jahrhunderts in vielerlei Prägungen entwickelt.[42] Von Charles Darwin hatte dieser Darwinismus freilich kaum mehr als Schlagworte ausgeborgt, besonders den »Kampf ums Dasein«. Kurz gesagt: Der Mensch ist ein Naturwesen, und als Naturwesen muss er sich durchsetzen und behaupten. In Hitlers Worten: »Wer leben will, der kämpfe also, und wer nicht streiten will in dieser Welt des ewigen Ringens, verdient das Leben nicht.«[43] Indem aber der Mensch sich – scheinbar – über die Natur erhebt, muss er seinen Kampf ums Dasein gegen andere Menschen ausfechten. Genauer sind es die Völker oder Nationen, die Stämme und Staaten, letztlich Rassen, die um ihre Existenz ringen; die Begriffe fließen bei Hitler oft unklar und austauschbar ineinander. Jedes Volk, jede Rassengruppe muss sich politisch-staatlich organisieren, um Macht zu entwickeln und den notwendigen »Lebensraum« zu erobern und zu verteidigen. Dabei gibt es höher- und minderwertige Völker oder Rassen; an der Spitze stehen die Deutschen beziehungsweise die Arier oder (wahlweise) die Germanen; zu den Minderwertigen gehören die Slawen.

Über diesen offenkundigen Unsinn haben schon Zeitgenossen, erst recht die Nachgeborenen die Schalen ihres Zorns oder mehr noch des Hohns ausgeschüttet.[44] Das halbe Deutsche Reich stand auf ursprünglich slawischem Siedlungsraum, und was sich schließlich zur deutschen Nation entwickelte, ging aus einer Mischung germanischer und slawischer Stämme hervor[45], um von den Beigaben der Römer und anderer Völker nicht erst zu reden. Was sollte man im Übrigen von nationalsozialistischen Führern wie Adolf Hitler, Joseph Goebbels oder Heinrich Himmler halten? Sahen sie etwa so aus, wie man sich die Germanen vorstellte? Der Einzige, der der Norm mustergültig entsprach, war Reinhard Heydrich, der gefürchtete Chef des Reichssicherheitshauptamtes, das heißt des Gewaltapparates der SS, der GESTAPO, des SD und der Polizei – und von dem, ausgerechnet, wurde – allerdings fälschlich – behauptet, dass er jüdische Vorfahren habe.[46] Oder wie ließ es sich im Zweiten Weltkrieg rechtfertigen, dass man im Bündnis mit Italienern und Japanern gegen Norweger, Niederländer, Briten, Amerikaner, Kanadier focht – oder gegen die Russen, unter denen es doch mindestens so viele Blonde und Blauäugige gab wie unter den Deutschen?

Aber in diesem Zusammenhang wird Hitler – wie so oft – unterschätzt. Mit der Germanenpusselei etwa des Partei-»Philosophen« Alfred Rosenberg oder des Reichsführers der SS, Heinrich Himmler, hat er sich niemals abgegeben, auch nicht mit der »völkischen« Wichtigtuerei.[47] Ohnehin taucht hinter der Fassade seines Rassebegriffs etwas anderes und viel Wichtigeres auf: der *Idealismus*, der sich an der Opferbereitschaft ausweist und zur Staatengründung führt.

»Bei den niedrigsten Menschen der Erde ist diese Eigenschaft nur in sehr geringem Umfange vorhanden, so daß es über die Bildung der Familie oft nicht hinauskommt. Je größer dann die Bereitwilligkeit des Zurückstellens rein persönlicher Interessen wird, um so mehr steigt auch die Fähigkeit zur Errichtung umfassender Gemeinwesen.

Dieser Aufopferungswille zum Einsatz der persönlichen Arbeit und, wenn nötig, des eigenen Lebens für andere ist am stärksten beim Arier ausgebildet. Der Arier ist nicht in seinen geistigen Eigenschaften an sich am größten, sondern im Ausmaße der Bereitwilligkeit, alle Fähigkeiten in den Dienst der Gemeinschaft zu stellen. Der Selbsterhaltungstrieb hat bei ihm die edelste Form erreicht, indem er das eigene Ich dem Leben der Gesamtheit willig unterordnet und, wenn es die Stunde erfordert, auch zum Opfer bringt ... Die grundsätzliche Gesinnung, aus der ein solches Handeln erwächst, nennen wir – zum Unterschied vom Egoismus, vom Eigennutz – Idealismus. Wir verstehen darunter nur die Aufopferungsfähigkeit des einzelnen für die Gesamtheit, für seine Mitmenschen ... Da aber wahrer Idealismus nichts weiter ist als die Unterordnung der Interessen und des Lebens des einzelnen unter die Gesamtheit, dies aber wieder die Voraussetzung für die Bildung organisatorischer Formen jeder Art darstellt, entspricht er im innersten Grunde dem letzten Wollen der Natur. Er allein führt die Menschen zur freiwilligen Anerkennung des Vorrechtes der Kraft und der Stärke und läßt sie so zu einem Stäubchen jener Ordnung werden, die das ganze Universum formt und bildet.«[48]

Was eigentlich ist nun wichtiger, die Rasse oder der Idealismus? Eines definiert sich vom anderen her. Doch in Wahrheit kommt es weniger aufs Aussehen als aufs Verhalten an; der Arier offenbart sich in seiner Opferbereitschaft. So gesehen hätte man im Zweiten Weltkrieg die vollendeten Arier allerdings in Japan gefunden, bei den Kamikaze-Fliegern, bewusst dem Opfertod geweiht, die sich in ihren mit Sprengstoff gefüllten Maschinen auf den Feind stürzten.

Ob im übrigen der Idealismus dem Wollen der Natur oder des Universums entspricht, lässt sich bezweifeln; wenn sich bei gesellig lebenden Tieren eine Rangordnung des Rudels bildet, die den jeweils stärksten Bullen, Hengst oder Rüden zur Fortpflanzung kommen lässt, liegt es viel näher, von einem »Egoismus der Gene« zu sprechen. Aber die Naturalisierung menschlicher Lebensverhältnisse bleibt eben vordergründig und durchsichtig; es geht weit mehr um Erziehung als um Züchtung. *Mein Kampf* ist voll von Anweisungen zur Erziehung, und neben der Herstellung von Härte handelt es sich stets um Gehorsam und Opferbereitschaft.

Der Begriff der »Rasse« bleibt also undeutlich und für viele Auslegungen offen. Aufs Geistige, die »Idee« kommt es am Ende mindestens ebenso an wie aufs »Blut«. »Das Aufzeigen einer neuen großen Idee ist das Geheimnis des Erfolgs der französischen Revolution gewesen; der Idee verdankt die russische den Sieg, und der Faszismus hat nur durch die Idee die Kraft erhalten, ein Volk in segensreichster Weise einer umfassendsten Neugestaltung zu unterwerfen.«[49]

Was besagt dagegen schon die arische Abkunft? »Die Germanen, die in Holstein geblieben sind, waren nach 2000 Jahren noch Lackel … Unser Land war ein Sauland … Wenn man nach unseren Vorfahren fragt, müssen wir immer auf die Griechen hinweisen.«[50] Doch diese Spielart von Ahnenpass lässt sich eben nur kulturgeschichtlich ausfertigen, als eine Form von Wahlverwandtschaft. »Natürlich« dagegen ist sie kaum zu begründen. In einer späten und durch ihren testamentarischen Charakter besonders wichtigen Äußerung heißt es entsprechend: »Geistige Rasse ist härter und dauerhafter als natürliche Rasse.«[51] Daher »reden wir von jüdischer Rasse nur aus sprachlicher Bequemlichkeit, denn im eigentlichen Sinne des Wortes und vom genetischen Standpunkt aus gibt es keine jüdische Rasse.«[52]

Gehorsam und Opferbereitschaft sind Voraussetzungen für das, was wirklich wichtig ist: Herrschaft und Unterwerfung. Hitler spricht vom »aristokratischen Prinzip der Natur«[53]. Nicht nur nebenher bemerkt: Wie beim Sozialdarwinismus greift er damit auf, was gewissermaßen in der Luft lag und schon vielfältig vorformuliert war, zum Beispiel beim »Herold der Reichsgründung«, dem Historiker Heinrich von Treitschke (1834–1896). Bei ihm kann man lesen:

»Alle Gesellschaft bildet von Natur eine Aristokratie. Die Sozialdemokratie kennzeichnet den Unsinn ihrer Bestrebungen bereits durch den Namen. Wie mit dem Staat gegeben ist der Unterschied von Obrigkeit und Untertan, der niemals aufgehoben werden kann, so ist mit dem Wesen der Gesellschaft ein für allemal gegeben die Verschiedenheit der Lebenslage und Lebensbedingungen ihrer Glieder ... Sieht man genauer hin, so liegt es ebenfalls in der menschlichen Natur selber begründet, daß die ungeheure Mehrheit der Kräfte unseres Geschlechts aufgehen muß in der Befriedigung der gröbsten Lebensbedürfnisse. Das bloße Dasein zu fristen ist dem Barbaren der Hauptinhalt des Daseins. Und so gebrechlich und bedürftig ist von Natur unser Geschlecht, daß auch auf höheren Kulturstufen die ungeheure Mehrheit der Menschen immer und überhaupt der Sorge um das Leben, der materiellen Arbeit ihr Dasein widmen muß, oder um es trivial auszudrücken: Die Masse wird immer die Masse bleiben müssen. Keine Kultur ohne Dienstboten. Es versteht sich doch von selbst, wenn nicht Menschen da wären, welch die niedrigen Arbeiten verrichten, so könnte die höhere Kultur nicht gedeihen. Wir kommen zu der Erkenntnis, daß die Millionen schmieden, ackern und hobeln müssen, damit einige Tausend forschen, malen und dichten können. Das klingt hart, aber es ist wahr und wird in aller Zukunft wahr bleiben. Mit Jammern und Klagen ist hiergegen gar nichts auszurichten. Der Jammer entspringt auch nicht der Menschenliebe, sondern dem Materialismus und Bildungsdünkel unserer Zeit.«[54]

Hitler hat dem wenig hinzugefügt, auch nicht den Antisemitismus.[55] Er radikalisiert allerdings: Aus Dienstboten werden die Sklaven. »So war für die Bildung höherer Kulturen das Vorhandensein niederer Menschen eine der wesentlichsten Voraussetzungen, indem nur sie den Mangel technischer Hilfsmittel, ohne die aber eine höhere Entwicklung gar nicht denkbar ist, zu ersetzen vermochten. Sicher fußte die erste Kultur der Menschheit weniger auf dem gezähmten Tier, als vielmehr auf der Verwendung niederer Menschen ... Es ist also kein Zufall, daß die ersten Kulturen dort entstanden, wo der Arier im Zusammentreffen mit niederen Völkern diese unterjochte und seinem Willen untertan machte.«[56] Und was einmal war, muss für immer so bleiben, weil es dem Willen der »Natur« entspricht: »Was sie wünscht, ist der Sieg des Stärkeren und die Vernichtung des Schwachen oder seine bedingungslose Unterwerfung.«[57]

Bevor wir fortfahren, sei noch einmal auf das Wechselverhältnis von Weltanschauung und Propaganda hingewiesen. Was sich nach Hitlers Darstellung in der Massenversammlung ereignet, ist ein Zweikampf manchmal der Fäuste und immer des Willens; der erfolgreiche Volksredner wird zum Triumphator und Führer, der sich durchsetzt und aus den Zuhörern, selbst aus den widerstrebenden, die begeisterten, blindlings gläubigen, gehorsamen Gefolgsleute formt. Die »Gemeinschaft«, die so entsteht, ist von vornherein als Herrschaftsordnung entworfen; in der Form der Propaganda ist bereits ihr Inhalt angelegt, wie im Inhalt der Weltanschauung die Form ihrer Durchsetzung; mit der Anerkennung einer Parteienvielfalt und dem parlamentarischen Regierungssystem ist das eine so unvereinbar wie das andere.

Nun zum Urfeind der Menschheit: »Den gewaltigsten Gegensatz zum Arier bildet der Jude. Bei kaum einem Volke der Welt ist der Selbsterhaltungstrieb stärker entwickelt als beim sogenannten auserwählten. Als bester Beweis hierfür darf die einfache Tatsache des Bestehens dieser Rasse allein schon gelten. Wo ist das Volk, das in den letzten zweitausend Jahren so wenigen Veränderungen der inneren Veranlagung, des Charakters usw. ausgesetzt gewesen wäre als das jüdische? Welches Volk endlich hat größere Umwälzungen mitgemacht als dieses – und ist dennoch immer als dasselbe aus den gewaltigsten Katastrophen der Menschheit hervorgegangen? Welch ein unendlich zäher Wille zum Leben, zur Erhaltung der Art spricht aus diesen Tatsachen!«[58]

Aber gerade hiermit ist das abgründig Böse verbunden: »Der Aufopferungswille im jüdischen Volke geht über den nackten Selbsterhaltungstrieb des einzelnen nicht hinaus... Es ist also grundfalsch, aus der Tatsache des Zusammenstehens der Juden im Kampfe, richtiger ausgedrückt in der Ausplünderung ihrer Mitmenschen, bei ihnen auf einen gewissen idealen Aufopferungssinn schließen zu wollen.

Auch hier leitet den Juden weiter nichts als nackter Egoismus des einzelnen.«[59]

Idealistische Opferbereitschaft, Hingabe an die Gemeinschaft hier, purer Individualismus und Egoismus dort: Das ist der Gegensatz, auf den es ankommt. Idealismus ermöglicht die Staatsbildung, aus der die großen kulturschöpferischen Leistungen hervorgehen.[60] Der Egoismus macht sie unmöglich. Die Juden können daher einzig als Parasiten leben, die ihre Wirtsvölker aussaugen.[61] Und sofern man von einem jüdischen Staat überhaupt sprechen will, ist er »territorial vollständig unbegrenzt. Denn eine bestimmte räumliche Fassung eines Staatengebildes setzt immer eine idealistische Gesinnung der Staatsrasse voraus.«[62] Mit anderen Worten: Kein Jude denkt, fühlt und handelt national; den Begriff »internationales Judentum« findet man in Hitlers Reden und Schriften so häufig, dass »international« und »jüdisch« fast als deckungsgleich erscheinen und dass nicht der Verdacht, sondern die Gewissheit entsteht: Wo immer ein Internationalismus sich zeigt, sei es des Völkerbundes, des Pazifismus, der Freimaurerbewegung, des Kapitalismus, der Arbeiterbewegung oder wessen auch immer, steckt dahinter »der Jude«.

Dass es sich um Wahnvorstellungen handelt, in denen die Wirklichkeit allenfalls noch im Zerrspiegel, als ein Spukbild vorkommt, ist offensichtlich. In kaum einem anderen Land haben die Juden so national empfunden wie in Deutschland, und nirgendwo sonst haben sie einen so großen Kulturbeitrag erbracht. Um nur einen Beleg zu nennen: Bis zum Jahre 1932 wurden rund 30 Prozent aller wissenschaftlichen Nobelpreise an deutsche Gelehrte verliehen – und wiederum 30 Prozent von ihnen waren Juden, obwohl der jüdische Bevölkerungsanteil, übrigens mit abnehmender Tendenz, nur knapp ein Prozent ausmachte.[63]

Dennoch kennzeichnet der Judenhass Hitlers Äußerungen und mit schrecklicher Konsequenz sein Handeln vom Anfang bis zum Ende. Im ersten überlieferten Dokument mit politischem Inhalt, einem Brief vom 16. September 1919, heißt es: »Der Antisemitismus aus rein gefühlsmäßigen Gründen wird seinen letzten Ausdruck finden in der Form von Pogromen. Der Antisemitismus der Vernunft jedoch muß führen zur planmäßigen gesetzlichen Bekämpfung und Beseitigung der Vorrechte der Juden … Sein letztes Ziel aber muß unverrückbar die Entfernung der Juden überhaupt sein.«[64]

»Entfernung« ist ein vieldeutiges Wort; wir wissen, was es dann als »Endlösung« bedeutete: die organisierte Massenvernichtung. Wie ein abschließender Kommentar dazu klingt die Äußerung vom 2. April 1945, man werde »dem Nationalsozialismus ewig dafür dankbar sein, daß ich die Juden aus Deutschland und Mitteleuropa ausgerottet habe«.[65] Das testamentarische Schlusswort vom 29. April 1945, sein letzter Satz, lautete: »Vor allem verpflichte ich die Führung der Nation und ihre Gefolgschaft zur peinlichen Einhaltung der Rassengesetze und zum unbarmherzigen Widerstand gegen den Weltvergifter aller Völker, das internationale Judentum.«[66]

Wie nur sollen die Nachgeborenen das noch begreifen? Warum verrannte sich Hitler in diesen mörderischen Wahn? Wozu *brauchte* er ihn?

Die Antwort muss vielschichtig ausfallen. Zunächst: Zu jeder Mobilmachung, auch zur geistigen und politischen, gehört ein Feind. Denn wie soll man ohne ihn kämpfen? Wofür sonst all der Lärm und der Aufwand an Erregung? Oder wie soll man einen Schuldigen am eigenen Unglück erkennen und bestrafen, wenn er unsichtbar bleibt? Wie sonst, wenn nicht gegen ihn, eine gläubige Gefolgschaft schmieden? Zwar kämpfte man auch gegen die »Novemberverbrecher«, die den Umsturz von 1918 herbeigeführt hatten oder mit ihm in Verbindung gebracht wurden, gegen Liberale, Sozialdemokraten und Kommunisten. Aber zusammengenommen bildeten sie ungefähr die Hälfte der Bevölkerung; man konnte sie nicht »entfernen«, sondern nur politisch ausschalten oder bekehren. Die Juden dagegen erschienen als eine kleine und doch hinreichend deutliche Gruppe.

Zweitens konnte man an alte Vorurteile anknüpfen, wie es sie in den Kirchen, bei Offizieren und Beamten, bei Kleinbürgern und Bauern seit jeher gab. Und natürlich war auch der neuere Antisemitismus eines Treitschke oder Paul de Lagarde willkommen. Der hatte erklärt: »Mit Trichinen und Bazillen wird nicht verhandelt, Trichinen und Bazillen werden auch nicht erzogen, sie werden so rasch und so gründlich wie möglich vernichtet.«[67]

Drittens waren die Juden, Jahrhunderte hindurch als Ungleiche und Rechtlose behandelt und ins Getto gebannt, Nutznießer der Aufklärung und des Aufbruchs seit der Französischen Revolution von 1789 gewesen; an die Proklamation von Freiheit und Gleichheit schloss sich in Frankreich die Judenemanzipation als Gesetzgebung der Nationalversammlung schon 1790/91 an. Deutschland folgte im 19. Jahrhundert dem westlichen Vorbild, und eine staunenswerte Entwicklung begann. Vielleicht nie, meint Fritz Stern, ist eine Minderheit so schnell und so erfolgreich aufgestiegen wie die deutschen Juden.[68] Dabei wurde dieser Aufstieg durch die rasche Industrialisierung und sprunghafte Verstädterung zusätzlich begünstigt; neue Berufe entstanden, die sich um so leichter besetzen ließen, je weniger vormoderne Traditionen sie bestimmten und abriegelten. Und jeder neue Schub zu mehr Freiheit und Gleichheit ließ die Rolle der Juden in Wirtschaft und Gesellschaft, in Kunst und Kultur, in den Wissenschaften und im Zeitungswesen noch eindrucksvoller hervortreten, zuletzt der Umbruch von 1918. Um so mehr bot es sich für die Verlierer der modernen Entwicklung und für alle Verängstigten an, die Nutznießer als Täter oder Anstifter zur Tat dingfest zu machen.

Viertens: Wenn die Juden in Deutschland eine Minderheit von weniger als einem Prozent darstellten, dann ging man kaum ein Risiko ein, wenn man über sie herfiel und sie – wie auch immer – »entfernte«. Gleichzeitig aber konnte man sich damit brüsten, einen heldenhaften Kampf gegen unerhörte Gefahren auszufechten, sogar an zwei Fronten. Denn einerseits waren viele Geschäftsleute und besonders Bankiers Juden – also handelte es sich um die unheimliche, für den Einzelnen kaum durchschaubare und natürlich internationale Macht des Kapitals; als ihr Sinnbild erschienen die Rothschilds, deren Aufstieg in Frankfurt am Main begann und bald zu Bankgründungen in Paris, London und Wien führte. Unter Hitlers Anhängern waren Handwerker und die kleinen Ladenbesitzer zahlreich vertreten, die sich vor dem Zugriff der Banken und vor der übermächtigen Konkurrenz moderner Warenhäuser fürchteten; im Parteiprogramm der NSDAP tauchen deshalb so seltsame (und in der Praxis niemals beachtete) Forderungen wie die »Brechung der Zinsknechtschaft« und »sofortige Kommunalisierung der Groß-Warenhäuser und ihre Vermietung zu billigen Preisen an kleine Gewerbetreibende« auf.[69]

Ebenso ging es um die Hunderttausende oder sogar Millionen von Bürgern, die im Ersten Weltkrieg ihrer patriotischen Pflicht genügten, indem sie Kriegsanleihen zeichneten und sich dann durch die Inflation ruiniert sahen, die 1923 ihren bizarren Höhepunkt und Abschluß erreichte.[70] In den späten Jahren der Weimarer Republik kamen vor allem die Landwirte noch hinzu, besonders im deutschen Norden und Osten, die in eine dramatische Schuldenkrise gerieten.

Kurzum: Wenn man »den Juden« bekämpfte, focht man heroisch gegen die Übermacht des Kapitals, gegen die »Plutokratie« und ihre weltumspannende Verschwörung.

Andererseits ließ sich feststellen: Karl Marx war ein Jude, wie auch namhafte Führer oder Theoretiker der Arbeiterbewegung, der Revolution von 1918 und – bis zu Stalins Säuberungen – der Bolschewisten in der Sowjetunion es waren. Im Juden bekämpfte man darum zugleich die finstere Gewalt der Marxisten, Kommunisten und Bolschewisten. Und waren nicht die scheinbar biederen Sozialdemokraten schon im Kaiserreich als »vaterlandslose Gesellen« angeklagt worden, offenbar zu Recht, huldigten sie nicht einem Internationalismus, hinter dem sich wiederum die jüdische Zersetzung der Nationalstaaten verbarg?

Schließlich fünftens: Man muss sich an Hitlers Propagandaprinzip erinnern, das der Objektivität abschwört, und es sei noch einmal zitiert: »Sobald die schwankende Menge sich im Kampf gegen zu viele Feinde sieht, wird sich sofort die Objektivität einstellen und die Frage aufwerfen, ob wirklich alle anderen Unrecht haben und nur das eigene Volk oder die eigene Bewegung allein sich im Rechte befinde? … Daher muß eine Vielzahl von innerlich verschiedenen Gegnern immer zusammengefaßt werden, so daß in der Einsicht der Masse der eigenen Anhänger der Kampf nur gegen einen Feind allein geführt wird.«

Hier gewinnt »der Jude« eine strategische Bedeutung. Dem Anschein nach stehen der Kapitalismus und die westlich-liberale Demokratie auf der einen Seite, der Sozialismus, der Kommunismus und das bolschewistische »Vaterland der Werktätigen« auf der anderen Seite in verschiedenen Weltlagern, die gegeneinander zur Entscheidungsschlacht antreten. Wie kann man gegen beide zugleich kämpfen, ohne Ängste aufzurühren und kritische Fragen aufzuwerfen?

Die Antwort ist einfach: In Wahrheit handelt es sich nur um den einen Weltfeind, der teuflisch schlau in wechselnden Maskierungen auftritt, um die Menschen und Völker gegeneinander zu hetzen, sinnlose Klassenkämpfe und Kriege zu entfesseln und so sein Werk der Zerstörung zu betreiben. Die konsequente Befolgung des Propagandaprinzips führte dann im Zweiten Weltkrieg, als man gegen die westlichen Demokratien und die Sowjetunion zugleich focht, zu einem Wortungeheuer: »jüdisch-plutokratisch-bolschewistisch«.

Vollkommen abwegig ist die Zusammenfügung von westlich-liberaler Demokratie, Arbeiterbewegung und Sozialismus allerdings nicht. Miteinander sind sie die Kinder der Aufklärung und der großen Revolution zur Freiheit und Gleichheit, für die die Jahreszahl 1789 eine Epochenwende markiert.[71] Was dagegen Hitler entwirft, ist nichts Geringeres als die Gegenrevolution zur Ungleichheit, zum »aristokratischen« Prinzip der unabänderlichen Hierarchie, von Herrschaft und Unterwerfung; nichts sonst meint ja der Rassengedanke. »Der Jude« aber wird als Anstifter nicht nur dargestellt, sondern ist es in Hitlers Weltanschauung tatsächlich. Damit gewinnt seine »Entfernung« oder Vernichtung die Weihe einer Mission, einen höheren, weltgeschichtlichen Sinn: Wenn es ihn nicht mehr gibt, wird die Menschheit zur Ungleichheit heimkehren; 1789 wird getilgt und das Widernatürliche in Natur zurückverwandelt sein. In den Worten von *Mein Kampf*: »Die ewige Natur rächt unerbittlich die Übertretung ihrer Gebote.

So glaube ich heute im Sinne des allmächtigen Schöpfers zu handeln: Indem ich mich des Juden erwehre, kämpfe ich für das Werk des Herrn.«[72]

Wenn man auf die verschiedenen Gesichtspunkte zurückblickt, mag jeder einzelne nicht viel bedeuten. Aber sie potenzieren sich aneinander; zusammen bilden sie ein explosives Gemisch und in Hitlers Augen eine zwingende Konsequenz. Dabei ist noch zu unterstreichen, dass es sich nicht um den persönlichen Hass handelt, um die Augenblickserregung, die sich in Pogromen entlädt, sondern um den »Antisemitismus der Vernunft«, der kühl oder sogar, nach einer von Hitlers Lieblingswendungen, »eiskalt« vorausberechnet, was geschehen soll. Hierin ist bereits der bürokratische Vollzug des Holocaust angelegt, der sich mit den Ausbrüchen des Antisemitismus in der neueren oder älteren Geschichte kaum noch vergleichen lässt und ihm sein einzigartiges Gepräge gegeben hat.

Es bleibt jetzt noch eine knappe Skizze der Programmatik, wie sie sich aus der Weltanschauung ergibt.[73]

Man erkennt zwei Kernpunkte: die Eroberung von »Lebensraum« und die »Lösung der Judenfrage«. Ihre Bedeutung wird daran sichtbar, dass Hitler an ihnen stets festhielt und, nachdem er zur Herrschaft gelangte, alles nur Denkbare tat, um zu verwirklichen, was er sich vorgenommen hatte. Nichts konnte ihn davon abbringen, nicht einmal die Aussicht auf den eigenen Untergang. Alles Übrige dagegen, wie die »Brechung der Zinsknechtschaft«, wurde betont, zurückgestellt, wieder hervorgeholt oder endgültig in die Rumpelkammer verbannt, ganz nach Belieben oder wie es im Augenblick gerade nützlich erschien.

Aus diesem Gegensatz hat man gegensätzliche Schlüsse gezogen. Einigen Biografen erscheint Hitler als vollendeter Opportunist, anderen als erstarrter Dogmatiker. »Selten oder nie«, sagt Eberhard Jäckel, »hat ein Herrscher, ehe er zur Macht kam, so genau wie Adolf Hitler schriftlich entworfen, was er danach tat.«[74]

Doch was gilt nun? Die Antwort heißt: beides – je nachdem, was man betrachtet, ob die Kernpunkte oder die Nebenfragen. Wir beschränken uns im Folgenden auf die Kernpunkte, weil nur sie wirklich zum Programm gehören.

Zunächst der Gewinn von »Lebensraum«. Am Anfang steht die Einsicht: »Deutschland ist heute keine Weltmacht.«[75] Aber für die Zukunft gilt: »Deutschland wird entweder Weltmacht oder überhaupt nicht sein.«[76] Und um Weltmacht zu werden, braucht man den genügenden Raum.

Es ist seltsam: Wie bei der Frage von Gleichheit und Ungleichheit zeigt sich hier eine prinzipielle Antimodernität. Der Gedanke, dass es im Zeitalter der Industrialisierung nicht auf die Größe des Raumes ankommt, sondern auf die Intensität seiner Nutzung, dass man also als Exportweltmacht den Menschen Arbeit und Wohlstand sichern könne – wie das nach 1945 der Bundesrepublik Deutschland und Japan, den Verlierern des Zweiten Weltkriegs, so erfolgreich gelungen ist: Dieser Gedanke taucht gar nicht erst auf. Oder er wird im Rückblick aufs Kaiserreich, das so rasche und eindrucksvolle Fortschritte machte, ausdrücklich verworfen. Die Konkurrenten werden den Erfolg nicht dulden, und nicht nur in Hitlers Augen liefert dafür der Erste Weltkrieg den Beweis. Kaum zufällig sind darum in diesem Krieg schon die Eroberungspläne aufgetaucht, die Hitlers Programm vorwegnehmen.

Den Raum wird allerdings niemand freiwillig hergeben. »Dann jedoch tritt das Recht der Selbsterhaltung in seine Wirkung; und was der Güte verweigert wird, hat eben die Faust sich zu nehmen.«[77] Damit ist das politische Programm von vornherein auf den Eroberungskrieg angelegt, und deutlich genug wird das gesagt:

»Wir Nationalsozialisten [müssen] unverrückbar an unserem außenpolitischen Ziel festhalten, nämlich dem deutschen Volk den ihm gebührenden Grund und Boden auf dieser Erde zu sichern. Und diese Aktion ist die einzige, die vor Gott und unserer deutschen Nachwelt einen Bluteinsatz gerechtfertigt erscheinen läßt: Vor Gott, insoferne wir auf diese Welt gesetzt sind mit der Bestimmung des ewigen Kampfes um das tägliche Brot, als Wesen, denen nichts geschenkt wird, und die ihre Stellung als Herren der Erde nur der Genialität und dem Mute verdanken, mit dem sie sich diese zu erkämpfen und zu wahren wissen; vor unserer deutschen Nachwelt aber, insoferne wir keines Bürgers Blut vergossen, aus dem nicht tausend andere der Nachwelt geschenkt werden. Der Grund und Boden, auf dem dereinst deutsche Bauerngeschlechter kraftvolle Söhne zeugen können, wird die Billigung des Einsatzes der Söhne von heute zulassen, die verantwortlichen Staatsmänner aber, wenn auch von der Gegenwart verfolgt, dereinst freisprechen von Blutschuld und Volksopferung.«[78]

In diesem Sinne gilt: »Wenn die nationalsozialistische Bewegung wirklich die Weihe einer großen Mission für unser Volk vor der Geschichte erhalten will, muß sie, durchdrungen von der Erkenntnis und erfüllt vom Schmerz über seine wirkliche Lage auf dieser Erde, kühn und zielbewußt den Kampf aufnehmen ...«[79] Das Ziel aber liegt im Osten, in Russland; nur dort gibt es den genügend großen Raum, der eine Weltmacht begründet. »Damit ziehen wir Nationalsozialisten bewußt einen Strich unter die außenpolitische Richtung unserer Vorkriegszeit. Wir setzen dort an, wo man vor sechs Jahrhunderten endete. Wir stoppen den ewigen Germanenzug nach dem Süden und Westen Europas und weisen den Blick nach dem Land im Osten. Wir schließen endlich ab die Kolonial- und Handelspolitik der Vorkriegszeit und gehen über zur Bodenpolitik der Zukunft. «[80]

Hitler fährt fort: »Das Schicksal selbst scheint uns hier einen Fingerzeig geben zu wollen. Indem es Rußland dem Bolschewismus überantwortete, raubte es dem russischen Volke jene Intelligenz, die bisher dessen staatlichen Bestand herbeiführte und garantierte. Denn die Organisation eines russischen Staatsgebildes war nicht das Ergebnis der staatspolitischen Fähigkeiten des Slawentums in Rußland, sondern vielmehr nur ein wundervolles Beispiel für die staatenbildende Wirksamkeit des germanischen Elementes in einer minderwertigen Rasse. So sind zahlreiche mächtige Reiche der Erde geschaffen worden. Niedere Völker mit germanischen Organisatoren und Herren als Leiter derselben sind öfter als einmal zu gewaltigen Staatengebilden angeschwollen und blieben bestehen, solange der rassische Kern der bildenden Staatsrasse sich erhielt. Seit Jahrhunderten zehrte Rußland von diesem germanischen Kern seiner oberen leitenden Schichten. Er kann heute als fast restlos ausgerottet und ausgelöscht angesehen werden. An seine Stelle ist der Jude getreten. So unmöglich es dem Russen an sich ist, das Joch der Juden abzuschütteln, so unmöglich ist es dem Juden, aus eigener Kraft das mächtige Reich auf die Dauer zu erhalten. Er selbst ist kein Element der Organisation, sondern ein Ferment der Dekomposition. Das Riesenreich im Osten ist reif zum Zusammenbruch. Und das Ende der Judenherrschaft in Rußland wird auch das Ende Rußlands als Staat sein. Wir sind vom Schicksal ausersehen, Zeugen einer Katastrophe zu werden, die die gewaltigste Bestätigung für die Richtigkeit der völkischen Rassentheorie sein wird.«[81]

Das heißt mit anderen Worten: Die russische Katastrophe wird sich zugleich als deutscher Triumph erweisen; die neuen Herrenmenschen aus dem Reich sind dazu berufen, die minderwertigen Slawen in ihren Dienst zu nehmen.

Eigentlich kann man bloß staunen: Was *Mein Kampf* sagte, war genau das, was Hitler später tat; man hat nur nicht gelesen oder nicht ernst genommen, was da geschrieben stand. Dabei passt eines fugenlos zum anderen; die Propaganda, die Redegewalt im bayerischen Bierkeller zeigt das gleiche Muster wie das außenpolitische Programm. Immer geht es um Macht und Ohnmacht, um die Herstellung von Herrschaft und um die Unterwerfung.

Den zweiten Hauptpunkt des Programms bildet der Kampf gegen die Juden. In Hitlers Buch gibt es wenig, was über das frühe Dokument von 1919 nennenswert hinausführt. Von der »planmäßigen gesetzlichen … Beseitigung der Vorrechte der Juden« war da die Rede – als ob es solche Vorrechte statt der mühevoll durchgesetzten allgemeinen und gleichen Staatsbürgerrechte jemals gegeben hätte. Und »das letzte Ziel« sollte »unverrückbar die Entfernung der Juden überhaupt sein«. Aus dem ersten Teil der Ankündigung mochte man immerhin herauslesen, dass es ordentlich, ohne Gewalt zugehen sollte: keine Brandstiftungen und keine Totschlägereien, keine Pogrome.

Und die »Entfernung«? Es lag nahe, sie als Vertreibung zu deuten, etwa so, wie im Jahre 1492, als Kolumbus nach Amerika segelte, Ferdinand von Aragonien und Isabella von Kastilien die Ausweisung der Juden aus Spanien anordneten. In den vielen Reden, die Hitler in den Zwanzigerjahren hielt, kam denn auch immer wieder vor, dass die Juden Deutschland verlassen sollten.[82] Beim genaueren Hinhören allerdings hätte man vielleicht schon auf Schlimmeres schließen können. Als im Sommer 1924 ein Besucher den in Landsberg einsitzenden Autor fragte, ob er jetzt anders denke als früher, hieß die Antwort: »Ja, ja, es ist ganz richtig, daß ich meine Ansicht über die Kampfweise gegen die Juden geändert habe. Ich habe erkannt, daß ich bisher viel zu milde war! Ich bin bei der Ausarbeitung meines Buches zu der Erkenntnis gekommen, daß in Zukunft die schärfsten Kampfmittel angewendet werden müssen, um uns erfolgreich durchzusetzen. Ich bin überzeugt, daß nicht nur für unser Volk, sondern für alle Völker dies eine Lebensfrage ist. Denn Juda ist die Weltpest.«[83]

Im Rückblick auf den Ersten Weltkrieg heißt es in *Mein Kampf*: »Hätte man zu Kriegsbeginn und während des Krieges einmal zwölf- oder fünfzehntausend dieser hebräischen Volksverderber so unter Giftgas gehalten, wie Hunderttausende unserer allerbesten deutschen Arbeiter aus allen Schichten und Berufen es im Felde erdulden mußten, dann wäre das Millionenopfer der Front nicht vergeblich gewesen. Im Gegenteil: Zwölftausend Schurken, zur rechten Zeit beseitigt, hätte vielleicht einer Million ordentlicher, für die Zukunft wertvoller Deutschen das Leben gerettet.«[84]

Heute lesen wir das mit Schaudern, weil wir wissen, dass zur Massenvernichtung in Auschwitz Giftgas eingesetzt wurde. Und kann man, muss man den Rückblick auf den Ersten Weltkrieg nicht als Ausblick auf den Zweiten verstehen? In seiner Reichstagsrede vom 30. Januar 1939 hat Hitler erklärt: »Ich will heute wieder ein Prophet sein: Wenn es dem internationalen Finanzjudentum inner- und außerhalb Europas gelingen sollte, die Völker noch einmal in einen Weltkrieg zu stürzen, dann wird das Ergebnis nicht die Bolschewisierung der Erde und damit der Sieg des Judentums sein, sondern die Vernichtung der jüdischen Rasse in Europa.«[85] Es war jedoch nicht »der Jude«, sondern Hitler selbst, der den Krieg vorsätzlich entfesselte.

Aber wer denn stellte sich das Unvorstellbare vor, wer mochte glauben, dass dieser Mann tatsächlich meinte, was er sagte? Es bleibt dabei: Zu seiner Geschichte gehörte, dass man ihn unterschätzte.

Die Deutschen und ihr Führer
Erster Teil

Wenn jemand die Massen zur Begeisterung und zu gläubiger Gefolgschaft hinreißt, dann handelt es sich stets um ein doppelseitiges Verhältnis; die Menschen müssen schon zur Hingabe bereit sein, und erst das Harren und Hoffen auf den Erlöser bringt diesen herbei. Hitler allein ist darum eine eher uninteressante Figur. Doch staunenswert und erregend stellt er sich dar, wenn man ihn von der Nation her betrachtet, die ihn zum Führer erkor. Von den deutschen Voraussetzungen für Hitlers Aufstieg soll also jetzt die Rede sein.

Was begründete seinen Erfolg? Welche Magie ließ den Mann aus dem Nichts zur Schicksalsfigur aufsteigen? Genügt es, auf das im vorigen Kapitel Dargestellte zu verweisen, auf den überragenden Redner und seine Weltanschauung, sein Programm? Nein, gewiss nicht. Mit der Weltanschauung beschäftigten sich näher nur wenige, und das Programm blieb mit Vorsatz so unscharf, dass man allenfalls ein paar Schlagworte und sonst fast Beliebiges herauslesen konnte. Vieles und gerade das Wichtigste wurde auch verschleiert. Vom Eroberungskrieg sprach zwar *Mein Kampf*, aber in den Jahren vor und nach der »Machtergreifung« hat Hitler sich als den Frontsoldaten dargestellt, der die Schrecken des Krieges durchlitten hatte und eben darum den Frieden wollte. Die Wirkung des Volksredners ist unbestritten, doch niemand musste sich ihr aussetzen, jedenfalls bis 1933 nicht.

Wer in den Jahren nach 1945 ältere Leute fragte, warum sie sich für Hitler entschieden, bekam stets die gleichen Stichworte zu hören: den Zusammenbruch von 1918, das »Friedensdiktat« von Versailles, die Massenarbeitslosigkeit in der Zeit der Weltwirtschaftskrise. Der Verdacht liegt freilich nahe, dass es sich um Beschwichtigungen handelte, zumindest um eine Beschwichtigung des eigenen Erinnerns, welche die tieferen Ursachen überdeckte.

Zunächst der Zusammenbruch von 1918: Wir haben gesehen, wie Hitler sich zum Rächer des »Novemberverbrechens« stilisierte. Aber der angebliche Verrat, der »Dolchstoß in den Rücken der kämpfenden Front« war Legende. In Wahrheit handelte es sich um die eindeutige militärische Niederlage, aus der es keinen Ausweg mehr gab. Wäre der Krieg noch um einige Monate weitergeführt worden, so hätten die Alliierten, inzwischen durch ein amerikanisches Millionenheer verstärkt, zumindest am Rhein gestanden – und in Bayern, vielleicht auch in Sachsen oder in Schlesien: Die Kapitulation der Verbündeten, zunächst Bulgariens, dann Österreich-Ungarns, legte die deutsche Südflanke offen, und es gab keine Reserven mehr, um sie zu schützen. Nicht umsonst hat die Oberste Heeresleitung schon am 29. September den sofortigen Waffenstillstand gefordert.

Am 3. Oktober ließ Hindenburg einen dringenden Brief an den Reichskanzler folgen, in dem es nach einer Schilderung der hoffnungslosen militärischen Lage hieß: »Unter diesen Umständen ist es geboten, den Kampf abzubrechen, um dem deutschen Volke und seinen Verbündeten nutzlose Opfer zu ersparen. Jeder versäumte Tag kostet Tausenden von tapferen Soldaten das Leben.«[1]

Diese Schlussfolgerung verdient Würdigung; Hitlers Verhalten in den Jahren 1944 und 1945 steht dazu im krassen Gegenzug. Doch nicht die Spur einer Anklage, dass die Heimat versagt habe, kein Wort vom »Dolchstoß«!

Nein, der »Novemberverrat« war eine nachträgliche Erfindung, und ihre vergiftete Speerspitze zielte auf die inzwischen entstandene Weimarer Republik. Wiederum Hindenburg, in seinen Erinnerungen, die 1920 erschienen: »Wir waren am Ende! Wie Siegfried unter dem hinterlistigen Speerwurf des grimmen Hagen, so stürzte unsere ermattete Front; vergebens hatte sie versucht, aus dem versiegenden Quell der Heimat neues Leben zu trinken.«[2] Nach allem Heldenmut zum Tode nun die Zivilcourage zur Wahrheit oder die Fahnenflucht zur Lüge und in den Wahn? Das war eine Schicksalsfrage auf dem Weg in die Zukunft, und mit ihren Feldherren vorweg haben sich viele und immer mehr Deutsche für die Lüge entschieden. Dabei kannte nicht nur die Oberste Heeresleitung die Tatsachen; im Rückblick auf das Kriegsende hat Ernst Troeltsch festgestellt: »An die Lügen vom ›Dolchstoß von hinten‹ und ›im Felde unbesiegt‹ dachte damals noch niemand. Vielmehr alle Welt fühlte sich, soweit sie nicht längst Mißtrauen hegte, von der Aufklärung und Stimmungsmache der bisher Herrschenden betrogen.«[3]

Wie dann der Stimmungsumschwung sich vollzog, kann man sogar an Zahlen ablesen. Bei den Wahlen zur Verfassunggebenden Nationalversammlung vom 19. Januar 1919 erreichte die SPD 37,9 Prozent der Stimmen, die CVP (Christliche Volkspartei – Zentrum/Bayerische Volkspartei) 19,7, die DDP (linksliberale Deutsche Demokratische Partei) 18,5 Prozent. Zusammen waren das 76,1 Prozent und 329 von 421 Mandaten – eine Dreiviertelmehrheit für die »Weimarer Koalition«, die Verfassungsparteien der Republik. Doch auch die DNVP (die konservative Deutschnationale Volkspartei) bekannte sich in ihrem Gründungsaufruf vom 24. November 1918 zu der »nach den letzten Ereignissen allein möglichen parlamentarischen Regierungsform«[4] und der »Stahlhelm, Bund der Frontsoldaten« erklärte in seiner Satzung vom 25. Februar 1919: »Politisch steht der Bund auf demokratischer Grundlage und stellt sich rückhaltlos auf den Boden der neuen Zeit für die Regierung.«[5]

Man brauchte eben Zeit, um sich eines Schlechteren zu besinnen und das »Dolchstoß«-Gift wirken zu lassen. Aber schon bei den ersten Reichstagswahlen vom 6. Juni 1920 verschwand der schöne Schein. Die Weimarer Koalition verlor über ein Drittel ihres Stimmenanteils und – nicht vorübergehend, sondern endgültig – die Mehrheit der Mandate. Dagegen verzeichneten die inzwischen schroff antiparlamentarische DNVP, die rechtsliberale DVP und auf dem anderen Flügel USPD und KPD die entsprechenden Gewinne.[6]

Einen fatalen Beitrag zum Einstellungswandel leistete natürlich der Versailler Friedensvertrag vom 28. Juni 1919. Er belastete Deutschland mit Gebietsabtretungen – vor allem im Osten mit dem polnischen »Korridor«, der Ostpreußen vom Reich trennte –, mit einseitiger Abrüstung bis zur praktischen Wehrlosigkeit, mit riesigen, zunächst in ihrer Höhe gar nicht festgelegten Reparationsforderungen und mit der Alleinschuld am Krieg. Auf den leitenden französischen Staatsmann anspielend hat man von einem »Clemenceau-Frieden« gesprochen; vor dem Hintergrund der französischen Erschöpfung und in einem Nachbeben des Schreckens angesichts der mit gewaltigen Opfern gerade noch einmal abgewehrten deutschen Übermacht ging es darum, den Feind im Osten nicht zu versöhnen, sondern ihn möglichst langfristig zu schwächen und niederzuhalten. Die Weisheit, dass man die Selbstachtung des Besiegten nicht zerstören darf, wenn man den Frieden gewinnen will, war gründlich aus der Mode gekommen. Zuletzt hatten 1815 der Wiener Kongreß, 1866 Bismarck und nach dem Burenkrieg von 1899 bis 1902 die Briten ihr gehuldigt.

Den Deutschen blieb nichts übrig, als sich ins Unvermeidbare zu fügen, wenn sie nicht die Fortdauer der Hungerblockade und die Besetzung, womöglich die Zerschlagung des Reiches riskieren wollten[7]; von da an gab es nur den Versuch, mit Augenmaß und Beharrlichkeit Schritt um Schritt eine Revision der Vertragsbedingungen zu erreichen. Diesen steinigen Weg haben verantwortungsbewusste Staatsmänner wie Walther Rathenau, Gustav Stresemann und Heinrich Brüning beschritten, trotz bitterer Rückschläge und gegen das Geifern im eigenen Land durchaus mit Erfolg.

Aber warum kamen diese Erfolge der Weimarer Republik nicht zugute? Wie konnte der Feind, der rechts stand, unentwegt »Versailles!« rufen, wenn er Deutschlands Demokraten meinte? Die Friedensbedingungen waren eine Folge des Krieges und der Niederlage; Schuldzuweisungen hätten darum den Verantwortlichen des Kaiserreiches gelten müssen. Hier zeigt sich, wie schon bei der Dolchstoßlegende, dass die Voreingenommenheit gegen die Republik vorausgesetzt werden muss, die eigentlich erklärt werden soll. Darum taugt die Erinnerung an das Diktat von 1919 zwar zur nachträglichen Entlastung, wenn es um den Vorwurf geht, dass man die Republik im Stich ließ. Aber sonst taugt sie wenig.

Dann die Weltwirtschaftskrise, die im Oktober 1929 vom amerikanischen Börsensturz ihren Ausgang nahm und schnell auf Europa, auf Deutschland übergriff. Schon vorher hatte es Warnsignale gegeben: 1928 war das letzte der wenigen »guten« Jahre, die 1924 begannen. Das Volkseinkommen überschritt damals den Vorkriegsstand von 1913 um 12 Prozent, und die Vollbeschäftigung wurde praktisch erreicht; die Zahl der Arbeitslosen sank auf 400 000. Aber bereits beim Beginn der Krise war sie auf 1,6 Millionen gestiegen. Dann sprang sie verheerend weiter auf 3,2 Millionen im Jahr 1930 und auf 6,1 Millionen im Februar 1932. Es zeigte sich, dass der vorherige Aufschwung auf Sand gebaut war, hauptsächlich auf amerikanische Kredite, die jetzt zurückgezogen wurden. Bei alledem gerieten auch der Staat und die Städte in immer größere Finanznot und damit in einen Teufelskreis von verzweifelten Sparmaßnahmen und Krisenverschärfung.

Die politischen Folgen kann man an den Wahlergebnissen ablesen. Noch bei den Reichstagswahlen von 1928 blieben die Nationalsozialisten mit ihrem Stimmenanteil von 2,6 Prozent eine Splitterpartei, und ihre zwölf Abgeordneten erreichten nicht einmal Fraktionsstärke. Aber zwei Jahre später, im September 1930, sprang die NSDAP auf 18,3 und im Juli 1932 noch einmal auf 37,2 Prozent. Gleichzeitig wuchsen die Kommunisten von 10,6 Prozent 1928 über 13,1 Prozent 1930 auf 14,3 Prozent im Sommer und sogar auf 16,8 Prozent im November 1932. Gemeinsam bildeten NSDAP und KPD eine Mehrheit der Extreme gegen alle übrigen Parteien; eine parlamentarische Koalitionsregierung demokratischer oder autoritärer Kräfte (wie der rechtskonservativen DNVP) war seitdem nicht mehr möglich – selbst wenn es den Willen dazu noch gegeben und nicht eine Partei nach der anderen aus der Verantwortung sich davongeschlichen hätte.[8]

Dennoch bleiben Zweifel: Musste denn aus der wirtschaftlichen Krise notwendig die politische folgen? Ein Vergleich zeigt das Gegenteil. In Großbritannien hielten die demokratischen Institutionen ohne ernsthafte Beschädigung stand. Die Vereinigten Staaten wurden von der Depression besonders hart getroffen, sogar härter als Deutschland, weil die Entwicklung des Sozialstaates noch kaum begonnen hatte, der die Not der Menschen milderte. Doch die Amerikaner entschieden sich für Franklin Delano Roosevelt und seinen »New Deal«, das heißt für eine soziale Erneuerung der Demokratie statt für ihre Zerstörung. Wiederum wird also vorausgesetzt, was erklärt werden soll. Die Wirtschaftskrise hat die antidemokratische Einstellung nicht geschaffen, sondern sie nur entzündet und dann allerdings zur verheerenden Explosion gebracht.

Zwei Überlegungen seien noch angefügt. Die Inflation hat weite Teile der Mittelschichten verarmen lassen und anhaltende Verbitterung geschaffen.[9] Doch nüchtern betrachtet war die Inflation teils dem Kaiserreich zuzurechnen, das mit seiner Kriegsfinanzierung durch Anleihen eine riesige Verschuldung geschaffen hatte, für die es nach der Niederlage keine Deckung mehr gab. Zum anderen Teil erreichte die Inflation 1923 ihren bizarren Gipfel, weil die Bevölkerung des Ruhrgebiets nach der französischen Besetzung in ihrem Widerstand gestützt, das heißt fürs Nichtstun bezahlt wurde. Dieser Widerstand war gerade von rechts, von den konservativen Kräften lautstark gefordert worden[10], die jedes Nachgeben, wie überhaupt die »Erfüllungspolitik«, als Verrat brandmarkten. Es bedurfte des staatsmännischen Mutes eines Gustav Stresemann, um den Widerstand zu beenden und damit eine Voraussetzung für die Währungsreform vom November 1923 zu schaffen.

Während es bei den bisherigen Stichworten um die Beschwichtigung geht, erhebt sich von »links« die Anklage, von den Marxisten und Kommunisten fast wie ein Dogma vertreten; als schlichte Formel heißt sie: »Der Kapitalismus, wenn er in die Krise gerät, rettet sich in den Faschismus.«[11] Daraus ist die Legende entstanden, dass die Großindustrie und das Großkapital Hitler gewissermaßen engagiert und an die Macht finanziert hätten.

Die Wahrheit sieht anders aus. Zwar gab es einzelne Großunternehmer, wie Thyssen, die Hitler und seine Bewegung schon frühzeitig unterstützten, aber die Regel war dies gerade nicht. Ganz überwiegend wurden Parteien wie die rechtsliberale DVP und die konservative DNVP mit Spenden bedacht, die vielleicht einen autoritären Umbau, aber nicht den radikalen, in seinen Folgen kaum abzusehenden Umsturz der politischen Ordnung erstrebten.[12] Erst *nachdem* die Massenbewegung entstanden war, hat sich die Wirtschaft mit Hitler arrangiert – übrigens immer noch zögernd; weil die Spenden nur sehr spärlich flossen, geriet die NSDAP im Herbst 1932 und im Januar 1933 in eine finanziell höchst kritische Lage.

Alles in allem: Man darf die Anlässe nicht mit den Ursachen verwechseln. Man muss tiefer loten, auch historisch und vorab im Blick auf das Nationalbewußtsein. Das politische Selbstverständnis der Deutschen, wie es im 19. Jahrhundert sich entwickelte, war von Anfang an zwiespältig angelegt. Einerseits wurde die Sehnsucht nach Einheit getragen vom Bürgerverlangen nach Mit- und Selbstbestimmung, nach Freiheit und Gleichheit. Fort mit der erstickenden Vormundschaft des alten Obrigkeitsstaates, Durchsetzung einer parlamentarischen Verfassungsordnung nach westlichem, besonders nach englischem Vorbild!

Andererseits entflammte der deutsche Nationalismus zuerst und nachhaltig im Gegenzug zur napoleonischen Eroberung, das heißt im Franzosenhass und unter antiwestlichen Vorzeichen[13]; die Zeitenwende von 1789, die große Bürgerrevolution zur Freiheit und Gleichheit erschien dann als der Urquell des Unheils; es ging vor allem darum, die deutsche Eigen-Art vor der Überfremdung zu schützen.[14]

Das krass Gegensätzliche blieb zunächst noch unklar ineinander verwoben. Aber der Hass aufs angeblich Wesensfremde und ein Liberalismus, dem es um Grundrechte und ein parlamentarisches Regierungssystem ging, mussten früher oder später in tödliche Feindschaft geraten. Schon Heinrich Heine hat das hellsichtig geschildert:

»Man hätte als Waffenbrüder treulich miteinander gefochten, man wäre sehr einig gewesen während der Schlacht, sogar noch in der Stunde des Sieges ... Aber den anderen Morgen wäre eine Differenz zur Sprache gekommen, die unausgleichbar und nur durch die ultima ratio populorum zu schlichten war, nämlich durch die welsche Falle [das heißt durch die Guillotine] ... Die Wissenden unter den Liberalen verhehlten sich nicht, daß ihre Partei, welche den Grundsätzen der französischen Freiheitslehre huldigte, zwar an Zahl die stärkere, aber an Glaubenseifer und Hülfsmitteln die schwächere sei. In der Tat, jene regenerierten Deutschtümler bildeten zwar die Minorität, aber ihr Fanatismus, welcher mehr religiöser Art, überflügelte leicht einen Fanatismus, den nur die Vernunft ausgebrütet hat; ferner stehen ihnen jene mächtigen Formeln zu Gebot, womit man den rohen Pöbel beschwört, die Worte ›Vaterland, Deutschland, Glauben der Väter‹

usw. elektrisieren die unklaren Volksmassen noch immer weit sicherer als die Worte ›Menschheit, Weltbürgertum, Vernunft der Söhne, Wahrheit ...!‹ Ich will hiermit andeuten, daß jene Repräsentanten der Nationalität im deutschen Boden weit tiefer wurzeln als die Repräsentanten des Kosmopolitismus und daß letztere im Kampf mit jenen wahrscheinlich den kürzeren ziehen, wenn sie ihnen nicht schleunigst zuvorkommen ...«[15]

Die liberale Bewegung war zunächst am Zuge; sie erlebte ihren hoffnungsvollen Aufbruch in der Revolution von 1848 und fand ihre Krönung im Verfassungswerk der Paulskirche, das die deutsche Nationalversammlung am 28. März 1849 feierlich verabschiedete. Aber die Revolution scheiterte, und die Verfassung trat niemals in Kraft. Wie von Bismarck vorhergesagt und vollzogen, wurde der Jahrhunderttraum von der deutschen Einheit nicht durch »Reden und Majoritätsbeschlüsse«, sondern mit »Eisen und Blut« verwirklicht, mit der Macht des alten Obrigkeitsstaates im Glanz seiner siegreichen Waffen. Von einer »konservativen Tat« hat der Reichsgründer später gesprochen; seitdem verwandelte sich die ursprünglich revolutionäre, von 1789 herstammende Idee des Nationalstaates in eine Waffe der rechten Bewegungen, die sie gegen ihre liberalen und demokratischen Feinde in Stellung brachten.[16] Schon im Kaiserreich wurde dies deutlich, wenn man von den katholischen »Reichsfeinden« oder den »vaterlandslosen Gesellen« der Arbeiterbewegung sprach.

Mit der Frontstellung des Ersten Weltkriegs kam es zu einer fatalen Verschärfung. Man konstruierte eine Art von Urgegensatz zwischen westlicher »Zivilisation« und deutscher »Kultur«, und in voreiligem Triumph hieß es: »Die Erlebnisse des Weltkrieges haben den Zusammenbruch der Ideale der französischen Revolution dargetan. Die Ideen der Freiheit, Gleichheit, Brüderlichkeit sind durch die deutschen Ideen von 1914, Pflicht, Ordnung, Gerechtigkeit überwunden.«[17] Das wurde in Abwandlungen immerfort wiederholt, bis hin zu Thomas Mann: »Ich bekenne mich tief überzeugt«, schrieb er in den *Betrachtungen eines Unpolitischen,* »daß das deutsche Volk die politische Demokratie niemals wird lieben können aus dem einfachen Grunde, weil es die Politik selbst nicht lieben kann, und daß der vielverschriene ›Obrigkeitsstaat‹ die dem deutschen Volk angemessene, zukömmliche und von ihm im Grunde gewollte Staatsform ist und bleibt … Der Unterschied von Geist und Politik enthält den von Kultur und Zivilisation, von Seele und Gesellschaft, von Freiheit und Stimmrecht, von Kunst und Literatur; und Deutschtum, das ist Kultur, Seele, Freiheit, Kunst und nicht Zivilisation, Gesellschaft, Stimmrecht, Literatur.«[18]

Umso schlimmer dann für die Republik; bereits mit ihrem parlamentarischen Verfassungssystem erschien sie als undeutsch, als Werkzeug der westlichen Zivilisation, als eine Sache des Hoch- oder Landesverrats, der Verachtung und dem Hass preisgegeben. Schon aus diesem Grunde gab es eine Disposition dazu, der Dolchstoßlegende zu glauben und den Umsturz von 1918 als die finstere Tat von »Novemberverbrechern« hinzustellen.

Es war freilich nicht so, wie es später, im Rückblick auf das klägliche Ende des Weimarer »Systems«, erschien[19], dass die Demokratie unverteidigt und die Republik ohne Republikaner blieb. Der rechte Kapp-Putsch von 1920 scheiterte an der Verweigerung der Beamten und am Generalstreik der Arbeiter. Womöglich noch eindrucksvoller wirkt die Reaktion auf den Mord am Reichsaußenminister, an dem deutschen Juden und deutschen Patrioten Walther Rathenau vom 24. Juni 1922. Harry Graf Kessler hat erzählt, was auf das Attentat folgte:

»Rathenaus Beisetzung fand am Dienstag, den 27. Juni, statt. Der Sarg wurde im Sitzungssaal des Reichstages aufgebahrt. Unter einer schwarz-rot-goldenen Fahne stand er dort, wo sonst der Präsidentenstuhl steht … Ebert hielt die Trauerrede: ›Die verruchte Tat traf nicht den Menschen Rathenau allein, sie traf Deutschland in seiner Gesamtheit.‹ Die Gewerkschaften hatten eine allgemeine Arbeitsruhe im ganzen Reich von Dienstag 12 Uhr bis Mittwoch früh beschlossen. Ungeheure Demonstrationszüge, wie sie Deutschland noch nicht gesehen hatte, durchzogen geordnet unter republikanischen Fahnen alle deutschen Städte. Über eine Million Menschen in Berlin, hundertfünfzigtausend in München, in Chemnitz, hunderttausend in Hamburg, Breslau, Elberfeld, Essen. Nie hatte Deutschland einen seiner Bürger so geehrt. Den Widerhall, den Rathenaus Leben und Denken nicht gefunden hatte, fand jetzt sein Tod.«[20]

Schon am 25. Juni erließ die Reichsregierung eine Verordnung zum Schutz der Republik, die der Reichstag drei Tage später bestätigte. Nein, wie in der ersten Hälfte des 19. Jahrhunderts noch nicht entschieden war, unter welchen Vorzeichen und Fahnen das deutsche Nationalbewusstsein sich entwickeln würde, so war auch nicht vorgezeichnet, dass der Verfassungsstaat sterben musste, wie Rathenau starb. Immer ist die Geschichte ein zur Zukunft hin offenes Feld. Auf ihm allerdings schuf dann das Versagen der Parteien und des Parlamentarismus angesichts der Weltwirtschaftskrise und der Massenarbeitslosigkeit Vorbedingungen für Hitlers Aufstieg zur Macht.

Neben der Ausformung des Nationalismus hängen noch andere Entwicklungen mit den Weichenstellungen des 19. Jahrhunderts zusammen. Die eine kann man den Drang zur Weltanschauung nennen, dazu, geschlossene Glaubens-, Gedanken- und Gefühlsgehäuse zu errichten, in denen man sich wie in einer Festung oder einem Feldlager gegen den Ansturm der Ungläubigen und Andersdenkenden verschanzt. Heute ist uns dieser Drang kaum noch verständlich und eher verdächtig, jedenfalls in der Politik; die letzte entschiedene Weltanschauungspartei war die SED der DDR, und nicht zuletzt daran ist sie gescheitert, dass sie das war. Weltanschauungen stehen verquer zur Liberalität demokratischer Verhältnisse, denn Freiheit bedeutet, dass es kein verordnetes Denken geben darf; jeder muss selbst entscheiden, was er glauben oder nicht glauben will.[21] Um es mit dem gehörigen Pathos zu sagen: Die Würde des Menschen hat damit zu tun, dass er für sich selbst die Verantwortung trägt. Diese Verantwortung sprengt jede Vormundschaft; in der Freiheit des Andersdenkenden wird die eigene Freiheit verteidigt.

In der Weimarer Republik sah es anders aus – und nicht nur bei Hitler und den Nationalsozialisten. Im Grunde, mehr oder weniger deutlich, waren alle großen Parteien weltanschaulich begründet und ummauert, die SPD wie die KPD, das Zentrum und die DNVP. Die Liberalen, weil sie das nicht oder zu wenig waren, wurden mehr und mehr zerrieben; das Stichwort oder die Grundströmung, die über alle Gegensätze hinweg die Epoche kennzeichnet, heißt Antiliberalität.[22] So gesehen steht Hitler keineswegs im Abseits, sondern ist ein Mann seiner Zeit.

Der Drang zur Weltanschauung kommt von weit her und hat verschiedene Wurzeln; eine steckt in der Spielart von Nationalismus, die Heine so anstößig ist. Denn die Deutschtümelei, die sich gegen die Weltoffenheit verriegelt, braucht das Urgestein, auf das sie sich gründet, um ihre Mauern zu errichten, eine Form von Fanatismus oder Fundamentalismus: Alle sollen aussehen, fühlen und handeln wie wir. Wie sonst soll man Franzosen, Juden, Slawen, die westliche Zivilisation und die westlichen Ideen, die Gleichheit, die Demokratie oder wen auch immer als den Feind erkennen? Die Germanenverklärung, die im Nationalsozialismus – weniger bei Hitler als bei Gefolgsleuten wie Alfred Rosenberg oder Heinrich Himmler – bizarre Formen annimmt, hat hiermit zu tun.

Vielleicht noch wichtiger ist ein ins Weltliche verirrtes Luthertum, eine gleichsam in den Leerlauf geratene Glaubensenergie, die als *Weltfrömmigkeit* Heimat und Heil nicht mehr im Jenseits, sondern im Diesseits ansiedeln möchte. Hiermit kombiniert und potenziert sich die *Verspätung* der Nation, der der revolutionäre Durchbruch zum politischen Mündigwerden misslingt.[23]

Jede Gewöhnung an die Selbstverantwortung lehrt, dass es Grenzen der eigenen Handlungsmöglichkeiten gibt, weil immerfort und unabsehbar andere Anschauungen und Interessen sie durchkreuzen, und dass man Kompromisse schließen muss, wenn man überhaupt etwas erreichen will. Wenn aber der Obrigkeitsstaat sich behauptet und man von der politischen Praxis abgeschnitten bleibt, kann man umso radikaler Geisterreiche der Utopien, Heilsvorstellungen und wagemutige Pläne des Neubaus der Welt aus den Trümmern des Bestehenden entwickeln. Bereits Karl Marx hat über diese Neigung gehöhnt:

»Wie deutsche Ideologen melden, hat Deutschland in den letzten Jahren eine Umwälzung ohne Gleichen durchgemacht … Es war eine Revolution, wogegen die französische ein Kinderspiel ist, ein Weltkampf, vor dem die Kämpfe der Diadochen kleinlich erscheinen. Die Prinzipien verdrängten, die Gedankenhelden überstürzten einander mit unerhörter Hast, und in den wenigen Jahren 1842–1845 wurde in Deutschland mehr aufgeräumt als sonst in drei Jahrhunderten. – Alles dies soll sich im reinen Gedanken zugetragen haben.«[24] Zur Ironie des Sachverhalts zählt freilich, dass Marx selbst zu den deutschen Aufräumern und Gedankenhelden gehörte; weit von der Praxis entfernt begann er gerade damit, sein gewaltiges Theoriegebäude zu errichten, das vom gegenwärtigen Unheil und vom künftigen Heil kündete.[25]

Keineswegs im Hohn, sondern im Erschrecken und mit prophetischer Kraft hat Heinrich Heine vom künftigen Naturphilosophen gesprochen. Er wird dadurch furchtbar sein, »daß in ihm jene Kampfeslust erwacht, die wir bei den alten Deutschen finden … Das Christentum – und das ist sein schönstes Verdienst – hat jene brutale germanische Kampflust einigermaßen besänftigt, konnte sie jedoch nicht zerstören, und wenn einst der zähmende Talisman, das Kreuz, zerbricht, dann rasselt wieder empor die Wildheit der alten Kämpfer, die unsinnige Berserkerwut, wovon die nordischen Dichter soviel singen und sagen. Jener Talisman ist morsch, und kommen wird der Tag, wo er kläglich zusammenbricht. Die alten steinernen Götter erheben sich dann aus dem verschollenen Schutt und reiben sich den tausendjährigen Staub aus den Augen, und Thor mit dem Riesenhammer springt endlich empor und zerschlägt die gotischen Dome … Lächelt nicht über den Phantasten, der im Reiche der Erscheinungen dieselbe Revolution erwartet, die im Gebiete des Geistes stattgefunden. Der Gedanke selbst geht der Tat voraus wie der Blitz dem Donner. Der deutsche Donner ist freilich auch ein Deutscher und ist nicht sehr gelenkig und kommt etwas langsam herangerollt; aber kommen wird er, und wenn ihr es einst krachen hört, wie es noch niemals in der Weltgeschichte gekracht hat, so wißt: der deutsche Donner hat endlich sein Ziel erreicht … Es wird ein Stück aufgeführt werden in Deutschland, wogegen die französische Revolution nur wie eine harmlose Idylle erscheinen möchte.«[26]

Vom Willen zur Zerstörung war schon einmal die Rede; anders ließ sich der August 1914, der begeisterte Aufbruch in den Krieg, nicht erklären. Vielleicht kann man jetzt eine weitergehende Deutung noch hinzufügen. Die geschichtliche Entwicklung Europas seit 1789 hatte unter den Vorzeichen von Freiheit und Gleichheit gestanden. Die Aufsprengung alter Gehäuse der Hörigkeit und an ihrer Stelle die Selbstbestimmung, in politischer Perspektive die Parlamentarisierung und Demokratisierung, gehörten zu dieser

Entwicklung. Deutschland hatte daran durchaus seinen Anteil, nur eben nicht vollgültig, sondern höchst zwiespältig. So gab es zwar im Bismarckreich den Reichstag auf der Grundlage des allgemeinen und gleichen (Männer-)Wahlrechts, aber keine Parlamentarisierung der Regierungsverantwortung und damit keine Gewöhnung der Parteien an die Teilhabe an der Verantwortung; die Parlamentarisierung wurde erst vollzogen, als es zu spät war, um für die überkommene Ordnung oder für die Vorbereitung auf die Zukunft noch etwas zu retten: am 28. Oktober 1918.

Diese sozusagen halbseitige Lähmung bildete einen Nährboden für den Kulturpessimismus. Er beklagte den Verfall ehrwürdiger Werte im Ansturm der westlichen Zivilisation. Es ging in solcher Perspektive um die Zerstörung der Zerstörung, um den Widerruf der Moderne, die Verteidigung und Wiederherstellung rein deutscher Kultur. Und worauf denn sollten das Selbstverständnis und die Selbstachtung sich stützen, wenn nicht auf das Besondere des eigenen Wesens – da doch die politische Begründung der Freiheit und Gleichheit mit dem Scheitern der Revolution von 1848 misslungen war? Die Kulturnation allerdings brauchte eine schlagkräftig geschlossene Weltanschauung, die von der Vernichtung des Wesensfremden und von der deutschen Auferstehung kündete. Hitler hat nicht umsonst beklagt, dass es sie im Ersten Weltkrieg nicht oder nur in Ansätzen gab und dass dies eine der Ursachen des »Novemberverrats« war.

Aber die Formulierung der Weltanschauung ist eines, ihre Durchsetzung etwas ganz anderes. Nur mit unumschränkter Macht kann sie gelingen. Dafür gab es das – freilich missverstandene – Vorbild. An Bismarck lasen die Deutschen ab, dass alle Politik in ihrem Wesen Machtkampf ist und dass man, um im Weltenkampf zu bestehen, das Genie, die Heldenfigur, den überragenden Führer braucht, dem man sich anvertraut. In diesem Sinne hat man dem Reichsgründer schon zu Lebzeiten und danach erst recht Denkmäler erbaut, martialisch durchweg und Hunderte insgesamt, viel mehr als jemals für Kaiser und Könige oder für Denker und Dichter.[27]

Mit dem Zusammenbruch des Kaiserreiches wurden die in ihren ideologischen Feldlagern verschanzten Parteien davon überrascht, dass sie die Verantwortung übernehmen mussten, und wohl auch darum wirkten die Politiker der Weimarer Republik meist wie überfordertes Mittelmaß. Umso stärker entwickelte sich die Sehnsucht nach dem starken Mann – übrigens keineswegs nur bei den ungebildeten Massen, die Hitler ansprach, sondern auch oder gerade in den Bildungsschichten. Man erkennt das, wenn man einen Blick auf die Universitäten wirft. Ihre Bedeutung lässt sich kaum hoch genug einschätzen; schließlich wurden hier die künftigen Richter, Verwaltungsbeamten, Pfarrer und nicht zuletzt die Gymnasiallehrer ausgebildet, die in den Schulstuben weitergaben, was sie im Hörsaal gelernt hatten.

Kurt Sontheimer hat die politischen Festreden untersucht, die in den Hochschulen regelmäßig gehalten wurden. Denn »alle deutschen Universitäten begingen aufgrund eines Beschlusses des Deutschen Hochschultages den Tag der Reichsgründung in festlicher Weise«, und dabei »war es üblich, daß man die Reden ... solchen Kollegen anvertraute, die für eine gute deutschnationale Gesinnung bürgten. Die Reden zum 18. Januar sind denn auch in der Regel charakteristische Dokumente deutschnationaler, antiweimaristischer Staatsgesinnung und in vieler Hinsicht repräsentativ für den Geist der Universitäten.«[28]

Es fügte sich glücklich, dass der Verfassungstag von Weimar, der 11. August, in die Semesterferien fiel, sodass man der Kaiserproklamation von Versailles am 18. Januar gedenken konnte. Damit bot sich Gelegenheit zur antirepublikanischen Propaganda, wie Friedrich Meinecke notierte: »Wenn man aber hier, wie es zuweilen geschieht, nur rechtsstehende Kollegen zur Studentenschaft sprechen läßt, so kann man denken, wie das wirkt.«[29] Nein, nicht zuweilen, sondern in der bösen Regel war das so.

Beispiele und ein Gegenbeispiel mögen zur Anschauung helfen. In Jena sagte der Kirchenhistoriker Hans Lietzmann 1924 mit scharfer Wendung gegen die Parteiendemokratie: »Es gilt, auch in unseren Regierungen wieder Männer an die Spitze zu bringen, welche als ihre selbstverständliche Pflicht den Dienst am ganzen Volk, die überparteiliche, rein vaterländisch bestimmte und mit dem vollen Verantwortungsgefühl einer charakterfesten Persönlichkeit geleistete Arbeit erkennen.«[30] Die Überparteilichkeit – nach einem Wort Gustav Radbruchs die Lebenslüge des Obrigkeitsstaates – war im Kampf gegen die Parteiendemokratie eine wirkungskräftige Parole; in diesem Sinne wollte die NSDAP nur äußerlich Partei, in Wahrheit aber eine Bewegung gegen die Parteien sein.

1928 schwärmte der Althistoriker Rudolf Schulten bei der Feier in Erlangen: »Der Held ist etwas Wunderbares, das wir nie verstehen werden, etwas Göttliches. Um so mehr wollen wir den Helden verehren, uns an seinem Werk erbauen und auf einen neuen Helden hoffen.« Denn »mit einem begeisterten Volk kann der Heros alles«.[31]

Tatsächlich: Man wusste mit der demokratischen Freiheit nichts anzufangen, beklagte »Hader« und »Zwietracht«, sehnte sich zurück in alte oder voraus in neue Bindungen, und es war ein Hauptvorwurf gegen die Republik, dass sie die »zersetzte«. »Gott schenke uns Führer und helfe uns zu wirklicher Gefolgschaft«, hieß es in einem anderen Text.[32] Damit wurde der Boden für das Kommende bereitet, längst bevor die Menschen von Hitler etwas wussten. Er löste am Ende nur ein, wonach sie verlangten.

Das Gegenbeispiel stammt von dem Romanisten Karl Voßler. 1927, als Rektor der Universität München, sprach er aus, was er sah: »Immer in neuen Verpuppungen die alte Unvernunft; ein metaphysisches, spekulatives, romantisches, fanatisches, abstraktes und mystisches Politisieren ... An zahlreichen Bier- und Kaffeetischen kann man seufzen hören, wie schmutzig, wie unheilbar unsauber doch alle politischen Geschäfte seien, wie unwahr die Presse, wie falsch die Kabinette, wie gemein die Parlamente und so weiter. Man dünkt sich, indem man so jammert, zu hoch, zu geistig für die Politik. In Wahrheit ist man kleinmütig, bequem, unlustig und unfähig zum Helfen und Dienen am eigenen Volk. Wenn man noch nicht einmal zum Mitläufer taugt, dann freilich ist es schön, sich einzubilden, daß man über den Parteien steht.«[33]

Aber auf solche Kritik hörte die akademische Jugend nicht, sondern auf die Heldenschwärmerei. In den späten Krisenjahren der Republik wuchs dann der Anteil der Nationalsozialisten unter den Studenten steil an; in Erlangen und Greifswald errangen sie schon im Wintersemester 1929/30 die Mehrheit. Berlin, Gießen, Jena und Rostock folgten etwas später, und seit 1931 war die

Deutsche Studentenschaft der erste, bis 1933 einzige nationale Verband, den die Nationalsozialisten beherrschten. Entsprechend häuften sich Gewaltaktionen gegen jüdische oder sonst unliebsame Professoren und Studenten.

Eine Gegenwehr ist kaum zu verzeichnen. Als der Rektor der Universität Leipzig, Theodor Litt, im Herbst 1932 eine Erklärung gegen das Verhalten der nationalsozialistischen Studenten anregte, fielen ihm sogar Kollegen wie Eduard Spranger in den Arm, die keineswegs rechtsradikal eingestellt waren. »Diesem Plan«, so Spranger später zu seiner Rechtfertigung, »widersprach ich in der Diskussion, weil ich die Bewegung der nationalen Studenten noch im Kern für echt, nur in der Form für undiszipliniert hielt. Auch hätte es eine sehr schädliche Wirkung auf die Hochschule gehabt, wenn sie sich zu der nationalen Welle, die damals noch viel Gesundes mit sich führte und mit heißen Erwartungen begrüßt wurde, nur schulmeisterlich geäußert hätte.«[34]

Solche Schulmeisterei hat es wirklich nicht gegeben, schon gar nicht bei den Kollegenvertreibungen und Bücherverbrennungen von 1933. Bereits Jahre zuvor hatte Spranger festgestellt: »Gerade die Abneigung gegen das Rechenhafte in der Politik ist es, die viele Akademiker mit dem Stil unseres gegenwärtigen Staatslebens unzufrieden macht. Man möchte wieder tatbereite und der Augenblickslage gewachsene Köpfe an der Spitze des Staates sehen, nicht Doktrinäre und Parteifunktionäre; vor allem aber Menschen, in denen die überindividuelle Wucht und Würde des Staates zum Lebenselement geworden ist, und die sich in diesem sittlichen Dienst verzehren. In dieser Hinsicht besteht überall in Deutschland eine geradezu messianische Erwartung.«[35]

Von der Höhe der eigenen Erwartungen sah man auf Hitler vielleicht herab: Er war der Mann fürs Grobe und als Bändiger der Massen willkommen, nur eben »in der Form undiszipliniert«. Aber einen prinzipienfesten Widerstand setzte man ihm nicht entgegen, gerade in den geistigen Spitzenpositionen nicht. Fast beliebig ließen sich Namen nennen: Ernst Jünger feierte den Kampf, der Philosoph Martin Heidegger die Entschlossenheit, so als handelte es sich um Eigenwerte, die des Inhalts oder der Zielangaben gar nicht mehr bedurften; der Staatsrechtslehrer Carl Schmitt erklärte die Entscheidung über das Freund-Feind-Verhältnis zum Inbegriff des Politischen und strafte das parlamentarische Prinzip als Flucht vor der Entscheidung mit Verachtung.[36]

Nationalismus als Gegenprinzip zur Weltoffenheit, zu Freiheit und Gleichheit, Drang zur weltanschaulichen Verriegelung, Sehnsucht nach dem starken Mann, dem Führer, der von der Eigenverantwortung entlastet: Das alles war nicht neu, sondern hatte seine Wurzeln in der Geschichte. In diesem Sinne war Hitler auch keineswegs ein Mann aus dem Nichts. Sein Genie bestand darin, dass er erfühlte, aufgriff und bündelte, was längst in der Luft lag, und dass er die Zeitumstände virtuos nutzte, um aus der Demütigung und der Hilflosigkeit, aus Ängsten und Hoffnungen das Racheverlangen, die Gier nach der Macht zu entflammen.

Das Versprechen, das Hitler den Deutschen gab, war einfach und eindeutig: ER würde sie von der Last der Eigenverantwortung befreien, der sie in der offenen Gesellschaft und einer weltoffenen Zivilisation, im wirtschaftlichen Wettbewerb, in der demokratischen Ordnung oder Unordnung ausgesetzt waren.[37] Und dieses Versprechen, wahrlich, wurde nicht umsonst gegeben, sondern eingehalten und mit Hingabe vergolten.

Menschen können ihr Leben unter sehr verschiedenen Umständen führen, wenn nur ein Sinn in ihm aufscheint, und zu den abgründigen Sinngebungen kann das Selbstopfer gehören. Um den Satz von Ernst Jünger zu wiederholen: »Das tiefste Glück des Menschen besteht darin, daß er geopfert wird, und die höchste Befehlskunst darin, Ziele zu zeigen, die des Opfers würdig sind.«

Natürlich war das nicht wörtlich, sondern sinnbildlich gemeint. Die Masse der Menschen wollte nur, statt weiterhin in wirtschaftlicher Not und in Untergangsängsten, endlich in geordneten und geachteten Verhältnissen leben. Wenn aber ein Mann die deutsche Bühne betrat, der anbot, der Not ein Ende zu bereiten und dabei alle Lasten der politischen Verantwortung auf sich zu nehmen, dann allerdings schien es Anlass zu geben, auf ihn zu hören und ihm dankbar zu sein. Und was wog dann noch das Opfer, den Gehorsam zu leisten, den *er* als den Preis für *seine* Aufopferung einforderte?

Der Neubeginn

Als Hitler kurz vor dem Weihnachtsfest von 1924 aus Landsberg nach München zurückkehrte, fand er ein verändertes Deutschland vor. Die Währungsreform vom November 1923, nur eine Woche nach dem Münchener Putschversuch vollzogen, hatte mit der rabiaten Abwertung der Mark im Verhältnis von einer Billion zu eins zur Beruhigung, zu neuer Berechenbarkeit geführt. Man konnte wieder vernünftig wirtschaften und für die Zukunft planen – ähnlich wie nach dem Zweiten Weltkrieg seit der Währungsreform von 1948. Das Land war ungeteilt und unzerstört, und fast mit Erstaunen entdeckte man, was es noch besaß: sein erstrangiges Bildungssystem, seine Facharbeiter, Ingenieure und Unternehmer, seine mächtige und leistungsfähige Industrie. Auch andere entdeckten dies, zum Beispiel die Amerikaner, und halfen mit Krediten zur Ankurbelung der Wirtschaft, so wie ein Vierteljahrhundert später mit dem Marshall-Plan.

Auch politisch sah es auf einmal anders aus als bisher, wie der britische Botschafter in Berlin zum Jahresende 1923 mit Verblüffung notierte: »Das auffallendste Kennzeichen der neuen Lage ist die erstaunliche Ruhe und Besserung, die unter Berührung des Zauberstabes der Währungsreform eingetreten ist … Die wirtschaftliche Entspannung hat eine politische Beruhigung mit sich gebracht. Von Diktatur und Putschen wird nicht mehr geredet, und selbst die äußersten Flügelparteien haben für den Augenblick aufgehört, Unruhe zu stiften.«[1] Endlich wieder in geordneten Verhältnissen leben und arbeiten, im glücklich gewonnenen Abstand vom Chaos und von den Untergangsängsten der vergangenen Jahre: das war der vordringliche und nur zu verständliche Wunsch bei der Mehrheit der Menschen. Die »guten« Jahre der Weimarer Republik begannen – und entsprechend die »schlechten« oder jedenfalls schwierigen für Leute, die nach Rache für das »Novemberverbrechen« von 1918 und einem radikalen Neubeginn oder gar gewaltsamen Umsturz riefen.

Zwei Ereignisse seien hier erwähnt, die etwas später zur weiteren Beruhigung beitrugen. Am 28. Februar 1925 starb der erste, sozialdemokratische Reichspräsident Friedrich Ebert. Zu seinem Nachfolger wurde als Kandidat aller Rechtsparteien – wenn auch erst im zweiten Anlauf und mit relativer, nicht absoluter Mehrheit – Paul von Hindenburg und Beneckendorff gewählt, der »Retter Ostpreußens« in der Schlacht bei Tannenberg und eigentlich schon zur Legende entrückte Heerführer des Ersten Weltkriegs, jetzt in seinem 78. Lebensjahr.

Sebastian Haffner hat diese Wahl höchst eigenwillig, aber wohl zutreffend kommentiert: »Man hat darin vielfach den Anfang vom Ende der Republik sehen wollen. Ganz falsch. Die Hindenburgwahl war für die Republik ein Glücksfall und gab ihr die einzige Chance, die sie je hatte. Denn mit dem Weltkriegsheros und kaiserlichen Feldmarschall an der Spitze sah die Republik für die Rechte, die sie bis dahin eisern abgelehnt hatte, plötzlich akzeptabel aus; etwas wie eine Versöhnung bahnte sich an. Sie hielt an, solange [von 1925 bis 1928] eine Mitte-Rechts-Koalition aus Katholiken, Rechtsliberalen und Konservativen die Regierung bildete. Damit war vorübergehend das staatstragende Parteiensystem zum ersten und einzigen Male auf die ganze Breite des Rechts-Links-Spektrums ausgedehnt, von radikalen Randgruppen wie Kommunisten und Nationalsozialisten abgesehen; denn an der Staatstreue der nunmehrigen Opposition aus Sozialdemokraten und Linksliberalen war ohnehin nicht zu zweifeln.«[2]

Unser Bild von Hindenburg steht im Schatten der Tatsache, dass er schließlich, obwohl nach langem Widerstreben, Hitler zur Macht verholfen hat. Und ganz gewiss war er kein Republikaner aus Überzeugung, sondern in seinem Herzen ein Mann, der sich zurücksehnte in den verlorenen Glanz der Hohenzollern-Monarchie. Aber in den Jahren, in denen er noch urteilsfähig war, hat er sich loyal an die Verfassung gehalten, und es sind wenn schon nicht Freundschaften, dann doch Verbindungen dort entstanden, wo man Feindschaft vermuten sollte, zum Beispiel im Verhältnis zu Otto Braun, dem sozialdemokratischen Ministerpräsidenten, der in Preußen mit fester Hand regierte.

»Hindenburg stand für alles, was Braun zuwider war: Er war ostelbischer Junker, er war Militarist, er hatte … im Oktober 1918 den Waffenstillstand gefordert und es den Sozialdemokraten überlassen, die Verantwortung zu tragen, er hatte kräftigen Anteil an der Erfindung der Dolchstoßlegende, er war Monarchist und das Idol aller Feinde des Weimarer Staats und seiner Verfassung, die Kommunisten ausgenommen.«[3] Umgekehrt galt Braun in den Junkerkreisen, denen Hindenburg nahe stand, als eine Teufelsfigur, denn in seinen jüngeren Jahren war er der Führer der ostpreußischen Landarbeiterbewegung gewesen, die sich gegen den Großgrundbesitz richtete. Aber es stellte sich heraus, dass es Gemeinsames gab:

»Die größte Überraschung erwartete Braun …, als er seinen Antrittsbesuch bei Hindenburg machte, um wenigstens ›mit ihm auf einen gewissen amtlichen Verkehrsfuß‹ zu kommen. Einer, der dabei war, erzählte den Verlauf des Gesprächs später dem links-pazifistischen Schriftsteller Helmuth von Gerlach: Braun habe nebenbei die Bemerkung fallen lassen, es dürfte den Reichspräsidenten vielleicht interessieren, daß der ostpreußische Elchbestand sich dank der Bemühungen der preußischen Forstverwaltung seit dem Kriege verdoppelt habe; Hindenburg, der seit jeher ein leidenschaftlicher Elchjäger gewesen war, horchte auf und verwickelte Braun in ein lebhaftes Jagdgespräch, wodurch die für den Empfang festgesetzte Zeit beträchtlich überschritten wurde. Am Abend, berichtet v. Gerlach, habe Hindenburg seinem Gewährsmann gegenüber bemerkt: ›Wie man doch manchmal über einen Menschen falsch unterrichtet wird. Meine Freunde in Hannover[4] hatten mir gesagt, der Otto Braun sei ein ganz fanatischer Hetzer. Jetzt sehe ich, daß er ein ganz vernünftiger Mensch ist, mit dem man über alles sprechen kann.‹ – In der Folgezeit entwickelte sich zwischen Braun und v. Hindenburg eine sonderbare, durchaus persönlich gefärbte Beziehung, die allgemein Aufsehen machte und die Boulevardpresse zu abenteuerlichen Kombinationen inspirierte.«[5]

Das mögen Randerscheinungen sein, die man als bloße Arabesken abtun kann. Aber sie sollten vielleicht dazu helfen, der

Schicksalsfigur der späten Weimarer Republik mit ihren begrenzten und dahinschwindenden geistigen Kräften halbwegs mit Verständnis zu begegnen, statt sie leichthin zu verurteilen.

Das zweite Ereignis war am 16. Oktober 1925 der Abschluss der Locarno-Verträge zwischen Deutschland und seinen westlichen Kriegsgegnern Frankreich, Großbritannien, Italien und Belgien. Dieser Vertrag sah eine Bürgschaft der deutschen Westgrenzen, die Entmilitarisierung des Rheinlandes, ein Verbot des Angriffskrieges und die friedliche Regelung aller Streitigkeiten vor; zur Ergänzung dienten Schiedsverträge mit Frankreich, Belgien, Polen und der Tschechoslowakei. In der Konsequenz des Locarno-Vertrages wurde Deutschland in den Völkerbund aufgenommen. Natürlich waren damit die drückenden Bestimmungen von Versailles noch nicht beseitigt, aber ein Hauch von Entspannung, eine Aussicht auf Versöhnung und die Festigung des Friedens in Europa zeichnete sich ab; nicht zufällig wurde den Außenministern Aristide Briand, Austen Chamberlain und Gustav Stresemann 1926 der Friedensnobelpreis verliehen.

Natürlich muss man im Rückblick sagen, dass die Beruhigung oberflächlich blieb. Noch immer begegnete man der parlamentarischen Verfassungsordnung mit Unverständnis, mit Vorbehalten, wenn nicht gar mit Verachtung. Millionen von Menschen hegten tief sitzenden und sogar verständlichen Groll, weil die Inflation sie enteignet, gesellschaftlich deklassiert und nicht selten ins Elend getrieben hatte.[6] Und Hunderttausende von Soldaten waren zu bindungslosen Landsknechten geworden, die begierig auf die Stunde warteten, da man sie brauchen würde. Es gab die Sehnsucht nach starker Führung und nach dem »Ersatzkaiser«. Wie sonst soll man die Wahl des greisen und im Grunde nur unpolitisch-konservativen Hindenburg zum Reichspräsidenten erklären? Deutlich genug wünschte man sich etwas anderes als die Parteien und die Politiker der Republik, die so wenig eindrucksvoll wirkten, von Gustav Stresemann und vielleicht noch dem »ungekrönten König von Preußen« Otto Braun abgesehen. Wie im vorigen Kapitel geschildert, gehörte zum Zeitgeist, von den Kanzeln und Kathedern verkündet, in Büchern, Flugschriften, Aufrufen verbreitet, an Stammtischen, in unzähligen Zirkeln wieder und wieder besprochen und grimmig bestätigt die antiliberale und antidemokratische Grundstimmung. Man findet sie sogar bei den nach links gerichteten Intellektuellen, die eigentlich die Republik verteidigen wollten und doch voller Unverständnis für demokratische Tugenden ins Anklagen verfielen.[7]

Und was tut nun Hitler? Was überhaupt konnte er tun? Die NSDAP war verboten und die unter anderem Namen weitergeführte Bewegung im Diadochenkampf, dem Zank ihrer Unterführer fast zerfallen. Es gab zwar völkische und nationalsozialistische Abgeordnete; die Reichstagswahlen vom 4. Mai 1924 hatten für die Rechtsextremen noch einen Stimmenanteil von 6,5 Prozent erbracht. Doch nur sieben Monate später, am 7. Dezember 1924, sank er auf dürftige 3 Prozent. Ähnlich blieben von den vielen Tausend Parteimitgliedern, die es allein in München einmal gab, allenfalls ein paar Hundert.

Immerhin: Schon am 4. Januar 1925 empfing der bayerische Ministerpräsident Held den Heimkehrer aus der Haft. Hitler versicherte, dass er fortan an keine Verschwörung, keinen Putschversuch mehr denke und streng legal arbeiten werde. Er meinte sogar, was er sagte; er hatte begriffen, dass der Staat mit der Macht seines Militärs, der Polizei, der Justiz und Verwaltung einer Festung glich, die man nicht im Handstreich überrennen konnte, sondern die man geduldig belagern – oder besser: in die man sich einschleichen musste, um von innen her Bastion um Bastion zu gewinnen. Früher bereits, als Ankündigung vor den Mithäftlingen in Landsberg hieß das: »Wenn ich meine Tätigkeit wiederaufnehme, werde ich eine neue Politik verfolgen müssen. Statt die Macht mit Waffengewalt zu erobern, werden wir zum Verdruss der katholischen und marxistischen Abgeordneten unsere Nasen in den Reichstag stecken. Zwar mag es länger dauern, sie zu überstimmen als sie zu erschießen, am Ende aber wird uns ihre eigene Verfassung den Erfolg zuschieben. Jeder legale Vorgang ist langsam.«[8]

Freilich zeigte sich der bayerische Ministerpräsident zunächst einmal abweisend; ob er daran glaubte, dass »die Bestie gezähmt« sei, ist zweifelhaft. Aber insgesamt wurde jetzt der Ausnahmezustand in Bayern aufgehoben, was der NSDAP und der Parteizeitung, dem *Völkischen Beobachter*, ebenso zugute kam wie der KPD.[9]

Die Neugründung der NSDAP fand am 27. Februar 1925 statt. Symbolträchtiger Ort der Handlung: der Bürgerbräukeller, von dem am 8. November 1923 der missglückte Putsch seinen Ausgang nahm. Die Versammlung sollte um 20 Uhr beginnen, aber schon zwei Stunden vorher mußte der riesige Saal polizeilich geschlossen werden, von fast viertausend Menschen bis zum Bersten überfüllt. Alle wollten wissen, was Hitler zu sagen hatte.

Er hielt eine zweistündige Ansprache, die ihn auf der Höhe seiner Redegewalt zeigte, mit dem Anspruch verbunden, wieder und ausschließlich der Führer zu sein. Denn »wenn jemand kommt und mir Bedingungen stellen will, dann sage ich ihm: Freundchen, warte erst einmal ab, welche Bedingungen ich dir stelle. Ich buhle ja nicht um die große Masse. Nach einem Jahr sollen Sie urteilen, meine Parteigenossen; habe ich recht gehandelt, dann ist es gut; habe ich nicht recht gehandelt, dann lege ich mein Amt in Ihre Hände zurück. Bis dahin aber gilt: Ich führe die Bewegung allein und Bedingungen stellt mir niemand, solange ich persönlich die Verantwortung trage. Und ich trage die Verantwortung wieder restlos für alles, was in der Bewegung vorfällt.«[10]

Verlorene Schafe, zu denen der Hirte zurückkehrt, genauer, der Dompteur in der Manege, jetzt stets mit der Nilpferdpeitsche am Handgelenk: Es war, als hätten die Menschen auf diesen Führungsanspruch nur gewartet, um sich ihm zu unterwerfen: Glückselig lagen sie einander in den Armen, und der Jubel wollte kein Ende nehmen.

Die Schroffheit, mit der Hitler seinen Führungsanspruch durchsetzte, kannte keine Rücksichten, mit der Folge, dass die Landtags- und Reichstagsabgeordneten der NSDAP in Scharen davonliefen. Bald kam es auch zum Bruch mit Erich Ludendorff, der dann, beeinflusst von seiner zweiten Frau Mathilde, 1926 den sektiererischen »Tannenbergbund« gründete, um gegen »die überstaatlichen Mächte« der Juden und Jesuiten, der Freimaurer und Marxisten zu kämpfen und eine »artgemäße deutsche Gotterkenntnis« durchzusetzen.[11] Ludendorff verachtete Hitler schon seit seiner Flucht aus dem Kugelhagel des 9. November 1923. Der wiederum verachtete die wachsende Verstiegenheit des »Nationalfeldherrn«, und der Bruch schaffte ihm einen Konkurrenten vom Hals, der sich nicht beugen ließ.

Indessen führte die Schroffheit der öffentlichen Auftritte zu einem unerwarteten Schlag: Die bayerische Regierung verhängte ein Redeverbot, dem sich die meisten anderen Ländern anschlossen, darunter Preußen. Hitler sah sich seiner wirksamsten Waffe beraubt; nur in geschlossenen Veranstaltungen oder im privaten Kreis konnte er fortan noch sprechen. Diese Behinderung schaffte anderen einen Vorteil, besonders Gregor Strasser, der sich zum wichtigsten Organisator der Bewegung nördlich der Mainlinie entwickelte.[12] Einer seiner Anhänger war der junge Dr. Joseph Goebbels. 1897 im linksrheinischen Rheydt geboren, leitete er seit 1924 in Elberfeld eine Winkelzeitung, die *Völkische Freiheit*, und seit 1925 die von Strasser herausgegebenen *Nationalsozialistischen Briefe*. Die west- und norddeutschen Strasser-Leute nahmen den Sozialismus im Nationalsozialismus wichtiger, als er im bayerischen Ursprung gemeint war; sie sprachen sogar davon, dass Deutschland sich mit der Sowjetunion gegen den kapitalistischen Westen verbünden solle.[13]

Während Gregor Strasser unermüdlich kreuz und quer durchs Land reiste, um die Organisation der Partei aufzubauen, während er Reden hielt und gegen die »Bonzenwirtschaft« in München wetterte, ohne Hitler direkt anzugreifen, tat Hitler wenig oder nichts, um dem Treiben ein Ende zu machen. Es schien, als sei er in Ratlosigkeit oder jedenfalls in Passivität versunken.

Man hat verschiedene Deutungen versucht. Eine erste besagt, dass er die geregelte und zielstrebige Arbeit scheute, dass er lebenslang der Bohemien, der träumende Taugenichts blieb, der er schon als junger Mann im Wiener Obdachlosenasyl oder Männerheim gewesen war, der, ins Grübeln versunken, sogar als Reichskanzler die dringendsten Entscheidungen oft für Tage, manchmal für Wochen oder Monate vor sich herschob, so als fürchte er die Festlegung. Oder handelte es sich um eine Art von Überlebensinstinkt? Im kühnen Brückenschlag von der Jugend in die späten Kriegsjahre könnte man behaupten, dass die geregelte Tätigkeit ihn umbrachte; seit er sich selbst in der militärischen Krise, im Wintereinbruch Ende 1941, dazu verurteilte, im Führerhauptquartier Tag um Tag über Lagemeldungen und Kartentische gebeugt der verantwortliche Stratege zu sein, verfiel er in wenig mehr als drei Jahren vom Mann in den besten Jahren zum zitternden Greis.

Eine zweite Deutung richtet den Blick aufs Private. Hitler entwickelte eine Neigung zum Wohlleben. Zum Beispiel wuchs nach den Monaten der Haft seine Leidenschaft fürs Umherfahren in schnellen Autos: »Ich habe mir den Mercedes-Kompressor als erstes gekauft, nachdem ich am 20. Dezember 1924 aus der Festung entlassen war. Selbst gefahren bin ich nie, aber ich war ein Autonarr. Richtig verliebt in den Wagen ... In einem Prospekt habe ich ihn dann entdeckt und sofort war mir klar, der muß es sein! Sechsundzwanzigtausend Mark!«[14] Eine durchaus verständliche und zumal deutsche Leidenschaft, dazu noch in einer Zeit, in der nur wenige sich ein Auto leisten konnten. Aber ein teures Vergnügen, wie die Bereitstellung des Fahrers letztlich auf Kosten der wahrlich nicht reichen Partei; heute müsste man, um den Luxus zu ermessen, an den damaligen Preis mindestens noch eine Null anhängen.

Mit den Landausflügen verband sich bald der Rückzug in die bayerischen Berge, besonders nach Berchtesgaden. Hier, in der Idylle, schrieb Hitler am zweiten Teil von *Mein Kampf*. Etwas später mietete er auf dem Obersalzberg preiswert ein Landhaus[15] und lud seine verwitwete Halbschwester, Angela Raubal, dazu ein, ihm den Haushalt zu führen.

Zur Witwe gehörte die gerade siebzehnjährige Tochter Angelika, Geli genannt. Das Mädchen schwärmte für den »Onkel Alf«, und der Onkel entbrannte in einer leidenschaftlichen Zuneigung zu seiner Nichte – die wohl tiefste Beziehung, die es für ihn jemals gegeben hat. So selten wie möglich verließ Hitler das Haus, es sei denn für gemeinsame Autofahrten oder Opernbesuche in München. Viele, oft finstere Gerüchte sind um diese Beziehung gewuchert, unbeweisbar durchweg. Doch am Ende stand die Tragödie. Hitlers Eifersucht wuchs wie eine Mauer auf, an der die heranreifende Frau sich wund stieß, ohne die Kraft aufzubringen, sie zu durchbrechen. Im September 1931 beging sie in der gemeinsamen Münchener Wohnung Selbstmord. Hitler brach die Wahlreise ab, die er gerade begonnen hatte, und es ist glaubhaft, dass er in Verzweiflung geriet, nahe genug an den Rand des eigenen Selbstmords.[16]

Ohne die anderen Momente auszuschließen, ist noch eine dritte Deutung möglich, wahrscheinlich die wichtigste. Mehr und mehr bewies Hitler sein taktisches Geschick. Dazu gehörte, was ihm die wenigsten zutrauten: Geduld, die Kunst des Abwartens, um die Dinge bis zu dem Punkt reifen zu lassen, an dem dann das entschlossene und die Gegenspieler überraschende Zupacken Erfolg versprach. Von München oder Berchtesgaden aus betrachtet, war Gregor Strasser ja nicht nur ein Konkurrent mit eigenem Kopf, sondern höchst nützlich; mit seiner unermüdlichen Tätigkeit half er dazu, die Grundlage für einen Erfolg der NSDAP nördlich der Mainlinie zu schaffen und ihr dort ein Organisationsgefüge zu geben, wo sie bisher kaum vertreten war. Wie sonst sollte man Deutschland erobern, wenn dafür die Voraussetzungen fehlten? Jetzt, in den »guten« Jahren der Republik, musste man das Fundament legen, aber sich nicht in einem vorzeitigen Aktionismus verschleißen, der in den Misserfolg mündete.

Man gerät in Versuchung, hier Bismarck zu zitieren, der am Vorabend der Reichsgründung dazu mahnte, nichts zu überstürzen: »Ein willkürliches, nur nach subjektiven Gründen bestimmtes Eingreifen in die Geschichte hat immer nur das Abschlagen unreifer Früchte zur Folge gehabt … Die Fähigkeit zu warten, während die Verhältnisse sich entwickeln, ist eine Vorbedingung praktischer Politik.«[17] Welten trennen den ersten vom letzten deutschen Reichskanzler, doch nicht die Fähigkeit, den Zeitpunkt zum Handeln richtig statt voreilig zu bestimmen.

Im Jahre 1926 führte Hitler schließlich seine Schläge. Für den 14. Februar berief er eine Führertagung nach Bamberg ein – kurzfristig genug, um die Anreise einiger norddeutscher Gauleiter zu verhindern. Die Stadt war eine Hochburg der eigenen Anhänger und prangte im Hakenkreuzschmuck, beeindruckend für Gäste, die noch in armseligen Anfängen steckten. Hitler hielt eine mehrstündige Rede, und Goebbels notierte, wie die Zuhörer reagierten: »Programm genügt. Zufrieden damit. Feder nickt, Ley nickt. Streicher nickt. Esser nickt. Es tut mir in der Seele weh, wenn ich Dich in der Gesellschaft seh!!! Kurze Diskussion. Strasser spricht. Stockend, zitternd, ungeschickt, der gute, ehrliche Strasser, ach Gott, wie wenig sind wir diesen Schweinen da unten gewachsen! … Ich kann kein Wort sagen. Ich bin wie vor den Kopf geschlagen.«[18] Hitler bestand darauf, es beim Münchener Urprogramm zu belassen und sich nicht im Dogmenstreit zu verlieren.

Einer seiner Gefolgsleute brachte auf den Punkt, worauf es wirklich ankam: »Unser Programm lautet in zwei Worten: ›Adolf Hitler‹.«[19]

Am 22. Mai folgte die Generalversammlung in München. Eine neue Satzung bekräftigte das Führerprinzip und übertrug, um dem Vereinsgesetz zu genügen, alle Kontrollrechte dem Münchener Ortsverein. Die Vorherrschaft gegenüber den Außenstehenden, die in Norddeutschland arbeiteten, war damit gesichert.

Im Juli schloss sich in Weimar ein Parteitag neuen Stils an. Nicht mehr Debatten standen im Mittelpunkt, sondern die Darstellung nach außen, der Vorbeimarsch von mehreren Tausend Anhängern, die ihr Führer nach dem Vorbild der italienischen Faschisten mit dem starr emporgereckten rechten Arm grüßte – übrigens eine Energieleistung der besonderen Art, wer im »Dritten Reich« auch nur beim Abspielen der Deutschland- und Horst-Wessel-Doppelhymne zum entsprechenden Ausharren gezwungen war, kann davon ein Lied singen.

Schließlich zog Hitler den gefährlichsten Querdenker an sich. In Berchtesgaden lud er Goebbels zu sich ein, ließ ihn im Heiligtum des Münchener Bürgerbräus eine Rede halten und übertrug ihm als Gauleiter im November 1926 die Befehlsgewalt auf dem wichtigsten aller künftigen Kriegsschauplätze: in Berlin. Und da, wahrlich, gab es für den skrupellosen Agitator genug zu tun, was ihn vom Theoretisieren abhielt.

Ein paar wohl berechnete Schachzüge: Sie genügten, um Strasser wenn nicht matt zu setzen, dann doch ins Glied zu verweisen. Der »linke« Nationalsozialismus wurde nicht zertreten, sondern ausgezehrt. Er mochte von Zeit zu Zeit noch Unruhe stiften. Aber eine wirkliche Gefahr bildete er fortan kaum mehr. Wer auf ihn setzte und glaubte, die Hitlerbewegung spalten zu können, wie 1932 der General und Reichskanzler Kurt von Schleicher, baute auf Treibsand.[20]

Zieht man eine Zwischenbilanz, so fällt sie beim ersten Augenschein bescheiden, beinahe dürftig aus: Die NSDAP war weit davon entfernt, eine Massenbewegung zu werden. Mehr als drei Jahre nach ihrer Neugründung, bei den Reichstagswahlen vom 20. Mai 1928, blieb sie mit 2,6 Prozent der Stimmen noch unter dem Ergebnis vom Dezember 1924, eine Splitterpartei. Dagegen erreichten die Verfassungsparteien der Weimarer Koalition mit 49,8 Prozent der Stimmen fast die Mehrheit, die Kommunisten 10,6 Prozent, die vierfache Stärke der Nationalsozialisten. Erstmals seit 1920 stellten die Sozialdemokraten mit Hermann Müller wieder den Reichskanzler. Die konservative DNVP allerdings stürzte von 20,5 auf 14,2 Prozent; es hatte sich für sie nicht ausgezahlt, sich aufs »System« einzulassen und an der Regierung beteiligt zu sein. Darum ging sie bald darauf, nach der Wahl Alfred Hugenbergs zum Parteivorsitzenden, auf scharfen Oppositionskurs – und eben nicht nur zur neuen Regierung, sondern zur Republik.

Wer aber sollte vor den Nationalsozialisten sich fürchten? Oder vor Hitler? Auch das Redeverbot war darum gefallen, zuerst, Ende Januar 1927, in Sachsen, ein paar Wochen später, am 5. März, in Bayern. Weitere Länder schlossen sich an, zuletzt, im Herbst 1928, Preußen und Anhalt. Im Prinzip, so schien es, galt weiterhin und wahrscheinlich für die Dauer, was Stefan Zweig schon für die Zeit nach dem misslungenen Münchener Bierkellerputsch notierte: »In diesem Jahr 1923 verschwanden die Hakenkreuze, die Sturmtrupps, und der Name Adolf Hitler fiel beinahe in Vergessenheit zurück. Niemand dachte mehr an ihn als einen möglichen Machtfaktor.«[21]

An diesem Urteil änderte sich in den folgenden Jahren nur wenig. Was bedeutete es denn, wenn im Jahre 1929 die NSDAP einige, doch durchweg bescheidene Fortschritte erzielte und in Sachsen 5, in Baden sogar 7 Prozent erreichte? Noch am Vorabend der Reichstagswahl von 1930, die den Durchbruch zur Massenpartei brachte, schrieb Carl von Ossietzky in der *Weltbühne*: »Diese Idee hat keine Idee und kein Prinzip, und deshalb wird sie nicht leben können.« Es »bleibt nichts übrig als das etwas komische Dogma von der Berufung Adolf Hitlers, die deutsche Nation zu retten. Der Glaube an das Führertum … ist überhaupt das einzige, was sich bei dem Nationalsozialismus zu einer Art Theorie verdichtet hat. Aber das ist Mystik, und mit Mystik kann man die Menschen zwar eine Weile benebeln, aber satt machen kann man sie damit nicht.«[22]

Hinter den Horizonten bereitete sich indessen der Sturm vor.

Es gab jetzt eine straffe Organisation mit Stützpunkten im ganzen Reich. Die Zahl der Parteimitglieder wuchs langsam, aber stetig. Vom »Inflationsgewinn«, den 55 000 des Jahres 1923, waren bei der Neugründung sehr wenige geblieben, doch gegen Ende des Jahres 1928 zählte man schon 100 000 Parteigenossen.[23] Geduld also noch einmal: Man war für die Zukunft gerüstet.

Der Weg zur Macht

In meinen Erinnerungen steht Hitler nicht in einem geschlossenen Persönlichkeitsbild vor mir; er ist vielmehr eine Vielzahl von Bildern und Gestalten, die zwar alle Adolf Hitler heißen und auch Adolf Hitler sind, die jedoch schwer in ein Deckungsverhältnis zueinander zu bringen sind. Er konnte bezaubernd sein und wenig später Ansichten äußern, die erschreckende Abgründe ahnen ließen. Er konnte große Gedanken entwickeln und primitiv bis zur Banalität sein. Er konnte Millionen mit der Überzeugung erfüllen, daß nur sein eiserner Wille und seine charakterliche Stärke den Sieg verbürge und dabei selbst bis in seine Kanzlertage hinein ein Bohemien bleiben, dessen Unzuverlässigkeit seine Mitarbeiter zur Verzweiflung trieb.«

Das schrieb Ernst Hanfstaengl, der Mann aus gutem Hause, der Hitler schon seit seinem frühen Münchener Aufstieg kannte und ihn über viele Jahre aus der Nähe beobachtete.[1] Man spürt das unaufgelöste Rätsel, die Frage: Was steckt hinter den wechselnden Gestalten? Wer war Hitler wirklich? Drastischer als Hanfstaengl hat Gregor Strasser gesagt: »Er raucht nicht, er trinkt nicht, er ißt fast nur Grünzeug, er faßt keine Frau an! Wie soll man da anpacken, um ihm andere Menschen klarzumachen?«[2] Oder wie ihn selbst zu fassen bekommen?

Mit dieser Frage hat Hitler nicht nur seine Mitarbeiter, sondern vor allem seine Biografen zur Verzweiflung getrieben und sie von einer »Unperson« sprechen lassen. Wenn man den »Trommler«, den Mann der Massenversammlung und Volksbewegung, später den Führer und Reichskanzler beiseite lässt, findet man wirklich kaum etwas, das man fassen kann, außer dem menschen- und arbeitsscheuen Taugenichts aus dem Wiener Männerheim, der den Tag vertrödelt, mit sich und mit anderen nichts anzufangen weiß, der entweder hartnäckig schweigt oder im Monolog daherredet und von dem dann allenfalls noch zu sagen ist, dass er sich gerne ans Kuchenessen, ans Kino, an Karl May, an Operettenklänge oder an Richard Wagner verliert. Aber natürlich haben wir keine Unperson, sondern einen Menschen vor uns, nur einen, der so vollkommen in seinem Traum, seiner selbst gewählten Mission und dem damit verbundenen Willen zur Macht aufgeht, dass kein »Dahinter« mehr bleibt.

Nüchtern betrachtet ist das beileibe nichts Ungewöhnliches, sondern zumindest im Ansatz eine vertraute Erscheinung. Wie viele Aufsteiger gibt es doch, die ihr Ehrgeiz gleichsam verschlingt, wie viele Wirtschaftsführer, Politiker, Künstler, Gelehrte, Athleten, die sich für den Erfolg verzehren, sodass für Liebe und Freundschaft, für Familie und Kinder, für Bildung und Bücher immer weniger und am Ende fast nichts mehr übrig ist! Und wie viele stürzen dann in ein schwarzes Loch oder in den schnellen Verfall, wenn man sie ihres Amtes und ihrer Aufgaben beraubt!

Bismarck, wahrlich ein Mann nicht nur der politischen, sondern der vielfältigen und auch sehr persönlichen Leidenschaften, hat dennoch darüber geklagt, »daß die Politik alles in ihm ›vertrockne‹, weder Jagd, noch Musik, noch Geselligkeit mache ihm mehr Freude.«.[3] Und nach seiner Entlassung hat er die menschlichen Antriebe mit Forellen in einem Teich verglichen: »Eine frißt die andere auf, bis nur mehr eine dicke alte Forelle übrig bleibt. Bei mir hat im Laufe der Zeit die Leidenschaft zur Politik alle anderen Leidenschaften aufgefressen.«[4] Daher der unbändige Hass auf die Nachfolger, der ihn nicht zur Ruhe kommen ließ und ihm das Alter verdarb.

Hitler unterscheidet sich von anderen bloß dadurch, dass bei ihm die eine, einseitige Leidenschaft bis ins Extrem wucherte – und dass bei ihm nichts »vertrocknete«, weil er von vornherein auf die Einseitigkeit angelegt war. Es gab keinen Schwarm von Forellen, sondern von Anbeginn nur die einzige: die Traumverwirklichung absoluter Macht. Wenn man dies im Auge behält, gewinnt man den Schlüssel zum Verständnis seines Fühlens, Denkens und Handelns. Und genau darin, in dieser Einseitigkeit, gründete das Geheimnis seiner Wirkungskraft im Umgang mit

Menschen und mit den Massen, denn alles kam für ihn auf die Erotik der Gewalt in der Wechselwirkung von Führer und Gefolgschaft an. Ohne ein Dahinter herrschte die vollkommene Gegenwärtigkeit umso wirkungskräftiger. Darum sollte man beim Wort nehmen und zugeben, dass Hitler meinte, was er sagte, wenn er 1936 bei einer Parteitagsrede ausrief:

»Wie fühlen wir nicht wieder in dieser Stunde das Wunder, das uns zusammenführte! Ihr habt einst die Stimme eines Mannes vernommen, und sie schlug an eure Herzen, sie hat euch geweckt, und ihr seid dieser Stimme gefolgt. Wenn wir uns hier treffen, dann erfüllt uns all das Wundersame dieses Zusammenkommens. Nicht jeder von euch sieht mich und nicht jeden von euch sehe ich. Aber ich fühle euch, und ihr fühlt mich!«[5] Zwei Tage später fügte Hitler noch hinzu: »Das ist das Wunder unserer Zeit, daß ihr mich gefunden habt, daß ihr mich gefunden habt unter so vielen Millionen! Und daß ich euch gefunden habe, das ist Deutschlands Glück!«[6] Es hätte auch heißen können oder heißen sollen: »Das ist *meine* Form von Glück.«

Das Glück begann mit dem Unglück. Am 3. Oktober 1929 starb Gustav Stresemann, am 24. Oktober leitete der »Schwarze Freitag« mit dem dramatischen Kurssturz an der New Yorker Börse die Weltwirtschaftskrise ein. Deutsche Alarmsignale hatte es schon vorher gegeben, vorab in der Landwirtschaft, die besonders in Nord- und Ostdeutschland in eine fast ausweglose Schuldenkrise geriet.[7] Jetzt folgte die Industrie. Die Arbeitslosigkeit stieg sprunghaft an, und mit ihr wuchs die Unruhe, die Angst, die Verzweiflung, die Millionen erfasste. Bereits im Januar 1930 registrierten die Arbeitsämter 3,128 Millionen Arbeitslose, und Hunderttausende von Kurzarbeitern kamen hinzu, bei denen die Beschäftigung fast nur noch auf dem Papier stand und deren einzige Zukunftsaussicht die Entlassung war.

Am 27. März 1930 zerbrach die sozialdemokratisch geführte Regierung des Reichskanzlers Hermann Müller über der eigentlich zweitrangigen Frage, ob der Anteil der Arbeitgeber an der Arbeitslosenversicherung von 3,5 auf 4 Prozent angehoben werden sollte. Aber die Parteien stellten fest, dass eine Regierungsbeteiligung sich nicht auszahlte, sondern zu Verlusten führte.

Diese Erfahrung traf schon die »Weimarer Koalition« von 1919, die konservative DNVP kostete sie 1928 mit einer sie fortan prägenden Bitterkeit nach, und nun galt sie erst recht. Eine nach der anderen schlichen darum die Parteien aus der Verantwortung fort.

Am 30. März 1930 wurde der Fraktionsführer des Zentrums, Heinrich Brüning, zum Reichskanzler ernannt, der ein Kabinett der bürgerlichen Mitte ohne das Fundament einer Koalition bildete. Der Reichstag lehnte sein Programm zur Deckung des Haushalts ab, ebenso die Notverordnungen, mit denen der Kanzler dann die Durchsetzung versuchte.[8] Darum löste Brüning den Reichstag auf[9] und schrieb für den 14. September Neuwahlen aus. Nach ihrem Ausgang gab es erst recht keine Regierungsmehrheit, aber die von den Gewinnen der Nationalsozialisten und Kommunisten eingeschüchterten Sozialdemokraten und andere Parteien »tolerierten« jetzt Brünings Notverordnungen. Im Grunde war damit bereits das Ende des parlamentarischen Systems gekommen, obwohl noch halbwegs im Verfassungsrahmen.[10]

Hitler spürte, dass seine Stunde schlug; mit unbändiger Energie stürzte er sich in den Kampf, unermüdlich als Wahlredner vor immer wachsenden Massen. Nichts mehr von Geduld oder von Faulenzerei! Und die Reichstagswahlen vom 14. September 1930 brachten einen Erdrutsch. Die Nationalsozialisten, 1928 mit 2,6 Prozent noch eine Splitterpartei, sprangen auf 18,3 Prozent und rückten nach den Sozialdemokraten zur zweitstärksten Fraktion auf. Alle übrigen Parteien verloren, mit Ausnahme der Kommunisten, die sich von 10,6 auf 13,1 Prozent steigerten. Eine fatale Einschnürung der Mitte durch die Extreme zeichnete sich ab.

Aber woher stammten eigentlich die nationalsozialistischen Parteimitglieder und Mitläufer, woher die Wähler? Zunächst einmal handelte es sich um eine Jugendbewegung: »1930 waren 36,8 Prozent der Mitglieder und 26,2 Prozent der Führungsgruppe in der NSDAP 30 Jahre und jünger. Nicht weniger als 43 Prozent der zwischen 1930 und 1933 neu in die Partei eingetretenen Mitglieder waren zwischen 18 und 30 Jahre alt. In der SPD beispielsweise gehörten kaum halb so viele Mitglieder dieser Altersgruppe an. Im Vergleich zur SPD und erst recht zu den bürgerlichen Parteien war die NSDAP eine Jugendpartei. Auch in den nationalsozialistischen Parlamentsfraktionen hatten die Jungen ein großes Übergewicht. In dem am 14. September 1930 gewählten Reichstag waren nur rund 10 Prozent der SPD-Abgeordneten unter 40 Jahre, bei der NSDAP waren es, genau wie bei der KPD, rund 60 Prozent.«[11]

Zugespitzt könnte man von einem Klassenkampf der Generationen sprechen. »Macht Platz, ihr Alten!«, hieß die Parole, die der »Reichsorganisationsleiter« Gregor Strasser ausgab.[12] Der Sachverhalt hatte nicht nur, aber natürlich auch wirtschaftliche Gründe. Die SPD zum Beispiel war im Kern die Partei der Facharbeiter und der mit ihnen verbundenen Gewerkschaften. Sie verteidigte die Interessen der Arbeitnehmer in den mittleren und älteren Jahrgängen, die noch in Lohn und Brot standen. Die jungen Leute dagegen fanden seit dem Beginn der Wirtschaftskrise ins Berufsleben gar nicht mehr hinein, und entsprechend radikalisierten sie sich gegen ein »System«, das sie ausschloss. Die Kampforganisation der SA kann man geradezu als ein Auffangbecken für junge Arbeitslose bezeichnen, ähnlich wie die KPD, mit dem Ergebnis, dass es trotz des vordergründigen Gegensatzes ein lebhaftes Hinüber und Herüber gab.

Zweitens muss man von Milieus sprechen. Die SPD war eine typische Milieupartei; ihre Hochburgen lagen in Industriestädten oder Industrieregionen wie dem Ruhrgebiet und in Großstädten wie Berlin oder Hamburg in den entsprechenden Bezirken. Zum Milieu gehörte nicht nur der Beruf als Arbeiter, sondern auch das Wohnen und die Freizeit. Man trank sein Bier eben in Genossenkneipen und spielte Fußball im Arbeitersportverein. Ähnlich vertraten das Zentrum und die Bayerische Volkspartei das katholisch geprägte Milieu. Diese Milieus stärkten mit dem Dazugehören das Selbstbewußtsein und wurden gegen den Ansturm der Nationalsozialisten zäh und bis zuletzt weitgehend erfolgreich verteidigt.

Im Kontrast dazu war die NSDAP sozusagen die Partei der Milieulosen, angefangen bei den Soldaten des Ersten Weltkriegs, die, wie Hitler, nicht mehr in traditionsbestimmte Bindungen zurückfanden. Dabei gehörte die allmähliche Auflösung dieser Bindungen, die wachsende Mobilität, ohnehin zu den Kennzeichen der modernen Gesellschaftsentwicklung. Immer mehr und natürlich besonders die jungen Menschen wollten sich in die hergebrachten Schranken nicht mehr fügen. So gesehen waren die SPD und das Zentrum der Weimarer Republik mehr Abwehr- als Angriffsorganisationen und – folgerichtig – mehr Alters- als Jugendparteien. Zusätzlich wirkte sich die Wirtschaftskrise als Zerstörung des festgefügten Milieus aus.

Etwas anders beleuchtet heißt der Sachverhalt: Die NSDAP bildete die erste moderne Volkspartei. Zwar waren und blieben die Angehörigen der Mittelschichten, die Selbstständigen, Beamten und Angestellten deutlich überrepräsentiert, aber zu den zwischen dem 14. September 1930 und dem 30. Januar 1933 neu eingetretenen Mitgliedern gehörten die Arbeiter mit immerhin 33,5 Prozent – gegenüber 45,1 Prozent unter allen Erwerbstätigen oder Arbeitslosen.[13] Erst nach 1945 ist mit der CDU eine ähnlich umfassende Volkspartei entstanden.

Drittens gab es einen bemerkenswerten Wandel der regionalen Schwerpunkte. Die NSDAP begann in München und Bayern, also auf süddeutsch-katholischem und städtischem Nährboden. Doch schon im nächsten Schritt gewann sie ein besonderes Gewicht im fränkisch-evangelischen Raum, und je länger, desto deutlicher erzielte sie ihre größten Erfolge im deutschen Norden und Nordosten, das heißt in den protestantischen Agrargebieten, die vorher eine Hochburg der Konservativen gewesen waren. Ostpreußen zum Beispiel lag bei den Reichstagswahlen von 1928 mit einem Stimmenanteil von 0,8 Prozent für die NSDAP unter allen Ländern oder preußischen Provinzen an letzter Stelle. Fünf Jahre später, bei den Märzwahlen 1933, nahm es mit 56,5 Prozent den ersten Platz ein, gefolgt von Pommern mit 56,3 Prozent – gegen 33,9 Prozent in Hamburg und sogar nur 31,3 Prozent in Berlin. Hier spielte offensichtlich die Agrarkrise eine entscheidende Rolle, daneben die Tatsache, dass im Protestantismus die nationalistischen Kräfte stärker waren als in der übernationalen katholischen Kirche.

Wir überspringen das Jahr 1931, in dem Heinrich Brüning trotz aller Bedrängnisse mit Hilfe der Notverordnungen des Reichspräsidenten ziemlich unangefochten regierte, und wenden uns den dramatischen Ereignissen von 1932 zu. In diesem Jahr gab es nicht weniger als 13 wichtige Wahlen: zwei um das Amt des Reichspräsidenten, zwei Reichstags- und neun Landtagswahlen.

Im Frühjahr lief Hindenburgs siebenjährige Amtszeit ab, und eigentlich wollte der alte Mann, jetzt in seinem 85. Lebensjahr, nicht mehr kandidieren, aber Brüning appellierte an sein Pflichtbewusstsein und überredete ihn, es doch zu tun: Wer sonst sollte den anstürmenden Hitler aufhalten? Es gab, so schien es, keine andere Möglichkeit mehr, als auf den Mythos des kaiserlichen Feldmarschalls, des Siegers von Tannenberg, zu setzen, und darum stellten sich auch alle republikanischen Parteien hinter diese Kandidatur, sozusagen in verkehrter Frontstellung zu Hindenburgs Herkunft und Herzensneigungen. Denn für die Konservativen, denen er eigentlich nahe stand, trat der »Stahlhelm«-Führer Duesterberg an. Neben Hitler ging noch Ernst Thälmann für die Kommunisten ins Rennen.[14]

Hitler musste zunächst ein Hindernis überwinden. Er war Staatenloser, und nur ein Deutscher durfte Staatsoberhaupt sein. Gottlob gab es inzwischen Landesregierungen mit nationalsozialistischer Beteiligung, so in Braunschweig, und am 26. Februar wurde mitgeteilt: »Der Führer der NSDAP, Adolf Hitler, ist von der braunschweigischen Regierung mit sofortiger Wirkung zum Regierungsrat an der braunschweigischen Gesandtschaft in Berlin ernannt worden.«[15] Ein Regierungsrat war Staatsbeamter und ein Staatsbeamter automatisch deutscher Staatsbürger. Hiervon abgesehen handelte es sich um schlichte Korruption, denn natürlich hat Hitler nicht für einen Tag, für keine Stunde Beamtendienste geleistet.

Seine Hauptaufgabe war es zunächst, die eigenen Anhänger mit Siegeszuversicht zu erfüllen. Schon in seinem Neujahrsaufruf schrieb er: »Das Jahr 1931 hat Sieg um Sieg an unsere nationalsozialistischen Fahnen geheftet ... Deutschland ist im Begriff, in rapider Schnelligkeit nationalsozialistisch zu werden ... Parteigenossen und Parteigenossinnen! Die Größe des Wachstums unserer Bewegung sollt ihr aber an folgendem ermessen: Am 14. September 1930 zählte unsere Partei 293 000 Mitglieder. Und heute, am 1. Januar 1932, hatte sie das 8. Hunderttausend bereits überschritten ... Die Zahl unserer Anhänger beträgt schon jetzt mehr als 15 Millionen!«[16]

Das allerdings war übertrieben, wie sich bald erweisen sollte. Trotz aller Anstrengungen erreichte Hitler bei der Wahl des Reichspräsidenten vom 13. März nur 11,34 Millionen Stimmen, Hindenburg dagegen 18,65 Millionen. Thälmann folgte mit 4,98, Duesterberg mit 2,55 Millionen. Doch da Hindenburg mit 49,6 Prozent die absolute Mehrheit um einen Hauch verfehlte, wurde ein zweiter Wahlgang erforderlich, und sofort riss Hitler die enttäuschte Gefolgschaft wieder empor:

»Parteigenossen! Durch unsere Energie und Zähigkeit sind wir von sieben Mann nunmehr auf 11,3 Millionen gewachsen! Die übrigen nationalen Kräfte eingerechnet [das heißt die beim ersten Wahlgang für Duesterberg abgegebenen Stimmen], umfassen wir damit rund 13,8 Millionen. Es muß uns möglich sein, die fehlenden $2^1/_2$ Millionen aus der gegnerischen Front herauszureißen und dorthin zu führen, wohin sie gehören.

Das Ziel ist klar, die Notwendigkeit des Kampfes wird durch die schon gebrachten Opfer nur noch erhärtet. Wir sind es all denen, die uns ihr Vertrauen schenkten, schuldig, unser Höchstes und Allerletztes herzugeben, um den Sieg an unsere Fahnen zu heften.

Der erste Wahlkampf ist beendet, der zweite hat mit dem heutigen Tag begonnen. Ich werde auch ihn mit meiner Person führen. – München, den 13. März 1932. Adolf Hitler.«[17]

Ja, er selbst gab wirklich sein Höchstes und Allerletztes, und erstmals benutzte er ein Flugzeug, um noch mehr Orte und Menschen erreichen zu können. »Hitler über Deutschland«, hieß die wirkungsvolle Parole. Beim zweiten Wahlgang am 10. April wurden für Hindenburg 53, für Hitler 36,8 und für Thälmann 10,2 Prozent der Stimmen abgegeben. Gewiss ein Erfolg – aber zugleich doch ein deutlicher Abstand zum Sieger. Weiter also, zum Beispiel nach Oldenburg, und hier erreichten die Nationalsozialisten am 29. Mai 48,4 Prozent und 24 von 46 Landtagssitzen, sodass sie erstmals ganz aus eigener Kraft eine Landesregierung stellten.[18]

Die Wiederwahl Hindenburgs hatte indessen eine unerwartete Folge. Der alte Mann nahm es Brüning übel, dass er ihn in die Frontstellung gegen seine konservativen Freunde gedrängt hatte. Und Zuflüsterer gaben ihm ein, dass der Kanzler ein »Agrarbolschewist« sei, weil er überschuldeten Großgrundbesitz aufsiedeln wollte. So kam es zum Bruch zwischen dem Reichspräsidenten und dem Reichskanzler; am 30. Mai reichte Brüning seinen Rücktritt ein.

Als Nachfolger wurde zur allgemeinen Überraschung am 1. Juni Franz von Papen berufen, ein Mann vom rechten Rande der Zentrumspartei, den kaum jemand kannte. Er galt als schneidig, als ein »Herrenreiter«, und hielt sich selbst für schlau, doch weit eher müsste man von bodenloser Leichtfertigkeit oder von Charakterlosigkeit sprechen. Sein Hauptvorzug bestand darin, dass er mit Charme zu plaudern verstand und damit Hindenburg für sich gewann. Die wichtigste Amtshandlung bestand darin, dass er am 20. Juli die in Preußen noch amtierende, allerdings nicht mehr auf eine parlamentarische Mehrheit gestützte Regierung des Sozialdemokraten Otto Braun durch einen Staatsstreich beseitigte, sich selbst als Staatskommissar für Preußen einsetzte und damit ein Bollwerk der Republik zum Einsturz brachte. Da der Reichstag ihm die Tolerierung verweigerte, mit der Brüning sich behauptete, wurden Neuwahlen erforderlich und auf den 31. Juli festgesetzt.

Hitler verdoppelte seine Anstrengungen, und ein Blick auf seinen Terminkalender macht anschaulich, was er leistete. Die Wahlreise begann am 15. Juli weit im Osten mit Reden in Tilsit und Gumbinnen. Vier weitere Städte folgten am 16. Juli, und am nächsten Tag krönte eine große Kundgebung in Königsberg den ostpreußischen Einsatz. Am 19. Juli sprach Hitler erst in Schneidemühl, dann in Cottbus, schließlich in Stralsund. Wegen des schlechten Wetters wurde eine Zwischenlandung erforderlich, und erst um zwei Uhr nachts sahen die durchnässten, aber geduldig ausharrenden Anhänger den ersehnten Führer, der sie mit einer zweistündigen Ansprache entschädigte.

20. Juli: Kiel, Hamburg, Lüneburg und Bremen. – 21. Juli: Hannover, Braunschweig und Göttingen. – 22. Juli: Liegnitz, Waldenburg, Neiße und Gleiwitz. – 23. Juli: Zittau, Bautzen, Dresden, Leipzig und Dessau. – 24. Juli: Elberfeld, Duisburg, Gladbeck, Bochum und Osnabrück. – 26. Juli: das thüringische Kyffhäuserdenkmal, Erfurt, Gera und Hildburghausen. – 27. Juli: Eberswalde, Brandenburg und Berlin. – 28. Juli: Aachen, Köln, Frankfurt am Main und Wiesbaden. – 29. Juli: Reutlingen, Neustadt an der

Hardt, Freiburg im Breisgau und Radolfzell. – 30. Juli: Kempten, Bayreuth, Nürnberg und München.

Bei alledem muss man bedenken, dass das Fliegen bei weitem noch nicht so komfortabel war wie heute und dass es keinen Hubschrauber gab, mit dem man direkt am Veranstaltungsplatz hätte landen können. Vor allem handelte es sich kaum um Wahlveranstaltungen im uns geläufigen, wohl temperierten Sinne, bei denen es genügt, wenn der Parteiführer freundlich winkt, ein paar Hände schüttelt und vielleicht für eine halbe Stunde das Wort ergreift. Nein, es ging um Weihestunden mit Lichterspiel, Gesängen, Marschmusik, Trommelwirbel, Fahneneinzug – und bei alledem, um die Erwartungen zu steigern, um einen kunstvoll verzögerten Auftritt des Matadors. Und für Hitler ging es nicht um gewöhnlichen Beifall, sondern darum, die Massen zur Begeisterung hinzureißen. Dafür musste er lange und leidenschaftlich reden, mindestens für eine, besser für zwei Stunden, und sich von Mal zu Mal völlig verausgaben. Im Grunde kann man nur staunen über die Energieleistung, die er vollbrachte. Kaum jemals zuvor oder seither hat es etwas Vergleichbares gegeben.

Als Zwischenbemerkung aus der Gegenwart: Allein schon das Fernsehen schafft heute völlig neue Bedingungen – aber auch Distanz. Im heimischen Lehnstuhl empfinden und urteilen wir anders, als wenn zehn- oder fünfzigtausend andere Menschen als Schreihälse um uns sind. Für Hitler gehörte das leibhaftige Gegenüber zum Gedränge der Massen zu den Bedingungen seiner Wirkung, um den Bann, den Rausch zu erzeugen, auf den es ankam. Allenfalls im Fußballstadion ober bei Konzerten des jeweiligen Abgotts der Teenager lässt sich manchmal noch die Magie erahnen, die einst im Spiel war. Wenn man die Bilder der Verzückung junger Mädchen vor ihrem Idol sieht, dann liegt der Vergleich tatsächlich nahe, nur dass damals reife Frauen und Männer sich so benahmen wie heute die Kinder und Halbwüchsigen.

Das Wahlergebnis vom 31. Juli erbrachte mit 37,3 Prozent eine Verdoppelung der NSDAP gegenüber 1930; mit 230 Abgeordneten stellte sie die mit Abstand größte Fraktion im Reichstag. Entsprechend löste Hermann Göring den Sozialdemokraten Paul Löbe als Reichstagspräsidenten ab.[19] Auch die Kommunisten legten mit einem Wachstum von 13,1 auf 14,4 Prozent noch zu. Die negative Mehrheit der Extreme war damit erreicht und jede parlamentarische Regierungsmöglichkeit blockiert.

Aber wie nun weiter? Die Wirtschaftskrise hielt an, und die Arbeitslosigkeit, die im Februar 1932 mit 6,1 Millionen ihren dramatischen Höchststand erreichte, ging in den Sommermonaten nur zögernd zurück. Die Finanzlage der öffentlichen Haushalte war verzweifelt, und Brünings rigorose Sparmaßnahmen hatten die Krise noch verschärft. Dass inzwischen die vom Versailler Vertrag auferlegten Reparationszahlungen an die Siegermächte von 1918 ans Ende gelangten, mochte erfreulich sein. Doch es änderte wenig, sondern lief nur auf die Anerkennung der Tatsache hinaus, dass man einem völlig verarmten Mann nichts mehr nehmen kann. Politisch war man erst recht in die Ausweglosigkeit geraten, weil eben das parlamentarische Regierungssystem nicht mehr funktionierte. Was blieb, war eine Art von Notstandsdiktatur, gestützt auf die Verordnungen des Reichspräsidenten – und, wenn nötig, auf die Bajonette oder Maschinengewehre der Reichswehr.

Auf seltsame Weise verengte sich bei alledem der Kreis der Entscheidungsträger auf eine Hand voll Männer. An erster Stelle stand Paul von Hindenburg, ein Greis – und im Herzen immer noch der Monarchist, der sich ins Kaiserreich zurücksehnte. Seine körperlichen und geistigen Kräfte ließen jetzt langsam, aber unerbittlich nach.

Umso mehr kam es auf die an, die um ihn waren und sein Ohr fanden. Ihm zur Seite standen sein Staatssekretär Otto Meißner, ein geschmeidiger Geschäftsführer, der von Friedrich Ebert bis Adolf Hitler vielen Herren diente[20], und, »in der Verfassung nicht vorgesehen«, Hindenburgs Sohn Oskar, von dem Hitler nach einer Unterredung gesagt hat, dass er »ein seltenes Abbild von Doofheit« sei.[21] Dann der amtierende Kanzler, nun also Franz von Papen. Hinter den Kulissen führte weithin die Regie der General Kurt von Schleicher, seit Juni 1932 Reichswehrminister.

Noch im Absterben schuf indessen die Republik ein Problem. Ihre Verfassung besagte, dass zwar der Reichspräsident den Reichstag auflösen konnte, aber binnen 60 Tagen Neuwahlen ansetzen musste.[22] Wenn darum der Reichstag dem Kanzler das Misstrauen aussprach – wie es Papen am 12. September mit der zerschmetternden Mehrheit von 512 gegen 42 Stimmen widerfuhr –, dann boten sich drei Möglichkeiten an. Erstens: Der Kanzler trat zurück, und der Reichspräsident berief einen Nachfolger, dem es im Zweifelsfall nicht besser erging. Jede Kontinuität des Regierens wäre damit zerstört worden. Zweitens: Der Reichstag wurde aufgelöst. Doch damit erreichte man nur eine Atempause bis zur nächsten Wahl. Urnengänge alle zwei bis drei Monate mit der Gewissheit, dass sie keine Besserung brachten: eine absurde Vorstellung. Drittens: Man konnte nach der Auflösung des Reichstags die Neuwahl nicht um zwei, sondern um sechs oder mehr Monate, wenn nicht sogar auf unbestimmte Zeit hinausschieben. Das allerdings bedeutete Verfassungsbruch und Staatsstreich.

Es gab noch eine vierte Möglichkeit: Man konnte dem Führer der stärksten Partei, also Hitler, die Kanzlerschaft übertragen und zusehen, ob er nach Neuwahlen eine parlamentarische Mehrheit zustande brachte. Das war dann die Lösung vom 30. Januar 1933 – und eigentlich die, die jedenfalls dem Buchstaben, wenn schon nicht dem Geist der Weimarer Reichsverfassung am besten entsprach. (Aber der Geist war ohnehin längst verblichen und erinnerte eher an ein mitternächtliches Friedhofsgespenst.) Gegen diesen Weg allerdings sträubte sich Hindenburg, solange er konnte. Schleicher bekam zu hören, es sei »sein unumstößlicher Wille«, Hitler nicht zu berufen.[23] Etwas später, in einem Gespräch mit Papen, fiel das verächtliche Wort vom »böhmischen Gefreiten«, dem man die Führung nicht übertragen dürfe.[24]

Am 13. August 1932 kam es zu wichtigen Unterredungen. Zunächst teilten Schleicher und Papen Hitler mit, dass der Reichspräsident nicht bereit sei, ihn zum Kanzler zu ernennen. Er solle, so bot Papen an, stattdessen als Vizekanzler in sein Kabinett eintreten. Hitler wies das schroff zurück, und später hat er erzählt: »Als mir Papen seinerzeit die Vizekanzlerschaft angetragen hatte, stellte ich ihm vors Auge: Ein Vizekanzler tritt nur in Aktion, wenn der Kanzler krank ist. Wenn ich Vizekanzler bin, werden Sie nie krank. Deshalb verzichte ich …!«[25] Ein verständlicher Einwand: Der »Vizekanzler« kam in der Verfassung nicht vor; es handelte sich um einen tönernen Titel ohne reale Befugnisse. Als umso leichtfertiger muss es darum erscheinen, wenn umgekehrt Papen sich am 30. Januar 1933 mit der Vizekanzlerschaft abfand und dennoch glaubte, Hitler bändigen zu können.

Am Nachmittag des 13. August empfing auch Hindenburg Hitler, der erklärte, dass er »die Staatsführung in vollem Umfange für sich und seine Partei verlangen müsse«. Der Reichspräsident erwiderte, er könne es vor Gott, seinem Gewissen und dem Vaterlande nicht verantworten, die Regierungsmacht einer Partei auszuliefern, die derart unduldsam sei wie die NSDAP.[26] Schon nach zwanzig Minuten war das Gespräch beendet. Hitler hatte das Spiel um alles oder nichts gewagt und verloren. Genauer gesagt: Er hatte es in der ersten Runde verloren.[27]

Papen blieb nach seiner Abstimmungsniederlage vom 12. September nur die sofortige Auflösung des Reichstags und die Ansetzung von Neuwahlen auf den 6. November 1932. Für Hitler entstand damit über die persönliche Herausforderung und Belastung hinaus eine Gefahr: Wenn er den Stimmenanteil der NSDAP nicht wiederum emporriss, wenn er gar einen Rückschlag erlitt, konnte sein Ansehen als Magnet der Massen so schnell zerrinnen, wie es entstanden war. Der Sieg im Sommer gründete sich nicht zuletzt auf eine gesteigerte Wahlbeteiligung, aber die Ermüdung der Menschen war abzusehen, wenn nicht gar ihre Resignation: Es ändert sich ja doch nichts. Außerdem befand sich die Partei in einer verzweifelten finanziellen Lage; die Spenden aus der Wirtschaft flossen weiterhin spärlich, und die vorangegangenen Feldzüge hatten die Kassen bis auf den Grund geleert.

Hitler tat, was ihm möglich war. Er begann seine Kampagne am 11. Oktober und hielt bis zum 4. November 45 Reden. Am 12. Oktober machte er eine treffende Bemerkung: »Wenn Herr von Papen sagt: ›Herr Hitler, Sie sind nur da, weil die Not da ist‹, dann antworte ich: Ja, wenn das Glück da wäre, dann brauchte ich nicht da zu sein, und dann wäre ich auch nicht da!«[28] Doch wie, wenn die Not sich wirklich milderte? Es gab erste Anzeichen dafür, dass die Wirtschaftskrise an ihr Ende gelangte oder wenigstens ihren Höhepunkt überschritten hatte. Gewiss, im Dezember 1932 zählte man 5,773 Millionen Arbeitslose, und im Januar wurde die Grenze von sechs Millionen noch einmal knapp überschritten. Aber statt neuer Rekordstände war doch eine leichte

Entspannung erkennbar, womöglich sogar das, was wir heute eine Trendwende nennen.

Das Wahlergebnis brachte einen Rückfall der NSDAP von 37,3 auf 33,1 Prozent, während die konservative DNVP sich von 5,9 auf 8,5 Prozent verbesserte. Auch die Kommunisten legten nochmals zu, von 14,3 auf 16,8 Prozent. Dagegen setzte sich der Niedergang der Verfassungsparteien fort, die 1928 nur knapp die Mehrheit verfehlten, jetzt von 37,9 auf 36,3 Prozent.

Nach den Wahlen begannen hektische Verhandlungen. Am 19. November wurde Hitler wieder von Hindenburg empfangen, und wie schon im August forderte er die Kanzlerschaft. Aber fünf Tage später musste er in einem Absagebrief des Staatssekretärs Meißner lesen: »Der Herr Reichspräsident dankt Ihnen, sehr verehrter Herr Hitler, für ihre Bereitwilligkeit, die Führung eines Präsidialkabinetts zu übernehmen. Er glaubt aber, es vor dem deutschen Volk nicht vertreten zu können, dem Führer einer Partei seine präsidialen Vollmachten zu geben, die immer erneut ihre Ausschließlichkeit betont hat, und die gegen ihn persönlich wie auch gegenüber den von ihm für notwendig erachteten politischen und wirtschaftlichen Maßnahmen überwiegend verneinend eingestellt war. Der Herr Reichspräsident muß unter diesen Umständen befürchten, daß ein von Ihnen geführtes Präsidialkabinett sich zwangsläufig zu einer Parteidiktatur mit allen ihren Folgen für eine außerordentliche Verschärfung der Gegensätze im deutschen Volke entwickeln würde, die herbeigeführt zu haben er von seinem Eid und seinem Gewissen nicht verantworten könnte.«[29]

Man sollte diesen Brief zweimal lesen; klarer konnte kaum gesagt werden, worum es sich handelte.

Papen spielte mit dem Gedanken, den Reichstag sofort wieder aufzulösen – und zwar auf unbestimmte Zeit. Doch das lief auf den offenkundigen Verfassungsbruch hinaus, und auch zu dem war Hindenburg nicht bereit. Schleicher verwies überdies auf Planspiele der Reichswehr: Es schien höchst fraglich, ob man einem Aufstand gewachsen sein würde, bei dem Nationalsozialisten und Kommunisten gemeinsame Sache machten.[30] Papen resignierte schließlich, statt eine neue Regierung zu bilden, und Hindenburg verabschiedete ihn mit Wehmut.[31]

»Dann müssen wir in Gottes Namen Herrn von Schleicher sein Glück versuchen lassen«, seufzte der alte Mann.[32] Begeistert klang das kaum, aber der Reichswehrgeneral trat nun aus den Kulissen und wurde am 3. Dezember zum Kanzler ernannt. Sozusagen im Handstreich wollte er eine neue Frontlinie gegen das Chaos schaffen und die Gewerkschaften ebenso einbeziehen wie den »linken« Flügel der NSDAP unter Gregor Strasser. Womöglich gelang es, die NSDAP zu spalten und damit Hitler den Todesstoß zu versetzen. Das war ein kühnes, fast schon verzweifeltes Vorhaben, vielleicht eine letzte Chance für die Republik. Doch nichts gelang. Die Sozialdemokraten mochten an den »Sprung nach links« und einen sozialen Neufang nicht glauben, und die Gewerkschaften versagten sich nach einigem Zögern. Strasser nahm den ihm angebotenen Posten des Vizekanzlers nicht an, wagte keinen Kampf gegen Hitler, sondern trat schließlich von seinen Parteiämtern zurück und verschwand, unauffindbar, in einen italienischen Urlaub.[33]

Hitler erklärte im ersten Schrecken: »Wenn die Partei einmal zerfällt, dann mache ich in drei Minuten mit der Pistole Schluß.«[34] Doch dann und auf andere Weise handelte er schnell und entschlossen. Er übernahm selbst die Organisationsleitung der Partei und setzte einen bedingungslos ergebenen Gefolgsmann, Robert Ley, zu seinem Stabsleiter ein. Dann inszenierte er im Palais des Reichspräsidenten, dem Dienstgebäude Hermann Görings, eine zu Herzen gehende Treuekundgebung. Das heißt, er ließ sich von jedem der Anwesenden, auch und gerade von den bisherigen Anhängern Strassers, in die Hand versprechen, treu zu bleiben bis in den Tod. Die Revolte erstickte, noch bevor sie im Ernst begann.[35]

Für den 15. Januar 1933 standen Landtagswahlen in Lippe an, und ein wahres Trommelfeuer von Propaganda prasselte auf den idyllischen Zwergstaat von weniger als 200 000 Einwohner nieder. Hitler sprach in Detmold und anderen kleinen Städten; in elf Tagen hielt er 17 Reden. Auch Göring, Goebbels und der Kaisersohn Prinz August Wilhelm wurden ins Rennen geschickt. Das Ergebnis nahm sich nicht überwältigend, aber eindrucksvoll aus: Gegenüber der Novemberwahl gewann die NSDAP 6000 Stimmen und steigerte ihren Anteil von 31,7 auf 39,5 Prozent.[36] Man konnte also noch siegen, und auf diesen Nachweis kam es an. Entsprechend feierte man den Erfolg, so als sei er in Preußen, wenn nicht gar im Reich errungen worden.

In Wahrheit waren jetzt andere Entwicklungen viel wichtiger. Das Scheitern Schleichers ließ sich bald absehen, und Papen war eifrig bemüht, den Amtsnachfolger und Rivalen zu Fall zu bringen. Dabei halfen ihm die Umstände. Hindenburg beobachtete das »linke« Experiment seines neuen Kanzlers mit Missbehagen, und Führungskräfte der Wirtschaft versuchten, dieses Missbehagen noch zu verstärken. Die konservativen Freunde und Zuflüsterer aus dem landwirtschaftlichen Lager taten das natürlich erst recht.

Am 4. Januar traf sich Papen im Hause des Kölner Bankiers Kurt von Schröder mit Hitler. Zwar eröffnete der das Gespräch mit heftigen Vorwürfen; er hatte seine Abfuhr vom 13. August nicht vergessen. Aber nach und nach kam man sich näher, und in Umrissen zeichnete sich ab, worauf man gemeinsam zusteuern wollte: ein Bündnis der NSDAP mit den Deutsch-Nationalen, der DNVP – und auf eine Kabinettsbildung mit Hitler als Kanzler, allerdings umrahmt von einer Mehrheit konservativer Minister. Mit einigem Recht hat man dieses Gespräch die »Geburtsstunde des Dritten Reiches« genannt.[37]

Die Hauptaufgabe war es nun, Hindenburgs Bedenken zu zerstreuen. Wiederum leistete Papen die wichtigste Vorarbeit, und es schien ihm, als könne er zwei Fliegen mit einer Klappe schlagen. Hitler musste die konservative Kabinettsmehrheit hinnehmen, wenn er Hindenburg gewinnen wollte, und dem wiederum konnte man sagen, dass Hitler »vernünftig« geworden sei und sich mit wenigem begnüge. Bedenken wurden leichthin beiseite gefegt. Als jemand Papen warnte, dass er sich von Hitler abhängig mache, hieß die Antwort: »Sie irren sich, wir haben ihn uns engagiert.«[38] Und überhaupt, gegen einen anderen Warner: »Was wollen Sie denn? Ich habe das Vertrauen Hindenburgs. In zwei Monaten haben wir Hitler in die Ecke gedrückt, daß er quietscht.«[39]

Die Weichen waren bereits gestellt, als am 28. Januar Schleicher seinen Rücktritt erklärte, nachdem Hindenburg ihm seine Forderung verweigerte, den Reichstag aufzulösen. Es kam zwischen dem Feldmarschall und dem General zu einer bitteren Auseinandersetzung, und Schleicher soll vom Vertrauens- und Treubruch gesprochen haben.[40]

Wahrscheinlich gab es den wirklich. Hinter dem Rücken seines amtierenden Kanzlers verhandelte der Reichspräsident über dessen Nachfolge, und die Reichstagsauflösung wurde gleich darauf Hitler zugestanden, wie vorher Papen. Andererseits war Schleichers Experiment offensichtlich gescheitert und nicht zu erkennen, dass Neuwahlen ihm aufhelfen würden.

Aber bei allem Intrigengewirr möchte man mit dem alten Mann beinahe Mitleid haben, von dem so viel, alles abhing – und der von sich selbst sagte, dass er mit einem Bein schon im Grabe stehe. Er hatte sich zu seiner zweiten Amtszeit wahrlich nicht gedrängt. Er wollte endlich Ruhe, im Grunde eine andere Ordnung als die republikanische und doch keinen Verfassungsbruch. Und jedenfalls am 30. Januar 1933 hat er ihn auch nicht begangen, sondern nur einen neuen, den letzten Versuch unternommen, einen Weg aus der Krise zu finden. *Wir* wissen, was weiter geschah, wir urteilen und verurteilen im Rückblick. Doch je mehr man sich in die Situation von 1932/33 versetzt, desto schwerer fällt es, über den greisen, zunehmend von seinen Beratern abhängigen Hindenburg kurzerhand den Stab zu brechen.

Im Vorfeld zur Berufung des Kabinetts Hitler–Papen, ja noch im Vorzimmer des Reichspräsidenten unmittelbar vor der Vereidigung gab es heftigen Streit. Zwar begnügte sich Hitler neben der eigenen Kanzlerschaft mit zwei Ministerposten: für Wilhelm Frick als Innenminister[41] und Hermann Göring als Minister ohne Geschäftsbereich, bald darauf auch als preußischer Innenminister; niemandem schien es aufzufallen oder anstößig zu sein, dass damit die Polizeigewalt in nationalsozialistische Hände fiel. Alle übrigen Minister stammten aus dem konservativen Lager und hatten zum Teil schon im Kabinett Papen gedient.[42] Aber als Hitler mit der Regierungsbildung die Forderung nach Neuwahlen verband, stellte sich Alfred Hugenberg quer, der Führer der DNVP, ein starrsinniger Mann mit dem Aussehen des Portiers in einem ehemals vornehmen, doch heruntergekommenen, seinem Ende entgegendämmernden Hotel. Hitler hat später oft und mit Hohn von »meinen Hugenbergern« gesprochen, wenn er Leute, zum Beispiel englische Staatsmänner meinte, die seiner Auffassung nach zu ernsthaftem Widerstand nicht fähig waren.

Hugenberg fürchtete mit Recht, das Neuwahlen die Tore zur nationalsozialistischen Alleinherrschaft öffnen könnten. Man zankte ohne Ergebnis, über den vereinbarten Termin hinaus, bis schließlich der Staatssekretär Meißner mit der Uhr in der Hand den Raum betrat und erklärte, dass man den Herrn Reichspräsidenten nicht länger warten lassen dürfe. Das half: Unpünktlichkeit wollte man sich denn doch nicht nachsagen lassen.[43]

»Und nun, meine Herren, mit Gott vorwärts!« Mit diesen Worten beendete Hindenburg die kurze Ernennungszeremonie.[44] Er glaubte, endlich einer Bürde ledig zu sein, die er kaum noch zu tragen vermochte. Indessen schrieb ihm sein Schicksalspartner im Ersten Weltkrieg, Erich Ludendorff, zu Hitlers Berufung einen Brief, in dem es hieß: »Ich prophezeie Ihnen feierlich, daß dieser unselige Mann unser Reich in den Abgrund stürzen und unsere Nation in unfassbares Elend bringen wird. Kommende Geschlechter werden Sie wegen dieser Handlung in Ihrem Grabe verfluchen.«[45]

Der Weg zur Herrschaft

»Berlin ist heute in einer reinen Faschingsstimmung. SA- und SS-Trupps sowie uniformierter Stahlhelm durchziehen die Straßen, auf den Bürgersteigen stauen sich die Zuschauer.«[1] Es war der Abend, die Nacht des 30. Januar 1933. Aus den Trupps entstanden Kolonnen, und aus den Kolonnen formierte sich ein gewaltiger Fackelzug durchs Brandenburger Tor in die Wilhelmsstraße hinein, um Hindenburg und Hitler zu huldigen; die Bannmeile um das Regierungsviertel war für diese Nacht aufgehoben. Marschmusik ertönte und der Siegesgesang: »Die Fahne hoch, die Reihen fest geschlossen …«

Die Nationalsozialisten haben diesen 30. Januar zum Tag ihrer »Machtergreifung« verklärt, und der Begriff hat sich durchgesetzt. Aber genau betrachtet wurde die Macht nicht ergriffen, sondern übergeben wie eine noch keineswegs sturmreife Festung von ihrer mutlos gewordenen Besatzung. Im Übrigen handelte es sich keineswegs um die ganze, sondern vorerst um eine geteilte Macht; es gab ja noch den Reichspräsidenten, die Reichswehr, die Länderregierungen und in der Reichsregierung die Mehrheit von acht angeblich konservativen gegen drei nationalsozialistische Stimmen. Im Grunde war dies erst der Beginn der »Machtergreifung«, und der Weg zur Alleinherrschaft schien noch weit, steinig und auf schmalem Grat voller Absturzmöglichkeiten zu sein. Dass er in nur anderthalb Jahren zurückgelegt wurde, stellt Hitlers brutaler Energie und seinem taktischem Geschick ein ebenso glänzendes Zeugnis aus wie denen ein jämmerliches, die auf den »böhmischen Gefreiten« herabsahen und glaubten, ihn aufhalten zu können.

Zunächst einmal begann ein neuer Wahlkampf – und zwar unter anderen, für Hitler und die NSDAP ungleich günstigeren Bedingungen als bisher. Der Regierungsapparat stand zur Verfügung, ebenso der Rundfunk. Vor allem Dr. Joseph Goebbels begriff seine Bedeutung und nutzte ihn virtuos.[2] Die Finanzsorgen waren vergessen, denn vieles ließ sich jetzt aus der Staatskasse bezahlen, und die Spenden flossen nun reichlich. Und Schleusen öffneten sich für den Massenzustrom der Opportunisten, zum Beispiel von Beamten und Lehrern, die bisher ihre Gesinnung sorgfältig verborgen hatten, nicht selten sogar vor sich selbst. Ein paar Wochen später, nach den Wahlen, nahm der Ansturm solche Ausmaße an, dass man von den »Märzgefallenen« sprach[3] und die Partei eine Aufnahmesperre verhängte, die erst vier Jahre später wieder aufgehoben wurde.

Schon am 1. Februar erklärte Hitler in einer Rundfunkrede, die von allen deutschen Sendern, nur noch nicht in Bayern, übertragen wurde: »Die Parteien des Marxismus und seiner Mitläufer haben 14 Jahre lang Zeit gehabt, ihr Können zu beweisen. Das Ergebnis ist ein Trümmerfeld. Nun, deutsches Volk, gib uns die Zeit von vier Jahren, und dann urteile und richte uns!«[4] Wie allerdings dieses Richten nach Herstellung unumschränkter Herrschaft aussehen sollte, blieb ungesagt.

Am 10. Februar folgte eine weitere große Rede. In ihr schien es fast so, als habe Hitler sich zur Amtsübernahme gar nicht gedrängt, sondern eher mit Seufzen, im Anruf der Pflicht, die Last der Verantwortung auf seine Schultern geladen: »Es ist der schwerste Entschluß meines eigenen Lebens gewesen.«[5] Am Ende der Rede folgte ein einzigartiges Bekenntnis zur Pflicht und zur Treue, eine Art von Gebet: »Denn ich kann mich nicht lösen vom Glauben an mein Volk, kann mich nicht lossagen von der Überzeugung, daß diese Nation wieder einst auferstehen wird, kann mich nicht entfernen von der Liebe zu diesem meinem Volk und hege die felsenfeste Überzeugung, daß eben doch einmal die Stunde kommt, in der die Millionen, die uns heute hassen, hinter uns stehen und mit uns dann begrüßen werden das gemeinsam geschaffene, mühsam erkämpfte, bitter erworbene neue deutsche Reich der Größe und der Ehre und der Kraft und der Herrlichkeit und der Gerechtigkeit. Amen.«[6]

Inzwischen nutzte Hermann Göring seine Stellung als preußischer Innenminister, um der Polizei einzuschärfen, dass sie nicht mehr überparteilich sein dürfe, sondern für die Regierung gegen deren Feinde zu kämpfen habe. In einem Erlass vom 17. Februar hieß es: »Polizeibeamte, die in Ausübung dieser Pflichten von der Schußwaffe Gebrauch machen, werden ohne Rücksicht auf die Folgen des Schußwaffengebrauchs von mir gedeckt; wer hingegen in falscher Rücksichtnahme versagt, hat dienststrafrechtliche Folgen zu gewärtigen.«[7]

Damit nicht genug: SA-Einheiten wurden als Hilfspolizisten eingesetzt, vorab gegen die Kommunisten. Sie verhafteten nach Belieben und errichteten die ersten, »wilden« Konzentrationslager. In ihren »Heldenkellern« wurde geschlagen, gefoltert, gemordet. Göring bekannte sich öffentlich zur Gewalt: »Volksgenossen, meine Maßnahmen werden nicht angekränkelt sein durch irgendwelche juristischen Bedenken. Meine Maßnahmen werden nicht angekränkelt sein durch irgendwelche Bürokratie. Hier habe ich keine Gerechtigkeit zu üben, hier habe ich nur zu vernichten und auszurotten, weiter nichts! ... Solch einen Kampf führe ich nicht mit polizeilichen Mitteln. Das mag der bürgerliche Staat getan haben. Gewiß, ich werde die staatlichen und polizeilichen Machtmittel bis zum äußersten auch dazu benutzen, meine Herren Kommunisten, damit Sie hier nicht falsche Schlüsse ziehen, aber den Todeskampf, bei dem ich euch die Faust in den Nacken setze, führe ich mit denen da unten, das sind die Braunhemden.«[8]

Ja, Willkür und Gewalt kennzeichneten von Anfang an die nationalsozialistische Herrschaft – ein ebenso handfester wie bitterer Kommentar zu jener Gegensatzkonstruktion von deutscher »Kultur« und westlicher »Zivilisation«, wie er spätestens seit der Formulierung der »Ideen von 1914« im Schwange war. Denn zur neuzeitlichen Entwicklung der europäischen Zivilisation gehörte als ein Kernstück die Bändigung der Gewalt, auch und gerade der staatlichen Gewalt. Deutschland hatte an dieser Entwicklung durchaus seinen Anteil, mustergültig in Preußen. Das »Preußische Allgemeine Landrecht«, unter Friedrich dem Großen vorbereitet und 1794 in Kraft gesetzt, verwirklichte den modernen Rechtsstaat. Zwar ging es noch von den Unterschieden der Stände statt von der Gleichheit aller Bürger aus, aber nicht im Rechtsschutz, den es für jedermann gab; sogar den König konnte ein

Bauer vor Gericht ziehen, wenn er glaubte, dass ihm Unrecht geschah.[9]

Das alles schien jetzt vergessen zu sein, und so gesehen stellte sich der Nationalsozialismus so unpreußisch wie nur möglich dar, obwohl er beanspruchte, dessen Königserbe anzutreten. Aber im Jahre 1933 kehrten wenigstens dem Anschein nach Ruhe und Ordnung zurück; niemand, der nicht hinhören wollte, vernahm die Schreie aus den »Heldenkellern«. Die Straßenschlachten und Bürgerkriegsszenen kamen ans Ende, die das Bild der vergangenen Monate geprägt hatten. Darum waren viele, zu viele Menschen – und zumindest als Komplizen die Konservativen – durchaus einverstanden mit dem, was geschah. Oder sie waren doch bereit, zu schweigen und wegzuschauen, solange Willkür und Gewalt nur »die anderen« betrafen.

Am Abend des 27. Februar brannte wie auf Bestellung der Reichstag, und sofort hieß es, dass dies ein Werk der Kommunisten, ihr Signal zum Aufstand sei. Noch in der Nacht lief eine Verhaftungswelle an; die Gelegenheit zur Abrechnung mit denen, die sich zum »Novemberverbrechen« von 1918 bekannten, schien günstig, und am nächsten Tag erließ die Reichsregierung eine Notverordnung zum »Schutz von Volk und Staat«. Auf unbestimmte Zeit wurden Grundrechte aufgehoben, darunter die Rede-, Versammlungs- und Pressefreiheit. Zu den ersten Opfern der Verfolgung gehörten kommunistische Abgeordnete und Funktionäre, sehr rasch aber auch Sozialdemokraten, Gewerkschafter und unliebsame Intellektuelle wie Carl von Ossietzky; allein in Preußen stieg die Zahl der »Schutzhäftlinge« in den folgenden Wochen auf etwa 25 000.[10] Ein besonderer Artikel der Notverordnung sicherte der Regierung ein Durchgriffsrecht auf die bisher noch unabhängigen Länder und wurde damit zum Hebel ihrer »Gleichschaltung«.

In Wahrheit konnte von einem kommunistischen Aufstandssignal überhaupt keine Rede sein. Viel näher lag gemäß dem kriminalistischen »Cui bono?«, »Wem nützt es?«, die Vermutung, dass die Nationalsozialisten selbst es waren, die das Feuer im Reichstag legten.[11] Die Polizei dagegen verhaftete am Tatort einen jungen Niederländer, Marinus van der Lubbe, der sich zur Brandstiftung auch bekannte. Eine endlose, in allen Positionen von Parteilichkeit verzerrte Debatte ist daraus entstanden, aber heute scheint gesichert, dass es sich wirklich um das Werk eines Einzelgängers handelte, der in niemandes Dienst stand.[12]

Die Wahlen vom 5. März 1933 erbrachten für die NSDAP einen Stimmenanteil von 43,9 Prozent – eine Steigerung von über 10 Prozent gegenüber dem November 1932. Die DNVP und verbündete Gruppen erzielten 8 (nach 8,5) Prozent. Noch bemerkenswerter war, wie gut sich das Zentrum mit 13,9 (nach 15) und die Sozialdemokraten mit 18,3 (nach 20,4) Prozent behaupteten. Die SPD verlor nur ein Mandat, das Zentrum gewann sogar zwei Sitze hinzu. Die KPD erreichte trotz der brutalen Verfolgung 12,3 (nach 16,9) Prozent. Im Wesentlichen war der nationalsozialistische Zuwachs keiner Wählerwanderung, sondern einer gesteigerten Wahlbeteiligung zu verdanken; im November waren 80,6, jetzt 88,7 Prozent der Wahlberechtigten an die Urne gegangen. Man muss also festhalten, dass die Nationalsozialisten sogar jetzt, mit allen ihren Vorteilen und Einschüchterungen, noch keine Mehrheit errangen.

Hitler ärgerte sich, weil er noch immer auf die Konservativen angewiesen war. Sie hingen sozusagen als ein Bleigewicht an ihm, und er fürchtete, sie nicht mehr loszuwerden, jedenfalls zu Lebzeiten Hindenburgs nicht, der ihr Schirmherr blieb.[13] Das allerdings hinderte ihn keineswegs, sondern spornte ihn an, eine Art von Hochzeitsfeier zu veranstalten, die demonstrative Vermählung des »alten« und des »neuen« Deutschlands. Dazu diente der »Tag von Potsdam« am 21. März 1933, als Reichstagseröffnung ausgegeben. Man hat vom Schmierentheater gesprochen; um eine wirkungsvolle Inszenierung handelte es sich dennoch. Ort der Handlung: die Garnisonskirche, in der sich die Sarkophage der berühmten Preußenkönige, Friedrich Wilhelms I. und Friedrichs des Großen, befanden. Vom Turm herab erklang das Glockenspiel: »Üb immer Treu und Redlichkeit …« Hindenburg trat in seiner Traditionsuniform auf, ordensgeschmückt, den Marschallstab in der Hand, Hitler im Cut, mit festem Händedruck und unterwürfig tiefer Verbeugung, als der Erbe Preußens. Die Bilder gingen durchs Land, und Gereimtes wurde gedruckt: etwa dies:

»Du bist nicht gestorben, König Fritz.
Du lebst! Und Dein Blick hat uns alle durchglüht,
Und all das Große, das jetzt geschieht.
Du gabst unserem Führer den Krückstock zur Hand:
›Da, mach Er mir Ordnung im Preußenland.
Er kann's! Von allem nur Er allein.
Er soll meines Willens Vollstrecker sein!‹«[14]

In seiner Rede sagte Hitler: »In unserer Mitte befindet sich heute ein greises Haupt. Wir erheben uns vor Ihnen, Herr Generalfeldmarschall ... Heute ... läßt Sie die Vorsehung Schirmherr sein über die neue Erhebung unseres Volkes.«[15] Den Abschluss bildete eine Parade der Reichswehr und der »nationalen Verbände«: der SA, der SS und des Stahlhelm.

Hindenburgs Vorbehalte einzudämmen und in seinem greisen Haupt die sentimentale Erinnerung an vergangene Preußenherrlichkeit mit dem Eindruck neuer Größe zu verbinden, darauf kam es an. Und jedes Detail wurde bedacht. Am Morgen des 1. Mai, dem soeben ausgerufenen »Tag der Arbeit«, ließ der Kanzler den Reichspräsidenten vor der Hitlerjugend sprechen und schloss dann die Kundgebung mit den Worten: »Deutsche Jungen! Deutsche Mädchen! Unser Reichspräsident Generalfeldmarschall von Hindenburg, er lebe Hoch! Hoch! Hoch!«[16] Welch ein Zartgefühl: Der nationalsozialistische Ruf hieß eigentlich »Sieg Heil!«, aber Hindenburg war eben ans altmodische »Hoch!« gewöhnt.

Anderswo ging es weniger feinsinnig zu. Verspätet, doch dafür umso gründlicher wurde in Bayern die »Machtergreifung« nachgeholt. Im März und April gab es an die 10 000 Verhaftungen – auf die Bevölkerung umgerechnet noch weit mehr als in Preußen.[17] Denn hier regierte, wenn nicht neben oder bereits vor dem »Reichsstatthalter« Ritter von Epp, dann in seinem Schatten der Führer der SS, Heinrich Himmler, mit seinem Gehilfen Reinhard Heydrich. Am Tage nach dem »Tag von Potsdam«, am 22. März, wurde in Dachau, nahe bei München, das erste »ordentliche« Konzentrationslager eröffnet, das Muster für alle nachfolgenden Lager unter der Herrschaft der SS. Um übrigens einschüchternd zu wirken, geschah dies keineswegs heimlich. Die Zeitungen berichteten darüber[18], und es entstand das

»bayerische Gebet«: »Lieber Gott, mach mich stumm, daß ich nicht nach Dachau kumm!«

Am Nachmittag des 23. März trat der Reichstag in der eilig hergerichteten Krolloper zusammen, die mit einer riesigen Hakenkreuzfahne geschmückt worden war. Die SS hatte das Gebäude umstellt, und in den Gängen bildeten SA-Leute ein drohendes Spalier, auch mit Zurufen wie: »Zustimmen, sonst gibt's Senge!«[19] Einziger Punkt der Tagesordnung war das von der Regierung eingebrachte »Gesetz zur Behebung der Not von Volk und Reich«, das als »Ermächtigungsgesetz« in die Geschichte eingegangen ist.

Hitler sagte in seiner Begründungsrede: »Es würde dem Sinn der nationalen Erhebung widersprechen und für den beabsichtigten Zweck nicht genügen, wollte die Regierung für ihre Maßnahmen von Fall zu Fall die Genehmigung des Reichstags erhandeln und erbitten. Die Regierung wird dabei nicht von der Absicht getrieben, den Reichstag als solchen aufzugeben. Im Gegenteil, sie behält sich auch für die Zukunft vor, den Reichstag über ihre Maßnahmen zu unterrichten ... Die Regierung wird von diesem Ermächtigungsgesetz nur insoweit Gebrauch machen, als dies zur Durchführung der lebensnotwendigen Maßnahmen erforderlich ist. Es ist weder die Existenz des Reichstags noch die des Reichsrats bedroht. Stellung und Rechte des Herrn Reichspräsidenten bleiben unberührt ... Der Bestand der Länder wird nicht beseitigt.«[20]

Doch wer sollte das glauben? Artikel 1 übertrug die Gesetzgebung vom Reichstag auf die Reichsregierung, und Artikel 2 sprach der Regierung sogar das Recht auf Verfassungsänderungen zu. Der Reichstag war damit ausgeschaltet, und wie es der ursprünglichen Ortsbestimmung einer Oper entsprach, blieb ihm in seiner kläglichen Zukunft bloß noch, von Zeit zu Zeit die Bühnenauftritte Hitlers mit seinem Beifall zu umrahmen. Später sprach man vom teuersten Gesangverein der Welt, weil es üblich wurde, am Ende jeder Veranstaltung das Deutschland- und das Horst-Wessel-Lied zu singen. Aber nicht nur die Befugnisse des Reichstags, sondern auch die des Reichspräsidenten wurden »berührt«; Artikel 3 übertrug das Ausfertigungsrecht der Gesetze von ihm auf den Reichskanzler. Und der Bestand der

Länder mit eigenständigen Regierungen war praktisch schon beseitigt.

Weil die 81 kommunistischen Abgeordneten entweder verhaftet oder ermordet, untergetaucht oder ins Ausland geflohen waren, verfügte die Regierung über eine bequeme Mehrheit. Aber sie genügte nicht, weil es sich um eine Verfassungsänderung handelte, für die man zwei Drittel der Stimmen brauchte.[21] Es kam auf die Zentrumsabgeordneten an, und schon im Vorfeld hatte man versucht, sie mit einem Gemisch aus Drohungen und Versprechungen mürbe zu machen, besonders im Blick auf ein Konkordat, das mit der Kirche geschlossen werden sollte und den katholischen Wünschen weit entgegenkam. In einer Fraktionssitzung erklärte schließlich der Parteivorsitzende, Prälat Kaas: »Das Vaterland ist in höchster Gefahr, wir dürfen nicht versagen.« Am Ende blieben einzig die Sozialdemokraten standhaft, und ihr Vorsitzender Otto Wels hielt eine würdige Rede.[22], die Hitler zu einer wütenden Entgegnung herausforderte. Aber gegen die 94 Stimmen der Sozialdemokraten sprachen sich 441 Abgeordnete für das »Ermächtigungsgesetz« aus, das am 24. März in Kraft trat.[23]

Und was eigentlich war aus dem Vorsatz geworden, Hitler wie einen Dienstboten oder Bürogehilfen zu »engagieren«, ihn einzubinden, zu zähmen, an die Wand zu spielen? Die politische Macht konzentrierte sich seit dem 24. März bei der Reichsregierung, aber die konservative Mehrheit im Kabinett, sofern sie überhaupt jemals etwas getaugt hatte, schmolz dahin wie Schnee im Fallwind des Föhns. Schon am 13. März wurde Joseph Goebbels zum Reichsminister für »Volksaufklärung und Propaganda« ernannt. Sein Amt, das es noch nie gegeben hatte, knebelte die Presse und beherrschte den Rundfunk. Der Reichsarbeitsminister Seldte trat im April zur NSDAP über und sorgte als Führer des »Stahlhelm« dafür, dass diese Organisation in die SA eingegliedert wurde.[24] Der Reichswehrminister von Blomberg, auch getrieben von seinem ebenso energischen wie bedenkenlosen Stabschef Walter von Reichenau, schwor sich zunehmend auf Hitler ein, nachdem er den Generalen viel versprechende Aussichten auf die deutsche Wiederaufrüstung eröffnet hatte. Die übrigen Minister kümmerten sich um ihre Ressorts und kaum etwas sonst;

sie waren froh darüber, dass sie dem Reichstag nicht mehr Rede und Antwort stehen mussten.

Auch Papen schien nicht beunruhigt, sondern erleichtert zu sein, wenn er Lasten abwerfen konnte, zum Beispiel das Amt des Reichskommissars für Preußen. Am 7. April schrieb er an Hitler: »Sie, Herr Reichskanzler, werden, wie einst Fürst Bismarck, nunmehr in der Lage sein, die Politik des größten der deutschen Länder mit der des Reiches gleichzuschalten. Nachdem das neue Gesetz Ihnen die Möglichkeit gibt, den preußischen Ministerpräsidenten zu berufen, bitte ich Sie, dem Herrn Reichspräsidenten die Mitteilung machen zu wollen, daß ich das Amt des Reichskommissars für das Land Preußen gehorsamst in seine Hände zurücklege. In vorzüglicher Hochachtung Ihr aufrichtig ergebener von Papen.«[25]

Und um seine Haltung vom November 1933 vorwegzunehmen: Nach Reichstagswahlen und einer Volksabstimmung, die eine überwältigende Zustimmung ergaben, erhob sich Papen am Kabinettstisch zu einer Huldigung an Hitler: »In neun Monaten ist es dem Genie Ihrer Führung und den Idealen, die Sie vor uns aufrichteten, gelungen, aus einem innerlich zerrissenen und hoffnungslosen Volk … ein geeintes Reich zu schaffen … Wohl noch nie in der Geschichte der Nationen ist einem Staatsmann ein solches Maß gläubigen Vertrauens entgegengebracht worden. Das deutsche Volk hat damit zu erkennen gegeben, daß es den Sinn der Zeitenwende begriffen hat und dem Führer auf seinen Wegen zu folgen entschlossen ist.«[26]

Schlag folgte inzwischen auf Schlag. Am 7. April erging ein »Gesetz zur *Wiederherstellung* des Berufsbeamtentums«. Eigentlich hätte es den gegenteiligen Titel führen müssen, denn es lieferte die Handhabe dafür, Juden, Sozialdemokraten und sonstige Personen aus dem Staatsdienst zu entlassen – und zwar nicht, weil sie ihre Dienstpflichten verletzt hatten, sondern weil sie missliebig waren.

Nachdem man am 1. Mai den »Tag der Arbeit« mit viel Aufwand gefeiert hatte, wurden am nächsten Morgen die Gewerkschaften zerschlagen, ihre Büros besetzt, ihr Vermögen beschlagnahmt und zahlreiche Funktionäre verhaftet. An die Stelle der Gewerkschaften trat die »Deutsche Arbeitsfront« unter Führung von Robert Ley.[27]

Am Abend des 10. Mai loderten in Deutschland die Scheiterhaufen. Auf Initiative der nationalsozialistischen Studentenschaft kam es an fast allen Hochschulorten zu Bücherverbrennungen. Die Studenten blieben nicht allein, auch Dozenten, Professoren und Rektoren schlossen sich an.[28] Zentral war die Veranstaltung auf dem Opernplatz in Berlin; hier trat auch der Propagandaminister Goebbels auf. In seiner Rede nannte er die Bücherverbrennung »eine starke, große und symbolische Handlung, eine Handlung, die aller Welt dokumentieren soll: Hier sinkt die geistige Grundlage der Novemberrepublik zu Boden; aber aus diesen Trümmern wird sich siegreich erheben der Phoenix eines neuen Geistes, eines Geistes, den wir tragen, den wir fördern und dem wir das entscheidende Gesicht geben und die entscheidenden Züge aufprägen.« Der Minister schloss mit einem Hutten-Zitat: »O Jahrhundert, o Wissenschaften! Es ist eine Lust zu leben!«[29]

Aber nicht nur die bei der Verbrennung ihrer Bücher beim Namen genannten Männer waren betroffen – in Berlin zwei Dutzend[30] –, sondern Tausende von Menschen: Gelehrte und Künstler ebenso wie die Schriftsteller. Es begann eine einzigartige, selbstmörderische Zerstörung und Vertreibung deutschen Geistes, und dabei gab es nur wenige Stimmen des Protests.[31]

Im Gegenzug bekannten sich mehrere Hundert Hochschullehrer demonstrativ zu Hitler, und es gab ein »Treuegelöbnis der deutschen Dichter für den Volkskanzler Adolf Hitler«. Nicht nur Leute aus dem zweiten und dritten Rang drängten herbei, die ihre Chance witterten. Von Gerhart Hauptmann erschien ein Artikel mit der Überschrift: »Ich sage Ja!« Gottfried Benn schrieb an den emigrierten Klaus Mann: »Ich erkläre mich ganz persönlich für den neuen Staat, weil es mein Volk ist, das sich seinen Weg bahnt. Wer wäre ich, mich auszuschließen … Aus ihm [dem Volk] stammen die Ahnen, zu ihm kehren die Kinder zurück. Und da ich auf dem Land und bei den Herden groß wurde, weiß ich auch noch, was Heimat ist. Großstadt, Industrialismus, Intellektualismus, alle Schatten, die das Zeitalter über meine Gedanken warf, alle Mächte des Jahrhunderts, denen ich mich in meiner Produktion stellte, es gibt Augenblicke, wo dieses ganze gequälte Leben versinkt, und nichts ist da als die Ebene, die Weite, Jahreszeiten, Erde, einfache Worte – Volk.«[32]

Der Prozess der Gleichschaltung schritt zügig voran. In einem trüben Gemisch aus Begeisterung und Ängsten, aus Überredung und Drohung formierten sich alle Organisationen neu, von den Wirtschafts- und Bauernverbänden bis zu den Turn- und Sportvereinen, oder sie wurden durch neue, nationalsozialistische ersetzt. Aus den Satzungen verschwanden die demokratischen Wahl- und Kontrollregeln zugunsten des Befehlsprinzips. Ein Universitätsrektor sollte jetzt der Führer seiner Hochschule und der Unternehmer ein Betriebsführer sein. Bei alledem kam es zu einem umfangreichen Personalwechsel; für Postenjäger brach ein goldenes Zeitalter an. Um bloß ein Beispiel zu nennen: In den Städten mit mehr als 20 000 Einwohnern wurden bis zum Jahresende 1933 etwa 60 Prozent aller Bürgermeister, in den Großstädten 24 von 28 Oberbürgermeistern ausgetauscht.[33]

Selbst wenn Millionen von Menschen nicht oder noch nicht zu Nationalsozialisten wurden, setzte sich doch die Überzeugung durch, dass die Weimarer Republik versagt habe; anders ist der schnelle Fall ihrer Institutionen nicht zu erklären. Die Konservativen waren ohnehin längst dieser Meinung gewesen; eben darum erwiesen sie sich als betrogene Betrüger und als unfähig, gegen die Dynamik der Gleichschaltung, auch ihrer eigenen, noch Widerstand zu leisten. Sie hoben keine Hand – oder nur zum Beifall angesichts der Kommunistenverfolgung, und sie sprachen von Bismarcks Vermächtnis, als am 22. Juni die SPD verboten wurde.[34]

Die Selbstauflösung aller übrigen Parteien folgte auf dem Fuße, die der Bayerischen Volkspartei und des Zentrums am 4. und 5. Juli. Hierbei spielten die Verhandlungen über das Konkordat eine wichtige Rolle, bei denen für die Reichsregierung Papen die Federführung übernahm. Der feierliche Vertrag wurde am 20. Juli 1933 unterzeichnet. Er sicherte – auf dem Papier – die Rechte der Kirche, die dafür ihre politischen Organisationen opferte. Auch bei bisher skeptischen Katholiken und Kirchenführern stieg damit Hitlers Ansehen: »Was die alten Parlamente und Parteien in 60 Jahren nicht fertigbrachten, hat Ihr staatsmännischer Weitblick in 6 Monaten weltgeschichtlich verwirklicht«, schrieb der Münchener Kardinal Faulhaber und beendete seinen Brief mit dem Wunsch: »Gott erhalte unserem Volk unseren Reichskanzler!«[35]

Am 14. Juli erging ein Gesetz, das die NSDAP zur Monopolpartei erklärte, und nirgendwo regte sich noch Widerspruch, geschweige denn Widerstand. Hindenburg schwieg und schien zufrieden, weil er – endlich! – die Ruhe fand, nach der er sich sehnte. Einer Bemerkung seines Gutsnachbarn und Freundes Oldenburg-Januschau zufolge war er jetzt der Reichspräsident, den man »eigentlich schon nicht mehr hatte«.[36] Selbst Hitler wunderte sich. »Man hätte nie einen so kläglichen Zusammenbruch für möglich gehalten.«[37] Ein Zeitalter ging zu Ende, und ein neues begann. Es herrschte das Gefühl, »daß alle die hier abgeschafften Dinge die Menschen nicht mehr viel angingen«. So der Beobachter aus Österreich, Robert Musil, in einer Tagebuchnotiz. »Dieses Gefühl ist wohl nicht anders auszulegen, als daß der Nationalsozialismus seine Sendung und Stunde hat, daß er kein Wirbel, sondern eine Stufe der Geschichte ist.«[38]

Im November wurden Wahlen veranstaltet, bei denen es nichts mehr zu wählen gab außer dem Ja oder Nein zur Einheitsliste der NSDAP. Mit der Wahl wurde eine Abstimmung über den kurz zuvor erklärten Austritt Deutschlands aus dem Völkerbund gekoppelt: »Billigst Du, deutscher Mann, und Du, deutsche Frau, diese Politik Deiner Reichsregierung, und bist Du bereit, sie als den Ausdruck Deiner eigenen Auffassung und Deines eigenen Willens zu erklären und Dich feierlich zu ihr zu bekennen?«[39]

Das offizielle Ergebnis zeigte eine Zustimmung von 92,1 Prozent bei der Reichstagswahl und von 95,1 Prozent bei der Abstimmung. »Selbst bei Berücksichtigung von Manipulation und Repression mußte man im Aus- wie im Inland zu dem Schluß kommen, daß die große Mehrheit des deutschen Volkes hinter Hitler stand. Er hatte in einer Frage von nationaler Bedeutung breite Zustimmung erlangt ... Hitlers Ansehen als der über die Parteiinteressen erhabene *nationale* Führer wurde enorm gestärkt.«[40]

War er also am Ziel? Nein, noch nicht. Es gab ein Problem, und bezeichnend genug kam es nicht von außen, nicht von verzweifelten, zu allem entschlossenen Verteidigern der Republik, sondern von innen, aus der eigenen Bewegung. Was sollte man mit der SA anfangen? Sie hatte sich zu einer mächtigen, halbmilitärischen Massenorganisation entwickelt, seit der »Machtergreifung« erst recht. Aber wozu taugte sie jetzt noch? In der

»Kampfzeit« wurde sie gebraucht, um die Saalschlachten und den Bürgerkrieg gegen Kommunisten und Sozialdemokraten auszufechten. »Die Straße frei den braunen Bataillonen«, hieß es in ihrem eigenen, dem »Märtyrer« Horst Wessel gewidmeten Lied. Doch das war vorüber; niemand machte die Straße mehr streitig und unsicher, es sei denn die SA selbst. Dass wieder Ruhe und Ordnung herrschten, war es nicht zuletzt, was die Masse der Menschen der neuen Regierung als Verdienst anrechnete.

Eine Benachteiligung kam hinzu. Hunderttausende von zivilen Parteigenossen fanden Posten und Ämter, machten Karriere und setzten Fett an – die jungen SA-Leute nicht, die kaum etwas gelernt hatten, außer zu marschieren und zuzuschlagen. Zudem scheuten sich viele Unternehmer, diese Männer einzustellen, weil ihre Arbeitsdisziplin zu wünschen übrig ließ und sie immerfort Freistellungen für irgendwelche Märsche oder Versammlungen verlangten. So war und blieb die Arbeitslosigkeit unter den SA-Männern überdurchschnittlich hoch.[41]

Kaum zufällig hörte man aus den Reihen der SA dunkle Drohungen. Von der wahren und radikalen nationalsozialistischen Revolution war die Rede, die erst noch kommen müsse, mitunter sogar von der Abrechnung mit dem Bürgerpack und einer Nacht der langen Messer. Ernst Röhm, der Führer der SA, beschwor im Juni 1933 den Aufbruch. Man werde »nicht dulden, daß die deutsche Revolution einschläft oder auf halbem Wege von den Nicht-Kämpfern verraten wird ... Ob es ihnen paßt oder nicht – wir werden unseren Kampf weiterführen. Wenn sie endlich begreifen, um was es geht: *mit* ihnen! Wenn sie nicht wollen: *ohne* sie! Und wenn es sein muß: *gegen* sie!«[42] Viele konnten als Nichtkämpfer gemeint sein, von den Pfründenjägern der Partei bis zum Führer und Reichskanzler.

Noch etwas kam hinzu, das Entscheidende. Der vierschrötige Haudegen und Hauptmann des Weltkriegs Röhm, von seinen Verwundungen zernarbt, träumte davon, aus der SA die künftige Wehrmacht zu schaffen, ein millionenfaches Miliz- und Volksheer, dessen Befehlshaber er sein würde. Die »braune Flut« sollte den »grauen Fels in der Brandung« – die Reichswehr – umspülen und am Ende wegspülen. Dies alarmierte natürlich die Generale.

Das Problem war nicht neu, sondern notorisch. Immer hatte für Hitler die SA nur ein Kampfinstrument der Partei sein sollen, und immer drängten die Führer der SA als ehemalige Soldaten dazu, etwas Selbstständiges und Militärähnliches zu schaffen. Darum war es zum Konflikt zwischen Hitler und seinem frühen Förderer und Kampfgefährten Röhm gekommen, der dann seine Ämter niederlegte und für einige Zeit nach Bolivien auswanderte. Aber mit einem Nachfolger wie Franz Pfeffer von Salomon ging es auf die Dauer nicht besser, sodass Hitler Röhm zurückrief. Bis 1933 hatte die gemeinsame Frontstellung die Spannungen halbwegs überdeckt; nun traten sie offen zutage.

Hitler zögerte, lavierte, suchte Zeit zu gewinnen. Auf der einen Seite versicherte er den Generalen, dass die Reichswehr der einzige Waffenträger sein und bleiben solle. Ohnehin wünschte er sich für die Zukunft eine angriffsfähige Wehrmacht, und dafür taugte keine Volksmiliz, sondern nur eine professionell geführte Truppe. Andererseits versuchte er es mit der Umarmung: Im Dezember 1933 wurde Röhm als Minister ohne Geschäftsbereich ins Kabinett berufen und zum Jahreswechsel mit ausgesucht herzlichen Worten bedacht. Doch nichts half; die Spannungen wuchsen und trieben ihrem Entweder-oder zu. Im übrigen fand die SA nicht nur in der Reichswehrführung ihren Feind. Himmler und Heydrich wollten die SS – die formal noch der SA unterstellt war – zu einem eigenen Machtinstrument ausbauen, im ganzen Reich die Polizeigewalt übernehmen und die SA aus ihren seit der »Machtergreifung« angemaßten Funktionen verdrängen. Darin fanden sie wiederum Unterstützung bei Hermann Göring, dem seine undisziplinierte und kaum kontrollierbare, nach Zerschlagung der KPD, der SPD und der Gewerkschaften ohnehin kaum mehr benötigte braune Hilfspolizei zunehmend lästig geworden war.

Wir überspringen die Einzelheiten einer von Winkelzügen, ausgestreuten Gerüchten, Treueschwüren, versteckten Drohungen und heimlichen Abreden gekennzeichneten Entwicklung und wenden uns ihrem finsteren Höhepunkt zu.[43] Nur eines ist vorweg zum Verständnis noch wichtig. Die Konservativen hatten sich zwar mit Hitlers Herrschaft abgefunden, weil sie die Republik aus den Angeln hob und Ruhe und Ordnung herrschte. Umso mehr beunruhigten sie die Signale der Radikalisierung. Diese

Beunruhigung führte zu einer Rede, die Papen am 17. Juni 1934 in der Universität von Marburg hielt, entworfen von dem Publizisten Edgar Jung[44], in der es hieß:

»Kein Volk kann sich den ewigen Aufstand von unten leisten, wenn es vor der Geschichte bestehen will. Einmal muß die Bewegung zu Ende kommen, einmal ein festes soziales Gefüge, zusammengehalten durch eine unbeeinflußbare Rechtspflege und durch eine unbestrittene Staatsgewalt, entstehen. Mit ewiger Dynamik kann nichts gestaltet werden. Deutschland darf nicht ein Zug ins Blaue werden ... Die Regierung ist wohl unterrichtet über das, was an Eigennutz, Charakterlosigkeit, Unwahrhaftigkeit, Unritterlichkeit und Anmaßung sich unter dem Deckmantel der deutschen Revolution ausbreiten möchte. Sie täuscht sich auch nicht darüber hinweg, daß der reiche Schatz an Vertrauen, den ihr das deutsche Volk schenkte, bedroht ist. Wenn man Volksnähe und Volksverbundenheit will, so darf man die Klugheit des Volkes nicht unterschätzen, muß sein Vertrauen erwidern, es nicht unausgesetzt bevormunden wollen ... Nicht durch Aufreizung, insbesondere der Jugend, nicht durch Drohung gegenüber hilflosen Volksteilen, sondern nur durch eine vertrauensvolle Aussprache mit dem Volke kann dic Zuversicht und Einsatzfreude gehoben werden.«[45]

Dieser Text zeigt beispielhaft das konservative Programm: Forträumen der demokratischen Institutionen ganz gewiss, der lästigen Parteien- und Meinungsvielfalt, aber kein abenteuerlicher »Zug ins Blaue« bei immer fortschreitender Radikalisierung, sondern Anhalten der Bewegung in berechenbaren und geordneten Verhältnissen. Autorität von oben, Vertrauen von unten, um eine berühmte Formel zu gebrauchen.[46]

Freilich werden damit einmal mehr auch die konservativen Illusionen sichtbar. Hitler wollte die absolute Macht und darum nicht die Verfestigung, sondern die immer fortschreitende Radikalisierung und Dynamisierung, sozusagen die Verflüssigung der bestehenden Ordnungen. Nur ging er dabei nicht dilettantisch vor wie Röhm, sondern schlagkräftig. Und dazu war er vorerst auf die konservativen Mächte der Staatsverwaltung und der Armee angewiesen. Und das wiederum zeigt sein Dilemma: Er musste die konservativen Kräfte an sich ziehen und nutzen – um sie auf längere Sicht doch zu unterwerfen und auszuschalten.

Papens Rede fand bei ihren Hörern stürmischen Beifall und erregte allgemeines Aufsehen, obwohl außerhalb der akademischen Welt von Marburg kaum jemand sie kannte, weil Goebbels die Übertragung im Rundfunk und die Drucklegung verbot. Für Hitler aber handelte es sich um ein Alarmsignal: Sein Ansehen, womöglich sogar seine Stellung waren bedroht, wenn er zwischen der SA auf der einen und der Reichswehr auf der anderen Seite nicht rasch eine Entscheidung traf. Was folgte, charakterisiert ihn: nach langem Zaudern das blitzschnelle, brutale Zuschlagen, mit Täuschungen vorbereitet und umhüllt. Die SA sollte einen wohlverdienten Sommerurlaub antreten, während Hitler sich bei Röhm und der übrigen SA-Führung zu einer Aussprache in Bad Wiessee ansagte. Die Reichswehr dagegen verhängte eine Urlaubssperre, stand Gewehr bei Fuß und lieh an die SS Waffen aus.

Am frühen Morgen des 30. Juni 1934 fuhr eine Wagenkolonne mit Hitler an der Spitze in den idyllischen Kurort. »Mit der Peitsche in der Hand«, so hat später ein Augenzeuge berichtet, stürmte er in »das Schlafzimmer Röhms, hinter sich zwei Kriminalbeamte mit entsicherter Pistole. Er stieß die Worte hervor: ›Röhm, du bist verhaftet!‹ Verschlafen blickte Röhm aus den Kissen seines Bettes und stammelte: ›Heil, mein Führer!‹ ›Du bist verhaftet!‹ brüllte Hitler zum zweiten Male, wandte sich um und ging aus dem Zimmer.«[47] Auch die anderen SA-Führer wurden verhaftet, nach München ins Gefängnis Stadelheim gebracht und dort erschossen. Bei Röhm zögerte Hitler noch einmal. Schließlich ließ er ihm eine Pistole übergeben, damit er sich selbst erschieße. Als er das nicht tat, trafen auch ihn die Kugeln des Mordkommandos.

Inzwischen liefen die Verhaftungen und Erschießungen in Berlin und in anderen Orten an; sie dauerten fort bis in den 1., hier oder dort bis in den 2. Juli hinein. Dabei waren nicht nur SA-Führer die Opfer, sondern viele Rechnungen wurden beglichen. Zu den Ermordeten gehörte der Verfasser der Marburger Rede, Edgar Jung – was Papen nicht daran hinderte, auch in der Zukunft und bis zum Ende Hitler zu dienen. Weiter starben unter den Kugeln der SS-Kommandos Hitlers Amtsvorgänger General von Schleicher und seine Frau, Schleichers Mitarbeiter General von Bredow und der einstige Generalstaatskommissar von Bayern, von Kahr, dem Hitler seinen »Verrat« vom 9. November 1923 nicht vergessen hatte. Die Hast der Aktionen führte zu Verwechslungen; der Musikkritiker Dr. Willi Schmidt starb nur darum, weil er so ähnlich hieß wie der SA-Gruppenführer Wilhelm Schmid. Die Gesamtzahl der Opfer läßt sich nicht mehr genau ermitteln, weil vertuscht wurde, was sich nur vertuschen ließ; man schätzt sie auf bis zu 200 Personen.[48]

Ein Bild mag Anschauung von der Atmosphäre des 30. Juni vermitteln. Am Mittag flog Hitler von München nach Berlin zurück und landete auf dem abgesperrten Flughafen Tempelhof. Ein Zeuge hat aufgezeichnet, was er hörte und sah: »Kommandorufe ertönen. Eine Ehrenkompanie präsentiert. Göring, Himmler ... und etwa zwanzig Polizeioffiziere gehen auf das Flugzeug zu. Da öffnet sich schon die Tür, und als erster steigt Hitler aus. Der Anblick, den er bietet, ist ›einmalig‹. Braunes Hemd, schwarzer Schlips, dunkelbrauner Ledermantel, hohe schwarze Kommißstiefel, alles dunkel in dunkel. Darüber, barhäuptig, ein kreidebleiches, durchnäßtes, unrasiertes Gesicht, das eingefallen und aufgedunsen zugleich erscheint ... Hitler reicht schweigend jedem der in seiner Nähe Stehenden die Hand. Durch die atemlose Stille hört man nur ein fortgesetztes monotones Hackenklappen.«[49]

In der Begründung der Mordserie war zunächst von »krankhaften Veranlagungen« und »schwersten Verfehlungen« die Rede – eine Anspielung auf die Homosexualität Röhms und anderer SA-Führer, von der seit langem alle wussten und an der bisher niemand sich gestoßen hatte.[50] Erst von nun an gehörte die Homosexuellenverfolgung zum »Dritten Reich« und machte in den Konzentrationslagern die »Männer mit dem rosa Winkel« zu einer besonderen und besonders verachteten Gruppe. Da jedoch diese Begründung für ein so radikales Vorgehen kaum genügte, wurde die Behauptung nachgeschoben, dass die SA einen Putsch und Umsturz plante: Man habe darum gewissermaßen in Notwehr gehandelt. In einem Bericht über die Kabinettssitzung am 3. Juli hieß es:

»Reichswehrminister Generaloberst von Blomberg dankte dem Führer im Namen des Reichskabinetts und der Wehrmacht für sein entschlossenes und mutiges Handeln, durch das er das deutsche Volk vor dem Bürgerkrieg bewahrt habe. Der Führer habe sich als Staatsmann und Soldat von einer Größe gezeigt, die bei den Kabinettsmitgliedern und im ganzen Volk das Gelöbnis für Leistung, Hingabe und Treue in dieser schweren Stunde in allen Herzen wachgerufen habe. Das Reichskabinett genehmigte sodann ein Gesetz über die Maßnahmen der Staatsnotwehr, dessen einziger Artikel lautet: ›Die zur Niederschlagung hoch- und landesverräterischen Angriffe am 30. Juni und am 1. und 2. Juli vollzogenen Maßnahmen sind als Staatsnotwehr rechtens.‹ Der Reichsjustizminister Dr. Gürtner erklärte hierzu, daß die vor dem unmittelbaren Ausbruch einer landesverräterischen Aktion ergriffenen Notwehrmaßnahmen nicht nur als Recht, sondern als staatsmännische Pflicht zu gelten haben.«[51]

Ein anderer Jurist, der damals und noch heute bekannte, wenn nicht sogar anerkannte Staatsrechtslehrer Carl Schmitt, schrieb in einem Aufsatz: »Der Führer schützt das Recht vor dem schlimmsten Mißbrauch, wenn er im Augenblick der Gefahr kraft seines Führertums als oberster Gerichtsherr unmittelbar Recht schafft ... Der wahre Führer ist auch immer Richter. Wer beides voneinander trennen oder gar entgegensetzen will, macht den Richter entweder zum Gegenführer oder zum Werkzeug eines Gegenführers und sucht den Staat mit der Hilfe der Justiz aus den Angeln zu heben. Das ist eine oft erprobte Methode nicht nur der Staats-, sondern auch der Rechtszerstörung ... Inhalt und Umfang seines Vorgehens bestimmt der Führer selbst ... Das Richtertum des Führers entspringt derselben Rechtsquelle, der alles Recht jedes Volkes entspringt. In der höchsten Not bewährt sich das höchste Recht und erscheint der höchste Grad richterlich rächender Verwirklichung dieses Rechts.«[52]

Kein Wort mehr davon, dass die Trennung der Gewalten eine unverzichtbare Grundlage des Rechtsstaates bildet – und offenbar keinerlei Bedenken bei der Ausstellung eines Freibriefs für die Zukunft. Dabei blieb schon die Begründung aus der Notwehr abwegig. Wie der Reichstagsbrand kein Signal zum Aufstand der Kommunisten gewesen war, so hatte auch die SA keine Putschpläne entwickelt, deren Ausführung unmittelbar bevorstand. Es hätte also genügend Zeit gegeben, um Haftbefehle auszustellen und die ordentlichen Gerichte urteilen zu lassen.

Die SA wurde im Gefolge der Ereignisse drastisch verkleinert und fast all ihrer Funktionen beraubt; mehr und mehr verkam sie zu einem bloßen Gesang- und Kneipenverein, der nur dann und wann bei Feiertagsaufmärschen oder Straßensammlungen für das Winterhilfswerk in Erscheinung trat. Einzig beim Judenpogrom des 9. November 1938 wurde sie noch einmal eingesetzt, um die Schmutzarbeit zu leisten.

Dagegen triumphierte die Reichswehr; sie war einen lästigen Konkurrenten losgeworden. Dass mit Schleicher und Bredow auch Generale ermordet wurden, löste allenfalls ein Achselzucken aus: Wo gehobelt wird, fallen Späne. Wenn man darum über die Rolle der Wehrmacht im »Dritten Reich« spricht, darf nicht erst vom späteren Kriegsgeschehen die Rede sein. Das Verhängnis, in dem das moralische Versagen bereits für die Zukunft angelegt war, begann nicht 1939 mit dem Überfall auf Polen oder 1941 beim Einmarsch in die Sowjetunion, sondern 1934.[53] Hiervon abgesehen erwies sich sogar der Triumph als voreilig: An die Stelle der SA trat von nun an die weitaus straffer und schlagkräftiger organisierte SS, die sich zum Staat im Staate entwickelte, schließlich sogar mit eigener und immer wachsender militärischer Macht.

Für Hitler indessen fügte sich jetzt eines zum anderen. Die SA war ausgeschaltet und die Reichswehr in eine Komplizenschaft mit der Gewaltherrschaft hineingezogen worden. Leute wie Papen verloren ihren letzten Rückhalt, denn Hindenburg lag im Sterben. Hitler besuchte ihn am 1. August 1934 und berichtete dem behandelnden Arzt nach dem Verlassen des Sterbezimmers: »Der Reichspräsident ist immer nur jeweils für eine kurze Weile voll bei Besinnung gewesen und hat mich nur noch mit ›Majestät‹ angeredet.«[54] Bereits am Todestag, dem 2. August, ordnete Blomberg eine neue Vereidigung der Wehrmacht an. Die Eidesformel lautete: »Ich schwöre bei Gott diesen heiligen Eid, daß ich dem Führer des Deutschen Reiches und Volkes, Adolf Hitler, dem Oberbefehlshaber der Wehrmacht, unbedingten Gehorsam leisten und als tapferer Soldat bereit sein will, jederzeit für diesen Eid mein Leben einzusetzen.«

Eine solche auf die Person bezogene bedingungslose Verpflichtung hatte es bisher nicht gegeben; Hitler war wirklich am Ziel.

Die Deutschen und ihr Führer Zweiter Teil

Deutsche Arbeiter, ans Werk!« Das war in der Frühzeit seiner Kanzlerschaft Hitlers oft wiederholte Parole. Immerfort galt es, beim Baubeginn von Autobahnen und Brücken, für Fabriken oder Siedlungen, für das Parteitagsgelände in Nürnberg oder olympische Anlagen in Berlin die symbolischen ersten Spatenstiche zu tun, und die Zeitungen, der Rundfunk, die Wochenschauen tragen die markigen Worte ins Volk.

Tatsächlich gab es kaum etwas, was wichtiger war. Das wirtschaftliche Geschehen im Auf und Ab der Konjunkturen gründet sich nur zum Teil auf Fakten, zum anderen aber auf Stimmungen. Wenn alle glauben, dass eine Besserung bevorsteht, dann geht es auch aufwärts, weil die Unternehmer investieren und die Durchschnittsbürger sich zum Autokauf und zum Hausbau entschließen. Und umgekehrt: Die pessimistische Prognose leitet den Abschwung ein. Fachleute sprechen von der Prophezeiung, die sich selbst erfüllt. Indem also Hitler als Meister der Massenbeeinflussung unermüdlich den deutschen Aufbruch feierte, redete er ihn wirklich herbei.

Dabei verstand er von Wirtschaftsfragen im Grunde sehr wenig (und befand sich von Napoleon über Bismarck bis Winston Churchill und Konrad Adenauer in guter Gesellschaft). Im Parteiprogramm der NSDAP findet man bloß Abwegiges, und was Hitler in *Mein Kampf* schreibt, wirkt, gelinde gesagt, vorgestrig. So wird im Rückblick die Wirtschaftsentwicklung des Kaiserreiches verurteilt, die – höchst erfolgreich – auf die Verflechtung in den Welthandel hinauslief und die Geburt einer Weltexportmacht ankündigte. Stattdessen liest man vom Lebensraum, der erobert werden soll, um Siedlungsland für Bauern zu gewinnen, und hört die Klagen darüber, dass die Russen, die Amerikaner und mit ihrem Kolonialbereich die Briten pro Kopf über viel mehr Fläche verfügen als die deutschen Habenichtse.

Wenn man aber auf die europäische Wirtschaftsgeschichte der Neuzeit zurückblickt, dann stellt man fest, dass nicht etwa die Weite des Raumes, sondern im Gegenteil die Nähe und Verdichtung eine positive Rolle spielen. Das gilt von der Blüte oberitalienischer Städte in der Zeit der Renaissance über den Aufstieg Flanderns und der Niederlande bis zur industriellen Revolution in England und der Entstehung des Ruhrgebiets. Für die Zeit nach 1945 wären das Rhein-Main-Gebiet, Württemberg und nicht zuletzt Japan zu nennen. Oder man denke an das kalifornische »Silicon Valley«: Wo erst eine erfolgreiche Computer- und »Software«-Firma entsteht, siedeln sich bald andere an, leistungswillige junge Leute drängen herbei, und Dutzende von Unternehmungen sprießen empor, von denen manch eine bald Weltbedeutung gewinnt. Auch die Nähe zu Forschungsstätten und Universitäten erweist sich als wichtig. Nein, die Vorstellungen von *Mein Kampf* passen allenfalls zu vormodernen Agrargesellschaften.

Doch wie so oft unterschätzt man den Mann aus dem Nichts, wenn man ihn als Wirrkopf oder Dilettanten abtut. Heinrich Brüning hatte die Krise mit seiner hausväterlichen Sparpolitik verschärft. Hitler folgte instinktiv dem gegenteiligen Rezept, und er fand seinen Partner in Hjalmar Schacht, den er 1933 zum Präsidenten der Reichsbank und 1934 zusätzlich zum Wirtschaftsminister ernannte.[1]

Natürlich lief die neue Politik aufs Schuldenmachen hinaus.[2] Nur warum eigentlich nicht? 1935 erschien das Hauptwerk des englischen Nationalökonomen John Maynard Keynes, *The General Theory of Employment, Interest, and Money*, ein Jahr später ins Deutsche übersetzt: *Die allgemeine Theorie der Beschäftigung, des Zinses und des Geldes*. Sehr vereinfacht ausgedrückt handelte es sich um eine Anweisung zum Gegensteuern: In den Zeiten der Krise soll der Staat die Ausgaben erhöhen, um die Beschäftigung zu sichern, und in der Hochkonjunktur sich aufs Sparen verlegen. Keynes' Lehre stand (und steht heute wieder) im Gegensatz zum klassischen oder neoklassischen »Hände-weg-von-der-Wirtschaft«-Prinzip, doch zunächst einmal machte sie

Epoche. Ohnehin ist ihre Problematik eher praktisch als theoretisch bedingt: Regierungen sind in der Regel rasch bereit, der Anweisung zum Schuldenmachen zu folgen, um die Arbeitslosigkeit zu bekämpfen. Doch sehr schwer lassen sie sich dazu bewegen, in einer Phase der Hochkonjunktur und Vollbeschäftigung ehern zu sparen, um Reserven für die kommende Krise zu schaffen.

Hitler und Schacht handelten sozusagen als Schüler von Keynes, noch bevor der Lehrer sein Hauptwerk veröffentlicht hatte.[3] Später entzweiten sie sich. Als die Vollbeschäftigung erreicht war, wollte Schacht, wie Keynes es vorsah, die Ausgabenflut bremsen; vor allem warnte er vor der Inflationsgefahr, die aus einer ungehemmten Aufrüstung entstand. Für den Währungshüter handelte es sich allerdings um eine alarmierende Entwicklung: 1933 betrug der Anteil der Ausgaben für die Wehrmacht 4 Prozent des Staatshaushalts, 1938 um die 50 Prozent. Dabei lag der Anteil der Staatsausgaben (noch ohne Kommunalverwaltungen und Sozialversicherungen) bereits sehr hoch: bei 35 Prozent des Volkseinkommens, gegen 23,8 Prozent in Großbritannien und nur 10,7 Prozent in den Vereinigten Staaten. Natürlich gab Hitler nicht nach, weil er den Krieg vorbereitete, und Schacht trat 1937 als Wirtschaftsminister, 1939 auch als Reichsbankpräsident zurück. Fortan sah man ihn als »Minister ohne Geschäftsbereich« nur noch selten, und seltsam fremd stand er als betont altmodisch gekleideter Zivilist zwischen all den schneidigen Herren in braunen, schwarzen und feldgrauen Uniformen.[4]

Hitler machte sich weniger Sorgen. Wenn er den Krieg eröffnete und gewann, mochten die anderen, die Besiegten, die Zeche bezahlen. Wenn er selbst ihn verlor, spielte ohnehin keine Rolle mehr, was nachher geschah. Im Übrigen entdeckte er ein originelles Mittel gegen die Inflation: »Wer die Preisgrenze überschreitet, kommt ins KZ. Das hält die Währung.«[5] Und: »Das habe ich auch Schacht erst klarmachen müssen, daß die erste Ursache des Gleichbleibens unserer Währung das KZ ist; die Währung bleibt, wenn jeder gepackt wird, der mehr fordert.«[6]

Dass die Konzentrationslager eingerichtet wurden, um politische Gegner zu zerbrechen und die halbherzig Abwartenden einzuschüchtern, versteht sich; ihre Funktion als Währungshüter nimmt sich verblüffend aus. Denn was tut man, wenn die Waren knapp werden und es fürs sauer verdiente Geld immer weniger zu kaufen gibt? Dann bleibt nur der Übergang zu einem Rationierungs- und Zuteilungssystem, wie es folgerichtig im Krieg seinen Einzug hielt. Am Ende stand die Währungsreform von 1948, mit der, wie schon 1923, auf Kosten der Sparer das Geld seinen Wert zurückgewann.

Aber viel zu weit eilen wir damit voraus. In den Jahren seit 1933 vollzog sich eine Art von »Wirtschaftswunder«, und mit dem gleichen Recht, mit dem man den Aufstieg der Bundesrepublik Ludwig Erhard zuschreibt, könnte man von Hitlers Leistung sprechen.[7] Im einen wie im anderen Falle war das Ergebnis des Erfolges die Popularität.

Was erreicht wurde, lässt sich an Zahlen ablesen: Die Arbeitslosigkeit sank erst langsam, dann drastisch, von 5,6 Millionen im Jahresdurchschnitt 1932 auf wenige Hunderttausend 1938 oder von 29,9 auf 1,9 Prozent. Dabei gab es noch einen massiven Zugang aus »Reservearmeen«: von 1,4 Millionen aus dem ländlichen Raum und von 1,3 Millionen unbeschäftigter (das heißt bisher bloß mit Kindern und Küche, mit Flicken und Putzen beschäftigter) Frauen – allen nationalsozialistischen Parolen von »Blut und Boden« und von der Familien- und Mutterrolle der Frau zum Trotz. Besonders eindrucksvoll nimmt sich die deutsche Bilanz im Vergleich aus: In den westlichen Industriestaaten verlief nach der Weltwirtschaftskrise die Erholung eher schleppend und geriet ab 1937 schon wieder ins Stocken; 1938 betrug die Arbeitslosigkeit in Großbritannien 12,9 und in den Vereinigten Staaten sogar 26,4 Prozent, nach 22,1 und 34 Prozent im Jahre 1932.

Gewiss, nach der Zerschlagung der Gewerkschaften bewirkte ein rigoroses Einfrieren der Löhne (und Preise) auf dem niedrigen Krisenniveau, dass die Realeinkommen erst 1937 wieder den Stand von 1928/29 erreichten, und das auch nur, weil mit der wachsenden Knappheit an Arbeitskräften die durchschnittliche Wochenarbeitszeit von 41,5 auf 46,1 Stunden anstieg. Zeitweilig entstanden überdies Versorgungsengpässe, und die deutschen Devisenbestände der Reichsbank, die für die Einfuhr von Rohstoffen und Lebensmitteln eingesetzt werden konnten, schmolzen unaufhaltsam dahin. Bald gab es keine Reserven mehr, und man lebte von der Hand in den Mund. Für Fachleute wie Hjalmar Schacht gab es wahrlich Anlass, sich Sorgen zu machen.

Aber jede Kritik, die hier ansetzt, verkennt den anderen und politisch zentralen Sachverhalt: Die Angst vor der Arbeitslosigkeit verschwand. Ein Gefühl der Sicherheit hielt Einzug, wie seit der Zeit vor dem Ersten Weltkrieg nicht mehr, und prägte für eine rasch wachsende Mehrheit der Deutschen das Lebensgefühl. Man fasste wieder Vertrauen in die Zukunft, und dieses Vertrauen wandte sich Hitler zu. Was wogen dagegen noch die verlorenen Freiheiten und Rechte? Was hatten sie in der Weimarer Republik denn erbracht? Auch die Masse der Arbeiter, die früher einmal gewerkschaftlich organisiert war und die SPD wählte, wurde jetzt gewonnen.

Mit der neu erworbenen Sicherheit verband das Regime höchst geschickt die symbolischen Handlungen. Aus der »Deutschen Arbeitsfront«, ging das Erholungswerk »Kraft durch Freude« hervor. »Der deutsche Arbeiter reist«, hieß eine der Parolen, die ihren nur halb ironischen Niederschlag in der Umdichtung des populären Liedes von der »kleinen (oder weißen) Möwe« fand:

> »Kraft durch Freude fährt nach Helgoland,
> jeder Volksgenosse muß mal an die See!
> Drei Mark achtzig, ja das macht sich,
> und den Rest bezahlt die NSDAP.«

Im gleichen Sinne wurden für weiter führende Reisen KdF-Schiffe wie die *Wilhelm Gustloff* oder die *Robert Ley* gebaut, an deren Jungfernfahrt Hitler persönlich teilnahm, mitten unter seinen Volksgenossen – obwohl er Meeresfahrten eigentlich verabscheute, weil er sich vor der Seekrankheit fürchtete, die seine Führerwürde bedrohte.

Natürlich handelte es sich zunächst eher um Gesten als um eine Realität für die Massen. Die Jungfernfahrt der *Robert Ley* fand im April 1939 statt, und nur wenige Monate blieben dann bis zum Krieg. Ähnlich verhielt es sich mit dem KdF- oder Volkswagen, für den das Werk im heutigen Wolfsburg – damals »Stadt des KdF-Wagens« – gebaut wurde und der für weniger als 1000 Mark zu haben sein sollte. Oder man denke an den Bau der Autobahnen, die, soweit sie überhaupt fertig wurden, zunächst einmal nur den wenigen voranhalfen, die schon ein Auto besaßen[8] – und dennoch, mit dem gebührenden Aufwand an Propaganda, als die »Straßen des Führers« von sich reden machten.

Bekanntlich ist hieraus nach 1945 eine Art von Nostalgie oder Rechtfertigung entstanden: »Es gab auch Gutes, zum Beispiel den Bau der Autobahnen!« Und sogar die sprachen davon, die sie niemals benutzt hatten. Aber es hilft wenig, wenn man die Menschen beschimpft, weil sie Begründungen für ihr einstiges Mittun, ihre Begeisterung suchen. Noch weniger hilft es, wenn man nörgelt, dass es die Baupläne schon vor 1933 gab. Nein, Hitler holte sie aus den Schubladen hervor und rief sein »Deutsche Arbeiter, ans Werk!«. Was er mit alledem schuf, war nur in Ansätzen Realität, aber ein Ausblick auf kommende Möglichkeiten, aufs Zeitalter der Massenmobilität und der Massenreisen, ein Horizont der Traumerfüllungen für die Millionen statt wie bisher nur für Minderheiten. Es ist so, wie die biblische Weisheit sagt: Der Mensch lebt nicht vom Brot allein, sondern auch oder erst recht von seinen Hoffnungen, den Zukunftserwartungen. In diesem Sinne gilt eher die Umkehrung des marxistischen Dogmas, wonach das Sein das Bewusstsein bestimmt.

Heute mag uns nicht mehr imponieren, was Hitler und das »Dritte Reich« ankündigten, weil wir längst haben und als banal empfinden, was damals fast noch wie ein Märchen erschien. Überdies liegt der Einwand nahe, dass die moderne Wirtschaftsentwicklung ohnehin in die angegebene Richtung zielte. Mit Schumpeter zu reden: »Königin Elisabeth [die Erste] besaß seidene Strümpfe. Die kapitalistische Leistung besteht nicht typischerweise darin, noch mehr Seidenstrümpfe für Königinnen zu erzeugen, sondern sie in den Bereich der Fabrikmädchen zu bringen als Entgelt für fortwährend abnehmende Arbeitsmühe.«[9] Und entsprechend und neben vielem anderen wachsen die Mobilität und die Reisemöglichkeiten. Umso wichtiger ist es jedoch, dass wir uns wirklich zurückversetzen in den Erwartungshorizont der Dreißigerjahre, das heißt in Menschen, die noch vom Schrecken der Weltwirtschaftskrise geprägt waren. Für sie handelte es sich im Wortsinne um Unerhörtes und noch niemals Gekanntes.

Einen Schritt weiter stößt man auf den schillernden Begriff der »Volksgemeinschaft«. Melita Maschmann, 1933 ein junges Mädchen, hat dazu im Rückblick geschrieben: »Für mich war es ausschlaggebend: Ich wollte einen anderen Weg gehen als den konservativen, den mir die Elterntradition vorschrieb. Im Munde meiner Eltern hatte das Wort ›sozial‹ oder ›sozialistisch‹ einen verächtlichen Klang. Sie sprachen es aus, wenn sie sich darüber entrüsteten, daß die bucklige Hausschneiderin so anmaßend war, sich politisch betätigen zu wollen ... Keine Parole hat mich je so fasziniert wie die von der Volksgemeinschaft. Ich habe sie zum erstenmal aus dem Mund der verkrüppelten und verhärmten Schneiderin gehört, und am Abend des 30. Januar bekam sie einen magischen Glanz. Die Art dieser ersten Begegnung bestimmte über ihren Inhalt. Ich empfand, daß sie nur im Kampf gegen die Standesvorurteile der Schicht verwirklicht werden konnte, aus der ich kam, und daß sie vor allem den Schwachen Schutz und Recht gewähren mußte. Was mich an dieses phantastische Wunschbild band, war die Hoffnung, es könnte ein Zustand herbeigeführt werden, in dem die Menschen aller Schichten miteinander leben würden wie Geschwister.«[10]

»Gemeinschaft« gehörte zu den Gedanken- oder mehr noch Gefühlselementen, die sozusagen in der Luft lagen und von den Nationalsozialisten nur aufgegriffen wurden, um sie ihren Zwecken dienstbar zu machen; ähnlich wie »Kultur« gegen die westliche »Zivilisation« brachte man die »Gemeinschaft« gegen die überkommene bürgerliche »Gesellschaft« in Stellung.

Die deutsche Karriere des Begriffs begann schon im Kaiserreich. 1887 veröffentlichte Ferdinand Tönnies ein Buch unter dem Titel: *Gemeinschaft und Gesellschaft* und entwarf darin gegensätzliche Grundformen des menschlichen Zusammenlebens: »Das Verhältnis und also die Verbindung wird entweder als reales und organisches Leben begriffen – das ist das Wesen der Gemeinschaft, oder als ideelle und mechanische Bindung – dies ist der Begriff der Gesellschaft ... Gemeinschaft ist das dauernde und echte Zusammenleben, Gesellschaft nur ein vorübergehendes und scheinbares. Und dem ist gemäß, daß Gemeinschaft selber als ein lebendiger Organismus, Gesellschaft als ein mechanisches Aggregat und Artefakt verstanden werden soll.« In der Gemeinschaft sind die Menschen im Wesen verbunden, in der Gesellschaft wesentlich getrennt, und während sie »dort verbunden bleiben trotz aller Trennungen«, sind sie hier »getrennt trotz aller Verbundenheit«.[11] Die negative, trotz des Fassadenschmucks von formaler Höflichkeit bloß auf Vorteil und Gegenleistung berechnete Beziehung kennzeichnet die Gesellschaft, während in der Gemeinschaft die Menschen sich rückhaltlos öffnen und opferbereit füreinander eintreten. Man erinnere sich an Hitlers Gegenüberstellung von Idealismus und Egoismus: In solcher Perspektive stellt sich die Gemeinschaft als urdeutsch – oder »arisch« – und die Gesellschaft als undeutsch, als wesensfremd, letzten Endes als »jüdisch« dar.[12]

Der Gemeinschaftsbegriff wurde vor allem von der deutschen Jugendbewegung aufgenommen, wie sie sich seit der Jahrhundertwende im Protest gegen die Bürgergesellschaft der Väter entwickelte, und in den Zwanzigerjahren setzte er sich so allgemein durch, dass es kaum noch möglich war, ihm mit kritischen Einwänden zu begegnen.[13]

Aber was war nun für die Zukunft als »Volksgemeinschaft« gemeint? Ein Aufbruch wenn schon nicht zur Freiheit, dann doch zur Gleichheit und Brüderlichkeit, für die, wie Melita Maschmann, so viele junge Leute sich begeisterten? Sofort drängt sich der Einwand auf, dass es sich um Gespinste handelte, die die Wirklichkeit bloß verschleierten; die Unterschiede von Besitzenden und Nichtbesitzenden, von Reichtum und Armut wurden ja nicht aufgehoben und nicht einmal angetastet. Doch es ging um die Überwindung der Standes- und Milieuschranken, die Deutschland im Kaiserreich und weithin auch noch in der Weimarer Republik gekennzeichnet hatten. Hier wird sichtbar, was die NSDAP von den Konservativen, aber auch von Parteien wie dem Zentrum oder der SPD unterschied und was eben schon seit dem Beginn des Jahrhunderts die Jugendbewegung als Utopie auf ihre Fahnen schrieb. Wahrscheinlich noch wichtiger war, was Hitler und viele seiner Mitstreiter als Kriegserlebnis, in ihrem Verständnis als das Vermächtnis der Frontkameradschaft, in sich trugen. Hitler selbst hat betont, dass es für den »nationalen Sozialismus« auf den Besitz oder Nichtbesitz der Produktionsmittel gar nicht mehr ankomme:

»Was besagt das schon, wenn ich die Menchen fest in eine Disziplin eingeordnet habe, aus der sie nicht heraus können. Mögen sie doch Grund und Boden oder Fabriken besitzen, soviel sie wollen. Das Entscheidende ist, daß der Staat durch die Partei über sie bestimmt, gleich, ob sie Besitzer sind oder Arbeiter. Verstehen Sie, alles dies bedeutet nichts mehr. Unser Sozialismus greift viel tiefer. Er ändert nicht die äußere Ordnung der Dinge, sondern er ordnet allein das Verhältnis der Menschen zum Staat ... Was besagt da schon Besitz und Einkommen. Was haben wir das nötig: Sozialisierung der Banken und Fabriken. Wir sozialisieren die Menschen.«[14]

Für diese Form von Sozialisierung wurde viel getan, angefangen beim Unscheinbaren, zum Beispiel bei der Tatsache, dass es auf den KdF-Schiffen keine erste, zweite und dritte Klasse mehr gab wie auf den herkömmlichen Passagierdampfern. Heute ist das bei Kreuzfahrten selbstverständlich; damals war das neu und beinahe revolutionär. Bedeutsamer waren die großen Einrichtungen für die Heranbildung eines neuen Menschen. Neben dem traditionell gegliederten Schulwesen postierte sich die Hitlerjugend, seit 1936 als Staats- und Zwangsorganisation für alle Jungen und Mädchen im Alter von zehn bis 18 Jahren.[15] An die Hitlerjugend schloss sich der »Reichsarbeitsdienst« an, seit 1935 ebenfalls Pflichtorganisation mit einer Dienstzeit von sechs Monaten. Im Arbeitsdienst fand die Idee der Volksgemeinschaft ihren klarsten Ausdruck: Mit dem Spaten in der Hand sollte der Sohn des Fabrikdirektors oder Universitätsprofessors gemeinsam mit dem Jungbauern und dem Jungarbeiter Moore entwässern oder Straßen anlegen.[16] Dem Arbeitsdienst auf dem Fuße folgte der Wehrdienst. Zur Heranbildung einer vom Herkommen abgelösten Elite sollten die Adolf-Hitler-Schulen und Nationalpolitischen Erziehungsanstalten ihren Beitrag leisten.[17]

In einer Rede in Reichenberg, 1938, hat Hitler, vom Beifall umbrandet, die Zwangserziehung zur »Volksgemeinschaft« so drastisch wie unverhüllt entworfen: »Diese Jugend, die lernt ja nichts mehr als deutsch denken, deutsch handeln, und wenn diese Knaben und diese Mädchen mit ihren zehn Jahren in unsere Organisation hineinkommen und dort zum ersten Mal eine frische Luft bekommen und fühlen, dann kommen sie vier Jahre später vom

Jungvolk in die Hitlerjugend, und dort behalten wir sie wieder für vier Jahre. Und dann geben wir sie erst recht nicht zurück in die Hände unserer alten Klassen- und Standeserzeuger, sondern dann nehmen wir sie sofort in die Partei, in die Arbeitsfront, in die SA oder SS, in das NSKK[18] und so weiter. Und wenn sie dort zwei oder anderthalb Jahre sind und noch nicht ganze Nationalsozialisten geworden sein sollten, dann kommen sie in den Arbeitsdienst und werden dort wieder sechs und sieben Monate geschliffen, alles mit einem Symbol, dem deutschen Spaten. Und was dann nach sechs oder sieben Monaten noch an Klassenbewußtsein oder Standesdünkel da oder da noch vorhanden sein sollte, das übernimmt dann die Wehrmacht zur weiteren Bearbeitung, und wenn sie nach zwei, drei oder vier Jahren zurückkehren, dann nehmen wir sie, damit sie auf keinen Fall rückfällig werden, sofort wieder in die SA, SS und so weiter, und sie werden nicht mehr frei ihr ganzes Leben.«[19]

Die »Volksgemeinschaft« ist dennoch Stückwerk geblieben, schon weil die Zeit fehlte, sie voll zu entwickeln. Oft stand der Dienst im Jungvolk oder der Hitlerjugend bloß auf dem Papier; Landkinder wurden beim Kühehüten oder bei der Kartoffelernte dringender gebraucht als zum Herummarschieren[20], und nach dem Ende der Volksschule prägte der Eintritt ins Berufsleben die Mehrheit der Jugendlichen gewiss stärker als der Dienst in der Uniform mit seinen vielleicht vier Wochenstunden. Rücksichten waren auch sonst und überall zu nehmen, etwa auf die Kirchen, und weder die Rüstungswirtschaft noch die Wehrmacht war denkbar ohne die Mitwirkung der alten Eliten.

Was aber die Zukunft gebracht hätte, zeigen Hitlers Anklagen und Drohungen, auch sein Selbstmitleid: »Wofür die anderen eine Ewigkeit haben, dafür blieben mir nur ein paar armselige Jahre.«[21] Von den Drohungen gegen die Kirchen, weil sie die Menschen der Einschmelzung in die nationalsozialistische Gemeinschaft entzogen, liest man: »Der größte Krebsschaden sind unsere Pfarrer beider Konfessionen! Ich kann ihnen jetzt die Antwort nicht geben, aber das kommt in mein großes Notizbuch. Es wird der Moment kommen, wo ich mit ihnen abrechne ohne langes Federlesen.«[22] Und: »Der Krieg wird sein Ende nehmen, und ich werde meine letzte Lebensaufgabe darin sehen, das Kirchenproblem noch zu klären. Erst dann wird die deutsche Nation ganz gesichert sein.«[23]

Am Ende schien es fast so, als sei das Scheitern im Krieg dem Fehlen einer wahrhaft revolutionären Elite zuzuschreiben. »Das Ergebnis«, so Hitler im Februar 1945, »sieht danach aus! Dadurch, daß die geistige Konzeption mit der praktisch möglichen Verwirklichung nicht übereinstimmte, wurde aus der Kriegspolitik eines revolutionären Staates, wie das Dritte Reich, notwendigerweise eine Politik reaktionärer Spießbürger. Unsere Generäle und unsere Diplomaten sind mit wenigen Ausnahmen Männer von gestern, die den Krieg ebenso wie die Politik einer überlebten Zeit führen. Das gilt für die Aufrichtigen ebenso wie für die andern. Die einen versagen aus Unfähigkeit oder mangelnder Begeisterung, die andern sabotieren aus voller Absicht … Wahrhaft klassische Diplomaten, Militärs alter Schule und ostelbische Krautjunker, das waren unsere Helfer für eine Revolution von europäischem Ausmaß!«[24]

Hitler meinte, was er hier sagt; hinter all seinem vordergründigen Opportunismus und dem Sinn für das im Augenblick Erreichbare verbarg sich eine unerhörte Radikalität. Indem sie auf die Seelen zielte, auf die Vergemeinschaftung des Menschen statt auf die Vergesellschaftung der Produktionsmittel, griff sie nicht flacher, sondern in Wahrheit sehr viel tiefer als die marxistische Dogmatik.

Ob allerdings der neue und totale Gemeinschaftsmensch entstanden wäre, wenn es mehr Zeit gegeben hätte, auf ihn hinzuarbeiten, lässt sich bezweifeln; auch die kommunistische Utopie ist schließlich am hartnäckigen Widerstand des »alten Adam« gescheitert. Für den gilt, dass er nicht nur ein opferbereiter Idealist, sondern zugleich ein Egoist bleibt, der unbeirrbar das Seine sucht. Und es gilt, was Arthur Schopenhauer von den frierenden Stachelschweinen gesagt hat: Sie rücken zwar zusammen, um sich aneinander zu wärmen. Aber weil sie sich dabei schmerzhaft ihre Stacheln ins Fleisch treiben, drängen sie aus der Nähe zugleich wieder fort in die Distanz.

In den Dreißigerjahren erkennt man indessen eine eigentümliche Doppelstruktur. Auf der einen Seite gab es die Verheißung der Volksgemeinschaft, für die sich besonders junge Menschen begeisterten. Etwas Modernes, Zukunftsweisendes schien in ihr angelegt zu sein: das Niederbrechen bestehender Schranken, Bewegung statt Stillstand und das Selbstbewusstsein der Zugehörigkeit statt der Dünkel der Exklusivität, die das Herkommen bestimmte. Fort mit dem »Muff aus tausend Jahren« und freie Bahn dem Tüchtigen![25] Die konservative Erwartung, dass man Hitler »engagieren« und bändigen könnte, erwies sich bereits darum als Illusion, weil sich die ganze Stoßkraft seiner »Bewegung« gegen das Bewahren des Hergebrachten richtete. Fast möchte man von einer amerikanischen Verheißung reden, wie sie nach 1945 die Menschen ergriff, wiederum mit der jungen Generation als ihrem Bannerträger. Nur ging es zunächst nicht nur um die Befreiung des Einzelnen aus alten Bindungen, sondern zugleich um Einordnung, um Leistungs- und Opferbereitschaft für die Gemeinschaft. Das eine war ins andere noch unklar verschränkt. Doch ebendiese Unklarheit ließ je nach Gefallen viele, beinahe alle Deutungen zu, und darum war in ihr die Sprengkraft angelegt, die Grenzsteine aus dem Boden riss, Mauern zum Einsturz brachte und am Ende – ungewollt – jene »nivellierte Mittelstandsgesellschaft« vorbereitete, von der der Soziologe Helmut Schelsky in den Sechzigerjahren gesprochen hat.[26]

Wenn man diese Anziehungskraft der »Volksgemeinschaft« verstehen will, muss man sich daran erinnern, dass die deutsche Gesellschaft noch vielfältig fragmentiert war, nicht bloß im Sinne von Klassenschranken und Weltanschauungen. Die Mobilität blieb eng begrenzt, besonders für Frauen; in ländlichen Regionen waren viele von ihnen über die Kreisstadt noch niemals hinausgekommen.[27] Welch eine Sensation also, wenn junge Mädchen aus dem Schwarzwald oder aus Ostpreußen auf einmal in Uniform marschierten, Sport trieben und Fahrten unternahmen, die sie wer weiß wohin brachten! Hierin steckt, auch wenn immerfort von ihrer künftigen Mutterrolle die Rede war, ein handfester Ansatz zur Emanzipation. Es ist darum so erstaunlich oder gar abwegig nicht, wie es im Rückblick oft dargestellt wird, wenn nach 1933 gerade Frauen Hitler inbrünstig zujubelten.[28] Um es allgemein und im Abstand ganz nüchtern zu sagen: Das »Dritte Reich« leistete einen Beitrag zur gesellschaftlichen Modernisierung.

Sehr wichtig und für das Verständnis entscheidend ist es indessen, noch eine andere Seite zu sehen. Die meisten Deutschen führten ein völlig normales – oder, genauer, ein mit der Herstellung der Vollbeschäftigung wieder normalisiertes Leben. Es herrschten, gottlob, Ruhe und Ordnung. Die Kinder gingen zur Schule, und die jungen Leute verliebten sich, wie es sich gehörte; man heiratete, tat seine Arbeit, feierte miteinander Feste oder zankte, wie es immer gewesen war.

Man muss das betonen, weil die meisten historischen Darstellungen den Blick sozusagen naturgemäß aufs Besondere und Politische, das Auffällige und Unerhörte, die Gewalt, die Verbrechen richten. Aber im Alltag trat das alles eher zurück. Den Hauptteil der Zeit verbrachte man eben nicht in der Uniform und unterm Hakenkreuz, sondern in ziviler Kleidung und Umgebung, weder bei Aufmärschen und Paraden noch beim Anhören von Hitlerreden und mit »Heil!«-Rufen, sondern in Fabrik und Büro, auf dem Acker oder am heimischen Herd, in der Badeanstalt, am Biertisch, im Bett.

Selbst ins Kino ging man ja kaum wegen der Wochenschauen und sonstiger Propaganda. In der »Feuerzangenbowle« mit Heinz Rühmann in der Hauptrolle sah man keine nationalsozialistische Musterschule, keine deutschen Jungen, »schlank und rank, flink wie Windhunde, zäh wie Leder und hart wie Kruppstahl«[29], sondern ein altbackenes, unsportliches Gymnasium. Entsprechend das Draufgängertum von Hans Albers oder die Liebesgeschichten mit Willy Fritsch und Lilian Harvey, in denen das Herz sich auf Schmerz reimt und die Tränen der Rührung fließen. Kein Parteiabzeichen weit und breit, keine Hakenkreuzfahne und kein Hitlergruß, sondern ein formvollendeter Handkuss in einer gehobenen Bürgergesellschaft samt Abendkleid und Frack – und nirgendwo Uniformen, es sei denn die alten und farbenfrohen einer längst vergangenen Zeit. Darum können die Filme aus den Dreißigerjahren heute nostalgisch im Fernsehen gezeigt werden, und wer sie anschaut, gewinnt den Eindruck, dass es ein »Drittes Reich« niemals gegeben hat.

Übrigens stimmten die durchschnittlichen Kinogänger völlig mit dem Kino-Fan Hitler überein; auch er liebte Schmachtfetzen und Abenteuergeschichten.[30] Der Unterschied bestand bloß darin, dass er manches aus Hollywood zu sehen bekam, was nicht in die Lichtspielhäuser gelangte. Entsprechend ging es auf den Brettern zu, die die Welt bedeuteten. Versuche, Politisches auf die Bühne zu bringen, scheiterten schnell; weit und breit gab es nichts, was sich mit Erwin Piscators oder Bertolt Brechts »epischem« Theater hätte vergleichen lassen. Man beließ es beim Altbekannten der Klassiker oder bei der leichten Muse.[31]

Im Grunde muss man sogar sagen, dass die Deutschen ein unpolitisches Leben führten wie selten zuvor oder seither. Die Last der Verantwortung war ihnen abgenommen und auf den FÜHRER übertragen. Wie es sich gehörte, hing man bei Jubelanlässen die Hakenkreuzfahne aus dem Fenster und grüßte im Alltag in der Regel – keineswegs immer – mit »Heil Hitler!«, wie früher mit »Guten Tag« oder »Grüß Gott«. Und jedenfalls Geschäftsbriefe unterschrieb man »Mit deutschem Gruß«. Man steckte auch ein paar Groschen in die Sammelbüchsen des Winterhilfswerks und ging dann und wann – gottlob eher selten – zur Wahlurne, um bei einer Volksabstimmung sein Jawort zu geben. Vielleicht schimpfte man manchmal im kleinen Kreis, erzählte Witze und ärgerte sich bisweilen über den stiernackigen Blockwart oder den korrupten Ortsgruppenleiter der NSDAP, dessen Frau jetzt so anmaßend auftrat – und seufzte: »Wenn das der Führer wüsste!«

In dieser Formel zeigt sich etwas Sonderbares und Charakteristisches. Hitler stand nun nicht mehr auf einem Bierkellertisch hautnah unter den Menschen, sondern weit entfernt, immer zunehmend und demonstrativ in die Einsamkeit des schicksalsbestimmenden Abgotts entrückt. Wenn er sprach, dann vor sorgfältig ausgelesenem Publikum, etwa zu dem »Männergesangsverein« des Reichstags, auf den Parteitagen in Nürnberg, im Münchener Bürgerbräukeller zu den »alten Kämpfern«. Dann hörte man im Radio, was er sagte. Oder er sprach im kleineren, nach außen hin abgeschirmten Kreis vor Generalen, Gauleitern, Wirtschaftsführern, Schriftleitern der Presse. Doch diese wachsende Entfernung von der Menge der Menschen schadete nicht, sondern nützte; sie hob ihn zur Höhe und Größe des Staatsmanns empor, an den das kleinliche Kritteln über Alltagsbeschwerden nicht mehr heranreichte. »Wenn das der Führer wüsste«: Darin kam gerade zum Ausdruck, dass man Hitler vertraute und ihm nicht zurechnete, was einem missfiel.

Die Frage drängt sich nun auf, wie die Formierung zur »Volksgemeinschaft« und das unpolitische Alltagsleben eigentlich zusammenpassen. Die Antwort muss lauten: sehr wenig oder überhaupt nicht; sie stehen schroff nebeneinander. In einer frühen und wichtigen Untersuchung hat Ernst Fraenkel vom »Doppelstaat« gesprochen.[32] Die Parteiorganisation etabliert sich neben der herkömmlichen Verwaltung, ohne dass es entweder zur Verschmelzung oder zur eindeutigen Abgrenzung kommt. Endlose Kompetenzstreitigkeiten mit vielen Reibungsverlusten sind die Folge. So überall. Der »Vierjahresplan« konkurriert mit dem gewöhnlichen Wirtschaftsleben wie die Hitlerjugend mit Schule und Beruf oder überhaupt der Dienst in der Uniform mit der privaten Existenz.

Besonders krass zeigt sich die Doppelorganisation im Bereich des Rechtsstaates. Er fällt in zwei Teile auseinander. Auf der einen Seite gibt es die überlieferten Normen des Zivil-, Verwaltungs- und Strafrechts; der Kaufvertrag, die Erbauseinandersetzung und die tausend anderen Dinge, die im Prozessverlauf Anwälte und Richter beschäftigen, bleiben unangetastet. Andererseits löst sich die politische Gewalt aus allen Normen. Im Führerstaat gilt der Führerbefehl, der bedingungslosen Gehorsam verlangt, und die Entscheidung des Führers ist »normativ gesehen aus dem Nichts geboren«.[33] So gesehen regiert die pure Willkür. Wenn der Führer es anordnet – oder auch nur: wenn man meint, dass das sein Wille ist –, dann wird marschiert, zugeschlagen, verhaftet, ins Konzentrationslager verschleppt, vernichtet. Folgerichtig löst sich die Polizeigewalt aus der Kontrolle des Rechts, und der SS-Staat entwickelt sich zum Gewaltzentrum des »Dritten Reiches«.[34]

Es versteht sich von selbst, dass Hitler das Recht verachtete. »Ich tue alles«, hat er gesagt, »um die Juristen so schlecht wie möglich zu machen, damit möglichst wenige mehr studieren. Man muß den Beruf derart kompromittieren, daß er nur von Leuten angestrebt wird, die nichts anderes als Paragraphen kennen wollen. Nicht dank, sondern trotz der Juristen lebt das Volk.«[35] Und 1942 erklärte er in einer Reichstagsrede, seiner letzten überhaupt: »Es kann in dieser Zeit keiner auf seine wohlerworbenen Rechte pochen, sondern muß wissen, daß es nur Pflichten gibt.

Ich bitte deshalb den Deutschen Reichstag um die ausdrückliche Bestätigung, daß ich das gesetzliche Recht besitze, jeden zur Erfüllung seiner Pflichten anzuhalten bzw. denjenigen, der seine Pflichten nach meiner Ansicht mit gewissenhafter Einsicht nicht erfüllt, entweder zur gemeinen Kassation zu verurteilen oder ihn aus Amt und Stellung zu entfernen ohne Rücksicht, wer er auch sei und welche erworbenen Rechte er besitzt.«[36] Natürlich hätte Hitler den Reichstag gar nicht um seine Zustimmung bitten müssen, schon seit dem »Ermächtigungsgesetz« von 1933 nicht mehr; umso deutlicher zeigt der Vorgang, wie wichtig es ihm war, seine Herrschaft über das Recht sichtbar zu machen.

Die Auflösung des Rechtsstaates, möchte man meinen, führt ins Chaos. Aber Sebastian Haffner hat gültig beschrieben, was Hitler antrieb: »Nur so konnte er sich die unumschränkte Handlungsfreiheit nach allen Seiten sichern, die er haben wollte. Denn er hatte das vollkommen richtige Gefühl, dass jede verfassungsmäßige Ordnung die Macht auch des wichtigsten Verfassungsorgans einschränkt: Mindestens stößt sich auch der mächtigste Mann eines Verfassungsstaates an Zuständigkeiten, er kann nicht allen alles befehlen; und mindestens ist dafür gesorgt, dass es auch ohne ihn weitergehen kann. Beides aber wollte Hitler nicht, und deshalb schaffte er jede Verfassung ersatzlos ab. Er wollte nicht der erste Diener eines Staates sein, sondern ›Der Führer‹ – ein absoluter Herr; und er erkannte richtig, dass absolute Herrschaft nicht in einem intakten Staatswesen möglich ist, sondern nur in einem gebändigten Chaos. Deswegen ersetzte er von Anfang an den Staat durch ein Chaos – und man muss ihm zugestehen, dass er es, solange er lebte, zu bändigen verstand.«[37]

Dennoch muss man unterstreichen, dass der Rechtsstaat eben nicht verschwand, sondern neben dem Führerstaat erhalten blieb, wie beschränkt und beschädigt auch immer, mit manchmal höchst merkwürdigen Konsequenzen. Nicht selten ist es vorgekommen, dass der Richter, der im Strafverfahren ein – an traditionellen Maßstäben gemessen – unmäßig hartes Urteil verhängte, eben damit dem Angeklagten das Leben rettete, sei es gewollt oder ungewollt. Im Zuchthaus nämlich unterstand der Verurteilte noch einem »normalen« Strafvollzug. Der Freigesprochene oder nach der U-Haft Entlassene konnte dagegen sofort wieder verhaftet und dann in ein Lager abtransportiert werden, in dem nicht mehr das Recht regierte, sondern der Tod.

Doch warum eigentlich hat man den Rechtsstaat nicht abgeschafft? Warum nahm man den Wirrwarr der Kompetenzen und all den Ärger in Kauf, der sich aus dem Nebeneinander mit dem Führerstaat zwangsläufig ergab? Ernst Fraenkel hat den Sachverhalt als Rücksichtnahme auf Wirtschaftsinteressen gedeutet. Daran ist wahr, dass Unternehmen auf berechenbare und gesicherte Rahmenbedingungen angewiesen sind, wenn sie erfolgreich sein sollen. Historisch betrachtet ist die Entwicklung des modernen Rechtsstaates nicht bloß der Bürgerbegeisterung für Menschen- und Verfassungsrechte der Freiheit und Gleichheit zuzuschreiben, sondern mindestens ebenso dem Schutz des Kapitals. Außerdem wird der Verwaltungsstaat wichtig, eine wiederum berechenbare, an Rechtsnormen gebundene und zuverlässig arbeitende Bürokratie. Ohne den wirtschaftlichen Erfolg aber lässt sich wenig erreichen; darum gehörte die Beibehaltung des »Normenstaates« auch zum elementaren Eigeninteresse des Regimes. Entsprechend die Wehrmacht mit ihren besonderen Regeln und Leistungsbedingungen; mit gutem Grund hat sich Hitler 1934 für sie und gegen die Willkür und Gewalt der SA entschieden.

Noch etwas kam jedoch hinzu, das Wichtigste: eine nicht minder elementare Rücksicht auf die Menschen. Die Deutschen wollten beides, einerseits Ruhe und Ordnung, die Berechenbarkeit ihrer privaten und persönlichen Lebensverhältnisse, andererseits den Glanz der Macht, an der sie noch oder gerade im Gehorsam teilhatten. Dem Doppelstaat entsprachen die Doppelmenschen mit dem gespaltenen Bewusstsein und Gewissen, und man versteht Hitlers Herrschaft nur, wenn man dieses doppelseitige Bedingungsverhältnis erkennt. Für Privatleute gelten die überlieferten Maßstäbe der Moral, des zivilen Lebens, der Bildung und des Berufs, auch die vom Christentum überlieferten Traditionen – und im politischen Feld Befehl und Gehorsam, der Dienst für die »Volksgemeinschaft«, eine opferbereite Pflichterfüllung rücksichtslos gegen sich selbst und gnadenlos erst recht gegen »die anderen«, die zu Feinden des Volkes erklärt und von der Gemeinschaft ausgestoßen werden. Denn das allerdings bestimmt die Gemeinschaft, dass die Zugehörigkeit aus der Nichtzugehörigkeit anderer, aus der Fremdheit und Feindschaft gegen andere ihr Profil, ihre Bedeutung gewinnt. »Die eigentliche politische Unterscheidung ist die Unterscheidung von Freund und Feind«, hatte Carl Schmitt gesagt[38], und der Zusammenschluss gegen den Feind schafft das »Wir«-Gefühl, das Glück und Selbstwerterlebnis der Auserlesenen.

Zwischen dem einen und dem anderen Bewusstsein und Gewissen bauen sich Trennwände auf, so undurchlässig wie möglich. Der Einbruch des Dienstlichen in den privaten und persönlichen Bereich hätte womöglich – jedenfalls bei Gewalt- und Vernichtungsaktionen – Scham- und Schuldgefühle, wenn nicht gar Empörung und Widerstand geweckt; umgekehrt hätte der Einbruch der überlieferten Moral ins politische Geschehen zum »Versagen« im Dienst, zur »Feigheit vor dem Feind« führen können. In diesem Sinne hat der Schriftsteller Felix Hartlaub nach dem Judenpogrom vom 9. November 1938 von der »Unberührbarkeit« gesprochen, die er sich – wie Millionen von Deutschen – im Laufe der Zeit zulegte und die »etwas ziemlich Bestialisches« an sich habe. [39]

Die »Reichskristallnacht« von 1938 liefert in der Tat eine praktische Probe. Alle Berichte besagen, dass es außer den zur Aktion befohlenen SA-Leuten kaum jemanden gab, der sich beteiligte. Die Masse der Menschen reagierte eher bedrückt und betroffen, freilich weniger im Mitleiden mit den Verfolgten als im peinlichen Berührtsein der eigenen Existenz: Brandstiftung, Verwüstung und Plünderung widersprachen den privaten Vorstellungen von Ruhe, Ordnung und Anstand. Diese Betroffenheit bildete das konsequente Gegenstück zu der Zustimmung, die die Mordserie vom Sommer 1934 fand, denn damals ging es um die *Herstellung* von Ruhe und Ordnung. Das Regime hat dann auf seine Weise die Folgerungen gezogen, indem es fortan die Verfolgungen beinahe unsichtbar und bürokratisch geregelt ablaufen ließ.[40]

Um noch ein Beispiel zu nennen: Daniel Goldhagen hat in seinem umstrittenen Buch[41] das Verhalten von Polizeieinheiten untersucht, die an Vernichtungsaktionen teilnahmen und zumeist aus schon älteren Männern, braven Familienvätern bestanden. Er hat daraus auf einen tief sitzenden, über die Jahrhunderte angestauten (übrigens seit 1945 rätselhaft entschwundenen) mörderischen Antisemitismus geschlossen, der bloß der Entfesselung bedurfte, um zur Massenvernichtung zu führen. Aber diese Deutung geht vom Lebensgefühl einer nachgeborenen Generation aus – und findet die entsprechende Resonanz –, einer Generation, die sich von der Spaltung des Bewusstseins und der Trennschärfe des Privaten und Politischen weit entfernt hat. Nicht der Doppelmensch mit der Doppelmoral, sondern die Einheit beider Bereiche wird als Voraussetzung unterstellt, eine Gefühlsbeteiligung, um die es sich im »Dritten Reich« gerade nicht handelte. Nein, das Ungeheuerliche lässt sich nur dann erklären, wenn man weder den Hass noch sadistische Neigungen zur Voraussetzung macht, wohl aber das Funktionieren im Verhältnis von Befehl und Gehorsam, auf das, wie wir früher zu zeigen versuchten, Hitlers Weltanschauung und Propaganda so nachdrücklich und konsequent angelegt waren. Dieses Funktionieren gelingt reibungslos und diensttüchtig nur, wenn es das Persönliche samt seinen Gefühlen sorgsam abschirmt, indem es sie in einen anderen, hier »nicht zuständigen« Bereich verweist.[42]

Um zusammenzufassen: Das Verhältnis der Deutschen zu Hitler war nicht einfach, sondern zweifach bestimmt. Auf der einen Seite gründete es auf der Wiederherstellung eines gesicherten Lebens, befreit von der Angst vor Arbeitslosigkeit, Unordnung, Bürgerkrieg. Bereits dies schuf eine immer wachsende Zustimmung, ja einen Glauben an die Wundertätigkeit des Führers bis tief in die Reihen derer hinein, die 1933 noch abseits standen.

Man darf auch nicht unterstellen, dass die Masse der Menschen sich vor der Gewaltherrschaft fürchtete oder überhaupt empfand, dass man ihr ausgesetzt war. Gewiss, es gab die Geheime Staatspolizei, die Bespitzelung, die Konzentrationslager – und jeder wusste, dass es sie gab. Doch kaum jemand geriet ins Abseits – sofern man von den Juden einmal absieht –, der sich nicht selbst dahin stellte. Ohnehin trat in der Mitte der Dreißigerjahre die Gewalt in den Hintergrund, weil sie kaum noch nötig war; die Zahl der Häftlinge in den Konzentrationslagern, von denen nur ein Teil zu den »Politischen« gehörte, ging bis 1937 auf unter 10 000 zurück.[43]

Auf der anderen Seite entlastete der Führerstaat Adolf Hitlers die Menschen von der politisch-moralischen Eigenverantwortung. »Das Beste auf der Welt ist ein Befehl!«[44]. Denn wer dem Befehl gehorchte, brauchte sich weiter keine Sorgen zu machen, nicht einmal um das eigene Gewissen. Dieser Gehorsam verklärte sich zum Idealismus der Pflichterfüllung als der einzigen Tugend, auf die es noch ankam. Mit Haffner zu reden: »Wer seine Pflicht tat, sündigte nicht, mochte er tun, was er wollte.«[45]

Haffners Satz bezieht sich auf Preußen, und es lässt sich nicht leugnen, dass damit eine historische Herkunft sichtbar wird. Allerdings muss man gleich hinzufügen: Preußen war ein Rechtsstaat von Rang und darum die Pflichterfüllung ans Recht gebunden. Weitere, wie selbstverständlich geltende Tugenden kamen hinzu.[46] Erst die neuere, im Grunde nachpreußische Entwicklung, die im Nationalsozialismus ihren Gipfel erreicht, wird dadurch gekennzeichnet, dass die Pflichterfüllung auf das Verhältnis von Befehl und Gehorsam verengt und zum Selbstzweck erhoben wird, abgelöst von aller sonstigen Ethik oder Moral.[47] Doch genau darin war die Entlastung von der eigenen Verantwortung angelegt, die die Deutschen Hitler dankten und sie schließlich jubeln ließ: »Führer befiehl, wir folgen!«

Hitlers virtuose Leistung war es wiederum, dass er das eigentlich Unvereinbare – die Sicherung des privaten und persönlichen Lebens und die Verpflichtung der Menschen zum Dienst an der »Volksgemeinschaft« – miteinander verband und in die Balance brachte. Soweit und solange er diese Balance bewahrte, blieb er unangefochten.

Die Straße der Triumphe

Hindenburgs Tod am 3. August 1934 brachte die »Machtergreifung« zu ihrem Abschluss. Die Soldaten und Beamten wurden auf Adolf Hitler vereidigt; fortan war er nicht mehr »der Reichskanzler«, niemandes Nachfolger in der deutschen Erbreihe, die mit Bismarck begann, sondern einzigartig »*der Führer* und Reichskanzler«. Am 19. August bestätigte eine Volksbefragung den Wandel mit einer Zustimmung von 84,6 Prozent. Je nach dem Standpunkt mag man dieses Ergebnis enttäuschend nennen – oder darüber staunen, wie sehr das Ansehen Hitlers nach gerade anderthalb Regierungsjahren schon gefestigt war.[1] In der Folgezeit trat der Kanzler immer mehr zurück, bis schließlich und seit 1939 ganz offiziell nur »der Führer« blieb.[2]

Entsprechend die Anrede. »Herr Reichskanzler« hat allenfalls noch der britische Premierminister Arthur Neville Chamberlain bei seinen Besuchen während der Sudetenkrise im Jahre 1938 verwendet; er konnte ja nicht gut »Mein Führer« sagen und damit ein Verhältnis von Herrschaft und Abhängigkeit anerkennen. Das jedoch gehörte zum deutschen Hausgebrauch, wie »Heil, mein Führer!« zur Begrüßung und »Heil Hitler!« als »der deutsche Gruß« – samt emporgerecktem rechten Arm – zur Begegnung von Partei- und Volksgenossen untereinander.

Der Führer: Er war eine revolutionäre Figur, die allenfalls im italienischen »Duce« ein Vorbild fand. Doch in Rom gab es immer noch einen König und den Großen Faschistischen Rat, wie in Moskau ein Zentralkomitee und das Politbüro – auch wenn Stalin willkürlich Mitglieder ausstoßen, verhaften und hinrichten ließ. Hitler hatte sich von allen Fesseln befreit; seit dem Fall von Gregor Strasser und Ernst Röhm umgaben ihn bloß Gefolgsleute. Im Versuch, die neuartige Figur des Führers und ihr Recht jenseits des herkömmlichen Rechts zu beschreiben, hat der Staatsrechtslehrer Ernst Rudolf Huber folgerichtig gesagt, dass die Staatsgewalt abgelöst sei durch die *Führergewalt*, die »dem Vollstrecker des völkischen Gemeinwillens« gegeben sei, »umfassend und total, frei und unabhängig, ausschließlich und unbeschränkt«, ohne jede und sei es nur theoretisch oder dem Namen nach zu Kontrolle und Einspruch befugte Gegeninstanz.[3]

In der Praxis bedeutete das zunächst, dass Hitler sich immer weniger um die Aktenfron und Alltagsmühe eines Regierungschefs kümmerte und weithin in den Schlendrian früherer Tage zurückfiel, fast als sei er noch der Taugenichts seiner Jugendjahre, doch inzwischen wundersam mit der Macht ausgestattet, den Träumen die Taten folgen zu lassen. Etwas Märchenhaftes war daran, etwas von Old Shatterhand und Winnetou – oder von einer Wagneroper, wundersam in die Wirklichkeit übersetzt.

Warum sich dann noch an Banalitäten wund reiben? Das passte zu Kleingeistern, aber nicht zu einem Mann, der seiner Eingebung folgte. »Ich gehe mit traumwandlerischer Sicherheit den Weg, den mich die Vorsehung gehen heißt«, hat Hitler selbst gesagt.[4] Am liebsten hielt er sich darum gar nicht in Berlin, sondern bei Berchtesgaden auf dem Obersalzberg mit seiner weiten Aussicht auf, und am liebsten schlief oder träumte er bis in die Mittagsstunden.[5] Sein Adjutant Fritz Wiedemann hat sich später erinnert: »Manche Entscheidungen, auch solche über sehr wichtige Dinge, habe ich von ihm eingeholt, ohne daß er sich jemals von mir die Unterlagen geben ließ. Er war der Ansicht, daß vieles sich von selbst erledigte, wenn man nur nicht daran rühre.«[6]

In Berlin »erschien Hitler gewöhnlich erst kurz vor dem Mittagessen, las kurz durch, was ihm der Reichspressechef Dr. Dietrich aus der Presse zusammengestellt hatte, und ging dann zum Essen. So wurde es für Lammers und Meißner immer schwieriger, von Hitler Entscheidungen zu erlangen, die nur er allein als Staatsoberhaupt treffen konnte ... Wenn Hitler auf dem Obersalzberg weilte, war es noch schlimmer. Dort kam er grundsätzlich erst gegen 14 Uhr aus seinem Zimmer. Dann ging's zum Essen. Den Nachmittag füllte meist ein Spaziergang aus, und abends wurden gleich nach dem Abendessen Filme vorgeführt.«[7]

Der Pressechef Otto Dietrich hat ergänzend notiert: »In diesen

Jahren machte sich auch im persönlichen Auftreten und im Verkehr Hitlers ein gewisser Wandel bemerkbar. Er wurde in zunehmendem Maße zurückhaltender im Empfang politischer Besucher, wenn sie von ihm nicht beordert waren. In dem gleichen Maße verstand er es, sich auch innerlich von seiner Umgebung zu distanzieren. Während sie vor der Machtübernahme die Möglichkeit besaß, ihm auch ihre abweichende politische Meinung vorzubringen, entzog er sich als Staatsoberhaupt und Respektsperson strikt jeder ungebetenen politischen Aussprache … Hitler begann, Einwendungen gegen seine Erkenntnisse und Zweifel an ihrer Unfehlbarkeit zu hassen … Er wollte reden, aber nicht zuhören, er wollte Hammer, aber nicht Amboß sein.«[8]

Kabinettssitzungen der Reichsregierung fanden immer seltener und seit 1938 gar nicht mehr statt. Es gab auch keinen Vizekanzler, der die Geschäftsführung übernahm.[9] Die einzelnen Minister und Ministerien arbeiteten in ihrem Amtsbereich vor sich hin, so gut sie es konnten, und stimmten, wenn möglich, ihre Gesetzesvorhaben mit den anderen Ressorts ab – oder auch nicht. Hitler bevorzugte in jedem Fall die Einzelbesprechung, sofern er wollte, dass er erreichbar war. Wenn es um unangenehme Dinge ging, blieb er oft unerreichbar.[10] Die wichtigste Funktion fiel dem Chef der Staatskanzlei Hans Heinrich Lammers zu[11], denn der bestimmte weithin, was Hitler zur Entscheidung und Unterschrift vorgelegt wurde. Aber vieles blieb sogar dann für Wochen, manchmal für Monate oder für immer unerledigt.[12]

Dabei ging es nicht nur um den Zerfall des Kabinetts und der Regierungseinheit. Neben der traditionellen Staatsverwaltung stellte die Partei ihre Machtansprüche. Auf der regionalen Ebene waren es besonders die Gauleiter, die höchst eigenmächtig taten, was sie wollten, und dabei in der Regel bei Hitler ihren Rückhalt fanden. Sie gehörten auch zu den wenigen, die mehr oder weniger regelmäßig vom Führer zu Tagungen zusammengerufen wurden.[13] Mehr noch entwickelten Himmler und Heydrich die SS- und Polizeigewalt zum Staat im Staate. Als beispielsweise der Reichsjustizminister wegen der Todesfälle in den Konzentrationslagern einschreiten wollte und verlangte, dass Rechtsanwälte zugezogen würden, wenn man Personen in »Schutzhaft« nahm, scheiterte er kläglich, weil Himmler die Unterstützung des Führers fand: »Besondere Maßnahmen werden bei der ohnehin gewissenhaften Leitung der Konzentrationslager nicht für notwendig erachtet«, hieß es. Und: »Der Führer hat die Hinzuziehung von Rechtsanwälten verboten.«[14] Doch überall überschnitten sich die Kompetenzen, bis hin zur Außenpolitik; da entstanden neben dem Auswärtigen Amt das Außenpolitische Amt der NSDAP und das Amt Ribbentrop, und auch Hermann Göring gehörte zu denen, die hier gezielt Einfluss nahmen und eigene Wege gingen. Erst recht wucherte der Wirrwarr im Krieg, zumal bei der Verwaltung und Ausbeutung der eroberten Gebiete.

Im Rückblick scheint das Urteil eindeutig und einhellig zu sein: Das alles wirkte sich fatal, am Ende katastrophal aus. Die Vorhersehbarkeit wich der Willkür, das Recht der Gewalt. Entscheidungen wurden teils unerträglich verzögert, teils – und ebenso unerträglich – übers Knie gebrochen. Personen und Organisationen, statt sachgerecht zu arbeiten, verbrauchten einen Großteil ihrer Energie im »Kampf ums Dasein« mit anderen Personen und Organisationen. Den Sonderinteressen oder sogar der Korruption öffneten sich damit Tür und Tor. Am Ende triumphierte, wer eine »Führerweisung« vorzeigen konnte, sei sie nun schriftlich oder nur mündlich, gesprächsweise und vage andeutend erteilt. Wenn alles nichts half, berief man sich auf den *vermuteten* Führerwillen.

Aus dem Jahre 1934 stammt die eigentlich unbedeutende Rede eines Staatssekretärs, die hierauf ein Schlaglicht wirft und darum mit Recht von Biografen zitiert worden ist. Es heißt darin: »Jeder, der Gelegenheit hat, das zu beobachten, weiß, daß der Führer sehr schwer von oben herab alles das befehlen kann, was er für bald oder für später zu verwirklichen beabsichtigt. Im Gegenteil, bis jetzt hat jeder an seinem Platz im neuen Deutschland dann am besten gearbeitet, wenn er sozusagen dem Führer entgegen arbeitet.« Entgegen bedeutet hier natürlich: dem Führer und seinen Wünschen gemäß oder vorweg. Darum darf man nicht mehr auf Gesetze und Verordnungen warten, sondern es ist »die Pflicht eines jeden, zu versuchen, im Sinne des Führers ihm entgegen zu arbeiten. Wer dabei Fehler macht, wird es schon früh genug zu spüren bekommen. Wer aber dem Führer in seiner Linie und zu seinem Ziel richtig entgegen arbeitet, der wird bestimmt wie bisher so auch in der Zukunft den schönsten Lohn darin haben, daß er eines Tages plötzlich die legale Bestätigung seiner Arbeit bekommt.«[15]

Mit anderen Worten: Man darf sich nicht mehr an die Legalität, an Recht und Gesetz klammern, sondern man muss sich ins Höhere einfühlen, in die Legitimität des Volkswillens, die der Führer verkörpert.[16] Die Legalität wird dann früher oder später nachfolgen – wahrscheinlich oder vielleicht nachfolgen, doch im Grunde kommt es darauf gar nicht mehr an. Wichtig ist einzig, dass man die Führerwünsche erfüllt; dann muss man nichts und niemanden fürchten.

Wie gesagt: Ergebnis und Urteil fallen eindeutig aus. Willkür und Gewalt verdrängen Berechenbarkeit und Recht, Intrigen und Machtkämpfe bestimmen die Tagesordnung, Energien werden nicht konstruktiv eingesetzt, sondern destruktiv aufgezehrt. Die Verantwortung dafür aber fällt im Führerstaat dem Führer zu. Also gilt: »Das Merkmal der Macht Hitlers war Zerstörung«, und seine »mächtigste Triebkraft war von Anfang an destruktiv«.[17] Der Mann aus dem Nichts taugte eben nicht zum Staatsmann.

Aber wollte er das überhaupt sein? Oder wurden bei alledem nicht auch unerhörte, noch niemals gekannte Energien freigesetzt? Wie sonst soll man den triumphalen Aufstieg Deutschlands seit 1933 erklären?

In Hitlers Perspektive nimmt sich der Sachverhalt ohnehin ganz anders aus. Was *er* wollte, war die tatsächlich unumschränkte, die absolute Macht, und die ließ sich nur erreichen, wenn die Fesseln der Legalität gesprengt und die vorgegebenen Ordnungen zerstört wurden. Wenn zum Beispiel die Kabinettssitzungen aufhörten und die Einheit der Reichsregierung sich auflöste, dann war jeder einzelne Minister umso mehr davon abhängig, ob er das Wohlwollen des Führers fand, weil er ihm »entgegen« arbeitete. Und so überall. Um zu wiederholen, was Sebastian Haffner in seinen *Anmerkungen zu Hitler* gesagt hat: »Er erkannte richtig, daß absolute Herrschaft nicht in einem intakten Staatswesen möglich ist, sondern nur in einem gebändigten Chaos. Deswegen ersetzte er von Anfang an den Staat durch ein Chaos – und man muß ihm zugestehen, daß er es, solange er lebte, zu bändigen verstand.«[18]

Übrigens wusste Hitler sehr genau, was *für ihn* wichtig und unwichtig war. Zu seinem Aufstieg, wie dann zum Führerstaat, gehörten als Grundelemente die Propaganda, die Redegewalt und die Begeisterung der Massen. Darum bereitete er seine Ansprachen auch nach 1933 stets mit Sorgfalt vor, indem er sie – manchmal nächtelang – seinen Sekretärinnen in die Schreibmaschine diktierte, prüfte und verbesserte, bis sie den Ansprüchen genügten. Dabei verließ er sich nicht auf andere; es gab keinen »Ghostwriter«. Wer darum heute die Reden aus den Dreißigerjahren liest und sie mit der Rhetorik der »Kampfzeit« oder dem Stil von *Mein Kampf* vergleicht, der erkennt: Das ist original und unnachahmbar Adolf Hitler – selbst dann, wenn es sich um eine vorsätzliche Verschleierung der wahren Absichten handelt, etwa um die immer wiederholten Friedensbeteuerungen.

Sonst aber verstand er sich aufs Delegieren. Mochten doch andere sich an widerborstigen Problemen abmühen. Wenn sie Erfolg hatten, umso besser. Wenn nicht, konnte man wiederum andere konkurrierend ins Spiel bringen und zusehen, wer sich durchsetzte – oder ob sich die Dinge von selbst erledigten, »wenn man nur nicht daran rührte«. Im »Aussitzen« verbirgt sich ja nicht nur Torheit oder Bequemlichkeit, sondern manchmal sogar Klugheit.

Hinzu kam, dass Hitler seit der Festigung seiner Macht sich für innenpolitische Entwicklungen nicht mehr vorrangig interessierte. Sie waren fortan bloß noch ein Mittel zum Zweck der weiteren Machtentfaltung, die sich dann nach außen richtete.

Die Aufrüstung war natürlich das wichtigste Vorhaben, das Fundament aller Zukunftspläne, und sie liefert ein Beispiel für Hitlers Verhalten. Von den außenpolitischen Manövern wird gleich zu sprechen sein. Nach innen sicherte der Führer und Reichskanzler ihr durch den Appell an das nationale Selbstbewusstsein und das Versprechen wiedergewonnener Größe die Massenloyalität, die sie brauchte. Aber sonst mischte er sich über Rahmenabsprachen hinaus nicht ein, sondern überließ die fachliche Arbeit den Generalen und Admiralen oder – im Falle der Luftwaffe – seinem Gefolgsmann Göring, dem Jagdflieger und Pour-le-mérite-Träger des Ersten Weltkriegs. Denn er wusste, dass die Fachleute sich ihrer Aufgabe mit Hingabe widmeten.

Bei näherer Betrachtung wird außerdem sichtbar, wie sehr die Aufrüstung wiederum ihrem Schirmherrn nützte. Zunächst einmal half sie wirtschaftlich voran bei der Versorgung der Industrie mit Aufträgen und bei der Beseitigung der Arbeitslosigkeit. Ebenso – und vielleicht noch bedeutsamer – sicherte sie die Loyalität der konservativen Eliten. Denn die träumten nicht nur von der Rückkehr zu vergangener Herrlichkeit, sondern dachten auch an ihre materiellen Interessen. Der schnelle Aufbau der Wehrmacht eröffnete neue oder, wie es schien, die alten Karrierechancen, auf die besonders der preußische Adel seit den Tagen Friedrichs des Großen eingeschworen war. Sofern man in der Reichswehr der Weimarer Republik überhaupt einen Platz fand, brauchte man ein Dutzend Jahre, um gerade einmal vom Hauptmann und Kompanieführer zum Major und Bataillonskommandeur aufzurücken. Jetzt aber ging es rasch voran bis in die Generalsränge hinauf[19], und Abertausende von jungen Offizieren wurden zusätzlich gebraucht.

Gewiss gab es im Adel und überhaupt in den konservativen Eliten Vorbehalte, nicht selten sogar Verachtung gegenüber den nationalsozialistischen Emporkömmlingen mit ihren notorisch schlechten Manieren.[20] Umso wichtiger war dann die Bindung an den Obersten Befehlshaber, die eben nicht nur durch einen Treueid bekundet, sondern zugleich materiell untermauert wurde. Hitler selbst kannte diese nur zu menschlichen Hintergründe gut genug. Später, im Krieg, hat er der Loyalität vieler seiner Heerführer sogar mit großzügigen Geschenken nachgeholfen. Doch bevor man sich darüber empört, sei daran erinnert, dass solche Dotationen einst auch zum Brauch der preußischen Könige gehörten.[21]

Wenn man die Geschichte des »Dritten Reiches« vom 30. Januar 1933 bis zum Münchener Abkommen vom 29. September 1938 betrachtet, dann bleibt im Rückblick beinahe nur ein fassungsloses Staunen darüber, welch eine steil aufwärts führende Wegstrecke oder Straße der Triumphe in kaum sechs Jahren zurückgelegt wurde. Am Anfang stand ein schwaches, praktisch wehrloses Deutschland, am Ende das Großdeutsche Reich als die kaum noch umstrittene Vormacht des kontinentalen Europas.

Beim Versuch, eine Erklärung zu finden, muss man verschiedene Faktoren berücksichtigen.

Erstens: Die Erinnerung an den Ersten Weltkrieg prägte die Menschen und die Völker. Dabei wuchs mit dem Abstand die Einsicht in die Sinnlosigkeit des Krieges, ganz besonders in den westlichen Demokratien, die zu den Siegern zählten. Was denn hatte man mit all den Blutopfern schließlich erreicht, außer einer großen Wirtschaftskrise – und im besiegten Deutschland den Aufstieg Hitlers? Ein »Nie wieder!«, eine pazifistische Grundströmung bestimmte die Dreißigerjahre, die nicht ohne Wirkung auf Parlamente und Staatsmänner blieb. Ein Mann wie Winston Churchill, der schon frühzeitig vor dem Zurückweichen warnte, blieb ein verlorener Rufer in der Wüste.

Zweitens: Zum Versailler Friedenssystem gehörte von Anfang an ein Grundwiderspruch. Einerseits sollte – gemäß den vom amerikanischen Präsidenten Woodrow Wilson verkündeten Idealen – das Selbstbestimmungsrecht der Völker zur Richtschnur dienen; andererseits wurde genau dieses Recht den Deutschen im Blick auf Österreich und das Sudetenland verweigert. Was aber außer der nackten Gewalt sollte man den Besiegten auf die Dauer entgegenhalten, wenn sie sich zur Revision des Versailler Vertrages auf die Prinzipien von Versailles beriefen?

Drittens: Zwischen Großbritannien und Frankreich herrschte längst keine Einigkeit mehr. Während man in England erkannte, dass man 1919 eher töricht als weise gehandelt hatte und darum zu Zugeständnissen bereit war, klammerte man sich in Frankreich angstvoll an das einmal Erreichte, freilich mit untergründig wachsender Resignation. Ein Ausdruck dieser Resignation war der Bau der Maginotlinie, der schon 1929 begann, also längst bevor jemand an Hitlers Herrschaft dachte. Mit den Festungswerken goss man sozusagen den Mythos von Verdun in Beton, um einen erneuten deutschen Angriff mit einem Minimum von Blutopfern abzuwehren. Vorbewusst stimmte man sich damit auf die unbewegliche Verteidigung ein und schuf so seine Voraussetzung für das Versagen des Heeres, als im Zeitalter der Panzerarmeen 1940 die Probe kam.[22]

Viertens: Es gab eine Bürgerangst vor dem Bolschewismus. Wohin führte es, wenn man Deutschland mit Vorsatz schwach hielt, statt es zum Sperrriegel zu machen? Und taugte dazu nicht ein starkes »Drittes Reich« zumindest als das kleinere Übel?

Der fünfte und wohl wichtigste Faktor hieß Adolf Hitler. Er besaß einen Sinn für die Widersprüche, von denen eben die Rede war, und eine beinahe untrügliche Witterung für die Schwächen, die man ausnutzen konnte. Wo die Experten des Auswärtigen Amtes oder des Generalstabs sorgenvoll rechneten und warnten, erkannte er, was sich ausnutzen ließ, und demonstrierte aller Welt – nicht zuletzt sich selbst – seine überlegene Einsicht. Dabei war es seine Taktik, immer wieder seinen guten Willen zu bekunden und zwar Forderungen zu stellen, aber mit dem Blick auf eine Ordnung Europas, die dem Frieden diente und in der Deutschland seinen gerechten Platz fand. So hieß es beispielhaft in einer Rede aus dem Jahre 1936:

»Wir und alle Völker haben wohl die Empfindung, daß wir uns an der Wende eines Zeitalters befinden. Nicht nur wir, die Besiegten von einst, sondern auch die Sieger haben die innere Überzeugung, daß irgend etwas nicht in Ordnung war, daß besonders die Vernunft die Menschen verlassen zu haben schien … Die Völker empfinden es wohl überall: Es muß, besonders auf diesem Kontinent, der die Völker so eng aneinanderdrängt, eine neue Ordnung kommen … Über dieser neuen Ordnung … aber stehen die Worte: Vernunft und Logik, Verständnis und gegenseitige Rücksichtnahme!

Diejenigen jedoch irren sich, die glauben, daß am Eingang dieser neuen Ordnung das Wort ›Versailles‹ stehen könnte. Das wäre nicht der Grundstein einer Neuordnung, sondern ihr Grabstein.«[23]

Umgekehrt darf man exemplarisch nennen, was der britische Botschafter in Berlin, Sir Eric Phipps, zu Papier brachte: »Wir können Hitler nicht einfach als den Verfasser von ›Mein Kampf‹ anschauen, und wir können es uns auch nicht leisten, ihn zu übersehen. Wäre es also nicht ratsam, diesen schrecklich dynamischen Menschen zu binden? Zu binden, das heißt durch ein Abkommen, das seine freie und stolz gegebene Unterschrift trüge? … Seine Unterschrift würde außerdem ganz Deutschland binden, wie die keines anderen Deutschen in Deutschlands ganzer Vergangenheit. Jahre könnten dann dahingehen, und sogar Hitler könnte alt werden, und Vernunft könnte seine Furcht austreiben.«[24]

Welch eine Illusion, einen Mann wie Hitler durch seinen Namenszug auf einem Blatt Papier binden zu wollen! Doch von da aus führt ein gerader Weg bis zu jener Szene auf dem Londoner Flughafen am 30. September 1938, in der, vom Jubel umbrandet, der Premierminister Neville Chamberlain solch ein Papier mit Hitlers Unterschrift schwenkte und den »Frieden für unsere Zeit« verkündete – nur elf Monate vor dem Beginn des Zweiten Weltkriegs.

Die Chronik der Ereignisse begann mit einer Provokation. Am 14. Oktober 1933 verließ Deutschland die internationale Abrüstungskonferenz, weil ihm der Gleichstand seiner Rüstung von Frankreich nicht oder nach einem Plan des britischen Außenministers erst – vielleicht – nach vier Jahren zugestanden wurde. Fünf Tage später erklärte das Reich seinen Austritt aus dem Völkerbund.

Am 12. November wurde hierzu eine Volksabstimmung veranstaltet, verbunden mit einer Reichstagswahl, bei der es nur noch darum ging, der Einheitsliste der NSDAP das Ja zu geben oder sie abzulehnen. Die Zustimmung zum Austritt aus dem Völkerbund übertraf mit 95,1 Prozent das Reichstagsergebnis noch um drei Punkte. Damit wurde dem Ausland demonstriert, dass die überwältigende Mehrheit der Deutschen hinter Hitler stand.

Der nächste und höchst überraschende Schritt folgte am 26. Januar 1934. Mit Polen wurde ein Nichtangriffspakt und Freundschaftsvertrag abgeschlossen. Keine Partei und kein Politiker der Weimarer Republik hätte einen solchen Schritt wagen dürfen, der die Abtrennung Ostpreußens durch den polnischen »Korridor« zur Ostsee anerkannte. Und noch ein paar Monate zuvor hatte der damalige Staatssekretär im Auswärtigen Amt, Bernhard von Bülow, erklärt, dass eine Verständigung mit dem Nachbarn im Osten »weder möglich noch erwünscht« sei.[25] Nur Hitler konnte sich über die herrschenden Gefühle hinwegsetzen – mit dem kaltblütigen Vorbehalt, dass für ihn Verträge und Unterschriften nur galten, solange sie nützlich waren. Jetzt nützte die Verständigung, weil sie dem Westen und besonders Frankreich bewies, dass Deutschland vom Osten her nichts mehr zu befürchten hatte.

Freilich blieben Rückschläge nicht aus. Am 25. Juli brach in

Österreich ein nationalsozialistischer Putsch los, und der Bundeskanzler Engelbert Dollfuß wurde ermordet. Aber der Putsch wurde niedergeschlagen, und Benito Mussolini – damals noch alles andere als ein Freund und Bewunderer Adolf Hitlers – ließ an der Brenner-Grenze italienische Truppen aufmarschieren; er zeigte sich entschlossen, einer deutschen Machtübernahme in Österreich notfalls mit Waffengewalt entgegenzutreten.

Frankreich betrieb inzwischen eine Annäherung an die Sowjetunion, die am 18. September dem Völkerbund beitrat, sozusagen im Austausch gegen das Deutsche Reich.

Monate vergingen bis zum nächsten Schlag. Aber am 16. März 1935 sagte sich Deutschland feierlich von den Rüstungsbeschränkungen von Versailles los und verkündete die Einführung der allgemeinen Wehrpflicht. Mit der zugehörigen Volksbefragung vom 29. März erreichte oder meldete man erstmals das für totalitäre Regime so charakteristische »Traumergebnis« von 99 Prozent Jastimmen.[26]

Im übrigen Europa war wieder einmal die Aufregung groß. Vom 11. bis 14. April tagte die Konferenz von Stresa, auf der Großbritannien, Frankreich und Italien beschlossen, »sich mit allen geeigneten Mitteln jeder einseitigen Aufkündigung von Verträgen zu widersetzen«. Man sprach dann von der »Stresafront«. Aber von Anfang an war sie nicht sehr fest gefügt, und sie beließ es bei den ungeeigneten Mitteln, nämlich beim papierenen Protest, dem sich am 17. April der Völkerbund anschloss. Hunde, die bellen, beißen nicht – um es auf die zumindest damals gültige Formel zu bringen.

Eher ungewiss blieb dagegen, was der französisch-sowjetische Beistandspakt bedeutete, der am 2. Mai auf fünf Jahre abgeschlossen wurde. Er sah diesen »Beistand« für den Fall vor, dass einer der beiden Partner »einer Drohung oder Angriffsgefahr durch einen europäischen Staat ausgesetzt ist«. Selbstverständlich war nicht irgendein, sondern ein bestimmter europäischer Staat gemeint, nämlich Hitlers Reich. Aber wie hätte die Sowjetunion Frankreich denn *praktisch* zur Hilfe kommen sollen, da sie von Deutschland doch durch einen Gürtel von Zwischenstaaten getrennt war?

Ausgerechnet England führte dann den entscheidenden Schlag

gegen die Eindämmungsfront. Zur Empörung Frankreichs schloss es am 18. Juni ein Flottenabkommen mit Deutschland. Es besagte, daß abgesehen von den U-Booten die deutsche Marinerüstung auf 35 Prozent der britischen Flottenstärke begrenzt werden sollte. Die Marineleitung unter Führung des Admirals Erich Raeder[27] maulte ein wenig; sie träumte von einer Schlachtflottengröße wie zu Kaisers Zeiten und glaubte noch an die Gültigkeit von Verträgen. Aber Hitler kostete das Abkommen nichts; es würde Jahre dauern, bis man den vorgesehenen Rahmen überhaupt ausfüllte, und was danach kam, stand in den Sternen.

Umso größer schien der Gewinn zu sein. Zunächst einmal bestätigte die wichtigste Siegermacht des Ersten Weltkriegs dem Deutschen Reich mit Brief und Siegel, dass die Rüstungsbestimmungen des Versailler Vertrages außer Kraft gesetzt waren. In diesem Sinne ist es kaum übertrieben, von einem »Epochenereignis« zu sprechen, »dessen symptomatische Bedeutung ungleich größer als sein sachlicher Inhalt war«.[28]

Aber womöglich handelte es sich bloß um ein Vorspiel, vielleicht zeichnete sich noch viel mehr ab: Hitlers Traum, sein »Königsgedanke«, war das Bündnis mit England. Wenn das seebeherrschende und weltumspannende Imperium mit der kontinentalen Großmacht Hand in Hand ging, ließ sich alles erreichen. Dann würde das Reich, sein Reich, freie Hand haben, um sich nach Osten gegen den Bolschewismus zu wenden und den »Lebensraum« zu erobern, der das Fundament einer unbezwingbaren Weltmacht bildete. Darum nannte er den Tag des Vertragsabschlusses »den glücklichsten seines Lebens«.[29] Er glaube nun fest daran, sagte Hitler, »daß die Briten die Verständigung auf diesem Gebiet mit uns nur als Auftakt für eine viel weitergehende Zusammenarbeit suchen. Eine deutsch-britische Kombination wird stärker sein als alle anderen Mächte zusammen.«[30]

Übrigens hatte nicht der amtierende Außenminister, Konstantin Freiherr von Neurath, die Verhandlungen geführt, sondern Joachim von Ribbentrop, der durch sein ruppiges Auftreten den Vertragsabschluss beinahe zum Scheitern brachte. Doch Hitler sah in ihm nun den Wundertäter, einen Staatsmann »größer als Bismarck«. Darum schickte er ihn 1936 als Botschafter nach London, um das Bündnis zustande zu bringen.

An dieser Mission wäre allerdings auch ein fähiger Diplomat mit besseren Manieren als der hohlköpfig eitle, im Grunde bloß durch seine Beflissenheit gegenüber Hitler ausgezeichnete Ribbentrop gescheitert. England ging es um die Eindämmung Deutschlands statt um die Verbindung mit einem Diktator, aus dessen Reich so viel Finsteres berichtet wurde.

Im Hintergrund stand noch etwas weitaus Wichtigeres, ein Grundprinzip der britischen Politik seit Jahrhunderten, zu dem man bei allen Fehlern und Verirrungen des Augenblicks doch stets und unbeirrbar zurückkehrte. Es bedeutete, dass die Bildung einer Herrschaftsmacht in Europa im Interesse der eigenen Unabhängigkeit und Sicherheit um jeden Preis verhindert werden musste. Dafür hatte man einst gegen Habsburg-Spanien, dann gegen die Heere König Ludwigs XIV., später gegen das revolutionäre und das napoleonische Frankreich, schließlich gegen das kaiserliche Deutschland gekämpft. Dafür hatte man den Preis bezahlt, den der Kampf kostete. Jetzt ging es nur darum, diesen Preis möglichst niedrig zu halten. Im Rückblick mag man sagen, dass dafür ein frühes und entschlossenes Eingreifen viel mehr erbracht hätte als die Beschwichtigung. Aber ein Irrtum in der Wahl der Mittel schließt die Gültigkeit des Zwecks nicht aus. Winston Churchill hat in seiner *Geschichte der englischsprachigen Völker*, an der er in den Dreißigerjahren schrieb, beziehungsreich einen früheren britischen Staatsmann zitiert:

»Lord Grenville, der Außenminister, legte am 31. Dezember [1792] in einer Note an den französischen Gesandten die Stellungnahme der Regierung Seiner Majestät dar, und das in Worten, die seither als das klassische Prinzip der englischen Außenpolitik anerkannt worden sind: ›England wird niemals zulassen, daß Frankreich sich die Macht anmaßt, nach seinem Belieben und unter dem Vorwand eines angeblich natürlichen Rechts, über das es allein befindet, das politische System für nichtig zu erklären, das durch feierliche Verträge und mit der Zustimmung aller anderen Mächte garantiert worden ist. Unser Staat hält an den Prinzipien fest, von denen er mehr als ein Jahrhundert lang geleitet wurde. Darum wird er nicht untätig zusehen, wenn Frankreich sich mittelbar oder unmittelbar zum Herrn der Niederlande oder zum Schiedsrichter über die Rechte und Freiheiten Europas aufwirft. Wenn Frankreich daran gelegen ist, mit England Freundschaft zu halten, dann muß es seine Aggressionspläne und Expansionsgelüste aufgeben und sich mit seinem eigenen Gebiet begnügen, ohne andere Staaten zu beleidigen, ihre Ruhe zu stören oder ihre Rechte zu verletzen.‹«[31]

Die Aktualität des Textes lässt sich mit Händen greifen, sobald man »Frankreich« durch »Deutschland« ersetzt. Gewiss, Churchill war mit seinen Warnungen vor Hitler vorerst ein Rufer in der Wüste. Aber sein Streit mit der britischen Öffentlichkeit, mit dem Parlament und mit Premierministern wie Baldwin und Chamberlain wurde wirklich nur um die Mittel, nicht um das Ziel der Politik ausgefochten. Andererseits ist zu befürchten, dass weder Ribbentrop noch sonst jemand, der Hitlers Ohr hatte, etwas von Lord Grenville wusste.[32]

Zum Jahre 1935 gehörten noch zwei weitere und wichtige Ereignisse. Das Völkerbundsmandat für das wegen seiner Kohlengruben und Schwerindustrie wichtige Saargebiet lief ab, und für den 13. Januar wurde eine Volksabstimmung angesetzt. Zur Wahl standen die Verlängerung des gegebenen Zustands, die Angliederung an Frankreich oder die Rückkehr nach Deutschland. Natürlich wurde die Bevölkerung von nationalsozialistischer Propaganda überschwemmt, aber in der Wahlkabine konnte jeder frei entscheiden, und jeder wusste, dass die Heimkehr ins Reich eine Unterwerfung unter Hitlers Herrschaft bedeutete. Das Ergebnis fiel mit nur 0,4 Prozent für Frankreich, 9,1 Prozent für den Völkerbund und 90,5 Prozent für Deutschland eindeutig aus. Es war ein Triumph für Hitler nach innen und nach außen, denn niemand konnte in diesem Falle behaupten, dass das Ergebnis manipuliert worden war.[33]

Am 3. Oktober mündete der seit langem schwelende Konflikt zwischen Äthiopien und Italien – das mit Etritrea und Somalia über angrenzende Kolonien verfügte – in den Krieg: Italienische Truppen fielen in Äthiopien ein. Der Völkerbund erklärte am 7. Oktober Italien zum Angreifer und beschloss am 11. Oktober wirtschaftliche Sanktionen. Aber sie bewirkten nichts, weil sie nur halbherzig durchgeführt wurden. Ein konsequentes Ölembargo und die Sperrung des Suezkanals für den italienischen Nachschub unterblieben; beides hätte die Italiener in die Katastrophe getrieben, wie schon einmal im Jahre 1896, und das Ansehen des »Duce« wäre zerstört worden.

Hitler kam der Kolonialkrieg sehr gelegen. Die »Stresafront« zu seiner Eindämmung wurde endgültig gesprengt, und mit der diskreten Hilfe für Mussolini, besonders durch Kohlelieferungen, begann eine Annäherung des faschistischen Italiens an das nationalsozialistische Deutschland. Sie wurde weiter verstärkt durch den Ausbruch des spanischen Bürgerkrieges am 18. Juni 1936 mit einer Militärrevolte unter General Franco in Spanisch-Marokko gegen die Volksfrontregierung in Madrid. Mussolini und Hitler unterstützten die Rebellion Francos bis zu seinem Sieg über die Republik im Frühjahr 1939. Die deutsche »Legion Condor« umfasste freilich nur etwa 6000 Mann, hauptsächlich Luftwaffen-, Panzer-, Transport- und Nachrichteneinheiten; wertvoll war ihr Einsatz vor allem zur Erprobung von technisch neuartigem Kriegsgerät.

Hitler warb geduldig um Mussolini und ließ sich durch anfängliche Fehlschläge nicht abschrecken.[34] Ihren Höhepunkt erreichte diese Werbung mit dem Staatsbesuch des »Duce« vom 25. bis 28. September 1937. Alle Regiekünste wurden aufgeboten, deren das »Dritte Reich« fähig war. Als der Sonderzug Mussolinis in Berlin einlief, war auf einmal ein anderer mit Hitler neben ihm, Wagen an Wagen und Fenster an Fenster, sodass man sich schon sehen und zuwinken konnte. Aber mit einer entsprechenden Beschleunigung und Verlangsamung stand dann der Führer bereits wartend auf dem Bahnsteig, als der Duce eintraf. Die Straßen Berlins, durch die man anschließend fuhr, waren festlich geschmückt und mit jubelnden Menschenmassen gefüllt. Es folgten Empfänge, Paraden, Besichtigungen und Kundgebungen; für politische Gespräche blieb fast keine Zeit. Zu den Besichtigungen gehörten die Waffenschmiede von Krupp in Essen und ein Wehrmachtmanöver in Mecklenburg. Das grandiose nächtliche Finale unter Scheinwerferdomen auf dem Berliner Maifeld wurde allerdings durch ein schweres Gewitter mit sintflutartigem Regen ein wenig verdorben. Aber die »Achse« Berlin–Rom war nun schicksalsträchtig geschmiedet und die Diktatorenfreundschaft besiegelt.

Etwas Merkwürdiges ist an dieser Freundschaft, die sich

tatsächlich entwickelte. Beide Männer waren einerseits sehr verschieden: Hitler persönlich eher abweisend und unsicher, um nicht zu sagen verklemmt, Mussolini mit praller Sinneslust dem Leben zugewandt. Andererseits liebten beide die Theatralik und wurden getrieben von der Begierde nach der Selbstdarstellung in einer Aura der Macht. Dabei ist der anfangs überlegene und auf seinen deutschen Bewunderer spöttisch herabblickende Mussolini mehr und mehr in Hitlers Bann geraten und von ihm im Laufe der Zeit gleichsam ausgesogen worden, bis er am Ende nicht mehr war als dessen Marionette. Aber noch dem versinkenden Mussolini hat Hitler die Treue gehalten, zumindest eine sentimentale Anhänglichkeit bewahrt wie kaum einem anderen und ausnahmsweise nicht nach der Devise gehandelt, dass man noch stoßen soll, was fällt.[35]

Wir kehren zurück ins Jahr 1936. Zunächst gab es wieder einmal eine Märzüberraschung, wie schon 1935 mit der Einführung der Wehrpflicht und dann 1938 mit dem Einmarsch in Österreich, 1939 mit dem in Prag. Am 7. März kündigte das Deutsche Reich den Vertrag von Locarno, der, als Preis für den Rückzug der Alliierten, die Entmilitarisierung des linksrheinischen Gebiets vorsah, und ließ unter dem Jubel der Bevölkerung, im Läuten der Kirchenglocken seine Soldaten über die Rheinbrücken nach Westen marschieren.

Hitler ging damit ein hohes Risiko ein. Der Aufbau der Wehrmacht war zwar im Gange, aber vollkommen unfertig. Hätte Frankreich auch nur ein paar Divisionen in Marsch gesetzt, um den Vertragsbruch militärisch zu beantworten, so wäre ein kläglicher Rückzug unausweichlich geworden. Vorsorglich trugen die deutschen Kommandeure den Befehl dazu bereits in der Tasche. Es handelte sich um eine goldene und im Grunde um die letzte Gelegenheit, den Diktator unblutig in die Schranken zu weisen. Sein Ansehen hätte nachhaltig gelitten, und wohl kaum jemand wäre künftig noch bereit gewesen, ihm auf der Straße seiner Abenteuer zu folgen. Aber es blieb beim papierenen Protest ohne praktische Konsequenzen. Damit erwies sich der eingeschlagene Weg als die Straße des Triumphes; Hitlers Ansehen wurde nicht beschädigt, sondern stieg ins Ungemessene, und der nachfolgende Urnengang vom 29. März brachte ihm die Huldigung der Deutschen mit 99 Prozent Jastimmen, ohne dass es einer nennenswerten Manipulation bedurfte.[36]

Um zwölf Uhr mittags des 7. März trat eilig der Reichstag zusammen. Nach längerer Vorrede kam Hitler zum Kern: »Männer, Abgeordnete des Deutschen Reichstages! In dieser geschichtlichen Stunde, da in den westlichen Provinzen des Reiches deutsche Truppen soeben ihre Friedensgarnisonen beziehen, vereinigen wir uns alle zu zwei heiligen inneren Bekenntnissen …«[37]

Hier folgte eine Unterbrechung durch mehr als bloß Beifall. Der amerikanische Journalist William Shirer war Zeuge und hielt fest, wie die Abgeordneten reagierten: »Sie springen auf, jubelnd und schreiend. Auf der Gästetribüne dasselbe Bild, mit Ausnahme einiger Diplomaten und etwa fünfzig von uns Korrespondenten. Ihre Hände sind zum sklavischen Salut emporgestreckt, ihre Gesichter von Hysterie gezeichnet, ihre Münder weit geöffnet und schreiend, ihre vor Fanatismus brennenden Augen gerichtet auf den neuen Gott, den Messias. Der Messias spielt seine Rolle superb.«[38] Er verkündet, nachdem endlich Ruhe eingekehrt ist, die beiden heiligen Bekenntnisse: erstens dazu, niemals der Gewalt zu weichen, wenn die deutsche Ehre auf dem Spiel steht, doch zweitens mit allen europäischen Nachbarn in Frieden leben zu wollen und gegen niemanden territoriale Ansprüche zu stellen.

Hitler wusste, dass er um beinahe alles oder nichts würfelte und hat im Rückblick selbst gesagt: »Wären die Franzosen damals ins Rheinland eingerückt, hätten wir uns mit Schimpf und Schande zurückziehen müssen, denn die militärischen Kräfte, über die wir verfügten, hätten keineswegs auch nur zu einem mäßigen militärischen Widerstand ausgereicht.«[39] Man darf Hitler daher glauben, wenn er bekannte, dass die Tage nach dem 7. März zu den angespanntesten seines Lebens gehörten.[40] Manche Beobachter meinen sogar, dass er zeitweilig am Rande eines Nervenzusammenbruchs gestanden habe.[41] Doch ob das nun zutrifft oder nicht, die Erleichterung eines Vabanquespielers bricht in den Worten hervor: »Bin ich froh! Herrgott! Bin ich froh, daß alles so glatt abgegangen ist.« Denn »wenn die Franzosen wirklich Ernst gemacht hätten, wäre es für mich die größte politische Niederlage geworden«.[42]

Das zweite Hauptereignis des Jahres waren die Olympischen Spiele, die schon vor der »Machtergreifung« nach Berlin vergeben worden waren. Ihre hervorragende Organisation erregte die Bewunderung der Welt.[43] Hitler sprach nicht nur am 1. August die vorgeschriebenen Eröffnungsworte, sondern nahm lebhaften Anteil; immer wieder sah man ihn auf der Ehrentribüne. Sein einziger Ärger war, dass die Berliner sich wenig »rassebewusst« zeigten und ausgerechnet einen Farbigen aus den Vereinigten Staaten, Jesse Owens, zu ihrem Liebling erkoren. Doch das Reich stellte sich strahlend und friedfertig dar – und leistungstüchtig wie noch nie: Erstmals in der Geschichte der Spiele errangen deutsche Athletinnen und Athleten mit deutlichem Abstand vor den amerikanischen die meisten Goldmedaillen. Etwas später trugen dann die Olympiafilme Leni Riefenstahls schönheitstrunkene Bilder um die Welt.

Sozusagen zum Kontrastprogramm gehörte freilich, dass gleich nach dem Ende der Spiele am 24. August die Verlängerung der Wehrpflicht auf zwei Jahre verkündet wurde.

Im September folgte die Ausrufung des Vierjahresplans, mit dessen Durchführung Hermann Göring beauftragt wurde. Der verstand zwar wenig oder nichts von wirtschaftlichen Fragen; um so eifriger setzte er Unterbeauftragte ein und schuf damit eine Konkurrenz zum herkömmlichen Wirtschaftsministerium. Unter anderem entstanden im Gebiet von Salzgitter, nahe bei Braunschweig, die »Reichswerke Hermann Göring« zur Stahlerzeugung aus minderwertigem Erz. Allerdings nur Bruchteile des vorgesehenen Industriekomplexes wurden fertig gestellt. Wichtiger noch war der Bau von Hydrierwerken zur Benzingewinnung aus Kohle; hierbei kamen auch die Interessen der chemischen Großindustrie ins Spiel, seit 1925 im mächtigen IG-Farben-Konzern zusammengeschlossen, ebenso bei der Produktion von Buna, dem synthetischen Kautschuk.

Im Rückblick erkennt man eine Weichenstellung: Die angespannte deutsche Wirtschafts- und Devisenlage hätte es nahe gelegt, ihr mit vermehrten Exportanstrengungen zu begegnen. Der Vierjahresplan wies in die Gegenrichtung, zur Autarkie: Möglichst alles, was man brauchte, sollte im eigenen Land hergestellt werden, und sei es zu viel höheren Kosten als bei einer Einfuhr der entsprechenden Rohstoffe. Mit anderen Worten: Deutschland sollte blockadefest gemacht werden; es handelte sich um die wirtschaftliche Seite der Aufrüstung und Kriegsvorbereitung.[44]

Am 5. November 1937 hielt Hitler eine mehrstündige Rede, aber nicht vor Menschenmassen und in der Öffentlichkeit, sondern streng geheim in einem sehr kleinen Kreis. Anwesend waren der Außenminister und der Kriegsminister, von Neurath und von Blomberg, dazu die Befehlshaber von Heer, Marine und Luftwaffe, von Fritsch, Raeder und Göring. Oberst Friedrich Hoßbach, der Wehrmacht-Adjutant bei Hitler, machte Notizen, aus denen das so genannte Hoßbach-Protokoll entstand.[45]

Hitler entwarf seine Zukunftspläne zum Anschluss Österreichs und zur Zerschlagung der Tschechoslowakei, beides möglichst noch 1938 – und darüber hinaus für den schicksalhaften Eroberungskrieg zum Gewinn von »Lebensraum« im Osten. Da niemand ihn freiwillig hergeben werde, »könne es nur den Weg der Gewalt geben«. Besonders die Herren von Adel erschraken: Wohin sollte das führen? Offenbar hatten sie *Mein Kampf* nicht gelesen. Sie erhoben Einwände, sodass die Diskussion »zeitweilig sehr scharfe Formen« annahm.[46]

Der Vorgang wirft ein Schlaglicht auf die Unterschiede zwischen Hitler und der konservativen Elite. Man war sich einig in dem Ziel, Deutschland wieder groß und stark, es zu einer Vormacht Europas zu machen. Doch die überkommenen Vorstellungen von Machtpolitik bewegten sich noch in den Grenzen einer möglichen Friedensordnung der Staaten, die mit der Unterwerfung, Versklavung oder Vernichtung ganzer Völker oder gar Rassen kaum in Einklang zu bringen war. Hitler selbst – so wird jedenfalls berichtet – hat den Gegensatz der Einstellungen später einmal in ein sprechendes Bild gebracht, als er vom traditionsreichen, aus der Schule eines Helmuth von Moltke hervorgegangenen Generalstab sprach: »Als ich noch nicht Reichskanzler war, habe ich gemeint, der Generalstab gleiche einem Fleischerhund, den man fest am Halsband haben müsse, weil er sonst jeden anderen Menschen anzufallen drohe. Nachdem ich Reichskanzler geworden war, habe ich feststellen müssen, daß der deutsche Generalstab nichts weniger als ein Fleischerhund ist. Dieser Generalstab hat mich immer gehindert, das zu tun, was ich für nötig halte. Der Generalstab hat der Aufrüstung, der Rheinlandbesetzung, dem Einmarsch nach Österreich, der Besetzung der Tschechei und schließlich sogar dem Krieg gegen Polen widersprochen. Der Generalstab hat mir abgeraten, gegen Frankreich offensiv vorzugehen. Der Generalstab hat mir abgeraten, gegen Rußland Krieg zu führen. Ich bin es, der diesen Fleischerhund immer erst antreiben muß.«[47]

Auf den Ausbruch der Meinungsverschiedenheiten reagierte Hitler charakteristisch: zunächst einmal gar nicht. Grollend zog er sich auf den Berghof zurück und war nicht zu sprechen, als sein Außenminister und sein Oberbefehlshaber des Heeres weitere Unterredungen führen wollten. Doch dann folgte im Januar und Februar 1938 Schlag auf Schlag.[48]

Am 12. Januar heiratete der verwitwete Blomberg; Hitler und Göring traten als Trauzeugen auf. Gleich darauf präsentierten Göring und die Gestapo eine Akte der Sittenpolizei, die die neue Frau des Feldmarschalls als ehemalige Prostituierte auswies, samt pornografischen Aufnahmen, bei denen sie mitgewirkt hatte. Dann, wiederum nur Tage später, wurde Fritsch noch viel schwerer beschuldigt: Er habe sich homosexuell vergangen. Am Abend des 26. Januar wurde er in der Reichskanzlei mit einem vorbestraften Strichjungen als gedungenem Zeugen konfrontiert, der behauptete: »Ja, er war es.«[49] Es handelte sich um ein Schmierenstück, von der Gestapo inszeniert; das später von der Wehrmacht durchgesetzte Kriegsgerichtsverfahren bewies die Intrige und Fritschs Unschuld.[50]

Aber der Bruch war vollzogen, und Hitler machte reinen Tisch. In der Kabinettssitzung vom 4. Februar gab er nicht nur die Verabschiedung der beiden Generale bekannt, sondern 16 weitere wurden in den Ruhestand, 44 auf neue Posten versetzt. Auch der Außenminister von Neurath wurde durch Ribbentrop abgelöst, und in Wien, Rom und Tokio wechselten die Botschafter. Schließlich sah sich Walter Funk, dessen Hauptverdienst es war, ein ergebener Gefolgsmann aus alten »Kampfzeiten« zu sein, in der Nachfolge von Hjalmar Schacht zum Wirtschaftsminister berufen. Das Kriegsministerium wurde aufgelöst und durch das Oberkommando der Wehrmacht ersetzt, mit General Wilhelm Keitel als dem Leiter. Als man Hitler sagte, dass Keitel nur zum Bürochef tauge, hieß seine Antwort: »Das ist genau die Art Mann, die ich brauche.«[51] Ähnlich der neue Oberbefehlshaber des Heeres, Walter von Brauchitsch, der sich schon dadurch passend einführte, dass er sich zum Vollzug seiner Ehescheidung mit einem größeren Geldgeschenk aushelfen ließ. Hitler selbst übernahm den Oberbefehl über die Wehrmacht; Göring, der seine Intrigen nicht zuletzt inszeniert hatte, weil er auf diesen Oberbefehl hoffte, wurde mit der Beförderung zum Generalfeldmarschall abgefunden.

Wahrlich: Soweit es nur möglich war, wurde reiner Tisch gemacht; ein kluger Beobachter hat in Anspielung auf die Röhm-Affäre von 1934 und die Entmachtung der SA von einem »trockenen 30. Juni« gesprochen.[52] Und Hitler selbst soll verächtlich gesagt haben, nun sei er gewiss, dass alle Generale feige seien.[53] Das traf gewiss nicht im militärischen, wohl aber von Ausnahmen abgesehen im politischen Sinne zu. Darum gilt, was Gordon A. Craig im Schlusswort seiner Geschichte der preußisch-deutschen Armee geschrieben hat:

»Bis zum allerletzten Ende zeigten die Befehlshaber der deutschen Armeen die technische Virtuosität und den physischen Mut, der seit der Wiedererhebung nach Jena und Auerstedt für das preußische Offizierkorps stets charakteristisch gewesen waren. Aber was die meisten von ihnen während dieser letzten verzweifelten Jahre [des Krieges] nicht zeigten, war das, was sie auch nicht gezeigt hatten, als Hitler 1933 an der Schwelle des Kanzleramtes stand, was sie nicht gezeigt hatten, als er im Juni 1934 seine Mordbuben auf das Volk losließ, was sie nicht gezeigt hatten, als Schleicher ermordet und Fritsch degradiert wurde: nämlich eine Spur jenes moralischen Mutes, jener geistigen Unabhängigkeit, jener tiefen Vaterlandsliebe, die so große Soldaten der Vergangenheit wie Scharnhorst, Boyen und Gneisenau ausgezeichnet hatten. Ohne diese Eigenschaften waren ihre anderen Befähigungen wertlos und sie selbst machtlos, um die Katastrophe abzuwenden, die in so hohem Maße das Ergebnis ihres mangelnden politischen Verantwortungsgefühls gewesen ist.«[54]

Nach der Bereinigung der inneren Machtverhältnisse verlor Hitler wenig Zeit, um sein Eroberungsprogramm in Angriff zu nehmen. Zunächst einmal ging es um Österreich. Das Land war gewissermaßen sturmreif; seit Jahren wurde es nationalsozialistisch unterwandert, und seit der Festigung der »Achse« zwischen Berlin und Rom verlor sich die italienische Unterstützung ins Ungewisse, wenn nicht gar ins Unwahrscheinliche.

Am 12. Februar 1938 empfing Hitler den österreichischen Bundeskanzler Kurt (von) Schuschnigg auf dem Obersalzberg und überfiel ihn sofort mit Vorwürfen und Drohungen. Sein Jugendhass gegenüber dem alten Vielvölkerstaat brach hervor und wandte sich nun gegen das kleine Land, das nach 1918 noch geblieben war. Die ganze Geschichte Österreichs, so erklärte er, sei nichts als Volksverrat. »Das war früher nicht anders als heute. Aber dieser geschichtliche Wahnsinn muß endlich sein längst fälliges Ende finden. Und das sage ich Ihnen, Herr Schuschnigg: Ich bin fest entschlossen, mit dem allen ein Ende zu machen. Das Deutsche Reich ist eine Großmacht, und es kann und wird ihm niemand dreinreden wollen, wenn es an seinen Grenzen Ordnung macht ... Ich brauche nur einen Befehl zu geben, und über Nacht ist der ganze lächerliche Spuk an der Grenze zerstoben. Sie werden doch nicht glauben, daß Sie mich auch nur eine halbe Stunde aufhalten können? Wer weiß – vielleicht bin ich über Nacht in Wien; wie der Frühlingssturm! Dann sollen Sie etwas erleben! Ich möchte es den Österreichern gerne ersparen; das wird viel Opfer kosten.«[55]

Unter dem Druck, dem er ausgesetzt war, unterschrieb Schuschnigg ein Abkommen mit weitgehenden Zugeständnissen: keine Behinderungen mehr für die Nationalsozialisten und eine allgemeine Amnestie für verhaftete Gewalttäter, die Ernennung des Nationalsozialisten Arthur Seyß-Inquart zum Sicherheitsminister, enge wirtschaftliche, außenpolitische und militärische Zusammenarbeit.

Aber Schuschnigg unternahm einen letzten Versuch, um Österreich vor Hitlers Zugriff zu retten. Am 9. März rief er seine Landsleute kurzfristig für den 13. März zu einer Volksabstimmung »für ein freies und deutsches, unabhängiges und soziales, für ein christliches und einiges Österreich« auf. Umgehend erließ Hitler eine Weisung, um den Einmarsch vorzubereiten. Wieder unter massiven Drohungen und entmutigt, weil seine Hilferufe in London, Paris und Rom kein Echo fanden, trat Schuschnigg am Abend des 11. März zurück.[56] Der Bundespräsident ernannte Seyß-Inquart zum Nachfolger, und der sandte – angeblich – eine Bitte um Hilfe nach Berlin. In Wahrheit handelte es sich um eine Inszenierung Görings, von der der neue Bundeskanzler nichts wusste. Am Abend dieses 11. März gab Hitler für den nächsten Tag den Einmarschbefehl.

Aber wie würde der Freund Mussolini reagieren? Niemand wusste das – bis noch vor Mitternacht ein Anruf des nach Rom entsandten Prinzen Philipp von Hessen die Gewissheit brachte. Aus welcher Spannung Hitler sich erlöst sah, zeigt der Wortlaut des Telefongesprächs:

Prinz von Hessen: »Ich komme eben zurück aus dem Palazzo Venezia. Der Duce hat die ganze Angelegenheit sehr freundlich aufgenommen. Er läßt Sie herzlich grüßen.«

Hitler: »Dann sagen Sie Mussolini bitte, ich werde ihm das nie vergessen.«

Prinz von Hessen: »Jawohl.«

Hitler: »Nie, nie, nie, es kann sein was sein will … Wenn die österreichische Sache jetzt aus dem Weg geräumt ist, bin ich bereit, mit ihm durch dick und dünn zu gehen, das ist mir alles gleichgültig … Sie können ihm das nur mal sagen, ich lasse ihm wirklich herzlich danken, ich werde ihm das nie, nie vergessen. Ich werde ihm das nie vergessen.«

Prinz von Hessen: »Jawohl, mein Führer.«

Hitler: »Ich werde ihm das nie vergessen, es kann sein, was sein will. Wenn er jemals in irgendeiner Not oder irgendeiner Gefahr sein sollte, dann kann er überzeugt sein, daß ich auf Biegen vor ihm stehe, das kann sein, was da will, wenn sich auch die Welt gegen ihn erheben würde.«[57]

Der Einmarsch verlief ohne Probleme. Die deutschen Soldaten wurden mit Jubel begrüßt und mit Blumen überschüttet – erst recht Hitler, als er am Nachmittag des 12. März bei seiner Geburtsstadt Braunau am Inn die Grenze überschritt und vier Stunden später in Linz einzog. Offenbar unter dem Eindruck der überschäumenden Begeisterung, die ihn selbst mitriss, unterzeichnete er dort am Abend das »Gesetz über die Wiedervereinigung Österreichs mit dem Deutschen Reich«. Er war, wie es heißt, sehr bewegt, und Tränen rannen ihm übers Gesicht.[58] Es folgte dann der Triumphzug nach Wien.

»Ein Volk – ein Reich – Ein Führer!« hieß die Parole für die Volksabstimmung zur Gründung des nunmehr Großdeutschen Reiches, die am 10. April stattfand. Im Altreich erreichten die Jastimmen wieder die 99-Prozentgrenze, in Österreich – offiziell – sogar 99,73 Prozent: des Guten ein wenig zu viel. Doch daran kann kein Zweifel sein, dass Hitler jetzt auf der Höhe seines Ansehens stand und die Zustimmung überwältigend ausfiel.

Im Übrigen handelte es sich nicht nur um einen Zugewinn von 83 868 Quadratkilometern und fast sieben Millionen Menschen, sondern auch finanziell um eine willkommene Beute – einer der Gründe dafür, warum Hermann Göring als Beauftragter für den Vierjahresplan mit besonderem Eifer bei der Sache war: Die österreichischen Gold- und Devisenreserven beliefen sich auf 1,4 Milliarden Reichsmark, während die Reichsbank gerade noch über 76 Millionen verfügte. Hinzu kamen die österreichischen Eisenerze, eine noch unausgelastete Industrie und ein noch unausgeschöpfter Arbeitsmarkt mit mehr als einer halben Million Arbeitsloser.[59]

Die finstere Kehrseite der Begeisterung darf freilich nicht vergessen werden. Ungehemmter als jemals in Deutschland seit der »Machtergreifung« von 1933 tobte die Rache der Sieger an den Besiegten, an Regimefeinden und Juden sich aus. Niemand hat das so eindringlich beschrieben wie Stefan Zweig, und darum sei er hier ausführlich zitiert:

»Ich meinte, alles Furchtbare vorausgefühlt zu haben, was geschehen könnte, wenn Hitlers Haßtraum sich erfüllte und er Wien, die Stadt, die ihn als jungen Menschen arm und erfolglos von sich gestoßen, als Triumphator besetzen würde. Aber wie zaghaft, wie klein, wie kläglich erwies sich meine, erwies sich jede menschliche Phantasie gegen die Unmenschlichkeit, die sich entlud an jenem 13. März 1938, dem Tage, da Österreich und damit Europa der nackten Gewalt zur Beute fiel! Jetzt sank die Maske. Da die andern Staaten offen ihre Furcht gezeigt, brauchte sich die

Brutalität keinerlei moralische Hemmung mehr aufzuerlegen, sie bediente sich – was galt noch England, was Frankreich, was die Welt? – keiner heuchlerischen Vorwände mehr von ›Marxisten‹, die politisch ausgeschaltet werden sollten. Jetzt wurde nicht mehr bloß geraubt und gestohlen, sondern jedem privaten Rachegelüst freies Spiel gelassen. Mit nackten Händen mußten Universitätsprofessoren die Straßen reiben, fromme weißbärtige Juden wurden in den Tempel geschleppt und von johlenden Burschen gezwungen, Kniebeugen zu machen und im Chor ›Heil Hitler‹ zu schreien. Man fing unschuldige Menschen auf der Straße wie Hasen zusammen und schleppte sie, die Abtritte der SA-Kasernen zu fegen; alles, was krankhaft schmutzige Phantasie in vielen Nächten sich orgiastisch ersonnen, tobte sich am hellen Tage aus. Daß sie in die Wohnungen einbrachen und zitternden Frauen die Ohrgehänge abrissen – dergleichen mochte sich bei Städteplünderungen vor Hunderten Jahren in mittelalterlichen Kriegen ebenfalls ereignet haben; neu aber war die schamlose Lust des öffentlichen Quälens, die seelischen Marterungen, die raffinierten Erniedrigungen. All dies ist verzeichnet nicht von einem, sondern von Tausenden, die es erlitten, und eine ruhigere, nicht wie unsere moralisch schon ermüdete Zeit wird mit Schaudern einst lesen, was in dieser Stadt der Kultur im zwanzigsten Jahrhundert ein einziger haßwütiger Mensch verbrochen. Denn das ist Hitlers diabolischster Triumph inmitten seiner militärischen und politischen Siege – diesem einen Manne ist es gelungen, durch fortwährende Übersteigerung jeden Rechtsbegriff abzustumpfen. *Vor* dieser ›Neuen Ordnung‹ hatte die Ermordung eines einzigen Menschen ohne Gerichtsspruch und äußere Ursache noch eine Welt erschüttert, Folterung galt für undenkbar im zwanzigsten Jahrhundert, Expropriierungen nannte man noch klar Diebstahl und Raub. *Jetzt* aber, nach den immer erneut sich folgenden Bartholomäusnächten, nach den täglichen Zutodefolterungen in den Zellen der SA und hinter den Stacheldrähten, was galt da noch ein einzelnes Unrecht, was irdisches Leiden? 1938, nach Österreich, war unsere Welt schon so sehr an Inhumanität, an Rechtlosigkeit und Brutalität gewöhnt wie nie zuvor in Hunderten von Jahren. Während vordem allein, was in dieser unglückseligen Stadt Wien geschehen, genügt hätte zur internationalen Ächtung, schwieg das Weltgewissen im Jahre 1938 oder murrte nur ein wenig, ehe es vergaß und verzieh.«[60]

Der »Anschluss« Österreichs veränderte die strategische Lage in Mitteleuropa. Die Tschechoslowakei war jetzt umklammert. Gegen Deutschland, nach Norden und Westen, verfügte seine modern ausgerüstete Armee über starke Befestigungen, doch kaum nach Süden gegen Österreich, sodass ein militärischer Stoß nun auch gegen den »weichen Unterleib« geführt werden konnte. Im Sudetenland, den ans Reich angrenzenden Gebieten, lebten mehr als drei Millionen Deutsche. Überhaupt handelte es sich um einen Vielvölkerstaat, zu dem auch die Slowaken, viele Ungarn und einige Polen gehörten.

Wieder verlor Hitler wenig Zeit. Schon zwei Wochen nach der Ausrufung des Großdeutschen Reiches empfing er den Führer der Sudetendeutschen Partei, Konrad Henlein, und schärfte ihm ein, in Prag immer höhere Forderungen zu stellen, um so als »Sprengsatz innerhalb der Tschechoslowakei« zu wirken.[61] Henlein reiste auch nach England und warb für seine Sache, offenbar mit Erfolg; der Premierminister Chamberlain und sein Außenminister Halifax sollen vom tschechischen Staat gesagt haben, er sei eine »Verbindung von Fetzen und Flicken, zusammengestückt durch den Versailler Vertrag, zu deren Schutz niemand sterben sollte«.[62] In gewissem Sinne erschien die Tschechoslowakei noch als ein verkleinertes Abbild der 1918 untergegangenen Donaumonarchie, und ebendies war ihr Verhängnis. Denn gegen sie konnte man das ideelle Prinzip von Versailles in Stellung bringen: das Selbstbestimmungsrecht der Völker.

Eine Propagandamaschinerie wurde angeworfen und auf immer höhere Touren gebracht. Von unerträglicher Unterdrückung, von den Gewalttaten der Tschechen gegen die Deutschen war die Rede – die man wiederum durch ständig militanter werdende Demonstrationen und Aktionen mit bösem Vorsatz provozierte. Menschen, immer mehr Menschen strömten als Flüchtlinge aus dem Sudetenland ins Reich und wurden als Beweis für die unhaltbaren Zustände vorgewiesen. Letztlich zielte Hitler auf den Krieg und wollte gar keine friedliche Lösung. Denn, wie er seinem Adjutanten Wiedemann im Frühsommer 1938 sagte: »Jede

Generation muß einmal einen Krieg mitgemacht haben ... Der Krieg ist die beste Erziehung für die deutsche Jugend.«[63]

Immerhin: Am 20. Mai verkündete die Regierung in Prag die Mobilmachung ihrer Streitkräfte und sprach vom bevorstehenden deutschen Angriff. England, Frankreich und auch die Sowjetunion versprachen nun doch ihre Unterstützung.

Hitler wich erst einmal zurück. Aber in einer dreistündigen Rede vor den Führungskräften der Wehrmacht und der Außenpolitik erklärte er, »daß die Vorbereitungen zu einer späteren Lösung der Tschechei-Frage mit dem größten Nachdruck zu fördern seien«.[64] Und in einer Weisung, sozusagen einem Vorwort zum »Fall Grün«, dem militärischen Operationsplan, hieß es: »Es ist mein unabänderlicher Entschluß, die Tschechoslowakei in absehbarer Zeit durch eine militärische Operation zu zerschlagen.«[65] Ja, er wollte seinen Krieg, nur nicht oder jedenfalls jetzt noch nicht den großen europäischen Krieg.

Wir überspringen spannungsgeladene Monate und wenden uns der Septemberkrise zu. Es war schließlich der britische Premierminister Neville Chamberlain, der die Dinge in die Hand nahm. Als der altmodisch gekleidete Mann mit dem Regenschirm und fatale Beschwichtiger ist er im Gedächtnis geblieben. Aber er war durchaus keine lächerliche, sondern eine tragische Figur, vom charakterfesten Vorsatz bestimmt, den Frieden zu retten, wenn es denn möglich war. Die Zugeständnisse, die er machte, sollten Hitler durch dessen eigene Unterschrift an den Frieden binden. Chamberlains Irrtum, von einer Vielzahl der Zeitgenossen geteilt, bestand darin, dass er Hitler nicht erkannte, nicht den Mann, der sich dem Willen zur absoluten Macht verschrieben hatte, sondern ihn für einen Staatsmann hielt – und sei es selbst mit abschreckendem Benehmen und höchst fragwürdigen Methoden –, der für sein Land das Beste erreichen wollte. Nur eben: Solch ein Staatsmann war Hitler nicht, nicht einmal entfernt vergleichbar mit Otto von Bismarck, Gustav Stresemann oder Konrad Adenauer.

Chamberlain reiste zu Hitler. Am 15. September fand das erste Gespräch auf dem Obersalzberg statt, ein zweites, dem eher unwilligen Hitler geradezu aufgedrängt, folgte am 22. September. Die Abtretung des Sudetenlandes an das Reich wurde praktisch schon zugestanden. Aber Hitler wies alles zurück: »Es tut mir leid, Herr Chamberlain, daß ich auf diese Dinge jetzt nicht mehr eingehen kann. Nach der Entwicklung der letzten Tage geht diese Lösung nicht mehr.«[66] Für Chamberlain, so schien es, blieb bloß noch die Resignation: »Mit großem Bedauern und tiefer Enttäuschung, Herr Reichskanzler, muß ich feststellen, daß Sie mich in meinem Bemühen um die Erhaltung des Friedens auch nicht im geringsten unterstützt haben.«[67] Inzwischen wurde in der Tschechoslowakei wieder die allgemeine Mobilmachung angeordnet, und auch in Frankreich und Großbritannien traf man Kriegsvorbereitungen.

Am 26. September hielt Hitler eine dramatische Rede, diesmal nicht vor dem Reichstag, sondern im Sportpalast. Charakteristisch mischte er seine Drohungen mit den Friedensverheißungen. »Und nun«, so hieß es unter anderem, »steht vor uns das letzte Problem, das gelöst werden muß und gelöst werden wird! Es ist die letzte territoriale Forderung die ich in Europa zu stellen habe, aber es ist die Forderung, von der ich nicht abgehe, und die ich, so Gott will, erfüllen werde.«[68] Der tschechische Staat könne danach gesichert leben: »Wir wollen gar keine Tschechen.«[69] Am Schluss stand ein Appell:

»In dieser Stunde wird sich das ganze deutsche Volk mit mir verbinden!

Es wird meinen Willen als seinen Willen empfinden, genau so wie ich seine Zukunft und sein Schicksal als den Auftraggeber meines Handelns ansehe!

Und wir wollen diesen gemeinsamen Willen jetzt so stärken, wie wir ihn in der Kampfzeit besaßen, in der Zeit, in der ich als einfacher unbekannter Soldat auszog, um ein Reich zu erobern und niemals zweifelte an dem Erfolg und an dem endgültigen Sieg ... Und so bitte ich Dich, mein deutsches Volk: Tritt jetzt hinter mich Mann für Mann, Frau um Frau.

In dieser Stunde wollen wir alle einen gemeinsamen Willen fassen. Er soll stärker sein als jede Not und Gefahr. Und wenn dieser Wille stärker ist als Not und Gefahr, dann wird er Not und Gefahr einst brechen. Wir sind entschlossen! Herr Benesch mag jetzt wählen!«[70]

Tatsächlich, wie einst in der »Kampfzeit« riss Hitler seine Hörer zur Begeisterung hin, über alle Besinnungsgrenzen hinaus, bis zum minutenlangen Sprechchor, den Goebbels anstimmte: »*Führer, befiehl, wir folgen!*« Im Schlusswort rief Goebbels: »Niemals wird sich bei uns ein November 1918 wiederholen!« Der Augenzeuge William Shirer hat beschrieben, wie Hitler zu seinem Minister aufblickte, »als seien das die Worte, nach denen er den ganzen Abend gesucht hatte. Er sprang auf, beschrieb mit der rechten Hand einen großen Bogen durch die Luft, ließ sie auf den Tisch fallen und schrie, mit einem mir unvergeßlichen Fanatismus in seinen Augen, aus voller Kraft: ›Ja!‹ Dann sank er erschöpft in seinen Stuhl zurück.«[71]

Ob allerdings das ganze deutsche Volk die Empfindungen der Menge im Sportpalast teilte, war höchst zweifelhaft. Am gleichen Tag hatte man mit ausdrücklicher Ankündigung eine motorisierte Division durch Berlin marschieren lassen, über die Ost-West-Achse und durch die Wilhelmstraße an der Reichskanzlei vorbei. Aber es gab nur wenige Zuschauer, keinerlei Jubel und nirgendwo Blumen, nichts, was an den Aufbruch vom August 1914 erinnerte. Aus den Gesichtern der Menschen sprachen nur Bedrückung und Angst, denn sie kannten den Krieg. Der »Nie-wieder!«-Wunsch bestimmte die Gefühle kaum anders als in England und Frankreich; alle Meldungen aus dem Reich bestätigten dies.[72] Für einen Augenblick, so schien es, tat sich zwischen den Deutschen und ihrem Führer ein Abgrund des Zweifels auf.

Erst recht galt das in den militärischen und diplomatischen Führungskreisen. Der Chef des Generalstabs, General Ludwig Beck, vom militärischen Misserfolg überzeugt, trat schon im August zurück, und sein Nachfolger Franz Halder dachte ähnlich pessimistisch. Unter seiner Mithilfe formierte sich eine Militärverschwörung zum Staatsstreich, sogar ein Stoßtrupp stand schließlich bereit, um in die Reichskanzlei einzudringen und Hitler zu verhaften – oder ihn im Handgemenge zu erschießen.[73] Man band sich nur – und im Blick auf die Volksstimmung durchaus verständlich – an die Voraussetzung, dass die Westmächte nicht nachgaben und dass darum ein Angriff auf die Tschechoslowakei den großen europäischen Krieg auslöste.

Um die Briten auf Festigkeit einzuschwören, schickte man Vertrauensleute nach London. Doch dort blieb man taub oder skeptisch. »Hitler oder Preußen« hieß für Chamberlain die Alternative.[74] Und was waren das denn für Leute, die offensichtlich auf den Landesverrat zusteuerten? Konnte man auf sie sich verlassen, hatten nicht auch sie sich darauf eingeschworen, eine deutsche Großmacht zu schaffen? Und wer garantierte, dass sie den Sturz Hitlers tatsächlich erreichten? Nein, da schien es doch sicherer, *mit* Hitler statt gegen ihn den Frieden zu sichern. »Chamberlain hat Hitler gerettet«, hieß ein bitterer Kommentar.[75] Ob es wirklich so war, kann niemand mit Sicherheit sagen, weil die Geschichte uns nur erzählt, was wirklich geschehen ist.[76]

Jedenfalls wurde die Verschwörung gelähmt und fiel dann ins Nichts zurück, als am 28. September bekannt wurde, dass auf Vermittlung Mussolinis am nächsten Tag in München eine Konferenz stattfinden sollte, an der neben dem Achsenpartner Chamberlain und der französische Ministerpräsident Edouard Daladier teilnehmen würden. Dem »Duce« konnte der Führer sich schlecht verweigern; darum kann man auch sagen, dass Mussolini Hitler gerettet hat. Das Abkommen, das unterzeichnet wurde, verfügte die Abtretung der Sudetengebiete an das Deutsche Reich. Die tschechische Regierung hatte man um ihre Zustimmung gar nicht erst gefragt; sie mußte als Diktat hinnehmen, was man über sie verhängte.

Die Stimmung der Menschen und der Völker wurde schon in München sichtbar, als die Bevölkerung Chamberlain vor seiner Abreise als den Friedensretter feierte. Erst recht wurde er nach seiner Heimkehr nach London umjubelt. Ähnlich Daladier in Paris. Nur Winston Churchill hielt im britischen Unterhaus eine große und düstere Rede, in der er sagte: »Alles ist nun vorüber. Schweigend, in Trauer, verlassen und zerbrochen entschwindet die Tschechoslowakei in der Dunkelheit. Sie wurde dafür bestraft, daß sie auf die westlichen Demokratien vertraute.«[77]

Das Vertrauen der Deutschen aber wandte sich wieder und jetzt erst recht Adolf Hitler zu. Er war eben doch der Mann der Vorsehung, der seinen Weg mit traumwandlerischer Sicherheit ging und den Menschen das kleine Alltagsglück ihrer Ruhe und Sicherheit ebenso garantierte, wie den Glanz der Macht und die Größe des Reiches.

Ausblicke vom Gipfel

Im Herbst 1938, nach dem Münchener Abkommen, war Adolf Hitler auf dem Gipfelpunkt seiner Laufbahn angekommen. Voraus lag Finsternis, der Weg in den Krieg und damit in die Katastrophe.

Blickt man indessen zurück, so stellt sich der Aufstieg staunenswert, ja Schwindel erregend dar. Der Mann aus dem Nichts war erst zum Führer einer Massenbewegung, dann zum Führer des Reiches geworden, dem jetzt die unumstrittene Vorherrschaft in Mitteleuropa gehörte. Mit den Münchener Unterschriften hatten der britische Premierminister und der französische Ministerpräsident diese Vorherrschaft besiegelt, und der Jubel ihrer Völker bewies, dass Europa dies hinnahm, sofern nur der Friede gerettet wurde. Aus der Niederlage des Ersten Weltkriegs war der Sieg, der Triumph geworden, ohne dass ein Schuss fiel. Deutschland stand größer und glanzvoller da als jemals das Kaiserreich. Hitler hatte wieder und wieder mit höchstem Einsatz gespielt, und er hatte gewonnen. In seinem Selbstverständnis und in den Augen der allermeisten Deutschen war er der Mann der Vorsehung.

Der weite Ausblick vom Gipfel verlockt zu der Frage, die unter Historikern verpönt ist und hier dennoch sich aufdrängt: Was wäre gewesen, wenn … *wenn* Hitler in diesem Herbst 1938 plötzlich getötet worden wäre?

Vieles lässt sich dafür denken, etwa ein Verkehrsunfall. Der Liebhaber des schnellen Fahrens im offenen Auto ist von München nach Berchtesgaden, zum Obersalzberg unterwegs, ein Pferdefuhrwerk schiebt sich auf die Straße; beim Versuch des Ausweichens schleudert der schwere Wagen gegen einen Baum. Anschnallgurte oder Luftkissen, die das Schlimmste verhüten, gibt es noch nicht. Ähnlich ließe sich ein Flugzeugabsturz ausmalen, sei es durch Sabotage oder bei unversehens aufkommendem Nebel.

Noch näher liegt die Erinnerung an den Attentäter Johann Georg Elser. Der schlichte und verschlossene Einzelgänger, fast wie Hitler ein Mann aus dem Nichts, ließ am Abend des 8. November 1939 im Münchener Bürgerbräukeller die perfekte Höllenmaschine explodieren, die er gebaut und in eine raumtragende Säule eingebaut hatte, genau dort, wo der Führer zum Gedenken an den »Marsch auf die Feldherrnhalle« alljährlich zu seinen »alten Kämpfern« sprach. Nur ein lächerlich anmutender Umstand verhinderte den Erfolg des Anschlags: schlechtes Wetter. Die Maschine zum Rückflug nach Berlin konnte nicht starten, und der Sonderzug blieb in die Fahrpläne eingebunden. So redete Hitler früher und kürzer als sonst; ohne das im Anschluss noch übliche Beisammensein verließ er eilig den Schauplatz, an dem die Bombe zehn Minuten später explodierte und ein Blutbad anrichtete.[1] Wie aber, wenn Elser seine handwerkliche Meisterleistung schon ein Jahr früher vollbracht und die Bombe am 8. November 1938 gezündet hätte? Mit hoher Wahrscheinlichkeit, fast mit Gewissheit wäre Hitler getötet worden.

Und wie soll man sich den Fortgang der Ereignisse vorstellen? Nach der ersten Verwirrung und pompösen Begräbnisfeiern hätte man eilig einen Nachfolger bestimmen müssen – nach Lage der Dinge wohl Hermann Göring. Er war der damals kaum umstrittene zweite Mann hinter Hitler – der ihn in der Reichstagsrede vom 1. September 1939 ja auch zum Nachfolger bestimmte.[2] Und unter allen Paladinen des »Dritten Reiches« war er der einzig populäre.

Es ist nicht anzunehmen, dass er, wie Hitler, den Weg in den Krieg gewählt hätte. Sowohl in der Sudetenkrise von 1938 wie auch im August 1939 gehörte er zu denen, die fast verzweifelt nach Vermittlern, nach Auswegen suchten, um den Krieg abzuwenden. »Wir wollen doch das va banque Spiel lassen«, lautete seine Mahnung noch am 29. August, drei Tage vor dem Kriegsbeginn. Aber Hitlers Antwort hieß: »Ich habe in meinem Leben immer va banque gespielt.«[3]

Mehr als in weitläufigen Beschreibungen wird in diesem kurzen Wortwechsel ein Wesensunterschied sichtbar. Göring war ein Genussmensch, der die barocke Prachtentfaltung liebte. Er wollte in vollen Zügen genießen und nicht aufs Spiel setzen, was er glücklich erreicht hatte. Eben damit machte er sich nicht nur im Volk beliebt, sondern hätte gewiß auch die Partei hinter sich gebracht, besonders die Vielzahl der aufgestiegenen Funktionäre, etwa die Gauleiter, denen es ähnlich erging.

Unter den Leitern der auswärtigen Politik war der einzige Scharfmacher Joachim von Ribbentrop, seit dem 4. Februar 1938 der zuständige Fachminister. Aber der war bloß eine Kreatur Hitlers und ohne ihn nichts. Männer wie sein Amtsvorgänger Konstantin von Neurath und der amtierende Staatssekretär Ernst von Weizsäcker wollten die Revision von Versailles, den deutschen Wiederaufstieg, so wie er inzwischen erreicht war, aber nicht mehr und keine Abenteuer, deren Ausgang sich nicht absehen ließ. Darin waren sie sich einig mit den führenden Generalen der Wehrmacht.

Wer also hätte sich einer Politik der Friedenssicherung in den Weg stellen sollen? Etwa die SS? Heinrich Himmler und Reinhard Heydrich verfügten über die Polizeigewalt, aber mehr kaum; die Entwicklung der Waffen-SS steckte erst in den Anfängen, und bei den Entscheidungen über Krieg und Frieden in den Jahren 1938 und 1939 haben Himmler und Heydrich überhaupt keine Rolle gespielt. Die Unsicherheit, die nach einem plötzlichen Tod Hitlers zunächst eingetreten wäre, hätte es im Übrigen dringend gemacht, neue Popularität zu schaffen, und es ist kein Zweifel daran erlaubt, wie sie erreicht – oder wie verspielt werden konnte. »Hitler hat uns den Frieden bewahrt und die neuen Herren steuern in den Krieg!« Nein, diesem Vorwurf hätte gewiss niemand sich aussetzen wollen.

Bei alledem gab es sogar einen Kronzeugen, den allerwichtigsten: Adolf Hitler. Immer wieder hatte er in seinen öffentlichen Reden doch erklärt, dass er den Frieden wahren wolle – und kurz zuvor noch, sozusagen testamentarisch: dass der Gewinn des Sudetenlandes das letzte Problem sei, die letzte territoriale Forderung, die er zu stellen habe.

Schwieriger wird es, wenn man nach der weiteren Entwicklung fragt, doch einiges zeichnet sich als wahrscheinlich ab, zum Beispiel eine deutsche Führungsrolle in Osteuropa, dann zumal, wenn man keine Forderungen stellte, sondern sich als Schutzmacht gegenüber der Sowjetunion anbot. Vieles wäre dann denkbar gewesen, von einem Vertragsgeflecht bis hin etwa zur Modernisierung der polnischen Armee, um sie für die gemeinsame Sicherung gegen die Gefahr aus dem Osten schlagkräftig zu machen. Großbritannien und Frankreich hätten eine solche Schutzfunkion schwerlich behindert, im Gegenteil: Zur Abwehr des Bolschewismus schien ein starkes Deutschland durchaus, um nicht zu sagen herzlich willkommen zu sein.

Innenpolitisch hätte eine Ausrichtung auf den Frieden zunächst einmal dazu geführt, die Rüstungslasten zu mindern. Angesichts einer sehr angespannten Wirtschafts- und Finanzlage schien das ohnehin geboten zu sein und wurde von Fachleuten dringend gefordert, zum Beispiel vom Reichsbankpräsidenten Hjalmar Schacht. Wenn es im Übrigen darauf ankam, das Ansehen und die Macht des neuen Machthabers zu festigen und man vor die Alternative »Kanonen oder Butter?« geriet, wäre es jedenfalls nahe liegend gewesen, die Butter zu wählen.

Ein Regime, das sich auf die Dauer statt aufs Abenteuer einrichten will, muss zudem sich mäßigen und ein Mindestmaß an Ordnung und Berechenbarkeit, das heißt auch an Rechtssicherheit, garantieren. Der Wildwuchs rivalisierender Ämter und Institutionen, den Hitler nicht bloß duldete, sondern oft sogar mit Vorsatz förderte, um das allein entscheidende letzte Wort zu haben, hätte beschnitten werden müssen. Vermutlich hätte die Reichsregierung ihre verlorene Bedeutung nach und nach zurückgewonnen, und Kabinettssitzungen hätten wieder regelmäßig stattgefunden. Da Göring die Bequemlichkeit liebte, hätte er sich vielleicht – wenn nicht dem Namen, dann doch der Sache nach – in eine Art von Reichspräsidentschaft zurückgelehnt und die großen Auftritte genossen, aber die Alltagsarbeit mehr und mehr einem Kanzler überlassen. Eine »spanische« Entwicklung ließe sich denken, wie die des Franco-Regimes bis zum Tod des Diktators im Jahre 1975. Sogar eine Rückkehr zur Monarchie wäre nicht auszuschließen. Aber das bleibt Spekulation; je weiter man die Linien in die Zukunft zieht, desto mehr gerät man ins Ungewisse hinein.

Und wie wohl würden wir *heute* den 1938 verstorbenen Hitler beurteilen, gesetzt, dass wir – wie die Spanier – wieder in demokratischen Verhältnissen lebten und nicht unentwegt vor Hitler-Denkmälern auf Adolf-Hitler-Plätzen Kränze niederlegen und Treuegelöbnisse ablegen müssten? Es ist anzunehmen oder jedenfalls zu hoffen, dass wir beim Lesen von *Mein Kampf* den Kopf schütteln und die dunklen Seiten, die Gewalt, die Morde, die Konzentrationslager nicht ganz aus dem Auge verlieren würden. Aber wer will ausschließen – alle Neigungen zum Pharisäertum einmal beiseite gelassen –, dass vor allem das Staunen bliebe, die Bewunderung für einen Mann, der in nur fünf Jahren Deutschland aus der Verzweiflung zur Zuversicht, aus der Arbeitslosigkeit zur Vollbeschäftigung, aus der Ohnmacht zur Macht, zu neuer Größe und Herrlichkeit emporriss? Schließlich wären wir ja die Nutznießer seiner Leistungen, und Ostpreußen, das östliche Pommern, die brandenburgische Neumark und Schlesien würden wie das Sudetenland und Österreich noch immer zu einem Deutschland gehören, das das Großdeutsche Reich hieße. Wir wären Hitlers glückliche Erben. Und Nachlassempfänger pflegen zu entschuldigen, was sich nicht entschuldigen lässt.

Noch eine Überlegung sei angefügt, bevor wir die Aussichten verlassen, die der Gipfel uns bietet, und in die Niederungen hinabsteigen. Unter Historikern hat es eine Debatte darüber gegeben, ob Hitler eigentlich ein »starker« oder eher ein »schwacher« Diktator gewesen sei[4], teils gedrängt von radikalen und mehr noch eingeengt von konservativen Kräften, auf die er Rücksicht nehmen musste, etwa der Wehrmacht, der überkommenen Staatsverwaltung, der Kirchen. Oder einfach und elementar auch: einer Bevölkerung, der es an der heroischen Opferbereitschaft mangelte, anders als im August 1914.

Hitler selbst hat es am Ende so dargestellt, als sei er an der Trägheit der Deutschen, an ihren Traditionsmächten gescheitert. Es fehlte, so meinte er, die für das Erkämpfen seiner Ziele notwendige Elite. Um schon einmal Zitiertes zu wiederholen: »Das Ergebnis sieht danach aus! Dadurch, daß die geistige Konzeption mit der praktisch möglichen Verwirklichung nicht übereinstimmte, wurde aus der Kriegspolitik eines revolutionären Staates, wie das Dritte Reich, notwendigerweise eine Politik reaktionärer Spießbürger. Unsere Generäle und unsere Diplomaten sind mit wenigen Ausnahmen Männer von gestern, die den Krieg ebenso wie die Politik einer überlebten Zeit führen. Das gilt für die Aufrichtigen ebenso wie für die andern. Die einen versagen aus Unfähigkeit oder mangelnder Begeisterung, die anderen sabotieren aus voller Absicht ... Wahrhaft klassische Diplomaten, Militärs alter Schule und ostelbische Krautjunker, das waren unsere Helfer für eine Revolution von europäischem Ausmaß!«[5] Vor allem fehlte die Zeit, um daran etwas zu ändern. »Wofür die anderen eine Ewigkeit haben, dafür blieben mir nur ein paar armselige Jahre.«[6]

Aber soll man das glauben und sich darauf einlassen? Die Diplomaten haben Hitler nicht gehindert, seinen Weg in den Krieg zu finden, und die Generale standen auf der Höhe ihrer strategischen Kunst – soweit nicht, mit der Dauer des Krieges immer zunehmend, ihr Oberster Befehlshaber es war, der sie lähmte. Unter Zeitdruck hat Hitler sich selbst gesetzt und im Rückblick auf das Verhalten Daladiers und Chamberlains in der Sudetenkrise von 1938 behauptet, dass sie ihm den Krieg stahlen, den er wollte: »Aber sie akzeptierten alles; wie Schwächlinge gaben sie allen meinen Forderungen nach. Unter diesen Umständen war es tatsächlich schwierig, einen Krieg vom Zaune zu brechen. Wir haben in München eine einmalige Gelegenheit verpaßt, den unvermeidlichen Krieg rasch und leicht zu gewinnen.«[7]

Auch das ist abwegig. Deutschland war 1938 noch viel weniger kriegsbereit als 1939 und das eigentliche Ziel – der Vernichtungsfeldzug gegen die Sowjetunion – auf der damaligen Basis überhaupt nicht erreichbar.

Ein schwacher Diktator? Dass man mit den vorhandenen Kräften und Gegenkräften rechnen und sie ausbalancieren muss, um sich selbst das Monopol der letzten Entscheidung zu sichern, versteht sich von selbst; anders hätte es in der Geschichte überhaupt keine machtvolle Führerschaft gegeben, nirgendwo und zu keiner Zeit. Dieses Ausbalancieren, wahrlich, hat Hitler zur Meisterschaft entwickelt und dabei alle überspielt, die glaubten, ihn zähmen, einbinden und in ihrem Sinne lenken zu können.

Die Ausblicke vom Gipfel des Jahres 1938 sind darum so nützlich, weil sie Hitlers unvergleichliche Stärke zeigen. In der Frage des Friedens waren im Grunde fast alle gegen ihn sich einig und hofften, das Erreichte festzuhalten und zu genießen. Kaum jemand wollte weiter va banque spielen, beinahe niemand den Krieg. Einzig Adolf Hitler wollte ihn – und nur elf Monate nach dem Münchener Gipfel sprachen die Geschütze.

Aber warum wollte er ihn, hatte *er* denn nichts zu verlieren? Doch, durchaus, nur in einem anderen als dem üblichen Sinne. Wer auf den Frieden setzt, wird ihm tributpflichtig; dies versuchte unsere Skizze einer Zukunft ohne Hitler zu zeigen. Schritt um Schritt muss man sich auf die Bedingungen einer Ordnung einlassen, die auf die Dauer angelegt ist. Man kann nicht Beliebiges tun; Gewaltstreiche verbieten sich mehr und mehr. Die Macht wird aufs Normalmaß zurückgeführt. Genau dies erspürte, wusste Hitler mit der Hellsicht, die ihm eigen war. Was ihn magisch anzog, was er vom unscheinbaren Anfang bis zum schreckensvollen Ende immer gewollt hat, war die *absolute* Macht – und nichts außerdem. Dafür brauchte er den Krieg.

Unterwegs in den Krieg

Bevor der britische Premierminister von München nach London zurückflog, drängte er sich noch einmal dem Herrn Reichskanzler auf, um ihm die Unterschrift für ein Stück Papier abzuringen, auf dem geschrieben stand:

»Wir haben heute eine weitere Besprechung gehabt und sind uns in der Erkenntnis einig, daß die Frage der deutsch-englischen Beziehungen von allererster Bedeutung für beide Länder und für Europa ist.

Wir sehen das gestern abend unterzeichnete Abkommen und das deutsch-englische Flottenabkommen als symbolisch für den Wunsch unserer beider Völker an, niemals wieder gegeneinander Krieg zu führen.

Wir sind entschlossen, auch andere Fragen, die unsere beiden Länder angehen, nach der Methode der Konsultation zu behandeln und uns weiter zu bemühen, etwaige Ursachen von Meinungsverschiedenheiten aus dem Wege zu räumen, um auf diese Weise zur Sicherung des Friedens Europas beizutragen.

Adolf Hitler. Neville Chamberlain.

30. September 1938.«[1]

Freilich, ein unausgeschlafener und zur Unzeit staatsmännisch herausgeforderter Führer wirkte so mürrisch, wie der Dolmetscher Paul Schmidt ihn geschildert hat: »Hitler hatte sich verändert. Bleich und mißgestimmt saß er neben mir. Geistesabwesend hörte er den Ausführungen Chamberlains über das deutsch-englische Verhältnis, über die Abrüstung und über Wirtschaftsfragen zu und steuerte, entgegen seiner sonstigen Gewohnheit, nur verhältnismäßig wenig zu der Unterhaltung bei.«[2]

Die Missstimmung dauerte auch nach dem Ausschlafen an. Erstens war Chamberlain der Mann der Stunde; er demonstrierte, wie unpopulär jedes Abenteuer war, das den Frieden gefährdete. Und was sonst sagte denn der Jubel, der auch Hitler nach dem Münchener Abkommen umbrandete? Die Schlussfolgerung hieß: »Mit diesem Volk kann ich noch keinen Krieg führen.«[3]

Zweitens erschien es Hitler fast so, als sei er übertölpelt worden. »Chamberlain, dieser Kerl, hat mir meinen Einzug in Prag verdorben«, bekam Hjalmar Schacht zu hören.[4] Denn der Mann mit dem Regenschirm wollte ihn einbinden, auf die bestehende Ordnung festlegen, aber beileibe nicht das erträumte Bündnis eingehen, das Deutschland freie Hand für die Eroberung von »Lebensraum« im Osten gab.

Fortan schlug darum Hitler rauere Töne an, zum Beispiel bei einer Ansprache in Saarbrücken am 9. Oktober. Da war von der »gouvernantenhaften Bevormundung« durch England die Rede, ebenso von den »Schwächlingen bei uns« und davon, dass ein »harter Entschluß« getroffen werden müsse.[5] Einen Monat später folgte das Novemberpogrom gegen die Juden, ein sicheres Zeichen der fortschreitenden Radikalisierung. Später, in den »Tischgesprächen« des Führerhauptquartiers, hat Hitler eingestanden, dass er jahrelang gezwungen war, gegenüber den Juden »tatenlos« zu bleiben[6], weil die Rücksichtnahme auf die öffentliche Meinung in den westlichen Demokratien und in der kritischen Phase der Aufrüstung die diplomatische Maskierung der wahren Absichten durch immer wiederholte Friedensbeteuerungen das erforderte. Aber mit der »Reichskristallnacht« fiel die Maske.

Sie fiel auch bei einer Geheimrede vor den Organisatoren des Propagandaapparates und Schriftleitern der Presse, die nur einen Tag später, am 10. November 1938, folgte. Da hieß es:

»Die Umstände haben mich gezwungen, jahrzehntelang fast nur vom Frieden zu reden. Nur unter der fortgesetzten Betonung des deutschen Friedenswillens und der Friedensabsichten war es mir möglich, dem deutschen Volk Stück für Stück die Freiheit zu erringen und ihm die Rüstung zu geben, die immer wieder für den nächsten Schritt als Voraussetzung notwendig war. Es ist selbstverständlich, daß eine solche jahrzehntelang betriebene Friedenspropaganda auch ihre bedenklichen Seiten hat; denn es kann nur zu leicht dahin führen, daß sich in den Gehirnen vieler

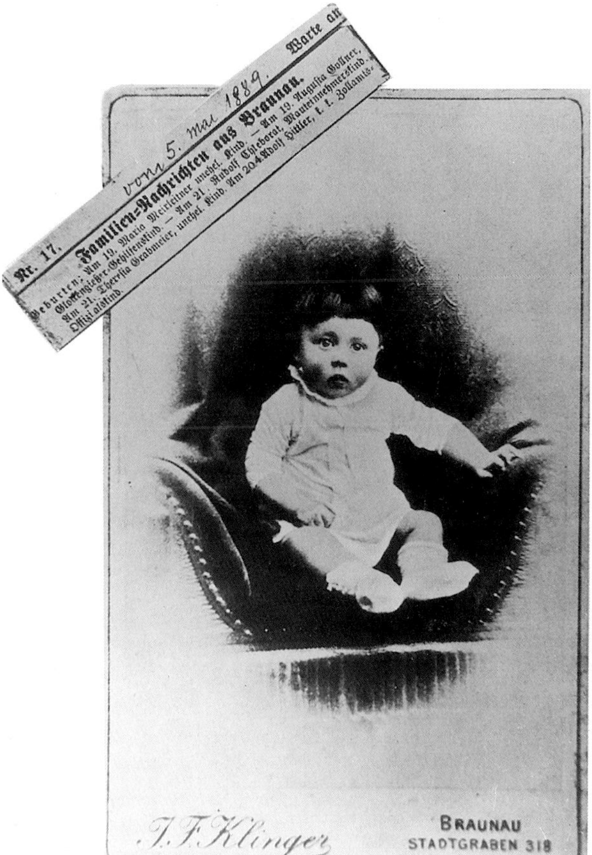

1. *»Sein erstes Bild«:*
Adolf Hitler wird am 20. April 1889 in Braunau am Inn geboren.

2. Jubel am 2. August 1914 auf dem Münchener Odeonsplatz.
Hitler befindet sich in der begeisterten Menge.
Obwohl er Österreicher und vom Wehrdienst befreit worden ist,
weil er zu schwach sei, meldet er sich als deutscher Kriegsfreiwilliger.

3. *Der Meldegänger (links) unter Kameraden an der Westfront. Für seine Tapferkeit wurde er 1918 mit dem Eisernen Kreuz erster Klasse ausgezeichnet.*

4. *1921, in den Anfängen seiner politischen Laufbahn. »Hitler-Muttis« versorgten den schmalwangigen jungen Mann mit Kuchen.*

5. *So wollte er selbst sich sehen: als der Mann mit der Peitsche, der die »Novemberverbrecher« aus dem deutschen Tempel trieb.*

6. *Der Spazierstock war die Waffe der SA, und darum trug auch der Führer ihn.*

7. *»Ich konnte reden«: Das war Hitlers Selbstentdeckung. Und bis in die Gesten hinein schulte er seine Begabung.*

8. *Immer sprach Hitler leidenschaftlich, für zwei oder drei Stunden, und war danach völlig erschöpft.*

9. Hitler besaß keinen Führerschein, aber er begeisterte sich für schnelle und starke Wagen der Marke Mercedes.

10. Hitler liebte Hunde, besonders Schäferhunde, mehr als die Menschen. Einer wurde ihm vergiftet. Aber zuletzt ließ er an »Blondi« und ihren Welpen das Gift erproben, das zum Selbstmord taugte.

11. Im Hause seines Berliner Gauleiters und späteren Propagandaministers Dr. Joseph Goebbels.

12. »Die Jugend liebt ihn«, hieß einst die Originalunterschrift. Und als kinderlieb wenigstens zu erscheinen, gehörte damals wie heute zu den Elementen politischer Propaganda.

13. Bei den Wahlfeldzügen von 1932 wurde erstmals ein Flugzeug eingesetzt. »Hitler über Deutschland« hieß die zündende Parole. Hier mit Rudolf Heß, der 1941 nach England flog.

14. Im »Braunen Haus« in München empfängt Hitler SA-Leute. Hautnah unter ihnen zu sein war eine Bedingung dafür, sie zu begeistern.

Norddeutsche Ausgabe
60. Ausg. • 46. Jahrg. • Einzelpreis 20 Pf.

Norddeutsche Ausgabe
Berlin, Mittwoch, 1. März 1933

VÖLKISCHER BEOBACHTER

Herausgeber Adolf Hitler

Die Brennessel heute neu!

Kampfblatt der national-sozialistischen Bewegung Gr…ßdeutschlands

Das Maß ist voll!

Jetzt wird rücksichtslos durchgegriffen

Kommunistische Brandstifter zünden das Reichstagsgebäude an – Der Mittelbau mit dem großen Sitzungssaal vernichtet – Kommunistischer Brandstifter verhaftet – Das Zeichen zur Entfesselung des kommunistischen Aufruhrs – Schärfste Maßnahmen gegen die Terroristen – Alle kommunistischen Abgeordneten in Haft – Alle marxistischen Zeitungen verboten

Das brennende Reichstagsgebäude

Der amtliche Bericht:

Der Brand des Reichstags sollte das Fanal zum bolschewistischen Aufstand sein

Der Wallot-Bau in Flammen

Das Fanal!

Von Dr. Joseph Goebbels

15. *Der Reichstagsbrand vom 27. Februar 1933 war hochwillkommen, um eine brutale Verfolgung zu entfesseln.*

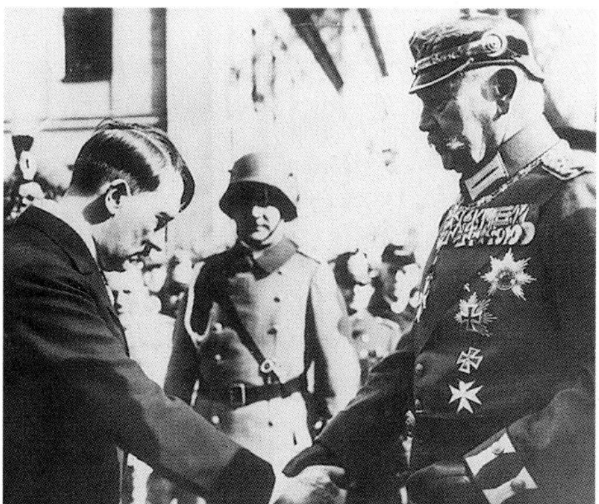

16. *Schmierenkomödiantisch, aber wirksam warb Hitler am „Tag von Potsdam" am 21. März 1933 um den greisen Feldmarschall und Reichspräsidenten Paul von Hindenburg.*

17. Ernst Röhm, der eigenwillige Führer der SA, den Hitler am 30. Juni 1934 ermorden ließ.

18. Feldmarschall Walter von Blomberg. Er führte die Reichswehr zu Hitler. Aber 1938 wurde er verstoßen.

19. Großadmiral Karl Dönitz. Ihn ernannte Hitler zu seinem Nachfolger.

20. *»Deutscher Arbeiter, ans Werk!« hieß eine Parole nach der »Machtergreifung«, und immer wieder trat der Führer und Reichskanzler bei symbolischen ersten Spatenstichen auf, hier 1933 beim Baubeginn der Autobahn Frankfurt–Mannheim.*

21. Anfangs blickte Mussolini beinahe verächtlich auf den Emporkömmling aus Deutschland herab. Aber Hitler warb geduldig um das italienische Vorbild, und am Ende kehrte sich das Verhältnis um: Der »Duce« war nur noch eine Marionette an den Fäden des »Führers«.

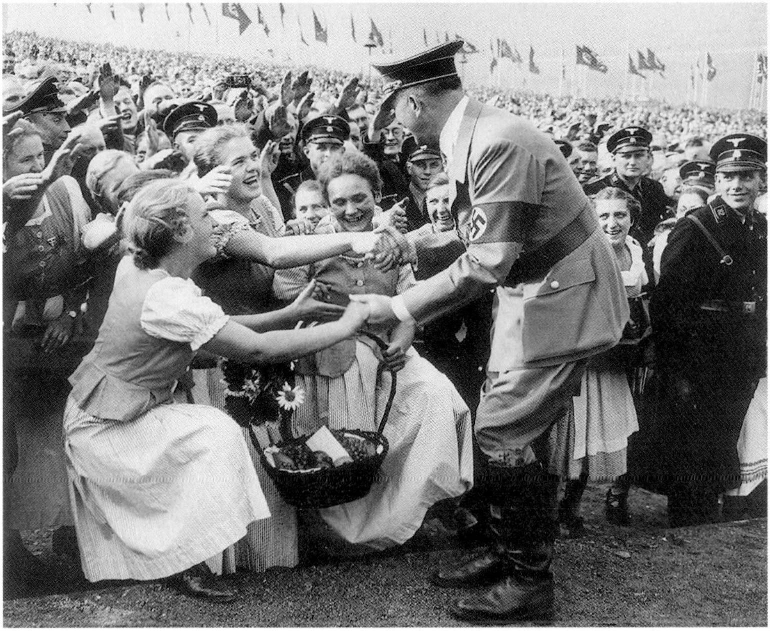

22. *Inbrünstige Frauenbegeisterung: Im Einzelfall natürlich inszeniert, aber oft auch von tiefen Gefühlen getragen.*

23. *Tag der Hitlerjugend beim Reichsparteitag von Nürnberg 1936: kein hautnaher Kontakt mehr, sondern die Demonstration von Befehl und Gehorsam.*

24. *Links die Führerstandarte zur Seite der Führerloge, von der aus Hitler auf die Olympischen Spiele von 1936 herabschaute.*

25. *Die Münchener Konferenz vom 29. September 1938. Links neben Hitler der britische Premierminister Neville Chamberlain.*

26. *Auf dem Reichsparteitag 1938. Immer weiter entrückten die Inszenierungen den Führer von seiner Gefolgschaft.*

27. *Besichtigung der von aller »Entartung« gereinigten deutschen Kunst im Münchener Haus der deutschen Kunst.*

28. Bayreuth 1940: Der Wagner-Bewunderer wird von der bewundernden Winifred Wagner empfangen.

29. Adolf Hitler als Oberbefehlshaber der Wehrmacht. Gemälde von Conrad Hommel 1940.

30. Ganz privat mit Eva Braun. Aber niemand sollte von ihr wissen, und erst im Angesicht des Todes durfte sie Frau Hitler werden.

31. »Seit 5.45 Uhr wird jetzt zurückgeschossen! Und von jetzt ab wird Bombe mit Bombe vergolten!« Hitler bei seiner Reichstagsrede zum Kriegsbeginn am 1. September 1939.

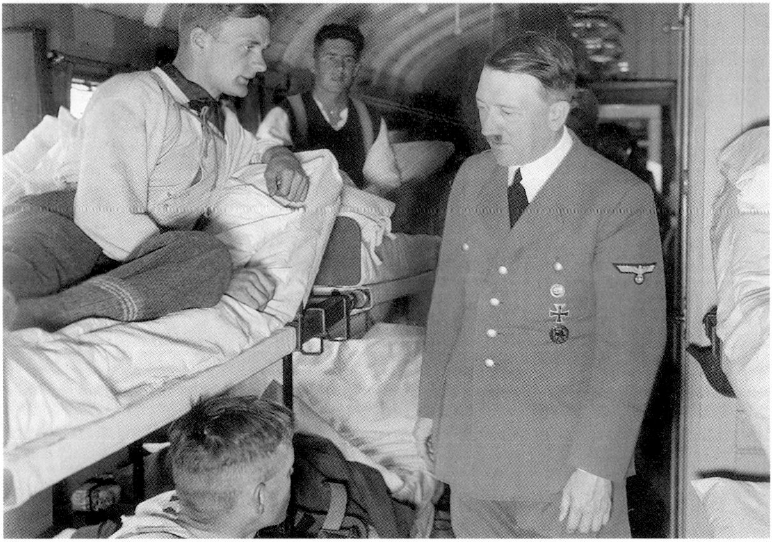

32. Hitler besucht Verwundete in einem Lazarettzug. Im Krieg gegen Polen folgte er seinen Truppen. Später vergrub er sich in der Bunkeranlage des »Führerhauptquartiers«, und weder die Soldaten noch die Bevölkerung in den brennenden Städten bekamen ihn mehr zu sehen.

33. Hitler beobachtet die Beschießung und Bombardierung Warschaus.

34. *»Der Sieger holt Danzig heim ins Reich.«*

35. Freudentanz: In seinem Hauptquartier »Wolfsschlucht« erreicht Hitler die Nachricht, dass Frankreich kapitulieren wird.

36. Lagebesprechung bei einem Besuch Mussolinis auf dem »Berghof« bei Berchtesgaden. General Jodl erläutert den Frontverlauf. Hinter Hitler der Feldmarschall Keitel.

37. Stalingrad Ende Januar oder Anfang Februar 1943: Die Überlebenden einer geschlagenen Armee sammeln sich zum Abmarsch in die Gefangenschaft, die nur wenige überlebten.

38. Das Attentat vom 20. Juli 1944: Hitler besichtigt mit Mussolini den Raum, in dem Stauffenbergs Bombe explodierte.

*39. Im Januar 1945 zerbricht die Front im Osten.
Es beginnt die große Flucht vor der Rache der Roten Armee,
aber viele Trecks werden überrollt und vernichtet.*

*40. In Jalta, im Februar 1945, verhandeln die »großen Drei«,
Churchill, Roosevelt und Stalin, über die Zukunft nicht nur Deutschlands,
sondern Europas.*

41. *Während das Reich im Chaos versinkt, träumt Hitler im Keller der Reichskanzlei vor einer Modellanlage vom zukünftigen Linz, das sein Altersruhesitz und die Kunsthauptstadt Europas werden sollte.*

42. *Letzter öffentlicher Auftritt vor dem letzten Aufgebot: An seinem Geburtstag, dem 20. April 1945, tätschelt Hitler Hitlerjungen, die sich durch ihre Tapferkeit ausgezeichnet haben.*

43. *Die letzte Aufnahme: Aus dem Bunkereingang blickt Hitler auf die Trümmer der Reichskanzlei.*

Menschen die Auffassung festsetzt, daß das heutige Regime an sich identisch sei mit dem Entschluß und dem Willen, einen Frieden unter allen Umständen zu bewahren.« Genau das sei aber falsch, und deshalb sei es notwendig, »das deutsche Volk psychologisch allmählich umzustellen und ihm langsam klarzumachen, daß es Dinge gibt, die, wenn sie nicht mit friedlichen Mitteln durchgesetzt werden können, mit Mitteln der Gewalt durchgesetzt werden müssen«. Die »pazifistische Platte« sei nun »abgespielt«; man glaube ihr ohnehin immer weniger.[7]

Der schicksalsschwere Schritt von den Worten zur Tat folgte vier Monate später. Spannungen zwischen Tschechen und Slowaken dienten als Hebel, um zunächst am 13. März 1939 den slowakischen Nationalistenführer Jozef Tiso zum Abfall von Prag zu drängen. Am Abend des 14. März trafen – herbeibefohlen – der tschechische Staatspräsident Emil Hácha und sein Außenminister Chvalkovsky in Berlin ein. Nach langem Warten und ermüdendem Gang durch endlose Flure und riesige Räume der neu erbauten Reichskanzlei wurden sie schließlich von Hitler empfangen, den Göring und Keitel in ihren Feldmarschalls- und Generalsuniformen flankierten. In »verzweifeltem Opportunismus« versuchte Hácha sich anzubiedern.[8] Aber Hitler antwortete mit Vorwürfen und erklärte, dass seine Geduld erschöpft sei. Zu dem, was er sagte, vermerkt das Protokoll:

»Um sechs Uhr rücke von allen Seiten her die deutsche Armee in die Tschechei ein … Es gäbe zwei Möglichkeiten. Die erste sei die, daß sich das Einrücken der deutschen Truppen zu einem Kampf entwickelt. Dann wird dieser Widerstand mit allen Mitteln mit Brachialgewalt gebrochen. Die andere ist die, daß sich der Einmarsch der deutschen Truppen in erträglicher Form abspielt, dann würde es dem Führer leicht, bei der Neugestaltung des tschechischen Lebens der Tschechoslowakei ein großzügiges Eigenleben, eine Autonomie und eine gewisse nationale Freiheit zu geben.«[9]

Als etwas später Göring genussvoll ausmalte, wie Prag nach der Bombardierung durch seine Luftwaffe aussehen würde, brach Hácha mit einem Schwächeanfall zusammen. Sein Tod wäre höchst peinlich gewesen: »Dann sagt morgen die ganze Welt, er sei hier in der Nacht in der Reichskanzlei umgebracht worden.«

Aber Hitlers Leibarzt Dr. Morell war gottlob zur Stelle und half dem alten und kranken Mann mit seinen Spritzen ins Leben zurück. Kurz vor vier Uhr früh unterschrieb er die Unterwerfungsurkunde, mit der er »das Schicksal des tschechischen Volkes und Landes vertrauensvoll in die Hände des Führers des deutschen Reiches« legte.[10] Dabei war dann von großzügigem Eigenleben und nationaler Freiheit natürlich nicht mehr die Rede, sondern praktisch bloß noch von Abhängigkeit und Unterwerfung des »Protektorats Böhmen und Mähren«, das nicht einmal mehr den Staatsnamen bewahrte – bis sich beim Kriegsende 1945 die aufgestaute Bitterkeit der Tschechen in blutiger Rache entlud.

Hitler triumphierte. Er stürzte ins Zimmer seiner Sekretärinnen, ließ sich von ihnen umarmen und abküssen und rief: »Kinder, Hácha hat unterschrieben. Das ist der größte Tag meines Lebens. Ich werde als der größte Deutsche in die Geschichte eingehen.«[11]

Aber dieser 15. März 1939 bezeichnet eine Wendemarke der Geschichte; die Grenze vom Frieden zum Krieg oder jedenfalls zum Vorkrieg wurde überschritten. Zwar stießen die deutschen Truppen auf keinen Widerstand, abgesehen von Schneetreiben und Glatteis, und noch am Abend hielt der Triumphator seinen Einzug in Prag. Aber das bisher immer beschworene und für die Deutschen in Anspruch genommene Selbstbestimmungsrecht der Völker wurde nun von ihm selbst zertreten, und die Welt wusste fortan, dass seine Friedensbeteuerungen und Vertragsunterschriften nichts wert waren.

Im Unterhaus mahnte Chamberlain zunächst dazu, nicht vom früher eingeschlagenen Weg abzuweichen. »Laßt uns daran denken«, sagte er, »daß sich der Wunsch aller Völker dieser Welt noch immer auf die Friedenshoffnungen richtet.«[12] Zwei Tage später folgte eine Rede in Birmingham, und Churchill schreibt, dass er sie »mit vorweggenommener Verachtung« erwartete. Aber sie schlug einen neuen Ton an: »Ich bin davon überzeugt, daß nach München die große Mehrheit der Briten meinen ehrlichen Wunsch teilte, diese Politik fortzusetzen. Aber heute teile ich ihre Enttäuschung, ihre Empörung darüber, daß diese Hoffnungen mutwillig zerstört worden sind … Ist dies denn der letzte Angriff auf einen kleinen Staat oder wird ein weiterer folgen? Ist dies tatsächlich nicht ein Schritt auf dem Weg zu dem Versuch, die Welt durch Gewalt zu beherrschen?«[13]

Der Meinungsumschwung nicht nur bei Seiner Majestät Premierminister, sondern insgesamt bei den Briten hätte drastischer kaum sein können. Bis hierher und nicht weiter!, hieß die Parole; man hatte genug davon, sich zum Narren halten und herumschubsen zu lassen. Am 31. März gab Chamberlain eine englisch-französische Garantieerklärung für Polen ab; am 27. April führte Großbritannien – erstmals in Friedenszeiten – die allgemeine Wehrpflicht ein. Im Gegenzug kündigte Hitler am 28. April in einer Reichstagsrede das Flottenabkommen mit England und den Nichtangriffspakt mit Polen auf.

Deutschland bot Polen Vertragsverhandlungen an; es forderte die Rückgabe Danzigs, dazu eine exterritoriale Auto- und Eisenbahnlinie durch den »Korridor«, um das Reich mit Ostpreußen zu verbinden. Dafür wurden langfristige Grenzgarantien in Aussicht gestellt. Man mag sagen, dass die Polen sich töricht verhielten, als sie im Vertrauen auf die westliche Unterstützung diese Verhandlungen ausschlugen. Man mag ebenso sagen, dass Hitler mit seinem Einmarsch in Prag das Fundament zerstört hatte, auf dem sich aus Verträgen noch eine Friedensordnung aufbauen ließ. Und im Rückblick wissen wir leider gut genug: Er wollte ja nicht den Frieden, sondern den Krieg. Was er gewaltlos erreichte, diente ihm bloß als Zwischenstufe auf dem Weg zur Gewalt. Im Übrigen wurde nach dem Muster der Sudetenkrise eine Propagandamaschine angeworfen; Zwischenfälle wurden inszeniert und Gegenreaktionen provoziert, sodass sich die Spannungen, das Misstrauen, der Hass, die Gewalttaten immer mehr steigerten und zumindest dem Anschein nach bald ins Unerträgliche wuchsen.

Der Sommer 1939 war angefüllt einerseits mit Kriegsvorbereitungen, andererseits mit Versuchen, den Frieden doch noch zu retten.[14] Die Westmächte verhandelten mit der Sowjetunion um einen Beistandspakt. Aber was kaum jemand für möglich gehalten hatte, geschah: Hitler, der geschworene Feind des Bolschewismus, überspielte sie. Am 23. August reiste Ribbentrop nach Moskau und unterzeichnete dort einen deutsch-sowjetischen Nichtangriffspakt. Weite Teile Osteuropas wurden dem sowjetischen Einfluss preisgegeben. Denn im geheimen Zusatzprotokoll wurde festgestellt, daß Finnland, Estland, Lettland, das rumänische Bessarabien und das östliche Polen nicht zum deutschen Interessengebiet gehörten. Beutemacher unter sich: Ribbentrop hat später berichtet, Stalin und Molotow seien »sehr nett« gewesen, und er habe sich »in ihrer Mitte gefühlt wie unter alten Parteigenossen«[15]. Vielleicht noch mehr spricht die Aufzeichnung eines Protokollbeamten für sich:

»Im Laufe der Unterhaltung brachte Herr Stalin spontan mit folgenden Worten einen Trinkspruch auf den Führer aus: ›Ich weiß, wie sehr das deutsche Volk seinen Führer liebt, ich möchte deshalb auf seine Gesundheit trinken.‹ Herr Molotow trank auf das Wohl des Herrn R.A.M. [Reichsaußenministers] und des Herrn Botschafters Graf v. d. Schulenburg … Wiederholt tranken die Herren Molotow und Stalin auf den Nichtangriffspakt, die neue Ära der deutsch-russischen Beziehungen und auf das deutsche Volk … Bei der Verabschiedung erklärte Herr Stalin dem Herrn R.A.M. wörtlich: Die Sowjetunion nehme den neuen Pakt sehr ernst, er könne auf sein Ehrenwort versichern, daß die Sowjetunion ihren Partner nicht betrügen würde.«[16]

Dazu allerdings war Hitler von Anfang an entschlossen. Nur wenige Tage vor dem Abschluss des Pakts hat er seinem Gast aus der Schweiz, dem Kommissar des Völkerbundes in Danzig Carl Jacob Burckhardt, in zynischer Offenheit erklärt: »Alles, was ich unternehme, ist gegen Rußland gerichtet; wenn der Westen zu dumm und zu blind ist, um dies zu begreifen, werde ich gezwungen sein, mich mit den Russen zu verständigen, den Westen zu schlagen und dann nach seiner Niederlage mich mit meinen versammelten Kräften gegen die Sowjetunion zu wenden.«[17]

Am 22. August, des Erfolges in Moskau offenbar schon sicher, hielt Hitler vor seinen Generalen eine Ansprache, in der er sagte: »Der Gegner hatte noch die Hoffnung, daß Rußland als Gegner auftreten würde nach Eroberung Polens. Die Gegner haben nicht mit meiner großen großen Entschlußkraft gerechnet. Unsere Gegner sind kleine Würmchen. Ich sah sie in München … Nun ist Polen in der Lage, in der ich es haben wollte.« Auch vor einer britischen Blockade müsse man sich nun nicht mehr fürchten. »Der Osten liefert uns Getreide, Vieh, Kohle, Blei, Zink. Es ist ein großes Ziel, das vielen Einsatz erfordert. Ich habe nur Angst, daß mir noch im letzten Moment irgendein Schweinehund einen Vermittlungsplan vorlegt.«[18]

Dieser Schweinehund konnte nach Lage der Dinge eigentlich nur der eigene Verbündete Mussolini sein, wie schon am Vorabend des Münchener Abkommens. Aber der »Duce« hielt sich diesmal zurück und signalisierte seinem Achsenpartner, dass Italien nicht kriegsbereit sei.[19] Andererseits zeigte sich England entschlossen, auf keinen Fall noch einmal zurückzuweichen. Chamberlain erklärte: Vielleicht wäre die Katastrophe des Ersten Weltkriegs vermieden worden, wenn die britische Haltung von Anfang an klar gewesen wäre. Daran sollte es diesmal nicht fehlen; demonstrativ wurde am 25. August ein englisch-polnischer Bündnisvertrag unterzeichnet.

»Führer ziemlich zusammengebrochen«, notierte der Generalstabschef Halder in seinem Tagebuch.[20] In letzter Minute und mit beträchtlichem Befehlswirrwarr wurde der für den Morgen des 26. August schon erteilte Angriffsbefehl widerrufen, schließlich aber doch und dann endgültig auf den 1. September festgesetzt.

Ein wenig beachtetes Zwischenspiel sei noch erwähnt. Am 26. August schrieb der französische Ministerpräsident einen Brief, in dem er als Frontsoldat des Ersten Weltkriegs an den Frontsoldaten Hitler appellierte, den Krieg zu verhüten. In der Antwort Hitlers vom folgendenen Tag hieß es:

»Darf ich mir nun die Frage erlauben, Herr Daladier, wie würden Sie als Franzose handeln, wenn durch irgendeinen unglücklichen Ausgang eines tapferen Kampfes eine Ihrer Provinzen durch einen von einer fremden Macht besetzten Korridor abgetrennt würde, eine große Stadt – sagen wir Marseille – verhindert würde, sich zu Frankreich zu bekennen, und die in diesem Gebiete lebenden Franzosen nun verfolgt, geschlagen, mißhandelt, ja, bestialisch ermordet würden?

Sie sind Franzose, Herr Daladier, und ich weiß daher, wie Sie handeln würden. Ich bin Deutscher, Herr Daladier. Zweifeln Sie nicht an meinem Ehrgefühl und an meinem Pflichtbewußtsein, genau so zu handeln. Wenn Sie nun dieses Unglück hätten, das wir besitzen, würden Sie dann, Herr Daladier, verstehen, wenn Deutschland ohne jede Veranlassung dafür eintreten wollte, daß der Korridor durch Frankreich bleibt, daß die geraubten Gebiete nicht zurückkehren dürfen, daß die Rückkehr Marseilles nach Frankreich verboten wird?

Ich kann mir jedenfalls nicht vorstellen, Herr Daladier, daß Deutschland aus diesem Grunde gegen Sie kämpfen würde. Denn ich und wir alle haben auf Elsaß-Lothringen verzichtet, um ein weiteres Blutvergießen zu vermeiden[21]; um so weniger würden wir Blut vergießen, um ein Unrecht aufrechtzuerhalten, das für Sie untragbar sein müßte, wie es für uns bedeutungslos wäre.

Alles, was Sie in Ihrem Brief, Herr Daladier, schreiben, empfinde ich genau so wie Sie. Vielleicht können gerade wir alte Frontsoldaten uns auf manchen Gebieten am leichtesten verstehen; allein, ich bitte Sie, verstehen Sie auch dies: Daß es für eine Nation von Ehre unmöglich ist, auf fast zwei Millionen Menschen zu verzichten und sie an ihren eigenen Grenzen mißhandelt zu sehen.«[22]

Der Brief stellte den Versuch dar, einen Keil zwischen England und Frankreich zu treiben, und wenn er für den Augenblick auch erfolglos blieb, so war er doch schon auf die Tonlage der Propaganda abgestimmt, die in den Stillstandsmonaten zwischen dem Herbst 1939 und dem Frühjahr 1940 unablässig von Deutschland nach Frankreich hinübertönte mit der bohrenden Frage »Mourir pour Gdansk«?, Sterben für Danzig? Nein, das wollte man eigentlich nicht; die Entschlossenheit Frankreichs zum äußersten Einsatz und der Kampfeswille seiner Armee wurden langsam, aber sicher ausgehölt.

Der Zweite Weltkrieg begann im Morgengrauen des 1. September 1939 mit dem deutschen Angriff auf Polen. Ein paar Stunden später hielt Hitler seine Reichstagsrede mit den bekannten Sätzen: »Polen hat nun heute nacht zum erstenmal auf unserem eigenen Territorium auch durch reguläre Soldaten geschossen. Seit 5.45 Uhr wird jetzt zurückgeschossen! Und von jetzt ab wird Bombe mit Bombe vergolten!«

In Wahrheit hatte es solch ein Schießen regulärer Soldaten nicht gegeben, sondern den von SS-Leuten in polnischen Uniformen inszenierten Überfall auf den Sender Gleiwitz und eine Grenzstation. Sogar die Zeitangabe war falsch; das Panzerschiff

Schleswig-Holstein eröffnete das Feuer auf die »Westerplatte« bei Danzig bereits eine Stunde früher. Aufschlussreicher sind ohnehin andere Passagen der Reichstagsrede:

»Ich verlange von keinem deutschen Mann etwas anderes, als was ich selber über vier Jahre lang freiwillig bereit war jederzeit zu tun!

Es soll keine Entbehrungen für Deutsche geben, die ich nicht selber sofort übernehme. Mein ganzes Leben gehört von jetzt ab erst recht meinem Volke. Ich will jetzt nichts anderes jetzt sein, als der erste Soldat des Deutschen Reiches.

Ich habe damit wieder jenen Rock angezogen, der mir selbst der heiligste und teuerste war. Ich werde ihn nur ausziehen nach dem Sieg – oder – ich werde dieses Ende nicht mehr erleben! ... Als Nationalsozialist und deutscher Soldat gehe ich an diesen Kampf mit einem starken Herzen! Mein ganzes Leben war nichts anderes als ein einziger Kampf für mein Volk, für seine Wiederauferstehung, für Deutschland, und über diesem Kampf stand nur ein Bekenntnis: des Glaubens an dieses Volk.

Ein Wort habe ich nie kennengelernt, es heißt: Kapitulation ... Der Umwelt aber möchte ich gleich versichern: Ein November 1918 wird sich niemals mehr in der deutschen Geschichte wiederholen!

So wie ich selber bereit bin, jederzeit mein Leben für mein Volk und für Deutschland einzusetzen, so verlange ich dasselbe auch von jedem anderen! Wer aber glaubt, sich diesem nationalen Gebot, sei es direkt oder indirekt, widersetzen zu können, der fällt!«[23]

Die polnische Armee kämpfte mit gewohnter Tapferkeit, aber auf verlorenem Posten. Ihre technische Ausrüstung entsprach eher dem Stande des Ersten als des Zweiten Weltkriegs. Wo die deutsche Wehrmacht neben der Infanterie motorisierte Verbände und Panzerdivisionen aufbot, zog man beritten zu Felde. Auch die deutsche Luftwaffe griff wirkungsvoll in die Kämpfe ein, und ihr hatte man erst recht nichts entgegenzusetzen. Am 17. September begann dazu noch der Einmarsch der Roten Armee ins östliche Polen. Zwar war es übertrieben, als man vom »Feldzug der 18 Tage« sprach; Warschau kapitulierte nach schwerer Beschießung und massiven Luftangriffen am 27. September, einen Tag später folgte die Festung Modlin, und am 1. Oktober legten die Verteidiger der Ostseehalbinsel Hela ihre Waffen nieder. Die deutschen Verluste betrugen 10572 Tote, 3409 Vermisste und 30322 Verwundete. Die Zahl der polnischen Kriegsgefangenen belief sich auf 694000 Mann.[24]

Großbritannien überreichte am Morgen des 3. September ein Ultimatum, das die Kriegserklärung einschloss, wenn Deutschland nicht umgehend seine Truppen aus Polen zurückzog. Frankreich folgte ein paar Stunden später. Bei der Übergabe des Ultimatums ließ sich der Reichsaußenminister durch den Chefdolmetscher Paul Schmidt vertreten, und der hat berichtet, was er erlebte, als er in der Reichskanzlei das Arbeitszimmer des Führers betrat; Hitler saß am Schreibtisch, und Ribbentrop stand etwas abseits am Fenster.

»Beide blickten gespannt auf, als sie mich sahen. Ich blieb in einiger Entfernung von Hitlers Tisch stehen und übersetzte ihm dann langsam das Ultimatum der britischen Regierung. Als ich geendet hatte, herrschte völlige Stille. – Wie versteinert saß Hitler da und blickte vor sich hin. Er war nicht fassungslos, wie später behauptet wurde, er tobte auch nicht, wie es wieder andere wissen wollten. Er saß völlig still und regungslos an seinem Platz. Nach einer Weile, die mir wie eine Ewigkeit vorkam, wandte er sich Ribbentrop zu, der wie erstarrt am Fenster stehengeblieben war. ›Was nun?‹ fragte Hitler seinen Außenminister mit einem wütenden Blick in den Augen, als wolle er zum Ausdruck bringen, daß ihn Ribbentrop über die Reaktion der Engländer falsch informiert habe. Ribbentrop erwiderte mit leiser Stimme: ›Ich nehme an, daß die Franzosen uns in der nächsten Stunde ein gleichlautendes Ultimatum überreichen werden.‹«[25]

Indessen rührte die französische Armee sich nicht von der Stelle, obwohl sie den deutschen Verteidigern des vollkommen unfertigen »Westwalls« weit überlegen war. General Jodl, während des Krieges Chef des Wehrmachtführungsamtes und Hitlers wichtigster Berater in operativen Fragen, hat später erklärt: »Wenn wir nicht schon im Jahre 1939 zusammengebrochen sind, so kommt das nur daher, dass die rund einhundertzehn französischen und englischen Divisionen im Westen sich während des Polenfeldzugs gegenüber den fünfundzwanzig deutschen völlig untätig verhielten.«[26] Auch in den folgenden Monaten geschah nichts. »Keine besonderen Ereignisse«, hieß immer wieder die lapidare Mitteilung des Wehrmachtberichts. Oder allenfalls: »An der Westfront stellenweise regere Spähtrupptätigkeit.« Halbwegs Aufregendes ereignete sich nur dann und wann im Seekrieg, so als Kapitänleutnant Günther Prien mit seinem U-Boot am 14. Oktober in der Bucht von Scapa Flow das Schlachtschiff *Royal Oak* vernichtete oder als am 17. Dezember, nach einem Gefecht mit britischen Kreuzern, das Panzerschiff *Admiral Graf Spee* sich vor Montevideo selbst versenkte.

Im Schatten eines Krieges, in dem so wenig geschah, forderte die Sowjetunion von Finnland Gebietsabtretungen und eröffnete, als sie abgelehnt wurden, am 30. November 1939 den militärischen Angriff. In aller Welt schlugen die Herzen für das kleine Land, das standhielt und der Roten Armee schwere Verluste zufügte. Großbritannien und Frankreich wären unter dem Druck der öffentlichen Meinung fast in einen absurden Zusatzkrieg mit der Sowjetunion geraten; nur die Tatsache, dass der finnische Widerstand schließlich doch erlahmte und das Land dazu zwang, im Friedensvertrag von Moskau am 12. März 1940 auf die russischen Forderungen einzugehen, verhinderte dies.

Aber auch nach dem Ende des Winterkrieges blieb der Blick nach Norden gerichtet, auf Norwegen und besonders auf Narvik. Von dort aus wurde schwedisches Erz nach Deutschland verschifft, das die Stahlindustrie dringend brauchte. In London und Paris entschloss man sich endlich zum Handeln; am 8. April begann die Verminung norwegischer Gewässer, und ein alliiertes Expeditionskorps schiffte sich ein.

Die Deutschen waren schneller. In der Nacht zum 9. April 1940 begann die Operation »Weserübung« mit Truppenlandungen in allen wichtigen Häfen, während gleichzeitig Dänemark besetzt wurde. Zwar erlitt die Marine schwere Verluste. Vor Oslo, Kristiansund und Bergen wurden die Kreuzer *Blücher*, *Karlsruhe* und *Königsberg* versenkt; in Narvik vernichteten britische Seestreitkräfte ein ganzes Zerstörergeschwader. Aber von Anfang an gehörte die Initiative den Deutschen. Wie Churchill es bitter beschrieben hat, wurden sie besser geführt und bewiesen mehr Kampfgeist als die Alliierten. Sogar in Narvik »hielt eine zusammengewürfelte Truppe von kaum sechstausend Mann eine alliierte Streitmacht von zwanzigtausend Mann sechs Wochen lang in Schach – und hielt durch, bis die Alliierten abzogen.«[27]

Indessen blieb Hitlers Blick stets nach Westen gerichtet. Noch im Herbst 1939 wollte er dort den entscheidenden Schlag führen. Eine hitzige Auseinandersetzung mit den zögernden Generalen entspann sich. Immer neu wurden Angriffstermine festgesetzt und wieder verschoben, vor allem des Wetters wegen; erst weichte Regen die Angriffszonen auf, dann setzte ein ungewöhnlich harter Winter ein. Doch am 10. Mai 1940 begann der Angriff.

Nur knapp seien die Ereignisse skizziert. Militärisch vollkommen überflüssig wurden auch die Niederlande einbezogen, die bereits am 15. Mai kapitulierten. Der Hauptstoß wurde wie schon 1914 durch Belgien geführt, jedoch etwas südlicher als im Ersten Weltkrieg. Auch die französischen und britischen Divisionen verließen ihre ausgebauten Stellungen an der belgisch-französischen Grenze, um den Angreifern entgegenzutreten. So gerieten sie in den Bewegungskrieg, auf den sie nicht vorbereitet waren. Außerdem glaubte der französische Generalstab, dass am Angelpunkt der Bewegung die Ardennen einen natürlichen Schutz boten, weil sie für Panzerarmeen und andere motorisierte Verbände unpassierbar seien. Dort gab es darum nur schwache französische Kräfte. Doch genau dort setzte der deutsche Feldzugsplan an, den General von Manstein entworfen und Hitler gegen den anfänglichen Widerstand der Heeresführung durchgesetzt hatte.[28]

Ein »Sichelschnitt« führte in wenigen Tagen zur Somme und den Fluss hinunter bis zur Kanalküste. Die alliierten Armeen im Nordosten Frankreichs wurden in der Flanke und im Rücken gefasst, zerschlagen, zur Kapitulation gezwungen oder ans Meer getrieben.

Nur einen Lichtblick gab es für die Briten, das »Wunder« von Dünkirchen, das sich zwischen dem 26. Mai und dem 4. Juni vollzog.[29] Zunächst schien es, als könne nichts die deutschen Panzerverbände aufhalten, wenn sie an Boulogne und Calais vorüber von Westen her vorstießen und Dünkirchen im Handstreich nahmen. Für die britische Armee, die noch im Binnenland kämpfte, hätte es dann keine Rettung gegeben. Aber dieser Handstreich fand nicht statt, und es ist umstritten, warum. Einige sprechen vom gezielten Eingreifen Hitlers, der seine Panzerdivisionen für den weiteren Angriff gegen Frankreich aufsparen wollte, andere verweisen auf Armeebefehlshaber wie den General von Rundstedt. Im übrigen versprach Göring, jeden Abtransport über See mit seiner Luftwaffe zu unterbinden.

Wie auch immer: Das Wunder geschah. Hunderte von Schiffen eilten zur Rettung herbei, nicht nur Kriegsschiffe, sondern auch private Motorboote, Kutter, Schlepper. Nachträglich hat man 861 Fahrzeuge gezählt, von denen 243 versenkt wurden. Aber es gelang, 338 226 Soldaten zu evakuieren; der Kern der britischen Armee wurde gerettet, freilich beim Verlust fast der gesamten Ausrüstung.

Am 5. Juni traten die deutschen Armeen zum weiteren Angriff an und überrannten gegen nur noch geringen Widerstand ganz Frankreich. Am 10. Juni trat auch Italien in den Krieg ein, freilich mit kläglichem Erfolg, aber nun der preiswerten Beute gewiss. Schon am 22. Juni schloss Frankreich einen Waffenstillstand und schied aus dem weiteren Krieg aus. Die deutschen Verluste betrugen 27 074 Tote, 11 034 Verwundete und 18 384 Vermisste.[30] Weit mehr ins Gewicht fiel die gewaltige Kriegsbeute, die man einbrachte, und die Tatsache, dass französische Rüstungsbetriebe fortan für das Reich arbeiteten.

Darüber hinaus zählte man 1,9 Millionen Gefangene. Sie waren höchst willkommen, um in der deutschen Wirtschaft, besonders in der Landwirtschaft, die zum Wehrdienst einberufenen Arbeiter, Bauern oder Landarbeiter zu ersetzen. Es gehörte zu den Merkwürdigkeiten nicht nur dieses Feldzugs, sondern des Zweiten Weltkriegs, wie wenig Fremdheit und Feindschaft es gab. Je länger der Krieg dauerte, desto wichtiger wurden die französischen Kriegsgefangenen, die, kaum noch bewacht und mit ihrer deutschen Umgebung zunehmend vertraut, ihre Arbeit leisteten und nicht selten sogar in Vertrauensstellungen aufrückten.

Zwei Tage nach der Unterzeichnung des Waffenstillstandes erging ein Aufruf »An das deutsche Volk«:

»Deutsches Volk!

Deine Soldaten haben in knapp sechs Wochen nach einem heldenmütigen Kampf den Krieg im Westen gegen einen tapferen Gegner beendet.

Ihre Taten werden in die Geschichte eingehen als der glorreichste Sieg aller Zeiten.

In Demut danken wir dem Herrgott für seinen Segen.

Ich befehle die Beflaggung des Reiches für zehn, das Läuten der Glocken für sieben Tage.

Führerhauptquartier, 24. Juni 1940.

Adolf Hitler.«[31]

Ein Kameramann hat Aufnahmen gemacht, die den Führer bei einer Art von Siegestanz zeigen. Und wie denn nicht? Niemand, wohl nicht einmal er selbst, hatte einen so schnellen und vollkommenen Triumph erwartet. Hitlers Umgebung – zuerst wohl der Bürochef Keitel – gewöhnte sich daran, ihn »den größten Feldherrn aller Zeiten« zu nennen, passend zum glorreichsten Sieg aller Zeiten, und er selbst begann an sein Feldherrngenie zu glauben. War er es denn nicht, der gegen alle Bedenken der Generale den Feldzug und den »Sichelschnitt« durchgesetzt hatte?

Was aber das deutsche Volk anging, so befand es sich erst recht im Freudentaumel und huldigte seinem Führer aus vollem Herzen. Weithin glaubte man, dass der Krieg nun gewonnen und praktisch beendet war; die isolierten Briten würden bald einlenken müssen.

Heute wissen wir es besser. Es handelte sich nur um das Ende vom Anfang; der eigentliche und zunehmend schreckensvolle Krieg stand erst bevor. Aber man kann die damaligen Empfindungen verstehen. Die Mehrheit der Deutschen war – wie Hitler – geprägt von den Eindrücken des Ersten Weltkriegs. Damals scheiterte der schnelle Siegeszug in der Marneschlacht, und ein vierjähriges blutiges Ringen nahm seinen Anfang, das erst mit dem Waffenstillstand am 11. November 1918 und das heißt mit der deutschen Niederlage ans Ende kam. Wie sehr die alten Eindrücke nachwirkten, zeigt die Tatsache, dass der Waffenstillstand vom 22. Juni symbolträchtig im Wald von Compiègne genau an dem Ort und in dem eigens aus Paris herbeigeschafften alten Salonwagen abgeschlossen wurde, in dem er auch am 11. November 1918 unterzeichnet wurde.[32] Mit anderen Worten: Vom Anfang bis zum Ende war die Schicksalsfront die im Westen gewesen, und wie selbstverständlich unterstellte man, dass ein Sieg in Frankreich den Sieg im ganzen Krieg bedeutete.

Entsprechend die Siegesrede im Reichstag vom 19. Juli. Kaum genug konnte Hitler die Heldentaten rühmen, die vollbracht worden waren; gleich im Dutzend wurden Generale zu Feldmarschällen befördert.[33] Erst gegen Ende der Rede hieß es wie nebenher und ohne die Spur eines konkreten Angebots:

»In dieser Stunde fühle ich mich verpflichtet, vor meinem Gewissen noch einmal einen Appell an die Vernunft auch in England zu richten. Ich glaube dies tun zu können, weil ich ja nicht als Besiegter um etwas bitte, sondern als Sieger nur für die Vernunft spreche. Ich sehe keinen Grund, der zur Fortführung dieses Kampfes zwingen könnte.«[34]

Und dann, in der Schlußpassage:

»Abgeordnete! Männer des Deutschen Reichstags!

Im Rückblick auf die hinter uns liegenden zehn Monate werden wir wohl alle von der Gnade der Vorsehung bezwungen, die uns das große Werk gelingen ließ. Sie hat unsere Entschlüsse gesegnet und uns auf den schweren Wegen begleitet. Ich selbst bin ergriffen von dem Bewußtsein der mir von ihr erteilten Bestimmung, meinem Volk die Freiheit und die Ehre wiedergegeben zu haben. Die Schande, die vor 22 Jahren im Wald von Compiègne ihren Ausgang nahm, ist an dieser gleichen Stelle für immer gelöscht …

Deutschland Sieg Heil!«[35]

Todesfuge: Der ganz andere Krieg

Auf die Frage, warum der Krieg im Sommer 1940 nicht ans Ende kam, gibt es zwei Antworten. Die erste besagt, dass Hitler in der Stunde seines vordergründigen Triumphes den ebenbürtigen Gegenspieler fand: Winston Churchill. Am 10. Mai 1940, dem Tag, als der deutsche Angriff gegen Frankreich losbrach, wurde er als Nachfolger von Neville Chamberlain zum britischen Premierminister berufen. In seiner Regierungserklärung vor dem Unterhaus vom 13. Mai hieß es:

»Ich möchte dem Haus sagen, was ich auch schon denen gesagt habe, die mit mir die Regierung bilden: ›Ich habe nichts anzubieten als Blut, Mühsal, Tränen und Schweiß.‹ Vor uns liegt eine Prüfung, wie sie härter nicht sein kann. Vor uns liegen viele, viele Monate voller Kampf und Leiden. Ihr fragt: ›Was ist unsere Politik?‹ Ich antworte: Es ist das Kriegführen zur See, zu Lande und in der Luft mit all der Macht und all der Festigkeit, die Gott uns geben kann; das Kriegführen gegen eine Form von Tyrannei, wie sie in der finsteren, schreckensvollen Geschichte menschlicher Verbrechen niemals übertroffen worden ist. Das ist unsere Politik. – Ihr fragt: ›Was ist das Ziel?‹ Darauf antworte ich mit einem einzigen Wort: Sieg – Sieg um jeden Preis, Sieg trotz all des Schreckens; Sieg, wie lang und steinig der Weg auch sein mag. Denn ohne den Sieg gibt es kein Überleben. Laßt uns das erkennen: kein Überleben für das Britische Reich, kein Überleben für das, was dieses Reich verkörpert, kein Überleben für den Wunsch von Generationen, daß die Menschheit sich vorwärts bewege zu ihrem Ziel.«[1]

Das Unterhaus stimmte einmütig zu. Aber in den Unheilswochen, die folgten, als Frankreich zusammenbrach und auch noch Italien den Krieg erklärte, gab es in Großbritannien nicht wenige – angefangen beim Außenminister Lord Halifax –, die meinten, dass man zumindest ausloten sollte, ob halbwegs »vernünftige« Friedensbedingungen zu erreichen seien. Welche Chancen gab es denn sonst? Die Armee war beinahe waffenlos und die Royal Air Force zahlenmäßig einer deutschen Luftwaffe weit unterlegen, die auf kurzem Weg London und andere Städte verheerend angreifen konnte. Die Marine schien hoffnungslos überfordert zu sein; sie musste bereitstehen, um die Invasion abzuwehren. Sie sollte die atlantischen Zufahrtswege verteidigen – und dies in einer dramatisch verschlechterten Situation, seit den deutschen U-Booten die norwegischen Fjorde und die französischen Atlantikhäfen zur Verfügung standen. Schließlich sollte sie auch noch im Mittelmeer eine der Papierform nach starke italienische Flotte in Schach halten, die die strategisch günstige Zentralstellung einnahm.

Was Churchill gegen seine Kritiker aufbieten konnte, war im Grunde einzig seine Wortgewalt; auch sie erweist ihn übrigens als Hitlers ebenbürtigen Gegenspieler. Doch gerade Worte waren jetzt wichtig, wichtiger noch als Waffen, um die Nation aus allen Zweifeln zur Entschlossenheit des Durchhaltens hochzureißen.[2] Etwas später, im Rückblick auf die Luftschlacht um England, in der ein paar Hundert Spitfire-Piloten Görings siegesgewohnter Luftwaffe standhielten, hat Churchill gesagt: »Noch niemals in der Kriegsgeschichte verdankten so viele Menschen derart viel nur so wenigen.«[3] Man könnte diesen Satz abwandeln: Selten in der Geschichte verdankten so viele einem Einzelnen so viel. Nein, mit diesem Mann gab es kein Verhandeln, kein Einlenken, keine Unterwerfung und nicht einmal einen Frieden, der England verschonte, falls es Hitlers Herrschaft auf dem Kontinent hinnahm, sondern nur den Kampf mit allen Mitteln und den Sieg um jeden Preis.[4]

Die zweite Antwort heißt: Hitler. Natürlich wäre es ihm höchst willkommen gewesen, wenn – zu seinen Bedingungen – England zum Friedensschluss bereit gewesen wäre. Aber selbst dann hätte der Krieg nicht oder nur in einem trügerischen Zwischenspiel sein Ende gefunden. Denn der eigentliche, der abgründige und ganz andere, *sein*, Hitlers Krieg zur Eroberung von »Lebensraum« im Osten und zur Versklavung oder Vernichtung der dort lebenden Völker, stand erst noch bevor. Alles bisher Erreichte war tatsächlich bloß Vorspiel und diente der Vorbereitung.

»Mit dem Krieg fanden Hitler und der Nationalsozialismus gleichsam zu sich selbst«, hat man gesagt.[5] Das ist wahr, doch es gilt in einem besonderen und scharf umrissenen Sinne. Wenn es im nächsten Satz heißt, dass es sich um »das Grundmotiv des europäischen Faschismus« handelte, dann wird die Aussage bereits fragwürdig oder sogar falsch. Mussolini und General Franco führten ihre Feldzüge, um sie im Sieg zu beenden. Hitler dagegen ging es nicht um den herkömmlichen, geschrieben oder ungeschrieben in Regeln gefassten Krieg, wie er 1940 in Frankreich noch stattfand und der darauf angelegt war, früher oder später zwischen Siegern und Besiegten Frieden zu schließen. Der traditionelle europäische Krieg kannte Grenzen. Hitler überschritt sie. In seinem ganz anderen, dem Vernichtungskrieg konnte und sollte es keinen Frieden mehr geben, vielmehr den Triumph der absoluten Macht über die absolute Ohnmacht. Folgerichtig hat Hitler den Krieg »das letzte *Ziel* der Politik« genannt, in Umkehrung der Formel von Clausewitz, wonach der Krieg die Fortsetzung der Politik mit anderen Mitteln darstellt.[6] Oder in einer anderen Äußerung: »Krieg ist das Natürlichste, Alltäglichste. Krieg ist immer. Es gibt keinen Beginn, es gibt keinen Friedensschluß. Krieg ist Leben.«[7] Und da es im Krieg ums Töten geht, heißt das im Umsturz aller Werte: *Der Tod ist das Leben.* Abgründiges wird damit aufgerührt, das in der Geschichte der europäischen Zivilisation mit der Kenntnis und Anerkennung des gewöhnlichen Krieges gerade nicht gemeint war. Darum ist es wichtig zu unterscheiden. Friedrich der Große, Napoleon und Bismarck brachen Kriege vom Zaun, doch nicht an sie dürfen wir denken, wenn wir Hitler verstehen wollen.

Es ist viel darüber diskutiert worden, ob er seinen Feldzug gegen die Sowjetunion eröffnete, obwohl oder weil er England nicht besiegen konnte. Das »Obwohl« meint dann das Verhängnis des Zweifrontenkrieges und den Leichtsinn, auf ihn sich einzulassen, das »Weil« den Gedanken, dass ein Sieg im Osten jede britische Hoffnung zerschlagen und das Einlenken des Inselreiches erzwingen sollte. Aber so sehr oder so wenig diese Überlegung vordergründig im Spiel gewesen sein mag: Beide Antworten verfehlen das Wesentliche: einen Krieg, der nicht ein Mittel, sondern das Ziel war.

Übrigens diente der Feldzug im Westen als Vorbereitung nicht nur in dem Sinne, dass er für die Wendung nach Osten Rückenfreiheit schaffen sollte. Der triumphale Erfolg, mit den Erfahrungen des Ersten Weltkriegs durchlebt und umso mehr umjubelt, schuf für Hitler erst das Prestige, das es ihm ermöglichte, die Wehrmacht und das Volk in seinen anderen Krieg zu führen.

Freilich ist das nur zum Teil gelungen. Immer, von Anfang an und schon in der Zeit der Siege erfasste die Soldaten und die Zivilbevölkerung ein Gefühl dafür, dass man in etwas Unbekanntes und Unheimliches, an ein Ende aller Sicherheit geriet. Der einzig populäre Krieg, den es seit 1941 noch gab, war der altmodisch ritterliche, der in Nordafrika gegen die Briten geführt wurde und der sich mit dem Namen des Generals, dann Feldmarschalls Erwin Rommel verband. Er sorgte für willkommene Ablenkung, und mit einem untrüglichen Gespür für Stimmungen hat darum der Propagandaminister Goebbels den Rommelkult nach Kräften gefördert.

Um das Unheimliche zu verstehen, muss man zurückblenden. Die absolute Macht als der Kern von Hitlers Weltanschauung und als das Ziel seines Handelns bedeutete Herrschaft und Unterwerfung nicht im Sinne einer irgendwie gegliederten Ordnung von Obrigkeit und Untertanen, die es in der Geschichte vielfältig gegeben hat, sondern als die freie, dem Belieben anheim gestellte Entscheidung über Leben und Tod. Denn welch höhere Macht kann dem Menschen gegeben sein als solch eine Verfügung über andere Menschen? Etwas Gottähnliches – oder Satanisches – ist daran, etwas aus der Tiefe der Mythen, aus Träumen oder Albträumen, in allen Kulturen oder Zivilisationen von Tabus überdeckt, von Gesetzestafeln, dem Gebot »Du sollst nicht töten!«, in Schattenzonen verwiesen. Doch das Unerhörte, das wirklich Einzigartige an Hitler war, dass er genau dies ins Licht rückte, es aussprach, es verherrlichte. So gesehen fanden er und der Nationalsozialismus im Krieg tatsächlich zu sich selbst.

Aber die Praxis begann viel früher. Ihr Ort, gleichsam ihr Übungsgelände waren die Konzentrationslager, die gleich nach der »Machtergreifung« entstanden. Der »SS-Staat«, der Schritt um Schritt sich entwickelte, bis hin zu den Todesfabriken von Auschwitz oder Treblinka, hat hier seinen Ursprung.[8]

Vordergründig ging es darum, den Widerstandswillen der in »Schutzhaft« genommenen Regimefeinde zu zerbrechen und nach außen hin, mit den Gerüchten, die ihre Absonderung umgab, einschüchternd zu wirken. Das ist weithin gelungen. Rudolf Höß, der spätere Kommandant von Auschwitz, um die Mitte der Dreißigerjahre in Dachau tätig, hat mit Recht von den Häftlingen gesagt, dass die meisten, »nachdem sie eingesehen hatten, daß ihre Welt zertrümmert war, nur noch den Willen hatten, friedlich einer auskömmlichen Arbeit nachzugehen und zu ihrer Familie zurückkehren zu können. Nach meiner Überzeugung hätte man 1935/36 ruhig drei Viertel aller politischen Häftlinge in Dachau entlassen können, ohne daß dem Dritten Reich der geringste Schaden entstanden wäre.«[9]

Hintergründig ging es um viel mehr: um die Züchtung des absolut mächtigen und des absolut ohnmächtigen Menschen. Die absolute Macht fiel den Lagerwachen der SS zu. Jeder SS-Mann durfte jedem Häftling nach Belieben Befehle erteilen. Immer gab es einen Dschungel von Vorschriften und Anordnungen mit gewollt chaotischen Folgen, um von Anfang an den Häftlingen und besonders den neu eingelieferten jede Orientierung zu nehmen. Vorsätzlich wurden auch Widersprüche geschaffen, die nur die Wahl ließen, gegen die eine oder andere Anordnung zu verstoßen. Man hat von »Normenfallen« gesprochen. Bloß als Beispiel: Der SS-Mann reißt einem Häftling die Mütze vom Kopf und wirft sie in die Todeszone neben dem Lagerzaun. Läuft der Häftling ihr nach, so wird er erschossen. Wird er ohne Mütze angetroffen, verfällt er drakonischer Strafe, etwa der Auspeitschung auf dem Prügelbock.

Eine spezielle Spielart entwickelte sich bei Arbeitseinsätzen außerhalb des Lagers, die von Posten umstellt waren. Lief der Häftling hier seiner Mütze nach, die über die Postenkette hinausflog, so wurde er »auf der Flucht« erschossen – ein beliebter Zeitvertreib, weil verhinderte Fluchtversuche mit Prämien oder einem Sonderurlaub belohnt wurden; man sprach von der »Mützenjagd« oder vom »Hasenschießen«.

Im Rückblick hat man oft und mit Schaudern gefragt, wie Menschen sich derart unmenschlich verhalten konnten, die in der Regel doch keine sadistischen Triebtäter, sondern so normal veranlagt waren, dass sie nach 1945 sich in die zivile Gesellschaft hinüberretteten und unter ihren Nachbarn als ehrbare Bürger lebten, falls nicht ein Zufall ihre Vergangenheit aufdeckte. Aber womöglich muss man die Frage umkehren: Wie widersteht jemand der Unmenschlichkeit, wenn sie zur Norm geworden ist und wenn ihm seine Kameraden alltäglich demonstrieren, seine Vorgesetzten ständig einschärfen, dass man hart sein muss, um zu einer Elite zu gehören, dazu berufen, das Volk vor seinen Feinden zu schützen? Die SS bevorzugte überdies sehr junge, noch ungeformte Männer, Freiwillige im Alter zwischen 16 und 19 Jahren, die zunächst einmal selber mit Härte behandelt, zur Hinnahme der Härte gedrillt, »geschliffen« wurden, um dann in einer Kameraderie der Härte ihr Zuhause, in der Ausübung der Macht ihr Selbstverständnis, ihr Selbstbewusstsein, ihre »Ehre« zu finden. Liegt nicht wirklich in der Herrschaft über Leben und Tod eine in jedem Sinne ungeheuerliche Versuchung des Menschen zur Unmenschlichkeit? Für die SS fand der vollzogene Tabubruch seinen symbolischen Ausdruck im Totenkopf, mit dem sich die Wachmannschaften der Konzentrationslager schmückten; seit 1936 hießen sie sogar offiziell SS-Totenkopfverbände.

Das Lagersystem wurde schon in den Friedensjahren des »Dritten Reiches« zur Perfektion entwickelt. Und immer neue Häftlingskategorien entstanden, um die Lager zu füllen: die Homosexuellen und die Bibelforscher, die um ihres Glaubens willen den Wehrdienst verweigerten, Berufsverbrecher und Asoziale – darunter verstand man Landstreicher und Bettler oder einfach Menschen, die jemand als »arbeitsscheu« denunziert hatte –, so genannte Volksschädlinge, die Zigeuner. Mit Bedacht wurden die Gruppen gemischt, um sie gegeneinander auszuspielen. Nur für die Frauen gab es gesonderte Lager.[10]

Aber auch der SS-Staat fand erst mit dem Krieg zu sich selbst. Gleich hinter den Soldaten drangen die Jagd- und Todeskommandos der SS 1939 in Polen ein. Entsprechend und noch weit besser gerüstet folgten sie den Armeen in die Sowjetunion. Zwangsläufig wurden neben der SS auch »normale« Polizeibataillone, Einheiten der Wehrmacht und vielerlei Dienststellen und Dienste einbezogen, zum Beispiel die der Reichsbahn beim Transport in die Lager oder zur Vernichtung. Im Zuge dieser Entwicklung vollzog sich eine Internationalisierung oder Europäisierung der Häftlingsgesellschaft; die deutschen Gefangenen gerieten in eine Minderheit von fünf bis zehn Prozent. Das Hauptkontingent stellten seit 1939 die Polen, seit 1941 gefolgt von Menschen aus der Sowjetunion. Doch auch Nord-, West- und Südeuropa waren zunehmend vertreten.

Entsprechend erhöhte sich die Zahl der Häftlinge von etwa 24 000 vor dem Krieg auf ungefähr 60 000 in den ersten Kriegsjahren, dann auf 115 000 im August 1942. Zwei Jahre später, im August 1944, meldete das Wirtschaftsverwaltungshauptamt der SS (kurz WVHA), dem die Lager seit März 1942 unterstanden, 524 286 und in der letzten Übersicht vom 15. Januar 1945 sogar 714 211 Häftlinge. Damit geriet die Überfüllung der Lager zu einem Dauerzustand, und entsprechend verschlechterten sich die Haft- und Überlebensbedingungen. Der Mangel an Lebensmitteln ließ den Hunger regieren, in der Spätphase derart, dass die Menschen binnen weniger Wochen der völligen Entkräftung verfielen und starben. Unterernährung und mangelnde Hygiene begünstigten außerdem die Seuchen, besonders die Ruhr und den Flecktyphus. Damit stiegen die Todesraten in der Spätzeit dramatisch an. Ab Anfang 1945 starben in den etwa dreieinhalb Monaten bis zur Befreiung der Lager durch die alliierten Truppen in Buchenwald 13 056 von 43 823, in Dachau 15 384 von 30 958 Gefangenen, in Bergen-Belsen rund 35 000 Häftlinge – und weitere 14 000 trotz aller Rettungsmaßnahmen in den folgenden zwei Monaten. In »Mittelbau-Dora« im Südharz bei Nordhausen, wo in Bergwerksstollen die V-2-Raketen Wernher von Brauns produziert wurden, hat man etwa 60 000 Häftlinge aus 20 verschiedenen Nationen eingesetzt, und ungefähr 20 000 von ihnen starben. Schätzungen besagen, dass von den insgesamt 1,65 Millionen Menschen, die in die Konzentrationslager eingeliefert wurden, 1,1 Millionen, also zwei Drittel, nicht überlebt haben.

Wohlgemerkt: Hier ist von den »normalen« Konzentrationslagern die Rede, nicht vom Sterben in den Judengettos, von den Massenerschießungen vor Ort, besonders in der Sowjetunion, oder vom Hungertod der russischen Kriegsgefangenen. Ab 1941 entwickelten sich die Vernichtungslager, so in Kulmhof-Chelmno, Belzec, Sobibór, Treblinka. In Auschwitz bestanden Konzentrations- und Vernichtungslager nebeneinander. Dies ermöglichte ein »rationelles« Vorgehen; noch auf der Bahnrampe wurden die Angekommenen *selektiert*[11] und die noch halbwegs kräftigen, meist jüngeren Männer und Frauen ins Stamm- und Arbeitslager, die übrigen in die Gaskammern geschickt. Insgesamt sind diesen Vernichtungsfabriken mindestens drei Millionen Menschen zum Opfer gefallen, in erster Linie Juden.[12]

Vom anfänglichen »Hasenschießen« bis zur technisch durchorganisierten Massenvernichtung mag es ein weiter Weg sein. Aber es ist ein gerader Weg – sofern denn die Gottähnlichkeit absoluter Macht sich an der Befugnis zum Töten erweist. Zugleich wird sichtbar, warum Hitler den Krieg, *seinen* Krieg brauchte, um diese Macht zu entfesseln. Kaum zufällig hat er seine Weisung zur Tötung der Geisteskranken auf den 1. September 1939 zurückdatiert.[13] Entsprechend die Ankündigung einer »Endlösung« der Judenfrage: »Wenn es dem internationalen Finanzjudentum in und außerhalb Europas gelingen sollte, die Völker noch einmal in einen Weltkrieg zu stürzen, dann wird das Ergebnis nicht die Bolschewisierung der Erde und damit der Sieg des Judentums sein, sondern die Vernichtung der jüdischen Rasse in Europa.« Immer wieder hat Hitler später behauptet, dass er diese Ankündigung in der Reichstagsrede zum Kriegsbeginn gemacht habe; womöglich hat er das selber geglaubt, weil auf solche Weise die Entfesselung des Krieges und die Entfesselung der Vernichtung sich sinnfällig zu der Einheit verbanden, als die er sie sah. In Wahrheit kamen in dieser Rede die Juden gar nicht vor; der Satz stammte aus einer Ansprache vom 30. Januar 1939.[14]

Den *Stolz*, zur auserkorenen Elite zu gehören, die die Verfügung über den Tod in ihren Händen hält, hat der Reichsführer der SS, Heinrich Himmler, in einer Geheimansprache vor SS- und Polizeiführern beispielhaft zum Ausdruck gebracht: »Ich will hier vor Ihnen auch ein ganz schweres Kapitel erwähnen. Unter uns soll es einmal ganz offen ausgesprochen werden, und trotzdem werden wir in der Öffentlichkeit nie darüber reden ... Ich meine jetzt die Judenevakuierung, die Ausrottung des jüdischen Volkes. Es gehört zu den Dingen, die man leicht ausspricht. ›Das jüdische Volk wird ausgerottet‹, sagt ein jeder Parteigenosse, ›ganz klar, steht in unserem Programm, Ausschaltung der Juden, Ausrottung, machen wir.‹ Und dann kommen sie alle an, die braven achtzig Millionen Deutschen, und jeder hat seinen anständigen Juden. Es ist klar, die anderen sind Schweine, aber dieser eine ist ein prima Jude. Von allen, die so reden, hat keiner zugesehen, keiner es durchgestanden. Von Euch werden die meisten wissen, was es heißt, wenn hundert Leichen beisammen liegen, wenn fünfhundert daliegen oder wenn tausend daliegen. Dies durchgehalten zu haben und dabei – abgesehen von Ausnahmen menschlicher Schwäche – *anständig* geblieben zu sein, das hat uns hart gemacht. Dieses ist ein niemals geschriebenes und niemals zu schreibendes *Ruhmesblatt* unserer Geschichte.«[15]

Von dem Selbstverständnis ganz abgesehen, das sich in diesen Worten enthüllt, zeigt der Text etwas doppelt Merkwürdiges. Auf der einen Seite verweist er auf eine Kluft zwischen der nationalsozialistischen Elite und den Durchschnittsdeutschen. Die taten ihre Pflicht und gehorchten Befehlen, nötigenfalls auch Vernichtungsbefehlen. Aber eigentlich wollten sie nicht gottähnlich, sondern ganz normale Bürger sein. Darum wollten sie von dem, was geschah, so wenig wie möglich wissen, und darum ersparte man ihnen dieses Wissen durch das Verschweigen. Auf der anderen Seite wird sichtbar, dass man den Tabubruch kannte, den man beging und zumindest ahnte, wie weit und wie unwiderruflich man sich ins Abseits des Menschlichen stellte. Warum sonst sollte dieses Ruhmesblatt der Geschichte niemals zu schreiben sein, selbst nach einem Sieg nicht?

Unwillkürlich wird man an Hitlers Klage für sein Scheitern an »Männern von gestern, klassischen Diplomaten, Militärs alter Schule und ostelbischen Krautjunkern« erinnert.[16] »Ich habe schon oft bitter bereut, mein Offizierskorps nicht so gesäubert zu haben, wie Stalin es tat«, soll er auch gesagt haben.[17] Ähnlich hätte er vom Volk sprechen können – und hat ihm auf seine Weise den Abschied gegeben. Schon Ende 1941, als sich in Rußland die Kriegswende abzeichnete, bekamen ausländische Besucher zu hören: »Wenn das deutsche Volk einmal nicht mehr stark und opferbereit genug sei, sein eigenes Blut für seine Existenz einzusetzen, so soll es vergehen und von einer anderen, stärkeren Macht vernichtet werden.« Und: »Er würde dann dem deutschen Volk keine Träne nachweinen.«[18] Gegen Ende des Krieges hat Albert Speer festgehalten, was Hitler ihm sagte: »Wenn der Krieg verlorengeht, wird auch das Volk verloren sein. Dieses Schicksal ist unabwendbar. Es ist nicht notwendig, auf die Grundlagen, die das Volk zu seinem primitivsten Weiterleben braucht, Rücksicht zu nehmen. Im Gegenteil sei es besser, selbst diese Dinge zu zerstören. Denn das Volk hätte sich als das schwächere erwiesen und dem stärkeren Ostvolk gehöre dann ausschließlich die Zukunft. Was nach dem Kampf übrigbleibe, seien ohnehin nur die Minderwertigen; denn die Guten seien gefallen.«[19]

Noch im schreckensvollen Scheitern blieb damit Hitler seiner »Kampf-ums-Dasein«-Weltanschauung treu. Aber die Liebe zu seinem Volk, so oft und so leidenschaftlich bekundet, der sein Leben geweiht sein sollte? Ach, nein: Die hatte es niemals gegeben; sie glich nur dem Striegeln und Tätscheln eines Droschkengauls, den man dem Abdecker oder Rossschlächter überantwortet, wenn er seine Zugkraft verliert.

Es bleibt jetzt der Blick auf die andere Seite. Der SS-Staat diente ja nicht nur der Heranbildung einer nationalsozialistischen Elite. Ebenso oder erst recht bildete er ein Übungsfeld für das Zerbrechen von Menschen, um aus ihnen gefügige Sklaven zu formen. Wie die Umwandlung praktisch aussah, ist von denen überliefert, die sie überlebten. Der Pfarrer Werner Koch hat von seiner Einlieferung in Sachsenhausen erzählt:

»Den Aufnahmeschock hatte ich am 13. Februar 1937 erlitten, die ersten Ohrfeigen und Fußtritte, die Erfahrung, daß mein Name praktisch ausgelöscht war und ich mich nur noch als ›Nr. 392‹ zu melden hatte. Die Haare, die meine Braut immer so schön gefunden hatte, auf einen halben Millimeter abgeschnitten und abrasiert, kurz: der ›warme Empfang‹ seitens einer schreienden, schlagenden und höhnisch grinsenden SS, das ganze sich bei allen ›Zugängen‹ wiederholende ›Zeremoniell‹ der totalen Entwürdigung und Entpersönlichung des Menschen – das alles war innerhalb von zwei Stunden über mich hereingebrochen. Der letzte Rest eines Anspruchs auf Menschenrecht war mit dem letzten Haarbüschel zu Boden gefallen. Schutzlos war ich wie alle anderen Häftlinge der hemmungslosen Willkür der SS-Herrschaft ausgeliefert.«[20]

Zum Alltag des Lagers gehörte die Arbeit; »Arbeit macht frei«, stand am Lagertor von Dachau geschrieben. Doch das war bloß ein zynischer Spruch. In Wahrheit ging es nicht um den produktiven Sinn der Arbeit, sondern darum, die Häftlinge zu demütigen und zu zerbrechen. Darum blieb die Lagerarbeit stets und mit Vorsatz »untertechnisiert«: Menschen sollten Maschinen ersetzen. Die Zerstörung des Sinnvollen hat Wolfgang Sofsky als »Sisyphosarbeit« beschrieben:

Sie ist »Terrorarbeit in reiner, unvermischter Form, ohne jeglichen produktiven Nebenzweck. Sie hat kein anderes Ziel, als die Häftlinge zu schikanieren und zu erschöpfen. Für die Aufseher war sie ein willkommener Anlaß zur Gewalt, für die Opfer eine endlose Qual, die ihnen vor Augen führte, daß ihre Anstrengungen vollkommen wertlos waren. In Dachau ließ man die Häftlinge einen Karren mit Gummirädern, den berüchtigten ›Moorexpreß‹, mit Steinen beladen und durch tiefen Morast hin und her schieben. In anderen Lagern mußten die Gefangenen Steinmauern aufschichten, am nächsten Tag wieder abtragen, um sie am dritten Tag erneut aufzubauen. Man zwang die Gefangenen dazu, schwere Bahngleise im Laufschritt hin und her zu schleppen, Gräben auszuheben und wieder zuzuschütten oder Berge von Sand von einer Stelle zur anderen zu schaufeln. Sisyphosarbeiten demontieren die Zielstruktur menschlicher Arbeit. Die Anstrengung hat keinen anderen Sinn als sie selbst.«[21]

Die Verkehrung der Welt in den Albtraum: »Gewöhnlich soll Arbeit einen Mangel beheben … Arbeit ist ein gezieltes, geplantes, stetiges Tun, das den Menschen als Last widerfährt. Sie nehmen sie auf sich, freiwillig oder unter Zwang, um ihr Dasein zu fristen, ihr Überleben zu sichern, um sich Bedingungen für ein besseres Leben zu schaffen.« Wenig oder nichts davon blieb im Konzentrationslager: »Das Ziel der Arbeit war nicht der Gewinn, der Nutzen, das Leben, sondern der reine Verlust, die Souveränität, die alle Zwecke hinter sich läßt, der Tod. Das Terrorregime war nicht so sehr an Leistungen interessiert als am Prozeß des Arbeitens, an der auszehrenden Plackerei. Dadurch gerieten die Gefangenen in ein nahezu unlösbares Dilemma. Wer nicht mehr arbeiten konnte, war überflüssig. Er wurde aussortiert und getötet. Wer aber arbeitete, dessen Kräfte waren in wenigen Wochen erschöpft, falls es ihm nicht gelang, in ein geschütztes Kommando zu kommen. Arbeit sicherte nicht das Leben, sondern ruinierte es. Nur wer sich der Arbeit entzog, konnte sich die Kräfte erhalten, die die Arbeit zerstörte, konnte sich die Arbeitsfähigkeit bewahren, die ihn vor dem Tod schützte.«[22]

Im Verlauf des Krieges trat allerdings ein Wandel ein, besonders seit sich die Kriegslage für Deutschland verschlechterte. Jetzt sollten die Häftlinge für die Rüstungsproduktion arbeiten. Sie wurden an Rüstungswerke jeder Art vermietet; dafür entstanden immer mehr, am Ende rund tausend Außenstellen der Lager. Manchmal konnten Menschen vor den Übergriffen der SS geschützt und gerettet werden, weil man die Betriebe und ihre Arbeitskräfte als kriegswichtig einstufte. Hier schlug die Stunde eines Berthold Beitz oder Oskar Schindler.

Die Regel war das nicht; das einmal eingeschliffene Prinzip einer *Vernichtung durch Arbeit* ließ sich nicht mehr aus der Welt schaffen.[23] Von den Zielen der Rüstungsproduktion her betrachtet muss man darum von einer grotesken Fehlleistung, einer beispiellosen Vergeudung der Arbeitskräfte sprechen.[24] Doch in gewissem Sinne war sogar das konsequent: Bis zuletzt erwies sich die absolute Macht an der Vernichtung, am Tod.

In Gedenkschriften und Gedenkreden liest und hört man viel von Standhaftigkeit und Kameradschaft, von selbstloser Hilfe und heimlichem Widerstand. Bei näherem Zusehen bleibt davon wenig, vor allem in der verzweifelten Spätphase nicht, als Hunger, Seuchen und Selektionen das Überleben zur Ausnahme, das Sterben zur Regel machten. Wenn jemals der »Kampf ums Dasein« erbarmungslos ausgefochten worden ist, dann in den Lagern – wie Primo Levi als einer, der der Hölle entkam, mit schonungsloser Offenheit gesagt hat: »Überlebt haben vorwiegend die Schlimmsten, die Egoisten, die Gewalttätigen, die Gefühllosen, die Kollaborateure der ›Grauzone‹, die Spione. Gewiß, ich fühlte mich ohne Schuld, aber gleichzeitig war ich den Geretteten zugesellt und daher auf der ständigen Suche nach einer Rechtfertigung vor mir selbst und den anderen. Überlebt haben die Schlimmsten und das heißt die Anpassungsfähigsten. Die Besten sind alle gestorben.«[25] Zu den Spätfolgen des Lageraufenthalts gehörten darum die *Überlebensschuldgefühle,* die ehemalige Häftlinge befielen – und nicht etwa die ehemaligen SS-Leute.[26]

Doch nicht erst in der Spätphase, sondern von Anfang an hat die SS eine Art von Selbstverwaltung der Häftlinge und damit zugleich den Selbstverrat organisiert. Es gab Lager- und Blockälteste, dazu die »Kapos«, und von ihnen hing es ab, wie es den gewöhnlichen Häftlingen erging. Der Ausdruck »Kapo« war eine Abkürzung für *Ka*meradschafts*po*lizei – eine Erfindung des SS-»Humors«. Stellvertretend für die SS übte der Kapo Macht aus; er konnte helfen und schützen, aber mehr doch drangsalieren, schlagen, der Vernichtung ausliefern. Falls er es nicht tat, mußte er selbst mit dem Schlimmsten rechnen. Darum ist niemand »konservativer auf seinen Vorsprung bedacht als der Gehilfe der Diktatur. Er ist der geborene Komplize, der Verräter der anderen. Je unangreifbarer das Machtzentrum, desto größer seine Bereitschaft, an den Privilegien der Tyrannis teilzuhaben.«[27]

Wer will, mag entweder von einer teuflisch berechneten oder von einer tragischen Situation sprechen. »Die Anlehnung an die SS mußte der Funktionär mit extremer Abhängigkeit bezahlen. Wer sich der SS andiente, lieferte sich auf Gedeih und Verderb ihrer Willkür aus. Für den Büttel gab es kein Zurück in die Gesellschaft der Häftlinge. Verstieß ihn die Lagerleitung, hatte er die längste Zeit gelebt.« Denn »wer sich einmal mit der Gegenseite eingelassen und ihr als Spitzel oder Henkersknecht gedient hatte, der hatte unter den Mitgefangenen sein Leben verwirkt. Die Protektion der SS setzte ihn der Rache der Kameraden aus. Der Kapo versuchte, sich unentbehrlich zu machen, indem er die ihm übertragene Macht exzessiv ausübte. Er war allseits bekannt und gefürchtet. Aber kaum hatte ihm die SS die Prügel aus der Hand geschlagen, waren seine Stunden gezählt. Die drohende Lynchjustiz der Gefangenen trieb ihn immer weiter in die Fänge der SS. Die Entgrenzung der Grausamkeit hatte auch darin ihre Ursache. Um sich zu schützen, mußte sich der Funktionär als treuer Gehilfe zeigen. Um nicht getötet zu werden, mußte er um jeden Preis an der Macht bleiben und den Terror nach unten verstärken. Aber je mehr er die Häftlinge schikanierte, desto mehr drohte ihm das Femeurteil. So blieb ihm nur weitere Anpassung nach oben, zusätzliche Willfährigkeit und Gewalt.«[28]

Solange aber der Kapo, der Funktionär seine Position behauptete, blieb er geschützt und lebte – an seinen Mitgefangenen gemessen – im Luxus. Denn natürlich versuchten wiederum andere Häftlinge, seine Gunst zu gewinnen, von der alles, das Überleben, abhing. Sie trugen ihm zu, was sie konnten – und das war gerade unter den schrecklichsten Bedingungen keineswegs wenig. Zur Logik des Grauens gehörte, dass einige Häftlinge als Nutznießer des Todes überlebten. Denn »je mehr die Menschen aus den Todestransporten mitgebracht hatten, desto besser ging es dem Lager. Der Massentod der Juden war eine der wichtigsten Lebensgrundlagen des Lagers.«[29]

»Das Resultat aus diesem erbarmungslosen, natürlichen Selektionsprozeß hätte man den Lagerstatistiken entnehmen können. 1944 lebten in Auschwitz von den alten jüdischen Häftlingen ..., von den ›kleinen Nummern‹ unter Hundertfünfzigtausend nur noch ein paar hundert; *keiner* von diesen war ein gewöhnlicher Häftling in einem gewöhnlichen Kommando mit einer gewöhnlichen Ration. Es blieben nur die Ärzte übrig, die Schneider, Flickschuster, Musiker und Köche, attraktive junge Homosexuelle und Freunde oder Landsleute irgendwelcher Lagerautoritäten; darüber hinaus besonders rücksichtslose, kräftige und unmenschliche Individuen, die sich (vom SS-Kommando dazu ausersehen, das in dieser Wahl eine satanische Menschenkenntnis an den Tag legte) als Kapos, Blockälteste und noch in anderen Ämtern behaupteten; und endlich diejenigen, die zwar keine besonderen Ämter bekleideten, aber vermöge ihrer Durchtriebenheit und Tatkraft stets imstande waren, mit Erfolg zu organisieren, und demzufolge außer dem materiellen Nutzen und dem Ansehen auch noch Nachsicht und Achtung der Lagergewaltigen für sich buchen konnten.«[30]

Wenn Hitlers Herrschaft im Krieg – genauer im Ostkrieg – zu sich selbst fand, dann entsprechend der SS-Staat. Gleich hinter den Heeren zogen seine von Reinhard Heydrich zusammengestellten Einsatzgruppen schon im September 1939 ins eroberte Polen ein. Wie es amtlich hieß, war ihre Aufgabe die »Bekämpfung aller reichs- und deutschfeindlichen Elemente in Feindesland rückwärts der fechtenden Truppe, insbesondere Spionageabwehr, Festnahme von politisch unzuverlässigen Personen, Beschlagnahme von Waffen, Sicherstellung von abwehrpolizeilich wichtigen Unterlagen usw.«[31] Doch das erwies sich als pure Verschleierung; letztlich sollte aus dem besetzten Land ein gigantisches Konzentrationslager werden, in dem die Willkür, die Gewalt und der Tod regierten. Hitler selbst hatte noch vor Kriegsbeginn, am 22. August 1939, in einer Ansprache vor den militärischen Befehlshabern erklärt, »es würden sich dann Dinge ereignen, die nicht den Beifall der deutschen Generale« finden würden. Er wolle deshalb nicht das Heer mit den notwendigen *Liquidationen* belasten«, sondern sie »durch die SS vornehmen lassen«.[32]

Liquidationen, Ausrottung vor allem der bestehenden Oberschicht, von Beamten, Professoren, Lehrern, Ärzten, Geistlichen, Gutsbesitzern, Fabrikanten, um, wie man hoffte, es danach nur noch mit einer führungslos willfährigen Masse zu tun zu haben, die man nach dem Muster der Kapos vielleicht durch eine Zwischenschicht von Kollaborateuren lenkte: Darum ging es im Kern. Einige Zehntausend Opfer gab es bereits in den ersten Wochen und triumphierend, obwohl voreilig, meldete Heydrich am 27. September, es seien »von dem polnischen Führertum in den okkupierten Gebieten höchstens noch 3 Prozent vorhanden«.[33]

Man kann sich die Vorgänge kaum finster genug vorstellen. In einem Brief vom 31. Oktober sprach ein deutscher Generalstabsoffizier vom Unglaublichen, »was dort am Rande passiert und wo wir mit verschränkten Armen zusehen müssen! Die blühendste Phantasie einer Greuelpropaganda ist arm gegen die Dinge, die eine organisierte Mörder-, Räuber- und Plündererbande unter angeblich höchster Duldung dort verbricht. Da kann man nicht mehr von ›berechtigter Empörung über an Volksdeutschen begangene Verbrechen‹ sprechen. Diese Ausrottung ganzer Geschlechter mit Frauen und Kindern ist nur von einem Untermenschentum möglich, das den Namen Deutsch nicht mehr verdient. – Ich schäme mich, ein Deutscher zu sein! Diese Minderheit, die durch Morden, Plündern und Sengen den deutschen Namen besudelt, wird das Unglück des ganzen deutschen Volkes werden, wenn wir ihnen nicht bald das Handwerk legen.«[34] Auch General Blaskowitz, nach dem Ende des Polenfeldzugs der Oberbefehlshaber Ost, reagierte, ließ Material über die Untaten sammeln und protestierte mehrfach, zuletzt am 6. Februar 1940: »Die

Einstellung der Truppe zur SS und Polizei schwankt zwischen Abscheu und Haß. Jeder Soldat fühlt sich angewidert und abgestoßen durch diese Verbrechen, die in Polen von Angehörigen des Reiches und Vertretern der Staatsgewalt begangen werden.«[35]

Das Ergebnis war, dass Blaskowitz sich die Ungnade seines Obersten Befehlshabers zuzog, abgesetzt wurde und nicht mehr mit Aufgaben betraut wurde, die seiner Befähigung entsprachen.[36] Der Terror ging weiter und weiter, nur gleichsam systematisiert, und zunächst einmal für Polen wurde das Konzentrationslager in Auschwitz eingerichtet.[37] Vertreibungen von Haus und Hof, etwa aus dem Gebiet um Posen, verstanden sich fast von selbst. Denn dort hatten die Polen ihren Platz für deutsche Siedler zu räumen. Vom sonstigen Alltag bekommt man eine Ahnung in den Worten des »Generalgouverneurs« Hans Frank, sozusagen Hitlers Vizekönig im restlichen Polen, der angemessen im Königsschloss von Krakau residierte und zu einem Vergleich mit dem »Protektorat Böhmen und Mähren« mit Stolz erklärte: »Einen plastischen Unterschied kann ich Ihnen sagen. In Prag waren zum Beispiel große rote Plakate angeschlagen, auf denen zu lesen war, daß heute sieben Tschechen erschossen worden sind. Da sagte ich mir: Wenn ich für je sieben erschossene Polen ein Plakat aushängen lassen wollte, dann würden die Wälder Polens nicht ausreichen, das Papier herzustellen für solche Plakate.«[38]

Bei alledem handelte es sich um ein Vorspiel. Polen war ein Übungsplatz für den *eigentlichen* Krieg gegen Russland, und nur mit Grauen kann man sich eine Zukunft nach dem »Endsieg« oder jedenfalls nach einem Sieg über die Sowjetunion ausmalen, der Hitlers Herrschaft in Osteuropa für längere Zeit stabilisiert hätte. Doch für Hans Frank war diese Zukunft schon klar erkennbar:

»Der Führer hat mir versprochen, daß das Generalgouvernement in absehbarer Zeit von Juden völlig befreit sein werde. Außerdem ist klar entschieden, daß das Generalgouvernement in Zukunft ein deutscher Lebensbereich sein wird. Wo heute 12 Millionen Polen wohnen, sollen einmal vier bis fünf Millionen Deutsche wohnen. Das Generalgouvernement muß ein so deutsches Land werden wie das Rheinland. Und wenn mir einer sagt: Das ist doch unmöglich – dann kann ich ihm nur erwidern: Ist die Tatsache, daß wir in Krakau sitzen, daß wir in Warschau und Lublin

Parteihäuser haben, vielleicht möglicher gewesen, als daß dieses Land, wenn wir es schon beherrschen, deutsch wird?«[39]

Doch wohin dann mit den zwölf Millionen Polen – und mit den weiteren Millionen, die noch im »Warthegau« und in den übrigen, schon dem Reich eingegliederten Gebieten lebten? Hätte man die Todesfabriken von Treblinka, Belzec, Sobibór und Auschwitz neu in Betrieb gesetzt, nach dem »die Endlösung der Judenfrage« erreicht war?[40]

Um zusammenzufassen: Das Töten ist, wie der Selbstmord, eine im Menschen als Menschen angelegte Möglichkeit, und die absolute, die gottähnliche Macht erweist sich an der Verfügung über Leben und Tod. Diese Macht, und nichts außerdem, war für Adolf Hitler das letzte Ziel. Dafür durfte es keinen Frieden geben. Dafür entfesselte er seinen Krieg.

Es ist schwer, dazu die Worte zu finden. Als vielleicht einzig angemessen bleibt die »Todesfuge« von Paul Celan[41]:

Schwarze Milch der Frühe wir trinken sie abends
wir trinken sie mittags und morgens wir trinken sie nachts
wir trinken und trinken
wir schaufeln ein Grab in den Lüften da liegt man nicht eng

Ein Mann wohnt im Haus der spielt mit den Schlangen der schreibt
der schreibt wenn es dunkelt nach Deutschland dein goldenes Haar Margarete
er schreibt es und tritt vor das Haus und es blitzen die Sterne
er pfeift seine Rüden herbei
er pfeift seine Juden hervor und läßt schaufeln ein Grab in der Erde
er befiehlt und spielt auf nun zum Tanz

Schwarze Milch der Frühe wir trinken dich nachts
wir trinken dich morgens und mittags wir trinken dich abends wir trinken und trinken
Ein Mann wohnt im Haus und spielt mit den Schlangen der schreibt

der schreibt wenn es dunkelt nach Deutschland dein goldenes Haar Margarete
Dein aschenes Haar Sulamith wir schaufeln ein Grab in den Lüften da liegt man nicht eng

Er ruft stecht tiefer ins Erdreich ihr einen ihr andern singt und spielt
er greift nach dem Eisen im Gurt er schwingts seine Augen sind blau
stecht tiefer die Spaten ihr einen ihr andern spielt weiter zum Tanz auf

Schwarze Milch der Frühe wir trinken dich nachts
wir trinken dich mittags und morgens wir trinken dich abends wir trinken und trinken
ein Mann wohnt im Haus dein goldenes Haar Margarete
dein aschenes Haar Sulamith er spielt mit den Schlangen

Er ruft spielt süßer den Tod der Tod ist ein Meister aus Deutschland
er ruft streicht dunkler die Geigen dann steigt ihr als Rauch in die Luft
dann habt ihr ein Grab in den Wolken da liegt man nicht eng

Schwarze Milch der Frühe wir trinken dich nachts
wir trinken dich mittags der Tod ist ein Meister aus Deutschland
wir trinken dich abends und morgens wir trinken und trinken
Der Tod ist ein Meister aus Deutschland sein Auge ist blau
er trifft dich mit bleierner Kugel er trifft dich genau
ein Mann wohnt im Haus dein goldenes Haar Margarete
er hetzt seine Rüden auf uns er schenkt uns ein Grab in der Luft
er spielt mit den Schlangen und träumet der Tod ist ein Meister aus Deutschland
dein goldenes Haar Margarete
dein aschenes Haar Sulamith

Die deutsche Katastrophe

Im Sommer 1940 stand Adolf Hitler auf dem Gipfel seiner Macht. Die Deutschen jubelten ihm zu, und Europa lag unter seinen Füßen. Doch wie nun weiter? Es erwies sich, wie leicht es ist, einen Krieg zu beginnen – und wie schwierig, ihn zu beenden.

Die Zeit drängte. England rüstete mit all seiner Kraft; es vollzog eine totale Mobilmachung, wie es sie in Deutschland noch längst nicht gab und eigentlich auch nicht geben sollte. Die immer und mit so viel Pathos wiederholte Behauptung, dass sich ein November 1918 niemals wiederholen werde, kam kaum von ungefähr; ihren Hintergrund bildeten heimliche Unsicherheiten und Ängste. So wenig wie möglich sollte darum der Bevölkerung zugemutet werden. Von einigen Beschränkungen abgesehen verlief das Alltagsleben noch fast wie im Frieden. Sogar die Rüstungsindustrie arbeitete weitgehend in den gewohnten Bahnen, und der Einsatz der Frauen für den Kriegsdienst blieb weit hinter dem britischen Beispiel zurück[1]; man hat von einer »friedensähnlichen Kriegswirtschaft« gesprochen, die sich an die bis 1939 betriebene »Kriegswirtschaft in Friedenszeiten« anschloss[2]. Dies änderte sich, immer noch zögernd, erst mit der verschärften Kriegslage seit 1942, als der energische Albert Speer zum Rüstungsminister ernannt wurde und trotz der ständig zunehmenden britischen und amerikanischen Luftangriffe die Rüstungsproduktion verdoppelte, schließlich sogar verdreifachte.[3]

Aber es ließ sich absehen, dass mit der Zeit die deutsche Ernährungslage und die Rohstoffversorgung sich verschlechtern mussten. Dagegen tauchte hinter Großbritannien drohend der Schatten der Vereinigten Staaten auf. Es ließ sich ebenso erkennen, dass ihre Lieferungen von Rüstungsmaterial nach England ständig zunehmen und dass sie früher oder später in den Krieg eintreten würden.

Was also sollte man tun? Eine, die nahe liegende Möglichkeit war die Invasion, also die Truppenlandung in England, solange die britische Armee noch nahezu waffenlos war. Der Operationsplan »Seelöwe« wurde geboren, aber von Hitler von Anfang an mit Skepsis betrachtet und halbherzig betrieben.[4] In seiner »Weisung Nr. 16« vom 16. Juli 1940 hieß es im ersten Satz: »Da England, trotz seiner militärisch aussichtslosen Lage, noch keine Anzeichen seiner Verständigungsbereitschaft zu erkennen gibt, habe ich mich entschlossen, eine Landungsoperation gegen England vorzubereiten und, wenn nötig, durchzuführen.«[5] *Wenn nötig:* Darin war schon der Vorbehalt angelegt, und der Unterschied zu den sonst verkündeten »unabänderlichen« Entschlüssen hätte deutlicher kaum sein können. Zudem wurden Fristen gesetzt, die schwerlich einzuhalten waren: »Wenn die Vorbereitungen nicht ganz bestimmt bis Anfang September abgeschlossen sein können, müssen andere Pläne erwogen werden.«[6]

Unterdessen gerieten die verschiedenen Wehrmachtteile in heftigen Streit. Das Heer forderte einen breiten Landungsraum, die durch den Norwegenfeldzug ohnehin geschwächte Marine wollte nur einen schmalen Korridor zwischen Calais und Dover absichern. In einem Wutausbruch soll der Generalstabschef Halder gesagt haben: Wenn er sich auf das einlasse, was die Marine ihm vorschlage, könne er seine Truppen ja gleich durch den Fleischwolf drehen. Göring wiederum wollte mit seiner Luftwaffe viel lieber allein den Sieg erkämpfen, statt der Marine und dem Heer zu Diensten zu sein. In jedem Fall galt die absolute Luftherrschaft als Voraussetzung der Invasion.

Aber in der Schlacht um England, mit dem Höhepunkt vom 13. August bis zum 15. September, hielten die Briten stand. Insgesamt verloren sie vom 10. Juli bis Ende Oktober 915 Jagdflugzeuge, gegen 1733 abgeschossene Maschinen auf deutscher Seite. Da die Kämpfe durchweg über englischem Boden stattfanden und stets ein Teil Besatzungen sich durch Fallschirmabsprung rettete, war der Unterschied bei den Mannschaftsverlusten noch weit größer: Die britischen Piloten konnten wieder eingesetzt werden. Die deutschen gerieten in Gefangenschaft, und auf erfahrene Piloten kam es mindestens ebenso an wie auf die Maschinen. Außerdem war die Produktion von Jagdflugzeugen auf der britischen Seite vom Januar bis zum Juli 1940 mit höchster Priorität verdreifacht worden. So blieb die Zahl der einsatzbereiten Maschinen vom Anfang bis zum Ende der Schlacht beinahe gleich: Am 10. Juli waren es 656, am 25. September 665.[7] Schlechtes Wetter, Stürme, die der einsetzende Herbst mit sich brachte, und das kürzer werdende Tageslicht taten ein Übriges, um alle Hoffnungen zu zerschlagen. Schon am 14. September erklärte Hitler, dass »trotz aller Erfolge« die Voraussetzungen für »Seelöwe« noch nicht gegeben seien, und am 12. Oktober hieß es in einer Mitteilung des Oberkommandos der Wehrmacht, »daß die Vorbereitungen für die Landung in England von jetzt an bis zum Frühjahr lediglich als politisches und militärisches Druckmittel gegen England aufrechtzuerhalten sind«.[8] Aber eine Auferstehung des »Seelöwen« hat es nicht mehr gegeben.

Dem Fehlschlag in der Luftschlacht bei Tage folgten um so wütendere Nachtangriffe auf London und andere britische Städte – wie sie Hitler schon am 4. September in einer Rede ankündigte: »Ich habe drei Monate lang das [nämlich britische Angriffe] nicht beantworten lassen, in der Meinung, sie würden diesen Unfug einstellen. Herr Churchill sah darin ein Zeichen unserer Schwäche. Sie werden es verstehen, daß wir jetzt nun Nacht für Nacht die Antwort geben, und zwar steigend Nacht für Nacht. Und wenn die britische Luftwaffe 2000 oder 3000 oder 4000 Kilogramm Bomben wirft, dann werfen wir jetzt in einer Nacht 150 000, 180 000, 230 000, 300 000 und 400 000. Und wenn sie erklären, sie werden unsere Städte in großem Ausmaß angreifen – wir werden ihre Städte ausradieren! Wir werden diesen Nachtpiraten das Handwerk legen, so wahr uns Gott helfe. Es wird die Stunde kommen, da einer von uns beiden bricht, und das wird nicht das nationalsozialistische Deutschland sein!«[9] Aber die Erwartung, dass man die feindliche Rüstungsindustrie nennenswert treffen oder den Widerstandswillen der Bevölkerung zerstören könnte, erfüllte sich so wenig, wie später die britische, als die Angriffe gegen deutsche Städte mit weitaus größeren Mitteln und mit schrecklichen Folgen geführt wurden.

Welche Möglichkeiten gab es sonst noch? Der Blick fiel auf

Spanien: Wenn es an der Seite der Achsenmächte in den Krieg eintrat – und damit seine Dankesschuld aus dem Bürgerkrieg abtrug –, konnte man Gibraltar erobern, damit den westlichen Zugang zum Mittelmeer verriegeln und die deutschen U-Boot-Stützpunkte weit in den Atlantik vorschieben. In Hendaye, an der französisch-spanischen Grenze, fand am 23. Oktober ein Treffen zwischen Hitler und Franco statt. Doch der »Caudillo« verärgerte den Führer bereits mit seiner Unpünktlichkeit. Dann überschüttete er Hitler zwar mit Worten der Bewunderung, aber zugleich mit Bedingungen: Spanien brauche moderne Waffen, dazu regelmäßige Lieferungen von Getreide und Treibstoff. Und so fort: Ein Feilschen begann, von dem Hitler bald darauf Mussolini erzählte, dass er sich lieber drei oder vier Zähne ziehen lassen wollte, als es noch einmal durchzumachen.

Späteres Drängen führte zu keinem besseren Ergebnis; Franco entdeckte immer neue Nöte, die erst noch behoben werden mussten. So blieb nichts anderes übrig, als den Sturm auf Gibraltar abzusagen, den man am Modell schon erprobt und auf den 10. Januar 1941 festgesetzt hatte. Mit anderen Worten: Franco verhielt sich klüger als Mussolini und setzte nicht voreilig auf den deutschen Sieg. Darum überlebte er den Fall der Diktatoren bis zu seinem natürlichen Ende im Jahre 1975. Churchill, der die Vorgänge mit Sorge verfolgte und den amerikanischen Präsidenten bat, Spanien das Getreide zu schicken, das Hitler nicht liefern konnte, hat im Rückblick gesagt: »Inzwischen ist es Mode geworden, die Laster des Generals Frnco anzuklagen. Um so lieber bescheinige ich ihm sein doppelzüngiges und undankbares Verhalten gegenüber Hitler und Mussolini.«[10]

Noch enttäuschender verlief der Krieg im Mittelmeer. Die britische Flotte hielt die italienische in Schach und fügte ihr schwere Verluste zu. Die Eroberung von Malta wurde sträflich versäumt, die am Tag, in der Stunde der italienischen Kriegserklärung hätte beginnen müssen. Von der Felseninsel ging dann eine ständige Bedrohung des Nachschubs nach Nordafrika aus. Der Angriff gegen Griechenland, von Albanien her am 28. Oktober ohne Not begonnen, scheiterte kläglich. Nicht die Italiener marschierten in Athen ein, sondern die Griechen drangen nach Albanien vor und eroberten in ein paar Wochen ein Drittel des Landes.

Am schlimmsten entwickelte sich die Lage in Nordafrika: Der Vormarsch nach Ägypten wurde bald zum Stehen gebracht, und am 9. Dezember begann der feindliche Gegenstoß. Eine aus Briten, Neuseeländern, Australiern und Indern bunt zusammengewürfelte Armee drang in zwei Monaten 500 Kilometer weit vor, und die Italiener verloren 130 000 Gefangene, bei 500 Gefallenen auf britischer Seite. Es zeichnete sich ab, dass man Italien zu Hilfe kommen musste, um es nicht zusammenbrechen zu lassen. Das kostete Kräfte, die dann für den Russlandfeldzug nicht zur Verfügung standen, unter anderem einen fähigen General. Und vor allem kostete es wieder die Zeit, die man nicht hatte: Wegen des Feldzuges auf dem Balkan im Frühjahr 1941 musste das »Unternehmen Barbarossa« um unwiderbringliche verlorene fünf Wochen verschoben werden. Als Kampfmittel gegen das unbeugsame Inselreich blieben im Grunde nur die U-Boote. Aber ihr atlantischer Einsatz konnte allenfalls langfristig zum Erfolg führen.[11]

Kurzum: Dem Triumph über Frankreich folgte eine Serie von Enttäuschungen. Entsprechend stolz fiel Churchills Bilanz für das Jahr 1940 aus: »Wir lebten. Wir hatten die deutsche Luftwaffe geschlagen. Es hatte keine Invasion gegeben. Wir verfügten jetzt über eine starke Armee. London hatte sich den Schlägen des Feindes nicht gebeugt ... Mit Erstaunen und Erleichterung stellten die neutralen und die unterworfenen Völker fest, daß die Sterne noch immer am Himmel standen. Hoffnung entflammte wieder Millionen von Herzen. Die gute Sache würde nicht unterliegen. Das Recht würde nicht zertreten werden. Die Fahne der Freiheit, die in dieser Stunde die britische war, würde weiter wehen, allen Stürmen entgegen.«[12]

Umso entschlossener wandte sich Hitler nun *seinem* Krieg zu. Schon im Frankreichfeldzug und gleich danach dachte er an ihn und erklärte seinem militärischen Bürovorsteher. »Jetzt haben wir gezeigt, wozu wir fähig sind. Glauben Sie mir, Keitel, ein Feldzug gegen Rußland wäre dagegen nur ein Sandkastenspiel.«[13] Am 31. Juli notierte der Generalstabschef Franz Halder Hitlers Begründung der Wendung nach Osten: »Englands Hoffnung ist Rußland und Amerika. Wenn Hoffnung auf Rußland wegfällt,

fällt auch Amerika weg, weil Wegfall Rußlands eine Aufwertung Japans in Ostasien in ungeheurem Maße folgt… Rußland braucht England nie mehr zu sagen, als daß es Deutschland nicht groß haben will, dann hofft England wie ein Ertrinkender, daß in sechs bis acht Monaten die Sache ganz anders sein wird. Ist aber Rußland zerschlagen, dann ist Englands letzte Hoffnung getilgt. Der Herr Europas und des Balkans ist dann Deutschland. Entschluß: Im Zuge dieser Auseinandersetzung muß Rußland erledigt werden. Frühjahr 1941. Je schneller wir Rußland zerschlagen, um so besser.«[14] Am liebsten hätte Hitler den Feldzug sogar noch 1940 begonnen; nur durch unwiderlegbare Hinweise auf die notwendigen Vorbereitungen und die Widrigkeiten des Wetters im östlichen Herbst und Winter ließ er sich davon abbringen.

Im Morgengrauen des 22. Juni 1941 begann das »Unternehmen Barbarossa«, natürlich wieder einmal ohne vorhergehende Kriegserklärung und mit einem Vertragsbruch, den man seit dem Einmarsch in Prag im März 1938 schon nicht mehr beispiellos nennen kann. Alle zur Rechtfertigung gegen die Sowjetunion erhobenen Vorwürfe waren haltlos.[15] Trotz aller Warnungen, die ihm zugingen, mochte Stalin an den deutschen Überfall nicht glauben und blieb vertragstreu; noch in der Nacht zum 22. Juni rollten Züge mit sowjetischen Getreide- und Rohstofflieferungen über die Grenzstation Brest nach Westen.

153 Divisionen mit 3580 Panzern und 7481 Geschützen traten zum Angriff an; die Luftwaffe setzte 2110 Flugzeuge ein. Hinzu kamen die Armeen Finnlands und Rumäniens, auch einige ungarische und slowakische Verbände, später noch Freiwillige aus verschiedenen Ländern Europas, die allerdings ihrer Zahl nach kaum ins Gewicht fielen. Mussolini leistete eine bescheidenen Beitrag, und sogar Franco schickte demonstrativ seine »Blaue Division« (die freilich stillschweigend wieder zurückgezogen wurde, als die Kriegswende sich abzeichnete). Sieht man von den Finnen und den Rumänen ab, so ging es eher um den propagandistischen Eindruck eines europäischen Kreuzzugs zur Rettung des Abendlandes vor der »asiatisch«-bolschewistischen Gefahr.

Dennoch, kein Zweifel: Es handelte sich um die größte, jemals in der Geschichte auf einem Kriegsschauplatz versammelte Streitmacht. Wer sollte ihr widerstehen? Nicht nur Hitler und der deutsche Generalstab, sondern auch westliche Militärexperten rechneten mit einem schnellen Zusammenbruch der Sowjetunion. Stalin, so wusste man, hatte mit seinen blutigen »Säuberungen« die Rote Armee gleichsam geköpft und Heerführer von Rang wie den Marschall Tuchatschewskij hinrichten lassen. Im Übrigen erinnerte man sich an den finnischen Winterkrieg 1939/40, in dem die Rote Armee eher ihr Versagen als ihre Kampfkraft zur Schau gestellt hatte. Schließlich, aber nicht zuletzt gab es im deutschen Gedächtnis die Erfahrungen des Ersten Weltkriegs; damals hatte man Russland sozusagen mit der linken Hand besiegt, während die Hauptmacht des Heeres an die Westfront gefesselt war. Nach den Anfangserfolgen notierte sogar ein nüchterner Mann wie der Generalstabschef Franz Halder: »Es ist wohl nicht zuviel gesagt, wenn ich behaupte, daß der Feldzug gegen Rußland innerhalb von vierzehn Tagen gewonnen wurde.«[16]

Offenbar außer Betracht blieb dabei die Tiefe des Raumes. Bei Feldzügen wie dem in Frankreich bedeutete ein Vordringen von vier- bis fünfhundert Kilometern schon den Sieg, weil für den Feind keine Rückzüge mehr möglich waren, die ihm zugleich Zeit zur Erholung ließen. In Russland gab es danach immer noch riesige Raumreserven, und von einer gewissen Entfernung an musste jeder weitere Vormarsch mit ständig wachsenden Schwierigkeiten bezahlt werden. »Vor uns kein Feind und hinter uns kein Nachschub«, hieß eine berühmte Meldung. Überdies konnten hinter der vorrückenden Front in der Weite des Landes bald Partisanenverbände sich entwickeln, die nicht mehr unter Kontrolle zu bringen waren. In der Anfangsphase hat die sowjetische Führung allerdings den Fehler gemacht, den Kampf in der Grenznähe anzunehmen, statt die Tiefe des Raumes zum Rückzug zu nutzen, wie im Jahre 1812 das russische Heer gegen Napoleons Große Armee. Sie hat das mit den schrecklichen Verlusten bezahlt, die dann die deutsche Siegesgewissheit weckten oder verstärkten.[17]

Aber von Anfang an ging es nicht nur um den militärischen Sieg, sondern um »den ungeheuerlichsten Eroberungs-, Versklavungs- und Vernichtungskrieg, den die moderne Geschichte kennt«.[18] Bereits am 31. März 1941 wurde Himmler mit der Weisung versehen: »Im Operationsgebiet des Heeres erhält der

Reichsführer SS zur Vorbereitung der politischen Verwaltung Sonderaufgaben im Auftrage des Führers, die sich aus dem endgültig auszutragenden Kampf zweier entgegengesetzter politischer Systeme ergeben. Im Rahmen dieser Aufgaben handelt der Reichsführer SS selbständig und in eigener Verantwortung.« Dem Morden der Einsatzgruppen, das hieraus folgte, fielen Hunderttausende von Menschen zum Opfer, in erster Linie Juden.

Schon einen Tag vor dieser Weisung, am 30. März, hielt Hitler vor etwa 250 hohen Offizieren eine zweieinhalbstündige Rede, um sie auf den ganz anderen Krieg einzuschwören, in dem die traditionellen Maßstäbe des »europäischen Normalkrieges« nicht mehr gelten sollten. Halder notierte: »Kampf zweier Weltanschauungen gegeneinander. Vernichtendes Urteil über Bolschewismus, ist gleich asoziales Verbrechertum. Kommunismus ungeheure Gefahr für die Zukunft. Wir müssen von dem Standpunkt des soldatischen Kameradentums abrücken. Der Kommunist ist vorher kein Kamerad und nachher kein Kamerad. Es handelt sich um einen Vernichtungskampf... Vernichtung der bolschewistischen Kommissare und der kommunistischen Intelligenz... Das ist keine Frage der Kriegsgerichte... Kommissare und GPU-Leute sind Verbrecher und müssen als solche behandelt werden... Der Kampf wird sich sehr unterscheiden vom Kampf im Westen. Im Osten ist Härte mild für die Zukunft.«[19]

Es folgte im Vorfeld des Feldzuges ein Führererlass, der Angehörige der Wehrmacht prinzipiell außer Verfolgung stellte, wenn sie sich an Zivilpersonen vergingen: ein Tatbestand, bei dem bisher die Anklage vor einem Kriegsgericht selbstverständlich gewesen war. Am 6. Juni erging der »Kommissar-Befehl«. Er bestimmte, dass die politischen Kommissare der Roten Armee als die »Urheber barbarisch asiatischer Kampfmethoden ..., wenn im Kampf oder Widerstand ergriffen, grundsätzlich sofort mit der Waffe zu erledigen« seien, und eine »Richtlinie« des Oberkommandos der Wehrmacht, die den mehr als drei Millionen Soldaten vor dem Beginn des Angriffs bekannt gemacht wurde, befahl »rücksichtsloses und energisches Durchgreifen gegen bolschewistische Hetzer, Freischärler, Saboteure, Juden und restlose Beseitigung jedes aktiven und passiven Widerstandes«.[20]

Es mag sein, dass es unter den Offizieren, die Hitlers Rede hörten, Betroffenheit, hier oder dort auch eine innere Ablehnung gab. Aber die hüllte sich in Schweigen, und zu einem förmlichen Protest des Oberbefehlshabers des Heeres, Walther von Brauchitsch, oder gar zu einem Rücktritt des Chefs des Generalstabes, Franz Halder, kam es nicht. Zu tief hatten Hitlers Vernichtungswille und das nationalsozialistische Schreckensbild vom bolschewistischen »Untermenschen« sich bereits eingefressen. Auch Generaloberst Erich Hoepner – später ein Mann des Widerstandes, der dafür mit seinem Leben bezahlte und am 8. August 1944 gehenkt wurde – erließ einen Tagesbefehl an seine Soldaten, in dem es hieß:

»Der Krieg gegen Rußland ist die zwangsläufige Folge des uns aufgedrungenen Kampfes um das Dasein. Es ist der alte Kampf der Germanen gegen das Slawentum, die Verteidigung europäischer Kultur gegen moskowitisch-asiatische Überschwemmung, die Abwehr des jüdischen Bolschewismus. Dieser Kampf muß die Zertrümmerung des heutigen Rußland zum Ziele haben und deshalb mit unerhörter Härte geführt werden. Jede Kampfhandlung muß … von dem eisernen Willen zur erbarmungslosen, völligen Vernichtung des Feindes geleitet sein. Insbesondere gibt es keine Schonung für die Träger des heutigen russisch-bolschewistischen Systems.«[21] Das war lupenrein Hitlers Weltanschauung, bei einem der angesehensten Truppenführer, der – Jahrgang 1886 – noch aus der königlich preußischen Armee stammte. Wie sollte es da erst in den Köpfen und Herzen der jungen Männer aussehen, die nach 1933 ihre Prägung erfuhren?

Vergessen war offenbar die preußisch-russische Waffenbruderschaft im Kampf gegen Napoleon, vergessen die Zusammenarbeit der Reichswehr mit der Roten Armee in der Zeit der Weimarer Republik, vergessen die überlieferte Ritterlichkeit, der Ehrbegriff des Soldaten, zu dem es doch gehörte, den Gegner wie seinesgleichen zu achten. Als Ulrich von Hassell, bis 1938 Botschafter in Rom, von Hitlers Rede, den folgenden Befehlen und der ausbleibenden Reaktion erfuhr, notierte er: »Es steigen einem die Haare zu Berge … Mit dieser Unterwerfung unter Hitlers Befehle opfert Brauchitsch die Ehre der deutschen Armee.«[22]

Dass es tatsächlich so war, hat man lange nicht wahrhaben wollen. Immer nur, so hieß es, wüteten »die anderen«, die ihren anderen und verderblichen Krieg führten.[23] Erst mit der umstrittenen Wanderausstellung über *Verbrechen der Wehrmacht* begann in einer weiteren Öffentlichkeit die Diskussion über das, was im Osten geschah. Dabei war die Verstrickung des Heeres in Hitlers Vernichtungswillen längst dokumentiert und den Fachleuten bekannt.[24] Natürlich haben die meisten Soldaten die meiste Zeit hindurch im »normalen« Fronteinsatz gestanden, ihr Leben eingesetzt und millionenfach es verloren. Aber das schließt eben die Komplizenschaft der Wehrmacht mit dem Verbrechen nicht aus, wie schon 1934 bei der Mordserie der »Röhm-Affäre« nicht.

»Das war schlimmer als ein Verbrechen, das war ein Fehler«, soll Talleyrand gesagt haben, als Napoleon den Herzog von Enghien entführen und hinrichten ließ. Falls man mit diesem Zynismus sich wappnet, bleibt noch ein Erstaunen über das Versagen der Generale auf ihrem ureigenen Feld. Wollten sie denn nicht den Sieg erringen? Warum geriet ihre Unterschätzung des Gegners unter Hitlers Einfluss ins kaum noch Begreifbare? War nicht abzusehen, dass die barbarischen Methoden der Kriegführung sich selbst widerlegten? Sie brachen den feindlichen Widerstand nicht, sondern verstärkten ihn ganz massiv. Wenn man dazu noch die Gefangenen nicht gemäß dem Kriegsrecht behandelte, sondern sie in Massen verhungern oder erschießen ließ, war nur folgerichtig, dass die Soldaten der Roten Armee sich nicht mehr ergaben, sondern bis zum Äußersten kämpften.[25] Und wenn man die Zivilbevölkerung rücksichtslos ausplünderte, durfte man sich nicht wundern, wenn die Partisanen reißenden Zulauf fanden. So entwickelte sich für die Menschen in der Sowjetunion der Kampf zu dem, was er an seinem Anfang durchaus nicht zweifelsfrei gewesen war: zur Verteidigung der Heimat im Großen *Vaterländischen* Krieg, und so gesehen fand der bedrängte Stalin keine besseren Verbündeten als Hitler und seine nur zu willigen Vollstrecker.

Erstaunen muss auch, dass man im Glauben an einen schnellen und siegreichen Feldzug keinerlei Vorsorge für den Winter traf. Hatte denn niemand gelesen und in Erinnerung behalten, wie es Napoleons Großer Armee auf dem Rückzug aus Moskau erging? Die deutsche Winterausrüstung taugte allenfalls für Südfrankreich, nicht aber für Russland. Dazu noch grub man sich nicht rechtzeitig in halbwegs winterfeste Erdbunker ein, sondern ließ sich beim Vormarsch auf Moskau vom Schneesturm, vom Fallen des Thermometers auf minus 20, 30, ja 40 Grad sozusagen auf freiem Feld überraschen. Abertausende von Soldaten zogen sich schwere und schwerste Erfrierungen zu[26], die Waffen und die Motoren versagten den Dienst, weil ihr Schmieröl für solche Temperaturen nicht gemacht war, und der Nachschub blieb aus. Grotesk wirkt daher der »Aufruf zur Woll- und Pelzsachensammlung« vom *21. Dezember* 1941, in dem es hieß:

»Wenn nun das deutsche Volk seinen Soldaten anläßlich des Weihnachtsfestes ein Geschenk geben will, dann soll es auf all das verzichten, was an wärmsten Bekleidungsstücken vorhanden ist und während des Krieges entbehrt werden kann, später aber, im Frieden, jederzeit ohnehin wieder zu ersetzen ist. – Denn was auch die Führung der Wehrmacht und der einzelnen Waffen an Winterausrüstung vorgesehen haben, jeder Soldat würde um vieles mehr verdienen. – Hier kann die Heimat helfen! Der Soldat der Ostfront aber wird auch daraus ersehen, daß die Volksgemeinschaft, für die er kämpft, im nationalsozialistischen Deutschland kein leerer Begriff ist. – Adolf Hitler.«[27]

Man stelle sich das handgreiflich vor. Die Pelz- und Wollsachen mussten erst einmal gesammelt, dann sortiert und für die Bedürfnisse von Soldaten zurechtgeschneidert, schließlich bei dem ohnehin versagenden Nachschub an die Front transportiert werden. Wenn alles reibungslos ablief, trafen sie dort vielleicht im Frühjahr zur Schneeschmelze ein.

Hitler reagierte auf die Krise damit, dass er Generale absetzte oder austauschte, an der Stelle des Feldmarschalls von Brauchitsch am 19. Dezember selbst den Oberbefehl über das Heer übernahm und jeden Rückzug verbot. Bis heute ist umstritten, ob er mit seinen Befehlen zum Anhalten und Aushalten um jeden Preis mehr nützte oder schadete; zur einen wie zur anderen Annahme fehlt die beweiskräftige Gegenprobe. Doch in jedem Fall muss man von einer militärischen und mehr noch von der psychologischen Kriegswende sprechen. Denn abgesehen von den Verlusten an Menschen und Material[28] wurden die Siegesgewissheit der Soldaten und ihr Vertrauen in die eigene Führung tief erschüttert. Entsprechend wuchs auf der Gegenseite nach den

Schreckensmonaten verlustreicher Niederlagen und Rückzüge das Selbstbewusstsein: Es war möglich, die Deutsschen zu schlagen.

Am 7. Dezember 1941 überfielen japanische Trägerflugzeuge die amerikanische Flotte, die in Pearl Harbor vor Anker lag, und eröffneten damit den pazifischen Krieg. Am 11. Dezember hielt Hitler vor dem Reichstag eine sehr lange Rede, in der er nach der Darstellung des bisherigen Kriegsverlaufs und aller Erfolge sich mit dem Präsidenten Roosevelt verglich, dessen Provokationen und Verbrechen aufzählte und schließlich den Vereinigten Staaten den Krieg erklärte, übrigens – entgegen seiner eigenen Darstellung – ohne durch vertragliche Verpflichtungen gegenüber Japan dazu gezwungen zu sein. Freilich endete die Rede eher düster und ohne das früher gewohnte »Sieg Heil!«:

»So wie wir mitleidlos hart gewesen sind im Kampf um die Macht, werden wir genauso mitleidlos und hart sein im Kampf um die Erhaltung unseres Volkes. In einer Zeit, in der Tausende unserer besten Männer, Väter und Söhne unseres Volkes fallen, soll keiner mit dem Leben rechnen, der in der Heimat die Opfer der Front entwerten will. Ganz gleich, unter welchen Tarnungen jemals der Versuch gemacht werden würde, diese Front zu stören, den Widerstandswillen unseres Volkes zu untergraben, die Autorität des Regimes zu schwächen, die Leistungen der Heimat zu sabotieren. Der Schuldige wird fallen! Nur mit einem Unterschied, daß der Soldat an der Front dieses Opfer in höchsten Ehren bringt, während der andere, der dieses Ehrenopfer entwertet, in Schande stirbt.

Unsere Gegner sollen sich nicht täuschen. In den zweitausend Jahren der uns bekannten deutschen Geschichte ist unser Volk niemals geschlossener und einiger gewesen als heute. Der Herr der Welten hat so Großes in den letzten Jahren an uns getan, daß wir uns in Dankbarkeit vor einer Vorsehung verneigen, die uns gestattet hat, Angehörige eines so großen Volkes sein zu dürfen. Wir danken ihm, daß wir angesichts der früheren und kommenden Generationen des deutschen Volkes auch uns in Ehren eintragen dürfen in das unvergängliche Buch der deutschen Geschichte!«[29]

Endzeitstimmung klingt da gewollt oder ungewollt schon an.

Vom Tod in Schande statt in Ehre las man auf Pappschildern, die in den letzten Kriegswochen, als alle Ordnung sich auflöste, an Chausseebäumen gehenkten Deserteuren oder »Verrätern« zur Abschreckung umgebunden wurden; dass der deutsche Soldat »für immer Unvergeßliches geleistet« habe, hieß es im letzten Wehrmachtsbericht vom 9. Mai 1945.

Welch ein Kontrast zu Churchills Triumph, nachdem ihm Hitler die Sorge abgenommen hatte, dass die Vereinigten Staaten sich nur dem pazifischen Krieg widmen und Europa den Rücken zukehren könnten: »Kein Amerikaner wird es mir verübeln, wenn ich sage, daß es für mich das höchste Glück bedeutete, die Vereinigten Staaten an unserer Seite zu sehen. Ich wußte nicht, was noch kommen würde, und ich behaupte nicht, daß ich die militärische Macht der Japaner richtig eingeschätzt habe. Aber was bedeutete das schon, wenn die Vereinigten Staaten mit uns im Krieg standen, auf Leben und Tod? Wir hatten trotz allem gesiegt! Ja, gesiegt nach Dünkirchen, nach dem Fall von Frankreich, nach der Schreckensgeschichte von Oran[30], nach der drohenden Invasion, als wir, abgesehen von der Luftwaffe und der Marine, beinahe waffenlos waren. Wir hatten gesiegt nach der tödlichen Schlacht mit den U-Booten, deren erste Phase wir nur um Haaresbreite überstanden, nach siebzehn Monaten des einsamen Kampfes und nach den neunzehn Monaten meiner Verantwortung unter schwerster Last. *Wir hatten den Krieg gewonnen.* England würde überleben, das Commonwealth und das Empire würden überleben. Wie lange der Krieg noch dauern und wie genau er enden würde, konnte niemand sagen, und in diesem Augenblick kümmerte es mich auch nicht. Einmal mehr in der langen Geschichte unserer Insel würden wir aus allen Verwundungen und Niederlagen sicher und siegreich hervorgehen. Wir würden nicht ausgelöscht werden. Unsere Geschichte würde nicht zu Ende sein. Selbst als einzelne würden wir womöglich nicht sterben müssen. *Hitlers Schicksal aber war besiegelt.*«[31]

Ja, das war es. Was immer er fortan unternahm, wie tapfer die Soldaten kämpften und starben, welche Leistungen sie erbrachten und welche Leiden sie auf sich nahmen, wie auch die Bevölkerung standhielt im Bombenhagel und in den Feuerstürmen der Luftangriffe: Der Krieg war entschieden. Schiere Übermacht an

Menschen und Material erdrückte Deutschland. Um einen Begriff in Zahlen zu geben: Im Jahre 1943 produzierten die Vereinigten Staaten, Großbritannien und die Sowjetunion 92 112 Flugzeuge, 48 108 Panzer und 349 186 Geschütze aller Kaliber. Die deutschen Zahlen lauteten: 25 220 Flugzeuge, 10 700 Panzer und 109 300 Geschütze.[32] Vieles kam noch hinzu: Die viermotorigen Bomber der Amerikaner und Engländer trugen weit mehr Lasten über weit längere Strecken als die deutschen; überlegene Radargeräte der Alliierten entschieden die Schlacht im Atlantik; zunehmender Treibstoffmangel lähmte die deutschen Streitkräfte zu Lande, zu Wasser und in der Luft; die Masse der Infanterie war noch wie im Ersten Weltkrieg mit Karabinern statt mit Maschinenwaffen ausgerüstet.

Und nichts gelang mehr. An die Stelle der Siege traten die Fehlschläge, die Niederlagen. Die triumphierenden Fanfarenklänge immer neuer »Sondermeldungen« wurden abgelöst vom Sirenengeheul, das die Luftangriffe ankündigte. Hitlers Hoffnung, im Sommer 1942 doch noch den Erfolg im Osten zu erzwingen, endete ein halbes Jahr später in der Katastrophe von Stalingrad.[33] Die Niederlage in Nordafrika schloss sich an; im Mai 1943 kapitulierten die deutschen und italienischen Truppen bei Tunis, und eine viertel Million Soldaten geriet in Gefangenschaft. Der Versuch, wenigstens begrenzt in Russland noch einmal die Initiative an sich zu reißen, scheiterte im Juli 1943 in der verlustreichen Panzerschlacht bei Kursk. Seitdem griff die Rote Armee nicht nur im Winter, sondern auch im Sommer mit immer wachsender Stärke und Überlegenheit an. Fast gleichzeitig landeten die Alliierten auf Sizilien, im September auf dem italienischen Festland. Italien kapitulierte, der Faschismus brach zusammen. Der verhaftete Mussolini wurde zwar im Handstreich befreit, aber er fristete seitdem nur noch ein Schattendasein von Hitlers Gnaden.

Im März 1942 begann die Großoffensive britischer Bomberverbände gegen das Reichsgebiet. Bald schloss sich eine amerikanische Luftflotte an, seit 1943 auch in Tagesangriffen. Am 30. November 1942 gab es den ersten Tausend-Bomber-Angriff auf Köln. Im Sommer 1943 tobte in Hamburg ein schreckensvoller Feuersturm. Und so ging es weiter, mit stets gesteigerter Wirkung, bis zum Untergang Dresdens am 13. und 14. Februar 1945.

Kurz vor Kriegsende sanken noch Münster, Würzburg, Paderborn, Hildesheim und Potsdam in Schutt und Asche. Das Unheil lässt sich an Zahlen ablesen: Die abgeworfene Bombenlast betrug 1942 53 755, 1943 226 500, 1944 1 188 580, 1945 (in knapp vier Monaten) 477 000 Tonnen.[34] Um es in nur einem bitteren Satz zu sagen: Hitlers Krieg schlug so barbarisch auf die Zivilbevölkerung zurück, wie dann 1945 die Rache der Roten Armee und der Polen auf die Deutschen im Osten, wie die Rache der Tschechen auf die Sudetendeutschen.[35]

Die riesige Frontlinie im Osten, die italienische Front, der Partisanenkrieg auf dem Balkan, der Luft- und der Seekrieg, die Notwendigkeit, vom Nordkap bis zur Biskaya sich auf die Verteidigung einzurichten und in Frankreich immer mehr Divisionen bereitzustellen, um die Invasion abzuwehren, zu der sich die amerikanischen und britischen Armeen in England versammelten – mit alledem wurden die deutschen Kräfte hoffnungslos überfordert.

Am 6. Juni 1944 begann die Invasion in der Normandie, am 15. August folgte eine Landung in Südfrankreich, am 25. August zog General de Gaulle ins befreite Paris ein. Anfang September überrannten die Alliierten Belgien, erreichten das südliche Holland und die deutsche Westgrenze bei Aachen. Gleichzeitig stürzte auch die Ostfront zusammen, Rumänien und Finnland schieden als Verbündete aus; die Rote Armee erreichte Ostpreußen, drang auf dem Balkan bis nach Ungarn und in Polen bis an und teilweise schon über die Weichsel vor. Nach einer Atempause, die nach den schnellen und weiten Vormärschen zur Heranführung des Nachschubs notwendig wurde, brach am 12. Januar 1945 die große russische Offensive gegen den deutschen Osten los, die bis zur Oder und von dort seit dem 16. April zum Sturm auf Berlin führte. Die Amerikaner und Briten überschritten im März den Rhein und begannen einen raschen Vormarsch nach Nord-, Mittel- und Süddeutschland. Am 25. April trafen russische und amerikanische Vorhuten an der Elbe bei Torgau aufeinander und besiegelten mit ihren Umarmungen den gemeinsamen Sieg.

Nach Teilkapitulationen schon an den Vortagen trat die deutsche Gesamtkapitulation am 9. Mai 1945 um 0.01 Uhr in Kraft. »Seit Mitternacht schweigen nun an allen Fronten die Waffen«, hieß es im letzten deutschen Wehrmachtsbericht. »Auf Befehl des Großadmirals [Dönitz] hat die Wehrmacht den aussichtslos gewordenen Kampf eingestellt. Damit ist das fast sechsjährige heldenhafte Ringen zu Ende. Es hat uns große Siege aber auch schwere Niederlagen gebracht. Die deutsche Wehrmacht ist am Ende einer gewaltigen Übermacht ehrenvoll unterlegen.«[36]

Wir sind weit vorausgeeilt und kehren zu jenem 11. Dezember 1941 zurück, an dem Hitler die Kriegserklärung an die Vereinigten Staaten verkündete. Unwillkürlich fragt man sich, ob er wirklich wusste, was er tat und dass er damit die deutsche Katastrophe ebenso unausweichlich machte wie seinen eigenen Untergang. Übrigens ging bald danach ein Flüsterwitz um: Der kleine Fritz wird an den Schulglobus gerufen, um Feind und Freund zu zeigen: dort die Sowjetunion, die Vereinigten Staaten und das britische Weltreich, hier Deutschland, Italien und Japan. Fritzchen bleibt stehen und schüttelt den Kopf: »Die anderen sind so riesig und wir so winzig – Herr Lehrer, ob das der Führer weiß?«

Natürlich *wusste* er es; sogar im Rückblick sollte man aus ihm keinen Narren machen. Geopolitik – die Verbindung von geografischem und politischem Denken – beschäftigte ihn ebenso wie die immerwährende Klage über den fehlenden deutschen »Lebensraum«.[37] Der Feldzug gegen die Sowjetunion hatte ja auch den Sinn, die »Festung Europa« sturmfest zu machen, bevor die Vereinigten Staaten eingriffen.[38] Sehr sorgfältig war darum vermieden worden, sie etwa durch ein Vordringen der U-Boote über die von der amerikanischen Regierung quer durch den Atlantik gezogene Linie herauszufordern. Die Kriegserklärung war daher eher ein Akt der Resignation: Wenn schon die Auseinandersetzung unvermeidbar geworden war, sollte es wenigstens den Anschein haben, als ob man die Initiative in der Hand behielt.

Andererseits neigte Hitler dazu, den Willen und die Fähigkeit zum Kampf auf der Seite der »dekadenten« westlichen Demokratien zu unterschätzen. Und wie so viele leidenschaftliche Spieler neigte er zum Aberglauben; irgendein Wunder konnte vielleicht noch die Rettung bringen, wie einst für Friedrich den Großen im Siebenjährigen Krieg. Gewissermaßen als seinen Talisman führte er stets das Bild des Preußenkönigs mit sich; zuletzt hing es im Berliner Führerbunker unter der zerfallenden Reichskanzlei in seinem Wohnzimmer.

Um wieder vorzugreifen: In diesen letzten Bunkerwochen las Goebbels dem Führer, um ihn aufzurichten, aus Carlyles *Geschichte Friedrichs des Zweiten* vor, besonders von der Errettung: »Wie der große König keinen Ausweg mehr sieht, keinen Rat mehr weiß, wie alle seine Generäle und Staatsmänner von seiner Niederlage überzeugt sind, die Feinde schon über das besiegte Preußen zur Tagesordnung übergehen, wie die Zukunft grau in grau vor ihm liegt und er in seinem letzten Brief an den Minister Graf Finckenstein sich eine Frist gesetzt hat: Wenn bis zum 15. Februar keine Wendung eingetreten sei, dann gäbe er auf, dann werde er Gift nehmen; – und Carlyle schreibt: ›Tapferer König, warte noch eine kleine Weile, dann sind die Tage deines Leidens vorbei, schon steht hinter den Wolken die Sonne deines Glücks und wird sich dir bald zeigen.‹ Am 12. Februar starb die Zarin, das Wunder des Hauses Brandenburg war eingetreten. Der Führer, sagte Goebbels, hatte Tränen in den Augen.«[39]

Am 12. April 1945 starb der amerikanische Präsident Franklin Delano Roosevelt, und für einen Augenblick betäubte Dr. Goebbels seinen Führer mit dem Eindruck, dies sei nun die Wende, das Wunder. Natürlich war das abwegig; in modernen Demokratien fließt der Meinungsstrom so langsam wie machtvoll dahin, und es gibt keine jähen Kehrtwendungen wie im Zeitalter des Absolutismus von einer Zarin, die den Preußenkönig hasste, zu einem Zaren, der ihn verehrte. Dass es mit Hitler keine Verhandlungen geben würde, verstand sich ohnehin von selbst; darum war auch die Forderung nach bedingungsloser Kapitulation, die Roosevelt und Churchill im Janaur 1943 verkündeten, im Grunde nur eine Selbstverständlichkeit.[40] Dabei trafen sie sich mit Hitler. Sein Schlüsselsatz für den Krieg, dass sich ein November 1918 nicht wiederholen werde, bedeutete nüchtern betrachtet, dass man den Kampf nicht abbrechen würde, wenn er aussichtslos geworden war. Oder, in Hitlers eigenen Worten: »Das Deutschland von einst hat um dreiviertel zwölf die Waffen niedergelegt – ich höre grundsätzlich immer erst 5 Minuten nach zwölf auf.«[41] Noch gegen Ende April 1945, kurz vor seinem Selbstmord, hatte er

Himmler und Göring als Verräter aus allen ihren Ämtern ausgestoßen, weil sie heimlich Verhandlungen über eine Kapitulation angeboten beziehungsweise um die Vollmacht zum Handeln gebeten hatten.

Doch es gab den Glauben an die Wunderkraft des Willens. Um also des Wunders würdig zu sein, musste man die ganze Entschlossenheit zum Durchhalten aufbieten. Die Übernahme des Oberbefehls über das Heer nur Tage nach der Kriegserklärung an die Vereinigten Staaten hatte in der Tiefendimension hiermit zu tun: Der schiere Willenseinsatz sollte stärker sein als jede »Macht der Tatsachen«, und wenn man ihn auf die Armeeführer, die Offiziere und Soldaten übertrug und nicht von der Stelle wich, würde man den feindlichen Ansturm aufhalten und am Ende brechen.

Vielleicht hat damals, im Dezember 1941, das Verbot jeden Rückzugs wirklich geholfen, die wankende Front zu stabilisieren. Auf die Dauer freilich wirkte sich die Starrheit verheerend aus. Stalingrad liefert nur ein Beispiel. Als sich am 22. November 1942 der Ring um die 6. Armee, Teile der 4. Panzerarmee und rumänische Verbände schloss, um insgesamt fast 300 000 Mann, verbot Hitler den möglichen Ausbruch, ebenso im Dezember, als ein Entsatzversuch bis auf 48 Kilometer an die Eingekesselten herankam. Aber es gab unzählige kleinere Stalingrads. Immer wieder, wenn etwa der feindliche Vormarsch eine Stadt einschloss, wurde sie zur »Festung« erklärt und so die Besatzung ihrem Schicksal überlassen.[42] Das Afrikakorps entging im Herbst 1942, in der Schlacht bei El Alamein, nur darum der Vernichtung, weil Rommel gegen Hitlers Befehl den Rückzug antrat. Die Eingeschlossenen sollten möglichst Mann für Mann fallen, mit ihren Befehlshabern vorweg als leuchtenden Beispielen. Am Ende empörte Hitler an Stalingrad nur, dass Generaloberst Paulus, in letzter Minute noch zum Feldmarschall ernannt, sich nicht erschoss, sondern in Gefangenschaft ging. Solch ein banaler Abgang entsprach nicht den wagnerianischen Vorstellungen vom Nibelungen-Finale.

Mit der ständig zunehmenden Starrheit wurde die Chance zur beweglichen Verteidigung vertan, mit der man einem an Menschen und Material überlegenen Feind zumindest für einige Zeit noch hätte begegnen können.[43] Aber Strategen von Rang wie Erich von Manstein wurden verabschiedet; ihre Stelle nahmen schließlich Männer wie Ferdinand Schörner ein, die mit unerbittlicher Härte das Stehen und Standhalten zu erzwingen suchten.[44]

So gleichgültig wie das Schicksal der Soldaten war für Hitler die Zivilbevölkerung. Die Entwicklung neuer Abwehrwaffen gegen die ins Reich einfliegenden Bomberverbände erhielt keine Priorität. Statt Flugabwehrraketen entstand höchst kostspielig und im Ergebnis völlig sinnlos die »V 2«, die zur »Vergeltung« gegen London eingesetzt wurde. Statt die neuartigen Düsenmaschinen als überlegene Jagdflugzeuge zu benutzen, wurden sie als Jagdbomber verschlissen. Am schlimmsten wirkte sich der letzte Angriffsversuch, die Ardennenoffensive vom Dezember 1944 aus; in ihr wurden die noch kampfkräftigen Panzerdivisionen aufgerieben; hätte man sie hinter der Ostfront aufgestellt, um dem durchgebrochenen Feind entgegenzutreten, so wäre der russische Vormarsch zwar kaum aufgehalten, aber zumindest verzögert worden, und Hunderttausende von Menschen hätten sich vor der Rache der Roten Armee noch retten können, die ihr zum Opfer fielen. Aber was verdiente denn ein Volk, das vor dem anrückenden Feind im Osten die Flucht ergriff und im Westen weiße Fahnen hisste – also sich vor seiner Berufung zur Macht oder zum heroischen Untergang als unwürdig erwies –, wenn nicht die Vernichtung?[45]

Vernichtung: Sie blieb ein Hauptthema oder wurde es seit der Kriegswende vom Dezember 1941 erst recht, weil sich an der Verfügung über Leben und Tod die gottähnliche Allmacht erwies, über die man noch immer gebot, wenn schon nicht mehr im Sinne der ausgreifenden Eroberung, dann doch im eigenen Herrschaftsbereich. Mit schrecklicher Konsequenz wurde darum die »Endlösung der Judenfrage« betrieben, und es ist kaum ein Zufall, dass nur wenig später, am 20. Januar 1942, unter dem Vorsitz von Reinhard Heydrich die »Wannseekonferenz« stattfand, auf der die erforderlichen Maßnahmen mit den obersten Reichs- und Parteibehörden abgestimmt wurden.[46] Und wie man bitter gesagt hat, war dies der Krieg, den Hitler gewann, so wie er es schon am 30. Januar 1939 angekündigt hatte; an seinem Ende war das europäische Judentum weitgehend ausgelöscht. Im Rückblick, kurz vor dem eigenen Ende, hat Hitler gesagt, man werde »dem

Nationalsozialismus ewig dafür dankbar sein, daß ich die Juden aus Deutschland und Mitteleuropa ausgerottet habe«.[47]

Aber diese »historische Aufgabe« brauchte zur Durchführung ihre Zeit; sie ließ sich nicht über Nacht erledigen. Hierfür lohnte sich das Weiterkämpfen an den Fronten, das Ausharren um jeden Preis, und sei es um den des deutschen Untergangs. Umso sinnfälliger wäre – gerade in der Lebensverneinung – die Schicksalsverbundenheit von Juden und Deutschen gewesen. Folgerichtig hat Hitler es den Deutschen verübelt, dass sie überleben statt sterben wollten, folgerichtig hat er versucht, ihnen die Überlebensmöglichkeiten zu nehmen.

»Wenn wir abtreten, soll der Erdkreis erzittern«, hat Goebbels seinen Mitarbeitern verkündet.[48] Dafür fehlte eigentlich nur die Atombombe. In Deutschland war man 1945 noch weit von ihrer Herstellung entfernt. Aber man stelle sich einmal vor, Hitler hätte über ein erstes Exemplar verfügt, aber noch zu schwer und zu sperrig, um es über London abzuwerfen. Dann wäre der passende Ort, um die Bombe zu zünden, wohl die Reichshauptstadt, die Reichskanzlei gewesen, und das passende Datum der 30. April 1945.

In *Mein Kampf* hatte Hitler geschrieben: »Eine Diplomatie hat dafür zu sorgen, daß ein Volk nicht heroisch zugrundegeht, sondern praktisch erhalten wird. Jeder Weg, der hierzu führt, ist dann zweckmäßig, und sein Nichtbegehen muß als pflichtwidriges Verbrechen bezeichnet werden.«[49] Doch das galt längst nicht mehr, durfte nicht gelten, wenn das Verbrechen selbst zur Mission und der Untergang zum Weihespiel geworden war. Ärgerlich war eigentlich nur, dass es nicht gründlich und heroisch genug inszeniert werden konnte, weil der militärische Zusammenbruch sich zu schnell vollzog – und die Deutschen, ihres Führers höchst unwürdig, sich fürs Überleben entschieden.

Am Ende dieses Kapitels wenden wir uns noch einmal Hitler persönlich zu. Zwei Tage nach Beginn des »Unternehmens Barbarossa« bezog er sein Hauptquartier »Wolfsschanze« nahe bei Rastenburg in Ostpreußen, an dem schon seit dem Herbst 1940 gebaut worden war. Anfangs war nur an einen Aufenthalt von ein paar Wochen oder allenfalls Monaten gedacht. Weil aber der Feldzug im Osten anders verlief als der im Westen und nicht von dem erwarteten schnellen Sieg gekrönt wurde, dehnten sich die Monate zu Jahren. Daher wurde die »Wolfsschanze« immer weiter ausgebaut; die letzten Arbeiten zur Verstärkung der Bunker kamen erst zum Abschluss, als die Räumung dieses Führerhauptquartiers sich abzeichnete: sie erfolgte am 20. November 1944. Während man die Bevölkerung noch in Sicherheit wiegte und den Glauben an »Wunderwaffen« verbreitete, die die Kriegswende, den »Endsieg« bringen sollten, befahl Feldmarschall Keitel schon zwei Tage später, die Sprengung vorzubereiten, die, soweit es in der Eile noch möglich war, am 23. und 24. Januar 1945 durchgeführt wurde. Drei Tage später erreichte die Rote Armee Rastenburg.[50]

Man hatte den Ort gewählt, weil er mit seiner Lage zwischen Sümpfen und Seen einen natürlichen Schutz gegen Angriffe zu Lande bot. Hoher alter Mischwald versperrte die Einsicht von oben und sollte gegen Fliegerangriffe sichern. Wo der Wald Lücken aufwies, wurden zusätzlich Tarnnetze gespannt. Die gesamte Anlage umfasste 250 Hektar. Nach außen war sie durch Stacheldraht und einen dichten Minengürtel geschützt; nach dem Krieg mussten in jahrelanger Arbeit 54 000 Minen geräumt werden. Im Inneren gab es mehrere Sperrkreise mit scharf überwachten Zugängen; das Kernstück bildete der Sperrkreis I mit den Bunkern für Hitler, Hermann Göring und den Parteisekretär Martin Bormann, ebenso für die Nachrichtendienste und andere besonders wichtige Funktionen. Hier stand auch die »Lagebaracke« – entgegen dem Namen und manchen Berichten kein reiner Holzbau, sondern mit Backsteinen und Beton ummantelt –, in der am 20. Juli 1944 die Bombe des Grafen Stauffenberg explodierte.[51] Etwa 2000 Männer, aber nur etwa 25 Frauen arbeiteten in der »Wolfsschanze«. In der Nähe gab es weitere »Feldquartiere«.[52]

Man kann die »Wolfsschanze« besuchen; sie ist heute eine Touristenattraktion.[53] Aber der Besuch macht frösteln: Man betritt buchstäblich ein Schattenreich, denn die Sonne wurde durch das Walddach und die Tarnnetze ja ausgesperrt. Nirgendwo Blumen.[54] Vom Sprengungsversuch zur Seite geneigt, aber sonst unbezwingbar, ragt grau und gewaltig, von Moosen und Flechten überzogen, der Führerbunker auf, von dem Hitlers Architekt und

Rüstungsminister Albert Speer gesagt hat: »Wenn etwas als Sinnbild einer Situation, ausgedrückt durch einen Bau, angesehen werden kann, dann dieser Bunker: Von außen einer ägyptischen Grabstelle ähnlich, war er eigentlich nur ein großer Betonklotz ohne Fenster, ohne direkte Luftzufuhr, im Querschnitt ein Bau, dessen Betonmassen den nutzbaren Raum um ein Vielfaches überstiegen. In diesem Grabbau lebte, arbeitete und schlief er. Es schien, als trennten ihn die 5 Meter dicken Betonwände, die ihn umgaben, auch im übertragenen Sinne von der Außenwelt und sperrten ihn ein in seinem Wahn.«[55] Ein sprechendes Bild, nur dadurch getrübt, dass Hitler in dem Bunker nicht gewohnt hat, weil an ihm immerfort noch gebaut wurde.

Doch unwillkürlich fragt man sich, warum Hitler kein Schloss bezog, wie einst Napoleon das in Finckenstein, um im Ausblick auf Garten- und Parkanlagen durchzuatmen. Rein technisch wäre es doch kein Problem gewesen, die Sperranlagen und Bunker dort hinzuzubauen. Brauchte der Führer den Schatten, weil er in ihm war, seiner Seele entsprach, die sich mit der Kriegslage zunehmend umdüsterte und sich zu den Träumen oder Albträumen der Vernichtung verfinsterte?

Der Vernichtungswille schlug um in die nicht mehr zu tilgende Furcht, selbst vernichtet zu werden. In Hitlers eigenen Worten: »Die Sache ist immerhin so gefährlich, daß man sich klar sein muß: Wenn hier eine Schweinerei passiert – hier sitze ich, hier sitzt mein ganzes Oberkommando, hier sitzt der Reichsmarschall, es sitzt hier das OKH, es sitzt hier der Reichsaußenminister! Also, das ist der Fang, der sich am meisten lohnt, das ist ganz klar. Ich würde hier ohne weiteres zwei Fallschirmjägerdivisionen riskieren, wenn ich mit einem Schlage die ganze russische Führung in die Hand kriegte.«[56] Daher die ständig verstärkten Bunker- und Sperranlagen.

Ringsum lag die Schönheit Masurens mit ihren Seen. Aber weder die früher so geliebten Autoausflüge noch Dampferfahrten fanden statt. Wer wollte, könnte von einer Ironie des Schicksals sprechen. Der Mann, der die östliche Landschaft nicht mochte und nicht wahrnahm, der seine Zuflucht in den bayerischen Bergen fand, hat fast ein Viertel seiner gesamten Regierungszeit in der ostpreußischen Schattenwelt verbracht. Mit dem kurzzeitigen

Umzug in ein anderes Hauptquartier beim ukrainischen Winniza vollzog sich ein Ortswechsel, aber keine Änderung. Bis Anfang 1943 hat es noch für insgesamt 57 Tage Reisen zu Besichtigungen, Ansprachen, Besuchen von Armeestäben gegeben. Später wurden solche Reisen immer seltener. Nur im Frühjahr 1943 verbrachte Hitler auf Drängen seines Arztes einen längeren »Arbeitsurlaub« auf dem Obersalzberg. Ähnlich 1944; erst wenige Tage vor Stauffenbergs Attentat kehrte er in die »Wolfsschanze« zurück.

In einer Zeit, in der eigentlich das Volk einer mitreißenden Führung mehr denn je bedurfte, bekamen die Deutschen außer vielleicht in kurzen Wochenschauaufnahmen ihren Führer nicht mehr zu sehen und kaum noch zu hören. Praktisch alle nicht militärischen Dinge gingen durch die Hände Martin Bormanns, der damit, obwohl der Öffentlichkeit kaum bekannt, zu einem der mächtigsten Männer des Reiches aufrückte.[57]

Hitlers Selbsternennung zum Feldherrn, der bis ins Detail hinein zu befehlen versuchte und die Eigenverantwortung der Generale zunehmend erstickte, ließ kaum noch und je länger, desto weniger Atempausen und Ablenkungen zu. »Ich bin seit fünf Jahren von der anderen Welt abgeschieden: ich habe kein Theater besucht, kein Konzert gehört, keinen Film mehr gesehen. Ich lebe nur der einzigen Aufgabe, diesen Kampf zu führen, weil ich weiß: wenn nicht eine eiserne Willensnatur dahintersitzt, kann der Kampf nicht gewonnen werden.«[58]

Dass vom Armeebefehlshaber bis zum Leutnant jeder Offizier im vorgegebenen Rahmen seinen Kampfauftrag selbstständig durchführt, hatte stets zu den Prinzipien der preußisch-deutschen Armee gehört und ihre Überlegenheit begründet. Für den Hitler der »Kampfzeit« wie der Dreißigerjahre war es wiederum charakteristisch, dass er es sich weithin bequem machte und die Alltagsarbeit denen überließ, die sich dazu drängten. Auf merkwürdige Weise hätte sogar jetzt das eine vielleicht zum anderen gepasst. Aber zum wechselseitigen Verderben zog Hitler seit der Kriegswende vom Dezember 1941 immer schärfer die Zügel an. Jedes Loslassen, so die untergründige Angst, führte geradewegs ins Unheil.

Hitlers menschliche Situation lässt sich mit einem einzigen Wort kennzeichnen: Einsamkeit – undurchdringlich wie der Beton seines Bunkers. Und seitdem die Ablenkungen entfielen, trat sie umso deutlicher zutage. Nirgendwo gab es einen wirklich vertrauten Menschen, keinen Freund, um ihm das Herz auszuschütten. Mit den Generalen fanden die täglichen Lagebesprechungen und oftmals Auseinandersetzungen statt; bei den nächtlichen Monologen bildeten Adjutanten, Sekretärinnen oder sonstige Untergebene bloß die Kulisse. Allenfalls fungierten sie als Stichwortgeber. Eva Braun war in der »Wolfsschanze« nicht zugelassen. Bloß ein Tier blieb da noch: »Bei seinen Spaziergängen galt Hitlers Interesse meist nicht seinem Begleiter, sondern seinem Schäferhund Blondi, den er bei diesen Gelegenheiten zu dressieren versuchte. Nach einigen Übungen im Apportieren musste sein Hund über einen 20 cm breiten und 8 m langen Laufsteg, der in zwei Meter Höhe montiert war, balancieren ... Der Schäferhund spielte im privaten Leben Hitlers vermutlich die wichtigste Rolle; er war wichtiger als selbst seine engsten Mitarbeiter.«[59]

Noch in den letzten Wochen vor dem Ende war das so, wie eine der Sekretärinnen berichtet hat: »Von Zeit zu Zeit hob er den Blick zu dem Bildnis Friedrichs des Großen auf, das über seinem Schreibtisch hing, und wiederholte dessen Ausspruch: ›Seit ich die Menschen kenne, liebe ich die Hunde.‹«[60] Vielleicht war es darum »Blondi« bestimmt, als Vorkosterin des Todes das Gift zu erproben, das zum Selbstmord taugte.

Soweit wir wissen, ist Hitler bis in den Krieg hinein nie ernsthaft krank gewesen. Unter den Lebensumständen in der »Wolfsschanze« aber gab seine Gesundheit erst kaum merklich, dann rapide nach. Als ein Mann in den besten Jahren bezog er das ostpreußische Hauptquartier, als ein Greis ging er fort. Seine Schlafstörungen verschlimmerten sich, er vertrug das Tageslicht immer weniger, sodass er sich eine Mütze mit übergroßem Schirm anfertigen ließ, es mehrten sich Anfälle von Kreislaufschwäche, Übelkeit und Schüttelfrost, zur Arterienverkalkung gesellte sich das Glieder- und Händezittern der Parkinson'schen Krankheit, bis es ihm am Ende kaum noch möglich war, Unterschriften zu leisten; das rechte Bein schleppte nach, Gleichgewichtsstörungen traten hinzu. Der Leibarzt Theodor Morell, ein auf Augenblickserfolge bedachter Wundermann und Kurpfuscher, verschrieb seinem Patienten Unmengen von Präparaten,

Pillen und Spritzen, Aufputsch- und im Kontrast wiederum Beruhigungsmittel. Professor Karl Brandt, der Hitler ebenfalls betreute, hat von Morells Methoden gesagt, »daß sozusagen das Lebenselixier von Jahren vorausgenommen und verbraucht wurde« und Hitler gleichsam »jedes Jahr nicht ein Jahr, sondern vier bis fünf Jahre gealtert« sei.[61]

Die Augenzeugenberichte aus den letzten Bunkerwochen in Berlin vermitteln einen fast gespenstischen Eindruck: »Er bot körperlich ein furchtbares Bild. Er schleppte sich mühsam und schwerfällig, den Oberkörper vorwärts werfend, die Beine nachziehend von seinem Wohnraum in den Besprechungsraum des Bunkers. Ihm fehlte das Gleichgewichtsgefühl; wurde er auf dem kurzen Weg (zwanzig bis dreißig Meter) aufgehalten, mußte er sich auf eine der hierfür an beiden Wänden bereitstehenden Bänke setzen oder sich an seinem Gesprächspartner festhalten ... Die Augen waren blutunterlaufen; obgleich alle für ihn bestimmten Schriftstücke mit dreimal vergrößerten Buchstaben auf besonderen »Führermaschinen« geschrieben waren, konnte er sie nur mit einer scharfen Brille lesen. Aus seinen Mundwinkeln troff häufig der Speichel.«[62]

Dabei gab es in aller Greisenhaftigkeit immer noch Regungen, die an die Neigungen des jungen und gesunden Mannes erinnerten: »Mit schlotternden Beinen und zitternder Hand stand er eine Weile vor uns und ließ sich dann erschöpft wieder auf dem Sofa nieder, wobei ihm der Diener die Füße hochbettete. Völlig apathisch lag er da, erfüllt nur von dem Gedanken ...: Schokolade und Kuchen. Sein Heißhunger auf Kuchen war geradezu krankhaft geworden. Während er früher höchstens drei Stücke Kuchen aß, ließ er sich jetzt den Teller dreimal hochgefüllt reichen.«[63]

Aber noch in dem zerfallenden Körper lebte der Geist Adolf Hitlers. »Es war«, sagt Joachim Fest mit Recht, »wie schattenhaft im Äußeren auch immer, der Mann von einst, der sich da mit maskenartigem Ausdruck, auf einen Stock gestützt, durch das Hauptquartier bewegte, und es sind gerade nicht die Veränderungen, die der Erscheinung während der letzten Jahre einen so atemverschlagenden Charakter geben, sondern die wie erstarrt wirkende Konsequenz, mit der er seine frühen Obsessionen aufgriff und verwirklichte.«[64]

Ja, bis zuletzt beherrschte er, was vom zerfallenden Reich ihm blieb, beugte sich über Lagekarten, gab Befehle, setzte Gefolgsleute wie Göring und Himmler ab[65], verurteilte seinen Schwager, den SS-Gruppenführer Fegelein zum Tode, der sich in Zivilkleidern hatte davonschleichen wollen. Freilich griff der Triumph des Willens über die Wirklichkeit schließlich ins gespenstisch Leere: Divisionen wurden bewegt oder Armeen zum Angriff befohlen, die es längst nicht mehr oder bloß in Restbeständen gab. Dabei wechselten die Wutausbrüche, das Aufflackern von Hoffnung und das Versinken im düsternen Brüten einander ab.[66]

Am 20. April 1945, seinem 56. Geburtstag, ließ Hitler sich gratulieren und tätschelte danach einige Hitlerjungen, halbe Kinder noch, die sich im Fronteinsatz bewährt hatten und dafür mit dem Eisernen Kreuz ausgezeichnet wurden.

In der Nacht vom 28. zum 29. April heirateten Adolf Hitler und Eva Braun.

Am 29. April, um 4 Uhr morgens, unterzeichnete Hitler sein politisches und sein privates Testament. Er setzte eine neue Reichsregierung mit dem Großadmiral Karl Dönitz als Reichspräsidenten (also genau genommen *nicht* als Nachfolger) und Joseph Goebbels als Reichskanzler ein.[67]

Am 30. April, etwa gegen 3 Uhr 30 morgens, nahm Eva Hitler-Braun Gift, und Hitler erschoss sich mit seiner Pistole. Hastig wurden die Leichen in den Hof gebracht, mit Benzin überschüttet und verbrannt.[68]

Am 2. Mai meldete der Wehrmachtsbericht mit einiger Verspätung: »An der Spitze der heldenmütigen Verteidiger der Reichshauptstadt ist der Führer gefallen. Von dem Willen beseelt, sein Volk und Europa vor der Vernichtung durch den Bolschewismus zu erretten, hat er sein Leben geopfert. Dieses Vorbild ›getreu bis zum Tode‹ ist für alle Soldaten verpflichtend.«

Die Deutschen und ihr Führer
Eine Bilanz

Bei den Reichstagswahlen vom 5. März 1933 gaben bei einer Wahlbeteiligung von 89 Prozent 17,2 Millionen Deutsche oder 43,9 Prozent der Partei Adolf Hitlers ihre Stimme. In den folgenden Jahren wuchs trotz einiger Schwankungen die Gefolgschaft immer mehr an; eine überwältigende und begeisterte Mehrheit wurde im Frühjahr 1938 nach dem »Anschluss« Österreichs und im Sommer 1940 nach dem Sieg über Frankreich erreicht.

Aber was dachten die Menschen, als der *andere* Krieg, der Feldzug gegen die Sowjetunion begann? »Mir ist, als ob ich die Tür zu einem dunklen, nie gesehenen Raum aufstoße, ohne zu wissen, was sich hinter der Tür befindet«, hat Hitler selbst am Vorabend des Angriffs gesagt.[1] War das nicht die weit verbreitete, beinahe allgemeine Empfindung? Und wie erst, als das Scheitern im russischen Winter sich abzeichnete, als die Vereinigten Staaten in den Krieg eintraten, als feindliche Bomberflotten den Himmel über Deutschland verdunkelten, als die Städte brannten, die alliierten Armeen Schritt um Schritt und unaufhaltsam gegen das Reich vorrückten?

Es gab eine Art von – freilich streng geheimer – Meinungsforschung des Sicherheitsdienstes (kurz SD) der SS, sodass wir uns von den Stimmungen und dem Stimmungswandel durchaus ein Bild machen können.[2] Vor allem die Katastrophe von Stalingrad löste einen Schock aus. Von »tiefer Niedergeschlagenheit« war die Rede, die Stimmung habe einen »bisher nie gekannten Tiefstand erreicht«.[3] Es gab »eine starke Zunahme und Verschärfung der Kritik an der politischen und militärischen Führung«. Und diese Kritik richtete sich, »was früher nie der Fall war, in steigendem Maße gegen die Person des Führers, der besonders für die Ereignisse in Stalingrad und im Kaukasus verantwortlich gemacht wird. Man erzählt von erheblichen Meinungsverschiedenheiten zwischen dem Führer und seinen militärischen Ratgebern, deren Warnungen der Führer in den Wind geschlagen habe.«[4] Kurzum: »Die labilen Volksgenossen sind geneigt, im Fall von Stalingrad den Anfang vom Ende zu sehen.«[5] Als dieses Ende tatsächlich nahe war, hieß es, verständlich genug: »Die eingehenden Meldungen lassen ein Umsichgreifen der Vertrauenskrise zur Führung erkennen.« Und: »Die Zweifel an der Führung nehmen auch die Person des Führers nicht aus.«[6]

Praktische Folgerungen gab es freilich nicht, es sei denn in dem Sinne, dass die Überwachung der Bevölkerung verschärft wurde und die Strafen für »Miesmacherei« und »Zersetzung der Wehrkraft« immer härter, die Todesstrafen immer häufiger wurden. Schon beim Kriegsbeginn erhielt der SS- und Polizeiapparat die Ermächtigung zum rücksichtslosen Durchgreifen, und jede Person konnte, sollte verhaftet, wenn nötig hingerichtet werden, die »in ihren Äußerungen am Sieg des deutschen Volkes zweifelt«.[7] Charakteristisch daher der Berliner Witz: »Eh det ick mir die Rübe abhacken lasse, eher jlobe ick an den Endsieg.«

Doch wie war es mit dem Widerstand? Seine Möglichkeiten, seine Probleme und sein Scheitern sollen im folgenden knapp skizziert werden.[8] Vorweg sei daran erinnert, dass die NSDAP eine Partei der Milieulosen war und dass die Stoßrichtung, die Verheißung der »Volksgemeinschaft« sich wesentlich auf das Niederbrechen der überkommenen Milieuschranken richtete. Aber auch im »Dritten Reich« gab es die verschiedenen Milieus noch, obwohl in Frage gestellt, vielfältig angegriffen und beschädigt. Es gab zum Beispiel das proletarisch-sozialistische Milieu der Industriezentren, das christliche in seinen katholischen und protestantischen Prägungen, das konservative, vor allem das preußisch-aristokratische in seiner engen Verbindung mit den soldatischen Traditionen.

Wenn man die verschiedenen Formen des Widerstandes untersucht, stellt man fest, dass sie fast immer etwas mit diesen Milieus zu tun hatten und in der Regel nur von ihnen her sich entwickelten.[9] Das ist doppelt verständlich. Einerseits fühlte man sich zur Verteidigung des Angegriffenen gerufen und geriet schon dadurch in eine kritische Haltung zum Regime, andererseits bot das Milieu dem Einzelnen Rückhalt und Zuflucht, Verbindungen und Verstecke, Zuspruch und innere Stärke. Einzelgänger wie Johann Georg Elser sind darum selten, wenn auch besonders gefährlich. Allerdings lag in der Bindung ans traditionsbestimmte Milieu zugleich eine Schwäche; zumeist ging es mehr um Verteidigung als um den Angriff, man kümmerte sich zu wenig um das, was sonst und was anderen geschah, und den Planungen des Widerstandes haftete oft etwas Rückwärtsgerichtetes statt Zukunftsweisendes an.[10]

Je dichter und fester ein Milieu noch gefügt war, desto größer die Möglichkeiten, im Ausnahmefall bis zur Unangreifbarkeit. Ein Beispiel lieferte Clemens August Graf von Galen, Bischof von Münster, mit seinen Predigten gegen die »Vernichtung unwerten Lebens«, die nationalsozialistischen »Euthanasie«-Aktionen, im Sommer 1941. Ihren Höhepunkt erreichten die Predigten am 3. August mit der Anklage, dass von Staats wegen gemordet werde. Diese Kanzelreden fanden ein gewaltiges Echo und wurden in Abschriften tausendfach weitergereicht.[11] Himmler forderte Galens Verhaftung, und Bormann schlug vor, »daß wir in diesem Falle die einzige Maßnahme ergreifen, die sowohl propagandistisch wie strafrechtlich angemessen ist, nämlich den Bischof von Münster zu erhängen«.[12] Goebbels setzte sich jedoch bei Hitler mit der Meinung durch, dass man dann für die Dauer des Krieges das Münsterland, wenn nicht ganz Westfalen zum Feind habe. So schützte das katholische Milieu seinen Oberhirten, und die Machthaber sahen sich gezwungen, ihre Vernichtungsaktionen in der bisher praktizierten Form abzubrechen. Hitkler, klug genug, vertagte sein Rachegelüst, wie überhaupt seinen radikalen Kampf gegen die Kirchen auf die Zeit nach dem »Endsieg«. Dann allerdings, bekamen seine Vertrauten im Führerhauptquartier zu hören, werde mit Galen »auf Heller und Pfennig abgerechnet«.[13]

Auf solch eine Schonung auf Widerruf konnten Kommunisten, Sozialdemokraten und Gewerkschafter natürlich nicht rechnen. Ihnen galt gleich nach der »Machtergreifung« die brutale Verfolgung, und ihre Organisationen wurden schnell und gründlich zerschlagen. Dennoch blieb das proletarische Milieu, und im Gewirr der Hinterhöfe und Arbeitersiedlungen bot es Möglichkeiten zum Verstecken von Verfolgten, für die Weitergabe von Nachrichten, für Flugblattaktionen, für die Sabotage. Der Kampf mit der Gestapo und ihren Spitzeln forderte viele Opfer, doch noch der Triumph der Gewalt schärfte ein Bewusstsein dafür, dass man mit denen »da oben«, den braunen Bonzen und ihrer Form von »Volksgemeinschaft« nichts zu tun haben wollte. Im Krieg entwickelten sich neue Widerstandsformen junger Arbeiter, und in manchen Industriebezirken dehnten sich schließlich zwischen Schloten und Ruinen sozusagen die Partisanengebiete, in denen die Leute in braunen Uniformen und die Hitlerjugend sich nach Anbruch der Dunkelheit nicht mehr sehen lassen durften.[14]

Nach der Festigung von Hitlers Herrschaft gab es freilich nur noch ein einziges Machtinstrument, das Hitlers Herrschaft stürzen konnte: die Wehrmacht. Dem konservativ-militärischen Milieu kam darum eine besondere Bedeutung zu, und zumindest Teile der Armee bewahrten aus preußischem Traditionsbewusstsein ein Zusammengehörigkeitsgefühl gegen die nationalsozialistischen Emporkömmlinge.[15] Insgeheim – und im eigenen Kreis mit wenig Hemmungen – schimpfte man über das »braune Gesindel«; daher konnten sich die Verschwörer relativ frei bewegen, ohne verraten zu werden. Übrigens wird auf seltsame Weise dieser Sachverhalt gerade dort sichtbar, wo man vom Versagen reden muss. Immer wieder wurden Befehlshaber, Feldmarschälle angesprochen, um sie zum Widerstand zu bewegen. Meist entzogen sie sich, sei es aus ihrer Auffassung von Pflichterfüllung, sei es aus Opportunismus oder Feigheit. Doch stets haben sie zugehört, sich zu Mitwissern machen lassen – und geschwiegen.

Hitler war sich der Gefahr, die ihm drohte, immer bewusst, und mit bemerkenswertem Geschick hat er versucht, sie zu bannen. In der Mordserie der »Röhm-Affäre« vom Sommer 1934 erniedrigte er die Reichswehr zu seinem Komplizen, indem er ihr das Monopol auf die bewaffnete Macht sicherte – zumindest und im Ergebnis wortbrüchig zusicherte, denn im Laufe der Zeit und besonders im Krieg wurde die Waffen-SS zielstrebig zu einem Gegeninstrument ausgebaut. Im Übrigen waren Komplizenschaft und Korruption sozusagen systembedingt. Ohne Hitler keine Massengefolgschaft, die die Wiederaufrüstung nach innen abstützte, kein triumphaler Wiederaufstieg Deutschlands zur Großmacht, ohne die Aufrüstung und den Krieg keine steilen Karrieren bis hin zum Feldmarschall samt Orden und Eichenlaub. Dennoch blieb die Gefahr, und in der Septemberkrise von 1938 waren die Vorbereitungen zum Staatsstreich sehr weit gediehen: vielleicht hat wirklich nur das Einlenken der Westmächte beim Münchener Abkommen ihn verhindert.

Das Dilemma blieb stets, dass man sich einerseits dem erfolgreichen Hitler kaum in den Weg stellen konnte und dass man andererseits nach einer Kriegswende, in Erwartung der Niederlage und harter Friedensbedingungen, zum eigenen Verhängnis eine neue Legende vom »Verrat« und vom »Dolchstoß« riskierte. Henning von Tresckow, ein Offizier im Zentrum des militärischen Widerstandes, der selbst mehrere Attentatsversuche organisierte[16], hat im Dezember 1941 einem Mitverschworenen dieses Dilemma beschrieben:

»Ich wünschte, ich könnte dem deutschen Volk einen Film vorführen: Deutschland bei Kriegsende. Dann würde das Volk vielleicht voller Schrecken erkennen, auf was wir lossteuern. Dann würde das Volk ganz sicher meiner Ansicht sein, daß der Oberste Kriegsherr eher heute als morgen abgelöst werden und verschwinden müßte. Da wir aber diesen Film nicht vorführen können, wird das deutsche Volk, wann immer wir Hitler beseitigen, totensicher eine neue Dolchstoßlegende erschaffen. Und wenn wir noch so milde Friedensbedingungen aushandelten – immer würde es heißen: Wenn ihr den geliebten Führer nicht in dem entscheidenden Augenblick kurz vor dem Endsieg umgebracht hättet, wäre es niemals zu solchen Bedingungen gekommen.«[17]

Als Zwischenbemerkung: Überdenkt man die Vorbereitungen zum Staatsstreich und die vielen, immer nur knapp und in der Summe ganz unwahrscheinlich gescheiterten Attentatsversuche von Elsers Höllenmaschine am 8. November 1939 bis zu Stauffenbergs Bombe am 20. Juli 1944, so möchte man fast meinen, dass Hitler ein Überdauern vorbestimmt war, bis hin zum schreckensvollen Scheitern in der deutschen Katastrophe von 1945 – einem Scheitern, das allein den Geist oder Ungeist der Gewaltherrschaft ausbrennen konnte.

Manche Widerstandsgruppen, wie der »Kreisauer Kreis« um

Helmuth James Graf von Moltke, haben darum bewusst nicht für den Staatsstreich, sondern für die Zeit nach dem Ende des »Dritten Reiches« geplant. Aber was hätte das später bedeutet? War es nicht wichtig, ein Zeichen zu setzen und zumindest den Versuch zu unternehmen, Hitlers Gewaltherrschaft aus eigener, deutscher Kraft zu stürzen? Als nach dem Misslingen aller früheren Anschläge im Sommer 1944 die Frage entstand, ob die Auflehnung überhaupt noch einen Sinn habe, hat Tresckow entschieden: »Das Attentat muß erfolgen, coûte que coûte. Sollte es nicht gelingen, so muß trotzdem in Berlin gehandelt werden. Denn es kommt nicht mehr auf den praktischen Zweck an, sondern darauf, daß die deutsche Widerstandsbewegung vor der Welt und vor der Geschichte den entscheidenden Wurf gewagt hat. Alles andere ist daneben gleichgültig.«[18]

Als dann Stauffenberg am 20. Juli gescheitert war und Tresckow den Tod wählte, sagte er seinem Vertrauten Fabian von Schlabrendorff zum Abschied: »Jetzt wird die ganze Welt über uns herfallen und uns beschimpfen. Aber ich bin nach wie vor der felsenfesten Überzeugung, daß wir recht gehandelt haben. Ich halte Hitler nicht nur für den Erzfeind Deutschlands, sondern auch für den Erzfeind der Welt. Wenn ich in wenigen Stunden vor den Richterstuhl Gottes treten werde, um Rechenschaft abzulegen über mein Tun und Unterlassen, so glaube ich mit gutem Gewissen das vertreten zu können, was ich getan habe. Wenn einst Gott Abraham verheißen hat, er werde Sodom nicht verderben, wenn auch nur zehn Gerechte darin seien, so hoffe ich, daß Gott auch Deutschland um unsertwillen nicht vernichten wird. Niemand von uns kann über seinen Tod Klage führen. Wer in unsern Kreis eingetreten ist, hat damit das Nessushemd angezogen. Der sittliche Wert eines Menschen beginnt erst dort, wo er bereit ist, für seine Überzeugung sein Leben einzusetzen.«[19] Sehr ähnlich, nur knapper, hat es kurz vor dem 20. Juli Stauffenberg gesagt: »Es ist Zeit, daß jetzt etwas getan wird. Derjenige allerdings, der etwas zu tun wagt, muß sich bewußt sein, daß er wohl als Verräter in die deutsche Geschichte eingehen wird. Unterläßt er jedoch die Tat, so wird er zum Verräter vor seinem eigenen Gewissen.«[20]

Der Staatsstreich von 1944 blieb eng an das preußisch-soldatische Milieu gebunden. Nicht zufällig leuchten im Untergang noch einmal so viele preußische Namen auf, und man könnte vom letzten Preußentag in der deutschen Geschichte sprechen.[21] Nach allen Verstrickungen in Hitlers Herrschaft, die es gegeben hatte, war das ein Abgang in Ehren. Aber die Worte von Tresckow und Stauffenberg zeigen, dass es am Ende doch um entscheidend mehr ging als um die Traditionen: Der Anruf des Gewissens sprengte die Schranken des Milieus. Darum waren es nicht die vielen, sondern nur wenige, die den letzten Schritt wagten.

Wie isoliert die Verschwörer tatsächlich waren, zeigten die Reaktionen auf das Attentat. »Gott sei Dank, der Führer lebt!« Das gehörte zur ersten und vorherrschenden Empfindung, von der die Stimmungskundschafter berichteten.[22] Der Anschlag »wurde auch von denen abgelehnt, die keine ausgesprochenen Nationalsozialisten sind, und zwar nicht nur aus Abscheu vor dem Verbrechen als solchem, sondern weil sie überzeugt sind, daß nur der Führer die Lage meistern kann und daß sein Tod das Chaos und den Bürgerkrieg zur Folge gehabt hätten«.[23] Treuebekenntnisse, die sich anschlossen, mochten inszeniert sein, aber die meisten Beobachter stimmten darin überein, dass durch Hitlers Errettung »die Widerstandskraft des Volkes und der Glaube an die geschichtliche Sendung des Führers nur noch verstärkt worden sind«.[24] Solange er lebte und seine Macht bewies – auch und gerade in der Vernichtung der Verschwörer – blieb die Bindung der Deutschen an Adolf Hitler im Kern ungebrochen.[25]

Er selbst sah wieder einmal die Vorsehung am Werk. Zu Mussolini, der ihn am Nachmittag des 20. Juli besuchte, sagte er: »Nach meiner heutigen Errettung aus der Todesgefahr bin ich mehr denn je davon überzeugt, daß es mir bestimmt ist, nun auch unsere gemeinsame große Sache zu einem glücklichen Abschluß zu bringen.« Der »Duce«, erst recht wundergläubig, drückt es noch deutlicher aus: »Das ist ein Zeichen des Himmels.«[26]

In der Nacht zum 21. Juli hörte die Bevölkerung ihren Führer im Rundfunk: »Deutsche Volksgenossen und -genossinnen!

Ich weiß nicht, zum wievielten Male nunmehr ein Attentat auf mich geplant und zur Ausführung gekommen ist ... Eine ganz kleine Clique ehrgeiziger, gewissenloser und zugleich verbrecherischer, dummer Offiziere hat ein Komplott geschmiedet, um mich zu beseitigen und zugleich mit mir den Stab praktisch der deutschen Wehrmachtführung auszurotten. Die Bombe, die von dem Oberst Graf von Stauffenberg gelegt wurde, krepierte zwei Meter an meiner rechten Seite. Sie hat eine Reihe mir treuer Mitarbeiter sehr schwer verletzt, einer ist gestorben. Ich selbst bin völlig unverletzt bis auf ganz kleine Hautabschürfungen, Prellungen oder Verbrennungen. Ich fasse es als eine Bestätigung des Auftrages der Vorsehung auf, mein Lebensziel weiter zu verfolgen, so wie ich es bisher getan habe ... Diesmal wird nun so abgerechnet, wie wir das als Nationalsozialisten gewohnt sind.«[27]

Das wahrlich geschah. Hunderte wurden verhaftet, viele Dutzend Menschen nach Verhör, Folter und einer Farce von Gerichtsverhandlung gehenkt. Hitler ließ die Hinrichtungen filmen und genoss die Vorführungen.[28]

Der Bann des »Dritten Reiches« brach mit dem Kriegsende – und fast über Nacht. Es gab keinen Widerstand gegen die Besatzungsmächte und nirgendwo überhaupt noch einen Willen dazu. Charakteristisch war, was der neue, von den Amerikanern eingesetzte Landrat des fränkischen Gunzenhausen, einer alten Hochburg der NSDAP, im August 1945 in seinem Lagebericht schrieb: »Obwohl der Krieg erst seit einigen Monaten beendet ist, wird vom Nationalsozialismus fast nicht mehr, und wenn, dann im nachteiligen Sinne gesprochen. Bei den Leuten, die in ihren Heimen Zeichen des nationalsozialistischen Staates in jeglicher Form zeigten, ist keine Spur davon zu sehen.«[29]

Für diesen plötzlichen Umschwung gibt es zwei nahe liegenden Deutungen. Erstens forderte die Endphase des Krieges, etwa vom 20. Juli 1944 an gerechnet, in neuneinhalb Monaten weit mehr Opfer als die fast fünf Jahre zuvor, um von Hab und Gut, von den brennenden Dörfern und Städten, von Dresden und Würzburg, von Flucht und Vertreibung aus Ostpreußen, Danzig, Pommern, der brandenburgischen Neumark, Schlesien, dem Sudetenland nicht erst zu reden.[30] Überall hatte man mit Bitterkeit miterlebt, wie die Parteifunktionäre, die Gau- und Kreisleiter, Durchhalteparolen ausgaben, wie sie mit alten Männern und halben Kindern eine absurde Verteidigung organisierten, wie sie im Westen die kampflose Übergabe zu verhindern suchten und im

Osten die Treckerlaubnis verzögerten, oft bis es zu spät war, um noch fliehen zu können – und wie sie dann als Erste verschwanden, irgendwo untertauchten, als hätte es sie niemals gegeben. Wie Hitler selbst entliefen sie schmählich ihrer Verantwortung. Kurzum: Das Regime hatte sich entlarvt und widerlegt, wie nur es selbst sich entlarven und widerlegen konnte.

Zweitens liegt zumindest für die gnädig Nachgeborenen die Entrüstung oder der Hohn nahe: Offenbar war außer diesem Adolf Hitler, der noch dazu aus Österreich und nicht aus Deutschland stammte, nie jemand Nationalsozialist gewesen. Der Opportunismus der Anpassung feierte seine Triumphe: Nur durch die Umstände gezwungen, hatte man die braune Uniform getragen oder war – so spät wie möglich – in die Partei eingetreten; immer noch, sofern die Umstände es erlaubten, hatte man »Grüß Gott« oder »Guten Tag« statt »Heil Hitler« gesagt, dabei natürlich niemandem geschadet, keinen Nachbarn denunziert, weil er einen feindlichen Sender abhörte und Verbotenes erzählte; das hatte man mehr als einmal doch selber getan. Allenfalls war man ein missbrauchter Idealist gewesen, im Grunde bemitleidenswert, oder ein ahnungsloser Mitläufer, der von Verbrechen nie etwas gehört hatte. Jeder bescheinigte jedem, *anständig* geblieben zu sein und nur Befehlen gehorcht zu haben.«[31]

Mit einiger Anstrengung kann man diese Versuche verstehen, sich aus den Strudeln der deutschen Katastrophe ans Ufer zu retten, und sie menschlich-allzumenschlich nennen. Aber in der Tiefendimension ging es um mehr, um einen wirklichen und andauernden Wandel. Wie früher zu zeigen war, beruhten die Zustimmung zu Hitler und die Faszination, die Begeisterung, der man sich hingab, auf zwei sehr verschiedenen Grundelementen.

Einerseits handelte es sich nach der Existenzbedrohung durch die Weltwirtschaftskrise und die bürgerkriegsähnlichen Zustände in der Spätphase der Weimarer Republik um die Wiederherstellung eines von Ruhe und Ordnung, ohne Angst vor der Arbeitslosigkeit gesicherten Lebens. Eine »Welt der Sicherheit« hat Stefan Zweig die Zeit vor 1914 genannt[32], und in solch eine Welt sehnte sich die Mehrheit der Menschen zurück. Dass aber der Krieg sie zerstörte, war die bittere Erfahrung, die folgte: daher der untergründige Pazifismus.

Hitler hatte die Sehnsüchte zunächst einmal bedient und die Hoffnungen erfüllt. Die Wiederaufrüstung, so schien es und so sagte er es, diente nur dazu, die Sicherheit nach innen durch die nach außen zu ergänzen. Immer war von den Kulturwerken des Friedens die Rede, die er schaffen wollte.[33] Doch am Ende schlug der Traum von der Sicherheit in den Albtraum, ins Chaos, das Ende aller Sicherheit um. Millionen von Wohnungen waren durch den Krieg zerstört, Millionen von Familien zerrissen oder durch den Tod verstümmelt worden, Millionen von Flüchtlingen irrten heimatlos umher.[34] Die Zukunftshorizonte schrumpften zum Überlebenskampf von Tag zu Tag, und nicht einmal die geregelte Arbeit lohnte sich mehr, eine einzige, auf dem Schwarzmarkt erhandelte Zigarette brachte mehr ein als der Stundenlohn eines Facharbeiters. »Ich kann mir Arbeit nicht leisten«, hieß zwischen dem Kriegsende 1945 und der Währungsreform von 1948 ein zynischer Spruch – für ordnungsliebende Deutsche eine bizarre Welt des Schreckens. Mit anderen Worten: Hitler hatte schmählich versagt, er hatte das Gegenteil von dem bewirkt, was man von ihm sich wünschte und anfangs auch erhielt.

Das andere Grundelement von Hitlers Bannkraft war der Glanz der Macht, an der man teilhatte, wenn man im gläubigen Gehorsam dem Führerbefehl folgte. Solch ein Gehorsam entlastete zugleich von der eigenen politisch-moralischen Verantwortung. Hitlers Versprechen war es, sie allein und ungeteilt auf sich zu nehmen; dafür dankte man ihm, und damit war er in den Augen der Deutschen wenn schon nicht der einzige Nationalsozialist, dann doch der einzig Verantwortliche.

Aber auch dieses Versprechen erwies sich am Ende als hohl. Die absolute Macht verlor allen Glanz; sie zerfiel zu Scherben und schlug in die absolute Ohnmacht um; man musste hinnehmen, was die Besatzungsmächte nach ihrem Gutdünken verordneten, und Hitler entzog sich durch den Selbstmord jeder Verantwortung. Die fiel nun und umso schwerer auf seine Hinterbliebenen zurück; sie wurde den Besiegten von den Siegern als Schuld zugerechnet, als Rechenschaft abgefordert. Genau damit fühlten sich die Deutschen von Hitler um ihre Leistungs- und Opferbereitschaft, ihre Treue im Dienst betrogen, in ihrer Hingabe, ihrer Begeisterung abgründig verraten.

Nur etwas anders ausgedrückt heißt das: Hitler war die Schlüsselfigur, um nicht zu sagen die Erfindung eines deutschen *Traums* gewesen. Kaum von ungefähr hatte er selbst das immer wieder anklingen lassen, etwa wenn er von der »traumwandlerischen Sicherheit« sprach, mit der er den Weg ging, den die »Vorsehung« ihm wies.[35] Oder wenn er das »Wunder« beschwor, »daß ihr mich gefunden habt unter so vielen Millionen«.[36] Sinngemäß bedeutete dies: »daß ihr mich erträumt und *erfunden* habt«.

Doch der Traum hatte sich in den Albtraum verwandelt, und ihm folgte jäh das Erwachen. In der *Wirklichkeit*, in der man sich seit 1945 befand, erschien auf einmal alles seltsam unwirklich, was vorher gewesen war. Das Gewesene fiel der Vergessenheit anheim, gerade so, wie es den meisten Menschen mit den Spukgestalten ihrer Nächte geschieht, wenn sie wieder der Tagesarbeit sich zuwenden. Was blieb, waren die Trümmer oder Teilstücke der persönlichen Erinnerungen, besonders die Erinnerungen an Verluste des einst Vertrauten, etwa von Heimat, von Nachbarschaften, von Freunden und Angehörigen. Hitler gehörte nicht in diesen Umkreis des Nahen und Vertrauten, und darum sank er besonders schnell und unwiderruflich ins Vergessen, beinahe so, als hätte es ihn überhaupt nicht oder eben nur als eine Traumgestalt gegeben.

Es war früher vom Doppelmenschen mit der Doppelmoral die Rede: dort der vom Glanz der Macht geblendete, im Gefüge von Befehl und Gehorsam in die Gewaltherrschaft, auch in die Vernichtung, ins Verbrechen eingebundene Erfüller von Pflichten – hier der Zivil- und Privatbürger, der keinen Anlass sah und in der Regel auch keinen hatte, sich etwas vorzuwerfen, weil er – mit Heinrich Himmler zu reden »abgesehen von Ausnahmen menschlicher Schwäche« – sich an Ordnung und Anstand, an die Regeln der Moral stets gehalten hatte. Wer war denn – privat – ein Dieb oder Mörder gewesen? Wer hatte die eigene Familie im Stich gelassen und nicht sein Äußerstes getan, um sie aus dem Feuersturm, auf ihrer Flucht zu retten? Wer hatte nicht selten sogar den Nachbarn, den Bekannten geholfen, wenn sie in Bedrängnis gerieten?

Der Pflichterfüller verstarb mit dem »Dritten Reich«; was allein noch blieb, war der zivile Mensch, der sich von anderen Menschen nicht unterschied und behandelt werden wollte wie sie. Die alliierten Verhöre und Fragebogen und die Spruchkammerverfahren, die sich mit dem Vergangenen beschäftigten, wurden darum weithin als ungerecht, besser gesagt, als anachronistisch empfunden; sie beschäftigten sich mit Welten und mit Personen, die es nicht mehr gab.[37]

Im Rückblick der Nachgeborenen mag das nur schwer begreifbar sein, und die Frage drängt sich auf: Handelte es sich denn um eine Persönlichkeits- und Bewusstseinsspaltung, wie in der Gruselgeschichte, die Robert Louis Steverson von Dr. Jekyll und Mr. Hyde erzählt hat? Allerdings, und nur von da aus wird verständlich, was im »Dritten Reich« und nach seinem Ende geschah. Wir haben davon gesprochen und zu zeigen versucht, wie sorgfältig das Regime auf die Sphärentrennung achtete, weil sie die Bedingung seines Erfolges war. Nur wenn man auf der einen Seite dem Privatbürger seinen Raum beließ und seine Erwartungen ziviler Sicherheit erfüllte, konnte man andererseits die Einordnung in das System von absoluter Macht und bedingungslosem Gehorsam durchsetzen. Und nur die durchgesetzte, durchgehaltene Trennung der Sphären machte überhaupt möglich, was geschah. Darum wurden zum Beispiel die Konzentrationslager aus der Zivilgesellschaft vollkommen ausgegrenzt, und die Vernichtung wurde aus dem Reichsgebiet heraus nach Osten verlagert. In der Gegenperspektive heißt das, dass der Widerstand auf der Überwindung der Spaltung beruhte, indem er das persönliche Gewissen und die dienstliche Verantwortung wieder zusammenführte. Das Unbehagen und die gleichsam instinktive Abwehr, denen der Widerstand sogar nach 1945 noch lange begegnete, hatten auch damit zu tun, dass er genau die Haltung fragwürdig machte, die für die Mehrheit der Deutschen das Leben im »Dritten Reich« bestimmte.

Stevensons Roman erfuhr indessen eine Abänderung seines Schlussteils: Mr. Hyde verstarb beim Kriegsende, und Dr. Jekyll überlebte. Unter der Voraussetzung der Bewusstseinsspaltung bedeutete dies, dass es gar nicht erst der Verdrängung bedurfte, um vom anderen, nun irgendwo unter den Trümmern der Vergangenheit begrabenen Ich wenig oder nichts mehr zu wissen. Darum wäre es falsch, von einer prinzipiellen Verstocktheit zu reden.

Eher trifft das Gegenteil zu: Man las in den Zeitungen, hörte im Rundfunk von dem Grauen, das die Alliierten entdeckten, als sie in Auschwitz oder in Bergen-Belsen einrückten. Ein Buch wie der *SS-Staat* von Eugen Kogon, schon 1946 erschienen, wurde zum Bestseller. Nur eben machte die Wucht der Eindrücke, mit denen man konfrontiert wurde, es umso dringender, jede Zumutung der eigenen Verantwortung aus dem Bewusstsein zu weisen. Das Verbrechen war eine Sache *der anderen* oder *des anderen Ich*, das es nicht mehr gab. Um es zugespitzt auszudrücken: Die Distanzierung der Überlebenden von diesem anderen Ich stellte die besondere, ganz und gar nicht erst durch »re-education«, Umerziehung, erzwungene und auf ihre Weise höchst erfolgreiche Form der deutschen Entnazifizierung dar.

Hiermit steht im Zusammenhang, dass im *Zusammenbruch* von 1945 zugleich eine *Befreiung* angelegt war, elementarer sogar, als es die politischen Betrachtungen nahe legen. Man hatte überlebt, und man war aus Willkür und Gewalt befreit zu einem eigenen Leben. In Kästners »Marschlied 1945«, das Ursula Herkling in der Münchener »Schaubude« sang, hieß es am Ende:

»Tausend Jahre sind vergangen
samt der Schnurrbart-Majestät.
Und nun heißt's: Von vorn anfangen!
Vorwärts marsch! Sonst wird's zu spät!

Links, zwei, drei, vier
Links, zwei, drei –
Vorwärts marsch, von der Memel bis zur Pfalz!
Links, zwei, drei, vier,
links, zwei, drei –
Denn wir hab'n ja den Kopf, denn wir hab'n ja den Kopf
Noch fest auf dem Hals!«

Verwegenes klingt da unerwartet auf, Witz und Selbstironie; in der ersten Nachkriegszeit schlug zugleich eine Stunde des Kabaretts. »Wenn sich alle Pläne dieser Wochen verwirklichten, gäbe es bald mehr Kabaretts als unzerstörte Häuser«, notierte Kästner im August 1945.[38] »Wir sind die Eingeborenen von Trizonesien«, verkündete ein Karnevalsschlager. Und Studenten sangen, wenn sie ausgelassene Feste feierten:

»Der Führer hat gesagt, wir sollen Sieger sein,
zur Siegesfeier laden wir den Stalin ein.
Doch leider kam die Sache umgekehrt:
Der Stalin hat gesiegt. Ist das nicht unerhört?«

Die Trauerarbeit allerdings, die eine spätere Zeit einforderte[39], blieb unerledigt. Darauf richtete erst die nachgeborene Generation mit dem gebührenden Stolz und mit den Anklagen gegen die Väter sich ein. Die halbseitig Überlebenden des »Dritten Reiches« dagegen hatten genug erst mit Hunger und Kälte, dann mit ihrem Auferstehen aus den Ruinen zu tun.

Mit dem Stichtag der Währungsreform vom 21. Juni 1948 begann dann – jedenfalls für die westlichen Zonen, aus denen ein Jahr später die Bundesrepublik entstand – ein neues Kapitel. Wie durch Zauberhand füllten sich die vorher leeren Läden[40], das Geld gewann seinen Wert zurück, und Arbeit lohnte sich wieder. Nicht nur das: Arbeit wurde zum deutschen Lebensinhalt. Der materielle Erfolg bot nicht bloß für sich schon ein lockendes Ziel – im direkten wie im übertragenen Sinne als die Möglichkeit, endlich wieder satt zu werden –, sondern er erwies sich als die Chance, ein neues Selbstbewusstsein zu entwickeln.[41] Arbeit ersetzte die Trauerarbeit, um den Sachverhalt auf seine Kurzformel zu bringen. Damit passte die Weichenstellung der Währungsreform psychologisch genau zu der Haltung, die sich in den Überlebenden des »Dritten Reiches«, im Privatsein der Bürger bereits vorbereitet hatte. Es ging nicht mehr um die so bitter enttäuschte Einsatzbereitschaft für eine wie immer bestimmte »Gemeinschaft« (denn die gehörte zum verstorbenen Mr. Hyde und nicht zu Dr. Jekyll), sondern um den individuellen Erfolg: Jeder für sich und Gott für uns alle. Wer sich jetzt anstrengte und vorankam, der entwickelte seine eigene Art von Rechtfertigung und Moral; er durfte sich sagen, dass er es für seine Familie und für die Kinder tat, die es einmal besser haben sollten.[42]

Anders sah es in der DDR aus. Da wurde, obwohl mit neuen Inhalten, der alte Idealismus, eine Opferbereitschaft für die Gemeinschaft eingefordert: genau das, was für die Mehrheit der Menschen mit dem Ende des »Dritten Reiches« seine Überzeugungskraft verloren hatte. Von allem anderen abgesehen – etwa der amerikanischen Aufbauhilfe im Westen und der lange andauernden russischen Demotage von Industrieanlagen im Osten – geriet damit die DDR von vornherein in einen grundlegenden psychologischen Nachteil, in eine Unsicherheit und Defensivposition, aus der sie nie mehr herausfand – bis als Rettung vor dem übermächtigen Sog aus dem Westen bloß noch die Abriegelung blieb. Beide deutsche Staaten nahmen für sich in Anspruch, vorbildliche Arbeitsgesellschaften zu entwickeln – und beinahe nichts außerdem[43], doch nur in der Bundesrepublik entsprach ihre Gestalt der Einstellung von Bürgern, die für sich, aber nicht mehr für die Herstellung von Macht zu jeder Anstrengung bereit waren.

Es begann dann eine neue Art von Traumerfüllung: Aufstieg zur Vollbeschäftigung und zu einem niemals zuvor gekannten Massenwohlstand, zu Motorisierung und Mobilität, zu Urlaubsmöglichkeiten. So gesehen erfüllten sich Ankündigungen des »Dritten Reiches«. In einem drastisch verkleinerten Staatsgebiet gewann man dennoch, endlich, den ersehnten *Lebensraum*, ohne dafür etwas anderes einsetzen zu müssen als den persönlichen Fleiß.

Was blieb da im Rückblick außer dem Albtraum aus dem man glücklich erwacht war? Und was blieb von Hitler außer einem aus Verlegenheit und Fassungslosigkeit gemischten Staunen darüber, dass es diesen Mann als den *Führer* einmal gegeben hatte?

Schlussbetrachtung

Adolf Hitler und seine Herrschaft liegen um mehr als ein halbes Jahrhundert zurück. Die meisten Deutschen, die einst seinem Bann erlagen, haben sich gründlich gewandelt. Sie sind überzeugte Zivilisten und Demokraten geworden, erst recht ihre Kinder und Enkel. Sie haben, so hieß es schon 1979 in einer genauen und vergleichenden Untersuchung, eine politische Kultur entwickelt, »die sich in kurzer Zeit nicht mehr von den alten Demokratien Europas und Nordamerikas unterscheiden wird«.[1]

Doch was bleibt im Rückblick? Ist das »Dritte Reich« in der Geschichte versunken wie Karthago oder wie Preußen? Kann man von Hitler erzählen wie von seinem Gegenspieler Winston Churchill, wie von Friedrich dem Großen, von Bismarck? Soll man ihn mit Stalin in Beziehung setzen?[2] War Auschwitz einzigartig? Wie nimmt sich der Holocaust im Verhältnis oder Missverhältnis zu anderen Völkermorden oder zum sowjetischen »Archipel Gulag« aus? Darf man das Unvergleichbare vergleichen?

Über solche Fragen ist schon heftig gestritten worden und muss wohl auch weiter gestritten werden.[3] Es hagelte Vorwürfe. Wer die Judenvernichtung mit anderen Schreckenstaten verglich, geriet in den Verdacht, dass er der Beschwichtigung, der Verharmlosung das Wort redete und »eine Art Schadensabwicklung« betrieb.[4] Wer umgekehrt das Einzigartige betonte, bekam zu hören, dass er ins Unhistorische und womöglich in eine Unart von negativem Stolz verfiel, indem er von der Sonderrolle, der Auserwähltheit der Deutschen wenigstens zum Bösen nicht lassen wollte.[5]

Nun ist zunächst festzustellen, dass es in der Geschichte stets um das Einmalige geht. Nationen haben wie Menschen ihre Individualität und ihre Biografie; jede geht ihren eigenen Weg und hinterlässt ihre unverwechselbaren Spuren. Insofern ist die Betonung des Einzigartigen beinahe trivial. Andererseits ist nicht einzusehen, warum Vergleiche verboten sein sollen. Ein Mörder bleibt ein Mörder und kann sich nicht darauf hinausreden, dass es vor oder neben ihm andere Mörder gab. Wenn man feststellt, dass im sowjetischen »Archipel Gulag« mehr Menschen umkamen als in den nationalsozialistischen Vernichtungslagern oder dass der bewusst gegen die Zivilbevölkerung geführte Bombenkrieg der Alliierten, der Einmarsch der Roten Armee in den deutschen Osten und die Vertreibung von Millionen von Menschen aus ihrer angestammten Heimat schreckliche Opfer forderten, dann wird damit nicht entschuldigt, was unter Hitler die Deutschen taten. Im Übrigen macht erst der Vergleich das Einzigartige kenntlich. So gesehen ist am Hin und Her der Vorwürfe etwas seltsam Steriles. Falls allerdings der Vergleich zum Aufrechnen missbraucht wird, ist er nicht bloß eine Torheit, sondern des Teufels, weil er die Kenntlichkeit zerstört.

Indessen ist die Gefahr des Beschwichtigens auch und sei es ungewollt in der Betonung des Einzigartigen angelegt, weil es das nicht Wiederholbare bezeichnet. Wie Karthago oder Preußen entschwindet das »Dritte Reich« tatsächlich in die Geschichte. Je lauter die rückwärts gerichteten Anklagen, desto geringer in Wahrheit die Beunruhigung, denn damit allein scheint schon bewiesen zu sein, dass man nicht zu den Verharmlosern oder gar Verteidigern des Bösen gehört. Dementgegen lautet eine Grundthese dieses Buches, dass auf die Frage, ob Hitler wiederkehren kann, die Antwort lautet: ja, selbstverständlich.

Er ist uns fern gerückt in seiner historisch einmaligen Gestalt, aber noch immer nahe in den abgründigen Möglichkeiten oder Versuchungen, die er offenbart: Von dem Streben, der Gier nach absoluter Macht, die sich an der Verfügung über Leben und Tod als gottähnlich ausweist, geht eine Faszination aus, die Menschen dazu verführt, den Führer zu umjubeln, der den Weg zu ihr bahnt.

Natürlich wird sich Hitler nicht noch einmal als Hitler zeigen. Zu den Bedingungen seines Erfolges gehörte, dass man ihn unterschätzte, und das dürfte auch in der Zukunft so sein. Er wird maskiert, in anderer Gestalt auftreten, um sich wiederum als einmalig darzustellen. Er wird andere Orte, Menschengruppen oder Völker suchen und eine neue Botschaft verkünden, die sich ehrbar, vielmehr als Weltenkampf der Kinder des Lichts gegen die Kinder der Finsternis, als Rettung vor dem Untergang darstellt.

Die Versuchung der Gottähnlichkeit wird umso stärker sein, je weiter Hitler ins Vergessen gerät; genau darin liegt seine Chance. Und die Versuchung wird wachsen, wenn die Menschen nichts mehr von der christlichen Botschaft wissen, die uns sagt, dass es auf dieser Welt keine »Endlösung« gibt, die das Heil herbeizwingt. Mit Heinrich Heine zu reden: Jener zähmende Talisman, das Kreuz, ist morsch, »und kommen wird der Tag, wo er kläglich zusammenbricht«.[6]

Zugleich wird der Traum von der Allmacht technisch beflügelt. Zum unerhört Neuen an der nationalsozialistischen Vernichtung gehörten der europaweite Massentransport der Opfer mit Eisenbahnen und der Einsatz von Giftgas. Inzwischen mutet das altmodisch an, und der Fantasie sind keine Grenzen gesetzt, wie bis hin zu den Sternenkriegsserien alltäglich Kino- und Fernsehfilme die Zukunft der Gewalt demonstrieren. Überhaupt wären die Produkte der Traumfabriken ja nicht erfolgreich, wenn sie nicht von den Träumen des Menschen ausgingen und die Traumverwirklichung inszenierten. Um bloß ein Beispiel zu nennen: In den James-Bond-Filmen geht es nicht nur um die gottähnliche Macht, die kranke Gehirne erdenken und an sich reißen, sondern auch der positive Held, der Verteidiger des Guten, der Geheimagent Ihrer Majestät ist ausgezeichnet durch die *Lizenz zum Töten*. Wahrlich: Hitler hat sich nicht ein für allemal und als eine im Rückblick eher skurrile Gestalt in der Geschichte verloren, sondern er bleibt heimlich und unheimlich unser Bruder.

Am Ende stellt sich die Frage, wie wir uns gegen seine Wiederkehr wappnen können. Dafür gibt es kein Patentrezept, schon darum nicht, weil wir die künftigen Umstände nicht kennen. Aber drei Grundregeln lassen sich formulieren.

Erstens hat Hitler in *Mein Kampf* die Prinzipien der Propaganda dargestellt, die zur Herstellung einer fanatischen Massengefolgschaft notwendig sind. Es geht darum, Vielfalt in Einfalt zu verwandeln, alle Weltübel aus einer einzigen Quelle abzuleiten und damit ein radikales Freund-Feind-Verhältnis zu schaffen, das die Vernichtung des Gegners zur Bedingung des Überlebens verklärt. Im Gegenzug kommt es darauf an, die Vielfalt der Interessen und Anschauungen und die Möglichkeiten, sie zum Ausdruck zu bringen, um jeden Preis zu verteidigen. Man könnte das die Pflicht zur *aktiven Toleranz* nennen.

Zweitens kommt es auf die *Solidarität* an, darauf, nicht gleichgültig zu bleiben, solange von der Feindschaft und Verfolgung nicht wir selbst, sondern nur Menschen betroffen sind, die uns fern stehen. Wie einer der Unbeugsamen, der Pfarrer Martin Niemöller, von 1937 bis 1945 Häftling in Sachsenhausen und Dachau, im Rückblick gesagt hat: »Als die Nazis die Kommunisten holten, habe ich geschwiegen; ich war ja kein Kommunist. Als sie die Sozialdemokraten einsperrten, habe ich geschwiegen; ich war ja kein Sozialdemokrat. Als sie die Katholiken holten, habe ich nicht protestiert; ich war ja kein Katholik. Als sie mich holten, gab es keinen mehr, der protestieren konnte.«[7]

Drittens ist das *Vorbeugen* wichtig. Man muss handeln, ehe eine »Machtergreifung« vollzogen ist. Die Erfahrung mit Hitlers Herrschaft sagt, dass später kaum noch Möglichkeiten zum Widerstand bleiben, weil das Wechselverhältnis von Begeisterung und Terror jede Auflehnung entweder erstickt oder aussichtslos macht. Einer der Gerechten, Albrecht Haushofer, der im Widerstand sein Leben einsetzte und verlor, hat – schon verhaftet, im Angesicht des Todes – das Sonett »Schuld« geschrieben:

»Ich trage leicht an dem, was das Gericht
mir Schuld benennen wird: an Plan und Sorgen.
Verbrecher wäre ich, hätt ich für das Morgen
Des Volkes nicht geplant aus eigener Pflicht.

Doch schuldig bin ich anders, als ihr denkt,
Ich mußte früher meine Pflicht erkennen,
ich mußte schärfer Unheil Unheil nennen –
mein Urteil hab ich viel zu lang gelenkt …

Ich klage mich in meinem Herzen an:
Ich habe mein Gewissen lang betrogen,
ich hab mich selbst und andere belogen –

ich kannte früh des Jammers ganze Bahn –
ich hab gewarnt – nicht hart genug und klar!
Und heute weiß ich, was ich schuldig war …«[8]

Anmerkungen und Materialien

Vorwort

[1] Gesammelte Werke in zwölf Bänden, 1956, Band XII, S. 775 f. – »Es ist eine reichlich peinliche Verwandtschaft«, hat Thomas Mann dazu gesagt. »Ich will trotzdem die Augen nicht davor verschließen.« Mit dem Respekt, der einem großen Schriftsteller gebührt, hat man den »Bruder Hitler« immer wieder zitiert, doch ohne im Ernst sich auf ihn einzulassen.

Aus dem Traumleben eines Taugenichts

[1] Zweimal, 1778 und 1785, legte Österreich seine Hand auf Bayern. In beiden Fällen hat Friedrich der Große durch Krieg und Kriegsdrohung diesen Zugriff verhindert, sodass zeitweilig neben der Mutter Maria das Bild des Preußenkönigs als des weltlichen Nothelfers in bayerischen Stuben hing. Im Friedensschluss zu Teschen vom Mai 1779 wurde Österreich mit dem Innviertel abgefunden.

[2] Franz Jetzinger, Hitlers Jugend. Phantasien, Lügen – und die Wahrheit, 1956, S. 11.

[3] Diese Geschichte ist von einem einzigen Autor in Umlauf gebracht worden: Hans Frank, Im Angesicht des Galgens. Deutung Hitlers und seiner Zeit auf Grund eigener Erlebnisse und Erkenntnisse, 2. Auflage 1955, S. 320 f. Wer immer Frank diese Geschichte einmal zutrug, hat übersehen, dass Alois Schicklgruber 1837 geboren wurde, während es den Juden erst seit 1849 erlaubt war, sich in der Steiermark niederzulassen. Ähnlich haltlos sind alle übrigen Berichte über einen jüdischen Großvater Adolf Hitlers.

[4] Die zuverlässigste Darstellung von Hitlers Jugend liefert: Brigitte Hamann, Hitlers Wien. Lehrjahre eines Diktators, Taschenbuchausgabe 1998. Frau Hamann zerstört auch viele Legenden, denen frühere Biografien aufgesessen sind.

[5] Die Abstammung Hitlers, in: Der Spiegel, 1967/Nr. 31, 24. Juli 1967, S. 40–47.

[6] Mein Kampf, 190./194. Auflage, 1936, S. 8. Im folgenden wird Hitlers Buch stets nach dieser Auflage zitiert.

[7] Ebd., S. 8.

[8] Eduard Bloch, My Patient Hitler, in: Collier's, 15. März 1941, zitiert nach: Ian Kershaw, Hitler 1889–1936, 1998, S. 42.

[9] Siehe dazu vom Verfasser: Winston Churchill und das 20. Jahrhundert. Eine Biographie, 1999, S. 20 ff.

[10] Joachim C. Fest, Hitler. Eine Biographie, Neuausgabe als Taschenbuch 1998, S. 50.

[11] August Kubizek, Adolf Hitler, mein Jugendfreund, 1953, S. 68; Walter Görlitz und Herbert A. Quint, Adolf Hitler. Eine Biographie, 1952, S. 34 f.

[12] Joachim von Ribbentrop, Zwischen London und Moskau. Erinnerungen und letzte Aufzeichnungen, 1953, S. 45.

[13] Kubizek (a.a.O., S. 276) meint »mit Gewissheit« sagen zu können, dass Hitler weder in Linz noch in Wien Beziehungen zu Frauen gehabt habe. Die Gemeinsamkeit in Wien, für die Kubizek zeugen kann, blieb freilich auf wenige Monate des Jahres 1908 begrenzt. Siehe weiter und überzeugend zum Thema: Brigitte Hamann, a.a.O., S. 513 ff.

[14] Mein Kampf, S. 269 ff.

[15] Ebd., S. 357.

[16] Kubizek, a.a.O., S. 140 ff.

[17] Kubizek, a.a.O., S. 147 – Der hier zitierte Text demonstriert, wie mancher andere bis in den Ersten Weltkrieg, dass Hitler mit Sprache und Rechtschreibung noch auf Kriegsfuß stand.

[18] Fest berichtet dazu von einer persönlichen Mitteilung Albert Speers, a.a.O., Anmerkung 27 zu S. 56. Siehe dort noch weitere Literaturhinweise. Siehe auch Hamann, a.a.O., S. 11: »Eines der letzten Fotos zeigt Hitler kurz vor dem Selbstmord im Keller der Reichskanzlei: Während draußen die Rote Armee in das zertrümmerte Berlin vorrückt, sitzt er sinnend vor dem pompösen Baumodell der oberösterreichischen Provinzhauptstadt Linz, dessen geplante Kolossalbauten er sich mit Scheinwerfern raffiniert ausleuchten läßt: Linz im Morgenlicht, bei Mittag, im Abendschein und bei Nacht. ›Gleich zu welcher Zeit, ob bei Tag oder bei Nacht, sobald sich in diesen Wochen die Möglichkeit bot, saß er vor dem Modell‹, berichtet der Architekt Hermann Giesler. Er habe darauf gestarrt wie auf ›ein verheißenes Land, in das wir Eingang finden würden‹.«

[19] Mein Kampf, S. 18.

[20] Hans Makart, 1840–1884, war seit 1879 Professor an der Wiener Akademie. Er schuf farbenprächtig prunkvolle, großformatige Bilder historischen und allegorischen Inhalts. Seine aufs Dekorative gerichtete Malerei beeinflusste auch Mode, Kunsthandwerk und Wohnkultur der 70er- und 80er-Jahre. Für Hitler ist bezeichnend, dass er neuere Entwicklungen, zum Beispiel den Siegeszug des Impressionismus, nicht oder nur missbilligend

wahrnahm. Offenbar wusste er noch nichts von Manet und Monet, von Renoir oder Degas. Noch auffälliger ist, dass man nichts über die Wiener Sezession erfährt, die doch dem Jugendstil eine besondere Prägung gab und mit Joseph Maria Olbrich Bedeutung für die Architektur gewann.

21 Die Welt von Gestern. Erinnerungen eines Europäers, Taschenbuchausgabe 1987, S. 14 f.

22 Mein Kampf, S. 32; siehe auch die eindringliche Schilderung S. 25 ff. Die krasse Wohnungsnot in Wien wird bestätigt von William A. Jenks, Vienna and the young Hitler, 1960. Zwischen 1860 und 1900 wuchs die Bevölkerung Wiens um 259 Prozent, nur übertroffen von Berlin mit 281 Prozent. Nach Jenks zeigen die Statistiken, dass es in den Wiener Arbeiterquartieren durchschnittlich 4,0 bis 5,2 Personen pro Wohnraum gab.

23 Fest, a.a.O., S. 60.

24 Siehe Wilfried Daim, Der Mann, der Hitler die Ideen gab, 1958.

25 Als wär's ein Stück von mir, 1966, S. 311 ff.

26 Mein Kampf, S. 20–21.

27 Jetzinger, a.a.O. Zur Zuverlässigkeit oder vielmehr Unzuverlässigkeit von Jetzingers Angaben: Hamann, a.a.O., S. 81 ff.

28 Siehe Jenks, a.a.O., S. 202.

29 Fest, a.a.O., S. 87. Fest beruft sich auf eine persönliche Mitteilung Albert Speers. Siehe auch: Hermann Rauschning, Gespräche mit Hitler, 4. Neudruck 1940, S. 215 f.; Hans Severus Ziegler, Hitler aus dem Erleben dargestellt, 2. Auflage 1964, S. 125. Ganz besonders ist zu nennen: Joachim Köhler: Wagners Hitler. Der Prophet und sein Vollstrecker, 2. Auflage 1997.

30 Zitiert nach Friedrich Wolters, Stefan George und die Blätter für die Kunst. Deutsche Geistesgeschichte seit 1890, 1930, S. 75.

31 Ebd., S. 41, 561, 549.

32 Besonders eindringlich hat Konrad Heiden die Vorgänge in seiner früheren Untersuchung dargestellt: Adolf Hitler. Das Zeitalter der Verantwortungslosigkeit. Eine Biographie, 2 Bände, Zürich 1936 und 1937. Gegen Heiden hat sich besonders Werner Maser gewandt: Die Frühgeschichte der NSDAP. Hitlers Weg bis 1924, 1965. Hitler, so Maser, sei durch das elterliche Erbe gesichert gewesen; es sei möglich (oder sogar wahrscheinlich), dass Hitler das Obdachlosenasyl nur bezog, »weil er dort das Milieu studieren wollte«. Aber das Anfangskapital aus dem Erbe betrug nur 700 Kronen, von seinen Zinsen ließ sich nicht leben, und eher über kurz als über lang musste es verbraucht sein. Siehe im Übrigen das folgende Zitat und die folgende Anmerkung; der Bericht von Reinhold Hanisch spricht eindeutig gegen Masers gewagte Annahmen.

33 Der handschriftliche Bericht von Hanisch wird aufbewahrt im Bundesarchiv Koblenz (BAK), NS 26/64. Siehe zu Hanisch auch: Rudolf Olden, Hitler, 1936, S. 46 ff.

[34] Zu den hartnäckig verbreiteten Legenden gehört, dass Hitler den unbequemen Zeugen Hanisch umbringen ließ, als er nach dem Einmarsch in Österreich im Frühjahr 1938 seiner habhaft wurde. Zwar wurde Hanisch als Fälscher von Hitler-Bildern verhaftet, aber schon 1936, und er starb im Gefängnis am 4. Februar 1937, zumindest nach dem Zeugnis des Gerichtsarztes, auf natürliche Weise an einem Herzschlag.

Der Erste Weltkrieg

[1] Gesammelte Werke in zwölf Bänden, Band IX, S. 176.

[2] Ebd., Band IX, S. 396.

[3] Bezeichnend ist schon der Titel eines der Hauptwerke von Ludwig Klages: Der Geist als Widersacher der Seele, 3 Bände, zuerst 1929. Klages war im Übrigen ein Vater der Grafologie, der Seelendeutung aus der Handschrift.

[4] Johann Jakob Bachofen, 1815–1887, war als Rechtshistoriker und Altertumsforscher Professor in Basel. In seinen romantisch geprägten Schriften bemühte er sich um neue Deutungen der antiken Mythologie und Symbole; er gilt als ein Entdecker des Mutterrechts.

[5] Siehe dazu Robert Boehringer, Mein Bild von Stefan George, 1951, S. 107 und 109.

[6] Der erste Band, der allein schon mit seinem Titel zur Sensation wurde, erschien im Jahre 1918, genau passend zur deutschen Niederlage im Ersten Weltkrieg.

[7] Siehe dazu: Brigitte Hamann, Hitlers Wien. Lehrjahre eines Diktators, Taschenbuchausgabe 1998, S. 568.

[8] Vollständiger Abdruck des Briefes und Darstellung des Vorgangs bei Franz Jetzinger, Hitlers Jugend. Phantasien, Lügen – und die Wahrheit. 1956, S. 253 ff.

[9] Josef Greiner hat behauptet, dass er Hitler im Vorkriegsmünchen getroffen und nach seinen Zukunftsvorstellungen gefragt habe. Hitler habe geantwortet, »dass es ohnehin in Kürze einen Krieg gäbe. Es sei also ganz gleichgültig, ob er vorher einen Beruf habe oder nicht, denn beim Militär bedeutete ein Generaldirektor nicht mehr als ein Pudelscherer.« (Greiner, Das Ende des Hitler-Mythos, 1947, S. 119.) Ob allerdings Greiner Hitler wirklich getroffen und befragt hat, lässt sich bezweifeln.

[10] Mein Kampf, S. 176 f.

[11] Ebd., S. 179.

[12] Wer Anschauung sucht, sei auf die folgende Literaturauswahl verwiesen: Wilhelm Pressel, Die Kriegspredigt 1914–1918 in der evangelischen Kirche Deutschlands, 1967; Thomas Anz und Joseph Vogl (Herausgeber), Die Dichter und der Krieg. Deutsche Lyrik 1914–1918, 1982; Eckart Koester, Literatur und Weltkriegsideologie. Positionen und Begründungszusammenhänge des publizistischen Engagements deutscher Schriftsteller im

Ersten Weltkrieg, 1977; Aufrufe und Reden deutscher Professoren im Ersten Weltkrieg, herausgegeben von Klaus Böhme, 1975; Klaus Schwabe, Wissenschaft und Kriegsmoral. Die deutschen Hochschullehrer und die politischen Grundlagen des Ersten Weltkriegs, 1969. Insgesamt ergibt sich ein bedrückendes Bild von der Besinnungslosigkeit der Dichter und Denker in ihrem »Kriegseinsatz«; niemals zuvor oder seither hat es dies in solchem Ausmaß gegeben.

[13] Michael Stürmer, Das ruhelose Reich. Deutschland 1866–1918, 2. Auflage 1983, S. 91.

[14] Ernst Jünger, Die totale Mobilmachung, in Krieg und Krieger, herausgegeben von E. Jünger, 1930, S. 29. – Schon vor dem Krieg hat der Philosoph Max Scheler das Zeitgefühl so beschrieben: Das Ziel, die »Umbildung der Weltanschauung«, »die wir im Auge haben«, wird sein »wie der erste Tritt eines jahrelang in einem dunklen Gefängnis Hausenden in einen blühenden Garten. Und dieses Gefängnis wird unser, durch einen auf das bloß Mechanische und Mechanisierbare gerichteten Verstand umgrenztes Menschenmilieu mit seiner ›Zivilisation‹ sein ... Und jener Gefangene wird sein – der europäische Mensch von gestern und heute, der seufzend und stöhnend unter den Lasten seiner eigenen Mechanismen einherschreitet und, nur die Erde im Blick und Schwere in den Gliedern, seines Gottes und seiner Welt vergaß.« (Versuche einer Philosophie des Lebens, in: Vom Umsturz der Werte; Gesammelte Aufsätze, Band II, 1919, S. 189.)

[15] Der Schlieffenplan, der der deutschen Kriegseröffnung von 1914 zugrunde lag, lief seitenverkehrt und überdimensioniert auf ein neues Sedan hinaus: Wie 1870 die französische Armee bei Sedan gegen die belgische Grenze gedrängt, dort eingeschlossen und zur Kapitulation gezwungen worden war, so sollten jetzt mit dem Durchmarsch durch Belgien die Franzosen in der Flanke umgangen, im Rücken erfasst, gegen die schweizerische Grenze gedrängt und dort vernichtet werden. Vollkommen unberücksichtigt blieb allerdings das Eingreifen der belgischen und britischen Armee, durch die Neutralitätsverletzung Belgiens bedingt, die Überdehnung der Nachschublinien, die Überlegenheit der Verteidigung dank Repetier- und Maschinengewehr und eine fatale politische Automatik: Um nicht in Zeitverzug zu geraten, musste man auf eine russische Mobilmachung mit der Kriegserklärung an Frankreich antworten. Alternativen gab es nicht – im Grunde eine unerhörte Pflichtverletzung des Generalstabs.

[16] Mein Kampf, S. 180. – Nicht nur Hitler, sondern die Kriegsfreiwilligen allgemein quälte die Sorge, zu spät an die Front zu kommen. Daraus spricht eine schlechte oder schönfärberische Information durch die Heeresleitung, denn schon die erste Septemberhälfte brachte mit dem Scheitern des

deutschen Feldzugplans in der Marneschlacht die Gewissheit, dass der Krieg sich lange hinziehen würde.

17 Den »siegreichen Krieg« als »soziales Ideal« hat der Staatsrechtslehrer Erich Kaufmann bereits in der Vorkriegszeit dargeboten: Das Wesen des Völkerrechts und die clausula rebus sic stantibus, 1911. – Im Krieg hat der Historiker Hermann Oncken das »innere Kriegsziel« beispielhaft formuliert: »Der Krieg hat den Deutschen mit einem stärkeren Ruck über diese innere Kluft [des Klassenkonflikts] hinweggeholfen, als lange Friedenszeit vermocht hätte... Darin aber besteht die große Aufgabe der inneren Politik, das rasch Gewonnene, das die Not an einem großen Tag mit Unerbittlichkeit vollbracht, nicht wieder in müderer Zeit zu verlieren: die edlen Kräfte, die unnatürlich brachgelegen hatten oder sich in bitteren Kämpfen untereinander verzehrten, nunmehr dauernd in den natürlichen Organismus einzuordnen. Es gibt kaum ein inneres Kriegsziel, das wertvoller wäre. Jetzt handelt es sich darum, dass nach den deutschen Stämmen auch die deutschen Klassen zu einer einzigen sozialen und nationalen Gemeinschaft sich für immer verschmelzen.« (Die Deutschen auf dem Wege zur einigen und freien Nation, 1915, abgedruckt in: Aufrufe und Reden deutscher Professoren im Ersten Weltkrieg, a.a.O., S. 105.)

18 »Die Wacht am Rhein« von Max Schneckenburger entstand im Anschluss an das Lied »Der deutsche Rhein« von Nikolaus Becker; Erstveröffentlichung im »Tuttlinger Grenzboten« vom 18. Dezember 1840. Es gab zahlreiche Vertonungen; die von Karl Wilhelm (1854) hat sich durchgesetzt. Da es sich bis in den Ersten Weltkrieg neben dem Kaiserlied von August Schwartzkopff »Heil dir im Siegerkranz« um eine Art von inoffizieller Nationalhymne handelte und die Jüngeren sie kaum mehr kennen, sei sie hier zitiert:

»Es braust ein Ruf wie Donnerhall,
wie Schwertgeklirr und Wogenprall:
Zum Rhein, zum Rhein, zum deutschen Rhein,
wer will des Stromes Hüter sein?
Lieb Vaterland, magst ruhig sein,
fest steht und treu die Wacht am Rhein.

Durch Hunderttausend zuckt es schnell,
und aller Augen blicken hell:
Der deutsche Jüngling, fromm und stark,
beschirmt die heil'ge Landesmark.
Lieb Vaterland...

Auf blickt er, wo der Himmel blaut,
Wo Vater Hermann niederschaut,
und schwört mit stolzer Kampfeslust:
›Du Rhein bleibst deutsch, wie meine Brust!‹
Lieb Vaterland …

Und ob mein Herz im Tode bricht,
wirst du doch drum ein Welscher nicht,
reich wie an Wasser deine Flut,
ist Deutschland ja an Heldenblut.
Lieb Vaterland …

Solang ein Tröpfchen Blut noch glüht,
noch eine Faust den Degen zieht,
und noch ein Arm die Büchse spannt,
betritt kein Welscher deinen Strand.
Lieb Vaterland …

Der Schwur erschallt, die Woge rinnt,
die Fahnen flattern in dem Wind.
Am Rhein, am Rhein, am deutschen Rhein,
wir alle wollen Hüter sein!
Lieb Vaterland …«

[19] Mein Kampf, S. 180.
[20] Ebd., S. 180 f.
[21] Den Brief an Popp zitiert: Alan Bullock, Hitler. Eine Studie über Tyrannei, 5. Auflage 1957, S. 48.
[22] Vier Jahre Westfront. Die Geschichte des Regiments List R.I.R. 16, 1932.
[23] Den Mythos hat literarisch umgesetzt: Hermann Thimmermann, Der Sturm auf Langemarck, 8. Auflage 1941.
[24] Fritz Wiedemann, Der Mann, der Feldherr werden wollte, 1964, S. 25 f.
[25] Als Beispiele seien genannt: Hans Mend, Adolf Hitler im Felde 1914–1918, 1931; Balthasar Brandmayer, Meldegänger Hitler, 1933; Philipp Bouhler, Kampf um Deutschland. Ein Lesebuch für die deutsche Jugend, 1938.
[26] Siehe dazu Ernst Deuerlein, Der Aufstieg der NSDAP in Augenzeugenberichten, 1968, S. 77; S. 79 die Auflistung aller Kriegsauszeichnungen.
[27] Wiedemann, a.a.O., S. 26.
[28] Hitler, Monologie im Führerhauptquartier 1941–1944. Die Aufzeichnungen Heinrich Heims, herausgegeben von Werner Jochmann, 1980, S. 219.
[29] »Für den Gefreiten Hitler war das Regiment List Heimat«: Wiedemann, a.a.O., S. 29.

[30] Hitler, Monologe, a.a.O., S. 79.
[31] Der Kampf als inneres Erlebnis, 1922, S. 32.
[32] S. 210 f.
[33] Die deutschen Verluste des Ersten Weltkriegs betrugen: 1 808 000 Gefallene, 4 247 000 Verwundete, 618 000 Gefangene. Höher lagen nur – auf die Bevölkerung umgerechnet – die französischen Verluste mit 1 385 000 Gefallenen, 3 044 000 Verwundeten und 446 000 Gefangenen.
[34] Mein Kampf, S. 222 ff.
[35] Ebd., S. 225.

Ein Ende und ein Anfang

[1] Der großdeutsche Freiheitskampf. Reden Adolf Hitlers, Band I und Band II, 2. Auflage 1943, S. 26.
[2] Ebd., S. 27.
[3] Julius Leber, Ein Mann geht seinen Weg. Schriften, Reden und Briefe, 1952, S. 204.
[4] Hagen Schulze, Weimar. Deutschland 1917–1933, 1982, S. 127 f. – Nur als Beispiele seien zur historischen Diskussion angeführt: Erich Matthias, Einleitung zu: Zwischen Räten und Geheimräten. Die Regierung der Volksbeauftragten 1918–1919, Teil I, 1969, S. CXX ff.; Helga Grebing, Konservative oder soziale Demokratie?, in: Vom Kaiserreich zur Weimarer Republik, herausgegeben von Eberhard Kolb, 1972, S. 398 ff.; Waldemar Besson, Friedrich Ebert. Verdienst und Grenze, 1963; Sebastian Haffner, Die verratene Revolution. Deutschland 1918–1919, 1969; Susanne Miller, Die Bürde der Macht. Die deutsche Sozialdemokratie 1918–1920, 1978; Heinrich August Winkler, Die deutsche Sozialdemokratie und die Revolution von 1918/19 – Ein Rückblick nach sechzig Jahren, 1979; derselbe, Weimar 1918. 1933. Die Geschichte der ersten deutschen Demokratie, 1993. Speziell zur Räte-Diskussion: Quellen zur Geschichte der Rätebewegung in Deutschland 1918–19, 3 Bände, 1968–1980, herausgegeben von der Kommission für Geschichte des Parlamentarismus und der Parteien; Peter von Oertzen, Betriebsräte in der Novemberrevolution, 1963; Dieter Schneider und Rudolf Kuda, Arbeiterräte in der Novemberrevolution. Ideen, Wirkungen, Dokumente, 2. Auflage 1969; Die deutsche Revolution 1918–1919, Dokumente, herausgegeben von Gerhard A. Ritter und Susanne Miller, 1968.
[5] Die Republik von Weimar. Beiträge zur Geschichte einer improvisierten Demokratie, 1984, S. 76.
[6] Der Kampf als inneres Erlebnis, 1922, S. 116. – Noch ein charakteristisches Jünger-Zitat, auf die Kriegsfreiwilligen von 1914 bezogen: »Unsere Hoffnung weilt bei denen, die zu früh in die elementare Zone des Feuers verschlagen wurden, als daß sie die Ideale jener geistigen Oberkellner noch

zu blenden vermöchten, durch die heute das öffentliche Gesicht des Landes verkörpert wird.« (Die totale Mobilmachung, in: Krieg und Krieger, herausgegeben von E. Jünger, 1930, S. 29.)

7 Der Arbeiter, 1932, S. 40.

8 Ernst Julius Gumbel, Vier Jahre politischer Mord, 1922, Neuausgabe 1980. Vorausgegangen waren schon »Zwei Jahre politischer Mord«, 1921; weitere wichtige Schriften folgten 1932. Als eine neuere Untersuchung zum Thema ist zu nennen: Heinrich Hannover und Elisabeth Hannover-Drück, Politische Justiz 1918–1933, 1966.

9 Nach Eugen Schiffer, Die deutsche Justiz, 1928, S. 15. – Siehe weiter als Literatur: Ernst Fraenkel, Zur Soziologie der Klassenjustiz, 1927, Neuausgabe 1968; Hugo Sinzheimer und Ernst Fraenkel, Die Justiz der Weimarer Republik. Eine Chronik, herausgegeben von Thilo Ramm, 1968; Otto Kirchheimer, Politische Justiz, 1965; weiter von Kirchheimer: Von der Weimarer Republik zum Faschismus. Die Auflösung einer demokratischen Rechtsordnung, herausgegeben von Wolfgang Luthardt, 1976.

10 Zitiert nach Friedrich von Rabenau, Seeckt. Aus seinem Leben 1918–1936, 1940, S. 223.

11 Ebd., S. 341 f. – Rabenau, selbst Reichswehrgeneral, sagt zu diesem »Hinter mir«: »Die Armee war ein Rest, freilich der oder das beste. Sie war schon vor dem Krieg ein Rest gewesen, nämlich ein absolutistischer im konstitutionellen Staat, ein Gegensatz zur sich verändernden Umwelt, zum Glück für die Armee. Jetzt war sie insofern ein monarchischer Rest in einem parlamentarischen Parteistaat, als sie gewohnt war, auf eine das Ganze sinnbildlich zusammenfassende Person eingestellt zu sein. Also mußte ein Soldat da sein, der diese Person zu ersetzen berechtigt war.« (S. 469.) Aber woher stammte diese »Berechtigung«, auf einen General statt auf den Reichspräsidenten als verfassungsmäßigen Oberbefehlshaber bezogen – solange der Friedrich Ebert und noch nicht Hindenburg hieß? – Als Literatur sei genannt: Francis L. Carsten, Reichswehr und Politik 1918–1933, 3. Auflage 1966.

12 Es gab in Bayern eine bunte Vielfalt von Freikorpsgruppen, so die Korps Ritter vom Epp, Wolf, Würzburg und Bayreuth, den Bund Oberland, die Offiziersvereinigung Eiserne Faust, die Organisation Escherich, den Deutschvölkischen Schutz- und Trutzbund, den Verband Altreichsflagge und noch andere, mehr oder minder undurchsichtige Organisationen.

13 Ein 1939 veröffentlichter Bericht der Kriegsgeschichtlichen Forschungsanstalt des Heeres über »Die Niederschlagung der Räteherrschaft in Bayern 1919« gab dazu an, dass »im Kampf 38 weiße und 93 rote Soldaten, 7 Bürger und 7 Russen fielen. Standrechtlich erschossen wurden 42 Angehörige der Roten Armee und 144 Einwohner. Unverschuldet durch eigene Leichtfertigkeit oder tückische Zufälligkeit kamen nicht weniger als

184 Menschen um. In 42 Fällen ließ sich die Todesursache nicht ermitteln.« – Etwas andere Zahlen nennt Werner Maser, Die Frühgeschichte der NSDAP. Hitlers Weg bis 1924, 1965, S. 40 f. – Offenbar zu den durch eigene Leichtfertigkeit oder tückischen Zufall ums Leben Gekommenen gehörten freigelassene russische Kriegsgefangene, die bei Puchheim ermordet wurden, die bei Starnberg niedergemachte Sanitätseinheit der Rätearmee, 21 Angehörige eines katholischen Gesellenvereins, die in ihrem Heim aufgegriffen und erschossen wurden, dazu zwölf völlig unbeteiligte Arbeiter aus Perlach. – Auf der Räteseite gab es einen seltsamen Kontrast: einerseits die Dichter Ernst Toller und Erich Mühsam, die in einem Erlass die Verwandlung der Welt »in eine Wiese voll Blumen« und die Abschaffung der Arbeit versprachen, dazu noch den Zeitungen befahlen, Gedichte von Hölderlin (oder wahlweise Schiller) abzudrucken. Andererseits gab es harte, zu allem entschlossene Revolutionäre, die die Dichter bald beiseite drängten.

14 Josef Hofmiller, Revolutionstagebuch 1918/19, in: Schriften 2, 1938, S. 211.

15 Mein Kampf, S. 226.

16 Ebd.

17 Ebd.

18 Ebd., S. 227.

19 Ebd.

20 Karl Alexander von Müller, 1882–1964, wurde 1910 Mitarbeiter der Bayerischen Akademie der Wissenschaften und 1914 Redakteur der Süddeutschen Monatshefte. Von 1917 bis 1945 war er Professor an der Münchener Universität.

21 Müller, Mars und Venus. Erinnerungen 1914–1919, 1954, S. 338 f.

22 Heinrich Hofmann, Hitler, wie ich ihn sah. Aufzeichnungen seines Leibfotografen, 1974, S. 24. – Es ging hier um die Hochzeit des Gefolgsmannes Hermann Esser im Jahre 1920; Hitler war gebeten worden, dabei eine Tischrede zu halten.

23 Die so genannten Tischgespräche im Führerhauptquartier, aufgezeichnet von Hermann Heim, sind zunächst in Teilen veröffentlicht worden von Henry Picker: Hitlers Tischgespräche im Führerhauptquartier, mit einer Einleitung von Percy Ernst Schramm, 1963. Es folgte die überprüfte und vollständige Ausgabe: Hitler, Monologe im Führerhauptquartier 1941–1944. Die Aufzeichnungen Heinrich Heims, herausgegeben von Werner Jochmann, 1980.

24 Siehe zu Frau Hoffmann: Konrad Heiden, Adolf Hitler. Eine Biographie, 2 Bände, 1936/37, hier Band I, S. 100. Zu Frau Lauböck: Hitlers politische Lehrjahre und die Münchener Gesellschaft 1919–1923, in: Vierteljahrshefte für Zeitgeschichte, 25, 1977, S. 22. Zu den Geburtstagsbesuchen bei

Frau Hoffmann: Max Domarus, Hitlers Reden und Proklamationen 1932–1945, kommentiert von einem Zeitgenossen, 1965, Band I, zweiter Halbband, S. 519 und 705. (Die Besuche fanden 1935 und 1937 statt.) Zur Erinnerung an die Frau Direktor: Hitler, Monologe im Führerhauptquartier, a.a.O., S. 315.

25 Im Wandel der Welt. Erinnerungen 1919–1932, Band 3, herausgegeben von Otto Alexander von Müller, 1966, S. 129.

26 Mein Kampf, S. 237. – Hitler untertreibt, offenbar um die Bedeutung der Partei vor seinem Beitritt herunterzuspielen; nach dem im Nachlaß des 1. Vorsitzenden Karl Harrer erhaltenen Protokoll gab es nicht 20 bis 25, sondern 46 Teilnehmer; siehe dazu: Werner Maser, Die Frühgeschichte der NSDAP. Hitlers Weg bis 1924, 1965, S. 158 f.

27 S. 238.

28 Georg Franz-Willing, Die Hitlerbewegung. Der Ursprung 1919–1922, 1962, S. 66 f.

29 Mein Kampf, S. 239 f.

30 Ebd., S. 241.

31 Siehe für Deutschland: Martin Broszat, Der Nationalsozialismus. Weltanschauung, Programm und Wirklichkeit, 1960, S. 23; für München: Albrecht Tyrell, Vom »Trommler« zum »Führer«, 1975, S. 191, Anmerkung 53.

32 Mein Kampf, S. 242 und 244.

33 Noch im Jahre 1940 schrieb der Parteigründer Anton Drexler an Hitler einen (allerdings nicht abgeschickten) Brief, in dem es hieß: »Niemand weiß besser als Sie selbst, mein Führer, daß Sie niemals das siebte Mitglied der Partei, sondern höchstens das siebte Mitglied des Ausschusses waren, in den ich Sie bat, als Werbeobmann einzutreten. – Und vor einigen Jahren mußte ich mich bei einer Parteistelle beschweren, daß Ihre erste richtige Mitgliedskarte der Partei, die Schüsslers und meine Unterschrift trägt, gefälscht wurde, indem die Nummer 555 herausretuschiert und die Nummer 7 eingesetzt war.« (Das Dokument befindet sich im Bayerischen Hauptstaatsarchiv, hier zitiert nach: Ian Kershaw, Hitler 1889–1936, 1998, S. 171.) Später, nach seinem kurzfristigen Parteiaustritt und Wiedereintritt im Sommer 1921, erhielt Hitler die noch höhere Mitgliedsnummer 3680.

34 Mein Kampf, S. 390 f.

35 Neben der schon früher genannten Literatur sei besonders hingewiesen auf: Ernst Deuerlein, Der Aufstieg der NSDAP 1919–1933, 1968.

36 Die Übernahme dieses Symbols bot sich an. Das Hakenkreuz hatte schon im Kreis um Stefan George Verwendung gefunden, ebenso in der rechtsradikalen, verschwörerischen Münchener Thule-Gesellschaft, die noch vor dem Kriegsende entstand, weiterhin als Wahrzeichen eines Freikorps,

der Brigade Ehrhardt, und bei verwandten Bewegungen in Böhmen und Österreich. In die NSDAP kam das Hakenkreuz im Mai 1920 durch den Zahnarzt Franz Krohn, der es bei der Gründung der Starnberger Ortsgruppe verwendete. Hitler allerdings hat die Urheberschaft Krohns heruntergespielt und in »Mein Kampf« geschrieben: »Tatsächlich hat ein Zahnarzt aus Starnberg auch einen gar nicht schlechten Entwurf geliefert, der übrigens dem meinen ziemlich nahekam ... Ich selbst hatte unterdess nach unzähligen Versuchen eine endgültige Form niedergelegt ... Und dabei ist es dann geblieben. In gleichem Sinne wurden nun sofort Armbinden für die Ordnungsmannschaften in Auftrag gegeben ... Auch das Parteiabzeichen wurde nach den gleichen Richtlinien entworfen.« (S. 556.) Siehe näher zu den Vorgängen: Franz-Willing, a.a.O., S. 83 ff.

37 Mein Kampf, S. 388.

38 Ebd., S. 389 f.

39 S. 568 ff. – Die meisten Konkurrenzorganisationen tut Hitler verächtlich ab: »In Wahrheit war [für ihre Entstehung] ein einziger Grund maßgebend gewesen: der persönliche Ehrgeiz der Begründer, eine Rolle spielen zu wollen, zu der die eigene zwergenhafte Erscheinung von sich aus wirklich nichts mitbrachte als eine große Kühnheit, fremde [das heißt Hitlers] Gedanken zu übernehmen, eine Kühnheit, die man im sonstigen bürgerlichen Leben als diebisch zu bezeichnen pflegt.« (S. 576.) – Ein umso größeres Lob wird dem »Hauptkämpfer der damaligen Deutschsozialistischen Partei in Nürnberg, Julius Streicher«, zuteil. Denn sowie er »die größere Kraft und das stärkere Wachstum der N.S.D.A.P. klar und zweifelsfrei erkennen konnte, stellte er seine Tätigkeit für die D.S.P. und die Werkgemeinschaft ein und forderte seine Anhänger auf, sich der aus dem gegenseitigen Ringen siegreich hervorgegangenen N.S.D.A.P. einzuordnen und nun in ihren Reihen für das gemeinsame Ziel weiterzufechten. Ein persönlich ebenso schwerer als grundlegend anständiger Entschluß.« (S. 575.) – Man erkennt das Muster: Wer sich unterwirft, ist willkommen, aber niemand wird als gleichrangig geduldet.

40 Wie die Weltstadt in der Perspektive der Provinz sich darstellte, mag ein Beispiel zeigen: »Spuk in Berlin. Spät nachmittags auf dem Kurfürstendamm. Bars, Amüsierkneipen, Kokotten in Seide und Pelz, Negermusik aus drei dutzend Kaffeehäusern ... Die Nacht fällt ein. Hier aber wird es heller. Der Trubel wächst, Licht unzähliger Scheinwerferlampen macht die Augen, die Gesichter grell, maskenhaft, unheimlich. Alle Männer sehen aus, als könnte jeder sein: Minister, Schieber, Taschendieb, Börsianer, Bankier ... Man sieht sich, kneift die Augen zusammen, denkt an den Begriff der ›weißen Weste‹ und lächelt süffisant: ›Na ja‹ ... Das ist das Gesicht des Staates von Weimar, den sich die Arbeiterschaft als Staat der ›sozialen Demokratie‹ zu gestalten gedachte.« (»Landvolk«, Itzehoe, Nr. 102 vom 27.

7. 1929.) – Hier findet man alle die Gegensätze, an die die Nationalsozialisten anknüpften: »Kultur«, wie man sie verstand, gegen die dekadente westliche »Zivilisation«, Bodenständigkeit oder »Blut und Boden« gegen das Bodenlose, gegen die »Vernegerung« oder »Verjudung«, Natürlichkeit gegen »Asphalt«. Übrigens erschien der Todfeind der Weltoffenheit, der Statthalter der Provinz, bald in der Millionenstadt: Im November 1926 zog Dr. Joseph Goebbels nach Berlin und gab seit 1927 sein Hetzblatt »Der Angriff« heraus. – Dass allerdings in der Nachkriegs- und Inflationszeit, in die Hitlers Besuch fiel, zumindest für den Augenschein Zustände herrschten, die für die Entrüstung taugten, bezeugt Stefan Zweig – gewiss kein verstockter Provinzler –, wenn er seine Eindrücke schildert: »Alle Werte waren verändert und nicht nur im Materiellen; die Verordnungen des Staates wurden verlacht, keine Sitte, keine Moral respektiert, Berlin verwandelte sich in das Babel der Welt. Bars, Rummelplätze und Schnapsbuden schossen auf wie die Pilze. Was wir in Österreich gesehen, erwies sich nur als mildes und schüchternes Vorspiel dieses Hexensabbats, denn die Deutschen brachten ihre ganze Vehemenz und Systematik in die Perversion. Den Kurfürstendamm entlang promenierten geschminkte Jugendliche mit künstlichen Taillen und nicht nur Professionelle; jeder Gymnasiast wollte sich etwas verdienen, und in den verdunkelten Bars sah man Staatssekretäre und hohe Finanzbeamte ohne Scham betrunkene Matrosen zärtlich hofieren. Selbst das Rom des Sueton hat keine solchen Orgien gekannt wie die Berliner Transvestitenbälle, wo Hunderte Männer in Frauenkleidern und Frauen in Männerkleidung unter den wohlwollenden Blicken der Polizei tanzten. Eine Art Irrsinn ergriff im Sturz aller Werte gerade die bürgerlichen, in ihrer Ordnung bisher unerschütterlichen Kreise.« (Die Welt von Gestern, Taschenbuchausgabe 1970, S. 358 f.) – Dass dieser Taumel einen entsprechend radikalen Gegenschlag herausforderte, ist kaum zu verwundern.

41 Zur näheren Darstellung sei wiederum verwiesen auf Franz-Willing, a.a.O., hier besonders S. 114 ff.

42 Dies erklärte der erste Geschäftsführer der NSDAP, Rudolf Schüßler, am 25. Juli 1921 vor der Polizei; siehe Franz-Willing, S. 115.

43 Zitiert nach Franz-Willing, S. 138.

44 Mein Kampf, S. 617; Hitlers Schilderung der Coburger Ereignisse, S. 614 ff.

45 Ernst Hanfstaengl, 15 Jahre mit Hitler. Zwischen Weißem und Braunem Haus, 2. Auflage 1980, S. 139.

46 Im Wandel einer Welt, a.a.O., S. 139.

47 Am Vorabend des Ersten Weltkriegs entsprach ein Dollar 4,20 Mark, Anfang 1923 17 972 Mark, am Stichtag der Währungsreform vom 15. November 1923 4,2 Billionen, das heißt ausgeschrieben 4 200 000 000 000

Mark. Übrigens knüpfte die Bundesrepublik an Historisches an; von 1949 bis 1961 wurde der Dollar wieder mit 4,20 DM bewertet.

48 Zur näheren Darstellung und zur Dokumentation sei verwiesen auf: Ernst Deuerlein, Der Hitler-Putsch. Bayerische Dokumente zum 8./9. November 1923, 1962. Weiter seien genannt: Harold J. Gordon, Hitlerputsch 1923. Machtkampf in Bayern 1923 bis 1924, 1971; Hanns Hubert Hofmann, Der Hitlerputsch. Krisenjahre deutscher Geschichte 1920 bis 1924, 1961; Georg Franz-Willing, Krisenjahr der Hitlerbewegung 1923, 1975.

49 Von einem »rednerischen Meisterstück« hat Karl Alexander von Müller gesprochen: Im Wandel einer Welt. Erinnerungen 1919–1932, 1966, S. 162.

50 Konrad Heiden, Adolf Hitler. Das Zeitalter der Verantwortungslosigkeit. Eine Biographie, Band I, 1936, S. 181. – Zu dem Verhältnis von Hitler und Kahr seien noch genannt: Hitler und Kahr. Aus dem Untersuchungsausschuß des bayerischen Landtags, 1928; Wilhelm Hoegner, Hitler und Kahr. Die bayerischen Napoleonsgrößen von 1923, 1928.

51 Gedenkrede Hitlers vom 8. November 1935, zitiert bei Max Domarus, Hitler. Reden und Proklamationen 1932–1945, Band I, zweiter Halbband, 1965, S. 553.

52 Zwei Parteigänger Hitlers wurden an anderer Stelle erschossen, sodass man insgesamt 16 »Blutzeugen der Bewegung« zählte.

53 Ernst Hanfstaengl, 15 Jahre mit Hitler. Zwischen Weißem und Braunem Haus, 2. Auflage 1980, S. 147 ff.

54 Siehe insgesamt zum Wortlaut der Verhandlungen: Lothar Gruchmann/Reinhard Weber (Herausgeber), Der Hitler-Prozeß 1924. Wortlaut der Hauptverhandlung vor dem Volksgericht München I; 4 Teile, 1997–1999.

55 Der angesprochene Staatsanwalt plädierte höchst wohlwollend und sagte über Hitler: »Sein Privatleben hat er stets rein erhalten, was bei den Verlockungen, die an ihn als gefeierten Parteiführer naturgemäß herantraten, besondere Anerkennung verdient ... Hitler ist ein hochbegabter Mann, der aus einfachen Verhältnissen heraus sich eine angesehene Stellung im öffentlichen Leben errungen hat, und zwar in ernster und harter Arbeit. Er hat sich den Ideen, die ihn erfüllten, bis zur Selbstaufopferung hingegeben und als Soldat im höchsten Maße seine Pflicht getan.«

56 Im Zusammenhang hieß es: »Hitler ist Deutschösterreicher. Er betrachtet sich als Deutscher. Auf einen Mann, der so deutsch denkt und fühlt wie Hitler, der freiwillig viereinhalb Jahre lang im deutschen Heere Kriegsdienst geleistet, der sich durch hervorragende Tapferkeit vor dem Feinde hohe Kriegsauszeichnungen erworben hat, verwundet und sonst an seiner Gesundheit geschädigt ... worden ist, kann nach Auffassung des Gerichtes die Vorschrift des § 9 Absatz II des Republikschutzgesetzes ihrem Sinn und ihrer Zweckbestimmung nach keine Anwendung finden.« – Ein-

mal mehr zeigte sich hier, wie wertvoll für Hitler seine Kriegsauszeichnungen waren. Siehe zum Text auch: Ernst Deuerlein, Der Aufstieg der NSDAP in Augenzeugenberichten, 1974, S. 227.

»Mein Kampf«

[1] Um genau zu sein: Die Auslieferung begann am 11. Dezember 1926; das Copyright ist jedoch auf 1927 datiert.

[2] Gerhard L. Weinberg (Herausgeber): Hitlers Zweites Buch. Ein Dokument aus dem Jahre 1928, 1961.

[3] Siehe zur Darstellung, die das spätere Buch einbezieht: Eberhard Jäckel, Hitlers Weltanschauung. Entwurf einer Herrschaft, 3. Auflage als erweiterte und überarbeitete Neuausgabe 1986.

[4] Im Kontrast dazu steht der schleppende Verkauf in den Anfangsjahren: 1925 wurden (zunächst nur vom 1. Band) knapp 10 000 Exemplare verkauft, 1926 waren es knapp 7000, 1927 5607, 1928 3015. Erst von da an ging es aufwärts: 1930 wurden 54 086 Exemplare verkauft, 1931 50 808, 1932 bereits 90 351. Zuletzt, 1943, wurde eine Gesamtauflage von 9,84 Millionen angegeben. – Durchweg wird im Folgenden nach der Ausgabe von 1936 zitiert. Gegenüber der Erstausgabe hat es Überarbeitungen gegeben, siehe dazu: Hermann Hammer, Die deutschen Ausgaben von Hitlers »Mein Kampf«, Vierteljahrshefte für Zeitgeschichte, 4, 1956, S. 161 ff. Die programmatischen Grundaussagen sind jedoch mit den Änderungen nicht verschleiert oder verfälscht worden. Oft geht es um Stilistisches. Als Beispiel: In der ursprünglichen Fassung heisst es an markanter Stelle, am Ende des Kapitels über die Novemberrevolution, dass Hitler beschloss, »nun Politiker zu werden«. Die spätere Fassung sagt: »Ich aber beschloß, Politiker zu werden.« (S. 225.) Das Weglassen des »nun« macht die Aussage wuchtiger, ändert jedoch nichts an ihrem Sinn.

[5] Mein Kampf, S. 40.

[6] Ebd., S. 23.

[7] Rudolf Olden, Hitler, 1936, S. 140.

[8] Mein Kampf, S. 510. Unwillkürlich fragt man sich, ob nicht eine überlegene statt der überlegenden Führung gemeint ist. Der Superlativ »überlegendst« übertrifft jedenfalls noch die »blindgehorsamste« Gefolgschaft.

[9] Die Reden Kaiser Wilhelms II. und andere zeitkritische Stücke, Ausgabe 1965, S. 11 f.

[10] Deutsche Geschichte, 2 Bände, zuerst 1947, Neuausgabe 1965, Band II. S. 694.

[11] Mein Kampf, S. 21.

[12] Siehe dazu: Brigitte Hamann, Hitlers Wien. Lehrjahre eines Diktators, Taschenbuchausgabe 1998, S. 544 ff. Im Rückblick, 1942, hat Hitler erzählt: »Ich habe heute einen reizenden Artikel über Karl May gelesen, der mich

innerlich sehr gefreut hat ... Ich habe ihn [May, nicht den Artikel] bei Kerzenlicht gelesen und mit einer großen Lupe bei Mondlicht! ... Der erste Karl May, den ich gelesen habe, war ›Ritt durch die Wüste‹, ich bin weg gewesen. Dann stürzte ich mich darauf. Was sich sofort mit dem Sinken meiner Noten bemerkbar machte!« (Adolf Hitler, Monologe im Führerhauptquartier 1941–1944. Die Aufzeichnungen Heinrich Heims, herausgegeben von Werner Jochmann, 1980, S. 281.)

[13] Walter Görlitz, Adolf Hitler, 1960, S. 23.

[14] Sebastian Haffner, Anmerkungen zu Hitler, 1978, S. 15. – Zwar sagt Haffner mit Recht: »Es gibt bei Hitler keine Entwicklung und Reifung seines Charakters und seiner persönlichen Substanz. Sein Charakter ist früh festgelegt – ein besseres Wort wäre vielleicht arretiert – und bleibt sich auf eine erstaunliche Weise immer gleich; nichts kommt hinzu.« (S. 13.) Aber man darf den Charakter nicht mit der Weltanschauung oder dem politischen Interesse verwechseln, schon gar nicht mit der Entwicklung des Redners, der seinen Erfolg gerade der Lernfähigkeit verdankte.

[15] Mein Kampf, S. 71 f. – Zur Entwicklung von Hitlers Weltanschauung sagt Jäckel (a.a.O., S. 130 f.): »Dieser Prozeß begann erst im Jahre 1919 oder wird doch erst zu diesem Zeitpunkt greifbar. In keiner der früheren Aufzeichnungen findet sich auch nur der geringste Hinweis auf die späteren Vorstellungen. Damit versinken die ersten drei Jahrzehnte von Hitlers Leben, in denen er selbst seine Weltanschauung ausgebildet zu haben behauptete, wieder in einem Nebel der Unsicherheit. Was die historische Forschung darüber ermittelt hat, beruht entweder auf Rückschlüssen aus den allgemeinen Zeitumständen, etwa dem politischen Klima Wiens nach der Jahrhundertwende, oder, soweit es die geistige Entwicklung und nicht die äußeren Lebensverhältnisse betrifft, so gut wie ausschließlich auf dessen eigenen Aussagen und insofern auf unsicherer Quellengrundlage. Es ist sogar der Schluß erlaubt, daß Hitler sich in dieser Zeit für Politik überhaupt nicht interessierte, geschweige denn seine spätere Weltanschauung entwickelte. Es ist nicht einmal sicher, daß er damals schon Antisemit war. Vom Jahre 1919 an indessen fließen die Quellen so reichlich, daß nun ein klares und weithin datierbares Bild gezeichnet werden kann. Es stellt sich heraus, daß die Ausbildung der Weltanschauung entgegen Hitlers Behauptung damals nicht abgeschlossen war, sondern im Gegenteil erst begann.«

[16] Der Prozess gegen die Hauptkriegsverbrecher vor dem Internationalen Militärgerichtshof, Nürnberg 1947 ff., Band XXVI, S. 328.

[17] Der älteste der Toten war 50 Jahre alt, der jüngste starb kurz nach seinem 19. Geburtstag. Bei den Berufsangaben findet man je einen Hutmacher, Schlosser, Kellner und Diener, sieben Kaufleute und Bankbeamte, aber auch den Studenten, den Rittmeister a. D. und den Rat am obersten Lan-

desgericht – eine für die NSDAP durchaus kennzeichnende Mischung. Auffällig überrepräsentiert ist mit vier Angehörigen der Adel.

[18] »Lassen Sie ihn doch allein«, wies sein Adjutant Wilhelm Brückner zudringliche Gefolgsleute nach einem öffentlichen Auftritt ab. »Der Mann ist erledigt!« (Kurt Lüdecke, I knew Hitler, 1938, S. 479.) Man kann es auch positiv ausdrücken: Zwar war Hitler vollkommen unsportlich; selbst seine Spaziergänge auf dem Obersalzberg führten mit Vorsatz stets nur bergab. Zurück und bergauf ließ er sich fahren. Aber er verfügte – dank seiner Redeeinsätze – über eine gute Kondition. Besonders die Wahlfeldzüge von 1930 bis 1933 stellen, rein physisch betrachtet, eine staunenswerte Leistung dar. Der körperliche Verfall begann erst, als er keine Reden mehr hielt.

[19] Mein Kampf, S. 527 f. – Um noch ein Zitat anzufügen: »Die breite Masse eines Volkes unterliegt immer nur der Gewalt der Rede. Alle großen Bewegungen aber sind Volksbewegungen, sind Vulkanausbrüche menschlicher Leidenschaften und seelischer Empfindungen, aufgerührt entweder durch die grausame Göttin der Not oder durch die Brandfackel des unter die Masse geschleuderten Wortes, und sind nicht limonadige Ergüsse ästhetisierender Literaten und Salonhelden.« (S. 116.)

[20] Siehe zur »Frankfurter Zeitung«: Mein Kampf, S. 267. – Am Tag nach dem gescheiterten Münchener Putsch, am 10. November 1923, kommentierte die »Frankfurter Zeitung«: »Der ›Nationalsozialismus‹ hat – das richtet ihn für alle Zeiten – beim ersten Schritt aus der Volksversammlung mit ihren billigen Triumphen in die Wirklichkeit und zur Tat versagt.« Ihr »Führer« sei eine »typische Nachkriegserscheinung« und erschöpfe sich in wirrköpfigen Phrasen.

[21] Mein Kampf, S. 534.

[22] Ebd., S. 198. – Als Variation zum Thema heißt es: »Aber alle Genialität der Aufmachung der Propaganda wird zu keinem Erfolge führen, wenn nicht ein fundamentaler Grundsatz immer gleich scharf berücksichtigt wird. Sie hat sich auf wenig zu beschränken und dieses ewig zu wiederholen. Die Beharrlichkeit ist hier wie bei so vielem auf der Welt die erste und wichtigste Voraussetzung zum Erfolg.« (S. 202.)

[23] Ebd., S. 129.

[24] Ebd., S. 201. – Wieder als Variation zum Thema: »Man erziehe das deutsche Volk schon von Jugend an mit jener ausschließlichen Anerkennung der Rechte des eigenen Volkstums und verpeste nicht schon die Kinderherzen mit dem Fluche unserer ›Objektivität‹.« (S. 124.)

[25] Ebd., S. 200.

[26] In den Betrachtungen zum Weltkrieg heißt es: »Öfter als einmal quälte mich der Gedanke, daß, wenn mich die Vorsehung an die Stelle dieser unfähigen oder verbrecherischen Nichtskönner oder Nichtwoller unseres

Propagandadienstes gestellt hätte, dem Schicksal der Kampf anders angesagt worden wäre. In diesen Monaten empfand ich zum ersten Male die ganze Tücke des Verhängnisses, das mich an der Front in einer Stelle hielt, in der mich der Zufallsgriff jedes Negers zusammenschießen konnte, während ich dem Vaterlande an anderem Orte andere Dienste zu leisten vermocht hätte! Denn daß mir dies gelungen sein würde, war ich schon damals vermessen genug zu glauben. Allein ich war ein Namenloser, einer unter acht Millionen!« (Mein Kampf, S. 206.) Hier entwirft Hitler freilich von seinen Nachkriegserfahrungen aus eine rückwärts gerichtete Prophetie.

[27] Der »Marsch auf Rom« fand am 28. Oktober 1922 statt; am 31. Oktober wurde Mussolini zum Ministerpräsidenten ernannt. Anders als in Deutschland brauchte die Durchsetzung der Diktatur in Italien allerdings noch Jahre, bis zum Staatsstreich vom 5. Januar 1925. Selbst danach blieb ihre Macht begrenzt, schon darum, weil es noch einen König gab, auf den das Militär eingeschworen war. – Das Zitat findet man unter anderem bei Carl Schmitt: Die geistesgeschichtliche Lage des heutigen Parlamentarismus, 2. Auflage 1926, S. 89.

[28] Mein Kampf, S. 535 f.

[29] Ebd., S. 530 ff.

[30] Kants »Beantwortung der Frage: Was ist Aufklärung?« erschien zuerst im Jahre 1784. Am Anfang dieser unsterblichen Schrift heißt es: »*Aufklärung ist der Ausgang des Menschen aus einer selbst verschuldeten Unmündigkeit. Unmündigkeit* ist das Unvermögen, sich seines Verstandes ohne Leitung eines andern zu bedienen. *Selbstverschuldet* ist diese Unmündigkeit, wenn die Ursache derselben nicht am Mangel des Verstandes, sondern der Entschließung und des Mutes liegt, sich seiner ohne Leitung eines andern zu bedienen. Sapere aude! Habe Mut, Dich Deines *eigenen* Verstandes zu bedienen! ist also der Wahlspruch der Aufklärung.«

[31] Mein Kampf, S. 44. – Vom weiblichen Charakter der Masse spricht Hitler auch an anderer Stelle: »Das Volk ist in seiner überwiegenden Mehrheit so feminin veranlagt und eingestellt, daß weniger nüchterne Überlegung, vielmehr gefühlsmäßige Empfindung sein Denken und Handeln bestimmt. Diese Empfindung aber ist nicht kompliziert, sondern sehr einfach und geschlossen. Es gibt hierbei nicht viel Differenzierungen, sondern ein Positiv oder ein Negativ, Liebe oder Haß, Recht oder Unrecht, Wahrheit oder Lüge, niemals aber halb so und halb so, oder teilweise usw.« (S. 201.) – Nur am Rande sei angemerkt, dass angesichts der heroisch harten Männlichkeit, die Hitler propagiert, in der »femininen« Darstellung zugleich die Verachtung der Masse oder des Volkes und natürlich alles Weiblichen angelegt ist.

[32] Mein Kampf, S. 46.

[33] Hermann Rauschning, Gespräche mit Hitler, 4. unveränderter Nachdruck 1940, S. 81.

[34] Die vier Evangelien des Neuen Testaments erzählen meist sehr verschiedene Geschichten, aber in allen kehrt wieder, dass Jesus nach seinem Einzug in Jerusalem die Händler und Schacherer aus dem Tempel trieb. »Und er machte eine Geißel aus Stricken und trieb sie alle zum Tempel hinaus samt der Schafe und Ochsen und verschüttete den Wechslern das Geld und stieß die Tische um«, sagt das Johannesevangelium, Kapitel 2. »Mein Haus soll ein Bethaus sein, ihr aber macht eine Räuberhöhle daraus«, heißt es in fast wörtlicher Übereinstimmung bei Matthäus, Kapitel 21, Markus, Kapitel 11 und Lukas, Kapitel 19.

[35] Siehe dazu als ein Beispiel: Peter Reichel, Der schöne Schein des Dritten Reiches. Faszination und Gewalt des Faschismus, Taschenbuchausgabe 1993.

[36] Ein Gegner hat sogar vom »rhetorischen Lustmörder« gesprochen: Friedrich P. Reck-Malleczeven, Tagebuch eines Verzweifelten. Zeugnis einer inneren Emigration, 1966, S. 27.

[37] Rede vom 30. Januar 1936; siehe Max Domarus, Hitler. Reden und Proklamationen 1932–1945, 1965; hier: Band I, zweiter Halbband, S. 570.

[38] Phänomenologie des Geistes, B. Selbstbewußtsein, IV. Die Gewißheit seiner selbst, A. Selbständigkeit und Unselbständigkeit des Geistes; Herrschaft und Knechtschaft. – Die Erstausgabe der »Phänomenologie« erschien im Jahre 1807.

[39] Mein Kampf, S. 405 f. Ob es tatsächlich so zuging, wie Hitler behauptet, bleibt ungewiss. Der keineswegs feindliche, vielmehr nach rechts orientierte »Münchener Beobachter« berichtete eher distanziert, dass zunächst der Arzt Dr. Johannes Dingfelder über die völkische Neubesinnung sprach, wonach dann Hitler »einige treffende politische Bilder entwickelt« und das Programm bekannt gegeben habe. Siehe dazu Konrad Heiden, Adolf Hitler – Das Zeitalter der Verantwortungslosigkeit. Eine Biographie, 2 Bände, 1936 und 1937; hier: Band I, S. 107. »Aber nichts läßt sich davon abhandeln, daß Hitler ein genialer Volksredner war, der die Massen zur Begeisterung hinriß.« Heidens frühe Biografie, obwohl in vielen Einzelheiten überholt und ergänzungsbedürftig, stellt noch immer eine beeindruckende Leistung dar.

[40] Eberhard Jäckels »Hitlers Weltanschauung« gilt als die unübertroffene Untersuchung zum Thema. Sie ist es vor allem im Nachzeichnen der Programmatik. Ein Mangel besteht jedoch darin, dass die Wechselwirkung von Weltanschauung und Propaganda weitgehend ausgeblendet wird, beinahe als gäbe es sie nicht. Hieraus folgt zugleich, dass die Rassenlehre zu vordergründig beim Wort genommen und zu wenig auf ihre hintergründige Bedeutung für die Herstellung von Herrschaft befragt wird.

[41] Mein Kampf, S. 386. Weiter heißt es: »Wen sie am meisten verlästern, der steht uns am nächsten, und wen sie am tödlichsten hassen, der ist unser bester Freund.« Und: »Wer es aber auf dieser Welt nicht fertigbringt, von seinen Gegnern gehaßt zu werden, scheint mir als Freund nicht viel wert zu sein.« (S. 386 und 398.) – Man fragt sich, ob im zitierten Text der Kampf statt etwas »lässig Auferzogenes« nicht etwas »lästig Aufgezwungenes« sein müsste; das erst ergäbe den offensichtlich gemeinten Sinn. Es ist merkwürdig (oder bezeichnend), dass noch bei der 190. Auflage kein Lektor oder Korrektor solche Ungereimtheiten beseitigt hat. Man denke auch an die schon erwähnte »überlegendste« statt »überlegenste« Führung. Sogar schlichte Druckfehler findet man noch, so wenn sich in der Schilderung der Massenversammlung von 1920 der Menschstrom sich »des« – statt dem – »Ausgange zuwälzte«.

[42] Siehe zum Thema: Hedwig Conrad-Martius, Utopien der Menschenzüchtung. Der Sozialdarwinismus und seine Folgen, 1955.

[43] Mein Kampf, S. 317.

[44] In den Dreißigerjahren züchtete der »Reichsjägermeister« Hermann Göring am Rande der Schorfheide Wisente, und die folgende Geschichte kam in Umlauf: Zwei Berliner, die Wisente betrachtend, lehnen am Schutzgatter. »Wat sind denn det für Unjetüme?«, fragt der eine den anderen. Antwort: »Det sind Jörings olle Jermanen.« Die bittere Pointe 1945: Auf Görings Geheiß wurde das germanische Urgetier abgeschossen, um es nicht in Feindeshand fallen zu lassen.

[45] Im Beispiel eines Gebiets, aus dem der Verfasser stammt: Pommern war ursprünglich ein slawisches Herzogtum. Seit der Christianisierung zogen aus dem Westen Mönche, Siedler, Kaufleute und Handwerker zu; sie mischten sich mit der einheimischen Bevölkerung, aber verdrängten sie nicht. Die sprachliche Eindeutschung wurde jedoch erst im 19. Jahrhundert vollendet. Dafür spielte über Jahrhunderte hin die Reformation in der Dreieinigkeit von Lutherbibel, Predigt und Gesangbuch eine entscheidende Rolle.

[46] Siehe zu diesen Behauptungen: Joachim C. Fest, Das Gesicht des Dritten Reiches. Profile einer totalitären Herrschaft, 1963, S. 139 ff.; Charles Wightin, Heydrich – Hitler's Most Evil Henchman, 1962. Zur Widerlegung: Günther Deschner, Reinhard Heydrich. Statthalter der totalen Macht, 4. Auflage 1999; Karin Flachowsky, Neue Quellen zur Abstammung Reinhard Heydrichs, Vierteljahrshefte für Zeitgeschichte, 48 (2000), S. 319 ff.

[47] Schon in »Mein Kampf« heißt es: »Der Begriff ›völkisch‹ erscheint so wenig klar abgesteckt, so vielseitig auslegbar und so unbeschränkt in der praktischen Anwendung, wie etwa das Wort ›religiös‹. Man kann sich sehr schwer auch unter dieser Bezeichnung etwas Präzises vorstellen, weder im

Sinne gedanklichen Erfassens noch in dem praktischen Auswirkens.« (S. 416.) Über Rosenbergs Hauptwerk »Der Mythus des 20. Jahrhunderts«, das 1930 erschien, äußerte Hitler abschätzig, er habe es »nur zum geringen Teil gelesen, da es seines Erachtens auch zu schwer verständlich geschrieben sei«. (Henry Picker, Hitlers Tischgespräche im Führerhauptquartier, 1963, S. 213.) Was soll man aber auch mit Tiraden wie dieser anfangen: »Heute erwacht einer *neuer* Glaube: der Mythus des Blutes, der Glaube, mit dem Blute auch das göttliche Wesen des Menschen überhaupt zu verteidigen. Der mit dem hellsten Wissen verbundene Glaube, daß das nordische Blut jenes Mysterium darstellt, welches die alten Sakramente ersetzt und überwunden hat.« (Mythus, 12. Auflage 1943, S. 144.) Und so immer weiter …

48 Mein Kampf, S. 325 ff.

49 Ebd., S. 597.

50 Hitlers Tischgespräche, a.a.O., S. 159 und 173. – Zu entsprechenden Äußerungen auch: Albert Speer, Erinnerungen, 1969, S. 108 ff.

51 Hitlers Politisches Testament. Die Bormann-Diktate vom Februar und April 1945, 1981, S. 69.

52 Ebd., S. 68.

53 Mein Kampf, zum Beispiel S. 69.

54 Politik. Vorlesungen, herausgegeben von Max Cornicelius, 2 Bände, 1897 und 1898; hier: Band I, S. 50 f.

55 Treitschke war einer der Anstifter zum modernen Antisemitismus; er entfachte den »Berliner Antisemitismusstreit«, in dem ihm, unter anderen, sein Historikerkollege Theodor Mommsen widersprach. Siehe dazu: Walter Boehlich (Herausgeber), Der Berliner Antisemitismusstreit, Ausgabe 1988.

56 Mein Kampf, S. 323 f. – Der Begriff »Versklavung« kommt im zitierten Zusammenhang ausdrücklich vor.

57 Ebd., S. 372.

58 Ebd., S. 329.

59 Ebd., S. 330 f.

60 Von diesen kulturschöpferischen Leistungen, auch seinen eigenen, hat Hitler häufig gesprochen – und beklagt, dass seine Feinde ihn daran hinderten, sie zu vollbringen. Auf dem Höhepunkt des Erfolgs, nach dem Sieg über Frankreich, heißt es in der Reichstagsrede vom 19. Juli 1940: »Meine Absicht war es nicht, Kriege zu führen, sondern einen neuen Sozialstaat von höchster Kultur aufzubauen. Jedes Jahr dieses Krieges raubt mich dieser Arbeit.« (Zitiert nach: Der großdeutsche Freiheitskampf. Reden Adolf Hitlers, Band I und Band II, 51.–130. Tausend 1943; hier: Band II, S. 263.) Nicht nur gemäß seiner Weltanschauung, sondern auch bei ihrer Umsetzung in praktische Politik gehörten allerdings der Eroberungs-

krieg, der Gewinn von Lebensraum und die Unterwerfung der in ihm lebenden Völker zu den Voraussetzungen der »höchsten Kultur« – was immer die dann hätte sein sollen.

61 Der Begriff des Parasiten kehrt ständig wieder; siehe zum Beispiel: Mein Kampf, S. 334.

62 Ebd., S. 331.

63 Der Anteil der Juden an der deutschen Bevölkerung hat sich zwischen 1820 und 1910 von 1,9 auf 0,95 Prozent halbiert; bis 1933 war er weiter auf 0,76 Prozent gesunken. In absoluten Zahlen bedeutete das zwischen 1910 und 1933 einen Rückgang von 615 000 auf 499 000 – obwohl es einen Zuwanderungsüberschuss gab. Der Rückgang erklärt sich aus dem hohen Grad der Verstädterung und der Konzentration auf moderne Dienstleistungsberufe; hier begann früher und stärker als in anderen Bereichen die Geburtenbeschränkung.

64 Siehe dazu: Hitler, Sämtliche Aufzeichnungen 1905–1924, herausgegeben von Eberhard Jäckel und Axel Kuhn, 1980, S. 88 ff.

65 Hitlers Politisches Testament, a.a.O., S. 122.

66 Der Prozeß gegen die Hauptkriegsverbrecher vor dem Internationalen Militärgerichtshof, 1947 ff., Band XLI, S. 552.

67 Ausgewählte Schriften, herausgegeben von Paul Fischer, 2. Auflage 1934, S. 239. – Lagarde, eigentlich Bötticher, 1827–1891, war Professor für Orientalistik in Göttingen. Seine »Deutschen Schriften« erschienen in zwei Bänden 1878 und 1881. Näher zu Lagarde: Fritz Stern, Kulturpessimismus als politische Gefahr. Eine Analyse nationaler Ideologie in Deutschland, Taschenbuchausgabe 1986, S. 23 ff.

68 Gold und Eisen. Bismarck und sein Bankier Bleichröder, 1978, S. 213.

69 Der geistige Urheber dieser Forderungen war Gottfried Feder (1883–1941). Schon 1917 gründete er den »Deutschen Kampfbund zur Brechung der Zinsknechtschaft«. Hitler wurde zunächst von ihm stark beinflusst und schrieb in »Mein Kampf«: »Als ich den ersten Vortrag Gottfried Feders über die ›Brechung der Zinsknechtschaft‹ anhörte, wußte ich sofort, daß es sich um eine theoretische Wahrheit handelt, die von immenser Bedeutung für die Zukunft des deutschen Volkes werden müßte.« (S. 232.) Aber wirtschaftliche Kräfte waren für Hitler stets nur Mittel zum Machtgewinn; als es vor den Toren der Macht auf die bisher fehlende Unterstützung der Großindustrie und der Banken ankam, geriet das Parteiprogramm zur Makulatur, erst recht natürlich in den späteren Jahren, als es um die Aufrüstung ging. Feder wurde nach der Machtübernahme zum Staatssekretär im Wirtschaftsministerium ernannt, aber als Wirrkopf bald wieder entlassen und mit einer Honorarprofessur an der Technischen Hochschule von Berlin abgefunden. Mehr und mehr geriet er in Vergessenheit.

[70] Die Kriegsverschuldung des Reiches betrug 154 Milliarden Mark. Doch nach der Niederlage von 1918 konnten die Kriegsanleihen nicht zurückgezahlt werden, und die Summe bedeutete nichts mehr angesichts eines Geldumlaufs, der am Vorabend der Währungsreform vom November 1923 auf 400 338 326 350 700 000 000 geschätzt wurde; nach dem Zusammenstreichen im Verhältnis von einer Billion zu eins blieben von den 154 Milliarden noch 15,4 Pfennige. So entledigte sich die Republik der Schulden des Kaiserreichs. Sarkastisch hat Hagen Schulze gesagt: »Fiskalisch gesehen ist der Erste Weltkrieg der billigste Krieg, der je geführt wurde.« (Weimar. Deutschland 1917–1933, Berlin 1982, S. 36.) Aber mit dem Ansehensverlust bei den geschädigten Bürgern war diese Entschuldigung teuer genug erkauft.

[71] Die tiefgründigste Deutung dieser Epochenwende findet man bei Alexis de Tocqueville in seinem großen Werk »Über die Demokratie in Amerika«, in zwei Teilen zuerst 1835 und 1840; letzte deutsche Ausgabe Zürich 1987.

[72] Mein Kampf, S. 70.

[73] Es sei noch einmal auf Eberhard Jäckels »Hitlers Weltanschauung« verwiesen. Eigentlich sollte diese Untersuchung »Hitlers Programm« heißen, denn davon vor allem handelt sie, auch mit einer sorgsamen Darstellung der Entwicklungsstufen.

[74] Ebd., S. 7. – Sozusagen auf dem Gegenpol steht die bekannte Schrift von Hermann Rauschning, Die Revolution des Nihilismus. Kulisse und Wirklichkeit des Dritten Reiches, 5. Auflage 1938.

[75] Mein Kampf, S. 729.

[76] Ebd., S. 742.

[77] Ebd., S. 152.

[78] Ebd., S. 739 f.

[79] Ebd., S. 731 f.

[80] Ebd., S. 742. – Der Entwurf für die Zukunft kleidete sich vielfach in eine Verurteilung früherer Politik. Schon das Kaiserreich hätte sich erobernd nach Osten und gegen Russland wenden sollen. Dafür musste man das Bündnis mit England suchen. »Englands Geneigtheit zu gewinnen, durfte dann aber kein Opfer zu groß sein. Es war auf Kolonien und Seegeltung zu verzichten, der britischen Industrie aber die Konkurrenz zu ersparen. Nur unbedingte klare Einstellung allein konnte zu solch einem Ziele führen: Verzicht auf Welthandel und Kolonien; Verzicht auf eine deutsche Kriegsflotte. Konzentration der gesamten Machtmittel des Staates auf das Landheer. Das Ergebnis wäre wohl eine augenblickliche Beschränkung gewesen, allein eine große und mächtige Zukunft.« (S. 154.) Weil das Kaiserreich mit der falschen Politik in den falschen Krieg geraten war und ihn verloren hatte, musste man, unter besseren Vorausset-

zungen, diesen Krieg eben noch einmal führen. – Wie das Kaiserreich auf »Welthandel«, das heißt praktisch auf wesentliche Teile seiner wirtschaftlich-industriellen Entwicklung hätte verzichten sollen, ist allerdings schwer zu sehen. Die Modernität, die damit entstand, war zukunftsträchtig und friedensfähig – wie nach dem Zweiten Weltkrieg die Entwicklung der Bundesrepublik Deutschland gezeigt hat. Der Vorwurf muss im Grunde lauten, dass diese Modernität halbherzig und widersprüchlich blieb und sich mit einer gerade nicht zukunftsfähigen Machtpolitik verband, die in dem gegen England gerichteten Schlachtflottenbau ihren Ausdruck fand. Hitler urteilt also richtig, wenn er den Verzicht auf Kolonien und Seegeltung fordert, aber er überbietet das Verkehrte bis zum katastrophenträchtigen Aberwitz, wenn er für die Zukunft auf den Eroberungskrieg setzt.

81 Mein Kampf, S. 742 f.

82 Siehe zum Beispiel Jäckel, a.a.O., S. 62.

83 Hitler, Sämtliche Aufzeichnungen 1905–1924, herausgegeben von Eberhard Jäckel und Axel Kuhn, 1980, S. 1242.

84 Mein Kampf, S. 772. – An anderer Stelle forderte Hitler, »daß einst ein deutscher Nationalgerichtshof etliche Zehntausend der organisierenden und damit verantwortlichen Verbrecher des Novemberverrats und alles dessen, was dazu gehört, abzuurteilen und hinzurichten hat«. (S. 610 f.) – Diesen gleichsam rückwärts gerichteten Nationalgerichtshof hat es später nicht gegeben, wohl aber den ebenso willkürlich urteilenden Volksgerichtshof, der am laufenden Band Todesurteile gegen angebliche Verräter verhängte.

85 Stenographische Berichte des Reichstags, 1939, S. 16 (B). Das Protokoll vermerkte: »Anhaltender stürmischer Beifall.« – Während des Krieges ist Hitler mehrfach auf diese Ankündigung zurückgekommen und hat damit kenntlich gemacht, was sich vollzog. Wahrscheinlich absichtsvoll statt aus Versehen wurde dabei nicht die Reichstagsrede vom 30. Januar, sondern die vom 1. September 1939 genannt, dem Tag des Kriegsbeginns, obwohl in ihr die Juden gar nicht erwähnt worden waren.

Die Deutschen und ihr Führer – Erster Teil

1 Quellen zur Geschichte des Parlamentarismus und der politischen Parteien, herausgegeben von Erich Matthias und Rudolf Morsey, 1. Reihe, Band II: Die Regierung des Prinzen Max von Baden, 1962, S. 65. – Vor den zitierten Sätzen heißt es: »Die Oberste Heeresleitung bleibt auf ihrer am Sonntag, den 29. September d. J. gestellten Forderung der sofortigen Herausgabe des Friedensangebots an unsere Feinde bestehen. Infolge des Zusammenbruchs der mazedonischen Front, der dadurch notwendig gewordenen Schwächung unserer Westreserven und infolge der Unmög-

lichkeit, die in den Schlachten der letzten Tage eingetretenen sehr erheblichen Verluste zu ergänzen, besteht nach menschlichem Ermessen keine Aussicht mehr, dem Feind den Frieden aufzuzwingen. Der Gegner seinerseits führt ständig neue frische Reserven in die Schlacht. Noch steht das deutsche Heer festgefügt und wehrt siegreich alle Angriffe ab. Die Lage verschärft sich aber täglich und kann die Oberste Heeresleitung zu schwerwiegenden Entschlüssen zwingen.« – Hindenburgs Brief wurde von dem Major von dem Bussche nach Berlin überbracht und im Vortrag vor der vom Prinzen Max von Baden gerade neugebildeten Regierung sowie Abgeordneten mit den entsprechenden – erstmals ungeschminkten – Erläuterungen versehen. Ein Journalist hat die Reaktionen geschildert: »Ich höre die halberstickten Aufschreie, ich bemerke hervorquellende Tränen. Erwachen aus der Narkose, Zorn, Wut, Scham, Anklage: Wir sind jahrelang von den Militärs betrogen worden, und wir haben vier Jahre daran geglaubt wie an ein Evangelium! Die ganze Nation, von der ein winziger Ausschnitt hier zusammenhockte, machte einen Nervenzusammenbruch durch.« (Johannes Fischart, Das alte und das neue System, Band I, 1919, S. 246.) Wohlgemerkt: Man schrieb den 3. beziehungsweise den 4. Oktober, nicht den 9. November 1918, und die Anklage galt der Obersten Heeresleitung.

[2] Generalfeldmarschall von Hindenburg, Aus meinem Leben, 1920, S. 403. – Das Vorwort ist datiert auf »September 1919«, also exakt ein Jahr nach den Tagen, in denen Hindenburg und Ludendorff den Abbruch des verlorenen Krieges forderten. – Ludendorff, bevor er sich am 26. Oktober aus seiner Verantwortung davonstahl, hat schon am 1. Oktober die Richtung gewiesen, in der er künftig zu agieren gedachte: »Ich habe aber Seine Majestät gebeten, jetzt auch diejenigen Kreise an die Regierung zu bringen, denen wir es in der Hauptsache zu danken haben, daß wir so weit gekommen sind. Die sollen nun den Frieden schließen, der jetzt geschlossen werden muß. Sie sollen die Suppe jetzt essen, die sie uns eingebrockt haben.« (Albrecht von Thaer, Generalstabsdienst an der Front in der O.H.L. Aus Briefen und Tagebuchaufzeichnungen 1915–1919, 1958, S. 235.)

[3] Spektator-Briefe. Aufsätze über die deutsche Revolution und die Weltpolitik 1918/1922, herausgegeben von Hans Baron, 1924, S. 14.

[4] Zitiert nach: Ursachen und Folgen. Vom deutschen Zusammenbruch 1918–1945 bis zur staatlichen Neuordnung Deutschlands in der Gegenwart. Eine Urkunden- und Dokumentensammlung zur Zeitgeschichte, herausgegeben von Herbert Michaelis und Ernst Schraepler, 1958 ff., Band III, S. 203. – Wie rasch und radikal die Einstellung sich änderte, schildert: Werner Liebe, Die deutschnationale Volkspartei 1918–1924, 1956. Siehe weiter zum Thema: Annelise Thimme, Flucht in den Mythos. Die deutschnationale Volkspartei und die Niederlage von 1918, 1969.

[5] Ursachen und Folgen, a.a.O., S. 221. – Die Gesamtentwicklung schildert: Volker R. Berghahn, Der Stahlhelm, Bund der Frontsoldaten 1918–1935, 1966.

[6] Siehe insgesamt zur Entwicklung zwischen 1918 und 1933: Alfred Milatz, Wähler und Wahlen in der Weimarer Republik, Schriftenreihe der Bundeszentrale für Politische Bildung, Heft 66, 2. Auflage 1968.

[7] Eine anschauliche Schilderung des dramatischen Ringens um Annahme oder Ablehnung des Friedensvertrages findet man bei Theodor Eschenburg: Die Entscheidung der Weimarer Nationalversammlung über den Versailler Friedensvertrag im Juni 1919, in: Eschenburg, Die Republik von Weimar. Beiträge zur Geschichte einer improvisierten Demokratie, 1984, S. 91 ff.

[8] Zur Darstellung der Wechselwirkung von wirtschaftlicher und politischer Krise seien genannt: Heinrich Bennecke, Wirtschaftliche Depression und politischer Radikalismus 1918–1938, 1970; Harold James, Deutschland in der Weltwirtschaftskrise 1929–1936, 1988.

[9] Siehe näher zum Thema: Gerald D. Feldmann (Herausgeber): Die Nachwirkungen der Inflation auf die deutsche Geschichte 1924–1933, 1985.

[10] Zur allgemeinen Überraschung gehörte Hitler zu denen, die sich dieser Forderung entzogen. Rigoros kämpfte er für den Vorrang der inneren Umwälzung vor dem äußeren Widerstand. In »Mein Kampf« heißt es dazu: »Wer aber im Frühjahr 1923 die Ruhrbesetzung Frankreichs zum Anlaß einer Wiederherstellung militärischer Machtmittel nehmen wollte, der mußte zunächst der Nation die geistigen Waffen geben, die Willenskraft stärken und die Zersetzer dieser wertvollen nationalen Stärke vernichten. – So wie es sich im Jahre 1918 blutig gerächt hat, daß man 1914 und 1915 nicht dazu überging, der marxistischen Schlange einmal für immer den Kopf zu zertreten, so mußte es sich auch auf das unseligste rächen, wenn man im Frühjahr 1923 nicht den Anlaß wahrnahm, den marxistischen Landesverrätern und Volksmördern endgültig das Handwerk zu legen. – Jeder Gedanke eines wirklichen Widerstandes gegen Frankreich war blanker Unsinn, wenn man nicht denjenigen Kräften den Kampf ansagte, die fünf Jahre vorher den deutschen Widerstand auf den Schlachtfeldern von innen her gebrochen hatten.« (Mein Kampf, S. 771.)

[11] Mit Inbrunst ist die schlichte Formel auch noch 1968 von den linken Vertretern der Studentenbewegung verkündet worden.

[12] Die Legende sollte endgültig erledigt sein, durch die grundlegende Arbeit von Henry Ashby Turner, Die Großunternehmer und der Aufstieg Hitlers, 1985.

[13] Ein Wegbereiter des Franzosenhasses war der Liederdichter, Pamphletist und Universitätsprofessor Ernst Moritz Arndt (1769–1860). Mit seiner Schrift von 1813 »Der Rhein Teutschlands Strom, aber nicht Teutschlands

Grenze« wirkte er weit in die Zukunft; der Liederschwall von 1840 samt der »Wacht am Rhein« bildet eine Art von Echo. Erschreckend wirkt freilich auch schon Heinrich von Kleists Gedicht »Germania an ihre Kinder«, in dem es über die Franzosen heißt:

»Alle Triften, alle Stätten
färbt mit ihren Knochen weiß;
welchen Rab und Fuchs verschmähten,
gebet ihn den Fischen preis;
dämmt den Rhein mit ihren Leichen;
laßt, gestäuft von ihrem Bein,
schäumend um die Pfalz ihn weichen
und ihn dann die Grenze sein!
Chor:
Eine Lustjagd, wie wenn Schützen
auf die Spur dem Wolfe sitzen!
Schlagt ihn tot! Das Weltgericht
fragt euch nach den Gründen nicht.«

14 Sarkastisch hat Heinrich Heine den Sachverhalt geschildert: »Sonderbar! trotz iher Unwissenheit hatten die sogenannten Altdeutschen von der deutschen Gelahrtheit einen gewissen Pedantismus geborgt, der ebenso widerlich wie lächerlich war. Mit welchem kleinseligen Silbenstechen und Auspünkteln diskutierten sie über die Kennzeichen deutscher Nationalität! Wo fängt der Germane an, wo hört er auf? Darf ein Deutscher Tabak rauchen? Nein, behauptete die Mehrheit. Darf ein Deutscher Handschuhe tragen? Ja, jedoch von Büffelhaut. Aber Biertrinken darf ein Deutscher, und er soll es als ein echter Sohn Germanias; denn Tacitus spricht ganz bestimmt von deutscher Cerevisia. Im Bierkeller zu Göttingen mußte ich einst bewundern, mit welcher Gründlichkeit meine altdeutschen Freunde die Proskriptionslisten anfertigten, für den Tag, wo sie zur Herrschaft gelangen würden. Wer nur im siebenten Glied von einem Franzosen, Juden oder Slawen abstammte, ward zum Exil verurteilt. Wer nur im geringsten etwas gegen Jahn [den »Turnvater«] oder überhaupt gegen altdeutsche Lächerlichkeiten geschrieben hatte, konnte sich auf den Tod gefaßt machen ...« (Ludwig Börne – Eine Denkschrift, Viertes Buch, zuerst 1840.) – Das klingt komisch, aber unser Lachen gefriert, wenn wir an das denken, was ein Jahrhundert später in Deutschland tatsächlich geschah. An anderer Stelle heißt es bei Heine: »Der Patriotismus des Deutschen besteht darin, daß sein Herz enger wird, daß es sich zusammenzieht wie Leder in der Kälte, daß er das Fremdländische haßt, daß er nicht mehr Weltbürger, nicht mehr Europäer, sondern nur ein enger Deutscher sein

will. Da sahen wir nun das idealische Flegeltum, das Herr Jahn in System gebracht; es begann die schäbige, plumpe, ungewaschene Opposition gegen eine Gesinnung, die eben das Herrlichste und Heiligste ist, was Deutschland hervorgebracht hat, nämlich gegen jene Humanität, gegen jene allgemeine Menschenverbrüderung, gegen jenen Kosmopolitismus, dem unsere großen Geister, Lessing, Herder, Schiller, Goethe, Jean Paul, dem alle Gebildeten in Deutschland immer gehuldigt haben.« (Die Romantische Schule, Erstes Buch, 1836.)

15 Ludwig Börne, a.a.O.

16 In gewissem Sinne klemmt die ursprüngliche »linke« und revolutionäre Idee der Nation und des Nationalstaates noch immer in der »rechten« Ecke. Das wurde 1990 sichtbar: Der konservativen Tatkraft und Begeisterung im Vollzug der Wiedervereinigung hatte Deutschlands Linke außer ihrer Ratlosigkeit, ihrer Nörgelei und ihren Ängsten kaum etwas entgegenzusetzen. Genau damit aber bleibt der Anspruch auf die Nation, was er von Hause aus keineswegs ist und nicht sein müßte: ein Monopol der Rechten.

17 Georg von Below, Heinrich von Treitschkes deutsche Sendung, in: Der Panther, V, 1917, S. 437.

18 Betrachtungen eines Unpolitischen, 19./24. Auflage 1922, S. XXXIV und XXXVI.

19 Im »Dritten Reich« sprach man mit Vorliebe von der »Systemzeit«, wenn die Weimarer Republik gemeint war.

20 Walther Rathenau. Sein Leben und sein Werk, Taschenbuchausgabe 1988, S. 325 f. – Arbeiter und Bürger, Liberale und Katholiken, Sozialdemokraten und Kommunisten demonstrierten gemeinsam, ein einmaliges Ereignis, das Friedrich Stampfer beschrieb: »Der Leiter eines der größten kapitalistischen Betriebe der Welt war getötet worden – kommunistische Arbeiter weinten an seinem Grab und fluchten seinen Mördern.« (Die vierzehn Jahre der ersten deutschen Republik, 1934, S. 265.) – Am 25. Juni beendete Reichskanzler Wirth seine Rede vor dem Reichstag mit den Worten: »Da steht der Feind – und darüber ist kein Zweifel: dieser Feind steht rechts.«

21 Der liberale Bundespräsident Walter Scheel hat einmal ironisch gesagt: »Die Demokratie kann und will ihren Bürgern nicht ihren Lebenssinn, handlich verpackt, liefern; den müssen sich die Bürger schon selber suchen.« (Nach dreißig Jahren. Die Bundesrepublik Deutschland. Vergangenheit, Gegenwart, Zukunft, herausgegeben von Walter Scheel, 1979, S. 15.)

22 Kurt Sontheimers umfassende Untersuchung zum Thema, »Antidemokratisches Denken in der Weimarer Republik« (zuerst 1962) könnte ebenso oder mit noch mehr Recht »Antiliberales Denken ...« heißen. Denn die-

se Antiliberalität ist das, was von den Kommunisten bis zu den Anwälten einer »konservativen Revolution« alle verbindet. Man findet sie im Gedankengut der bündischen und völkischen Jugendbewegungen und sogar noch in der Theologie: »Der Römerbrief« von Karl Barth, der 1919 erschien, wirkte wie ein Fanfarenruf gegen die liberale Theologie eines Ernst Troeltsch oder Adolf von Harnack, die die Vorkriegszeit bestimmte; neben Barth sind besonders Eduard Thurneysen, Friedrich Gogarten und Emil Brunner zu nennen.

23 Grundlegend zur Weltfrömmigkeit und zur Verspätung: Helmuth Plessner, Die verspätete Nation. Über die politische Verführbarkeit bürgerlichen Geistes, 1959. Die Erstausgabe, durch ein Pseudonym gedeckt, erschien unter dem Titel »Das Schicksal deutschen Geistes im Ausgang seiner bürgerlichen Epoche« 1935 in Zürich.

24 Die deutsche Ideologie, zuerst 1845/46; siehe von Marx: Die Frühschriften, herausgegeben von Siegfried Landshut, 1953, S. 324 f.

25 Mit Recht hat Joseph A. Schumpeter gesagt: »Wenn jedoch Marx nicht mehr als ein Phrasenlieferant gewesen wäre, wäre er schon längst tot. Die Menschheit bezeugt für solcherlei Dienst keine Dankbarkeit und vergißt rasch die Namen derer, die die Librettos für ihre politischen Opern schreiben ... Einfach das Ziel zu predigen wäre wirkungslos geblieben; eine Analyse des sozialen Prozesses hätte nur ein paar hundert Spezialisten interessiert. Aber im Kleid des Analytikers zu predigen und mit einem Blick auf die Bedürfnisse des Herzens zu analysieren, dies schuf eine leidenschaftliche Anhängerschaft und gab dem Marxisten jenes größte Geschenk, das in der Überzeugung besteht, daß das, was man ist und wofür man einsteht, niemals unterliegen, sondern am Ende siegreich sein wird.« (Kapitalismus, Sozialismus und Demokratie, 2. Auflage 1950, S. 20 f.)

26 Zur Geschichte der Religion und Philosophie in Deutschland, zuerst 1835, gegen Ende des Buches.

27 Der Chronist dieser Denkmäler, Max Ehrhardt-Apolda, hat geschrieben: »Oh, daß uns die lebendige Erinnerung an den deutschen Mann Bismarck, der uns einzigste politische Kraft zeigte in den unbegrenzten Weiten und Tiefen seines deutschen Gemütes, Kraft verleihen möge zu hoffen. Deshalb lassen wir uns auch nicht abhalten, unsere Marktplätze und unsere Höhen zu schmücken mit Bildern Otto von Bismarcks. Die Menschheit hat doch einmal Symbole nötig für ihre Ziele und für die Kraft zum Verfolg dieser Ziele ... Und so ist unsere Frage an den Gott, der Eisen wachsen ließ: Wann wirst du uns einen zweiten Bismarck schenken? Und erst wenn wir den haben – ja dann wird die deutsche Welt aufhören, ihrem Bismarck Denkmäler zu setzen.« (Bismarck im Denkmal des In- und Auslandes. Unter Mitarbeit von Persönlichkeiten der Denkmal-Städte gesammelt und beschrieben von Max Ehrhardt-Apolda, Band I, 1903, Vorrede.)

– Die Vorhersage erwies sich als wahr; nach 1933 sind keine Bismarck-Denkmäler mehr erbaut worden.

28 Die Haltung der deutschen Universitäten zur Weimarer Republik, in: Nationalsozialismus und die deutsche Universität. Universitätstage 1966, 1966, S. 29. – Zum Geist oder Ungeist der Universitäten erzählt Harry Graf Kessler eine bezeichnende Geschichte; es ging um die akademische Würdigung Gerhart Hauptmanns zu seinem 60. Geburtstag im Jahre 1922: »Das Denkwürdigste an der Feier ist das grotesk bornierte Verhalten der Studenten und Professoren gewesen. Die Berliner Studentenschaft hat mit einer Mehrheit von, ich glaube, vier zu zwei feierlich beschlossen, an der Hauptmann-Feier nicht teilzunehmen, weil Hauptmann, nachdem er sich als Republikaner bekannt hat, nicht mehr als ein charakterfester Deutscher anzusehen sei! Und von Sam Fischer höre ich, daß ... Petersen, der die Festrede hielt, vor zwei Tagen bei ihm war, um ihn zu bitten, Ebert wieder auszuladen, da es der Universität nicht angenehm sein werde, wenn das republikanische Staatsoberhaupt bei ihr erscheine. Und da Fischer das ablehnte, hat Petersen ihn gebeten, dann doch wenigstens Löbe auszuladen, denn zwei Sozialdemokraten auf einmal sei doch etwas viel! – Am Schluß der Feier spielte d'Albert prachtvoll die ›Appassionata‹. Wonach wieder einer der Professoren, die neben mir saßen, sich auszeichnete, indem er seinem Nachbarn mißvergnügt zuflüsterte: ›Das war natürlich eine eigene Komposition des Klavierspielers, nicht?‹ Beethoven scheint in der Universität Berlin ebensowenig zu Hause sein wie Ebert.« (Kessler, Aus den Tagebüchern 1918–1937, Taschenbuchausgabe 1965, S. 166.) – Wohlgemerkt: Bei den beiden Sozialdemokraten, die der Universität unwillkommen waren, handelte es sich um den Reichspräsidenten und den Präsidenten des Reichstages, also um die höchsten Repräsentanten des Staates.

29 Die deutschen Universitäten und der Staat. Referate, erstattet auf der Weimarer Tagung deutscher Hochschullehrer am 23. und 24. April 1926, herausgegeben von Wilhelm Kahl, Friedrich Meinecke, Gustav Radbruch, 1926, S. 25. – Meinecke gehörte zur Minderheit deutscher Hochschullehrer, die nach 1918 zwar keine Herzensdemokraten, aber immerhin Vernunftrepublikaner geworden waren. Siehe zum Thema: Herbert Döring, Der Weimarer Kreis. Studien zum Bewußtsein verfassungstreuer Hochschullehrer in der Weimarer Republik, 1975. – Ein anschauliches Bild von den akademischen Verhältnissen vermittelt: Theodor Eschenburg, Aus dem Universitätsleben vor 1933, in: Geistesleben und Nationalsozialismus. Eine Vortragsreihe der Universität Tübingen, 1965, S. 24 ff.

30 Deutsche Hochschulzeitung vom 16. Februar 1924. – Näheres zu Lietzmann in: Glanz und Niedergang der deutschen Universität. 50 Jahre deutsche Wissenschaftsgeschichte in Briefen an und von Hans Lietzmann (1892–1942), herausgegeben von Kurt Aland, 1979.

[31] Held und Volk, 1928, S. 4 und 14.

[32] Siehe Sontheimer, a.a.O., S. 218.

[33] Politik und Geistesleben. Rede zur Reichsgründungsfeier im Januar 1927 und drei weitere Ansprachen, Münchener Universitätsreden 8, 1927, S. 4 und 5 f.

[34] Mein Konflikt mit der national-sozialistischen Regierung 1933, in: Universitas, Zeitschrift für Wissenschaft, Kunst und Literatur, 10/1955, S. 457 ff.

[35] Hochschule und Staat, in: Der Staat, 1928, S. 19. – Zu den Kollegenvertreibungen und Bücherverbrennungen siehe Christian Graf von Krockow: Scheiterhaufen. Größe und Elend des deutschen Geistes, 1983, Neuausgabe 1993.

[36] Von Heidegger ist hier zu nennen sein Hauptwerk »Sein und Zeit«, das 1927 erschien. Von Schmitt unter anderem: Die Diktatur, 1921; Politische Theologie, 1922; Die geistesgeschichtliche Lage des heutigen Parlamentarismus, 1923; Der Begriff des Politischen, 1927. – Siehe näher zum Thema: Christian Graf von Krockow, Die Entscheidung. Eine Untersuchung über Ernst Jünger, Carl Schmitt, Martin Heidegger, zuerst 1958, Neuausgabe 1990.

[37] Den Lastcharakter einer offenen Gesellschaft, vor dem man ins geschlossene Gehäuse einer Weltanschauung flieht, hat Karl R. Popper eindringlich beschrieben: Die offene Gesellschaft und ihre Feinde, 4. Auflage 1975. In einem verwandten Sinne deutet Eva Reichmann den Antisemitismus als Selbstentlastung: Flucht in den Haß, 4. Auflage 1964. Siehe auch Erich Fromm: Die Flucht vor der Freiheit, deutsche Erstausgabe 1945.

Der Neubeginn

[1] Lord E. d'Abernon: Viscount d'Abernon. Ein Botschafter der Zeitenwende, 1930, Band II, S. 329 f.

[2] Anmerkungen zu Hitler, 1978, S. 71 f.

[3] Hagen Schulze, Otto Braun oder Preußens demokratische Sendung. Eine Biographie, 1977, S. 488.

[4] Hindenburg wohnte vor und nach dem Krieg in Hannover; das westpreußische Neudeck wurde dem Reichspräsidenten erst durch eine Spendenaktion zum Geschenk gemacht – natürlich mit dem Hintergedanken, ihn so eng wie möglich an die konservativen Agrarinteressen des ostelbischen Großgrundbesitzes zu binden.

[5] Hagen Schulze, a.a.O., S. 449. – Als Nachfolger von Kurfürsten und Königen besaßen der Reichspräsident und der preußische Ministerpräsident Jagdrechte, unter anderem in der brandenburgischen Schorfheide. An den jagenden Reichspräsidenten erinnert dort noch heute ein Gedenkstein mit der Inschrift: »Generalfeldmarschall v. Hindenburg 25.9.1932.« Aber nicht

der deutsche Heldengreis, der Sieger von Tannenberg fand hier den Tod, sondern der Brunfthirsch, den er erlegte.

6 In seiner Dankesrede zur Verleihung des Friedensnobelpreises in Oslo hat Gustav Stresemann gesagt: »Der Geschichtsforscher sieht heute noch den Ausgang des Krieges vielfach nur in verlorenen Gebietsteilen, verlorener praktischer Kolonialbetätigung, verlorenem Staats- und Volksvermögen. Er übersieht vielfach den schwersten Verlust, den Deutschland miterlitten hat. Dieser schwerste Verlust bestand meiner Auffassung nach darin, daß jene geistige und gewerbliche Mittelschicht, die traditionsgemäß Trägerin des Staatsgedankens war, ihre völlige Hingabe an den Staat im Kriege mit der völligen Aufgabe ihres Vermögens bezahlte und proletarisiert wurde.« (Gustav Stresemann, Vermächtnis. Nachlaß in drei Bänden, herausgegeben von Henry Bernhard, Band III, 1933, S. 463.)

7 Dass man links kaum mehr von den demokratischen Tugenden der Toleranz und des Kompromisses verstand als im rechten Lager der »konservativen Revolution«, zeigt exemplarisch »Das Lied vom Kompromiß«, zu dem Kurt Tucholsky aufspielte:

»Manche tanzen manchmal wohl ein Tänzchen
immer um den heißen Brei herum,
kleine Schweine mit dem Ringelschwänzchen,
Bullen mit erschrecklichem Gebrumm.
  Freundlich schaun die Schwarzen und die Roten,
  die sich früher feindlich oft bedrohten.
  Jeder wartet, wer zuerst was wagt,
  bis der eine zu dem andern sagt:
    Volles Orchester:
    ›Schließen wir nen kleinen Kompromiß!
    Davon hat man keine Kümmernis.
    Einerseits – und andrerseits –
    so ein Ding hat seinen Reiz …
    Sein Erfolg in Deutschland ist gewiß:
    Schließen wir nen kleinen Kompromiß!‹

Seit November tanzt man Menuettchen,
wo man schlagen, brennen, stürzen sollt.
Heiter liegt der Bürger in dem Bettchen,
die Regierung säuselt gar zu hold.
  Sind die alten Herrn auch rot bebändert,
  deshalb hat sich nichts bei uns geändert.
  Kommt's, daß Ebert hin nach Holland geht,
  spricht er dort zu Seiner Majestät:

›Schließen wir nen kleinen Kompromiß:
Davon hat man keine Kümmernis.
Einerseits – und andrerseits –
so ein Ding hat manchen Reiz ...‹
Und durch Deutschland geht ein tiefer Riß.
Dafür gibt es einen Kompromiß.«
(Kurt Tucholsky, Gesammelte Werke, Band I, 1960, S. 377 f.)

Der Ästhetizismus kam noch hinzu, geboren aus der unpolitischen, aber fatal wirksamen Tradition »machtgeschützter Innerlichkeit«: Ein italienischer »Duce« als Schausteller radikaler Entschlossenheit wirkte in seiner schwarzen Uniform offenbar viel schicker und schneidiger als der schlaffe Zivilist Friedrich Ebert, den die »Berliner Illustrirte« hämisch »entlarvte«, als sie ihn in der Badehose ablichtete. Doch für die literarischen Porträts brauchte man nicht erst den »Völkischen Beobachter«, sondern fand sie auch in der linken »Weltbühne«. Darin verherrlichte Kurt Hiller in einem Aufsatz »Mussolini und unsereins« den faschistischen Diktator als »lebende Widerlegung des Demokratismus«, der durch »Schwung, Eleganz, Vitalität« besticht. »Er sieht aus wie jemand, der Kraft hat, aber etwas von Kunst versteht und Philosophie gelesen hat. Die Reichskanzler der Republik Deutschland, zum Beispiel, mögen sie dem Zentrum oder der Sozialdemokratie angehört haben, sahen durch die Bank nicht so aus.« (»Weltbühne«, 1926, 1. Halbjahr, Nr. 22, S. 45 ff.) Im gleichen Heft zerriss Ignaz Wrobel (alias Kurt Tucholsky) die »Ebert-Legende« und charakterisierte den verstorbenen Reichspräsidenten als einen »Verräter« von »bodenloser Charakterlosigkeit« (S. 52 ff.) – Die Bewunderung Mussolinis in der »Weltbühne« blieb kein Einzelfall. Im »Berliner Tageblatt schrieb Theodor Wolff (am 11. 5. 1930, S. 2) über den »Duce«: »Er schafft ohne Pause, stampft Schöpfungen aus dem Boden, reißt mit seiner ungeheuren Energie unablässig sein Gefolge mit sich – diese Werke müssen doch bleiben, können nicht geleugnet werden.« – Das Bild eines theatralischen, aber vergleichsweise gemäßigten Faschismus hat wahrscheinlich dazu beigetragen, im falschen Analogieschluss Hitler und den Nationalsozialismus krass zu unterschätzen. – Zur umfassenden Darstellung des antiliberalen Zeitgeistes sei noch einmal genannt: Kurt Sontheimer, Antidemokratisches Denken in der Weimarer Republik, 1952.

8 Kurt G. W. Luedecke, I Knew Hitler, 1938, S. 217 f.

9 Otto Strasser, Hitler und ich, 1948, S. 82. – Der Landsberger Gefängnisdirektor Leybold hatte schon am 15. September 1924 ein glänzendes Zeugnis ausgestellt, als es um die Frage ging, ob Hitler auf Bewährung entlassen werden sollte: »Hitler zeigt sich als ein Mann der Ordnung, der Disziplin nicht nur in Bezug auf seine eigene Person, sondern auch in Be-

zug seiner Haftgenossen. Macht keinerlei Ansprüche, ist ruhig und verständig, ernst und ohne jede Ausfälligkeit, peinlich bemüht, sich den Einschränkungen des Haftvollzuges zu fügen. Er ist ein Mann ohne persönliche Eitelkeit, ist zufrieden mit der Anstaltsverpflegung, raucht und trinkt nicht, und weiß sich bei aller Kameradschaftlichkeit seinen Haftgenossen gegenüber eine gewisse Autorität zu sichern ... Hitler wird die nationale Bewegung in seinem Sinne neu zu entfachen suchen, aber nicht mehr wie früher mit gewalttätigen, im Notfalle gegen die Regierung gerichteten Mitteln, sondern in Fühlung mit den berufenen Regierungsstellen.« Vor allem wird er »nicht mit Drohung und Rachegedanken gegen die in entgegengesetzten Lagern stehenden, im November 1923 seine Pläne durchkreuzenden amtlichen Personen in die Freiheit zurückkehren, wird kein Wühler gegen Regierung, kein Feind anderer Parteien, die national gesinnt sind, sein. Er betont, wie sehr er davon überzeugt ist, daß ein Staat ohne feste Ordnung im Innern und ohne feste Ordnung nach außen nicht bestehen könne.« (Der Text des Gutachtens ist abgedruckt bei Otto Lurker, Hitler hinter Festungsmausern, 1933, S. 60 ff.)

10 Konrad Heiden, Geschichte des Nationalsozialismus. Die Karriere einer Idee, 1932, S. 190.

11 Mathilde Ludendorff, vorher verehelichte von Kemnitz, geborene Spiess (1877–1966), blieb der verstiegenen Sache treu bis zuletzt; in der Nachfolge des (1933 aufgelösten) Tannenbergbundes gründete sie nach 1945 die Ludendorff-Bewegung, die 1961 vom Bundesverfassungsgericht verboten wurde.

12 Gregor Strasser, geboren 1892, ursprünglich Apotheker, nahm 1923 am Münchener Putschversuch teil. 1924 leitete er die »Nationalsozialistische Freiheitsbewegung« als eine Ersatzorganisation der verbotenen NSDAP. 1932 wurde er »Reichsorganisationsleiter« der NSDAP. Siehe weiter zu ihm: Anmerkung 20.

13 Unter den irrlichternden Ideen der Zwanziger- und frühen Dreißigerjahre tauchte die Verbindung von »rechts« und »links« zu einem nationalen Sozialismus immer wieder auf. Nur als Beispiele seien genannt: Oswald Spengler, Preußentum und Sozialismus, 1920; Arthur Moeller van den Bruck, Das Recht der jungen Völker, 1919, und: Das Dritte Reich, 2. Auflage 1926; Ernst Niekisch, Gedanken über deutsche Politik, 1929; Entscheidung, 1930; Die dritte imperiale Figur, 1935. Niekisch war ein konsequenter »Nationalbolschewist«, der im Kampf gegen den Westen den Anschluss an die Sowjetunion, die Option für »Asien« statt für das liberale Westeuropa forderte. Ernst Jünger war mit Niekisch befreundet, und man kann sein Buch »Der Arbeiter« als eine Grundlegung für Niekisch lesen. Umgekehrt trägt Niekischs Buch »Die dritte imperiale Figur« Jünger'sche Züge. Niekisch wurde 1937 verhaftet und 1939 zu lebensländli-

chem Zuchthaus verurteilt. Nach 1945 trat er der KPD, dann der SED bei; er wurde Mitglied der Volkskammer der DDR und Professor an der Humboldt-Universität, geriet jedoch mit dem Regime in Konflikt. 1958 erschien sein Erinnerungsbuch »Gewagtes Leben«. Er starb 1966.

14 Adolf Hitler, Monologe im Führerhauptquartier 1941–1944. Die Aufzeichnungen Heinrich Heims, herausgegeben von Werner Jochmann, 1980, S. 259. – Als sei er der Designer gewesen, fährt Hitler an der zitierten Stelle einigermaßen fragwürdig fort: »Was die Mercedeswagen heute schön macht, das kann ich für mich in Anspruch nehmen. Ich habe in Zeichnungen und Entwürfen mich alle die Jahre bemüht, die Form aufs höchste zu vervollkommnen.« Dass Hitler sich jedoch in vielen Bereichen für technische Details interessierte und die Fachleute oft mit seinem Wissen verblüffte, ist unbestritten.

15 Dass das Haus nur gemietet und nicht etwa gekauft war, hat Hitler immer wieder betont. »Von irgendwelchen Bonzenallüren nach dem schlechten Vorbild anderer ›Parteigrößen‹ könne also nicht die Rede sein.« (Albert Krebs, Tendenzen und Gestalten der NSDAP. Erinnerungen an die Frühzeit der Partei, 1948, S. 141.) Später wurde allerdings doch gekauft; es entstand der aufwendige »Berghof« mit kostspieligen Nebenanlagen wie dem »Teehaus«. Siehe dazu: Ernst Hanisch, Der Obersalzberg. Das Kehlsteinhaus und Adolf Hitler, 1995.

16 Zu den Anschuldigungen, die in Umlauf kamen, gehörte, dass Geli von ihrem Onkel ein Kind erwartete, dass Hitler selbst der Mörder sei oder dass ein SS-Kommando die Tat beging. Hitler hat dazu erklärt, dieser »furchtbare Schmutz« bringe ihn um, und er werde seinen Gegnern nicht vergessen, was sie mit der üblen Nachrede ihm antaten. Siehe dazu: Hans Frank, Im Angesicht des Galgens. Deutung Hitlers und seiner Zeit auf Grund eigener Erlebnisse und Erkenntnisse, 2. Auflage 1955, S. 90. Insgesamt zum Thema: Ronald Hayman, Hitler and Geli, 1997.

17 Bismarck, Die Gesammelten Werke, Friedrichsruher Ausgabe, 1924 ff., Band VI b, S. 1 f. – Das Zitat stammt aus dem Jahre 1869.

18 Das Tagebuch von Joseph Goebbels 1925/26, mit weiteren Dokumenten, herausgegeben von Helmut Heiber, ohne Jahr, S. 60. – Auf die neueren umfassenden Ausgaben der Goebbels'schen Tagebücher sei hier als eine wichtige Quelle hingewiesen; siehe das Literaturverzeichnis.

19 Siehe dazu: Werner Jochmann, Nationalsozialismus und Revolution. Ursprung und Geschichte der NSDAP in Hamburg 1922–1933, 1963, S. 96 f.

20 Nachdem es ihm nicht gelungen war, Teile der NSDAP für die Regierung Schleicher zu gewinnen, legte Gregor Strasser am 8. Dezember 1932 alle seine Ämter nieder und wurde aus der Partei ausgeschlossen. Sein Bruder Otto hatte schon 1930 mit Hitler gebrochen und gründete danach die »Kampfgemeinschaft revolutionärer Nationalsozialisten«, auch

»Schwarze Front« genannt. Otto emigrierte nach Hitlers »Machtergreifung«; Gregor blieb im Lande und wurde 1934 ermordet. Von Gregor Strasser sind als Kampfschriften zu nennen: Freiheit und Brot, 1928; Kampf um Deutschland, 1932. Von Otto Strasser: Aufbau des Deutschen Sozialismus, 1931; Die deutsche Bartholomäusnacht, 1935; Hitler und ich, 1948; Exil, 1958.

21 Die Welt von Gestern. Erinnerungen eines Europäers, Taschenbuchausgabe 1970, S. 411.

22 Zitiert nach: Ernst Deuerlein, Der Aufstieg der NSDAP in Augenzeugenberichten, 1974, S. 314. – Ossietzky wurde Ende Februar 1933, nach dem Reichstagsbrand, verhaftet und in ein Konzentrationslager gebracht. 1936 erhielt er den Friedensnobelpreis. In einer Berliner Klinik starb er noch immer unter Polizeiaufsicht am 4. Mai 1938 an den Folgen der Haft. Siehe zu ihm die Biografie von Elke Suhr, Carl von Ossietzky, 1988.

23 Es waren 108 717 Mitgliedskarten ausgegeben; siehe Deuerlein, a.a.O., S. 297. Wenn man die üblichen »Karteileichen« abzieht, kommt man ungefähr auf den Stand von 100 000.

Der Weg zur Macht

1 15 Jahre mit Hitler. Zwischen Weißem und Braunem Haus, 2. Auflage 1980, S. 218.

2 Zitiert nach: Otto Wagener, Hitler aus nächster Nähe. Aufzeichnungen eines Vertrauten 1929–1932, herausgegeben von Henry Ashby Turner, 2. Auflage 1987, S. 128.

3 Das Tagebuch der Baronin Spitzemberg, geb. Freilin von Varnbüler – Aufzeichnungen aus der Hofgesellschaft des Hohenzollernreiches, herausgegeben von Rudolf Vierhaus, 4. Auflage 1976, S. 238.

4 Heinrich von Poschinger, Fürst Bismarck. Neue Tischgespräche und Interviews, 1895, S. 173.

5 Max Domarus, Hitler – Reden und Proklamationen 1932–1945, Band I, zweiter Halbband, 1965, S. 661.

6 Ebd., S. 643.

7 Besonders militant verlief die Entwicklung in Schleswig-Holstein, wo Bombenattentate auf Finanzämter und andere Regierungsgebäude sich häuften. Schon im Januar 1929 entstand die Protestbewegung des »Landvolks«, die zunehmend unter nationalsozialistischen Einfluss geriet. Aber auch der ostelbische Großgrundbesitz befand sich in einer Existenzkrise. – Zur politischen Entwicklung in Schleswig-Holstein seien genannt: Gerhard Stoltenberg, Politische Strömungen im schleswig-holsteinischen Landvolk 1918–1933, 1962; Rudolf Heberle, Landvolk und Nationalsozialismus. Eine soziologische Untersuchung der politischen Willensbildung in Schleswig-Holstein 1918 bis 1932, 1963; als farbige Darstellung im Ro-

man: Hans Fallada, Bauern, Bonzen und Bomben, 1931. Allgemein zur Landwirtschaft: Dieter Gessner, Agrarverbände in der Weimarer Republik. Wirtschaftliche und soziale Voraussetzungen agrarkonservativer Politik vor 1933, 1976.

8 Voraussetzung war das Einverständnis des Reichspräsidenten, der die Notverordnungen erließ. In Artikel 48 der Weimarer Reichsverfassung hieß es: »Der Reichspräsident kann, wenn im Deutschen Reich die öffentliche Sicherheit und Ordnung erheblich gestört oder gefährdet wird, die zur Wiederherstellung der öffentlichen Sicherheit und Ordnung notwendigen Maßnahmen treffen, erforderlichenfalls mit Hilfe der bewaffneten Macht einschreiten. Zu diesem Zwecke darf er vorübergehend ... Grundrechte ganz oder zum Teil außer Kraft setzen.« Zu den unter Umständen betroffenen Grundrechten gehörten: die Freiheit der Person, die Unverletztlichkeit der Wohnung, das Briefgeheimnis, die Versammlungs- und Vereinigungsfreiheit. Genau genommen meinten »Sicherheit und Ordnung« freilich kaum Finanz- und Haushaltsfragen, Kürzung von Beamtengehältern und ähnliches, wie sie seit 1930 auf der Tagesordnung standen. Es hieß weiter im Artikel 48: »Von allen gemäß Abs. 1 oder Abs. 2 dieses Artikels getroffenen Maßnahmen hat der Reichspräsident unverzüglich dem Reichstag Kenntnis zu geben. Die Maßnahmen sind auf Verlangen des Reichstags außer Kraft zu setzen.«

9 Wiederum mit Hilfe des Reichspräsidenten gemäß Artikel 25: »Der Reichspräsident kann den Reichstag auflösen, jedoch nur einmal aus dem gleichen Anlaß. – Die Neuwahl findet spätestens am sechzigsten Tag nach der Auflösung statt.«

10 Praktisch handelte es sich um einen Übergang zur Präsidialregierung, gestützt auf die in den vorhergehenden Anmerkungen zitierten Artikel 48 und 25. Alle Kanzler von Brüning über Papen und Schleicher bis Hitler sind nicht von Reichstagsmehrheiten gewählt, sondern von Hindenburg berufen worden.

11 Hans-Ulrich Thamer, Verführung und Gewalt. Deutschland 1933–1945, 1986, S. 178. – Hitler hat im Rückblick auf die Zwanzigerjahre gesagt: »Freilich, heute würde ich meinen Kampf nicht mehr beginnen können. Meinen Gegnern damals war ich schon dadurch überlegen, daß ich dreißig war, während sie fünfzig und sechzig Jahre hatten. Die körperliche Widerstandskraft befähigt einen genialen Mann allein schon zum Sieg über seine Gegner, wenn diese älter an Jahren sind. (Adolf Hitler, Monologe im Führerhauptquartier 1941–1944. Die Aufzeichnungen Heinrich Heims, herausgegeben von Werner Jochmann, 1980, S. 300.) Die vitale Überlegenheit gegenüber den Verteidigern der Republik, die für den Führer galt, traf auch oder erst recht für wichtige Gefolgsleute zu; siehe die folgende Anmerkung.

[12] Strasser, Kampf um Deutschland, 1932, S. 171. – Strasser war, als er das schrieb, 40 Jahre alt. Hitler beging in diesem Jahr seinen 43., Hermann Göring den 39., Joseph Goebbels den 35. Geburtstag. Heinrich Himmler und Martin Bormann gehörten zum Jahrgang 1900. Noch »Twens« waren der Jugendführer Baldur von Schirach und der Architekt Albert Speer, ebenso Organisatoren und Exekutoren des SS-Staates wie Reinhard Heydrich, Ernst Kaltenbrunner, Otto Ohlendorf, Walter Schellenberg, Adolf Eichmann. Zum Vergleich: Bei den Sozialdemokraten waren Otto Braun 60, Otto Wels 59, Hermann Müller 56 Jahre alt, ein noch heute für führende Politiker durchaus charakteristischer Stand. – Es sei auch daran erinnert, daß ein Jugendverband, nämlich die Deutsche Studentenschaft, die erste und bis 1933 einzige gesamtdeutsche Organisation mit nationalsozialistischer Mehrheit war.

[13] Siehe zu einer Tabelle mit genauerem Überblick: Thamer, a.a.O., S. 175.

[14] Außerdem gab es noch den Kandidaten einer Splitterpartei namens Adolf Gustav Winter; er brachte es auf 111 000 Stimmen.

[15] Domarus, a.a.O. (Band I, erster Halbband), S. 94.

[16] Der vollständige Text bei Domarus, a.a.O., S. 59 f.

[17] Ebd., S. 98 f.

[18] Einen Überblick über die Reichstags- und Landtagswahlen von 1932 bis zum März 1933 findet man bei Thamer, a.a.O., S. 212 f. – Zur Analyse der Wähler, die sich für die NSDAP entschieden, ist zu nennen: Jürgen W. Falter, Hitlers Wähler, 1991. Siehe auch Falter, Thomas Lindenberger und Siegfried Schumann (Herausgeber), Wahlen und Abstimmungen in der Weimarer Republik. Materialien zum Wahlverhalten 1919–1933, 1986.

[19] Löbe (1875–1967) war mit einer kurzen Unterbrechung von 1920 bis 1932 *der* Reichstagspräsident der Weimarer Republik, der sein Amt überparteilich und mit großem Geschick wahrnahm. Göring dagegen machte aus seiner Parteilichkeit gar keinen Hehl, und 1933 dirigierte er als Herr der preußischen Polizei zugleich die Verfolgung der Kommunisten und Sozialdemokraten.

[20] Meißner selbst hat eine Rechenschaft versucht: Staatssekretär unter Ebert–Hindenburg–Hitler. Der Schicksalsweg des deutschen Volkes von 1918–1945, wie ich ihn erlebte, 3. Auflage 1958.

[21] Die Tagebücher von Joseph Goebbels, Teil I: Aufzeichnungen 1923–1941, 1997 ff.; hier zitiert nach: Ian Kershaw, Hitler 1989–1936, 1998, S. 518.

[22] Siehe Anmerkung 9

[23] Thilo Vogelsang, Zur Politik Schleichers gegenüber der NSDAP 1932, in: Vierteljahrshefte zur Zeitgeschichte 6, 1958, S. 86 ff.

[24] Heinrich August Winkler, Weimar 1918–1933. Die Geschichte der ersten deutschen Demokratie, 1993, S. 509. – Papen führte schon kurz nach seinem Amtsantritt als Kanzler eine Unterredung mit Hitler. Im Rückblick

hat er darüber gesagt: »Die ersten Eindrücke, die ich von Hitler erhielt, waren enttäuschend. Mit seiner kleinbürgerlichen Erscheinung, mit dem kurzen Schnurrbart und der bekannten Scheitellocke glich er eher einem Bohemien als einem Mann der Politik, den dreizehn Millionen Wähler an die Spitze des Reiches zu setzen wünschten. Von der magnetischen Anziehungskraft, die ihm zugeschrieben wurde, bemerkte ich wenig. Sein Benehmen war höflich und bescheiden.« (Papen, Der Wahrheit eine Gasse, 1952, S. 194 f.) Jetzt, am 13. August, sah es anders aus: »Die unterwürfige Bescheidenheit war verschwunden, und ich stand einem fordernden Politiker gegenüber, der gerade einen durchschlagenden Wahlsieg errungen hatte.« – Und wie wohl würde es erst sein, wenn er der Kanzler war? Aber Papen ließ sich von dem Wandel nicht warnen; seine Torheit wurde bloß noch von seiner Arroganz übertroffen.

25 Hitler, Monologe im Führerhauptquartier 1941–1944. Die Aufzeichnungen Heinrich Heims, herausgegeben von Werner Jochmann, 1980, S. 222.

26 Zur Darstellung in verschiedenen Perspektiven: Walther Hubatsch, Hindenburg und der Staat, 1966, S. 338 f.; Papen, a.a.O., S. 223 f.; Joseph Goebbels, Vom Kaiserhof zur Reichskanzlei. Eine historische Darstellung in Tagebuchblättern, 21. Auflage, 1937, S. 142 ff.

27 Ian Kershaw sagt zum 13. August 1932: »Nach den Ereignissen dieses Tages hätte es niemals zum 30. Januar kommen dürfen.« (A.a.O., S. 469.) Doch eher gilt das Gegenteil. Zwar war die erste Machtprobe misslungen, aber die Krisenlösung lag seitdem auf dem Tisch. Man kam auf sie zurück, als Papen und Schleicher alle ihre Möglichkeiten erschöpft hatten.

28 Domarus, a.a.O., S. 139.

29 Ursachen und Folgen. Vom deutschen Zusammenbruch 1918 und 1945 bis zur staatlichen Neuordnung in der Gegenwart. Eine Urkunden- und Dokumentensammlung zur Zeitgeschichte, herausgegeben von Herbert Michaelis und Ernst Schraepler, 1958 ff., Band VIII, S. 694.

30 Anfang November hatten Nationalsozialisten und Kommunisten – gegen die sozialdemokratisch geprägten Gewerkschaften – gemeinsam für einen Streik der Berliner Verkehrsbetriebe gekämpft und damit die Öffentlichkeit alarmiert. Dieses Zusammengehen der Extreme hatte allerdings viele Wähler erschreckt und dazu beigetragen, dass die NSDAP bei den Reichstagswahlen schlecht abschnitt. Borniert genug erklärten die Kommunisten freilich noch immer die »Sozialfaschisten«, das heißt die Sozialdemokraten, zu ihrem Hauptfeind. Aber dass Hitler mit den Kommunisten bei einem Aufstand gegen die Staatsgewalt gemeinsame Sache machen würde und dabei riskierte, den mittelständischen Kern seiner Parteimitglieder und Wähler zu verlieren, war ein Schreckgespenst und keine realistische Möglichkeit.

31 In Papens eigener Darstellung, der man in diesem Falle sogar glauben

möchte: »Zwei dicke Tränen rollten über seine Wangen, als der große starke Mann mir seine Hände zum Abschied reichte. Unsere Zusammenarbeit war beendet. Das Maß der seelischen Übereinstimmung ... mag auch für den Außenstehenden wohl erkennbar sein aus der Widmung, die der Feldmarschall unter das Bild setzte, das er mir wenige Stunden später zum Abschied überreichte: ›Ich hatt' einen Kameraden!‹« (Der Wahrheit eine Gasse, S. 250.) – Ungewollt wird damit aber deutlich, welche Verantwortung Papen dafür trug, daß er den sentimentalen Greis schließlich dazu überredete, Hitler zum Kanzler zu ernennen. – Papen nennt übrigens auch Einzelheiten zum eben erwähnten Planspiel der Reichswehr. (S. 249.)

32 Papen, a.a.O., S. 250.

33 Joachim Fest sagt zum Verhalten des »Reichsorganisationsleiters«: »Strasser, der gesuchte und gefürchtete Strasser, der einen historischen Augenblick lang das Schicksal der Bewegung in den Händen zu halten schien, verbrachte den Nachmittag in der Gesellschaft eines Freundes bei einem Glase Bier. Resigniert und erleichtert zugleich ließ er dem jahrelang unterdrückten Ärger freien Lauf, schimpfte, seufzte und trank, ehe er abends den Zug bestieg und zermürbt von der aufreibenden Nähe Hitlers in Urlaub fuhr. Seinen Anhang ließ er ratlos zurück. Wer nach den Gründen dieses Versagens sucht, wird sie vor allem in der korrumpierenden Wirkung jahrelanger bedingungsloser Anhänglichkeit suchen müssen: Gregor Strasser war zu lange treu gewesen, um noch selbständig zu sein.« (Hitler. Eine Biographie, Taschenbuchausgabe 1998, S. 512.) Man erkennt hier ein Muster für die Zukunft, bis hin zu den Feldmarschällen des Zweiten Weltkriegs.

34 Siehe Goebbels, Kaiserhof, S. 219 f.

35 Goebbels, ebd., hat die Szene rührselig geschildert. Man hat auch berichtet, dass Hitler den Kopf auf die Tischplatte legte und herzzerreißend schluchzte. Doch das gehört wohl ins Reich der Legenden.

36 Siehe zur eingehenden Beschreibung und Analyse: Jutta Ciolek-Kümper, Wahlkampf in Lippe, 1976.

37 Karl-Dietrich Bracher, Die Auflösung der Weimarer Republik. Eine Studie zum Problem des Machtverfalls in der Demokratie, 1955 (5. Auflage 1971), S. 691. – Trotz aller Korrekturen im Einzelnen, die inzwischen erfolgt sind, kommt diesem frühen Werk noch immer eine grundlegende Bedeutung zu. Siehe von Bracher auch (mit Wolfgang Sauer und Gerhard Schulz): Die nationalsozialistische Machtergreifung. Studien zur Errichtung des totalitären Herrschaftssystems in Deutschland, 1960, 3. Auflage 1974.

38 Zitiert nach: Lutz Graf Schwerin von Krosigk, Es geschah in Deutschland, 1951, S. 147.

39 Ewald von Kleist-Schmenzin, Die letzte Möglichkeit, in: Politische Stu-

dien 10, 1959, S. 92. – Siehe hierzu auch: Bodo Scheurig, Ewald von Kleist-Schmenzin. Ein Konservativer gegen Hitler, 1968, S. 121.

40 Siehe dazu: John W. Wheeler-Bennett, Die Nemesis der Macht. Die deutsche Armee in der Politik 1918–1945, 1954, S. 301 f.

41 Wilhelm Frick (1877–1946) war als Beamter im Münchener Polizeipräsidium schon in den Jahren von 1919 bis 1923 ein Förderer Hitlers. Von 1933 bis 1943 war er Reichsinnenminister und dann bis 1945 »Reichsprotektor« in Böhmen und Mähren. Er wurde in Nürnberg als Kriegsverbrecher verurteilt und hingerichtet.

42 Außer den Nationalsozialisten gehörten zum Kabinett, das am 30. Januar 1933 ernannt wurde: von Papen als Vizekanzler und Reichskommissar in Preußen, von Neurath als Außenminister, Hugenberg als Wirtschaftsminister, General von Blomberg als Reichswehrminister, Seldte als Arbeitsminister, Graf Schwerin von Krosigk als Finanzminister, von Eltz-Rübenach als Post- und Verkehrsminister; Gürtner rückte etwas später ins Justizministerium nach, das er schon 1932 wahrgenommen hatte.

43 Es charakterisiert Hugenberg, dass er zwar zu besseren Einsichten fähig war, aber daraus keine Konsequenzen zog. Bereits am Tage nach der Kabinettsbildung soll er gesagt haben: »Ich habe gestern die größte Dummheit meines Lebens gemacht: Ich habe mich mit dem größten Demagogen der Weltgeschichte verbündet.« (Zitiert nach Gerhard Ritter, Carl Goerdeler und die deutsche Widerstandsbewegung, 1956, S. 64.) – Nach seinem grollenden Rücktritt als Minister am 26. Juni 1933 blieb Hugenberg dennoch während des ganzen »Dritten Reiches« Mitglied des nationalsozialistischen Reichstags.

44 Siehe Hans Otto Meißner und Harry Wilde: Die Machtergreifung, 1958, S. 191.

45 Zitiert nach Wilhelm Breucker, Die Tragik Ludendorffs. Eine kritische Studie auf Grund persönlicher Erinnerungen an den General und seine Zeit, 1953, S. 136.

Der Weg zur Herrschaft

1 Harry Graf Kessler, Aus den Tagebüchern 1918–1937, Taschenbuchausgabe 1965, S. 352.

2 Die Zahl der Rundfunkgeräte war natürlich noch begrenzt. Doch mit aller Energie wurde der Gemeinschaftsempfang organisiert, zum Beispiel in Gaststätten, und die Entwicklung des »Volksempfängers« schloss sich an, eines in Massen produzierten, preiswerten Geräts, mit dem zusätzlichen Vorteil, dass mit ihm nur ortsnahe Sender, aber keine ausländischen Programme gehört werden konnten.

3 Dies war eine Anspielung auf die in der Märzrevolution von 1848 bei den

Barrikadenkämpfen in Berlin Gefallenen, die man dann nach dem Rückzug der Truppen dem König in den Schlosshof trug, damit er sie ehrte.

[4] Max Domarus, Hitler, Reden und Proklamationen 1932–1945, kommentiert von einem Zeitgenossen, Band I, erster Halbband, 1965, S. 194.

[5] Ebd., S. 207.

[6] Ebd., S. 208.

[7] Ursachen und Folgen – Vom deutschen Zusammenbruch 1918 und 1945 bis zur staatlichen Neuordnung Deutschlands in der Gegenwart. Eine Urkunden- und Dokumentensammlung zur Zeitgeschichte, herausgegeben von Herbert Michaelis und Ernst Schraepler, 1958 ff., Band IX, S. 38 f.

[8] Ebd., S. 74.

[9] Zur grundlegenden Darstellung sei verwiesen auf: Reinhart Koselleck, Preußen zwischen Reform und Revolution. Allgemeines Landrecht, Verwaltung und soziale Bewegung, 1967.

[10] Hans Buchheim, Martin Broszat, Hans-Adolf Jacobsen, Helmuth Krausnick, Anatomie des SS-Staates, 2 Bände, 1965, Band II, S. 20.

[11] Meinungsbildend wirkte in diesem Sinne das von Willi Münzenberg in Paris herausgegebene »Braunbuch über Reichstagsbrand und Hitler-Terror«, zuerst 1933, Nachdruck 1973.

[12] Hier ist vor allem zu nennen: Fritz Tobias, Der Reichstagsbrand. Legende und Wirklichkeit, 1962. Weiter zum Thema: Hans Mommsen, Der Reichstagsbrand und seine politischen Folgen, in: Vierteljahrshefte für Zeitgeschichte, 12, 1964, S. 351 ff.; Uwe Backes und andere, Reichstagsbrand. Aufklärung einer historischen Legende, 1986.

[13] Siehe dazu: Martin H. Sommerfeld, Ich war dabei. Die Verschwörung der Dämonen 1933–1939. Ein Augenzeugenbericht, 1949, S. 32.

[14] Es erschienen auch Postkarten, auf denen unter den Bildern Friedrichs, Bismarcks, Hindenburgs und Hitlers zu lesen stand: »Was der König eroberte, der Fürst formte, der Feldmarschall verteidigte, rettete und einigte der Soldat.«

[15] Domarus, a.a.O., S. 228.

[16] Ebd., S. 258.

[17] Siehe hierzu: Martin Broszat, Elke Fröhlich, Falk Wiesemann (Herausgeber), Bayern in der NS-Zeit, Band I, 1977, besonders S. 240 f.

[18] Josef und Ruth Becker (Herausgeber), Hitlers Machtergreifung. Dokumente vom Machtantritt Hitlers 30. Januar 1933 bis zur Besiegelung des Einparteiensystems 14. Juli 1933, 2. Auflage 1992, S. 149 f.

[19] Es sind verschiedene Rufe überliefert, vielleicht auch gebraucht worden. Nach Carl Severings Erinnerung rief die SA: »Wir fordern das Ermächtigungsgesetz – sonst gibt's Zunder! (Mein Lebensweg, Band II, 1950, S. 385.)

[20] Redetext bei Domarus, a.a.O., S. 229 ff.

[21] Im Artikel 76 der Weimarer Reichsverfassung hieß es: »Die Verfassung kann im Wege der Gesetzgebung geändert werden. Jedoch kommen Beschlüsse des Reichstags auf Abänderung der Verfassung nur zustande, wenn zwei Drittel der gesetzlichen Mitgliederzahl anwesend sind und wenigstens zwei Drittel der Anwesenden zustimmen.« Inhaltlich waren keine Grenzen gesetzt; auch radikale Veränderungen waren darum ohne Verfassungsbruch möglich. – Das Bonner Grundgesetz von 1949 hat hierauf reagiert. Darum sagt es in Artikel 79, Absatz 3: »Eine Änderung dieses Grundgesetzes, durch welche die Gliederung des Bundes in Länder, die grundsätzliche Mitwirkung der Länder bei der Gesetzgebung oder die in den Artikeln 1 [Würde des Menschen] und 20 [demokratischer Bundes- und Rechtsstaat] niedergelegten Grundsätze berührt werden, ist unzulässig.« Weiter sagt Artikel 19, Absatz 2: »In keinem Falle darf ein Grundrecht in seinem Wesensgehalt angetastet werden.«

[22] Siehe Domarus, a.a.O., S. 239 f.; Otto Wels, Rede zur Begründung der Ablehnung des »Ermächtigungsgesetzes«, mit einem Essay von Iring Fetscher, 1993. – Näher zu Wels: Hans J. Adolph, Otto Wels und die Politik der deutschen Sozialdemokratie 1894–1939, 1971.

[23] Als Literatur zum Thema seien noch genannt: Rudolf Morsey (Herausgeber), Das »Ermächtigungsgesetz« vom 24. März 1933; Hans Schneider, Das Ermächtigungsgesetz vom 24. März 1933. Bericht über das Zustandekommen und die Anwendung des Gesetzes, in: Vierteljahrshefte für Zeitgeschichte 1, 1953, S. 197 ff.

[24] Siehe zur Geschichte und zum Ende des »Stahlhelm«: Volker R. Berghahn, Der Stahlhelm, Bund der Frontsoldaten 1918–1935, 1966.

[25] Domarus, a.a.O., S. 255. – Zum preußischen Ministerpräsidenten wurde Hermann Göring ernannt.

[26] Akten der Reichskanzlei. Die Regierung Hitler, Teil I, 1933/1934, herausgegeben von Karl-Heinz Minuth, 2 Bände, 1983, hier: Band II, S. 939 ff.

[27] Siehe zur Arbeitsfront und ihrem Führer: Ronald Smelser: Robert Ley. Hitlers Mann an der »Arbeitsfront«. Eine Biographie, 1989.

[28] Nur als Beispiel sei hier der Bericht des »Göttinger Tageblatts« vom 11. Mai 1933 zitiert: »Der neugewählte Rektor der Universität, Prof. Neumann, ließ es sich nicht nehmen, die einleitenden Worte zu sprechen … Sodann nahm Privatdozent Dr. Fricke das Wort, um in längerer, formvollendeter und geistvoller Rede Sinn und Bedeutung der Kundgebung zu deuten. Er wies darauf hin, daß nunmehr die nationale Revolution in ihr entscheidendes schöpferisches Stadium getreten sei … Nur einen kleinen Teil der akademischen Jugend, die ihr Glaubensbekenntnis zum deutschen Geist durch eine Protestaktion gegen alles Undeutsche ablegt, hat das Auditorium maximum fassen können. Während der sinndeutenden Rede Dr. Frickes herrscht draußen, um das Hörsaalgebäude herum, ein fast lebens-

gefährliches Drängen und Treiben ... Ein Trompetensignal gibt das Zeichen zum Beginn des Fackelzuges, die SS-Kapelle intoniert einen Marsch, und unter Vorantritt der Hakenkreuzfahne des Sturmes 4/82, des Studentensturmes, zieht die akademische Jugend Göttingens durch die Straßen der Innenstadt hinauf zum Platz vor der Albanischule. Hier ist schon in den Nachmittagsstunden der Scheiterhaufen errichtet worden ...«

29 Goebbels sorgte natürlich auch für die gehörige Dokumentation und Öffentlichkeitswirkung. Daher kann man die Opernplatzszenen noch heute in alten Wochenschauaufnahmen sehen und hören.

30 Zu denen, die bei der Verbrennung ihrer Bücher namentlich genannt wurden, gehörten: Karl Marx und Karl Kautsky, Heinrich Mann, Ernst Glaeser und Erich Kästner, Friedrich Wilhelm Foerster, Sigmund Freud, Emil Ludwig und Werner Hegemann, Theodor Wolff und Georg Bernhard, Erich Maria Remarque, Alfred Kerr, Kurt Tucholsky und Carl von Ossietzky. Einer, der an der Verbrennung seiner Bücher teilnahm, war Erich Kästner. Er hat darüber berichtet: »Ich stand vor der Universität, eingekeilt zwischen Studenten in SA-Uniform, den Blüten der Nation, sah unsere Bücher in die zuckenden Flammen fliegen und hörte die schmalzigen Tiraden des kleinen abgefeimten Lügners ... Plötzlich rief eine schrille Frauenstimme: ›Dort steht ja der Kästner!‹ Eine junge Kabarettistin, die sich mit einem Kollegen durch die Menge zwängte, hatte mich stehen sehen und ihrer Verblüffung übertrieben laut Ausdruck verliehen. Mir wurde unbehaglich zumute. Doch es geschah nichts. (Obwohl in diesen Tagen sehr viel zu ›geschehen‹ pflegte.) Die Bücher flogen weiter ins Feuer. Die Tiraden des kleinen abgefeimten Lügners ertönten weiterhin. Und die Gesichter der braunen Studentengarde blickten, den Sturmriemen unterm Kinn, unverändert geradeaus.« (Kästner für Erwachsene, herausgegeben von Rudolf Walter Leonhardt, 1966, S. 435.)

31 Siehe insgesamt zum Thema Christian Graf von Krockow: Scheiterhaufen. Größe und Elend des deutschen Geistes, Neuausgabe 1993. Hier ein Beispiel des Protestes: Als die Abteilung für Dichtung der Preußischen Akademie der Künste ihren Mitgliedern eine Mitarbeit »im Sinne der veränderten geschichtlichen Lage« abverlangte, schrieb Ricarda Huch an den Präsidenten: »Lassen Sie mich zuerst danken für das warme Interesse, das Sie an meinem Verbleiben in der Akademie nehmen. Es liegt mir daran, Ihnen verständlich zu machen, warum ich Ihrem Wunsche nicht entsprechen kann. Daß ein Deutscher deutsch empfindet, möchte ich fast für selbstverständlich halten; aber was deutsch ist, und wie Deutschtum sich bestätigen soll, darüber gibt es verschiedene Meinungen. Was die jetzige Regierung als nationale Gesinnung vorschreibt, ist nicht mein Deutschtum. Die Zentralisierung, der Zwang, die brutalen Methoden, die Diffa-

mierung Andersdenkender, das prahlerische Selbstlob halte ich für undeutsch und unheilvoll. Bei einer sehr von der staatlich vorgeschriebenen Meinung abweichenden Auffassung halte ich es für unmöglich, in einer staatlichen Akademie zu bleiben. Sie sagen, die mir von der Akademie vorgelegte Erklärung werde mich nicht an der freien Meinungsäußerung hindern. Abgesehen davon, daß eine ›loyale Mitarbeit an den satzungsgemäß der Akademie zufallenden nationalen und kulturellen Aufgabe im Sinne der veränderten geschichtlichen Lage‹ eine Übereinstimmung mit dem Programm der Regierung erfordert, die bei mir nicht vorhanden ist, so würde ich keine Zeitung oder Zeitschrift finden, die eine oppositionelle Meinung abdruckte. Da bliebe das Recht der freien Meinungsäußerung in der Theorie stecken ... Hiermit erkläre ich meinen Austritt aus der Akademie. Ricarda Huch.« (Abgedruckt bei: Joseph Wulf, Literatur und Dichtung im Dritten Reich. Eine Dokumentation, Taschenbuchausgabe 1966, S. 26 f.) – Später, 1950, schrieb der während des »Dritten Reichs« verfemte und in die Emigration getriebene Alfred Döblin an Walter von Molo: »Eine einzige Stimme tönte aus Ihrem Kreis noch zu mir herüber: die Stimme von Ricarda Huch, einer herrlichen Frau, Sie wissen es selbst, Molo, mit Kraft, Geist und Mut, Ihr werdet niemals Ihresgleichen sehen.« (Zitiert nach: Maria Baum, Leuchtende Spur. Das Leben Ricarda Huchs, 1950, S. 345.)

[32] Gottfried Benn, Antwort an die literarischen Emigranten, Gesammelte Werke in vier Bänden, herausgegeben von Dieter Wellershoff, 1961, Band IV, S. 245 f. – Joachim Fest sagt zu diesem Text: »Solche Äußerungen machen offenbar, wie wenig der Vorwurf ideologischer Armut das Wesen des Nationalsozialismus und seiner spezifischen Verführungsmacht trifft, denn daß er im Vergleich mit den gedanklichen Systemen der Linken nicht viel mehr zu bieten hatte als kollektive Wärme: Menschenmengen, erhitzte Gesichter, Beifallsrufe, Märsche, zum Gruß erhobene Arme, machte ihn besonders anziehend für eine Intellektualität, die lange an sich selber verzweifelt war und aus allem Theorienstreit der Epoche die Einsicht zurückgebracht hatte, daß man ›den Dingen mit Gedanken nicht mehr nahe‹ komme: es war gerade das Bedürfnis zur Flucht vor Ideen, Begriffen und Systemen in irgendeine einfache, unkomplizierte Zugehörigkeit, die ihm so viele Überläufer verschafft hat.« (Hitler. Eine Biographie, Taschenbuchausgabe 1998, S. 608.)

[33] Siehe dazu: Horst Matzerath, Nationalsozialismus und kommunale Selbstverwaltung, 1970, Zahlen zum Personalwechsel S. 79 f.

[34] Der Parteivorstand der SPD emigrierte zunächst nach Prag, dann nach Paris, schließlich nach London. Den Vorsitz übernahm von 1933 bis 1939 Otto Wels, von 1939 bis 1945 Erich Ollenhauer. Nach dem Zusammenbruch Frankreichs 1940 lieferte die Vichy-Regierung Rudolf Breitscheid an die

Gestapo aus; er starb 1944 im Konzentrationslager Buchenwald. – Siehe zur Literatur: Erich Matthias, Sozialdemokratie und Nation, 1952; derselbe und W. Link (Herausgeber), Mit dem Gesicht nach Deutschland. Eine Dokumentation über die sozialdemokratische Emigration, 1969; L. J. Edinger, Sozialdemokratie und Nationalsozialismus. Der Parteivorstand der SPD im Exil von 1933 bis 1945, 1960. Aus besonderer und persönlicher Perspektive berichtet: Wilhelm Hoegner, Flucht vor Hitler. Erinnerungen an die Kapitulation der ersten deutschen Republik 1933, 1977.

[35] Siehe Alfons Kuppler (Herausgeber), Staatliche Akten über die Reichskonkordatsverhandlungen 1933, 1969, S. 293 f. – Weiter seien hier genannt: Karl-Dietrich Bracher, Nationalsozialistische Machtergreifung und Reichskonkordat, 1956; Ernst Deuerlein, Das Reichskonkordat, 1956; Guenter Lewy, Die katholische Kirche und das Dritte Reich, 1965; John S. Conway, Die nationalsozialistische Kirchenpolitik 1933–1945. Ihre Ziele, Widersprüche und Fehlschläge, 1969.

[36] Walter Görlitz, Hindenburg, 1953, S. 412.

[37] André François-Poncet, Botschafter in Berlin 1931–1938, 1962, S. 136.

[38] Tagebücher, Aphorismen, Essays und Reden (Gesammelte Werke, Band II), 1955, S. 125; siehe auch: Wilfried Berghahn, Robert Musil in Selbstzeugnissen und Bilddokumenten, 1963, S. 123.

[39] Domarus, a.a.O., S. 331.

[40] Ian Kershaw, Hitler 1889–1936, 1998, S. 625 f.

[41] Peter Longerich, Die braunen Bataillone. Geschichte der SA, 1989, S. 188 ff.

[42] Ernst Röhm, SA und die deutsche Revolution, in: Nationalsozialistische Monatshefte, 4. Jahrgang 1933, S. 251 ff.

[43] Siehe zur näheren Darstellung: Heinz Höhne, Mordsache Röhm. Hitlers Durchbruch zur Alleinherrschaft 1933–1934, 1984.

[44] Jung, geboren 1894, war schon seit 1932 ein Berater Papens. Nach dessen Marburger Rede wurde er am 25. (nach anderer Darstellung am 26. Juni) verhaftet und am 1. Juli erschossen. Siehe: K. M. Grass, Edgar Jung, Papenkreis und Röhmkrise 1933–1934, Dissertation Heidelberg 1966.

[45] Die Rede ist (auszugsweise) abgedruckt in: Ursachen und Folgen, a.a.O., Band X, S. 157 ff.

[46] Den konservativen Vorstellungen hat schon in den Zwanzigerjahren Carl Schmitt zur Klarheit verholfen, wenn er schrieb: »Volk ist ein Begriff des öffentlichen Rechts. Volk existiert nur in einer Sphäre der Publizität. Die einstimmige Meinung von 100 Millionen Privatleuten ist weder Wille des Volkes, noch öffentliche Meinung. Der Wille des Volkes kann durch Zuruf, durch acclamatio, durch selbstverständliches unwidersprochenes Dasein ebensogut oder noch besser demokratisch geäußert werden als durch den statistischen Apparat, den man seit einem halben Jahrhundert mit ei-

ner so minutiösen Sorgfalt ausgebildet hat. Je stärker die Kraft des demokratischen Gefühls, um so sicherer die Erkenntnis, daß Demokratie etwas anderes ist als ein Registriersystem geheimer Abstimmungen. Vor einer, nicht nur im technischen, sondern auch vitalen Sinne unmittelbaren Demokratie erscheint das aus liberalen Gedankengängen entstandene Parlament als eine künstliche Maschinerie, während diktatorische und cäsaristische Methoden nicht nur von der acclamatio des Volkes getragen, sondern auch unmittelbare Äußerungen demokratischer Kraft und Substanz sein können.« (Die geistesgeschichtliche Lage des heutigen Parlamentarismus, 2. Auflage 1926, zuerst 1923, S. 22.) – Die Überführung der Willensentscheidung in den Raum der »Öffentlichkeit« zielt freilich auf die Vernichtung der Öffentlichkeit im Sinne freier Meinungsbildung und Meinungsäußerung. Und die Überführung der Massendemokratie in die »wahre« Demokratie hat den Hintersinn, den Massen, vor denen man sich fürchtet, die Herrschaft zu entwinden, indem man den parlamentarischen Ausgleich durch die Entscheidung von »oben« ersetzt, die in den Händen bestimmter »Führungseliten« liegt. Wie die acclamatio von 100 Millionen Menschen praktisch aussehen soll, bleibt ohnehin ein Geheimnis, das sich nur in der organisierten Kundgebung des autoritären oder totalitären Regimes auflöst. Folgerichtig schreibt Schmitt 1932: »Das Volk kann nur Ja und Nein sagen; es kann nicht beraten, deliberieren oder diskutieren, sondern nur einen ihm vorgelegten Normierungsentwurf durch sein Ja sanktionieren. Es kann vor allem auch keine Frage stellen, sondern nur auf eine ihm vorgelegte Frage mit Ja oder Nein antworten ... Infolge dieser Abhängigkeit von der Fragestellung setzen alle plebiszitären Methoden eine Regierung voraus, die nicht nur Geschäfte besorgt, sondern auch Autorität hat, die plebiszitären Fragestellungen im richtigen Augenblick richtig vorzunehmen. Die Frage kann nur von oben gestellt werden, die Antwort nur von unten kommen. Auch hier bewährt sich die Formel des großen Verfassungskonstrukteurs Sieyès: Autorität von oben, Vertrauen von unten.« (Legalität und Legitimität, 1932, S. 92 ff.) – Ideengeschichtlich könnte man Schmitts Position als einen Rechts-Rousseauismus bezeichnen.

47 Bericht von Hitlers Fahrer Erich Kempka, abgedruckt in: Ursachen und Folgen, a.a.O., Band X, S. 168 ff.

48 Hermann Mau, Die Zweite Revolution. Der 30. Juni 1934, in: Vierteljahrshefte für Zeitgeschichte, 1, 1954, S. 134. – Offiziell wurde die Zahl der Erschossenen mit 77 angegeben.

49 Hans Bernd Gisevius, Adolf Hitler. Versuch einer Deutung, 1963, S. 291.

50 Nachträglich wohl gezielt ausgestreute Gerüchte besagten, dass Röhm bei seiner Verhaftung mit einem Strichjungen im Bett überrascht worden sei. Es handelte sich jedoch um den SA-Obergruppenführer Edmund Heines.

Heines war 1922 mit Leuten aus dem Freikorps Roßbach zu Hitler gestoßen. Als SA-Führer in Schlesien führte er den Kampf gegen die Kommunisten besonders brutal; in seinem Verantwortungsbereich geschah im August 1932 der Aufsehen und Abscheu erregende Mord von Potempa, bei dem ein Kommunist vor den Augen seiner Mutter zu Tode getrampelt wurde. (Siehe dazu: Paul Kluge, Der Fall Potempa, in: Vierteljahrshefte für Zeitgeschichte, 5, 1957, S. 279 ff.) Fast folgerichtig wütete dann auch der Terror gegen die SA-Führung vom 30. Juni bis zum 2. Juli 1934 in Schlesien besonders brutal.

51 Domarus, a.a.O., S. 406.

52 Der Führer schützt das Recht, abgedruckt in: Carl Schmitt, Positionen und Begriffe im Kampf mit Weimar – Genf – Versailles, 1940, S. 199 ff.

53 Zum Verhalten und Versagen der Generale sei verwiesen auf: Immo von Fallois, Kalkül und Illusion. Der Machtkampf zwischen Reichswehr und SA während der Röhmkrise 1934, 1994.

51 Ferdinand Sauerbruch, Das war mein Leben, 1960, S. 520.

Die Deutschen und ihr Führer – Zweiter Teil

1 Horace Greely Hjalmar Schacht (1877–1970) seit 1916 Direktor der Nationalbank für Deutschland, die er 1922 mit der Darmstädter Bank vereinigte, wirkte bereits bei der Währungsreform von 1923 mit, die die Inflation ans Ende brachte. Von 1924 bis 1930 war er erstmals Reichsbankpräsident. Dann in Opposition zur Republik und ihrer »Erfüllungspolitik«, hat er zweifellos dazu beigetragen, dass Bank- und Wirtschaftskreise sich Hitler näherten.

2 Eine Hauptrolle spielten die sogenannten Mefo-Wechsel, benannt nach der »*Me*tallurgischen *Fo*rschungsanstalt«; über sie liefen die vom Reichsfinanzministerium ausgestellten Wechsel, die dann die Reichsbank diskontierte.

3 Schon 1932 erschien von Keynes ein Vorspiel zum Hauptwerk: »Vom Gelde«. Gewiss nicht Hitler, jedoch Schacht dürfte es gelesen haben.

4 Zum Beispiel zeigen Wochenschauaufnahmen Schacht so im Sommer 1940 bei der Begrüßung Hitlers in Berlin nach dem siegreich beendeten Feldzug gegen Frankreich. – Gegen Ende des Krieges, 1944/45, wurde der oppositionsverdächtige Schacht in ein Konzentrationslager eingewiesen und danach von den Alliierten verhaftet. Im Nürnberger Prozess gegen die »Hauptkriegsverbrecher« wurde er 1946 freigesprochen.

5 Adolf Hitler, Monologe im Führerhauptquartier 1941–1944. Die Aufzeichnungen Heinrich Heims, herausgegeben von Werner Jochmann, 1980, S. 138.

6 Ebd., S. 88.

7 Einer der wenigen, der dies getan hat, ist Sebastian Haffner: Anmerkun-

gen zu Hitler, 1978, S. 34 ff.; speziell zum wirtschaftlichen Aufbau seit 1933: S. 37 ff.

8 Auf der Höhe der Vorkriegsproduktion, 1938, wurden im (Groß-)Deutschen Reich gerade einmal 275 000 Kraftfahrzeuge hergestellt, 30 Jahre später allein in der Bundesrepublik 2,862 Millionen. Zur genaueren Darstellung sei verwiesen auf: Heidrun Edelmann, Vom Luxusgut zum Gebrauchsgegenstand – Die Geschichte der Verbreitung von Personenkraftwagen in Deutschland, 1986.

9 Kapitalismus, Sozialismus und Demokratie, 2. Auflage 1950, S. 114.

10 Fazit – Kein Rechtfertigungsversuch, 1963, S. 16 f.; Neuausgabe mit dem Untertitel: Mein Weg in die Hitler-Jugend, 1979.

11 Tönnies, Gemeinschaft und Gesellschaft. Grundbegriffe der reinen Soziologie, S. 3, 5, 39.

12 Zur Ehrenrettung von Tönnies (gestorben 1936) sei betont, dass er zwar dem Irrtum, aber nicht dem Wahn erlegen ist; der nationalsozialistischen »Volksgemeinschaft« hat er niemals das Wort geredet. Zur eingehenden soziologischen Kritik an Tönnies: René König, Die Begriffe Gemeinschaft und Gesellschaft bei Tönnies, in: Kölner Zeitschrift für Soziologie und Sozialpsychologie, 7. Jahrgang 1955, Heft 3, S. 348 ff. – Siehe daselbst auch: Helmuth Plessner, Nachwort zu Tönnies, S. 341 ff.

13 Eine zu den anthropologischen Grundlagen durchdringende Kritik hat Helmuth Plessner schon 1924 versucht, freilich vergeblich gegen den Zeitgeist ankämpfend: Grenzen der Gemeinschaft. Eine Kritik des sozialen Radikalismus, Neuausgabe 1972, ferner in: Gesammelte Werke Band V, 1981.

14 Hermann Rauchning, Gespräche mit Hitler, Vierter Neudruck 1940, S. 151 und 179 f.

15 Als Auswahl zur Literatur seien genannt: Heinz Boberach, Jugend unter Hitler, 1982; Hans-Christian Bandenburg, Die Geschichte der HJ. Wege und Irrwege einer Generation, 2. Auflage 1982; Max von Grün, Wie war das eigentlich? Kindheit und Jugend im Dritten Reich, 1979; Matthias von Hellfeld und Arno Klönne, Die betrogene Generation. Jugend in Deutschland unter dem Faschismus, Quellen und Dokumente, 1985; Arno Klönne, Jugend im Dritten Reich. Die Hitlerjugend und ihre Gegner, Dokumente und Analysen, 1982; Hannsjoachim W. Koch, Geschichte der Hitlerjugend. Ihre Ursprünge und ihre Entwicklung 1922–1945, 1975.

16 Die Bedeutung des Reichsarbeitsdienstes für die Ideologie und die Realisierung der »Volksgemeinschaft« ist viel zu wenig beachtet worden. Ursprünglich hatte man an eine einjährige Dienstpflicht gedacht; sie scheiterte an der Wehrpflicht und den Anforderungen der Wehrmacht. Auf wenige Wochen verkürzt ist der Arbeitsdienst sogar noch in der späten Kriegszeit durchgehalten worden, obwohl angesichts der »totalen Mobilmachung« völlig funktionswidrig; dabei verkam der Dienst – wie auch

der in der Hitlerjugend – mehr und mehr zur vormilitärischen Ausbildung.

[17] Siehe dazu: Harald Scholtz, Nationalsozialistische Ausleseschulen. Internatsschulen als Herrschaftsmittel des Führerstaates, 1973; Horst Ueberhorst (Herausgeber), Elite für die Diktatur. Die Nationalpolitischen Erziehungsanstalten 1933–1945. Ein Dokumentarbericht, 1969.

[18] NSKK war die Abkürzung für das »Nationalsozialistische Kraftfahrerkorps«. Es gab unzählige Sonderorganisationen, von der Marine-HJ bis zur Reiter-SA; für die Frauen wäre besonders die NS-Frauenschaft zu nennen.

[19] Zitiert nach: Ursachen und Folgen. Vom deutschen Zusammenbruch 1918 und 1945 bis zur staatlichen Neuordnung Deutschlands in der Gegenwart. Eine Urkunden- und Dokumentensammlung, herausgegeben von Herbert Michaelis und Ernst Schraepler, 1958 ff., Band XI, S. 138 f.

[20] Der Verfasser hat Jungvolk und Hitlerjugend erst als Zwölfjähriger kennen gelernt, als er nach dem Kriegsbeginn 1939 vom Lande in eine Internatsschule geschickt wurde.

[21] Hitlers Politisches Testament. Die Bormann-Diktate vom Februar und April 1945, 1981, S. 110.

[22] Adolf Hitler, Monologe im Führerhauptquartier 1941–1944. Die Aufzeichnungen Heinrich Heims, herausgegeben von Werner Jochmann, 1980, S. 272. Siehe auch S. 337.

[23] Ebd., S. 150.

[24] Hitlers Politisches Testament, a.a.O., S. 73 f.

[25] »Unter den Talaren – Muff von tausend Jahren« hieß bekanntlich eine witzige und erfolgreiche Parole der Studentenbewegung von 1968. Auf merkwürdige Weise fand damit der Sturm, den die Nationalsozialisten gegen die traditionellen Autoritäten und Eliten entfesselten, ausgerechnet bei denen eine Fortsetzung, die den Antifaschismus auf ihre Fahnen geschrieben hatten und die »Naziväter« wegen ihrer Verstocktheit oder »Unfähigkeit zu trauern« anklagten.

[26] Schelsky hat seine Nivellierungsthese schon früher entwickelt und dann bloß noch ausformuliert. Siehe von ihm zum Beispiel: Schule und Erziehung in der industriellen Gesellschaft, 1957, S. 14 ff. Weil andere Strukturen der sozialen Ortsbestimmung sich aufgelöst haben, übernimmt die Schule »die Rolle einer bürokratischen Zuteilungsapparatur von Lebenschancen« (S. 18).

[27] Bei den Männern war es schon darum in der Regel anders, weil sie – abgesehen von Fuhr- und Seeleuten, wandernden Handwerksburschen und Händlern – die angeblich »schönsten Jahre ihres Lebens« in der Uniform »bei den Preußen« verbrachten. Mit etwas Glück gelangten sie dann sogar bis Paris, wie 1814/15 und 1870/71.

[28] Gerade der Rückruf zur Mutterrolle entfesselte paradoxe Konsequenzen,

wie Hans-Ulrich Thamer gesagt hat: »Der Totalitätsanspruch, mit dem die Erziehung zur ›rassebewußten‹ und ›erbgesunden‹ deutschen Frau und Mutter bis in den letzten Winkel des Reiches getragen wurde, führte die Mädchen aus der traditionellen Enge ihrer Erfahrungs- und Wertewelt von Haushalt, Familie, Kirche und Schule, deren Bewahrung gegen alle ›zersetzenden Kräfte‹ des Marxismus die Nationalsozialisten propagiert hatten. Nun verbrachten sie ihre Freizeit außer Haus, unter jugendlicher Führung und in Formen, die nicht selten traditionellen Moralvorstellungen widersprachen. In der Provinz kamen schon der Mädchensport und das Tragen von Sportkleidung einem revolutionären Anspruch der Moderne gleich.« (Verführung und Gewalt. Deutschland 1933–1945, 1986, S. 515.)

[29] Hitler bei einer Parteitagsrede vor der Hitlerjugend am 13. September 1935; siehe dazu: Max Domarus, Hitler, Reden und Proklamationen 1933–1945, Band I, zweiter Halbband, 1965, S. 533. – Siehe zur geforderten Jugenderziehung auch schon: »Mein Kampf«, S. 452 ff.

[30] Siehe zum Thema: Francis Courtade und Pierre Cadars, Geschichte des Films im Dritten Reich, 1975. Auch der zuständige Propagandaminister stellte fest: »Wir legen an sich keinen gesteigerten Wert darauf, daß unsere SA über die Bühne und über die Leinwand marschiert.« (A.a.O., S. 13.) Noch im Krieg hießen die großen Kinoerfolge: »Es war eine rauschende Ballnacht« (1939), »Mutterliebe« (1940), »Wunschkonzert« (1941), »Frauen sind doch bessere Diplomaten« (1942), »Die große Liebe« (1943), »Der weiße Traum« (1944).

[31] Der Berliner Spielplan einer beliebigen Woche – vom 30. Januar bis 5. Februar 1940 – bot in den Opernhäusern neben Mozart und Wagner »La Traviata«, »Carmen« und »Aida«. Auf den Sprechbühnen gab man neben »Pygmalion«, »Maß für Maß«, »Othello« und »Götz von Berlichingen«: »Drei alte Schachteln«, »Der Maulkorb«, »Der müde Theodor«, »Bob macht sich gesund«. Die Operette zeigte »Die Fledermaus« und »Der Graf von Luxemburg«, ein Kindertheater »Das tapfere Schneiderlein«. Vollständiger Abdruck bei Thamer, a.a.O., S. 506 f.

[32] Ernst Fraenkel, Der Doppelstaat. Recht und Justiz im »Dritten Reich«, Ausgabe 1984. – Das amerikanische Original erschien 1941 unter dem Titel »The Dual State«. Fraenkel sammelte sein Material zwischen 1933 und 1937 als Berliner Rechtsanwalt; 1938 emigrierte er in die Vereinigten Staaten, aus denen er später als Professor für Politikwissenschaft nach Berlin zurückkehrte.

[33] Carl Schmitt, Politische Theologie, 1922, S. 31. – Dem »Dritten Reich« schon weit vorweg hat Schmitt präzise beschrieben, worum es sich handelt. Wenn die Entscheidung sich aus einer höheren und vorgegebenen Norm ableitet, wird genau genommen ja schon nicht mehr entschieden,

sondern bloß eine Folgerung gezogen. Die normativ gesehen aus dem Nichts geborene Entscheidung folgt dagegen keiner Regel, sondern ist die Ausnahme schlechthin. Schmitt schreibt dazu: »Die Ausnahme ist interessanter als die Norm. Das Normale beweist nichts, die Ausnahme beweist alles; sie bestätigt nicht nur die Regel, die Regel lebt überhaupt nur von der Ausnahme. In der Ausnahme durchbricht die Kraft des wirklichen Lebens die Kruste einer in Wiederholung erstarrten Mechanik.« (A.a.O., S. 14 f.) Diktatur ist die politische Konsequenz. Denn »abstrakt gesprochen, wäre das Problem der Diktatur das in der allgemeinen Rechtslehre noch wenig behandelte Problem der konkreten Ausnahme«. (Schmitt, Die Diktatur, 2. Auflage 1928, S. IX.) Konkret gesprochen stellt sich dann der Führerstaat des »Dritten Reiches« als der auf Dauer gestellte Ausnahmezustand dar.

34 Siehe dazu: Hans Buchheim, Martin Broszat, Hans-Adolf Jacobsen, Helmut Krausnick, Anatomie des SS-Staates, 2 Bände, 1965, als Taschenbuch 1979.

35 Monologe im Führerhauptquartier, a.a.O., S. 140.

36 Domarus, a.a.O., Band II, zweiter Halbband, S. 1874. – Hitlers Ausfall gegen die wohlerworbenen Rechte hatte einen Konflikt mit dem Generalobersten Erich Hoepner zum Hintergrund; in der Dezemberkrise 1941 des Russlandfeldzuges hatte Hoepner gegen Hitlers Haltebefehle rebelliert und war darum aus der Wehrmacht ausgestoßen worden. Dagegen protestierte er unter Hinweis auf seine wohlerworbenen Rechte. Als ein Mitverschworener Stauffenbergs wurde Hoepner am Abend des 20. Juli 1944 erschossen.

37 Anmerkungen zu Hitler, 1978, S. 58 f.

38 Der Begriff des Politischen, 3. Auflage 1933 (zuerst 1927), S. 7.

39 Felix Hartlaub, Das Gesamtwerk, herausgegeben von Geno Hartlaub, 1955, S. 454.

40 Bereits der Boykott jüdischer Geschäfte am 1. April 1933 war eine Sache der SA gewesen und hatte bei der Bevölkerung eher Widerspruch als Zuspruch gefunden; darum wurde er nicht mehr wiederholt. Zur Anschauung von den Vorgängen 1938 sei hier als unverdächtiger Zeuge Erich Kästner zitiert: »Als ich am 10. November 1938, morgens gegen drei Uhr, in einem Taxi den Berliner Tauentzin hinauffuhr, hörte ich zu beiden Seiten der Straße Glas klirren. Es klang, als würden Dutzende von Waggons voller Glas umgekippt. Ich blickte aus dem Taxi und sah, links wie rechts, vor etwa jedem fünften Haus einen Mann stehen, der, mächtig ausholend, mit einer langen Eisenstange Schaufenster einschlug. War das besorgt, schritt er gemessen zum nächsten Laden und widmete sich, mit gelassener Kraft, dessen noch intakten Scheiben. – Außer diesen Männern, die schwarze Breeches, Reitstiefel und Ziviljacketts trugen, war weit und breit kein

Mensch zu entdecken. Das Taxi bog in den Kurfürstendamm ein. Auch hier standen in regelmäßigen Abständen Männer und schlugen mit langen Stangen ›jüdische‹ Schaufenster ein. Jeder schien etwa fünf bis zehn Häuser als Pensum zu haben. Glaskaskaden stürzten berstend aufs Pflaster. Es klang, als bestünde die ganze Stadt aus nichts als krachendem Glas. Es war eine Fahrt wie quer durch den Traum eines Wahnsinnigen. – Zwischen Uhland- und Knesebeckstraße ließ ich halten, öffnete die Wagentür und setzte gerade den rechten Fuß auf die Erde, als sich ein Mann vom nächsten Baum löste und leise und energisch zu mir sagte: ›Nicht aussteigen! Auf der Stelle weiterfahren!‹ Es war ein Mann in Hut und Mantel. ›Na hören Sie mal‹, begann ich, ›ich werde doch wohl noch …‹ ›Nein‹, unterbrach er drohend. ›Aussteigen ist verboten! Machen Sie, daß Sie sofort weiterkommen!‹ Er stieß mich in den Wagen zurück, gab dem Chauffeur einen Wink, schlug die Tür zu, und der Chauffeur gehorchte. Weiter ging es durch die gespenstische ›Nacht der Scherben‹. An der Wilmersdorfer Straße ließ ich wieder halten. Wieder kam ein Mann in Zivil leise auf uns zu. ›Polizei! Weiterfahren! Wird's bald?‹ – Am Nachmittag stand in den Blättern, daß die kochende Volksseele, infolge der behördlichen Geduld mit den jüdischen Geschäften, spontan zur Selbsthilfe gegriffen habe.« (Kästner für Erwachsene, herausgegeben von Rudolf Leonhardt, Ausgabe 1966, S. 448 f.) – Siehe als Literatur zum Thema: Peter Freimark und Wolfgang Kopitzsch, Der 9./10. November 1938 in Deutschland. Dokumentation zur »Kristallnacht«, 1978; Hermann Graml, Reichskristallnacht. Antisemitismus und Judenverfolgung im Dritten Reich, 1988; Heinz Lauber, Judenpogrom. »Reichskristallnacht« November 1938 in Großdeutschland. Daten, Fakten, Dokumente, Quellentexte, Thesen und Bewertungen, 1981; Walter H. Pehle (Herausgeber), Das Judenpogrom 1938. Von der »Reichskristallnacht« zum Völkermord, 1988.

41 Daniel Jonah Goldhagen, Hitlers willige Vollstrecker. Ganz gewöhnliche Deutsche und der Holocaust, 1996.

42 Im extremen Fall, doch auf geradem Weg gelangt man zu einer Figur wie Rudolf Höß, dem Kommandanten von Auschwitz, der die Massenvernichtung ebenso vorbildlich organisiert, wie er nach Feierabend mit Frau und fünf Kindern ein vorbildliches Familienleben führt, tier- und musikliebend dazu. Siehe von Höß: Kommandant in Auschwitz. Autobiographische Aufzeichnungen, herausgegeben von Martin Broszat, 4. Auflage 1978. – Zum Doppelmenschen mit der Doppelmoral sei als wichtige Untersuchung noch genannt: Hans Dietrich Schäfer, Das gespaltene Bewußtsein. Über deutsche Kultur und Lebenswirklichkeit 1933–1945, 2. Auflage 1982.

43 Von etwa 27 000 im Sommer 1933 sank die Zahl der Häftlinge auf 7500 Anfang 1937. Bis zum Oktober 1938 wuchs sie wieder auf 24 000; hierbei

spielte der »Anschluss« Österreichs die Hauptrolle, und das erste Konzentrationslager außerhalb der alten Reichsgrenzen entstand in Mauthausen bei Linz. Nach dem 9. November 1938 wurden erstmals Juden in großer Zahl in Konzentrationslager verschleppt, etwa 35 000. Es handelte sich allerdings noch nicht um ein Vorspiel zur Vernichtung, sondern darum, ihnen unter Verlust des gesamten Besitzes den Entschluss zur Ausreise abzupressen. Die Zahl der Lagerinsassen ging daher in den folgenden Wochen und Monaten wieder zurück, bis auf etwa 25 000 beim Kriegsbeginn 1939. – Wenn man mit der DDR vergleicht, stellt man fest, dass dort der Aufwand der »Staatssicherheit« zur Überwachung und Bespitzelung personell ungleich höher war als in den Friedenjahren des »Dritten Reiches« – wohl schon darum, weil die Unsicherheit des Regimes größer und seine Anerkennung in der Bevölkerung geringer war als die der Hitlerherrschaft um die Mitte der Dreißigerjahre.

44 Carl Schmitt, Legalität und Legitimität, 1932, S. 13.

45 Preußen ohne Legende, 1978, S. 84.

46 Haffner fährt an der zitierten Stelle fort: »Ein zweites Gebot war, gegen sich selbst gefälligst nicht wehleidig zu sein; und ein drittes, schon schwächeres, sich gegen seine Mitmenschen – vielleicht nicht geradezu gut, das wäre übertrieben, aber: anständig zu verhalten.«

47 Zur näheren Darstellung und zur Problematik wie zur Begründung der preußischen Tugenden siehe Christian Graf von Krockow: Preußen. Eine Bilanz, zuerst 1992, S. 127 ff.

Die Strasse der Triumphe

1 Von einer Enttäuschung für Hitler und die Nationalsozialisten hat zum Beispiel Joachim Fest gesprochen: Hitler. Eine Biographie, Taschenbuchausgabe Berlin 1998, S. 680. Umso deutlicher wurde jedoch, dass man noch halbwegs korrekt zählte. Dies demonstrieren auch die starken regionalen und örtlichen Unterschiede. Bis zu einem Drittel »Nein«-Stimmen gab es besonders in tradtionell sozialdemokratischen, zum Teil auch katholischen Hochburgen.

2 Siehe dazu Martin Broszat, Der Staat Hitlers, 13. Auflage 1992, S. 353. – Wohl zum letzten Mal hat Hitler sich selbst am 14. März 1938 als Kanzler bezeichnet, als er auf dem Heldenplatz in Wien zum Jubel der Hunderttausenden ausrief: »Als der Führer und Kanzler der deutschen Nation und des Reiches melde ich vor der Geschichte nunmehr den Eintritt meiner Heimat in das Deutsche Reich.«

3 Verfassungsrecht des Großdeutschen Reiches, 2. Auflage 1939, S. 230. – Ideengeschichtlich handelt es sich um einen Rückgriff auf Rousseaus volonté générale, den wahren Gemeinwillen, der zu seiner Feststellung nicht erst der Mehrheitsentscheidungen bedarf, hier aber nicht von »unten«,

vom Volk, sondern von »oben«, vom Führer verkörpert wird. Letztlich blieb Hubers Vorhaben, ein Verfassungsrecht dort zu konstruieren, wo es gegen alle rechtlichen Festlegungen um die Durchsetzung und Dynamik absoluter Macht ging, natürlich ein Versuch am untauglichen Objekt.

4 Rede vom 14. März 1936; siehe Max Domarus, Hitlers Reden und Proklamationen 1932–1945, kommentiert von einem Zeitgenossen, 1965, Band I, zweiter Halbband, S. 606.

5 Ironisch könnte man anmerken, dass Hitler jedenfalls bei der Neigung zur Langschläferei und zur Abwesenheit vom Amt einen Vorgänger in Bismarck gehabt hat. Fast die Hälfte seiner Dienstzeit zwischen der Reichsgründung von 1871 und der Entlassung von 1890 hat Bismarck gar nicht im Amt, sondern in der Abgeschiedenheit von Varzin oder Friedrichsruh verbracht – was schon damals zu Irritationen führte. Als es wieder einmal eine Balkankrise gab, kehrte der britische Botschafter in Berlin, Lord Odo Russell, nach London zurück und erklärte seinem verblüfften Premierminister, dass es keinen Zweck habe, auf seinem Posten zu bleiben, weil der Kanzler und Außenminister nicht zu erreichen sei. »Und was wird aus Deutschland?«, fragte Disraeli. »Wenn man mir sagt, daß Deutschland samt seinem Ministerpräsidenten sich in die Einsamkeit zurückgezogen hat und nicht gestört werden darf und daß der Botschafter Ihrer Majestät hier ist, weil es keinen Sinn hat, auf seinem Posten zu bleiben, dann höre ich exzentrische Dinge, die nicht erlaubt werden dürfen, wenn es um Ereignisse geht, die das Schicksal von Generationen betreffen.«

6 Wiedemann, Der Mann, der Feldherr werden wollte, 1964, S. 69.

7 Ebd., S. 68 f.

8 12 Jahre mit Hitler, 1955, S. 44 f.

9 Papen verschwand nach seiner Marburger Rede, der Röhmkrise und Hindenburgs Tod erst einmal in der Versenkung. Später diente er dann Hitler auf wichtigen Posten als Botschafter, von 1936 bis 1938 in Wien, von 1939 bis 1944 in Ankara.

10 Beispielsweise bemühte sich der »Reichsbauernführer« und von 1933 bis 1942 Reichsminister für Ernährung und Landwirtschaft Walter Darré einmal zwei Jahre lang vergeblich um einen Termin; Hitler wusste, dass es um »Ungenehmes«, nämlich um eine zunehmende kritische Versorgungslage ging und wollte davon nichts wissen. Darré war freilich ein Ideologe; von ihm stammte das Schlagwort »Blut und Boden«, und am wichtigsten war ihm, unveräußerliche »Erbhöfe« zu schaffen. Trotz des Schlagwortes von der »Erzeugungsschlacht« leistete er wenig für die Modernisierung der Landwirtschaft. Unter dem Druck der Kriegslage wurde er daher 1942 von seinem Staatssekretär Herbert Backe abgelöst, den Hitler mit der Führung des Ministeriums beauftragte.

11 Lammers (1879–1962) war von 1921 bis 1933 Beamter im Reichsministe-

rium des Innern und von 1933 bis 1945 Chef der Reichskanzlei, zunächst als Staatssekretär, seit 1937 als Reichsminister. Im »Wilhelmstraßenprozeß« wurde er 1949 zu 20 Jahren Haft verurteilt, jedoch 1952 entlassen.

12 Siehe näher zur Entwicklung und zum Zerfall der Reichsregierung Lothar Gruchmann: Die »Reichsregierung« im Führerstaat, in: Günther Doecker/Winfried Steffani (Herausgeber), Klassenjustiz und Pluralismus, 1973, S. 187 ff.

13 Siehe zum Thema: Peter Hüttenberger, Die Gauleiter. Studie zum Wandel des Machtgefüges in der NSDAP, 1969.

14 Martin Broszat, Hans Buchheim, Hans-Adolf Jacobsen, Helmut Krausnick, Anatomie des SS-Staates, 2 Bände, 1965, hier: Band 2, S. 46.

15 Zitiert nach: Ian Kershaw, Hitler 1889–1936, 1998, S. 665. – Es handelte sich um eine Rede des Staatssekretärs im preußischen Landwirtschaftsministerium Werner Willikens vor den Vertretern der Landwirtschaftsministerien der Länder am 21. Februar 1934.

16 Carl Schmitt hat den Sachverhalt theoretisch vorkonstruiert. Siehe von ihm: Legalität und Legitimität, 1932.

17 Ian Kershaw, Hitlers Macht. Das Profil der NS-Herrschaft, 1992, S. 239.

18 Anmerkungen zu Hitler, 1978, S. 59.

19 Bloß ein Beispiel: Erwin Rommel war 1918 Hauptmann und 1933 Major: ein Aufrücken um einen Dienstrang in 15 Jahren. Aber 1939, nur sechs Jahre später, wurde er bereits zum General befördert. Dabei handelte es sich noch um eine Friedenskarriere; im Krieg genügten dann drei weitere Jahre bis zum Generalfeldmarschall.

20 In den Dreißigerjahren wurde in Pommern erzählt, dass der Gauleiter Schwede-Coburg einem schimpfenden Adelsvertreter gesagt haben: »Wir wissen ja, das ihr uns nicht mögt. Aber das macht nichts; wir bauen eine neue Wehrmacht auf und führen mit der dann den Krieg. Und dann seid ihr alle da. Ihr seid doch die reinsten Landsknechte.« Das wurde mit umso mehr Empörung kolportiert, weil es an eine stets verschwiegene Wahrheit rührte: die standesgemäße Laufbahn und Versorgung der Söhne seit den Tagen Friedrich Wilhelms I. und Friedrichs des Großen.

21 Nur das bekannteste Beispiel liefert die Kaisergabe des Sachsenwaldes bei Hamburg an Bismarck nach der Reichsgründung von 1871. Aber natürlich wurden auch andere bedacht, so der Generalstabschef Helmuth von Moltke schon nach dem Sieg von 1866. Die Tradition der preußischen Dotationen reicht zurück bis zu Friedrich dem Großen. – Zu Hitlers Dotationen sei verwiesen auf: Gerd R. Ueberschär und Winfried Vogel, Dienen und Verdienen. Hitlers Geschenke an seine Eliten, 1999. – Höchst peinlich wirkt es, wenn etwa Feldmarschälle, die unter der Hand über Hitlers strategische Unfähigkeit schimpften, dennoch seine Gaben mit Eifer annahmen und manchmal noch versuchten, sie aufzurunden.

[22] Einer der wenigen, die anders dachten, war Charles de Gaulle. 1934 veröffentlichte er sein Buch »Vers l'armée de métier«, in dem er – allerdings vergeblich – versuchte, die französische Armee auf die Beweglichkeit des Panzerkrieges vorzubereiten. Fast folgerichtig gehörte er zu den wenigen, die im Juni 1940 nicht resignierten. Aber die Sieger bereiten fast immer den vergangenen und nur die Verlierer den kommenden Krieg vor. Heinz Guderians Buch »Achtung, Panzer!« (1937) fand darum in Deutschland eine ganz andere Beachtung als das von de Gaulle in Frankreich.

[23] Rede vom 22. März 1936, zitiert nach Domarus, a.a.O., Band I, zweiter Halbband, S. 610.

Es handelte sich um eine Serie von Reden zur Vorbereitung der Volksabstimmung, die dem Einmarsch ins entmilitarisierte Rheinland folgte. In einer Rede vom 14. März hieß es: »Mein Ziel ist der Friede, der auf der Gleichberechtigung der Völker begründet ist.« Aber auch: »Weder Drohungen noch Warnungen werden mich von meinem Weg abbringen.« (S. 606.) Und höchst pathetisch am 20. März: »Heute nun, mein deutsches Volk, rufe ich dich auf, tritt du jetzt mit deinem Glauben hinter mich! Sei du jetzt die Quelle meiner Kraft und meines Glaubens ... Ich habe dich glauben gelehrt, jetzt gib du mir deinen Glauben.« (S. 609.) – Insgesamt zieht sich die Beteuerung des Friedenswillens wie ein roter Faden durch Hitlers Ansprachen. In der ersten außenpolitischen Grundsatzerklärung vom 17. Mai 1933 hieß es: Wir »respektieren die nationalen Rechte auch der anderen Völker ... und möchten aus tiefinnerstem Herzen mit ihnen in Frieden und Freundschaft leben.« (Domarus, a.a.O., Band I, erster Halbband, S. 273.) »Eine sanftere Friedensrede hätte auch Stresemann nicht halten können«, notierte der Abgeordnete und entschiedene Hitlergegner Wilhelm Hoegner, der dann mit seiner Fraktion der vorgelegten Resolution zustimmte. (Flucht vor Hitler. Erinnerungen an die Kapitulation der ersten deutschen Republik 1933, 1977, S. 203.)

[24] Zitiert nach: Robert Ingrim, Hitlers glücklichster Tag, 1962, S. 70. – Der Bericht des Botschafters wurde nach dem deutsch-polnischen Vertrag vom 26. Januar 1934 geschrieben.

[25] Zitiert nach: Bernd-Jürgen Wendt, Großdeutschland. Außenpolitik und Kriegsvorbereitung des Hitler-Regimes, 1987, S. 78. – Auch Ernst von Weizsäcker, damals Botschafter in Bern und von 1938 bis 1943 selbst Staatssekretär im Auswärtigen Amt, notierte: »Kein parlamentarischer Minister von 1920–33 hätte so weit gehen können.« (Die Weizsäcker-Papiere 1933–1950, herausgegeben von Leonidas Hill, 1974, S. 78.)

[26] 99 statt 100 Prozent werden nicht gebraucht, weil sonst die Glaubwürdigkeit litte – das tut sie ohnehin, wenn es keine Alternativen und keine Kontrollen mehr gibt –, sondern um zu demonstrieren: Man muss wachsam bleiben. Zwar steht die überwältigende Mehrheit der Bevölkerung

hinter dem Führer beziehungsweise der Partei, aber die Volks- oder Klassenfeinde liegen noch auf der Lauer und warten auf ihre Chance. Daher ist der Überwachungsapparat gerechtfertigt, den man mit der GESTAPO, der STASI aufbietet.

[27] Erich Raeder (1876–1960) wurde 1928 Chef der Marineleitung, 1935 Oberbefehlshaber der Kriegsmarine und 1939 zum Großadmiral befördert. Hitler verabschiedete ihn am 30. Januar 1943 und ersetzte ihn durch Dönitz. Das Militärtribunal in Nürnberg verurteilte ihn 1946 zu lebenslänglicher Haft. 1956 wurde er wegen seiner schlechten Gesundheit entlassen. Sein Buch »Mein Leben« erschien 1956/57 in zwei Bänden.

[28] Karl Dietrich Bracher, Die deutsche Diktatur. Entstehung, Struktur, Folgen des Nationalsozialismus, 1969, S. 323.

[29] Joachim von Ribbentrop, Zwischen London und Moskau. Erinnerungen und letzte Aufzeichnungen, 1953, S. 64. Siehe im Übrigen zum Thema: Robert Ingrim, Hitlers glücklichster Tag, 1962.

[30] Erich Kordt, Nicht aus den Akten. Die Wilhelmstraße in Frieden und Krieg. Erlebnisse, Begegnungen und Eindrücke 1928–1945, 1950, S. 109.

[31] A History of the Englisch-speaking Peoples, 4 Bände, 1956–1958, zitiert nach der deutschen Ausgabe: Geschichte, Band III, Das Zeitalter der Revolutionen, 1957, S. 283. – Die verspätete Veröffentlichung hatte mit dem Krieg und der dann folgenden Arbeit an den Kriegserinnerungen zu tun.

[32] Näher zu Hitlers Illusionen und Enttäuschungsreaktionen: Josef Henke, England in Hitlers politischem Kalkül 1935–1939, 1973.

[33] Siehe zur Darstellung: Patrick von zur Mühlen, »Schlagt Hitler an der Saar!«. Abstimmungskampf, Emigration und Widerstand im Saargebiet, 1933–1935, 1979; Paul Gerhard, »Deutsche Mutter, heim zu dir!« Warum es mißlang, Hitler an der Saar zu schlagen. Der Saarkampf 1933–1935, 1984.

[34] Über die Einzelheiten der wechselvollen Entwicklung unterrichtet: Jens Petersen, Hitler–Mussolini: Die Entstehung der Achse Berlin–Rom, 1933–1936, 1971.

[35] Joachim Fest hat zu diesem Verhältnis Hitlers zu Mussolini angemerkt: »Nicht unwichtig war dabei, daß der andere wie er selber ein Mann aus einfachen Verhältnissen war und ihm nicht jene Befangenheit abnötigte wie nahezu überall sonst in Europa die Vertreter der alten bürgerlichen Klasse.« (Hitler. Eine Biographie, Taschenbuchausgabe 1998, S. 716.) – Zum Aufstieg, Triumph und Fall des italienischen Diktators sei verwiesen auf: Denis Mack Smith, Mussolini. Eine Biographie, 1983.

[36] Näher zum Thema: Max Braubach, Der Einmarsch deutscher Truppen in die entmilitarisierte Zone am Rhein im März 1936, 1956; Esmond M. Robertson, Zur Wiederbesetzung des Rheinlandes 1936, in: Vierteljahrshefte für Zeitgeschichte, 10, 1962, S. 178 ff.

[37] Zitiert nach Domarus, a.a.O., Band II, zweiter Halbband, S. 596.

[38] Berliner Tagebuch, Aufzeichnungen 1934–1941, 1991, S. 57.

[39] Paul Schmidt, Statist auf politischer Bühne 1923–1945. Erlebnisse des Chefdolmetschers im Auswärtigen Amt mit den Staatsmännern Europas, 1949, S. 320.

[40] Ebd.; es gibt zahlreiche Zeugnisse ähnlicher Art.

[41] Erich Kordt, a.a.O., S. 134.

[42] Hans Frank, Im Angesicht des Galgens. Deutung Hitlers und seiner Zeit auf Grund eigener Erlebnisse und Erkenntnisse, Ausgabe München-Gräfelfing, 1953, S. 211 f.

[43] Ebd.

[44] Siehe zum Thema: Arnd Krüger, Die Olympischen Spiele 1936 und die Weltmeinung, 1972.

[45] Abgedruckt in: Der Prozeß gegen die Hauptkriegsverbrecher vor dem Internationalen Militärgerichtshof, Nürnberg 1947 ff., XXV, S. 402 ff. – Näher zu diesem »Protokoll«: Walter Bußmann, Zur Entstehung und Überlieferung der »Hoßbach-Niederschrift«, in: Vierteljahrshefte für Zeitgeschichte, 16, 1968, S. 373 ff.

[46] Friedrich Hoßbach, Zwischen Wehrmacht und Hitler 1934–1938, 1949, S. 219.

[47] Fabian von Schlabrendorff, Offiziere gegen Hitler, Taschenbuchausgabe 1959, S. 60 f.

[48] Siehe zum Folgenden: Hermann Foertsch, Schuld und Verhängnis. Die Fritschkrise im Frühjahr 1938 als Wendepunkt in der Geschichte der nationalsozialistischen Zeit, 1951; Harold C. Deutsch, Das Komplott oder die Entmachtung der Generale, 1974. Zur Entwicklung im weiteren Zusammenhang sei auch genannt: Klaus-Jürgen Müller, Das Heer und Hitler. Armee und nationalsozialistisches Regime 1933–1940, 1969. – Zu Hitlers Rede am 5. November hat Helmut Krausnick gesagt: »Da in der anschließenden Aussprache Blomberg *und* Fritsch starke fachlich-militärische Bedenken geäußert haben, wird die Amtsenthebung der beiden Generale im Januar 1938 vielfach als die Reaktion Hitlers auf ihr Verhalten bei jener Besprechung angesehen. Diese Erklärung überzeugt mich jedoch nicht. Denn erst der Heiratsskandal Blombergs, der allein genügte, um ihn als Minister und Oberbefehlshaber der Wehrmacht untragbar zu machen, war das auslösende Moment dafür, daß Hitler die sofortige Amtsenthebung auch Fritschs betrieb – und der Heiratsskandal Blombergs kam fraglos für Hitler unerwartet. Zudem hatte dieser eigentlich keinen akuten politischen Grund zur Unzufriedenheit mit Blomberg. Auch ist ja nachweislich auf Grund der Ausführungen Hitlers vom 5. November 1937 die bisher rein defensiv gefaßte ›Weisung für die einheitliche Kriegsvorbereitung der Wehrmacht‹ schon im Dezember ausdrücklich im Sinne ei-

nes ›unter entsprechenden militärischen Voraussetzungen zu führenden *Angriffskrieges* gegen die Tschechoslowakei‹ abgeändert worden – womit die Wehrmachtführung den damaligen konkreten Wünschen Hitlers nachgekommen war.« (Die Wehrmacht im nationalsozialistischen Deutschland, in: Das Dritte Reich, herausgegeben von Martin Broszat und Horst Möller, 1983, S. 194 f.) Die Frage ist jedoch, ob hier nicht Broszat den politischen Instinkt Hitlers bei weitem unterschätzt. Es ging ihm nicht um Augenblicksdinge, sondern darum, den offenbar gewordenen konservativen Widerstand gegen seine *Zukunftspläne* so weit wie nur möglich zu beseitigen. Darum *benutzte* er die Möglichkeit, die sich ihm unerwartet bot, und darum gingen seine Maßnahmen über den gegebenen Anlass weit hinaus.

49 Zitiert nach Harold C. Deutsch, Das Komplott oder die Entmachtung der Generäle. Blomberg- und Fritsch-Krise. Hitlers Weg zum Krieg, 1974, S. 143.

50 Fritsch schrieb dann einen Brief an Hitler, in dem es hieß: »Die kriminelle Beschuldigung ist restlos zusammengebrochen. Nicht aber beseitigt sind die mich tief verletzenden Begleitumstände meiner Entfernung aus dem Heere.« Und er sprach die dringende Bitte aus, »diejenigen Persönlichkeiten zur Rechenschaft zu ziehen«, die für die Intrige die Verantwortung trugen. (Zitiert nach Müller, a.a.O., S. 269 f.) Natürlich erhielt Fritsch nie eine Antwort. Er wurde nur – in der Sache belanglos – zum Ehrenkommandeur eines Artillerieregiments ernannt, mit dem er 1939 in den Krieg zog. Er suchte und fand am 22. September 1939 vor Warschau den Tod.

51 Zitiert nach Romedio Galeazzo Graf von Thun-Hohenstein, Der Verschwörer. General Oster und die Militäropposition, 1982, S. 71.

52 André François-Poncet, Botschafter in Berlin 1931–1938, 1962, S. 334.

53 Siehe dazu Walter Görlitz und Herbert A. Quint, Adolf Hitler. Eine Biographie, 1952, S. 489.

54 Die preußisch-deutsche Armee 1640–1945, Staat im Staate, 1960, S. 543.

55 Ein Requiem für Rot-Weiß-Rot, 1946, S. 39 f.

56 Kurt von Schuschnigg (1897–1977) bekam Hitlers Rache zu spüren: Bis 1945 war er in Haft, zuletzt in einem Konzentrationslager. Nach dem Krieg ging er in die Vereinigten Staaten und wurde dort Professor. Seit 1967 lebte er wieder in Österreich.

57 Der Prozeß gegen die Hauptkriegsverbrecher vor dem Internationalen Militärgerichtshof, Nürnberg 1947 ff., Band XXXI, S. 367 f.

58 Denkschrift Seyß-Inquarts vom 9. September 1945, a.a.O., Band XXXII, S. 70.

59 Die *Neue Zürcher Zeitung* schrieb am 13. März 1938: »Wer in Wien sitzt, sagte in der Zeit der Friedenskonferenz ein italienischer Diplomat, wird

letzten Endes den Weltkrieg gewonnen haben. Darin – ganz abgesehen von der zum Teil einmaligen, aber im Augenblick äußerst wichtigen Bereicherung, die der kriegsmäßigen Mangelwirtschaft des Nationalsozialismus mit der Aufsaugung der Rohstoff- und Devisenschätze Österreichs zufällt – ist das beispiellose Triumphgefühl und Selbstbewußtsein begründet, das sich Deutschlands bemächtigte, sobald der Erfolg des gewaltigen Handstreichs ... feststand.«

60 Zweig, Die Welt von Gestern. Erinnerungen eines Europäers, Taschenbuchausgabe 1970, S. 460 f.

61 Zitiert nach: Hans-Adolf Jacobsen, Nationalsozialistische Außenpolitik 1933–1938, Ausgabe von 1974, S. 443. – Zu den in diesem Kapitel geschilderten Entwicklungen stellt das Buch von Jacobsen eine grundlegende Arbeit dar.

62 Foreign Relations of the United States, Diplomatic Papers, Vol. I, 1938, S. 500 f.

63 Fritz Wiedemann, a.a.O., S. 171.

64 Zitiert nach: Die Weizsäcker-Papiere 1933–1950, herausgegeben von Leonidas Hill, 1974, S. 129 (Datierung vom 31. Mai 1938).

65 Der Prozeß gegen die Hauptkriegsverbrecher, a.a.O., Band XXV, S. 415 f.

66 Paul Schmidt, Statist auf diplomatischer Bühne 1923–1945. Erlebnisse des Chefdolmetschers im Auswärtigen Amt mit den Staatsmännern Europas, 1949, S. 401.

67 Ebd., S. 405.

68 Domarus, a.a.O., Band I, zweiter Halbband, S. 927.

69 Ebd., S. 931.

70 Ebd., S. 932.

71 Berliner Tagebuch, hier zitiert nach Domarus, a.a.O., S. 933.

72 Zum Durchmarsch der Division durch Berlin: Domarus, a.a.O., S. 937. Der Augenzeuge William Shirer hat berichtet: »Ich ging an die Ecke Wilhelmstraße–Unter den Linden, in der Erwartung, riesige Menschenmengen zu sehen und Szenen zu erleben, wie man sie mir vom Kriegsausbruch 1914 geschildert hatte, mit Jubelgeschrei und Blumen und küssenden Mädchen ... Aber heute verschwanden die Menschen rasch in der Untergrundbahn, und die paar, die stehenblieben, bewahrten tiefes Schweigen ... Es war die auffallendste Kundgebung gegen den Krieg, die ich je erlebte ... Dann ging ich durch die Wilhelmstraße zur Reichskanzlei, wo Hitler auf einem Balkon stand, um den Vorbeimarsch abzunehmen. Dort standen kaum zweihundert Menschen. Hitler machte eine finstere Miene, wurde sichtlich ärgerlich und verschwand bald nach drinnen, ohne den Vorbeimarsch abzunehmen.« (Berliner Tagebuch, S. 376.) – Ähnliche Beobachtungen sind vielfach bezeugt worden. Siehe etwa: Fritz Wiedemann, a.a.O., S. 176 f.; Paul Schmidt, a.a.O., S. 410. Carl Jacob Burckhardt be-

richtete schon Ende August von »dem Entsetzen, ja der Verzweiflung der Massen, als man wieder anfing, von Krieg zu reden«. (Meine Danziger Mission 1937–1939, 1960, S. 155.) – Die Berichte aus dem Reich redeten eine entsprechend deutliche Sprache. So hieß es bei einem Kreisleiter: »Als in den kritischen Tagen im September die Gefahr eines Krieges heranrückte, da zeigte sich, daß noch vielen Parteigenossen das nötige rückhaltlose Vertrauen zum Führer fehlte und daß im Ernstfall mit diesen nicht zu rechnen wäre.« (Zitiert nach Ian Kershaw, Der Hitler-Mythos. Volksmeinung und Propaganda im Dritten Reich, 1980, S. 120.) Wohlgemerkt: Hier war von Parteimitgliedern die Rede, nicht von gewöhnlichen Volksgenossen.

73 Eine anschauliche Schilderung findet man bei Joachim Fest: Septemberverschwörung, in: Staatsstreich. Der lange Weg zum 20. Juli, 1994, S. 76 ff. – Einer der wenigen Verschwörer, die das »Dritte Reich« überlebten, war Hans Bernd Gisevius. Siehe sein Buch: Bis zum bitteren Ende, 1954.

74 Siehe zum Thema: Bernd Jürgen Wendt, München 1938. England zwischen Hitler und Preußen, 1965; Klemens von Klemperer, Die verlassenen Verschwörer. Der deutsche Widerstand auf der Suche nach Verbündeten 1938–1945, 1994; Peter Hoffmann, Widerstand, Staatsstreich, Attentat, 3. Auflage 1979, S. 79 ff.

75 Carl Goerdeler, zitiert nach: Gerhard Ritter, Carl Goerdeler und die deutsche Widerstandsbewegung, 1954, S. 198.

76 Männer wie Franz Halder haben nach 1945 natürlich ein Interesse daran gehabt, ihre Entschlossenheit zum Staatsstreich und seine perfekte Vorbereitung herauszustellen und die Schuld an seinem Ausbleiben allein dem englischen Einlenken zuzuschreiben. Eine wirklich schlüssige Antwort auf die Frage »Was wäre gewesen, wenn ...« kann es darum nicht geben.

77 Churchill sagte weiter: »Ich klage die tapferen Menschen in unserem Lande nicht an, die bereit waren, ihre Pflicht zu tun, was auch die Opfer hätten sein mögen, und die in der Anspannung der letzten Woche niemals wankten; ich klage sie nicht an wegen des ganz natürlichen und spontanen Ausbruchs ihrer Freude, als sie erfuhren, daß das harte Schicksal des Krieges noch einmal abgewendet worden war. Aber die Menschen sollten die Wahrheit erfahren. Sie sollten wissen, daß unsere Verteidigungsfähigkeit sträflich vernachlässigt worden ist. Sie sollten wissen, daß wir auch ohne den Krieg eine schwere Niederlage erlitten haben und daß die Folgen dieser Niederlage uns noch lange begleiten werden. Sie sollten wissen, daß wir eine der schrecklichsten Grenzlinien unserer Geschichte überschritten haben, weil das Gleichgewicht Europas aus den Fugen geraten ist, und daß das Schicksalswort aus der Bibel jetzt für die westlichen Demokratien gilt: ›Man hat dich gewogen und zu leicht befunden.‹ Und

niemand glaube, daß dies das Ende ist. Es ist nur der Anfang der Abrechnung. Es ist nur der Anfang, der bittere Vorgeschmack eines Kelches, der uns nun Jahr für Jahr verabreicht werden wird – wenn wir nicht, mit einer entschiedenen Wiederherstellung unserer Moral und unserer militärischen Stärke, uns erheben und für die Freiheit kämpfen wie in den alten Zeiten.« – Zutreffend sagte Churchill auch voraus: »Ich behaupte, daß der tschechische Staat nicht mehr unabhängig bleiben kann. Ich glaube, daß er in einer Zeitspanne, die vielleicht ein paar Jahre oder nur Monate dauern mag, unter die Naziherrschaft geraten wird.« – Den vollständigen Text findet man unter anderem in: Blood, Sweat, and Tears (Reden Churchills), hier zitiert nach der amerikanischen Ausgabe 1941, S. 55 ff. Zitate S. 58, 60 und 66. – Siehe von Churchill auch: The Tragedy of Munich, in: The Gathering Storm (The Second World War I), Buch I, Kapitel 17.

Ausblicke vom Gipfel

[1] Siehe zu Elser: Lothar Gruchmann (Herausgeber), Autobiographie eines Attentäters. Johann Georg Elser, Aussagen zum Sprengstoffanschlag im Bürgerbräukeller, München, am 8. November 1939, 1970 (Neuausgabe 1989); Anton Hoch, Das Attentat auf Hitler im Münchner Bürgerbräukeller 1939, in: Vierteljahrshefte für Zeitgeschichte, Jahrgang 17, 1969, S. 383 ff. – Elser hätte wohl schon 1938 gehandelt, wenn das möglich gewesen wäre; in seiner Aussage heißt es: »Ich war bereits voriges Jahr um diese Zeit der Überzeugung, daß es bei dem Münchener Abkommen nicht bleibt, daß Deutschland anderen Ländern gegenüber noch weitere Forderungen stellen und sich andere Länder einverleiben wird und daß deshalb ein Krieg unvermeidlich ist.« (Gruchmann, S. 81.) – Offenbar reicht schlichte Einsicht manchmal weiter als alle Klugheit der Staatsmänner.

[2] In der Rede heißt es: »Sollte mir in diesem Kampfe nun etwas zustoßen, dann ist mein erster Nachfolger Parteigenosse Göring. Sollte Parteigenosse Göring etwas zustoßen, ist der nächste Nachfolger Parteigenosse Heß. Sie würden diesen dann als Führer genauso zu blinder Treue und Gehorsam verpflichtet sein wie mir. Sollte auch Parteigenossen Heß etwas zustoßen, werde ich durch Gesetz nunmehr den Senat berufen, der dann den Würdigsten, das heißt den Tapfersten, aus seiner Mitte wählen soll.« (Der großdeutsche Freiheitskampf. Reden Adolf Hitlers, herausgegeben von Philipp Bouhler, Band I und II, 2. Auflage 1943, S. 26.) – Der Senat, den Hitler hier ankündigte, ist niemals gebildet worden.

[3] Zitiert nach: Hans-Ulrich Thamer, Verführung und Gewalt. Deutschland 1933–1945, 1986, S. 621. – Natürlich gibt es andere Ansichten. Ian Kershaw hat zum Beispiel gesagt: »Zu einer deutschen Expansion wäre es wahrscheinlich selbst dann gekommen, wenn Hitler 1938 abgesetzt oder

umgebracht worden wäre.« (Hitlers Macht. Das Profil der NS-Herrschaft, Taschenbuchausgabe 1992, S. 186.) Aber Argumente werden dafür nicht genannt. Es ist ohnehin schwer, sie zu finden, und die Septemberkrise 1938 weist eindeutig in die Gegenrichtung.

4 Siehe zu dem »in mancher Hinsicht schwachen Diktator«: Hans Mommsen, Nationalsozialismus, in: C. D. Kernig (Herausgeber): Sowjetsystem und demokratische Gesellschaft – Eine vergleichende Enzyklopädie, 1966 ff., Band 4, Spalte 702; Manfred Funke, Starker oder schwacher Diktator? Hitlers Herrschaft und die Deutschen, ein Essay, 1989.

5 Hitlers Politisches Testament. Die Bormann-Diktate vom Februar und April 1945, 1981, S. 73 und 74.

6 Ebd., S. 110.

7 Ebd., S. 100.

Unterwegs in den Krieg

1 Zitiert nach: Max Domarus, Hitler. Reden und Proklamationen 1932–1935, kommentiert von einem Zeitgenossen, zwei Bände in jeweils zwei Halbbänden, 1965, hier: Band I, zweiter Halbband, S. 946.

2 Paul Schmidt, Statist auf politischer Bühne 1923–1945. Erlebnisse des Chefdolmetschers im Auswärtigen Amt mit den Staatsmännern Europas, 1949, S. 425.

3 Erich Kordt, Nicht aus den Akten. Die Wilhelmstraße in Krieg und Frieden. Erlebnisse, Begegnungen und Eindrücke 1928–1945, 1950, S. 260.

4 Der Prozeß gegen die Hauptkriegsverbrecher vor dem Internationalen Militärgerichtshof, Nürnberg 1947 ff., Band XIII, S. 4. – Helmut Groscurth berichtet von Hitlers Äußerung: »Er habe im September zurückweichen müssen und sein Ziel nicht erreicht.« (Tagebücher eines Abwehroffiziers 1938–1940, herausgegeben von Helmut Krausnick und Harold C. Deutsch, 1970, S. 166.) – Es sei erinnert an den Rückblick vom Februar 1945 auf München 1938 und Hitlers Klage über den sozusagen ihm von den Westmächten gestohlenen Krieg: »Aber sie akzeptierten alles; wie Schwächlinge gaben sie allen meinen Forderungen nach. Unter solchen Voraussetzungen war es tatsächlich schwierig, einen Krieg vom Zaune zu brechen. Wir haben in München eine einmalige Gelegenheit verpaßt, den unvermeidlichen Krieg rasch und leicht zu gewinnen.« (Hitlers Politisches Testament. Die Bormann-Diktate vom Februar und April 1945, 1981, S. 100.)

5 Siehe Domarus, a.a.O., S. 954 ff.

6 Siehe dazu: Werner Jochmann (Herausgeber): Adolf Hitler. Monologe im Führerhauptquartier 1941–1944. Die Aufzeichnungen Heinrich Heims, 1980, S. 108.

7 Domarus, a.a.O., S. 974.

[8] Vom »ganzen verzweifelten Opportunismus eines von allen Seiten im Stich gelassenen Landes« hat Joachim Fest gesprochen: Hitler. Eine Biographie, Taschenbuchausgabe 1998, S. 811. Im Protokoll heißt es dazu: »Staatspräsident Hácha begrüßt den Führer und drückt seinen Dank dafür aus, daß er ihn empfängt. Er habe seit langem den Wunsch gehabt, den Mann kennenzulernen, dessen wunderbare Ideen er oft gelesen und verfolgt habe. Er [selbst] sei bis vor kurzem ein Unbekannter gewesen. Er habe sich nie mit Politik befaßt … Im übrigen sei ihm das ganze [frühere] Regime fremd gewesen, daß er sich gleich nach dem Umschwung [von 1918] die Frage gestellt habe, ob es überhaupt für die Tschechoslowakei ein Glück sei, ein selbständiger Staat zu sein. In diesem Herbst nun sei ihm die Aufgabe zugefallen, an der Spitze des Staates zu stehen. Er sei ein alter Mann … und er glaube, daß das Schicksal [der Tschechoslowakei] in den Händen des Führers gut aufgehoben sei.« (Aufzeichnungen des Legationsrates Hewel; Akten zur Deutschen Auswärtigen Politik 1918–1945, Serie D: 1937–1945, 1950 ff., IV, Nr. 228.)

[9] Siehe Paul Schmidt, a.a.O., S. 430.

[10] Der Text des von Hácha und Hitler sowie den beiden Außenministern unterzeichneten Abkommens lautete: »Der Führer und Reichskanzler hat heute in Gegenwart des Reichsministers des Auswärtigen von Ribbentrop den tschechoslowakischen Staatspräsidenten Dr. Hácha und den tschechoslowakischen Außenminister Dr. Chvalkovsky auf deren Wunsch in Berlin empfangen. Bei der Zusammenkunft ist die durch die Vorgänge der letzten Wochen auf dem bisherigen tschechoslowakischen Staatsgebiet entstandene ernste Lage in voller Offenheit einer Prüfung unterzogen worden. Auf beiden Seiten ist übereinstimmend die Überzeugung zum Ausdruck gebracht worden, daß das Ziel aller Bemühungen die Sicherung von Ruhe, Ordnung und Frieden in diesem Teile Mitteleuropas sein müsse. Der tschechoslowakische Staatspräsident hat erklärt, daß er, um diesem Ziele zu dienen und um eine endgültige Befriedung zu erreichen, das Schicksal des tschechischen Volkes vertrauensvoll in die Hände des Führers des Deutschen Reiches legt. Der Führer hat diese Erklärung angenommen und seinem Entschluß Ausdruck gegeben, daß er das tschechische Volk unter den Schutz des Deutschen Reiches nehmen und ihm eine seiner Eigenart gemäße autonome Entwicklung seines völkischen Lebens gewährleisten wird.«

[11] Albert Zoller, Hitler privat. Erlebnisbericht seiner Geheimsekretärin, 1949, S. 84.

[12] Siehe Winston Churchill, The Second World War, I, The Gathering Storm, Buch I, Kapitel 19: Prague, Albania, and the Polish Guarantee, January – April 1939.

[13] Zitiert nach Churchill, a.a.O. – So knapp wie plastisch sagt Churchill: »Wenn es Chamberlain nicht gelang, Hitler zu verstehen, dann schätzte

wiederum Hitler den Charakter des britischen Premierministers vollkommen falsch ein. Er mißverstand sein ziviles Auftreten und seine Leidenschaft für den Frieden als den vollkommenen Ausdruck seiner Persönlichkeit, und hielt seinen Regenschirm für sein Symbol. Er erkannte nicht, daß Neville Chamberlain einen sehr harten Kern hatte und daß er es nicht mochte, wenn man ihn betrog.«

[14] Zur Literatur seien genannt: Wolfgang Benz, Hermann Graml (Herausgeber), Sommer 1939. Die Großmächte und der europäische Krieg, 1979; Helmut Altrichter, Josef Becker (Herausgeber), Kriegsausbruch 1939. Beteiligte, Betroffene, Neutrale, 1989; Andreas Hillgruber, Deutschlands Rolle in der Vorgeschichte der beiden Weltkriege, 1967; Jutta Sywottek, Mobilmachung für den Krieg. Die propagandistische Vorbereitung der deutschen Bevölkerung auf den Zweiten Weltkrieg, 1976.

[15] Der Parteiideologe und Bolschewistenhasser Alfred Rosenberg hat das notiert und angemerkt: »Das ist so ziemlich die frechste Beleidigung, die dem Nationalsozialismus zugefügt werden kann.« (Das politische Tagebuch Alfred Rosenbergs aus den Jahren 1934/35 und 1939/40, herausgegeben von Hans-Günther Seraphim, 1956, S. 82.) Gewiss nicht nur Rosenberg, sondern viele Partei- und Volksgenossen irritierte Hitlers Moskauer Schachzug. Hitler selbst sah die Sache längst nicht so eng; im Gegensatz zu den westlichen Staatsmännern hat ihm sozusagen als Tyrannenkollege Stalin durchaus imponiert. Das Thema einer untergründigen Verwandtschaft kann hier nicht vertieft werden; es sei verwiesen auf: Alan Bullock, Hitler und Stalin. Parallele Leben, 1991.

[16] Niederschrift des Vortragenden Rates Hencke vom 24. August 1939, zitiert nach: Michael Freund, Weltgeschichte der Gegenwart in Dokumenten, Freiburg im Breisgau 1954 f., Band III, S. 166 ff.

[17] Meine Danziger Mission 1937–1939, 1960, S. 348.

[18] Die Rede ist in verschiedenen Fassungen überliefert; siehe dazu mit den Quellenangaben die Untersuchung von Winfried Baumgart in: Vierteljahrshefte für Zeitgeschichte, 1968/2, S. 120 ff.

[19] Ein Militärbündnis, das zum gegenseitigen Beistand verpflichtete, der so genannte »Stahlpakt«, war am 22. Mai 1939 geschlossen worden. Die Abreden sahen den Kriegsbeginn jedoch erst zu einem späteren Zeitpunkt vor.

[20] Franz Halder, Kriegstagebuch. Tägliche Aufzeichnungen des Generalstabschefs des Heeres 1939–1942, 2 Bände, 1962 und 1964, hier: Band I, S. 34.

[21] Es versteht sich fast von selbst, dass das nicht mehr galt, als 10 Monate später Frankreich besiegt war. Zwar gab es keine offiziell proklamierte »Heimkehr« des Elsass ins Reich, faktisch aber eine Angliederung durch Verwaltung und Parteiorganisation. Die Universität von Straßburg wurde als deutsche neu eröffnet und mit reichsdeutschen Professoren besetzt,

und die Elsässer wurden zum Wehrdienst eingezogen. Den seltsamen Zwischenzustand, der dennoch blieb, erkennt man auf Karten. Der Verfasser ist im Besitz einer »Straßenkarte von Deutschland«, Jahrgang 1941, herausgegeben vom Deutschen Automobilclub (damals DDAC statt ADAC). Alle inzwischen weit nach Osten vorgeschobenen Grenzen sind eingezeichnet, und das polnische »Generalgouvernement« gehört so umstandslos zum Reich wie das »Reichsprotektorat Böhmen und Mähren«. Nur nach Frankreich hin gibt es keine Grenzlinie; offenbar konnte niemand dem Automobilclub sagen, welches der Status von Elsass-Lothringen war. Die Zurechnung zu Deutschland kommt jedoch darin zum Ausdruck, dass die Hauptstraßen rotfarbig eingezeichnet sind, wie die Reichsstraßen im übrigen Reichsgebiet.

22 Der vollständige Brief ist abgedruckt in: Der großdeutsche Freiheitskampf. Reden Adolf Hitlers, herausgegeben von Philipp Bouhler, Band I und II, 2. Auflage 1943, S. 13 ff.; zitierte Passagen S. 15 f.

23 Ebd., S. 25 ff.; siehe auch: Domarus, a.a.O., Band II, erster Halbband, S. 1316 ff.

24 Nicht eingerechnet ist dabei die unbestimmte Zahl von Soldaten, die in sowjetische Gefangenschaft gerieten. Mehr als 4000 polnische Offiziere wurden dort ermordet und in den 1943 bei Katyn, westlich von Smolensk, entdeckten Massengräbern verscharrt. Im späteren Krieg wurde dann eine polnische Exilarmee unter General Anders aufgestellt, die über den Iran in den britischen Machtbereich gelangte und 1944 in Italien zum Fronteinsatz kam.

25 Schmidt, a.a.O., S. 463 f.

26 Der Prozeß gegen die Hauptkriegsverbrecher, a.a.O., Band XV, S. 385 f.

27 Churchill, a.a.O., Buch II, Kapitel 15.

28 Siehe zur Entwicklung des Feldzugplans: Hans-Adolf Jacobsen, Fall Gelb. Der Kampf um den deutschen Operationsplan zur Westoffensive 1940, 1957.

29 Siehe zur anschaulichen Schilderung: Churchill, Their Finest Hour, The Second World War, II, Buch 1, Kapitel 5. Zur Darstellung von deutscher Seite, auch zur Diskussion über den Anhaltebefehl: Hans-Adolf Jacobsen, Jürgen Rohwer (Herausgeber), Dünkirchen 1940, in: Entscheidungsschlachten des Zweiten Weltkriegs, 1960, S. 7 ff. Wiederum von britischer Seite: Basil Henry Liddell, The other Side of the Hill, 1951, S. 185 ff.

30 Zum Vergleich: Der deutsch-französische Krieg von 1870/71 kostete die preußisch-deutsche Armee fast doppelt so viele Tote – bei einer nur halb so großen Bevölkerung.

31 Der großdeutsche Freiheitskampf, a.a.O., S. 229.

32 Für die Zeit nach der Waffenstillstandzeremonie gab Hitler schon am 21. Juni den folgenden Befehl: »1. Der historische Wagen, der Gedenkstein

und das Denkmal des gallischen Triumphes sind nach Berlin zu verbringen. 2. Die Stellen und Steine der beiden Züge sind zu vernichten. 3. Das Denkmal des Marschalls Foch ist unversehrt zu erhalten.«

[33] Zum deutlichen Hintergedanken dieser Marschallsinflation gehörte, dass kein einzelner Feldherr neben oder gar über Hitler zur überragenden Figur aufrücken sollte, wie im Ersten Weltkrieg Hindenburg mit seinem Stabschef Ludendorff gegenüber dem Kaiser. Auch im weiteren Verlauf des Krieges wurden noch zahlreiche Marschälle ernannt.

[34] Der großdeutsche Freiheitskampf, a.a.O., S. 264.

[35] Ebd., S. 264 f.

Todesfuge: Der ganz andere Krieg

[1] Nur in sehr freier Übersetzung (hier des Verfassers), lässt sich der Eindruck des Originals halbwegs erreichen. Siehe daher zum englischen Text Christian Graf von Krockow: Churchill. Eine Biographie des 20. Jahrhunderts, 1999, S. 340. Zum vollständigen Text der Regierungserklärung: Churchill, Blood, Sweat and Tears, amerikanische Ausgabe 1941, S. 275 f. – Insgesamt handelte es sich um eine der kürzesten Regierungserklärungen, die es jemals gegeben hat.

[2] Die beste Darstellung der Auseinandersetzungen zwischen Churchill und seinen innenpolitischen Gegnern bietet John Lukacs, Churchill und Hitler. Der Zweikampf 10. Mai–31. Juli 1940, 1992, Taschenbuchausgabe 1995. – Fast eine Kabinettskrise entstand schon am 26. Mai, als der französische Ministerpräsident Paul Reynaud nach London kam und vorschlug, dass man Mussolini um Vermittlung bitten solle mit dem Ziel, einen Waffenstillstand zu erreichen und in Friedensverhandlungen einzutreten.

[3] Churchill, Their Finest Hour, The Second World War, II, Buch 1, Kapitel 16.

[4] Bis heute gibt es britische Kritiker, die – wie Chamberlain 1938 in München – Hitler offenbar noch immer für einen vertragsfähigen Staatsmann halten und daher Churchill vorwerfen, dass er Verhandlungen ausschloss. Siehe als Beispiel: John Charmley, Churchill. Das Ende einer Legende, Neuausgabe 1997. – Philipp Bell hat dagegen mit Recht gesagt: »Falls das Kriegskabinett auf die französischen Vorschläge eingegangen wäre und Mussolini um eine Vermittlerrolle gebeten hätte, wäre eine Rücknahme dieses Schritts nicht mehr möglich gewesen ... Und wie sollte eine Regierung danach noch die Bevölkerung zum Widerstand gegen die deutsche Übermacht führen?« (A Certain Eventuality. Britain and the Fall of France, 1974, S. 48.) – Der letzte Satz zeigt das psychologisch Entscheidende: Der Wille zum Widerstand um jeden Preis wäre mit der Einleitung von Verhandlungen unwiderruflich zerbrochen.

[5] Hans-Ulrich Thamer, Verführung und Gewalt. Deutschland 1933–1945, 1986, S. 627.

[6] Zitiert nach: Werner Jochmann, Im Kampf um die Macht. Hitlers Rede vor dem Hamburger Nationalklub von 1919, 1960, S. 83.

[7] Hermann Rauschning, Gespräche mit Hitler, 4. Neudruck 1940, S. 12. – Wer Rauschning für unzuverlässig hält, sei auf ganz ähnliche Äußerungen aus einer späteren Zeit verwiesen. Siehe zum Beispiel: Hitlers Tischgespräche im Führerhauptquartier 1941–1942, herausgegeben von Henry Picker, 1965, S. 172.

[8] Das Standardwerk zum Thema ist: Martin Broszat, Hans Buchheim, Hans-Adolf Jacobsen, Helmut Krausnick, Anatomie des SS-Staates, 2 Bände, 1965. Vom SS-Staat hat jedoch schon und mit Recht Eugen Kogon gesprochen, als er das Lagersystem beschrieb. Siehe von ihm: Der SS-Staat, zuerst 1946, 13. Auflage 1974.

[9] Kommandant in Auschwitz. Autobiographische Aufzeichnungen des Rudolf Höß, herausgegeben von Martin Broszat, Taschenbuchausgabe, 13. Auflage, 1992, S. 66.

[10] Das wichtigste Frauenlager war Ravensbrück. Siehe dazu: G. Zörner und andere, Frauen-KZ Ravensbrück, 1982. – Zur Übersicht über das Lagersystem mit jeweils kurzer Skizze zur Geschichte der Einzellager: Dirk Reinartz, Christian Graf von Krockow, totenstill, 1994, S. 289 ff.; eine Auswahl zur Lagerliteratur daselbst, S. 307 f. – Innerhalb der Lager wurden die verschiedenen Gruppen mit farbigen Winkeln gekennzeichnet, die die Häftlinge auf der linken Brustseite, oft auch am rechten Hosenbein zu tragen hatten. Rot war die Farbe der Politischen, Grün galt für Kriminelle, Schwarz für Asoziale, Violett für die Bibelforscher, Rosa für die Homosexuellen, und zu den Juden gehörte der Judenstern. Zusätzlich gab es Strafzeichen, und Fluchtverdächtigen wurde auf Brust und Rücken eine weiß-rote Zielscheibe aufgenäht oder aufgemalt. In den Worten Eugen Kogons: »Farben, Markierungen, Sonderbezeichnungen – in dieser Hinsicht war das ganze Konzentrationslager ein Narrenhaus. Gelegentlich entstanden wahre Regenbogenausstattungen: So gab es einmal einen jüdischen Bibelforscher als Rassenschänder mit Strafkompaniepunkt und Fluchtzielscheibe!« (Kogon, a.a.O., S. 51.) – Doch nicht nur um Narrheit ging es, sondern um den Vorsatz der SS, die Gruppen gegeneinander auszuspielen. Tatsächlich wurden unter den Häftlingen heftige Kämpfe um die Vorherrschaft ausgetragen, besonders zwischen den Politischen und den Kriminellen. Dachau, Sachsenhausen und mit Unterbrechungen Buchenwald galten als »rote«, also politische, Mauthausen, Flossenbürg, Groß-Rosen und Neuengamme meist als »grüne«, kriminelle Lager.

[11] Zum Herrschaftsalltag gehörte, mit dem besten Gewissen, das Nebeneinander von Idylle und Vernichtung. Wie dieses Nebeneinander in der Praxis aussah, liest man mit Schaudern bei Johann Paul Kremer, einem Mediziner von der Universität Münster, dem die akademische Karriere nie

recht gelang, weil seine Leistungen umstritten blieben. Sozusagen zum Ausgleich arbeitete er zeitweise in Auschwitz und wirkte bei den Selektionen mit, also bei der Trennung der Arbeitsfähigen von denen, die umgehend vergast wurden, die beim Eintreffen von Transporten noch auf der Bahnrampe vorgenommen wurde. Kremer führte ein Tagebuch, in dem es heißt: »20. September 1942. Heute Sonntagnachmittag von 3–6 Uhr Konzert der Häftlingskapelle in herrlichem Sonnenschein angehört: Kapellmeister Dirigent der Warschauer Staatsoper. 80 Musiker. Mittags gabs Schweinebraten, abends gebratene Schleie. – 23. September. Heute Nacht bei der 6. und 7. Sonderaktion [das heißt Selektionen auf der Rampe von Auschwitz-Birkenau]. Morgens ist Obergruppenführer Pohl mit Gefolge im Hause der Waffen-SS eingetroffen. Vor der Tür steht ein Posten, welcher als erster seinen Präsentiergriff vor mir macht. Abend um 20 Uhr Abendessen mit Obergruppenführer Pohl im Führerheim, ein wahres Festessen. Es gab gebackenen Hecht, soviel jeder wünschte, echten Bohnenkaffee, ausgezeichnetes Bier und belegte Brötchen. – 30. September 1942. Heute Nacht bei der 8. Sonderaktion zugegen ... – 7. Oktober 1942. Bei der 9. Sonderaktion (Auswärtige und Muselweiber) zugegen. [Es handelte sich um einen Transport von 2012 Juden aus dem niederländischen Lager Westerbork. »Muselmänner« nannte man Lagerinsassen, die sich aufgegeben hatten und ihrem Ende entgegendämmerten. »Muselweiber« waren also Frauen, die vom Transport schon zu Tode erschöpft waren. Ins Lager wies man 40 Männer und 58 Frauen ein, alle anderen in die Gaskammern.] – 11. Oktober 1942. Heute Sonntag gabs zu Mittag Hasenbraten – eine ganz dicke Keule – mit Mehlklößen und Rotkohl für 1,25 RM.« – Mehrfach erwähnt Kremer die Pakete mit Seife und Lebensmitteln, die er von Auschwitz aus ins heimische Münster schickte. (Zitiert nach: Auschwitz in den Augen der SS. Staatliches Auschwitz-Museum, Warszawa 1992, S. 156 ff.)

12 Siehe zur näheren Darstellung: Wolfgang Benz (Herausgeber), Dimensionen des Völkermords. Die Zahl der jüdischen Opfer des Nationalsozialismus, 1996.

13 Siehe zum Thema: Ernst Klee, »Euthanasie« im NS-Staat. Die »Vernichtung lebensunwerten Lebens«, 1983.

14 Wortlaut der Rede bei Max Domarus, Hitler. Reden und Proklamationen 1932–1945, Band II, zweiter Halbband, 1965, S. 1058.

15 Rede vom 4. Oktober 1943 in Posen, dokumentiert in: Der Prozeß gegen die Hauptkriegsverbrecher vor dem Internationalen Militärgerichtshof, Nürnberg 1947 ff., Band XXIX, S. 145. – Das »Anständigbleiben« hatte zum Hintergrund, dass man zwar töten durfte, aber sich an den Opfern nicht bereichern sollte. In Wahrheit griff die Korruption immer mehr um sich, und nicht nur Oskar Schindler hat seine Juden durch Bestechung ge-

rettet. Wie es in Auschwitz zuging, hat der Kommandant Rudolf Höß geschildert: »Bei den gefundenen Wertsachen handelte es sich meist – besonders bei den Judentransporten aus dem Westen – um wertvollste Dinge, Edelsteine von Millionenwert, brillantenbesetzte Uhren, Gold- und Platinuhren von unermeßlichem Wert, ebenso Ringe, Ohrringe, Halsschmuck von erheblichen Seltenheitswerten. Geldsorten aller Herren Länder in Millionen. Es fand sich oft bei einer Person Geld in Hunderttausenden, meist in 1000-Dollar-Scheinen ... Für das Lager selbst entstanden durch diese Juden-Wertsachen nicht abzustellende ungeheure Schwierigkeiten. Demoralisierend für die SS-Angehörigen, die nicht immer so stark waren, um sich den Verlockungen der leicht zu erreichenden jüdischen Wertsachen zu entziehen. Auch die Todesstrafe und schwerste Freiheitsstrafen konnten nicht genug abschrecken. Den Häftlingen eröffneten sich durch die Juden-Wertsachen ungeheure Möglichkeiten. Die meisten Fluchten sind wohl damit in Verbindung zu bringen. Durch das leicht zu erlangende Geld oder Uhren, Ringe und so weiter wurde mit SS-Angehörigen und Zivilarbeitern alles eingehandelt. Alkohol, Rauchwaren, Lebensmittel, falsche Papiere, Waffen und Munition waren das Alltägliche. In Birkenau verschafften sich die männlichen Häftlinge nachts den Zugang ins Frauenlager, sie erkauften sich sogar einige Aufseherinnen. Dadurch litt natürlich auch die allgemeine Lagerdisziplin. Die im Besitz von Wertsachen waren, konnten sich die Zuneigung der Capos und Blockältesten erkaufen, ja sogar Daueraufenthalt im Revier mit bester Versorgung. Trotz schärfster Kontrollen konnten diese Zustände nicht abgestellt werden. Das Judengold wurde dem Lager zum Verhängnis.« (Kommandant in Auschwitz, a.a.O., S. 168 f.) – Man sieht: Sogar als die Opfer ihrer Vernichtung waren wieder einmal die Juden an allem schuld. Als Höß selbst Auschwitz verließ, brauchte er mehrere Güterwagen zum Abtransport seiner Habe.

[16] Hitlers Politisches Testament. Die Bormann-Diktate vom Februar und April 1945, 1981, S. 73 f.

[17] Dies berichtet Adolf Heusinger, Befehl im Widerstreit, 1950, S. 367.

[18] Zitiert nach Andreas Hillgruber, Staatsmänner und Diplomaten bei Hitler. Vertrauliche Aufzeichnungen über Unterredungen mit Vertretern des Auslands, 2 Bände, 1967 und 1970, hier: Band I, S. 657 und 661.

[19] Brief Albert Speers an Hitler, in dem er die vorausgegangene Unterredung protokollierte, zitiert in: Kriegstagebuch des Oberkommandos der Wehrmacht, herausgegeben von Percy Ernst Schramm, 1961 ff., IV, 2, S. 1581 ff.

[20] Reinhard Kühn, Konzentrationslager Sachsenhausen, herausgegeben von der Landeszentrale für politische Bildungsarbeit, Berlin, 2. Auflage 1990, S. 17.

[21] Wolfgang Sofsky, Die Ordnung des Terrors: Das Konzentrationslager, 1993, S. 220.

[22] Ebd., S. 193 f.

[23] Rudolf Höß hat sich noch im Rückblick über die widersprüchlichen Befehle und die darum immerfort schwankenden Befehle beschwert: »Einmal: Erhöhung der Arbeitszeit auf 12 Stunden und strengste Bestrafung der Faulenzerei, das andermal: Prämienerhöhung und Einrichtung von Bordellen zur freiwilligen Leistungssteigerung. Einmal: die in einigen Lagern übliche Beschaffung noch zugänglicher Lebensmittel zur zusätzlichen Ernährung der Häftlinge muß eingestellt werden, um der schwerarbeitenden Zivilbevölkerung diese Lebensmittel nicht zu entziehen. Ein andermal: Der Kommandant ist dafür verantwortlich, daß alles getan wird, um die von den Ernährungsämtern zugebilligten Rationen der Häftlinge zu erhöhen durch Beschaffung noch erhältlicher Lebensmittel und durch Sammeln von Wildgemüsen. Einmal: Bei der Wichtigkeit der Rüstungsvorhaben darf auf den Gesundheitszustand der Häftlinge keine Rücksicht genommen werden. Das andere Mal: Um die Häftlinge möglichst lange für das Rüstungspotential einsatzfähig zu erhalten, muß einer Leistungsüberforderung durch die Industrie überall entgegengetreten werden.« (Kommandant in Auschwitz, a.a.O., S. 172 f.)

[24] Ein Vergleich mit dem sowjetischen »Archipel Gulag« liegt nahe. Auch dort ging man mit Menschenleben wahrlich verschwenderisch um; dennoch wurde mehr erreicht, weil die Arbeitsleistung von vornherein eines der Hauptziele war. Das Verfolgungssystem produzierte Sklaven nicht für die Vernichtung, sondern für die Zwangsarbeit. Natürlich muss man hinzufügen, dass in der Perspektive einer modernen Industriegesellschaft jede Zwangsarbeit irrational und unproduktiv bleibt – daher die Abschaffung der Sklaverei im 19. Jahrhundert nicht nur aus ideellen, sondern ebenso oder noch mehr aus rationellen Gründen der Wirtschaftlichkeit. Die Zukunftsvorstellung Hitlers und des »Dritten Reiches«, in Osteuropa eine blühende Wirtschaft mit der Gewaltherrschaft über unterworfene Völker zu schaffen, nimmt sich also nicht nur barbarisch, sondern zugleich archaisch und utopisch aus.

[25] Primo Levi, Die Untergegangenen und die Geretteten, Taschenbuchausgabe 1993, S. 84.

[26] Als vielleicht extrem, aber durchaus exemplarisch kann man den Fall eines SS-Mannes bezeichnen, dessen Vernehmung Hannah Arendt zitiert:
Frage: Habt ihr im Lager Leute getötet?
Antwort: Ja.
Frage: Habt ihr sie mit Gas vergiftet?
Antwort: Ja.
Frage: Habt ihr sie lebendig begraben?

Antwort: Das kam manchmal vor.

Frage: Wurden die Opfer aus ganz Europa aufgegriffen?

Antwort: Das nehme ich an.

Frage: Haben Sie persönlich geholfen, Leute zu töten?

Antwort: Durchaus nicht. Ich war nur Zahlmeister im Lager.

Frage: Was dachten Sie denn bei diesen Vorgängen?

Antwort: Zuerst war es schlimm, aber wir gewöhnten uns daran.

Frage: Wissen Sie, daß die Russen Sie aufhängen werden?

Antwort (in Tränen ausbrechend): Warum sollten sie das? Was habe ich denn getan?

Hannah Arendt kommentiert: »Er hat in der Tat nichts getan – er hat nur Befehle ausgeführt. Und seit wann war es ein Verbrechen, Befehle auszuführen? Seit wann war es eine Tugend zu rebellieren?« (Organisierte Schuld, in: Die Wandlung, Heft 4, 1945/46, S. 339 f.)

27 Sofsky, a.a.O., S. 160.

28 Ebd., S. 162 f.

29 Ebd., S. 186.

30 Primo Levi, Ist das ein Mensch? Ein autobiographischer Bericht, Taschenbuchausgabe 1993, S. 107.

31 Siehe dazu: Anatomie des SS-Staates, a.a.O., Band II, S. 348.

32 Zitiert nach: Thamer, a.a.O., S. 634.

33 Zitiert nach: Heinz Höhne, Der Orden unter dem Totenkopf. Die Geschichte der SS, 3. Auflage 1981, S. 276.

34 Zitiert nach: Hans-Adolf Jacobsen, Der Zweite Weltkrieg. Grundzüge der Politik und Strategie in Dokumenten, 1965, S. 43. – Der Offizier war Hellmuth Stieff, 1901–1944. Unter dem Eindruck seiner Erlebnisse fand er zum Widerstand; nach dem 20. Juli 1944 wurde er im ersten Prozess gegen die Verschwörer am 8. August vom Volksgerichtshof zum Tode verurteilt und noch am selben Tag hingerichtet.

35 Zitiert nach Höhne, a.a.O., S. 282.

36 Im Mai 1944 wurde Blaskowitz zum Befehlshaber einer Heeresgruppe im Westen ernannt, 1945 zum Oberbefehlshaber in den Niederlanden. In Nürnberg wurde er 1948 vom amerikanischen Militärgericht unter Anklage gestellt und beging dort am 5. Februar 1948 Selbstmord.

37 Zur Sache gehört, dass die spätere Judenvernichtung weithin aus unserem Gedächtnis gedrängt oder dort gar nicht erst eingelassen hat, wofür Auschwitz ursprünglich eingerichtet wurde. Was Wladyslaw Bartozewski berichtet, dürfte heute noch so ähnlich sein wie vor 30 Jahren: »Ich wurde zu einem Empfang in Hamburg geladen, die beste Gesellschaft. Die Leute waren informiert, daß in meinem Lebenslauf auch Auschwitz vorkam. Und eine Dame fragte mich: ›Sie sind wohl Jude?‹ Ich sagte: ›Nein, ich bin polnischer Katholik.‹ Und ich merkte, daß zwanzig Jahre nach dem

Krieg die Deutschen noch nicht begriffen hatten, warum Auschwitz gegründet wurde: um die polnische Oberschicht zu vernichten. Die Idee, die Juden zu vergasen, wurde erst eineinhalb Jahre später in die Tat umgesetzt. Das ist in Polen jedem Kind bekannt. Aber hier war erschütternd für mich: Hier war das neu.« (Herbst der Hoffnungen, 1983, S. 86.)

38 Das Diensttagebuch des deutschen Generalgouverneurs in Polen 1939–1945, herausgegeben von Werner Präg und Wolfgang Jacobsen (Veröffentlichungen des Instituts für Zeitgeschichte: Quellen und Darstellungen zur Zeitgeschichte Band 20), 1975, S. 104.

39 Ebd., S. 338 f.

40 Im »Diensttagebuch des Generalgouverneurs« heißt es: »Der Führer hat mir gesagt: Die Frage der Behandlung und Sicherstellung der deutschen Politik im Generalgouvernement ist eine ureigene Sache der verantwortlichen Männer des Generalgouvernements. Er drückte sich so aus: Was wir jetzt als Führerschicht in Polen festgestellt haben, das ist zu liquidieren, was wieder nachwächst, ist von uns sicherzustellen und in einem entsprechenden Zeitraum wieder wegzuschaffen … Wir brauchen diese Elemente nicht erst in die Konzentrationslager des Reiches abzuschleppen, denn dann hätten wir nur Scherereien und einen unnötigen Briefwechsel mit den Familienangehörigen, sondern wir liquidieren die Dinge im Lande. Wir werden es auch in der Form tun, die die einfachste ist. Meine Herren, wir sind keine Mörder …« (S. 212.) – Als Literatur sei hier noch genannt: Martin Broszat, Nationalsozialistische Polenpolitik 1939 bis 1945, überarbeitete Ausgabe 1965; Christoph Kleßmann, Die Selbstbehauptung einer Nation. Nationalsozialistische Kulturpolitik und polnische Widerstandsbewegung im Generalgouvernement 1939–1945, 1971; Hans Roos, Geschichte der polnischen Nation 1918 bis 1981, 4., überarbeitete Auflage 1984; Erich Kuby, Als Polen deutsch war, 1939–1945, 1986; Czeslaw Madajczyk, Die Okkupationspolitik Nazideutschlands in Polen 1939–1945, 1988; Adam Krzeminski, Polen im 20. Jahrhundert. Ein historischer Essay, Neuausgabe 1998.

41 Paul Celan, Mohn und Gedächtnis, Stuttgart 1945; Neudruck u.a. in: Deutschland Deutschland. Politische Gedichte vom Vormärz bis zur Gegenwart, herausgegeben von Helmut Lamprecht, 1969, S. 445 ff.

Die deutsche Katastrophe

1 Schon am 22. Mai 1940 wurde in England ein Notstandsgesetz verabschiedet, das Frauen wie Männer zum Dienst verpflichtete, wenn nicht in den Streitkräften, dann in der Rüstungswirtschaft. Im Eilverfahren durchlief das Gesetz an einem einzigen Nachmittag das Unter- und das Oberhaus und wurde noch am gleichen Abend vom König unterzeichnet – ein Musterbeispiel für demokratische Handlungsfähigkeit in der Stunde der Gefahr.

[2] Siehe zum Beispiel Hans-Ulrich Thamer, Verführung und Gewalt. Deutschland 1933–1945, 1986, S. 711.

[3] Am 8. April 1942 starb der Reichsminister für Bewaffnung und Munition Fritz Todt bei einem Flugzeugabsturz, eigentlich Hitlers Straßenbaumeister. Die Berufung Speers zum Nachfolger erwies sich als Glücksgriff, denn die drastische Steigerung der Rüstungsproduktion, die folgte, war in erster Linie ihm zu verdanken. Setzt man deren Indexziffer für 1939 mit 100 an, so stagnierte sie 1940 und 1941 bei 176, steigerte sich 1942 auf 254, 1943 auf etwa 400 und 1944 auf 500. Erst im September 1944, als die alliierten Heere schon an den deutschen Grenzen standen, begann der Absturz. Vor allem brach mit dem Verlust des rumänischen Erdöls und den Luftangriffen auf die Hydrierwerke die Treibstoffversorgung zusammen. – Erstaunlich genug wurde die Steigerung der Produktion nicht mit mehr, sondern mit weniger Arbeitskräften erreicht. Deren Zahl sank von 39,1 Millionen Ende Mai 1939 durch die Einberufung von immer mehr Männern zum Wehrdienst auf 28,4 Millionen Ende September 1944. Die Zahl der eingesetzten Frauen blieb dagegen mit 14,6 Millionen 1939 und 14,9 Millionen 1944 beinahe konstant. Allerdings stieg die Zahl der Fremd- oder Zwangsarbeiter und Kriegsgefangenen von 0,3 auf 7,5 Millionen: ein nur unvollkommener Ersatz für die einheimischen Facharbeiter. Umso drastischer zeigt die Verdreifachung der Produktion (bei fast gleichbleibender Konsumgüterproduktion), welch riesige Rationalisierungsreserven es gab. Aus der Schule Albert Speers sind dann viele Industriekapitäne des bundesdeutschen »Wirtschaftswunders« hervorgegangen. – Zur Rüstungswirtschaft und ihren Problemen seien als Literatur genannt: Rolf Wagenführ, Die deutsche Industrie im Zweiten Weltkrieg, 2. Auflage 1963; Alan S. Milward, Die deutsche Kriegswirtschaft 1939–1945, 1966; Willi A. Boelcke, Deutschlands Rüstung im Zweiten Weltkrieg. Hitlers Konferenzen mit Albert Speer 1942–1945, 1969. Zum Einsatz so genannter Fremdarbeiter: Ulrich Herbert, Fremdarbeiter. Politik und Praxis des »Ausländer-Einsatzes« in der Kriegswirtschaft des Dritten Reiches, 1985.

[4] Näher zum Thema: Karl Klee, Das Unternehmen Seelöwe, 1958; derselbe, Dokumente zum Unternehmen Seelöwe, 1959. Insgesamt zu Hitlers Entscheidungen: Andreas Hillgruber, Hitlers Politik, Strategie und Kriegführung 1940–1941, 1965.

[5] Zitiert nach Walther Hubatsch (Herausgeber), Hitlers Weisungen für die Kriegführung 1939–1945. Dokumente des Oberkommandos der Wehrmacht, 1962, S. 61 ff.

[6] Führerkonferenzen in Marine-Angelegenheiten; Besprechung vom 21. Juli 1940, zitiert nach: Alan Bullock, Hitler. Eine Studie über Tyrannei, 5. Auflage 1957, S. 598.

[7] Siehe Winston Churchill, Their Finest Hour. The Second World War II, Appendix C.

[8] Siehe Klee, Dokumente, S. 441 f.

[9] Der großdeutsche Freiheitskampf. Reden Adolf Hitlers, Band I und II, 2. Auflage 1943, S. 275.

[10] Churchill, a.a.O., Kapitel 26.

[11] »Das einzige, wovor ich mich im Krieg wirklich gefürchtet habe, war die U-Boot-Gefahr«, bekannte Churchill im Rückblick. (A.a.O., Kapitel 30.) – In jedem Falle war die Schlacht im Atlantik der britische Schicksalkampf. Mehr als die Hälfte aller alliierten Handelsschiffe, die im Zweiten Weltkrieg versenkt wurden, waren britisches Eigentum, und von den 630 deutschen U-Booten, die vom Kampfeinsatz nicht zurückkehrten, wurden 500 durch britische See- und Luftstreitkräfte vernichtet. Wiederum Churchill: »Die Atlantikschlacht war im ganzen Krieg der wichtigste Faktor. Zu keiner Stunde konnten wir vergessen, daß alles, was zu Lande, zu Wasser oder in der Luft geschah, letztlich vom Ausgang dieser Schlacht abhing.« (Ebd., Band V, Buch I, Kapitel 1.) Hitler sah das nicht, und darum haben der U-Boot-Bau und die Luftunterstützung des U-Boot-Einsatzes niemals die höchste Priorität erhalten, die sie gebraucht hätten, um zum Erfolg zu kommen. Übrigens handelte es sich um die Waffengattung mit der höchsten Verlustrate: Von den 39000 Mann, die im Laufe des Krieges auf U-Booten dienten, verloren 33000 ihr Leben. – Zum Verlauf des Seekrieges und der Atlantikschlacht seien nur als Auswahl aus der Literatur genannt: Friedrich Ruge, Der Seekrieg 1939–1945, 4. Auflage 1963; Jürgen Rohwer, Die U-Boot-Erfolge der Achsenmächte 1939–1945, 1968; Donald Macintyre, The Naval War against Hitler, 1971; John Creswell, See Warfare 1939–1945, überarbeitete Ausgabe 1967; Léonce Peillard, Geschichte des U-Boot-Krieges 1939–1945, 1971; Martin Middlebrook, Konvoi 1977; Brian B. Schofield, Geleitzugschlacht in der Hölle des Nordmeeres, 1989; Peter Padfield, Dönitz. Des Teufels Admiral, 1984. Als Darstellung im Roman: Lothar-Günther Buchheim, Das Boot, zuerst 1973. – Die Wende im Seekrieg wird an Zahlen kenntlich: Der von deutschen U-Booten versenkte Schiffsraum betrug 1942 6,25, 1943 2,58, 1944 nur noch 0,77 Millionen BRT. Dagegen erreichten die alliierten Neubauten 1943 14,6 und 1944 13,3 Millionen BRT.

[12] Churchill, a.a.O., Band II, Buch II, Kapitel 31.

[13] Zitiert nach Albert Speer, Erinnerungen, 1969, S. 188.

[14] Halder, Kriegstagebuch. Tägliche Aufzeichnungen des Chefs des Generalstabs des Heeres 1939–1942, 1962–1964, Band II, S. 49.

[15] Entsprechend dürftig, sogar rhetorisch dürftig, wirkt Hitlers Aufruf »An das deutsche Volk« vom 22. Juni 1941; siehe zu ihm: Der großdeutsche Freiheitskampf. Reden des Führers, Band III, 1942, S. 51 ff. Am Ende wur-

den – ähnlich wie bei der Kriegseröffnung gegen Polen – die angeblich zunehmenden Übergriffe erwähnt: »In der Nacht vom 17. zum 18. Juni haben wieder russische Patrouillen auf deutsches Reichsgebiet vorgefühlt und konnten erst nach längerem Feuergefecht zurückgetrieben werden. – Damit ist aber nunmehr die Stunde gekommen, in der es notwendig wird, diesem Komplott der jüdisch-angelsächsischen Kriegsanstifter und der ebenso jüdischen Machthaber der bolschewistischen Moskauer Zentrale entgegenzutreten... Ich habe mich deshalb heute entschlossen, das Schicksal und die Zukunft des Deutschen Reiches und unseres Volkes wieder in die Hand unserer Soldaten zu legen. – Möge der Herrgott uns gerade in diesem Kampfe helfen!« (S. 60 f.)

16 Kriegstagebuch, Band III, a.a.O., S. 38.

17 Ganz anders sah es 1942 bei der deutschen Sommeroffensive im Süden der Ostfront aus, die bis an die Wolga und in den Kaukasus führte. Die Rote Armee entzog sich allen Versuchen, sie zu stellen, in die Tiefe des Raumes, und es gab keine Kesselschlachten mehr, die sich mit denen von 1941 vergleichen ließen. Umso wuchtiger war dann der Gegenschlag, der zur Einschließung und Vernichtung der deutschen Armee bei Stalingrad führte.

18 Ernst Nolte, Der Faschismus in seiner Epoche, Neuausgabe 1984, S. 436.

19 Kriegstagebuch, Band II, a.a.O., S. 335 ff.

20 Siehe Hans-Adolf Jacobsen, Kommissarbefehl und Massenexekutionen sowjetischer Kriegsgefangener, in: Martin Broszat, Hans Buchheim, Hans-Adolf Jacobsen, Helmut Krausnick, Anatomie des SS-Staates, 1965, Band II, S. 223 f. und S. 225 ff.

21 Helmut Krausnick, Hans Heinrich Wilhelm, Die Truppe des Weltanschauungskrieges. Die Einsatzgruppen der Sicherheitspolizei und des SD 1938–1942, 1981, S. 217.

22 Ulrich von Hassell, Vom anderen Deutschland. Tagebuchaufzeichnungen 1938–1944, Ausgabe 1986, S. 200. – Hassell gehörte zu den Mitgliedern der Widerstandsbewegung und wurde nach dem Todesurteil des Volksgerichtshofs am 8. September 1944 hingerichtet.

23 Wer Anschauung von den in der Nachkriegszeit herrschenden Vorstellungen gewinnen will, lese einen Bestseller der fünfziger Jahre, »Die unsichtbare Flagge« von Peter Bamm (zuerst 1953). Das Verbrechen kommt vor, und es wird auch von Verantwortung gesprochen. Doch durchweg gewinnt man den Eindruck, dass eben »die anderen« es waren, die die Verbrechen begingen – und dass man ihnen in ohnmächtiger Empörung nur zuschaute.

24 Als Literatur seien genannt: Alexander Dallin, Deutsche Herrschaft in Rußland 1941–1945. Eine Studie über Besatzungspolitik, 1958; Franz Klee, Willi Dreßen (Herausgeber), »Gott mit uns«. Der deutsche Vernich-

tungskrieg im Osten 1939–1945, 1989; Krausnick und Wilhelm, a.a.O.; Walter Manoschek, Die Wehrmacht im Rassenkrieg. Der Vernichtungskrieg hinter der Front, 1996; Hans-Heinrich Wilhelm, Rassenpolitik und Kriegführung, Sicherheitspolizei und Wehrmacht in Polen und in der Sowjetunion 1939–1942, 1991.

25 Siehe zum Thema: Christian Streit, Keine Kameraden. Die Wehrmacht und die russischen Kriegsgefangenen 1941–1945, 2. Auflage 1981.

26 Die Auszeichnung, die den Teilnehmern des Winterkrieges 1941/42 verliehen wurde, hieß im treffenden Soldaten- und Volksmund »Gefrierfleischorden«.

27 Der großdeutsche Freiheitskampf, Band III, a.a.O., S. 153. – Spätere Meldungen besagten, dass die Sammlung am 15. Januar 1942 abgeschlossen wurde und dass sie »das überwältigende Ergebnis« von 67 Millionen Stück Wintersachen erbracht habe.

28 Die Verluste des deutschen Ostheeres beliefen sich bis zum 31. Dezember 1941 auf 831 000 Tote, Vermisste und Verwundete. Das Heer verlor im Winterhalbjahr von Oktober 1941 bis März 1942 74 183 Kraftfahrzeuge und 2340 Panzer, die Luftwaffe fast 800 Maschinen allein im Dezember 1941 und Januar 1942.

29 Der großdeutsche Freiheitskampf, a.a.O., S. 113 ff.; zitierter Text S. 148.

30 Am 3. Juli 1940 beschoss ein englischer Flottenverband die eben noch verbündete französische Flotte beim nordafrikanischen Oran; 1720 französische Seeleute fanden den Tod.

31 The Second War, Band III, The Grand Alliance, Buch II, Kapitel 32.

32 Siehe dazu: Hans-Ulrich Thamer, Verführung und Gewalt. Deutschland 1933–1945, 1986, S. 720 f.

33 Zur Darstellung sei genannt: Manfred Kehrig, Stalingrad. Analyse und Darstellung einer Schlacht, 1974.

34 Zum Vergleich: Die deutschen Bombenabwürfe auf England beliefen sich 1940 auf 36 800 t, 1941 auf 21 860 t, 1942 auf 3260 t, 1943 auf 2298 t, 1944 auf 9151 t, 1945 auf 761 t (1944/45 einschließlich der so genannten Vergeltungs-, kurz V-Waffen).

35 Als Literatur zum Luftkrieg seien genannt: Hans Rumpf, Das war der Bombenkrieg. Deutsche Städte im Feuersturm. Ein Dokumentarbericht, 1961; Olaf Grohler, Bombenkrieg gegen Deutschland, 1991. – Zum Einmarsch der Roten Armee in Deutschland 1945, zu Flucht und Vertreibung: Wolfgang Benz (Herausgeber), Die Vertreibung der Deutschen aus dem Osten. Ursachen, Ereignisse, Folgen, 1985, überarbeitete Neuausgabe 1995; Die deutschen Vertreibungsverluste. Bevölkerungsbilanzen für die deutschen Vertreibungsgebiete 1939/50, herausgegeben vom Statistischen Bundesamt Wiesbaden, 1958; Dokumentation der Vertreibung der Deutschen aus Ost-Mitteleuropa, herausgegeben vom Bundesministerium für Vertriebene,

Flüchtlinge und Kriegsgeschädigte, 5 Bände, Neuausgabe 1984; Andreas Hillgruber, Der Zusammenbruch im Osten 1944/45 als Problem der deutschen Nationalgeschichte und der europäischen Geschichte, 1985; als exemplarischer Erlebnisbericht: Christian Graf von Krockow, Die Stunde der Frauen. Bericht aus Pommern 1944–1947, zuerst 1988.

36 Die gesammelten Wehrmachtsberichte sind 1985 als dreibändige Taschenbuchausgabe erschienen; Zitat Band III, S. 569.

37 Karl Haushofer, ehemals General, lehrte die Geopolitik von 1921 bis 1939 an der Universität München. Hitler lernte ihn durch die Vermittlung von Rudolf Heß kennen. 1869 geboren, beging er 1946 Selbstmord. Sein Sohn Albrecht Haushofer war Mitglied der Widerstandsbewegung und wurde am 23. April 1945 von der Gestapo erschossen.

38 Näher zum Thema: Saul Friedländer, Auftakt zum Untergang. Hitler und die Vereinigten Staaten 1939–1941, 1965.

39 Tagebuchnotizen des Reichsministers Lutz Graf Schwerin von Krosigk, zitiert nach Hugh R. Trevor-Roper, Hitlers letzte Tage, Ausgabe 1965, S. 116.

40 Abwegig, im Grunde pure Ausrede noch im Nachhinein, ist darum die Behauptung, dass die Forderung nach bedingungsloser Kapitulation den Krieg unnötig verlängert habe. Siehe als Beispiel: Erich Schwinge, Churchill und Roosevelt aus kontinentaleuropäischer Sicht, 4. Auflage 1986, S. 91 f. Völlig außer Betracht bleibt dann die Figur Hitlers, mit dem es kein Verhandeln geben konnte. Wie es nach einem erfolgreichen Staatsstreich ausgesehen hätte, ist eine ganz andere Frage, die sich neu gestellt hätte und sich im Rückblick nicht mehr beantworten lässt.

41 Zitiert nach Max Domarus, Hitler. Reden und Proklamationen 1932–1945, Band II, zweiter Halbband, 1965, S. 1935. Siehe auch S. 1937 und 1941.

42 1944 erging ein ausdrücklicher Führerbefehl über »feste Plätze«. Darin hieß es: »Die ›festen Plätze‹ sollen die gleichen Aufgaben wie die früheren Festungen erfüllen. Sie haben zu verhindern, daß der Feind diese operativ entscheidenden Plätze in Besitz nimmt. Sie haben sich einschließen zu lassen und dadurch möglichst starke Feindkräfte zu binden … Der ›Kommandant des festen Platzes‹ soll ein besonders ausgesuchter, harter Soldat sein … Der Kommandant des festen Platzes haftet mit seiner Soldatenehre für die Erfüllung seiner Aufgaben bis zum letzten.« (Zitiert nach Domarus, S. 2089.)

43 Ein Muster lieferte die Schlacht bei Charkow vom 17. bis 28. Mai 1942. Die durchgebrochenen feindlichen Armeen wurden im Gegenangriff eingeschlossen und vernichtet; es wurden 240 000 Gefangene gemacht. – Um den Missverständnissen vorzubeugen: Die bewegliche Verteidigung hätte den militärischen Zusammenbruch zwar verzögern, aber nicht abwenden können. Insofern vermittelt der Titel von Mansteins Erinnerungen, »Verlorene Siege« (1955), falsche Vorstellungen von den deutschen Möglichkeiten.

[44] Schörner wurde noch 1945 zum Feldmarschall befördert und am 29. 4. 1945 von Hitler testamentarisch zum Nachfolger als Oberbefehlshaber des Heeres berufen. – Manstein notierte zu seiner Verabschiedung am 30. März 1944: »Abends beim Führer. Nach Verleihung der Schwerter [zum Ritterkreuz des Eisernen Kreuzes] erklärte er mir, er habe sich entschlossen, die Heeresgruppe anderweitig [mit Model] zu besetzen. Im Osten sei die Zeit der Operationen größeren Stils, für die ich besonders gut geeignet gewesen sei, abgeschlossen. Es komme jetzt nur noch auf das starre Festhalten an.« (Verlorene Siege, S. 615 f.)

[45] Genau in diesem Sinne beklagte Dr. Goebbels in seiner letzten Ansprache vor Mitarbeitern des Propagandaministeriums am 21. April 1945 den »Verrat«, das unwürdige Verhalten der Deutschen: »Was fange ich mit dem Volk an, dessen Männer nicht einmal mehr kämpfen, wenn ihre Frauen vergewaltigt werden? ... Im Osten läuft es davon, im Westen hindert es die Soldaten am Kampf und empfängt den Feind mit weißen Fahnen.« (Zitiert nach: Ursachen und Folgen. Vom deutschen Zusammenbruch 1918 und 1945 bis zur staatlichen Neuordnung Deutschlands in der Gegenwart, herausgegeben von Herbert Michaelis und Ernst Schraepler, 1958 ff., Band XIII, S. 115.)

[46] Siehe dazu: Anatomie des SS-Staates, a.a.O., ferner: Gerald Reitinger, Die Endlösung. Hitlers Versuch der Ausrottung der Juden Europas 1939–1945, 1956; Christopher R. Browning, Der Weg zur »Endlösung«. Entscheidungen und Täter, 1998.

[47] Hitlers Politisches Testament. Die Bormann-Diktate vom Februar und April 1945, 1981, S. 122.

[48] Ursachen und Folgen, a.a.O.

[49] Mein Kampf, S. 693.

[50] Der polnische Autor eines »Reiseführers Wolfsschanze« hat dazu gesagt: »Am 27. Januar erschienen in Rastenburg Panzer der Roten Armee. Es herrschte bittere Kälte von minus 26 Grad. Hier spielten sich Szenen von unvorstellbarer Brutalität und Grausamkeit ab. Viele Leute wurden in ihren Häusern getötet, mehrere niedergeschossen. Am 31. Januar wurde die gesamte Altstadt niedergebrannt. Nirgendwo sind bestialischere Scheußlichkeiten in solcher Vielzahl geschehen wie in Rastenburg. Möglicherweise hing das mit der Nähe des Führerhauptquartiers zusammen.« (Jerzy Szynkowski, Reiseführer Wolfsschanze, 1990, S. 59.)

[51] An dieser Stelle gibt es heute eine Gedenktafel, auf der auch in deutscher Sprache zu lesen ist: »Hier stand die Baracke, in der am 20. Juli 1944 Claus Schenk Graf von Stauffenberg ein Attentat auf Adolf Hitler unternahm. Er und viele andere, die sich gegen die nationalsozialistische Diktatur erhoben hatten, bezahlten mit ihrem Leben.« – Als weitere Literatur zum Führerhauptquartier seien genannt: Peter Hoffmann, Die Sicherheit des

Diktators. Hitlers Leibwachen, Schutzmaßnahmen, Hauptquartiere, 1975; Gerhard Buch (Herausgeber), Das Führerhauptquartier 1939–1945, 3. Auflage 1973; Walter Warlimont, Im Hauptquartier der deutschen Wehrmacht 1939–1945. Grundlagen, Formen, Gestalten, 1962.

52 Das Oberkommando und der Generalstab des Heeres befanden sich etwa 18 Kilometer entfernt im »Mauerwald«; der Reichsaußenminister quartierte sich auf Schloss Steinort beim Grafen Lehndorff ein, bei Großgarten baute Heinrich Himmler seine eigene Anlage, Hermann Göring, obwohl bereits im Sperrkreis I angemessen repräsentiert, zog sich wenn möglich in die Rominter Heide zurück, um dort seiner Jagdleidenschaft nachzugehen.

53 Jahr um Jahr werden etwa eine Viertelmillion Besucher gezählt, darunter etwa 50 000 und ständig mehr Deutsche.

54 Der italienische Außenminister Graf Ciano, anderes gewöhnt, hat sarkastisch notiert: »Man sieht nicht einen einzigen farbigen Fleck, nicht einen einzigen lebhaften Ton. Die Vorzimmer sind voll von rauchenden, essenden, plaudernden Leuten. Geruch von Küchen, Uniformen, schweren Stiefeln.« (Galeazzo Ciano, Tagebücher 1939/43, 1946, S. 500.) Auch Goebbels hielt es für »tragisch, daß der Führer sich so vom Leben abschließt und ein so verhältnismäßig ungesundes Leben führt. Er kommt nicht mehr an die frische Luft, findet keinerlei Entspannung mehr, sitzt in seinem Bunker, handelt und grübelt … Die Einsamkeit im Führerhauptquartier und die ganze Arbeitsmethode dort haben natürlich eine deprimierende Wirkung auf den Führer.« (Tagebücher aus den Jahren 1942/43, herausgegeben von L. P. Lochner, 1948, S. 241.)

55 Speer, Erinnerungen, 1969, S. 400.

56 Hoffmann, a.a.O., S. 228.

57 Zur Entwicklung dieser Macht aus eher unscheinbaren Anfängen ist zu nennen: Peter Longerich, Hitlers Stellvertreter. Führung der Partei und Kontrolle des Staatsapparates durch den Stab Heß und die Partei-Kanzlei Martin Bormanns, 1992.

58 Hitlers Lagebesprechungen. Die Protokollfragmente seiner militärischen Konferenzen 1942–1945, herausgegeben von Helmut Heiber, 1962, S. 615 f.

59 Speer, a.a.O., S. 313.

60 Albert Zoller, Hitler privat. Erlebnisbericht seiner Geheimsekretärin, 1949, S. 230.

61 Zitiert nach: Joachim Fest, Hitler. Eine Biographie, Taschenbuchausgabe 1998, S. 954. – Zur Diskussion um Hitlers Krankheitsbild seien genannt: Johann Rektenwald, Woran hat Hitler gelitten?, 1963: Ernst Günther Schenck, Patient Hitler – Eine medizinische Biographie, 1989.

62 Kriegstagebuch des Oberkommandos der Wehrmacht, herausgegeben von Percy Ernst Schramm, 1961 ff., Band IV/2, S. 1701 f.

[63] Zoller, a.a.O., S. 150.

[64] Fest, a.a.O., S. 954.

[65] Zur Absetzung von Göring und Himmler hieß es im Politischen Testament vom 29. April 1945: »Ich stosse vor meinem Tode den früheren Reichsmarschall Hermann *Göring* aus der Partei aus und entziehe ihm alle Rechte, die sich aus dem Erlaß vom 29. Juni 1941 sowie aus meiner Reichstagserklärung vom 1. September 1939 ergeben könnten. Ich ernenne an Stelle dessen den Großadmiral *Dönitz* zum Reichspräsidenten und Obersten Befehlshaber der Wehrmacht. – Ich stosse vor meinem Tod den früheren Reichsführer-SS und Reichsminister des Innern, Heinrich *Himmler*, aus der Partei sowie aus allen Staatsämtern aus ... Göring und Himmler haben durch geheime Verhandlungen mit dem Feinde, die sie ohne mein Wissen und gegen meinen Willen abhielten, sowie durch den Versuch, entgegen dem Gesetz, die Macht im Staate an sich zu reissen, dem Lande und dem gesamten Volk unabsehbaren Schaden zugefügt, gänzlich abgesehen von der Treulosigkeit gegenüber meiner Person.« (Gesamtabdruck der Testamente in: Rolf-Dieter Müller, Gerd R. Ueberschär, Kriegsende 1945. Die Zerstörung des Deutschen Reiches, 1994, S. 173 ff. Daselbst: Hitlers »Nero«-Befehl zu Zerstörungsmaßnahmen im Reichsgebiet: S. 164. Literaturverzeichnis zum Kriegsende: S. 236 ff.)

[66] Das Standardbuch zum Thema ist noch immer: Hugh Redwald Trevor-Roper, Hitlers letzte Tage, Neuausgabe 1973. Siehe weiter: Lew Besymenski, Der Tod des Adolf Hitler. Der sowjetische Beitrag über das Ende des Dritten Reiches und seines Diktators, 2. überarbeitete Auflage 1982. Als ein noch nicht von späteren Interpretationen überlagerter Erlebnisbericht sei genannt: Gerhard Boldt, die letzten Tage der Reichskanzlei, 1947; Neuausgabe: Hitler. Die letzten zehn Tage, 1973.

[67] Verfassungsrechtlich gesehen – sofern man davon in einer Sphäre der Irrealität noch sprechen kann – handelte es sich um eine Rückkehr zur Weimarer Reichsverfassung in der Zeit von Hindenburgs Präsidialkabinetten. Bemerkenswert ist, wie selbstverständlich die Ernennung von Dönitz hingenommen wurde – auch von den Alliierten, soweit es sich um die Kapitulationsbefugnisse handelte. Praktisch fiktiv blieb dagegen die von Hitler aufgestellte Kabinettsliste für die künftige Reichsregierung (Abdruck bei Müller und Ueberschär, a.a.O., S. 175 f.). Erstaunlich oder kurios war das Stehvermögen des Grafen Schwerin von Krosigk: Von den Kabinetten Papen und Schleicher 1932 bis zur Regierung Dönitz 1945 war er ununterbrochen Reichsminister.

[68] Zum vorläufigen letzten Stand der Ermittlungen nach russischen Quellen: Ulrich Völklein (Herausgeber), Hitlers Tod. Die letzten Tage im Führerbunker, 1998.

1 Zitiert nach: Hans Bernd Gisevius, Adolf Hitler. Versuch einer Deutung, 1963, S. 471.

2 Siehe dazu: Heinz Boberach (Herausgeber), Meldungen aus dem Reich. Auswahl aus den geheimen Lageberichten des Sicherheitsdienstes der SS 1939–1944, 1965; vollständige Ausgabe in 17 Bänden, 1984.

3 Zitiert nach Ian Kershaw, Der Hitler-Mythos. Volksmeinung und Propaganda im Dritten Reich, 1980, S. 168.

4 Ebd., S. 170.

5 Zitiert nach Marlis G. Steinert, Hitlers Krieg und die Deutschen. Stimmung und Haltung der deutschen Bevölkerung im Zweiten Weltkrieg, 1970, S. 329.

6 Boberach, Meldungen ..., vollständige Ausgabe, a.a.O., Band XVII, S. 6732 und 6733.

7 Zitiert nach: Martin Broszat, Hans Buchheim, Hans-Adolf Jacobsen, Helmut Krausnick, Anatomie des SS-Staates, Band II, 1965, S. 105. – Zu den Verbrechen, deren Urheber »ausgemerzt« werden sollten, gegebenenfalls durch »brutale Liquidierung solcher Elemente«, zählten »Sabotageversuche, Aufwiegelung oder Zersetzung von Heeresangehörigen oder eines größeren Personenkreises, Hamsterei in großen Mengen, aktive kommunistische oder marxistische Betätigung usw.«. (Ebd.)

8 Siehe für eine nähere Darstellung: Hinweise zur Literatur, Abschnitt Vertreibung, Exil und Widerstand, ferner: Joachim Fest, Staatsstreich. Der lange Weg zum 20. Juli, 1994, S. 402 ff.; dort auch: Zeittafel, S. 372 ff., und: Kurzbiographien, S. 379 ff.

9 Der Sachverhalt hat nach 1945 zu einer seltsamen Zweiteilung geführt. Jeder der beiden deutschen Staaten entdeckte und feierte »seinen« Widerstand. Wer hörte in der Bundesrepublik jemals etwas von Anton Saefkow, was galt in der DDR Henning von Tresckow? In der »Bibliographie ›Widerstand‹« (herausgegeben von der Forschungsgemeinschaft 20. Juli e.V., bearbeitet von Ulrich Cartarius, 1984) mit mehr als 6000 Titeln findet man je etwa zur Hälfte Arbeiten aus der DDR und der Bundesrepublik; in der DDR beherrscht der Kampf der Arbeiterklasse unter Führung der Kommunistischen Partei das Bild, in der Bundesrepublik steht der christliche und militärische Widerstand im Vordergrund.

10 Siehe zur Darstellung: Hans Mommsen, Gesellschaftsbild und Verfassungspläne des Widerstandes, in: Der deutsche Widerstand gegen Hitler. Vier kritisch-historische Studien, herausgegeben von Walter Schmitthenner und Hans Buchheim, 1966. Überarbeitete Neufassung in: Widerstand im Dritten Reich. Probleme, Ereignisse, Gestalten, herausgegeben von Hermann Graml, 1984, S. 14 ff.

[11] Es sei verwiesen auf: Heinrich Portmann, Kardinal von Galen. Ein Gottesmann seiner Zeit. Mit einem Anhang: Die drei weltberühmten Predigten, 5. und 6. erweiterte Auflage 1958; Max Bierbaum, Nicht Lob, nicht Furcht. Das Leben des Kardinals von Galen, nach unveröffentlichten Briefen und Dokumenten, 6. Auflage 1966.

[12] Siehe Karl A. Schleunes, Nationalsozialistische Entschlußbildung und die Aktion T 4, in: Eberhard Jäckel, Jürgen Rohwer (Herausgeber), Der Mord an den Juden im Zweiten Weltkrieg. Entschlußbildung und Verwirklichung, 1985, S. 77.

[13] Henry Picker (Herausgeber), Hitlers Tischgespräche im Führerhauptquartier 1941–1942, 2. Auflage 1965, S. 416.

[14] Material zum Thema bei Detlev Peukert, Die Edelweißpiraten. Protestbewegung jugendlicher Arbeiter im Dritten Reich, 2. Auflage 1983. Als farbige Milieuschilderung, obwohl nicht frei von Idealisierungen, ist der Roman von Franz Josef Degenhardt zu nennen: Zündschnüre, 1973.

[15] Zwischen traditionsreichen und neuen Truppenteilen gab es natürlich große Unterschiede. Berühmt war das Infanterieregiment 9 in Potsdam, wegen des hohen Anteils an adligen Offizieren »Graf Neun« genannt, in dem die preußische Tradition des Ersten Garderegiments zu Fuß weiterlebte. Aus keinem Regiment sind mehr Offiziere hervorgegangen, die im Kampf gegen Hitler ihr Leben einsetzten und verloren. Fast völlig ausgeschlossen blieben dagegen die Luftwaffe und die Marine.

[16] Am 13. März 1943 besuchte Hitler das Hauptquartier der Heeresgruppe, deren Generalstabs-»Ia« Tresckow war. Es gelang Tresckow, eine als Geschenksendung an einen Mitverschworenen im Führerhauptquartier getarnte Bombe in Hitlers Flugzeug zu schmuggeln. Aber der Mechanismus des Zeitzünders versagte. Ein weiteres Attentat scheiterte wenige Tage später, weil Hitler die Ausstellung von Beutewaffen im Berliner Zeughaus vorzeitig verließ, noch bevor die Zeiteinstellung der Bombe ablief. Siehe zu den verschiedenen Attentatsversuchen: Fabian von Schlabrendorff, Offiziere gegen Hitler, Taschenbuchausgabe 1959, S. 92 ff. – Diese Attentatsversuche widerlegen übrigens den Vorwurf, dass mit Stauffenbergs Anschlag am 20. Juli 1944 der Staatsstreich erst unternommen wurde, als nach der geglückten Landung der Alliierten in der Normandie und dem Zusammenbruch der Heeresgruppe Mitte die militärische Niederlage unausweichlich geworden war.

[17] Zitiert nach: Bodo Scheurig, Henning von Tresckow. Eine Biographie, 3. Auflage 1973, S. 119 f.

[18] Schlabrendorff, a.a.O., S. 138.

[19] Ebd., S. 154.

[20] Zitiert nach: Joachim Kramarz, Claus Graf Stauffenberg. 15. November 1907 – 20. Juli 1944: Das Leben eines Offiziers, 1965, S. 201; ebenso: Pe-

ter Hoffmann, Claus Graf Schenk von Stauffenberg und seine Brüder, 1992, S. 338.

21 Stauffenberg stammte zwar aus süddeutsch-katholischem Adel; er besaß aber auch preußische Vorfahren und war stolz darauf, ein Nachkomme Gneisenaus zu sein. – Mit seinem Instinkt nicht nur für Stimmungen, sondern für die Milieubindung seiner Feinde, rief Hitler, noch ohne genauere Kenntnisse der Verschwörung, am Abend des 20. Juli, als er den Besucher Mussolini auf dem Bahnhof verabschiedete, Bauarbeitern zu: »Ich habe von Anfang an gewußt, daß ihr das nicht gewesen seid. Es ist mein tiefer Glaube, daß meine Feinde die ›vons‹ sind, die sich Aristokraten nennen.« (Zitiert nach: Max Domarus, Hitlers Reden und Proklamationen 1932–1945, Band II, zweiter Halbband, 1965, S. 2127.)

22 Zitiert nach: Kershaw, Hitler-Mythos, a.a.O., S. 187.

23 Ebd., S. 187 f.

24 Ebd., S. 187.

25 Auf merkwürdige Weise ließ sich das sogar nach 1945 erkennen. Wie gleich zu zeigen sein wird, war Hitlers Bann mit seinem Tod gebrochen. Aber das galt nicht rückwirkend: Es hat viele Jahre gedauert, bis man vom Widerstand und den Verschwörern des 20. Juli sprechen konnte, ohne auf Vorurteile und Ablehnung zu stoßen.

26 Paul Schmidt, Statist auf diplomatischer Bühne 1923–1945. Erlebnisse des Chefdolmetschers im Auswärtigen Amt mit den Staatsmännern Europas, 1949, S. 582.

27 Vollständiger Text bei Domarus, a.a.O., S. 2127 f.; siehe auch: Wolfgang Michalka (Herausgeber), Das Dritte Reich. Dokumente zur Innen- und Außenpolitik, 1969, Band II, S. 365.

28 Auch die Verhandlungen vor dem Volksgerichtshof wurden gefilmt und der Öffentlichkeit vorgeführt. Da jedoch der schreiende Gerichtspräsident Roland Freisler einen abstoßenden Eindruck machte und die Angeklagten eher Mitleid erregten, wurden diese Vorführungen bald eingestellt.

29 Kershaw, a.a.O., S. 194.

30 In dem »Marschlied 1945«, von Erich Kästner geschrieben und von Ursula Herking gesungen, hieß es:

»In den letzten dreißig Wochen
zog ich sehr durch Wald und Feld.
Und mein Hemd ist so durchbrochen,
daß man's kaum für möglich hält.
Ich trag Schuhe ohne Sohlen,
und der Rucksack ist mein Schrank.
Meine Möbel hab'n die Polen
und mein Geld die Dresdner Bank.

Ohne Heimat und Verwandte,
und die Stiefel ohne Glanz, –
ja, das wär nun der bekannte
Untergang des Abendlands!«

(Siehe zum vollständigen Text: Kästner für Erwachsene, herausgegeben von Rudolf Walter Leonhardt, 1966, S. 103 f.)

31 Zur drastischen Schilderung der Anpassung sei verwiesen auf: Erich Kästner, Die Fahnen der Freiheit (a.a.O., S. 462 ff.), und: Die große Suche nach dem Alibi (s. 466 f.).

32 Die Welt von Gestern – Erinnerungen eines Europäers, Taschenbuchausgabe 1970, S. 14 ff.

33 So nach dem Sieg über Frankreich in der Reichstagsrede vom 19. Juli 1940, als er die Verhinderung des Friedens durch die uneinsichtigen Briten beklagte: »Denn meine Absicht war es nicht, Kriege zu führen, sondern einen neuen Sozialstaat von höchster Kultur aufzubauen. Jedes Jahr dieses Krieges raubt mich dieser Arbeit.« (Der großdeutsche Freiheitskampf. Reden des Führers, Band II, 2. Auflage 1943, S. 263.)

34 Allein im Osten sind beim Einmarsch der Roten Armee, bei der Flucht vor ihr oder der anschließenden Vertreibung Verluste unter der Zivilbevölkerung entstanden, die sich nur abschätzen lassen, aber mit mindestens zwei Millionen angesetzt werden müssen. Der Luftkrieg forderte mindestens 500 000 Opfer und mehr als die Hälfte davon 1944/45. Die Wehrmacht verlor im gesamten Krieg 3,76 Millionen Tote und etwa 500 000 Vermisste mit unaufgeklärtem Schicksal. – In den drei Westzonen lebten Ende 1946 20,8 Millionen Männer und 25,7 Millionen Frauen; für 14 Millionen Haushalte standen nur acht Millionen Wohnungen zur Verfügung, viele davon so primitiv oder beschädigt, daß man sie in normalen Zeiten sofort gesperrt oder abgerissen hätte.

35 Mit der gehörigen Zuspitzung, aber keineswegs abwegig, könnte man statt von »Vorsehung« auch von einer Komposition und den Regieanweisungen Richard Wagners sprechen. Nochmals sei verwiesen auf: Joachim Köhler, Wagners Hitler. Der Prophet und sein Vollstrecker, 2. Auflage 1997.

36 Zitiert nach: Domarus, a.a.O., Band I, zweiter Halbband, 1965, S. 643. – Es handelte sich um den »Parteitag der Ehre« vom September 1936. Traumhaft klingt auch, was Hitler zwei Tage zuvor bei einer anderen Parteitagsrede sagte: »Ihr kommt, um aus der kleinen Umwelt eures täglichen Lebenskampfes und eures Kampfes um Deutschland und für unser Volk einmal das Gefühl zu bekommen: Nun sind wir beisammen, sind bei ihm und er bei uns, und wir sind jetzt Deutschland!« (Ebd., S. 641.)

37 1951 erschien »Der Fragebogen« von Ernst von Salomon, der den amerikanischen Versuch, jedermann rückwärts gewandt auf den Prüfstand zu

bringen, der eine Arbeit, ein Amt oder nur einen Studienplatz begehrte, ironisch überlegen abwies. Das Buch wurde zum Bestseller, und dieser Erfolg zeigte die herrschende Einstellung.

[38] Der tägliche Kram, in: Gesammelte Schriften für Erwachsene, Band VII, 1969, S. 14.

[39] Alexander und Margarete Mitscherlich, Die Unfähigkeit zu trauern. Grundlagen kollektiven Verhaltens, 1967.

[40] Sarkastisch kann man sagen, dass das vorherige, verordnungswidrige und schamlose Horten für diese Stunde null der westdeutschen Wirtschaft eine Voraussetzung für den Erfolg der Währungsreform war. Denn nur weil es seitdem etwas zu kaufen gab, bewies das neue Geld seinen Wert.

[41] Ganz besonders galt dies für das Millionenheer der Heimatvertriebenen und Flüchtlinge. Um gegenüber den Einheimischen nicht Bürger zweiter Klasse zu bleiben, entwickelten sie samt der zugehörigen Mobilität eine exemplarische Leistungsbereitschaft. Ohne ihren Einsatz ist das westdeutsche »Wirtschaftswunder« der folgenden Jahre kaum zu verstehen.

[42] Zur Ironie des Sachverhaltes gehört, dass diese Kinder, als sie es dann tatsächlich besser hatten, 1968 gegen die Väter rebellierten und sie als die verstockten Hinterbliebenen des »Dritten Reiches« anklagten, sozusagen als die Hydes, die sich hinter den ehrbaren Masken der Jekylls verbargen.

[43] Zugespitzt zwar, aber im Kern treffend hat Rudolf von Thadden das Ergebnis beschrieben: »Es gehört zu den charakteristischen Merkmalen der deutschen Nachkriegsentwicklung, und zwar in beiden Teilen Deutschlands, daß technische und wirtschaftliche Leistung in der Skala der Werte wieder weit obenan stehen. Bis in den Sport hinein gelten die Bundesrepublik und die DDR in der internationalen Öffentlichkeit als die Staaten, in denen andere Werte als Leistungssteigerung und technische Modernität vergleichsweise ein Schattendasein führen. Zwar erheben beide deutsche Staaten den Anspruch, mit ihrem Leistungswillen für übergeordnete Ziele zu stehen, faktisch entwickelt sich jedoch ein Selbstverständnis der Deutschen, das fast ausschließlich vom Stolz auf technische und wirtschaftliche Werte bestimmt wird. D-Mark und Goldmedaillen bilden den Kern des deutschen Nationalbewußtseins.« (Berührung zwischen Vergangenheit und Zukunft in: Politik und Kultur, Heft 3, 5. Jahrgang 1978, S. 62 f.) – Hinter der Weltexportmacht Bundesrepublik rückte die DDR wenigstens kompensatorisch zur olympischen Weltmacht auf – und mit den Mitteln, die der psychologischen Disposition entsprachen. Denn einzig im Sport wurde das konkurrenzorientierte Leistungsverhalten – sonst als kapitalistisch verpönt – ohne Vorbehalt gefördert.

[1] Martin und Sylvia Greiffenhagen, Ein schwieriges Vaterland. Zur politischen Kultur Deutschlands, 1979, S. 321.

[2] Siehe dazu: Alan Bullock, Hitler und Stalin. Parallele Leben, 1991.

[3] Als Literatur zum so genannten »Historikerstreit« seien genannt: Martin Broszat, Nach Hitler. Der schwierige Umgang mit unserer Geschichte, 1986; Dan Diner (Herausgeber), Ist der Nationalsozialismus Geschichte? Zu Historisierung und Historikerstreit, 1987; Andreas Hillgruber, Jürgen Habermas, Karl Heinz Janßen und die Aufklärung 1986, in: Geschichte in Wissenschaft und Unterricht, Heft 12, 1986, S. 725 ff.; Hermann Lübbe, Die Gegenwart der Vergangenheit, Vorträge der Oldenburgischen Landschaft, Heft 14, 1986; Walter H. Pehle (Herausgeber), Der historische Ort des Nationalsozialismus, 1989; Hagen Schulze, Wir sind, was wir geworden sind. Vom Nutzen der Geschichte für die deutsche Gegenwart, 1987; Wolfgang Wippermann (Herausgeber), Kontroversen um Hitler, 1986.

[4] Siehe Jürgen Habermas, Eine Art Schadensabwicklung, 1987. – Habermas gehörte im »Historikerstreit« zu den Zentralfiguren.

[5] In seinem Protest gegen die Wiedervereinigung hat Günter Grass gesagt: »Indem ich meinen Vortrag unter die lastende Überschrift ›Schreiben nach Auschwitz‹ stellte …, will ich zum Schluß die Zäsur, den Zivilisationsbruch Auschwitz dem deutschen Verlangen nach Wiedervereinigung konfrontieren … Ja, auch gegen ein Selbstbestimmungsrecht, das anderen Völkern ungeteilt zusteht, gegen all das spricht Auschwitz, weil eine der Voraussetzungen für das Ungeheure, neben anderen älteren Triebkräften, ein starkes, das geeinte Deutschland gewesen ist … Wir kommen an Auschwitz nicht vorbei. Wir sollten, sosehr es uns drängt, einen solchen Gewaltakt auch nicht versuchen, weil Auschwitz zu uns gehört, bleibendes Merkmal unserer Geschichte ist und – als Gewinn! – eine Einsicht möglich gemacht hat, die heißen könnte: jetzt endlich kennen wir uns.« (Schreiben nach Auschwitz, in: Günter Grass, Gegen die verstreichende Zeit. Reden, Aufsätze und Gespräche 1989–1991, 1991, S. 72 f.) – Wäre es nicht denkbar, genau umgekehrt zu argumentieren? Nur eine geeinte Nation kann auch die Geschichte ungeteilt übernehmen; der »antifaschistische Schutzwall« quer durch Deutschland machte es dagegen leicht, sich davonzustehlen. Die DDR hatte den Antifaschismus gewissermaßen in Erbpacht genommen und sah sich damit von jeder schwierigen Konfrontation mit der Geschichte entbunden. In der Bundesrepublik rückte für viele, zumal jüngere Menschen, aber auch für viele Intellektuelle, die sich selbst als »links« einstuften, Deutschland in eine unbestimmte Ferne; man wohnte, so schien es, einfach in einer besonderen Provinz Europas. Stammte womöglich der verbreitete Unwille, sich auf die Wiedervereinigung wirklich einzulassen, vorbewusst aus der Bequemlichkeit, die Ver-

gangenheit unter preiswerten Blumengebinden der Schuldbekenntnisse zu begraben? Jedenfalls wurden im Ergebnis Nation und Nationalstaat der Rechten überlassen.

[6] Zur Geschichte der Religion und Philosophie in Deutschland, zuerst 1835, Schlussabschnitt.

[7] Zitiert nach Renzo Vespignani, Faschismus, 5. Auflage 1979, S. 87.

[8] Moabiter Sonnette, 1946; siehe auch: Deutschland Deutschland. Politische Gedichte vom Vormärz bis zur Gegenwart, herausgegeben von Helmut Lamprecht, 1969, S. 441 f. – Haushofer wurde am 23. April 1945 in Berlin-Moabit von der Gestapo ermordet.

Hinweise zur Literatur – Eine Auswahl

Die Weimarer Republik

Apelt, Willibalt: Geschichte der Weimarer Verfassung, 2. Auflage München und Berlin 1964.

Bennecke, Heinrich: Wirtschaftliche Depression und politischer Radikalismus 1918–1938, München und Wien 1970.

Benz, Wolfgang/Graml, Hermann (Herausgeber): Biographisches Lexikon der Weimarer Republik, München 1988.

Berghahn, Volker R.: Der Stahlhelm, Bund der Frontsoldaten 1918–1935, Düsseldorf 1966.

Bracher, Karl Dietrich: Die Auflösung der Weimarer Republik. Eine Studie zum Problem des Machtverfalls in der Demokratie, 4. Auflage Villingen 1964.

Derselbe/Funke, Manfred/Jacobsen, Hans-Adolf (Herausgeber): Die Weimarer Republik 1918–1933. Politik, Wirtschaft, Gesellschaft, Düsseldorf 1987.

Breuer, Stefan: Anatomie der Konservativen Revolution, Darmstadt 1993.

Buchheim, Hans: Die Weimarer Republik. Das deutsche Reich ohne Kaiser, 2. Auflage München 1978.

Büsch, Otto/Feldmann, Gerald D. (Herausgeber): Historische Prozesse der deutschen Inflation 1914 bis 1924, Berlin 1978.

Carsten, Francis L.: Reichswehr und Politik 1918–1933, 3. Auflage Köln und Berlin 1966.

Dederke, Karlheinz: Reich und Republik. Deutschland 1917–1933, 4. Auflage Stuttgart 1981.

Dorpalen, Andreas: Hindenburg in der Geschichte der Weimarer Republik, Berlin und Frankfurt a. M. 1966.

Dupeux, Louis: »Nationalbolschewismus« in Deutschland 1919–1933. Kommunistische Strategie und konservative Dynamik, München 1985.

Erdmann, Karl Dietrich: Die Weimarer Republik, 6. Auflage München 1980.

Derselbe/Schulze, Hagen (Herausgeber): Weimar. Selbstpreisgabe einer Demokratie. Eine Bilanz heute. Düsseldorf 1980.

Erger, Johannes: Der Kapp-Lüttwitz-Putsch. Ein Beitrag zur deutschen Innenpolitik 1919/20, Düsseldorf 1967.

Eschenburg, Theodor: Matthias Erzberger. Der große Mann des Parlamentarismus und der Finanzreform, München 1973.
Derselbe: Die Republik von Weimar. Beiträge zur Geschichte einer improvisierten Demokratie, München u. a. 1984.
Eyck, Erich: Geschichte der Weimarer Republik, 2 Bände, Erlenbach-Zürich und Stuttgart 1954 und 1956.
Falter, Jürgen W./Lindenberger, Thomas/Schumann, Siegfried (Herausgeber): Wahlen und Abstimmungen in der Weimarer Republik. Materialien zum Wahlverhalten 1919–1933, München 1986.
Feldmann, Gerald D. (Herausgeber): Die Nachwirkungen der Inflation auf die deutsche Geschichte 1924–1933, München 1985.
Fischer, Wolfram: Deutsche Wirtschaftspolitik 1918–1945, 3. Auflage Opladen 1968.
Gay, Peter: Die Republik der Außenseiter. Geist und Kultur in der Weimarer Zeit 1918–1933, Frankfurt a. M. 1987.
Gessner, Dieter: Agrarverbände in der Weimarer Republik. Wirtschaftliche und soziale Voraussetzungen agrarkonservativer Politik vor 1933, Düsseldorf 1976.
Gruchmann, Lothar/Weber, Reinhard (Herausgeber): Der Hitler-Prozeß 1924. Wortlaut der Hauptverhandlung vor dem Volksgericht München I; 4 Teile, München 1997–1999.
Gumbel, Emil Julius: Vier Jahre politischer Mord, Berlin 1922; Denkschrift des Reichsjustizministers zu »Vier Jahre politischer Mord«, Nachdruck d. Ausg. Berlin 1920–1924, Heidelberg 1980.
Hannover, Heinrich/Hannover-Drück, Elisabeth: Politische Justiz 1918–1933, Frankfurt am Main 1966.
Hartwich, Hans-Hermann: Arbeitsmarkt, Verbände und Staat 1918 bis 1933. Die öffentliche Bindung unternehmerischer Funktionen in der Weimarer Republik, Berlin 1967.
Hermand, Jost/Trommler, Frank: Die Kultur der Weimarer Republik, München 1978.
Hock, Wolfgang: Deutscher Antikapitalismus. Der ideologische Kampf gegen die freie Wirtschaft im Zeichen der großen Krise, Frankfurt am Main 1960.
Hoffmann, Hilmar/Klotz, Heinrich (Herausgeber): Die Kultur unseres Jahrhunderts, 1918–1933, Düsseldorf 1993.
Holzbach, Heidrun: Das »System Hugenberg«. Die Organisation bürgerlicher Sammlungspolitik vor dem Aufstieg der NSDAP, Stuttgart 1981.
Hörnig, Herbert: Das preußische Zentrum in der Weimarer Republik. Demokratie und politischer Katholizismus in Preußen 1918–1933, Mainz 1979.
Huber, Ernst Rudolf (Herausgeber): Dokumente der Novemberrevolution und der Weimarer Republik 1918–1933, Stuttgart 1966.

Jacke, Jochen: Kirche zwischen Monarchie und Republik. Der preußische Protestantismus nach dem Zusammenbruch von 1918, Hamburg 1976.

James, Harold: Deutschland in der Weltwirtschaftskrise 1924–1936, Stuttgart 1988.

Jasper, Gotthard: Der Schutz der Republik. Studien zur staatlichen Sicherung der Demokratie in der Weimarer Republik 1922–1930, Tübingen 1963.

Kaes, Anton (Herausgeber): Weimarer Republik. Manifeste und Dokumente zur deutschen Literatur 1918–1933, Stuttgart 1983.

Kirchheimer, Otto: Von der Weimarer Republik zum Faschismus. Die Auflösung der demokratischen Rechtsordnung, herausgegeben von Wolfgang Luthardt, Frankfurt am Main 1976.

Klemperer, Klemens von: Konservative Bewegungen zwischen Kaiserreich und Nationalsozialismus, München und Wien 1962.

Kluge, Ulrich: Die deutsche Revolution 1918/1919. Staat, Politik und Gesellschaft zwischen Weltkrieg und Kapp-Putsch, Frankfurt a. M. 1985.

Koebner, Thomas (Herausgeber): Weimars Ende. Prognosen und Diagnosen in der deutschen Literatur und politischen Publizistik 1930–1933, Frankfurt a. M. 1982.

Koch, Hannsjoachim W.: Der deutsche Bürgerkrieg. Eine Geschichte der deutschen und österreichischen Freikorps 1918–1923, Berlin 1978.

Kolb, Eberhard: Die Weimarer Republik, 4. durchgesehene und ergänzte Auflage München 1998.

König, Rudolf/Soell, Hartmut/Weber, Hermann (Herausgeber): Friedrich Ebert und seine Zeit. Bilanz und Perspektiven der Forschung, München 1990.

Krüger, Peter: Die Außenpolitik der Weimarer Republik, Darmstadt 1985.

Laqueur, Walter: Weimar. Die Kultur der Weimarer Republik, Frankfurt am Main, Berlin und Wien 1976.

Lehnert, Detlef/Megerle, Klaus (Herausgeber): Politische Identität und nationale Gedenktage. Zur politischen Kultur in der Weimarer Republik, Opladen 1989.

Luthardt, Wolfgang (Herausgeber): Sozialdemokratische Arbeiterbewegung und Weimarer Republik. Materialien zur gesellschaftlichen Entwicklung 1927–1933, 2 Bände, Frankfurt a. M. 1972.

Lutz, Heinrich: Demokratie im Zwielicht. Der Weg der deutschen Katholiken aus dem Kaiserreich in die Republik 1914–1925, München 1963.

Matthias, Erich: Zwischen Räten und Geheimräten. Die deutsche Revolutionsregierung 1918/19, Düsseldorf 1970.

Meier-Welcker, Hans: Seeckt, Frankfurt a. M. 1967.

Meyer, Georg P.: Bibliographie zur deutschen Revolution 1918/19, Göttingen 1977.

Meyer, Gerd: Weltwirtschaftskrise und deutsche Reparationen. Brünings Revisionspolitik 1930–1932, Düsseldorf 1989.

Michalka, Wolfgang/Niedhart, Gottfried (Herausgeber): Die ungeliebte Republik, München 1980.

Dieselben (Herausgeber): Deutsche Geschichte 1918–1933. Dokumente zur Innen- und Außenpolitik, Neuausgabe Frankfurt a. M. 1992.

Milatz, Alfred: Wähler und Wahlen in der Weimarer Republik, 2. Auflage Bonn 1968 (Schriftenreihe der Bundeszentrale für Politische Bildung, Heft 66).

Miller, Susanne: Die Bürde der Macht. Die deutsche Sozialdemokratie 1918–1920, Düsseldorf 1978.

Mitchell, Allan: Revolution in Bayern 1918–1919. Die Eisner-Regierung und die Räterepublik, München 1967.

Mohler, Armin: Die konservative Revolution in Deutschland 1918 bis 1932. Grundriß ihrer Weltanschauungen, 3. erweiterte Ausgabe mit umfassender Bibliographie, Darmstadt 1989.

Mommsen, Hans: Die verspielte Freiheit. Der Weg der Republik von Weimar in den Untergang 1918 bis 1933, Frankfurt a. M. und Berlin 1989.

Derselbe/Petzina, Dietmar/Weisbrod, Bernd (Herausgeber): Industrielles System und politische Entwicklung in der Weimarer Republik, Düsseldorf 1974.

Neumann, Sigmund: Die Parteien der Weimarer Republik, 4. Auflage Stuttgart 1977.

Nowak, Kurt: Evangelische Kirche und Weimarer Republik. Zum politischen Weg des deutschen Protestantismus zwischen 1918 und 1932, Göttingen 1981.

Nussbaum, Manfred: Wirtschaft und Staat in Deutschland während der Weimarer Republik, Vaduz 1978.

Ploetz: Weimarer Republik. Eine Nation im Umbruch, herausgegeben von Gerhard Schulz, Freiburg und Würzburg 1987.

Prümm, Karl: Die Literatur des Soldatischen Nationalismus der 20er Jahre, 1918–1933. Gruppenideologie und Epochenproblematik, 2 Bände, Kronberg/Ts. 1974.

Pyta, Wolfram: Gegen Hitler und für die Republik. Die Auseinandersetzung der deutschen Sozialdemokratie mit der NSDAP in der Weimarer Republik, Düsseldorf 1989.

Raabe, Felix: Die bündische Jugend. Ein Beitrag zur Geschichte der Weimarer Republik, Stuttgart 1961.

Rohe, Karl: Das Reichsbanner Schwarz-Rot-Gold. Ein Beitrag zur Geschichte und Struktur der politischen Kampfverbände zur Zeit der Weimarer Republik, Düsseldorf 1966.

Röhl, Klaus Rainer: Nähe zum Gegner. Kommunisten und Nationalsozialisten im Berliner BVG-Streik 1932, Frankfurt a. M. 1994.
Rosenberg, Arthur: Entstehung der Weimarer Republik, herausgegeben von Kurt Kersten, Frankfurt a. M. 1961.
Derselbe: Geschichte der Weimarer Republik, herausgegeben von Kurt Kersten, Frankfurt a. M. 1961.
Salewski, Michael: Entwaffnung und Militärkontrolle in Deutschland 1919–1927, München 1966.
Schmitt, Carl: Die Diktatur, 2. Auflage München 1928.
Derselbe: Die geistesgeschichtliche Lage des heutigen Parlamentarismus, 2. Auflage München 1926.
Derselbe: Der Begriff des Politischen, 3. Auflage Hamburg 1933.
Derselbe: Positionen und Begriffe im Kampf mit Weimar – Genf – Versailles 1923–1939, Hamburg 1940.
Scholder, Klaus: Die Kirchen und das Dritte Reich, Band I: Vorgeschichte und Zeit der Illusionen 1918–1934, Frankfurt a. M. und Wien 1977.
Schüddekopf, Otto-Ernst: Linke Leute von rechts. Die nationalrevolutionären Minderheiten und der Kommunismus in der Weimarer Republik, Stuttgart 1960.
Schultzendorff, Walter von: Proletarier und Prätorianer. Bürgerkriegssituationen aus der Frühzeit der Weimarer Republik, Köln 1966.
Schulz, Gerhard: Zwischen Demokratie und Diktatur. Verfassungspolitik und Reichsreform in der Weimarer Republik, 2 Bände, Berlin 1963 f.
Schulze, Hagen: Freikorps und Republik 1918–1920, Boppard a. Rh. 1969.
Derselbe: Otto Braun oder Preußens demokratische Sendung. Eine Biographie, Frankfurt a. M., Berlin und Wien 1977.
Derselbe: Weimar. Deutschland 1917–1933, Berlin 1982.
Schuster, Kurt G. P.: Der Rote Frontkämpferbund 1924–1929. Beiträge zur Geschichte und Organisationsstruktur eines politischen Kampfbundes, Düsseldorf 1975.
Sinzheimer, Hugo/Fraenkel, Ernst: Die Justiz in der Weimarer Republik. Eine Chronik, herausgegeben von Thilo Ramm, Neuwied und Berlin 1968.
Sontheimer, Kurt: Antidemokratisches Denken in der Weimarer Republik, 3. Auflage München 1992.
Sösemann, Bernd: Das Ende der Weimarer Republik in der Kritik demokratischer Publizisten, Berlin 1976.
Speier, Hans. Die Angestellten vor dem Nationalsozialismus. Ein Beitrag zum Verständnis der deutschen Sozialstruktur 1918–1933, Göttingen 1977.
Stephan, Werner: Aufstieg und Fall des Linksliberalismus 1918–1933. Geschichte der Deutschen Demokratischen Partei, Göttingen 1973.
Stürmer, Michael (Herausgeber): Die Weimarer Republik. Belagerte Civitas, Königstein/Ts. 1980.

Thimme, Annelise: Flucht in den Mythos. Die deuschnationale Volkspartei und die Niederlage von 1918, Göttingen 1969.
Töpner, Kurt: Gelehrte Politiker und politisierende Gelehrte. Die Revolution von 1918 im Urteil deutscher Hochschullehrer, Göttingen 1970.
Treue, Wilhelm (Herausgeber): Deutschland in der Weltwirtschaftskrise in Augenzeugenberichten, Düsseldorf 1967.
Troeltsch, Ernst: Spektator-Briefe. Aufsätze über die deutsche Revolution und die Weltpolitik 1918/1922, herausgegeben von Hans Baron, Tübingen 1924.
Turner, Henry A.: Stresemann. Republikaner aus Vernunft, Berlin und Frankfurt a. M. 1968.
Vogelsang, Thilo: Reichswehr, Staat und NSDAP. Beiträge zur deutschen Geschichte 1930–1932, Stuttgart 1962.
Walter, Dirk: Antisemitische Kriminalität und Gewalt. Judenfeindschaft in der Weimarer Republik, Bonn 1999.
Weber, Hermann: Hauptfeind Sozialdemokratie. Strategie und Taktik der KPD 1929–1933, Düsseldorf 1982.
Weisbrod, Bernd: Schwerindustrie in der Weimarer Republik. Interessenpolitik zwischen Stabilisierung und Krise, Wuppertal 1978.
Wheeler-Bennett, John W.: Die Nemesis der Macht. Die deutsche Armee in der Politik 1918–1945, Düsseldorf 1954.
Winkler, Heinrich August: Mittelstand, Demokratie und Nationalsozialismus. Die politische Entwicklung von Handwerk und Kleinhandel in der Weimarer Republik, Köln 1972.
Derselbe: Die Sozialdemokratie und die Revolution von 1918/19, Berlin und Bonn 1979.
Derselbe: Weimar 1918–1933. Die Geschichte der ersten deutschen Demokratie, München 1993.
Witt, Peter-Christian: Friedrich Ebert. Parteiführer, Reichskanzler, Volksbeauftragter, Reichspräsident, 3. überarbeitete Auflage Bonn 1982.
Zeidler, Manfred: Reichswehr und Rote Armee 1920–1933. Wege und Statio nen einer ungewöhnlichen Zusammenarbeit, 2. Auflage München 1994.
Zierer, Dietmar: Niedergang und Zusammenbruch der Weimarer Parteien, 1930 bis 1933, München 1973.

Adolf Hitler

Auerbach, Hellmuth: Hitlers politische Lehrjahre und die Münchener Gesellschaft 1919–1923, in: Vierteljahrshefte für Zeitgeschichte 25, 1977, S. 1 ff.
Below, Nicolaus von: Als Hitlers Adjutant 1937–45, Mainz 1980.
Bezymenskij, Lew: Der Tod des Adolf Hitler. Unbekannte Dokumente aus Moskauer Archiven, überarbeitete Neuauflage München und Berlin 1982.

Binion, Rudolph: »... daß ihr mich gefunden habt«. Hitler und die Deutschen: Eine Psychohistorie, Stuttgart 1978.
Boldt, Gerhard: Die letzten Tage der Reichskanzlei, Hamburg 1947; Neuauflage: Hitler – Die letzten Zehn Tage, Frankfurt a. M. 1973.
Brandmayer, Balthasar: Meldegänger Hitler 1914–1918, München und Kolbermoor 1933.
Bullock, Alan: Hitler. Eine Studie über Tyrannei, überarbeitete Neuausgabe Düsseldorf 1967.
Burke, Kenneth: Die Rhetorik in Hitlers »Mein Kampf« und andere Essays zur Strategie der Überredung, Frankfurt a. M. 1967.
Carr, William: Adolf Hitler. Persönlichkeit und politisches Handeln, Stuttgart u. a. 1980.
Daim, Wilfried: Der Mann, der Hitler die Ideen gab, 2. Auflage Wien, Köln und Graz 1985.
Deuerlein, Ernst: Hitler. Eine politische Biographie, München 1969.
Dietrich, Otto: Mit Hitler an die Macht. Persönliche Erlebnisse mit meinem Führer, 7. Auflage München 1934.
Derselbe: Zwölf Jahre mit Hitler, München 1955.
Domarus, Max: Hitler. Reden und Proklamationen 1932–1945. Kommentiert von einem deutschen Zeitgenossen, 2 Bände in jeweils 2 Halbbänden, München 1965.
Eitner, Hans-Jürgen: »Der Führer«. Hitlers Persönlichkeit und Charakter, München und Wien 1981.
Fabry, Philipp W.: Mutmaßungen über Hitler. Urteile von Zeitgenossen, Düsseldorf 1979.
Fest, Joachim C.: Hitler. Eine Biographie, 1973, Neuausgabe als Taschenbuch Berlin 1998.
Fleming, Gerald: Hitler und die Endlösung. Wiesbaden und München 1982.
Funke, Manfred: Starker oder schwacher Diktator? Hitlers Herrschaft und die Deutschen. Ein Essay, Düsseldorf 1989.
Geiß, Josef: Obersalzberg. Die Geschichte eines Berges. Von Judith Platter bis heute. Ein Tatsachenbericht, 5. Auflage Berechtesgaden 1962.
Giesler, Hermann: Ein anderer Hitler. Erlebnisse, Gespräche, Reflexionen, Leoni 1977.
Gisevius, Hans Bernd: Adolf Hitler. Versuch einer Deutung, München 1963.
Görlitz, Walter/Quint, Herbert A.: Adolf Hitler. Eine Biographie, Stuttgart 1952.
Greiner, Josef: Das Ende des Hitler-Mythos, Zürich, Leipzig und Wien 1947.
Gritschneder, Otto: Bewährungsfrist für den Terroristen Adolf H. Der Hitler-Putsch und die bayerische Justiz, München 1990.
Gun, Nerin E.: Eva Braun-Hitler. Leben und Schicksal, Velbert und Kettwig 1968.

Haffner, Sebastian: Anmerkungen zu Hitler, München 1978.
Hamann, Brigitte: Hitlers Wien. Lehrjahre eines Diktators, München 1996, Taschenbuchausgabe 1998.
Hanfstaengl, Ernst: 15 Jahre mit Hitler. Zwischen Weißem und Braunem Haus, 2. Auflage München 1980.
Hanisch, Ernst: Der Obersalzberg. Das Kehlsteinhaus und Adolf Hitler, Berchtesgaden 1995.
Hauner, Milan: Hitler. A Chronology of his Life and Time, London 1983.
Hayman, Ronald: Hitler & Geli, London 1997.
Heer, Friedrich: Der Glaube Adolf Hitlers. Anatomie einer politischen Religiosität, München und Esslingen 1968.
Heiber, Helmut: Adolf Hitler. Eine Biographie, Berlin 1960.
Heiden, Konrad: Adolf Hitler. Eine Biographie, 2 Bände, Zürich 1936 und 1937.
Herz, Rudolf: Hoffmann und Hitler. Fotografie als Medium des Führer-Mythos, München 1994.
Hillgruber, Andreas (Herausgeber): Staatsmänner und Diplomaten bei Hitler. Vertrauliche Aufzeichnungen über Unterredungen mit Vertretern des Auslandes, 2 Bände, München 1969 und Frankfurt a. M. 1970.
Hitler, Adolf: Mein Kampf, 190./194. Auflage München 1936; 876.–880. Auflage München 1943.
Derselbe: Hitlers Zweites Buch. Ein Dokument aus dem Jahre 1928, herausgegeben von Gerhard L. Weinberg, Stuttgart 1961.
Derselbe: Sämtliche Aufzeichnungen 1905–1924, herausgegeben von Eberhard Jäckel mit Axel Kuhn, Stuttgart 1980.
Derselbe: Reden, Schriften, Anordnungen, Februar 1925 bis Januar 1933, herausgegeben vom Institut für Zeitgeschichte, 5 Bände in 12 Teilbänden, München, London, New York, Paris 1992–1998.
Derselbe: Der großdeutsche Freiheitskampf. Reden Adolf Hitlers, herausgegeben von Philipp Bouhler, Band I und II, 2. Auflage München 1943, Band III München 1942.
Derselbe: Hitlers Lagebesprechungen. Die Protokollfragmente seiner militärischen Konferenzen 1942–1945, herausgegeben von Helmut Heiber, Stuttgart 1962.
Derselbe: Hitlers Weisungen für die Kriegführung, herausgegeben von Walther Hubatsch, Frankfurt a. M. 1962.
Derselbe: Hitlers Tischgespräche im Führerhauptquartier 1941–1942, herausgegeben von Henry Picker, Stuttgart 1965.
Derselbe: Monologe im Führerhauptquartier 1941–1944. Die Aufzeichnungen Heinrich Heims, herausgegeben von Werner Jochmann, Hamburg 1980.
Hitlers politisches Testament. Die Bormann-Diktate vom Februar und April 1945, Hamburg 1981.

Der Hitlerprozeß 1924. Wortlaut der Hauptverhandlung vor dem Volksgericht München I, 4 Teile, herausgegeben von Lothar Gruchmann und Reinhard Weber, München 1997–1999.
Hoffmann, Heinrich: Hitler, wie ich ihn sah. Aufzeichnungen seines Leibfotografen, München und Berlin 1974.
Hoffmann, Peter: Die Sicherheit des Diktators. Hitlers Leibwachen, Schutzmaßnahmen, Residenzen, Hauptquartiere, München 1975.
Irving, David: Führer und Reichskanzler. Adolf Hitler 1933–1945, München und Berlin 1989.
Jäckel, Eberhard: Hitlers Weltanschauung. Entwurf einer Herrschaft, erweiterte 3. Auflage Stuttgart 1986.
Derselbe: Hitlers Herrschaft, 2. Auflage Stuttgart 1988.
Jenks, William A.: Vienna and the Young Hitler, New York 1960.
Jetzinger, Franz: Hitlers Jugend. Phantasien, Lügen – und die Wahrheit, Wien 1956.
Kempka, Erich: Die letzten Tage mit Adolf Hitler, Preußisch Oldendorf 1975.
Kershaw, Ian: Hitler 1889–1936, Stuttgart 1998.
Derselbe: Hitler 1936–1945, Stuttgart 2000.
Knopp, Guido: Hitler. Eine Bilanz, München 1995.
Köhler, Joachim: Wagners Hitler. Der Prophet und sein Vollstrecker, 2. Auflage München 1997.
Kubizek, August: Adolf Hitler. Mein Jugendfreund, 5. Auflage Graz und Stuttgart 1989.
Kuhn, Axel: Hitlers außenpolitisches Programm, Stuttgart 1971.
Linge, Heinz: Bis zum Untergang. Als Chef des persönlichen Dienstes bei Hitler, herausgegeben von W. Maser, München und Berlin 1980.
Luedecke, Kurt G. W.: I Knew Hitler, London 1938.
Lukacs, John: Hitler. Geschichte und Geschichtsschreibung, München 1997.
Lurker, Otto: Hitler hinter Festungsmauern, Berlin 1933.
Maser, Werner: Adolf Hitler. Legende, Mythos, Wirklichkeit, 3. Auflage München und Esslingen 1971.
Derselbe: Adolf Hitler. Das Ende der Führer-Legende, Düsseldorf und Wien 1980.
Derselbe: Hitlers Briefe und Notizen, Düsseldorf 1988.
Mommsen, Hans: Adolf Hitler als »Führer« der Nation, Deutsches Institut für Fernstudien, Tübingen 1984.
Olden, Rudolf: Hitler, Amsterdam 1935.
Pätzold, Kurt/Weißbecker, Manfred: Adolf Hitler. Eine politische Biographie, Leipzig 1995.
Recktenwald, Johann: Woran hat Hitler gelitten? Eine neuropsychiatrische Deutung, München und Basel 1963.

Röhrs, Hans-Dietrich: Hitler. Die Zerstörung einer Persönlichkeit, Neckargemünd 1965.
Rauschning, Hermann: Gespräche mit Hitler, Zürich und New York 1939, 4. Neudruck 1940.
Rubenstein, Joshua: Hitler, London 1984.
Schaake, Erich: Hitlers Frauen, München 2000.
Schenck, Ernst Günther: Patient Hitler. Eine medizinische Biographie, Düsseldorf 1989.
Schieder, Theodor: Hermann Rauschnings »Gespräche mit Hitler« als Geschichtsquelle, Opladen 1972.
Scholdt, Günter: Autoren über Hitler. Deutschsprachige Schriftsteller 1919–1945 und ihr Bild vom »Führer«, Bonn 1993.
Schreiber, Gerhard: Hitler. Interpretationen 1923–1983. Ergebnisse, Methoden und Probleme der Forschung, 2. verbesserte Auflage Darmstadt 1988.
Schroeder, Christa: Er war mein Chef. Aus dem Nachlaß der Sekretärin von Adolf Hitler, München und Wien 1985.
Smith, Bradley: Adolf Hitler. His Family, Childhood, and Youth, Stanford 1967.
Steinert, Marlis: Hitler. Eine politische Biographie. München 1994.
Stierlin, Helm: Adolf Hitler. Familienperspektiven, Frankfurt a. M. 1976.
Strasser, Otto: Hitler und ich, Konstanz 1948.
Toland, John: Adolf Hitler, Bergisch-Gladbach 1977.
Trevor-Roper, Hugh Redwald: Hitlers letzte Tage, Frankfurt a. M. und Berlin 1965.
Turner, Henry Ashby: Geißel des Jahrhunderts. Hitler und seine Hinterlassenschaft, Berlin 1989.
Tyrell, Albrecht: Vom »Trommler« zum »Führer«, München 1975.
Völklein, Ulrich (Herausgeber): Hitlers Tod. Die letzten Tage im Führerbunker, Göttingen 1998.
Wiedemann, Fritz: Der Mann, der Feldherr werden wollte, Velbert und Kettwig 1964.
Wippermann Wolfgang (Herausgeber): Kontroversen um Hitler, Frankfurt a. M. 1996.
Zitelmann, Rainer: Adolf Hitler. Eine politische Biographie, Göttingen und Zürich 1989.
Zoller, Albert: Hitler privat. Erlebnisbericht seiner Geheimsekretärin, Düsseldorf 1949.

Der Nationalsozialismus und das »Dritte Reich«

Abel, Karl-Dietrich: Presselenkung im NS-Staat. Eine Studie zur Geschichte der Publizistik in der nationalsozialistischen Zeit, Berlin 1968.
Absolon, Rudolf: Die Wehrmacht im Dritten Reich. Aufbau – Gliederung – Recht – Verwaltung, 4 Bände, Boppard a. Rh. 1963–1979.

Ackermann, Josef: Heinrich Himmler als Ideologe, Göttingen 1970.

Albrecht, Gerd: Nationalsozialistische Filmpolitik. Eine soziologische Untersuchung über die Spielfilme des Dritten Reichs, Stuttgart 1969.

Allen, William Sheridan: »Das haben wir nicht gewollt!« Die nationalsozialistische Machtergreifung in einer Kleinstadt 1930–1935, Gütersloh 1966.

Aronson, Shlomo: Reinhard Heydrich und die Frühgeschichte von Gestapo und SD, Stuttgart 1971.

Barkai, Avraham: Das Wirtschaftssystem des Nationalsozialismus. Ideologie, Theorie, Politik 1933–1945, Frankfurt am Main 1988.

Becker, Josef/Becker, Ruth (Herausgeber): Hitlers Machtergreifung 1933. Vom Machtantritt Hitlers 30. Januar 1933 bis zur Besiegelung des Einparteienstaates, 14. Juli 1933, München 1983.

Bennecke, Heinrich: Hitler und die SA, München und Wien 1962.

Benz, Wolfgang: Herrschaft und Gesellschaft im nationalsozialistischen Staat – Studien zur Struktur- und Mentalitätsgeschichte, Frankfurt a. M. 1990.

Derselbe: Geschichte des Dritten Reiches, München 2000.

Derselbe/Graml, Hermann/Weiß, Hermann (Herausgeber): Enzyklopädie des Nationalsozialismus, Taschenbuchausgabe München 1997.

Boberach, Heinz (Herausgeber): Meldungen aus dem Reich. Auswahl aus den geheimen Lageberichten des Sicherheitsdienstes der SS 1939–1944, Neuwied und Berlin 1965; vollständige Ausgabe in 17 Bänden Herrsching 1984.

Derselbe: Jugend unter Hitler, Düsseldorf 1982.

Boelcke, Willi A.: Die deutsche Wirtschaft 1930–1945. Interna des Reichswirtschaftsministeriums, Düsseldorf 1983.

Bohnen, Klaus: Nationalsozialismus und Literatur, Kopenhagen und München 1980.

Bracher, Karl Dietrich: Die deutsche Diktatur. Entstehung – Struktur – Folgen des Nationalsozialismus, erweiterte Neuausgabe Köln 1983.

Derselbe/Sauer, Wolfgang/Schulz, Gerhard: Die nationalsozialistische Machtergreifung. Studien zur Errichtung des totalitären Herrschaftssystems in Deutschland 1933/34, 3 Bände, Neuausgabe Frankfurt a. M. 1979.

Derselbe/Funke, Manfred/Jacobsen, Hans-Adolf (Herausgeber): Nationalsozialistische Diktatur 1933–1945. Eine Bilanz, Düsseldorf 1983.

Bramstedt, Ernest K.: Goebbels und die Nationalsozialistische Propaganda 1925–1945, Frankfurt a. M. 1971.

Brandenburg, Hans-Christian: Die Geschichte der HJ. Wege und Irrwege einer Generation, 2. Auflage Köln 1982.

Braubach, Max: Der Einmarsch deutscher Truppen in die entmilitarisierte Zone am Rhein im März 1936. Köln und Opladen 1965.

Broszat, Martin: Der Staat Hitlers. Grundlegung und Entwicklung seiner inneren Verfassung, 10. Auflage München 1983.
Derselbe/Möller, Horst (Herausgeber): Das Dritte Reich. Herrschaftsstruktur und Geschichte, München 1983.
Derselbe/Frei, Norbert (Herausgeber): Das Dritte Reich im Überblick. Chronik, Ereignisse, Zusammenhänge, München 1989.
Derselbe/Klaus Schwabe (Herausgeber): Die deutschen Eliten und der Weg in den Zweiten Weltkrieg, München 1989.
Buchheim, Hans/Broszat, Martin/Jacobsen, Hans-Adolf/Krausnick, Helmut: Anatomie des SS-Staates, 2 Bände, Olten und Freiburg 1965.
Conway, John S.: Die nationalsozialistische Kirchenpolitik 1933–1945. Ihre Ziele, Widersprüche und Fehlschläge, München 1969.
Corni, Gustavo/Gies, Horst: Brot, Butter, Kanonen – Die Ernährungswirtschaft in Deutschland unter der Diktatur Hitlers, Berlin 1997.
Courtade, Francis/Cadars, Pierre: Geschichte des Films im Dritten Reich, München 1975.
Crankshaw, Edward: Die Gestapo, Berlin 1964.
Deschner, Günther: Reinhard Heydrich. Statthalter der totalen Macht, 4. Auflage Esslingen 1999.
Deuerlein, Ernst (Herausgeber): Der Hitler-Putsch. Bayerische Dokumente zum 8./9. November 1923, Stuttgart 1962.
Derselbe: Der Aufstieg der NSDAP in Augenzeugenberichten, München 1974.
Diehl-Thiele, Peter M.: Partei und Staat im Dritten Reich. Untersuchungen zum Verhältnis von NSDAP und allgemeiner innerer Staatsverwaltung 1933–1945, München 1969.
Diller, Ansgar: Rundfunkpolitik im Dritten Reich, München 1980.
Distelkamp, Bernard/Stolleis, Michael (Herausgeber): Justizalltag im Dritten Reich, Frankfurt a. M. 1988.
Döscher, Hans-Jürgen: Das Auswärtige Amt im Dritten Reich. Diplomatie im Schatten der »Endlösung«, Berlin 1987.
Droste Geschichtskalendarium 2/I: Das Dritte Reich 1933–1939; 2/II 1939–1945, Düsseldorf 1983.
Dülffer, Jost: Deutsche Geschichte 1933–1945. Führungsglaube und Vernichtungskrieg, Stuttgart, Berlin und Köln 1992.
Eschenhagen, Wieland (Herausgeber): Die »Machtergreifung«. Tagebuch einer Wende nach Presseberichten vom 1. Januar bis 6. März 1933, Darmstadt und Neuwied 1982.
Eschenwein-Rothe, Ingeborg: Die Wirtschaftsverbände von 1933 bis 1945, Berlin 1965.
Fallois, Immo von: Kalkül und Illusion. Der Machtkampf zwischen Reichswehr und SA während der Röhm-Krise 1934, Berlin 1994.

Fest, Joachim C.: Das Gesicht des Dritten Reiches. Profile einer totalitären Herrschaft, 7. Auflage München 1980.
Focke, Harald: Alltag unterm Hakenkreuz, Reinbek 1979.
Foertsch, Hermann: Schuld und Verhängnis. Die Fritschkrise im Frühjahr 1938 als Wendepunkt in der Geschichte der nationalsozialistischen Zeit, Stuttgart 1951.
Frank, Hans: Im Angesicht des Galgens. Deutung Hitlers und seiner Zeit auf Grund eigener Erlebnisse und Erkenntnisse, 2. Auflage Neuhaus a. Schliersee 1955.
Fraenkel, Ernst: Der Doppelstaat. Recht und Justiz im »Dritten Reich«, Frankfurt a. M. 1984.
Fraenkel, Heinrich/Manvell, Roger: Himmler. Kleinbürger und Massenmörder, Berlin, Frankfurt und Wien 1965.
Franz-Willing, Georg: Die Hitlerbewegung. Der Ursprung 1919–1922, Hamburg und Berlin 1962.
Frei, Norbert: Der Führerstaat. Nationalsozialistische Herrschaft 1933 bis 1945, 4. Auflage München 1996.
Funke, Manfred (Herausgeber): Hitler, Deutschland und die Mächte – Materialien zur Außenpolitik des Dritten Reiches, Düsseldorf 1978.
Derselbe: Starker oder schwacher Diktator? Hitlers Herrschaft und die Deutschen. Ein Essay, Düsseldorf 1989.
Geissler, Rolf: Dekadenz und Heroismus. Zeitroman und völkisch-nationalsozialistische Literaturkritik, Stuttgart 1964.
Goebbels, Joseph: Tagebücher 1924–1945, herausgegeben von Ralf Georg Reuth, 5 Bände, München und Zürich 1992.
Derselbe: Vom Kaiserhof zur Reichskanzlei. Eine historische Darstellung in Tagebuchblättern, 21. Auflage München 1937.
Gordon, Harold J.: Hitlerputsch 1923. Machtkampf in Bayern 1923–1924, Frankfurt a. M. 1971.
Gossweiler, Kurt: Die Röhm-Affäre. Hintergründe, Zusammenhänge, Auswirkungen, Köln 1983.
Gruchmann, Lothar: Justiz im Dritten Reich 1933–1940. Anpassung und Unterwerfung in der Ära Gürtner, München 1988.
Grundmann, Friedrich: Agrarpolitik im »Dritten Reich«. Anspruch und Wirklichkeit des Reichserbhofgesetzes, Hamburg 1979.
Hachtmann, Rüdiger: Industriearbeit im »Dritten Reich« – Untersuchungen zu den Lohn- und Arbeitsbedingungen in Deutschland 1933–1945, Göttingen 1989.
Hagemann, Jürgen: Die Presselenkung im Dritten Reich, Bonn 1970.
Heiber, Helmut: Joseph Goebbels, Berlin 1962.
Heiden, Konrad: Geburt des Dritten Reiches. Die Geschichte des Nationalsozialismus bis Herbst 1933, 2. Auflage Zürich 1934.

Heinemann, Manfred (Herausgeber): Erziehung und Schulung im Dritten Reich, 2 Bände, Stuttgart 1980.
Henke, Josef: England in Hitlers politischem Kalkül 1935–1939, Boppard a. Rh. 1973.
Henning, Friedrich-Wilhelm (Herausgeber): Probleme der nationalsozialistischen Wirtschaftspolitik, Berlin 1976.
Herbst, Ludolf: Das nationalsozialistische Deutschland 1933–1945, Frankfurt a. M. 1996.
Hildebrand, Klaus: Das Dritte Reich, 3. Auflage München 1987.
Derselbe: Vom Reich zum Weltreich. Hitler, NSDAP und koloniale Frage 1919–1945, München 1969.
Derselbe: Deutsche Außenpolitik 1933–1945. Kalkül oder Dogma? Stuttgart 1971.
Hill, Leonidas E. (Herausgeber): Die Weizsäcker-Papiere 1933–1950, Frankfurt a. M., Berlin, Wien 1974.
Himmler, Heinrich: Geheimreden 1933 bis 1945 und andere Ansprachen, herausgegeben von Bradley F. Smith und Agnes F. Peterson, Frankfurt a. M., Berlin, Wien 1974.
Höhne, Heinz: Der Orden unter dem Totenkopf. Die Geschichte der SS, Gütersloh 1967.
Derselbe: Mordsache Röhm. Hitlers Durchbruch zur Alleinherrschaft 1933–1934, Reinbek b. Hamburg 1984.
Derselbe: Die Zeit der Illusionen. Hitler und die Anfänge des Dritten Reiches 1933 bis 1936, Düsseldorf, Wien, New York 1991.
Horn, Wolfgang: Der Marsch zur Machtergreifung. Die NSDAP bis 1933, Stuttgart 1969.
Hoßbach, Friedrich: Zwischen Wehrmacht und Hitler 1934–1938, Wolfenbüttel und Hannover 1949.
Hüttenberger, Peter (Herausgeber): Bibliographie zum Nationalsozialismus, Göttingen 1980.
Derselbe: Die Gauleiter. Studie zum Wandel des Machtgefüges in der NSDAP, Stuttgart 1969.
Jacobsen, Hans-Adolf: Nationalsozialistische Außenpolitik 1933–1938, Frankfurt a. M. und Berlin 1968.
Janßen, Karl-Heinz/Tobias, Fritz: Der Sturz der Generäle. Hitler und die Blomberg-Fritsch-Krise 1938, München 1994.
Jürgens, Birgit: Zur Geschichte des BDM (Bund Deutscher Mädel) von 1923 bis 1939, Frankfurt a. M. u. a. 1994.
Kaftan, Kurt: Der Kampf um die Autobahnen, Berlin 1955.
Katholische Kirche im Dritten Reich. Eine Aufsatzsammlung zum Verhältnis von Papsttum, Episkopat und deutschen Katholiken zum Nationalsozialismus 1933–1945, herausgegeben von Dieter Albrecht, Mainz 1976.

Kershaw, Ian: Der Hitler-Mythos. Volksmeinung und Propaganda im Dritten Reich, Stuttgart 1980.
Derselbe: Hitlers Macht. Das Profil der NS-Herrschaft, München 1992.
Kissenkötter, Udo: Gregor Strasser und die NSDAP, Stuttgart 1978.
Klee, Ernst: »Die SA Jesu Christi«. Die Kirche im Banne Hitlers, Frankfurt a. M. 1990.
Klönne, Arno: Jugend im Dritten Reich. Die Hitler-Jugend und ihre Gegner. Dokumente und Analysen, Düsseldorf und Köln 1982.
Knipping, Franz/Müller, Klaus-Jürgen (Herausgeber): Machtbewußtsein in Deutschland am Vorabend des Zweiten Weltkrieges, Paderborn 1984.
Kranig, Andreas: Lockung und Zwang. Zur Arbeitsverfassung im Dritten Reich, Stuttgart 1983.
Krebs, Albert: Tendenzen und Gestalten der NSDAP. Erinnerungen an die Frühzeit der Partei, Stuttgart 1948.
Lichtenstein, Heiner: Himmlers grüne Helfer. Die Schutz- und Ordnungspolizei im »Dritten Reich«, Köln 1990.
Loewy, Ernst: Literatur unterm Hakenkreuz. Das Dritte Reich und seine Dichtung, Frankfurt am Main 1966.
Longerich, Peter: Die braunen Bataillone. Geschichte der SA, München 1989.
Derselbe: Hitlers Stellvertreter. Führung der Partei und Kontrolle des Staatsapparates durch den Stab Heß und die Partei-Kanzlei Bormanns, München u. a. 1992.
Maschmann, Melita: Fazit. Kein Rechtfertigungsversuch, Stuttgart 1963; Neuausgabe mit dem Untertitel: Mein Weg in die Hitler-Jugend, München 1979.
Maser, Werner: Die Frühgeschichte der NSDAP. Hitlers Weg bis 1924, Frankfurt a. M. und Bonn 1965.
Mason, Timothy W.: Sozialpolitik im Dritten Reich. Arbeiterklasse und Volksgemeinschaft, Opladen 1977.
Matthias, Erich/Morsey, Rudolf (Herausgeber): Das Ende der Parteien 1933. Darstellungen und Dokumente, Königstein/Ts. und Düsseldorf 1979.
Meinck, Gerhard: Hitler und die deutsche Aufrüstung 1933–1937, Wiesbaden 1959.
Messerschmidt, Manfred: Die Wehrmacht im NS-Staat. Zeit der Indoktrination, Hamburg 1969.
Michalka, Wolfgang (Herausgeber): Das Dritte Reich. Dokumente zur Innen- und Außenpolitik, 2 Bände, München 1969; Neuausgabe 1985.
Derselbe: Ribbentrop und die deutsche Weltpolitik 1933–1940. Außenpolitische Konzeption und Entscheidungsprozesse im Dritten Reich, München 1980.
Mommsen, Hans: Beamtentum im Dritten Reich, Stuttgart 1966.

Derselbe/Willems, Susanne (Herausgeber): Herrschaftsalltag im Dritten Reich. Studien und Texte, Düsseldorf 1988.

Derselbe: Deutschland vor und nach Auschwitz. Aufstieg und Zusammenbruch des Nationalsozialismus, Stuttgart 1999.

Morsch, Günter: Arbeit und Brot. Studien zu Lage, Stimmung, Einstellung und Verhalten der deutschen Arbeiterschaft 1933–1936/37, Frankfurt a. M. 1993.

Mosse, George L.: Ein Volk – ein Reich – ein Führer. Die völkischen Ursprünge des Nationalsozialismus, Königstein/Ts. 1979.

Müller, Klaus-Jürgen: Armee und Drittes Reich 1933–1939. Darstellung und Dokumentation, 2. Auflage Paderborn 1989.

Neumann, Franz: Behemoth – Struktur und Praxis des Nationalsozialismus 1933–1944, Köln und Frankfurt a. M. 1977.

Nolte, Ernst: Der Faschismus in seiner Epoche, 6. Auflage München und Zürich 1984.

Ohr, Dieter: Nationalsozialistische Propaganda und Weimarer Wahlen. Empirische Analysen zur Wirkung der NSDAP-Versammlungen, Opladen 1997.

Paul, Gerhard: »Deutsche Mutter – heim zu Dir!« Warum es mißlang, Hitler an der Saar zu schlagen. Der Saarkampf 1933–1935, Köln 1984.

Derselbe/Mallmann, Klaus Michael (Herausgeber): Die Gestapo. Mythos und Realität, Darmstadt 1995.

Pertersen, Jens: Hitler–Mussolini: Die Entstehung der Achse Berlin–Rom, 1933–1936, Tübingen 1973.

Petzina, Dietmar: Autarkiepolitik im Dritten Reich. Der nationalsozialistische Vierjahresplan, Stuttgart 1968.

Derselbe/Abelshauser, Werner/Faust, Anselm (Herausgeber): Sozialgeschichtliches Arbeitsbuch III. Materialien zur Statistik des Deutschen Reiches 1914–1945, München 1978.

Ploetz: Das Dritte Reich – Ursachen, Ereignisse, Wirkungen, herausgegeben von Martin Broszat und Norbert Frei, Freiburg und Würzburg 1983; Neuausgabe München 1989.

Prinz, Michael/Zitelmann, Rainer (Herausgeber): Nationalsozialismus und Modernisierung, Darmstadt 1991.

Der Prozeß gegen die Hauptkriegsverbrecher vor dem Internationalen Militärgerichtshof, 42 Bände, Nürnberg 1947–1949.

Rauschning, Hermann, Die Revolution des Nihilismus. Kulisse und Wirklichkeit im Dritten Reich, 5. Auflage Zürich und New York 1938.

Reichel, Peter: Der schöne Schein des Dritten Reiches. Faszination und Gewalt des Faschismus, München 1991.

Reich-Ranicki, Marcel (Herausgeber): Meine Schulzeit im Dritten Reich. Erinnerungen deutscher Schriftsteller, Köln 1982.

Rönnefarth, Helmuth K. G.: Die Sudetenkrise in der internationalen Politik 1938, 2 Bände, Wiesbaden 1961.
Ruck, Michael: Bibliographie zum Nationalsozialismus, Köln 1995.
Ruhl, Klaus-Jörg: Brauner Alltag. 1933–1939 in Deutschland, Düsseldorf 1981.
Rüthers, Bernd: Entartetes Recht. Rechtslehren und Kronjuristen im Dritten Reich, München 1988.
Saldern, Adelheid von: Mittelstand im »Dritten Reich«. Handwerker – Einzelhändler, Bauern, Frankfurt a. M. und New York 1979.
Schacht, Hjalmar: 76 Jahre meines Lebens, München 1953.
Schmidt, Paul: Statist auf diplomatischer Bühne 1923–1945. Erlebnisse des Chefdolmetschers im Auswärtigen Amt mit den Staatsmännern Europas, Bonn 1949; Neuausgabe 1953.
Schneider, Michael: Unterm Hakenkreuz. Arbeiter und Arbeiterbewegung 1933 bis 1939, Bonn 1999.
Scholtz, Harald: Erziehung und Unterricht unterm Hakenkreuz, Göttingen 1985.
Schulz, Gerhard: Aufstieg des Nationalsozialismus. Krise und Revolution in Deutschland, Frankfurt a. M., Berlin, Wien 1975.
Schumann, Hans-Gerd: Nationalsozialismus und Gewerkschaftsbewegung. Die Vernichtung der deutschen Gewerkschaften und der Aufbau der »Deutschen Arbeitsfront«, Hannover und Frankfurt a. M. 1958.
Shirer, William L.: Berliner Tagebuch. Aufzeichnungen 1934–1941, Leipzig und Weimar 1991.
Seidler, Franz W.: Fritz Todt. Baumeister des Dritten Reiches, München und Berlin 1986.
Sereny, Gitta: Das Ringen mit der Wahrheit. Albert Speer und das deutsche Trauma, München 1995.
Smelser, Ronald: Robert Ley. Hitlers Mann an der »Arbeitsfront«. Eine Biographie, Paderborn 1989.
Derselbe/Zitelmann, Rainer (Herausgeber): Die braune Elite. 22 biographische Skizzen, Darmstadt 1989.
Speer, Albert, Erinnerungen, Berlin 1969.
Sternberger, Dolf/Storz, Gerhard/Süskind, Wilhelm E.: Aus dem Wörterbuch des Unmenschen, 3. Auflage Düsseldorf 1968.
Strasser, Gregor: Kampf um Deutschland, München 1932.
Thamer, Hans-Ulrich: Verführung und Gewalt. Deutschland 1933–1945, Berlin 1986.
Tobias, Fritz: Der Reichstagsbrand. Legende und Wirklichkeit, Rastatt 1962.
Tröger, Jörg (Herausgeber): Hochschule und Wissenschaft im Dritten Reich, Frankfurt a. M. und New York 1984.
Turner, Henry Ashby Jr.: Die Großunternehmer und der Aufstieg Hitlers, Berlin 1985.

Derselbe: Hitler vor der Macht. Der Januar 1933, München 1997.
Tryell, Albrecht (Herausgeber): Führer, befiehl. Selbstzeugnisse aus der »Kampfzeit« der NSDAP. Dokumente und Analysen, Düsseldorf 1969.
Ueberhorst, Horst (Herausgeber): Elite für die Diktatur – Die Nationalpolitischen Erziehungsanstalten 1933–1945. Ein Dokumentarbericht, Düsseldorf 1980.
Ueberschär, Gerd R./Vogel, Winfried: Dienen und Verdienen. Hitlers Geschenke an seine Eliten, Frankfurt a. M. 1999.
Ursachen und Folgen. Vom deutschen Zusammenbruch 1918 und 1945 bis zur staatlichen Neuordnung Deutschlands in der Gegenwart, herausgegeben von Herbert Michaelis und Ernst Schraepler, 28 Bände, Berlin 1958–1979.
Volkmann, Hans-Erich: Wirtschaft im Dritten Reich. Eine Bibliographie, Band 1, 1933–1939, München 1980.
Vondung, Klaus: Magie und Manipulation. Ideologischer Kult und politische Religion des Nationalsozialismus, Göttingen 1971.
Wagner, Walter: Der Volksgerichtshof im nationalsozialistischen Staat, Stuttgart 1974.
Wegner, Bernd: Hitlers Politische Soldaten. Die Waffen-SS 1933–1945. Leitbild, Strukturen und Funktion einer nationalsozialistischen Elite, 3. Auflage Paderborn 1988.
Weiß, Hermann (Herausgeber): Biographisches Lexikon zum Dritten Reich, Frankfurt am Main 1998.
Weißmann, Karlheinz: Der Weg in den Abgrund 1933–1945, Berlin 1995.
Wendt, Bernd Jürgen: Deutschland 1933–1945 – Das »Dritte Reich«, Handbuch zur Geschichte, Hannover 1995.
Derselbe: München 1938. England zwischen Hitler und Preußen, Frankfurt a. M. 1965.
Werner, Karl Ferdinand: Das NS-Geschichtsbild und die deutsche Geschichtswissenschaft, Stuttgart 1967.
Winkler, Dörte: Frauenarbeit im »Dritten Reich«, Hamburg 1977.
Wistrich, Robert: Wer war wer im Dritten Reich. Ein biographisches Lexikon, überarbeitet und erweitert von Hermann Weiß, 3. Auflage Frankfurt a. M. 1988.
Zofka, Zdenek: Die Ausbreitung des Nationalsozialismus auf dem Lande, München 1979.

Vertreibung, Exil und Widerstand

Aleff, Eberhard/Kempter, Ilse/Zipfel, Friedrich (Herausgeber): Terror und Widerstand 1933–1945. Dokumente aus Deutschland und dem besetzten Europa, Berlin 1966.

Balfour, Michael/Frisby, Julian M./Moltke, Freya von: Helmut James von Moltke 1907–1945. Anwalt der Zukunft, Stuttgart 1975.
Benz, Wolfgang (Herausgeber): Das Exil der kleinen Leute. Alltagserfahrungen deutscher Juden in der Emigration. München 1991.
Derselbe/Pehle, Walter H. (Herausgeber): Lexikon des deutschen Widerstandes, Frankfurt a. M. 1994.
Boberach, Heinz (Herausgeber): Berichte des SD und der Gestapo über Kirchen und Kirchenvolk in Deutschland 1933–1944, Mainz 1971.
Brunotte, Heinz/Wolf, Ernst (Herausgeber): Zur Geschichte des Kirchenkampfes, 2 Bände, Göttingen 1965 und 1971.
Cartarius, Ulrich: Opposition gegen Hitler. Bilder, Texte, Dokumente, Neuausgabe Berlin 1994.
Derselbe (Bearbeiter): Bibliographie »Widerstand«, München u. a. 1984.
Dönhoff, Marion Gräfin: Um der Ehre willen. Erinnerungen an die Freunde vom 20. Juli, Berlin 1994.
Durzak, Manfred (Herausgeber): Die deutsche Exilliteratur 1933–1945, Stuttgart 1973.
Edinger, Lewis J.: Sozialdemokratie und Nationalsozialismus. Der Parteivorstand im Exil 1933–1945, Hannover und Frankfurt a. M. 1960.
Fabian, Ruth/Coulmas, Corinna: Die deutsche Emigration in Frankreich nach 1933, München 1978.
Fest, Joachim: Staatsstreich. Der lange Weg zum 20. Juli, Berlin 1994.
Fleischhack, Ernst: Die Widerstandsbewegung »Weiße Rose«. Literaturbericht und Bibliographie, Frankfurt a. M. 1971.
Fraenkel, Heinrich/Manvell, Roger: Der 20. Juli, 2. Auflage Berlin, Frankfurt a. M. und Wien 1969.
Frühwald, Wolfgang/Schieder, Wolfgang (Herausgeber): Leben im Exil. Probleme der Integration deutscher Flüchtlinge im Ausland, 1933–1945, Hamburg 1981.
Goguel, Rudi: Antifaschistischer Widerstandskampf 1933–1945, Bibliographie, herausgegeben vom Komitee der Antifaschistischen Widerstandskämpfer der DDR, Berlin (Ost) 1975.
Graml, Hermann (Herausgeber): Widerstand im Dritten Reich. Probleme, Ereignisse, Gestalten, Frankfurt a. M. 1984.
Grossmann, Kurt Richard: Emigration. Geschichte der Hitler-Flüchtlinge 1933–1945, Frankfurt 1969.
Gruchmann, Lothar (Herausgeber): Autobiographie eines Attentäters. Johann Georg Elser, Stuttgart 1970.
Hahner, Mechthild (Red.): Deutsches Exilarchiv 1933–1945. Katalog der Bücher und Broschüren, Stuttgart 1989.
Heilbut, Anthony: Kultur ohne Heimat. Deutsche Emigranten in den USA nach 1930, Weinheim u. a. 1987.

Hirschfeld, Gerhard (Herausgeber): Exil in Großbritannien, Stuttgart 1983.
Hoegner, Wilhelm: Flucht vor Hitler, München 1977.
Hoffmann, Peter: Widerstand, Staatsstreich, Attentat. Der Kampf der Opposition gegen Hitler, Neuausgabe München 1985.
Derselbe: Claus Schenk Graf von Stauffenberg und seine Brüder, Stuttgart 1992.
Jacobsen, Hans-Adolf (Herausgeber): 20. Juli 1944. Die deutsche Opposition gegen Hitler im Urteil der ausländischen Geschichtsschreibung. Eine Anthologie, Bonn 1969.
Derselbe (Herausgeber): Spiegelbild einer Verschwörung. Die Kaltenbrunner-Berichte. Die Opposition gegen Hitler und der Staatsstreich vom 20. Juli 1944 in der SD-Berichterstattung. Geheime Dokumente aus dem ehemaligen Reichssicherheitshauptamt, 2 Bände, Stuttgart 1984.
Klemperer, Klemens von: Die verlassenen Verschwörer. Der deutsche Widerstand auf der Suche nach Verbündeten 1938–1945, Berlin 1994.
Derselbe/Syring, Enrico/Zitelmann, Rainer (Herausgeber): Für Deutschland. Die Männer des 20. Juli, Frankfurt a. M. u. a. 1994.
Krohn, Claus-Dieter: Wissenschaft im Exil. Deutsche Sozial- und Wirtschaftswissenschaftler in den USA und die New School for Social Research, Frankfurt a. M. 1987.
Derselbe u. a.: Handbuch der deutschsprachigen Emigration 1933–1945, Darmstadt 1988.
Loewy, Ernst (Herausgeber): Exil. Literarische und politische Texte aus dem deutschen Exil 1933–1945, Stuttgart 1979.
Maas, Lieselotte: Handbuch der deutschen Exilpresse 1933–1945, 3 Bände, München und Wien 1976–1981.
Möller, Horst: Exodus der Kultur. Schriftsteller, Künstler und Wissenschaftler in der Emigration nach 1933, München 1984.
Mommsen, Hans: Alternative zu Hitler. Studien zur Geschichte des deutschen Widerstandes, München 2000.
Müller, Klaus-Jürgen: General Ludwig Beck. Studien und Dokumente zur militärisch-politischen Vorstellungswelt und Tätigkeitsbericht des Generalstabschefs des Heeres 1933–1938, Boppard a. Rh. 1980.
Derselbe/Dilks, David H. (Herausgeber): Großbritannien und der deutsche Widerstand 1933–1944, Paderborn 1994.
Peukert, Detlev: Der deutsche Arbeiterwiderstand gegen das Dritte Reich, Berlin 1980.
Derselbe: Die Edelweißpiraten. Protestbewegung jugendlicher Arbeiter im Dritten Reich. Eine Dokumentation, 2. Auflage Köln 1983.
Poelchau, Harald: Die letzten Stunden. Erinnerungen eines Gefängnispfarrers, Köln 1987.

Ritter, Gerhard: Carl Goerdeler und die deutsche Widerstandsbewegung, 4. Auflage Stuttgart 1984.
Robertson, Edwin H.: Dietrich Bonhoeffer. Leben und Verkündigung, Göttingen 1989.
Röder, Werner: Die deutschen sozialistischen Exilgruppen in Großbritannien 1940–1945. Ein Beitrag zur Geschichte des Widerstandes gegen den Nationalsozialismus, 2. Auflage Bonn-Bad Godesberg 1973.
Derselbe/Strauss, Herbert A. (Herausgeber): Biographisches Handbuch der deutschsprachigen Emigration nach 1933. International Biographical Dictionary of Central European Émigrés, 1933–1945, 3 Bände, München u. a. 1980–1983.
Roon, Ger van: Widerstand im Dritten Reich. Ein Überblick, 6. neubearbeitete Auflage München 1994.
Scheurig, Bodo: Freies Deutschland. Das Nationalkomitee und der Bund deutscher Offiziere in der Sowjetunion 1943–1945, Köln 1984.
Derselbe: Ewald von Kleist-Schmenzin. Ein Konservativer gegen Hitler, Oldenburg und Hamburg 1968.
Derselbe: Henning von Tresckow. Eine Biographie, Frankfurt a. M., Wien, Berlin 1980.
Schlabrendorff, Fabian von: Offiziere gegen Hitler, neue, durchgesehene und erweiterte Ausgabe von Walter Bußmann, Berlin 1984.
Schmädeke Jürgen/Steinbach, Peter: Der Widerstand gegen den Nationalsozialismus – Die deutsche Gesellschaft und der Widerstand gegen Hitler, München und Zürich 1985.
Schmitthenner, Walter/Buchheim, Hans (Herausgeber): Der deutsche Widerstand gegen Hitler. Vier kritisch-historische Studien, Köln 1966.
Schöllgen, Gregor: Ulrich von Hassell 1881–1944. Ein Konservativer in der Opposition, München 1990.
Schwarz, Egon/Wegner, Matthias (Herausgeber): Aufzeichnungen deutscher Schriftsteller im Exil, Hamburg 1954.
Schwerin, Detlef Graf von: Dann sind's die besten Köpfe, die man henkt. Die junge Generation im deutschen Widerstand, München u. a. 1991.
Stahlberger, Peter: Der Zürcher Verleger Emil Oprecht und die deutsche politische Emigration 1933–1945. Zürich 1970.
Thun-Hohenstein, Romedio Galeazzo Graf von: Der Verschwörer. General Oster und die Militäropposition, Berlin 1982.
Ueberschär, Gerd R. (Herausgeber): Der 20. Juli 1944. Bewertung und Rezeption des deutschen Widerstandes gegen das NS-Regime, Köln 1994.
Derselbe: Das Nationalkomitee »Freies Deutschland« und der Bund Deutscher Offiziere, Frankfurt a. M. 1996.
Derselbe (Herausgeber): NS-Verbrechen und der militärische Widerstand, Darmstadt 2000.

Vinke, Hermann: Carl von Ossietzky, Hamburg 1978.
Voigt, Klaus (Herausgeber): Friedenssicherung und europäische Einigung. Ideen des deutschen Exils 1939–1945, Frankfurt a. M. 1988.
Vollmer, Bernhard: Volksopposition im Polizeistaat. Gestapo- und Regierungsberichte 1934–1936, Stuttgart 1957.
Walter, Hans-Albert: Deutsche Exilliteratur 1933–1950, 7 Bände, Darmstadt, Neuwied, Stuttgart 1972–1988.
Weisenborn, Günther: Der lautlose Aufstand. Bericht über die Widerstandsbewegung des deutschen Volkes 1933–1945, 4. Auflage Frankfurt a. M. 1974.
Widerstand und Exil der deutschen Arbeiterbewegung 1933–1945, herausgegeben von der Friedrich-Ebert-Stiftung, Berlin 1982.
Widerstand gegen den Nationalsozialismus, herausgegeben für die Gedenkstätten Deutscher Widerstand von Peter Steinbach und Johannes Tuchel, Berlin 1994.
Widerstand in Deutschland 1933–1945, ein historisches Lesebuch, herausgegeben von Peter Steinbach und Johannes Tuchel, München 1994.

Verfolgung und Vernichtung

Adam, Uwe Dietrich: Judenpolitik im Dritten Reich, Königstein/Ts. 1979.
Adler, Hans Günther: Theresienstadt 1941–1945. Das Antlitz einer Zwangsgemeinschaft, 2. verbesserte und überarbeitete Auflage Tübingen 1960.
Derselbe: Der verwaltete Mensch. Studien zur Deportation der Juden aus Deutschland, Tübingen 1974.
Aly, Götz: »Endlösung«. Völkerverschiebung und der Mord an den europäischen Juden, Frankfurt a. M. 1995.
Derselbe/Heim, Susanne: Vordenker der Vernichtung. Auschwitz und die deutschen Pläne für eine neue europäische Ordnung, Taschenbuchausgabe Frankfurt 1993.
Arendt, Hannah: Eichmann in Jerusalem. Ein Bericht von der Banalität des Bösen, München 1986.
Ball-Kaduri, Kurt Jakob: Vor der Katastrophe. Juden in Deutschland 1934–1939, Tel Aviv 1967.
Barkai, Avraham: Vom Boykott zur »Entjudung«. Der wirtschaftliche Existenzkampf der Juden im Dritten Reich, Frankfurt a. M. 1988.
Benz, Wolfgang (Herausgeber): Die Juden in Deutschland 1933–1945. Leben unter nationalsozialistischer Herrschaft, 2. Auflage München 1993.
Derselbe (Herausgeber): Dimensionen des Völkermords. Die Zahl der jüdischen Opfer des Nationalsozialismus, München 1996.
Bettelheim, Bruno: Erziehung zum Überleben. Zur Psychologie der Extremsituation, Taschenbuchausgabe 5. Auflage München 1992.
Breitmann, Richard: Der Architekt der »Endlösung«. Himmler und die Vernichtung der europäischen Juden, Paderborn 1996.

Browning, Christopher R.: Der Weg zur Endlösung. Entscheidungen und Täter, Bonn 1998.
Derselbe: Ganz normale Männer. Das Reserve-Polizeibataillon 101 und die »Endlösung« in Polen, Reinbek bei Hamburg 1993.
Czech, Danuta: Kalendarium der Ereignisse im Konzentrationslager Auschwitz-Birkenau 1939–1945, Reinbek bei Hamburg 1989.
Drobisch, Klaus/Wieland, Günther: System der Konzentrationslager 1933–1939, Berlin 1993.
Eschwege, Helmut (Herausgeber): Kennzeichen J. Bilder, Dokumente, Berichte zur Geschichte der Verbrechen des Hitlerfaschismus an den deutschen Juden 1933–1945, Frankfurt a. M. 1979.
Fleming, Gerald: Hitler und die Endlösung, Wiesbaden und München 1982.
Freimark, Peter/Kopitzsch, Wolfgang: Der 9./10. November 1938 in Deutschland. Dokumentation zur »Kristallnacht«, Hamburg 1978.
Friedlander, Henry: Der Weg zum NS-Genozid. Von der Euthanasie zur Endlösung, Berlin 1997.
Genschel, Helmut: Die Verdrängung der Juden aus der Wirtschaft im Dritten Reich, Göttingen 1966.
Gerlach, Christian: Krieg, Ernährung, Völkermord. Forschungen zur deutschen Vernichtungspolitik im Zweiten Weltkrieg, Hamburg 1998.
Gilbert, Martin: Endlösung. Die Vertreibung und Vernichtung der Juden. Ein Atlas, Reinbek bei Hamburg 1982.
Goldhagen, Daniel Jonah: Hitlers willige Vollstrecker. Ganz gewöhnliche Deutsche und der Holocaust, Berlin 1996.
Goldstein, Bernard: Die Sterne sind Zeugen. Der Untergang der polnischen Juden, München 1988.
Graml, Hermann: Reichskristallnacht. Antisemitismus und Judenverfolgung im Dritten Reich, München 1988.
Grau, Günter: Verachtet, verfolgt, vernichtet. Dokumente zur nationalsozialistischen Politik gegen die Homosexuellen, Frankfurt am Main 1992.
Hackett, David A. (Herausgeber): Der Buchenwaldreport. Bericht über das Konzentrationslager Buchenwald bei Weimar, München 1996.
Herbert, Heinrich (Herausgeber): Nationalsozialistische Vernichtungspolitik 1939–1945. Neue Forschungen und Kontroversen, Frankfurt a. M. 1998.
Hilberg, Raul: Die Vernichtung der europäischen Juden. Die Gesamtgeschichte des Holocaust, Berlin 1982.
Horbach, Michael: So überlebten sie den Holocaust. Zeugnisse der Menschlichkeit 1933–1945, 3. Auflage München 1979.
Höß, Rudolf: Kommandant in Auschwitz. Autobiographische Aufzeichnungen, herausgegeben von Martin Broszat, 13. Auflage München 1992.
Kaienburg, Hermann (Herausgeber): Konzentrationslager und deutsche Wirtschaft 1939–1945, Opladen 1996.

Kenrick, Donald/Puxon, Gratton: Sinti und Roma. Die Vernichtung eines Volkes im NS-Staat, Göttingen 1981.
Klee, Ernst: »Euthanasie« im NS-Staat. Die Vernichtung lebensunwerten Lebens, Frankfurt am Main 1983.
Derselbe: Dokumente zur »Euthanasie«, Frankfurt am Main 1985.
Klemperer, Victor: Ich will Zeugnis ablegen bis zum letzten. Tagebücher 1933–1941, 2 Bände, Darmstadt 1998.
Kogon, Eugen: Der SS-Staat. Das System der Konzentrationslager, Ausgabe München 1977.
Derselbe/Langbein, Hermann/Rückerl, Hermann und andere (Herausgeber): Nationalsozialistische Massentötungen durch Giftgas. Eine Dokumentation, Frankfurt am Main 1983.
Kolb, Eberhard: Bergen-Belsen 1943–1945, 4. überarbeitete Auflage Göttingen 1991.
Kühn, Rainer: Konzentrationslager Sachsenhausen, herausgegeben von der Landeszentrale für politische Bildungsarbeit Berlin, 2. Auflage Berlin 1990.
Laquer, Walter: Was niemand wissen wollte. Die Unterdrückung der Nachrichten über Hitlers »Endlösung«, Frankfurt a. M. u. a. 1981.
Lauber, Heinz: Judenpogrom. »Reichskristallnacht« November 1938 in Großdeutschland. Daten, Fakten, Dokumente, Quellentexte, Thesen und Bewertungen, Gerlingen 1981.
Levi, Primo: Die Untergegangenen und die Geretteten, München 1993.
Derselbe: Ist das ein Mensch? Ein autobiographischer Bericht, München 1992.
Longerich, Peter (Herausgeber): Politik der Vernichtung. Eine Gesamtdarstellung der nationalsozialistischen Judenverfolgung, München und Zürich 1998.
Mosse, Werner E. (Herausgeber): Entscheidungsjahr 1932. Zur Judenfrage in der Endphase der Weimarer Republik, 2. erweiterte Auflage Tübingen 1966.
Naumann, Bernd: Auschwitz. Bericht über die Strafsache gegen Mulka und andere vor dem Schwurgericht Frankfurt, Frankfurt a. M. 1965.
Orth, Karin: Das System der nationalsozialistischen Konzentrationslager. Eine politische Organisationsgeschichte, Hamburg 1999.
Plant, Richard: Rosa Winkel. Der Krieg der Nazis gegen die Homosexuellen, Frankfurt a. M. 1991.
Reichmann, Eva G.: Die Flucht in den Haß. Die Ursachen der deutschen Judenkatastrophe, Frankfurt a. M. 1956.
Richardi, Hans-Günter: Schule der Gewalt. Das Konzentrationslager Dachau, München 1995.
Schmid, Hans-Dieter/Schneider, Gerhard/Sommer, Wilhelm (Herausgeber): Juden unterm Hakenkreuz. Dokumente und Berichte zur Verfolgung und

Vernichtung der Juden durch die Nationalsozialisten 1933 bis 1945, 2 Bände, Düsseldorf 1983.
Schoenberner, Gerhard: Wir haben es gesehen. Augenzeugenberichte über Terror und Judenverfolgung im »Dritten Reich«, Hamburg 1962.
Smelser, Ronald/Syring, Enrico: Die SS. Elite unter dem Totenkopf. 30 Lebensläufe. Paderborn 2000.
Sofsky, Wolfgang: Die Ordnung des Terrors. Das Konzentrationslager, Frankfurt a. M. 1993.
Steinbach, Peter: Nationalsozialistische Gewaltverbrechen. Die Diskussion in der deutschen Öffentlichkeit nach 1945, Berlin 1981.
Die Tagebücher der Anne Frank, Frankfurt a. M. 1988.
Wollenberg, Jörg (Herausgeber): »Niemand war dabei und keiner hat's gewußt.« Die deutsche Öffentlichkeit und die Judenverfolgung 1933–45, München u. a. 1989.

Der Zweite Weltkrieg

Altrichter, Helmut/Becker, Josef (Herausgeber): Kriegsausbruch 1939. Beteiligte, Betroffene, Neutrale, München 1989.
Benz, Wolfgang/Graml, Hermann (Herausgeber): Sommer 1939 – Die Großmächte und der europäische Krieg, Stuttgart 1979.
Boelcke, Willi A.: Die Kosten von Hitlers Krieg. Kriegsfinanzierung und finanzielles Kriegserbe in Deutschland 1933–1948, Paderborn 1985.
Derselbe: Deutschlands Rüstung im Zweiten Weltkrieg. Hitlers Konferenzen mit Albert Speer 1942–1945, Frankfurt a. M. 1969.
Derselbe (Herausgeber): Wollt ihr den totalen Krieg? Die geheimen Goebbels-Konferenzen 1939–1943, Stuttgart 1967.
Brakelmann, Günter (Herausgeber): Kirche im Krieg. Der deutsche Protestantismus am Beginn des Zweiten Weltkrieges, München 1979.
Broszat, Martin: Nationalsozialistische Polenpolitik 1939–1945, Stuttgart 1961.
Buchbender, Ortwin/Sterz, Reinhold (Herausgeber): Das andere Gesicht des Krieges. Deutsche Feldpostbriefe 1939–1945, 2. durchgesehene Auflage München 1983.
Carell, Paul/Böddeker, Günter: Die Gefangenen. Leben und Überleben deutscher Soldaten hinter Stacheldraht, Frankfurt a. M. und Berlin 1980, Neuauflage 1990.
Cartier, Raymond: Der Zweite Weltkrieg, 2 Bände, 7. Auflage München 1985.
Dallin, Alexander: Deutsche Herrschaft in Rußland 1941–1945. Eine Studie über Besatzungspolitik, Düsseldorf 1958.
Das Diensttagebuch des deutschen Generalgouverneurs in Polen 1939–1945, herausgegeben von Werner Präg und Wolfgang Jacobmeyer, Stuttgart 1975.

Deutsche im Zweiten Weltkrieg. Zeitzeugen sprechen, herausgegeben von Johannes Steinhoff, Peter Pechel und Dennis Showalter, München 1989.
Forstmeier, Friedrich/Volkmann, Hans-Erich (Herausgeber): Kriegswirtschaft und Rüstung 1939–1945, Düsseldorf 1977.
Friedländer, Saul: Auftakt zum Untergang – Hitler und die Vereinigten Staaten von Amerika 1939–41, Stuttgart 1965.
Giordano, Ralph: Wenn Hitler den Krieg gewonnen hätte. Die Ziele der Nazis nach dem Endsieg, Hamburg 1989.
Groehler, Olaf: Bombenkrieg gegen Deutschland, Berlin 1991.
Gruchmann, Lothar: Der Zweite Weltkrieg. Kriegführung und Politik, München 1967.
Hansen, Reimer: Das Ende des Dritten Reiches. Die deutsche Kapitulation 1945, Stuttgart 1966.
Heiber, Helmut (Herausgeber): Hitlers Lagebesprechungen. Die Protokollfragmente seiner militärischen Konferenzen 1942–1945, Stuttgart 1962.
Herbert, Ulrich: Fremdarbeiter. Politik und Praxis des »Ausländer-Einsatzes« in der Kriegswirtschaft des Dritten Reiches, Berlin und Bonn 1985.
Herbst, Ludolf: Der Totale Krieg und die Ordnung der Wirtschaft. Die Kriegswirtschaft im Spannungsfeld von Politik, Ideologie und Propaganda 1939–1945, Stuttgart 1982.
Hillgruber, Andreas: Deutschlands Rolle in der Vorgeschichte der beiden Weltkriege, Göttingen 1967.
Derselbe: Hitlers Strategie, Politik und Kriegsführung 1940–1941, Frankfurt a. M. 1965.
Derselbe: Der Zusammenbruch im Osten 1944/45 als Problem der deutschen Nationalgeschichte und der europäischen Geschichte, Opladen 1985.
Derselbe/Hümmelchen, Gerhard: Chronik des Zweiten Weltkriegs, Frankfurt a. M. 1966.
Hubatsch, Walther (Herausgeber): Hitlers Weisungen für die Kriegführung 1939–1945. Dokumente des Oberkommandos der Wehrmacht, Frankfurt a. M. 1962.
Irving, David: Hitler und seine Feldherren, Frankfurt a. M. u. a. 1975.
Jacobsen, Hans-Adolf (Herausgeber): Der Weg zur Teilung der Welt. Politik und Strategie 1939–1945, Koblenz und Bonn 1977.
Kehrig, Manfred: Stalingrad. Analyse und Dokumentation einer Schlacht, Stuttgart 1974.
Klee, Franz/Dreßen, Willi (Herausgeber): »Gott mit uns«. Der deutsche Vernichtungskrieg im Osten 1939–1945, Frankfurt a. M. 1989.
Kleßmann, Christoph (Herausgeber): September 1939. Krieg, Besatzung, Widerstand in Polen, Göttingen 1989.
Derselbe (Herausgeber): Nicht nur Hitlers Krieg. Der Zweite Weltkrieg und die Deutschen, Düsseldorf 1989.

Krausnick, Helmut/Wilhelm, Hans Heinrich: Die Truppe des Weltanschauungskrieges. Die Einsatzgruppen der Sicherheitspolizei und des SD 1938–1942, Stuttgart 1981.

Kriegstagebuch des Oberkommandos der Wehrmacht 1940–1945, herausgegeben von Percy E. Schramm, 4 Bände, Frankfurt a. M. 1961–1965.

Manoschek, Walter: Die Wehrmacht im Rassenkrieg. Der Vernichtungskrieg hinter der Front, Wien 1996.

Mayer, Arno J.: Der Krieg als Kreuzzug. Das Deutsche Reich, Hitlers Wehrmacht und die »Endlösung«, Reinbek bei Hamburg 1989.

Messerschmidt, Manfred/Wüllner, Fritz: Die Wehrmachtjustiz im Dienste des Nationalsozialismus. Zerstörung einer Legende, Baden-Baden 1987.

Michalka, Wolfgang (Herausgeber im Auftrag des Militärgeschichtlichen Forschungsamtes): Der Zweite Weltkrieg. Analysen, Grundzüge, Forschungsbilanz, München und Zürich 1989.

Militärgeschichtliches Forschungsamt (Herausgeber): Das Deutsche Reich und der Zweite Weltkrieg, 10 Bände, Stuttgart 1979 ff.

Milward, Alan S.: Die deutsche Kriegswirtschaft 1939–1945, Stuttgart 1966.

Müller, Rolf-Dieter: Hitlers Ostkrieg und die deutsche Siedlungspolitik, Frankfurt a. M. 1991.

Derselbe/Ueberschär, Gerd R.: Kriegsende 1945. Die Zerstörung des Deutschen Reiches, Frankfurt a. M. 1994.

Oberländer, Erwin (Herausgeber): Hitler-Stalin-Pakt 1939. Das Ende Ostmitteleuropas? Frankfurt a. M. 1989.

Ploetz: Geschichte des Zweiten Weltkrieges 1939–1945. Teil I: Die militärischen und politischen Ereignisse. Teil II: Die Kriegsmittel, 2. erweiterte Ausgabe Würzburg 1960.

Rebentisch, Dieter: Führerstaat und Verwaltung im Zweiten Weltkrieg. Verfassungsentwicklung und Verwaltungspolitik 1938–1945, Wiesbaden 1988.

Recker, Marie-Luise: Nationalsozialistische Sozialpolitik im Zweiten Weltkrieg, München 1985.

Rössler, Mechtild/Schleiermacher, Sabine: Der »Generalplan Ost«, Hauptlinien der nationalsozialistischen Planungs- und Vernichtungspolitik, Berlin 1993.

Rumpf, Hans: Das war der Bombenkrieg. Deutsche Städte im Feuersturm. Ein Dokumentarbericht, Oldenburg und Hamburg 1961.

Schäfer, Hans Dieter: Berlin im Zweiten Weltkrieg. Der Untergang der Reichshauptstadt in Augenzeugenberichten, München und Zürich 1985.

Schwendemann, Heinrich: Die wirtschaftliche Zusammenarbeit zwischen dem Deutschen Reich und der Sowjetunion von 1939 bis 1941. Alternative zu Hitlers Ostprogramm? Berlin 1993.

Seidler, Franz W.: Deutscher Volkssturm. Das letzte Aufgebot 1944/45, München u. a. 1989.

Steinert, Marlis G.: Die 23 Tage der Regierung Dönitz, Düsseldorf und Wien 1967.

Dieselbe: Hitlers Krieg und die Deutschen. Stimmung und Haltung der deutschen Bevölkerung im Zweiten Weltkrieg, Düsseldorf und Wien 1970.

Streit, Christian: Keine Kameraden. Die Wehrmacht und die sowjetischen Kriegsgefangenen 1941–1945, 2. Auflage Stuttgart 1981.

Sywottek, Jutta: Mobilmachung für den Krieg. Die propagandistische Vorbereitung der deutschen Bevölkerung auf den Zweiten Weltkrieg, Opladen 1976.

Ueberschär, Gerd R./Wette, Wolfram: Der deutsche Überfall auf die Sowjetunion – »Unternehmen Barbarossa« 1941, Frankfurt a. M. 1990.

Ursachen und Voraussetzungen des Zweiten Weltkriegs, von Wilhelm Deist, Manfred Messerschmidt, Hans Erich Volkmann, Wolfram Wette, Ausgabe Frankfurt a. M. 1989.

Wagenführ, Rolf: Die deutsche Industrie im Zweiten Weltkrieg, 2. Auflage Berlin 1963.

Warlimont, Walter: Im Hauptquartier der deutschen Wehrmacht 1939–1945, Frankfurt a. M. 1962.

Die Wehrmachtberichte 1939–1945, 3 Bände, München 1985.

Weizsäcker, Richard von: Zum 40. Jahrestag der Beendigung des Krieges in Europa und der nationalsozialistischen Gewaltherrschaft. Ansprache am 8. Mai 1985 in der Gedenkstunde im Plenarsaal des Deutschen Bundestages, Bonn 1985.

Wilhelm, Hans-Heinrich: Rassenpolitik und Kriegführung. Sicherheitspolizei und Wehrmacht in Polen und in der Sowjetunion 1939–1942, Passau 1991.

Personenregister

Bildnachweis

Bayerische Staatsbibliothek – Bildarchiv –: 1, 3, 4, 5, 6, 8, 10, 11, 14, 15, 16, 17, 18, 19, 20, 21, 22, 23, 24, 27, 28, 30, 31, 32, 33, 35, 37, 38, 39, 40, 42, 43
Interfoto-Pressebild-Agentur: 26, 29
Ullstein Bilderdienst: 25, 36, 41
2, 7, 9, 12, 13 entnommen aus: Heinrich Hoffmann (Hrsg.): Hitler wie ihn keiner kennt. 100 Bild-Dokumente aus dem Leben des Führers. Berlin 1935. S. 7, 27, 62, 75, 90.
34 entnommen aus : Heinrich Hoffmann (Hrsg.): Hitler in Polen. Berlin 1939.

Trotz intensiver Bemühungen konnte der Verlag nicht alle Rechteinhaber der Bilder in diesem Buch ausfindig machen. Er ist für entsprechende Hinweise dankbar. Rechtsansprüche bleiben gewahrt.